2011

鞍钢年鉴

ANGANG NIANJIAN

鞍钢史志编纂委员会 编

冶金工业出版社

图书在版编目(CIP)数据

鞍钢年鉴. 2011/鞍钢史志编纂委员会编. —北京:冶金工业出版社,2011.11

ISBN 978-7-5024-5775-4

Ⅰ. ①鞍… Ⅱ. ①鞍… Ⅲ. ①钢铁厂—鞍山市—2011—年鉴 Ⅳ. ①F426.31—54

中国版本图书馆CIP数据核字(2011)第215115号

出 版 人 曹胜利
地　　址 北京北河沿大街嵩祝院北巷39号,邮编100009
电　　话 (010)64027926 电子信箱 yjcbs@cnmip.com.cn
责任编辑 王之光 刘小峰 美术编辑 李 新 版式设计 孙跃红
责任校对 王贺兰 责任印制 牛晓波
ISBN 978-7-5024-5775-4
北京盛通印刷股份有限公司印刷;冶金工业出版社发行;各地新华书店经销
2011年11月第1版,2011年11月第1次印刷
787 mm×1092 mm 1/16; 24.5印张; 12彩页; 796千字; 376页
100.00元

冶金工业出版社投稿电话:(010)64027932 投稿信箱: tougao@cnmip.com.cn
冶金工业出版社发行部 电话:(010)64044283 传真:(010)64027893
冶金书店 地址:北京东四西大街46号(100010) 电话:(010)65289081(兼传真)
(本书如有印装质量问题,本社发行部负责退换)

鞍钢史志编纂委员会

主　任　张晓刚

副主任　尹　利　唐复平　杨　华　于万源

　　　　姚　林　陈　平　余自甦　白静瀑

　　　　苏文生

委　员　（以姓氏笔画为序）

　　　　于显利　王延绵　王明海　王衍平

　　　　王耕野　扎世利　龙　强　冯凌旭

　　　　刘　申　刘　杰　刘宝山　孙　凯

　　　　孙坚毅　李忠武　杨靖波　宋英韬

　　　　张　琪　张文彤　陈国峰　林大庆

　　　　罗士敏　孟劲松　胡乃民　洪树利

　　　　聂洪林　陶利贵　黄晓煜　景奉儒

　　　　谢成波　路永利

2011《鞍钢年鉴》工作人员名单

主　　编　龙　强

副 主 编　张文彤

总 编 辑　张　琪

副总编辑　赵　艳　张广明

特约编辑　李东辉　周　敏

摄　　影　马　鸣　宋连君　靳　波　等

编 辑 说 明

《鞍钢年鉴》是鞍山钢铁集团公司（简称鞍钢）主办的逐年全面记载鞍钢发展变化的大型综合性资料工具书。《鞍钢年鉴》(2011)是鞍钢连续编撰出版的第27部年鉴。重点记述2010年鞍钢认真学习贯彻党的十七大、十七届四中全会、五中全会和中央经济工作会议精神，深入学习实践科学发展观，把握发展机遇，加快“四个转变”，全面提升国际竞争力，确保第二步跨越目标顺利实现，在生产经营、改革改造、科技进步、企业管理、党建及精神文明建设等方面取得的新发展、新突破、新经验。

本年鉴采用分类编辑法，按部类、分目、条目3个层次编排。《鞍钢年鉴》(2011)共设特辑、专文、大事志、概况、生产经营、技术进步、企业管理、党群工作、企业文化、上市公司——鞍钢股份有限公司（简称鞍钢股份公司）、集团单位简介、人物、统计资料、附录14个部类。其中，根据鞍钢发展情况，在企业管理部类中增加“节能减排”分目。全书计79.6万字，配有彩色及黑白图片53张。

本年鉴刊用的稿件、资料由集团公司各主管部门和基层单位提供并审核。统计资料由集团公司计划财务部提供。人物、名录资料由集团公司人力资源部、工会提供。所引数字均以2010年12月末为限。

目　录

特　辑

专　文

大事志

概　况

生产经营

·生　产·

·经　营·

· 多角化经营 ·

技术进步

· 技术改造 ·

· 科学技术 ·

企业管理

· 综合管理 ·

· 战略管理 ·

· 信息管理 ·

· 设备管理 ·

· 质量能源管理 ·

· 节能减排 ·

· 安全环保厂容 ·

· 财务管理 ·

· 审计监察 ·

· 人力资源管理 ·

· 房地产管理 ·

· 企业内保、信访工作 ·

· 法律事务 ·

· 医疗卫生 ·

党群工作

· 组织工作 ·

· 宣传工作 ·

· 精神文明建设 ·

· 纪检监察工作 ·

· 党校工作 ·

· 工会工作 ·

·共青团工作·

·人民武装工作·

企业文化

·企业文化建设·

·新闻出版·

·文学艺术·

·档案图书·

·体育工作·

上市公司——鞍钢股份有限公司

·综　述·

·所属单位简介·

· 年报摘要 ·

集团单位简介

· 全资子公司 ·

· 控股子公司 ·

· 直属单位 ·

· 参股公司 ·

人　物

· 先进人物 ·

· 新闻人物 ·

·名　录·

统计资料

附　录

·文件选编·

·获奖产品简介·

郭明义同志是助人为乐的道德模范，是新时期学习实践雷锋精神的优秀代表。要大力宣传和弘扬郭明义同志的先进事迹和崇高品德，为构建社会主义和谐社会提供强大精神力量。

——胡锦涛

2010年8月1日，中共中央总书记、国家主席、中央军委主席胡锦涛就学习宣传郭明义同志先进事迹作出重要指示。10月11日，中共中央宣传部、全国总工会、解放军总政治部和辽宁省委联合在北京举办郭明义同志先进事迹报告会。随后，郭明义同志先进事迹报告团在全国作巡回宣讲，掀起学习郭明义热潮。

▲ 2010年10月11日，受胡锦涛总书记委托，中共中央政治局常委李长春在北京人民大会堂会见郭明义

▲ 2010年10月11日，受胡锦涛总书记委托，中共中央政治局常委李长春在北京人民大会堂会见郭明义同志先进事迹报告团成员

▶ 郭明义做报告

◀ 郭明义同志先进事迹报告团先后在全国十余个省市作巡回报告。图为南京报告会会场

▼ 2010年10月11日，郭明义同志先进事迹报告会在北京人民大会堂举行

▶ 2010年8月16日，中华全国总工会在北京授予郭明义全国“五一劳动奖章”。全国总工会副主席、书记处第一书记王玉普为郭明义颁奖

▲ 2010年9月21日，辽宁省委在辽宁人民会堂召开郭明义同志“优秀共产党员”命名表彰大会暨先进事迹报告会。省委书记、省人大常委会主任王珉向郭明义颁发“优秀共产党员”荣誉证书

▲ 2010年2月9日，矿业公司郭明义无偿献血志愿者应急服务大队成立

▲ 2010年6月9日，郭明义事迹报告会暨鞍钢创先争优活动动员大会在工人文化宫举行

▲ 2010年4月15日，中共中央政治局常委、国务院副总理李克强视察鲅鱼圈钢铁新区

▲ 2010年8月10日，全国总工会副主席、书记处书记倪健民一行到鞍钢调研

▲ 2010年7月11日，国家工业和信息化部部长、党组书记李毅中视察鲅鱼圈钢铁新区

▲ 2010年5月31日，商务部副部长蒋耀平一行到鞍钢调研

2010年5月20日，国务院国有资产监督管理委员会同意鞍山钢铁集团公司与攀钢集团有限公司实行联合重组，设立鞍钢集团公司。重组后的鞍钢集团公司形成跨区域、多基地、国际化的发展格局，成为国内布局完善、最具有资源优势的钢铁企业。

▶ 国务院国资委主任李荣融在重组大会上讲话

◀ 鞍钢党委书记、总经理张晓刚在重组大会上做表态发言

◀ 攀钢董事长、总经理樊政炜在重组大会上做表态发言

▲ 2010年8月5日，鞍钢与攀钢重组整合推进大会在鞍钢会展中心举行

▲ 2010年7月28日，鞍钢与攀钢重组大会在北京京西宾馆举行

▲ 2010年9月15日，鞍钢集团投资美国钢发展公司签字仪式在北京举行，鞍钢与美国钢发展公司正式组建合资企业

▲ 2010年1月26日，鞍钢与韩国斯多伯格三一公司合资合作的保护渣项目在鞍钢会展中心举行签字仪式

▲ 2010年9月28日，鞍钢与美国铁姆肯公司在鞍钢会展中心举行轴承修复合作项目签约仪式

▲ 2010年2月5日，鞍钢与福建省莆田市人民政府在莆田市举行鞍钢冷轧钢板（莆田）项目签约仪式

▲ 2010年5月7日，鞍钢与中国船级社在北京签署战略合作协议

▲ 2010年6月19日，鞍钢与北京市昌平区政府就鞍钢未来钢铁研究院项目建设在鞍钢会展中心签署战略合作框架协议

▲ 2010年2月25日，鞍钢集团与营口港务集团在营口举行关于矿石码头和钢材码头合资合作合同补充协议签字仪式

▲ 2010年7月22日，鞍钢与吉林昊融有色金属集团有限公司在鞍钢会展中心签署合作框架协议

▲ 2010年11月14日，鞍凌公司炼铁厂2600m^{3}高炉首次出铁，实现平稳开炉

▶ 高炉第一炉铁

▼ 朝阳鞍凌钢铁基地

▲2010年11月16日，鞍凌公司第一炉钢水倾入钢包

◀ 2010年11月4日，鞍凌公司1号焦炉投产出焦

▲ 2010年7月5日，鞍凌公司铁路钢厂站开通运营

▼ 2010年11月8日，鞍凌公司第一卷板材轧制

▲ 2010年11月16日，鞍凌公司炼钢和连铸系统投产，开始进入全线试生产阶段。图为第一炉钢连铸机浇铸

◀ 2010年10月15日，鞍凌公司265m^{2}烧结机实现热负荷试车

▼ 2010年11月16日，第一块钢坯下线

▶ 2010年2月6日，鞍钢冷轧钢板（莆田）项目建设开工奠基仪式在福建省莆田市秀屿港举行

◀ 2010年3月22日，鞍钢斯多伯格三一冶金材料有限公司在鞍山市达道湾工业园区开工奠基

▶ 2010年11月25日，鞍钢60万吨精品线材生产线热负荷试车在鞍钢股份公司线材厂一次获得成功

◀▲ 2010年8月18日，长6.444m、重54.44t的AP1000核电站主管道锻件在鞍钢重机公司成功锻造，标志着鞍钢进军核电产品领域取得重大突破。上图为锻造场面

▼ 2010年8月18日，由鞍钢建设集团结构分公司承建的目前国内最大的海上钢结构悬臂观景台——鲅鱼圈“渤海明珠”观景台竣工

▲ 2010年1月10日，国家级技术创新项目——鞍钢“冷轧机板形控制系统核心技术自主研发与工业应用”获国家工商局技术商标注册，成为鞍钢第一个专用技术商标。右图为注册商标

▲ 2010年3月31日，鞍钢科技创新工作会议在工人文化宫举行

▲ 2010年7月9日，鞍钢职工第二届自主创新成果展在鞍钢体育馆开幕

▲ 2010年4月27日，第五届中日钢铁业环保、节能先进技术专家交流会在鞍钢召开

▲ 2010年4月8日，矿山汽车公司国有股权委托管理签字仪式在鞍钢会展中心举行。集团公司将矿山汽车运输有限公司国有股权委托汽车公司管理

▶ 2010年9月10日，在2010年中国战略执行峰会——第四届“中国战略执行峰会暨战略执行明星组织颁奖典礼”上，鞍钢荣获2010中国“战略执行明星组织”奖

▲ 2010年3月17日，鞍钢党委纪念“鞍钢宪法”发表50周年暨弘扬鞍钢创新精神座谈会在鞍钢会展中心召开

▲ 2010年3月22日，鞍钢纪念“鞍钢宪法”发表50周年暨“感动鞍钢——创新功勋人物”颁奖大会在工人文化宫举行

▲ 2010年，鞍钢铁、钢、材产量三超2000万吨，均创历史最好水平

▼ 2010年3月11日，鞍钢老区铁矿山改扩建规划项目正式得到国家工信部批准。项目实施后，鞍钢铁矿石年产量将达到6200万吨。到2020年，铁矿石年产量将达到9200万吨，相当于在现有规模基础上翻一番

特　辑

鞍钢与攀钢重组大会在京隆重举行

2010年7月28日，鞍钢与攀钢重组大会在北京京西宾馆隆重举行。

国务院国资委主任、党委书记李荣融出席会议并讲话。他指出，鞍钢与攀钢的重组是中央企业贯彻落实加快经济发展方式转变要求的具体体现，是我国钢铁产业调整发展中的一件大事。他强调，要牢记中央企业的使命责任，深刻认识鞍攀重组的重大意义；高度重视重组整合，实现资源优化配置；抓住重组契机，加快建设具有较强国际竞争力的大型钢铁集团。

国务院国资委改革局局长白英姿在会上宣布国务院国资委《关于鞍山钢铁集团公司与攀钢集团有限公司重组的通知》。鞍钢党委书记、总经理张晓刚，攀钢董事长、总经理樊政炜先后在会上作表态发言。

国务院国资委《关于鞍山钢铁集团公司与攀钢集团有限公司重组的通知》中明确，重组后新成立鞍钢集团公司作为母公司，由国务院国资委代表国务院对其履行出资人职责；鞍钢与攀钢均作为鞍钢集团公司的全资子公司，不再作为国务院国资委直接监管企业。

张晓刚在表态发言中说，鞍钢和攀钢两家中央企业能够成功实现联合重组，充分体现了党中央、国务院对两家企业的重视和信任，充分体现了国务院国资委对两家企业的支持和帮助。鞍钢与攀钢同为国务院国资委管理下的中央企业，两家企业能够实现联合重组，可以说是遵循历史渊源与市场经济规则的必然选择。作为中央企业，鞍钢与攀钢的联合重组主要目的是在科学发展观指导下，贯彻落实《关于推进国有资本调整和国有企业重组的指导意见》、《钢铁产业调整和振兴规划》的有关精神和国务院国资委的要求，通过强强联合、优势互补，共同应对国际金融危机和世界钢铁业的激烈竞争，携手建设最具国际竞争力的特大型跨国集团。为实现两家企业真正的实质性重组，早日达到国务院国资委领导提出的目标，鞍钢集团公司已经确定了新时期发展战略和目标。当好中国钢铁行业的“排头兵”，鞍钢集团公司要在以下方面发挥重要作用：一是在推进国有资本调整，增强国有资本主导作用方面；二是在整合国内铁矿石资源，统筹资源的开发和利用方面；三是在应对复杂严峻的国际形势，提升钢铁行业竞争力方面；四是在打造央企国际竞争新优势方面。鞍钢将认真贯彻国务院国资委关于鞍钢与攀钢联合重组的指示精神，站在对党和国家、对广大职工负责的高度，坚定不移地加快推进重组整合工作；要把广大职工的思想统一到加快推进联合重组工作上来；要加快推进鞍钢与攀钢的实质性整合；要紧紧抓住联合重组的机遇，加快推进两家企业在各方面的融合。鞍钢集团公司成立后，将以科学发展观统领企业改革和发展全局，按照钢铁产业发展政策要求，推动我国钢铁工业结构调整和产业升级，更好地履行作为中央企业在构建社会主义和谐社会中的政治责任、经济责任、社会责任。

樊政炜在发言中说，鞍钢与攀钢的联合重组，是国务院国资委从应对当前和后金融危机时代全球竞争新格局、优化国有经济布局、推动国家钢铁产业结构调整、培育30至50家具有国际竞争力的大型企业集团战略高度作出的重大决策，也是鞍钢和攀钢共同应对危机，取长补短、抱团取暖、携手打造具有国际竞争力的特大型企业集团的战略选择。攀钢坚决拥护国务院国资委的决定，坚决服从鞍钢集团公司的整体战略和安排部署。攀钢全体干部职工深刻认识到联合重组的重大意义，真心希望通过联合重组，加快攀钢结构调整，加快发展步伐。要按照国务院国资委的要求和鞍钢集团公司的总体部署，搞好实质性的重组整合，确保国有资产不流失，确保企业稳定，确保职工根本利益。与鞍钢的联合重组，为攀钢改革发展提供了新条件、新平台和新理念、新机制。我们将以联合重组为新起点，主动融入鞍钢集团公司的整体战略，更加努力地做好自身的改革发展工作，为把鞍钢集团公司建设成为最具国际竞争力、能够引领世界钢铁工业发展的特大型跨国集团贡献力量。

李荣融在讲话中代表国务院国资委对鞍钢与攀钢的重组提出希望和要求。他说，鞍钢与攀钢的重组，不仅在两家中央企业改革发展中具有里程碑意义，也是我国钢铁产业调整发展中的一件大事。鞍钢是新中国第一个恢复建设的大型钢铁联合企业和最早建成的钢铁生产基地，被誉为“中国钢铁工业的摇篮”、“共和国钢铁工业的长子”。攀钢是我国钒钛资源综合利用、国防军工配套服务的重要基地和最大的三线企业。基于两家企业的特殊历史作用和在行业中的重要地位，鞍钢与攀钢的重组受到了钢铁行业乃至全社会的广泛关注。

李荣融强调，要牢记中央企业的使命责任，深刻认识鞍攀重组的重大意义；高度重视重组整合，实现资源优化配置；抓住重组契机，加快建设具有较强国际竞争力的大型钢铁集团。鞍攀重组是中央企业贯彻落实加快经济发展方式转变要求的具体体现，是推动我国钢铁产业调整发展的重要举措，是加快建设具有较强国际竞争力的大型钢铁企业集团的重要途径。新鞍钢集团公司的头等大事就是要切实落实重组整合实施方案，深入推进重组整合工作。要进一步统一思想，服从重组大局。要建立有效的管理体制机制。深入推进业务、管理等方面的整合。对有关风险进行评估，制定应对预案。中央企业的目标是发展成为具有较强国际竞争力的大企业集团。新鞍钢集团公司要以重组为契机，提升企业核心竞争力，加快建设具有较强国际竞争力的大型钢铁集团步伐。当前钢铁产业正处于大调整、大重组、大整合过程中，新鞍钢集团公司要深入分析钢铁产业面临的形势，对两家企业原来的战略规划进行有效整合，进一步明确企业发展战略。要按照国家关于加快钢铁工业结构调整的要求，紧紧抓住产业调整和振兴的机遇，有效推进企业兼并重组工作。通过兼并重组获取战略资源，扩大企业规模，提高企业效率，实现企业发展战略目标。要不断提高企业技术创新能力，建立企业技术创新的体制机制，切实提高企业核心竞争力。新鞍钢集团公司要围绕提高企业国际竞争力的要求，着力打造一支综合素质高、具有国际视野的管理人才队伍；要围绕做核心技术“领跑者”的要求，着力打造一支科技水平高、创新能力强的专业技术人才队伍；要围绕建设世界一流钢铁企业目标，着力打造一支爱岗敬业、技艺精湛、具有专门技能、操作能力强的高技能职工队伍。

李荣融最后说，鞍钢和攀钢都是我国具有光荣传统和优良作风的大型钢铁企业。企业的每一次发展与超越，都凝聚着广大干部职工的心血与汗水，都体现出广大干部职工的智慧与勤劳。今天的重组又是一次企业发展的重大机遇，希望广大干部职工牢记使命，发扬传统，团结拼搏，再创辉煌，通过扎扎实实的工作，把新鞍钢集团公司加快建设成为具有较强国际竞争力的大型钢铁企业集团，为我国钢铁产业持续健康稳定发展作出新的更大贡献。

（摘自2010年7月29日《鞍钢日报》）

光荣的昨天 不平凡的今天 希望的明天

——在鞍钢与攀钢重组大会上的讲话(摘要)

国务院国资委主任、党委书记 李荣融

今天，鞍山钢铁集团公司与攀钢集团有限公司重组大会在北京隆重召开，首先，我代表国务院国资委表示祝贺！鞍钢与攀钢的重组，不仅在两家中央企业改革发展中具有里程碑意义，也是我国钢铁产业调整发展中的一件大事。

鞍钢是新中国第一个恢复建设的大型钢铁联合企业和最早建成的钢铁生产基地，被誉为“中国钢铁工业的摇篮”、“共和国钢铁工业的长子”。攀钢是我国钒钛资源综合利用、国防军工配套服务的重要基地和最大的三线企业。基于两家企业的特殊历史作用和在行业中的重要地位，鞍钢与攀钢的重组受到了钢铁行业乃至全社会的广泛关注。作为近年来中央企业规模较大的一次重组，国资委高度重视。在重组过程中，国家有关部门、辽宁省、四川省都给予了大力支持。借此机会，我讲三点意见。

一、牢记中央企业使命责任，深刻认识鞍攀重组的重大意义

中央企业是国民经济的重要支柱，是我国参与国际竞争的主导力量，在转变经济发展方式、建设创新型国家、全面建设小康社会的进程中，担负着重要使命和重大责任，也承载着国家和人民的殷切期望。

鞍钢与攀钢的重组正是基于中央企业所承担的使命和责任作出的重大决策，意义重大。

第一，鞍攀重组是中央企业贯彻落实加快经济发展方式转变要求的具体体现。加快经济发展方式转变，是当前我国经济工作的重中之重。中央企业的使命责任决定了我们要在贯彻落实党中央、国务院的决策，加快经济发展方式转变中发挥表率作用。鞍钢和攀钢的重组，有利于企业加强技术创新，淘汰落后产能，优化资源配置，促使企业从单纯扩大规模向提升发展质量转变，从粗放型经营向集约型经营转变，从而加快推动企业转变发展方式。

第二，鞍攀重组是推动我国钢铁产业调整发展的重要举措。钢铁产业是国民经济的重要支柱产业，是国家经济水平和综合国力的重要标志。在调整和振兴钢铁产业中，中央企业责无旁贷。鞍钢与攀钢的重组，有利于整合我国铁矿石资源，优化产业布局，提高我国钢铁产业集中度。作为具有重要影响力的中央企业，鞍攀重组必将有效带动其他钢铁企业间的兼并重组，进一步促进我国钢铁产业的调整发展。

第三，鞍攀重组是加快建设具有较强国际竞争力的大型钢铁企业集团的重要途径。党中央、国务院明确提出加快培育30～50家具有国际竞争力的大公司大企业集团。鞍钢与攀钢的重组，就是要发挥两个企业在战略、资源、产品、技术与管理等方面的协同效应，实现双方优势互补，切实提升企业的核心竞争力和国际竞争力，加快建设具有国际竞争力大型钢铁企业集团的进程。

二、高度重视重组整合，实现资源优化配置

企业发展不仅要占有资源，更重要的是要配置好资源。鞍攀重组的关键在于重组后能否实施有效整合，提高资源的配置效率。只有通过有效整合，优化资源配置，才能真正发挥重组协同效应。前一阶段，两家企业做了大量工作，包括成立专门工作机构、制定重组整合实施方案等，为深入推进整合打下了良好基础。新鞍钢集团公司的头等大事就是要切实落实重组整合实施方案，深入推进重组整合工作。

一是要进一步统一思想，服从重组大局。这是企业成功整合的前提和基础。重组必须坚定不移，全心全意。年初，我去攀钢时就讲过这句话，现在仍然要强调这一点。为此，鞍钢和攀钢都要做好宣传引导工作，讲央企责任和使命，讲经营形势，讲企业困难，讲重组优势，讲重组意义，使干部职工切实认识到重组是促进两家企业发展和解决攀钢现实困难、实现二次创业的必然要求，做到心往一处想，劲往一处使，服从集团整体战略。广大党员和领导干部在整合工作中要带好头，做表率，体现共产党员的先进性。要将重组整合工作同当前开展的创先争优活动结合起来，通过创先争优活动促进企业重组整合。

二是建立有效的管理体制机制。鞍钢和攀钢重组后，企业规模扩大了，但两家企业分处两地，必然要求企业在管理上深入调整整合，建立起有效的管理体制机制。首先，要确保集团有效管控。对于集团该管什么，不该管什么都要明确界定。不该管的要充分授权，该管的如重大投资决策、重要资源配置、重要人事管理等事项一定要管住、管好，加强集团管控能力。其次，要重视集团职能机构的设置。集团职能机构要精干高效，确保在保障平稳过渡、发挥协同效应和贯彻落实各项决策中发挥有效作用。要认真研究集团职能机构的人员组成及产生方式，配备好集团部门人员。第三，要设置高效的企业组织架构。当前看，鞍钢和攀钢作为新鞍钢集团的子公司，符合企业实际情况。但从企业未来发展看，要适时调整企业的管理架构，压缩管理层级，目的就是要对市场的变化保持灵敏反应，降低成本，提高管理效率，在激烈的市场竞争中取得优势。

三是深入推进业务、管理等方面的整合。鞍钢与攀钢在研发、采购、营销等业务环节，在产品、技术、市场等领域既存在交叉又各有优势，有很大的整合空间。要通过不断完善整合方案，优化整合两家企业的核心业务环节，发挥协同效应。要积极推进人力资源管理、财务管理、制度流程、信息管理等整合，形成新集团统一的管理体系，充分发挥管理协同效应。

四是对有关风险进行评估，制定应对预案。目前经济形势不确定、不稳定因素较多，资本市场难以预测。重组整合过程中要高度重视做好有关上市公司的工作，要通过有效的整合提升公司业绩，企业业绩好了，股民才会有信心。要注重维护企业稳定，坚持以人为本，重视和维护职工群众合法权益，确保稳步推进。

三、抓住重组契机，加快建设具有较强国际竞争力的大型钢铁集团

中央企业的目标是发展成为具有较强国际竞争力的大企业集团。新鞍钢集团公司要以重组为契机，提升企业核心竞争力，加快建设具有较强国际竞争力的大型钢铁集团步伐。

第一，要明确企业发展战略。当前钢铁产业正处于大调整、大重组、大整合过程中，新鞍钢集团公司要深入分析钢铁产业面临的形势，对两家企业原来的战略规划进行有效整合，进一步明确企业发展战略，特别是对于不适应当前钢铁产业形势的重大投资计划，要适时统一调整。

第二，要有效推进兼并重组工作。按照国家关于加快钢铁工业结构调整的要求，紧紧抓住产业调整和振兴的机遇，有效推进企业兼并重组工作。通过兼并重组获取战略资源，扩大企业规模，提高企业效率，实现企业发展战略目标。

第三，要不断提高企业技术创新能力。要以重组为契机，有效整合两家企业创新资源，建立统一的集团科技研发体系，统筹配置科技研发资源，统筹重大共性技术研发，统筹对外技术合作。着力建立企业技术创新的体制机制，以体制机制保障企业的技术创新，使企业在国际产业竞争和国际技术竞争中赢得主动，加快实现从核心技术的“追随者”向“领跑者”转变，切实提高企业核心竞争力。

第四，要打造一流的职工队伍。鞍钢和攀钢在艰苦创业中培养了一支具有光荣传统、能吃苦、能打硬仗的职工队伍。新鞍钢集团公司要围绕提高企业国际竞争力的要求，着力打造一支综合素质高、具有国际视野的管理人才队伍；要围绕做核心技术“领跑者”的要求，着力打造一支科技水平高、创新能力强的专业技术人才队伍；要围绕建设世界一流钢铁企业目标，着力打造一支爱岗敬业、技艺精湛、具有专门技能、操作能力强的高技能职工队伍。

同志们，鞍钢和攀钢都是我国具有光荣传统和优良作风的大型钢铁企业。企业的每一次发展与超越，都凝聚着广大干部职工的心血与汗水，都体现出广大干部职工的智慧与勤劳，我代表国资委向大家表示感谢和敬意。今天的重组又是一次企业发展的重大机遇，希望广大干部职工牢记使命，发扬传统，团结拼搏，再创辉煌，通过扎扎实实的工作，把新鞍钢集团公司加快建设成为具有较强国际竞争力的大型钢铁企业集团，为我国钢铁产业持续健康稳定发展作出新的更大贡献！

（摘自2010年7月29日《鞍钢日报》）

中国钢企首次在美投资建厂

——鞍钢与美国钢发展公司签署投资合作备忘录

美国东部时间5月13日晚，鞍钢集团公司总经理张晓刚与美国钢发展公司总裁在纽约洛克菲勒中心签订了《鞍钢向美国钢发展公司进行股权投资协议》等3个投资合作备忘录，从而拉开了鞍钢海外投资建厂的序幕。双方共同建设的第一家螺纹钢厂将是中国钢铁行业在美国投资建设的第一家钢厂，标志着鞍钢在打造“全球布局、跨国经营的钢铁行业国际领军企业”方面取得了重大的历史性突破。

张晓刚强调，世界知名的钢铁企业，如蒂森克虏伯、浦项制铁、谢韦尔等都已经在美国建厂。鞍钢在美国投资建厂，不仅仅是自身发展的需要，也是承担世界第一钢铁大国“钢铁长子”的神圣历史使命，展示中国钢企在国际化经营、全球化布局方面的能力以及在行业的影响力的需要，为实现中国由钢铁大国向钢铁强国转变作出贡献。

美国钢发展公司(SDCO)由美国具有丰富冶金工业经验的管理团队组织策划，计划分期建设4家螺纹钢厂和1家电工钢厂，第一个螺纹钢厂选定在密西西比州阿默利(Amory)建设，目前已获得密西西比州颁发的环境许可，完成土地平整等工作。该工厂将汇集多国技术、资本和智慧，由加拿大设计，主体设备和技术由意大利达涅利和特诺恩供应，采用最先进的无头连铸连轧技术(ECR Technology)，具有自动化程度高、生产周期短、成本低、回收期短等诸多优点，所生产的棒材部分由日本丸红株式会社和鞍钢承销，主要供应美国东南部地区以替代进口，同时辐射拉丁美洲、南美等具有成长空间的新兴市场。

鞍钢在签订《股权投资协议》的同时，还签署了《设备分包供应协议》和《产品销售协议》，未来将派出技术、财务、管理团队加入到阿默利工厂，参与全面日常管理。在合作中，鞍钢将系统学习美国的技术、财务知识和管理理念，同时也会将鞍钢的价值观和管理优势融入到合资企业中去，真正把阿默利工厂建设成融合全球优势的先进企业。

张晓刚表示，鞍钢之所以在美国投资建设钢厂，主要出自三方面的考虑：一是充分利用美国经济刺激计划中关于基础建设投资的钢材需求只能由美国国内满足的政策要求，填充美国国内线材、棒材产能不足提供的市场空间，在拓展市场的同时，进而把鞍钢的布局延伸到美国。二是因为美国的工业化发展十分成熟，短流程电炉炼钢的生产工艺和装备也很完善。鞍钢在美国投资建设最先进的短流程工艺，是要用10年左右的时间将此工艺和装备进一步完善和创新，为在中国工业化后期将该工艺技术引进到中国，从而替代高炉流程，从根本上降低能源资源消耗和减少二氧化碳排放等探索经验，做好前期储备。三是培养鞍钢的国际化经营人才。在每一个合资工厂都有1~2个管理岗位由鞍钢派人担任，并定期进行交流，借鉴成熟市场经济国家在企业管理、企业文化、制度法规等方面的经验，为增强鞍钢的国际化经营能力做好人才储备。

鞍钢自2007年提出“四个转变”发展战略以来，国际化经营发展迅速，特别是抓住了国际金融危机提供的难得机会，先后建立了鞍钢第一个海外原料生产基地、第一个从事海外销售业务的合资公司、第一个海外钢材加工基地，如今又成为中国钢铁行业第一家在美国投资建厂的钢铁企业。该项目将实现鞍钢“从产品输出向管理和技术输出”的转变，标志着鞍钢已经实现了从钢材出口、建立海外营销办事处等初级国际化经营，向建设海外钢厂、实施海外资本运作的更高层次国际化之路迈进。

（摘自2010年5月18日《中国冶金报》）

郭明义先进事迹报告会
在北京人民大会堂隆重举行

8月1日，中共中央总书记、国家主席、中央军委主席胡锦涛就学习宣传郭明义同志先进事迹作出重要指示。他指出，郭明义同志是助人为乐的道德模范，是新时期学习实践雷锋精神的优秀代表。要大力宣传和弘扬郭明义同志的先进事迹和崇高品德，为构建社会主义和谐社会提供强大精神力量。

10月11日，郭明义同志先进事迹首场报告会在北京人民大会堂举行。受胡锦涛总书记委托，中共中央政治局常委李长春会见了郭明义同志和报告团其他成员。他强调，要认真贯彻落实胡锦涛总书记重要指示，深入开展向郭明义同志学习活动，学习他始终保持共产党人的政治本色，坚持全心全意为人民服务的坚定理想信念；学习他在新时期传承和弘扬雷锋精神，艰苦奋斗、无私奉献的高尚道德情操；学习他热忱为他人排忧解难，用真情化解矛盾、促进社会和谐的崇高精神境界，努力在全社会形成向郭明义同志学习，传承雷锋精神、共建和谐社会的浓厚氛围。

李长春指出，郭明义同志的先进事迹和崇高精神，赋予了雷锋精神新的时代特征，体现了全体人民的道德追求，展示了中华民族的优秀品质，诠释了社会主义核心价值体系的深刻内涵，生动回答了在新的历史条件下，如何正确认识和处理自我与他人、个人与集体、索取与奉献、平凡与崇高等人生课题，对广大人民群众特别是青少年树立正确的世界观、人生观、价值观，具有十分重要的教育意义。要通过大力宣传郭明义同志的感人事迹和崇高精神，激励更多的人爱岗敬业、助人为乐，推动更多郭明义式的道德模范和雷锋传人涌现出来，凝聚起建设社会主义核心价值体系的强大力量，不断巩固全党全国各族人民团结奋斗的共同思想基础，为夺取全面建设小康社会新胜利、开创中国特色社会主义事业新局面作出贡献。

报告会由中央宣传部、全国总工会、解放军总政治部和辽宁省委联合举办。中央和国家机关干部、北京市基层干部群众、在京国有企业职工、解放军和武警部队官兵以及首都高校师生代表6000多人参加报告会。报告会上，郭明义讲述了自己的心路历程和成长过程，报告团其他4名成员结合自己的亲身经历，从不同侧面讲述了郭明义的模范事迹和高尚品德。现场听众深受感动和教育，全场不时响起阵阵热烈掌声。

（摘自2010年10月12日《人民日报》）

鞍钢隆重召开纪念“鞍钢宪法”发表50周年暨感动鞍钢创新功勋人物颁奖大会

3月22日是毛泽东同志批示的“鞍钢宪法”发表50周年纪念日。纪念“鞍钢宪法”发表50周年暨“感动鞍钢——创新功勋人物”颁奖大会在鞍钢工人文化宫隆重举行。

大会号召广大职工要大力弘扬鞍钢工人阶级大搞技术革新和技术革命的优良传统，大力弘扬“创新、求实、拼争、奉献”的鞍钢精神，在实践中继承和发扬鞍钢的创新传统，在新的历史起点上，进一步推动技术创新活动的深入开展，努力建设创新型企业，加快“四个转变”，早日实现“全面腾飞”奋斗目标。集团公司党委书记、总经理张晓刚在大会上发表讲话。大会由集团公司党委副书记闻宝满主持。集团公司副总经理唐复平在大会上宣读了集团公司党委、集团公司、集团公司工会《关于表彰“感动鞍钢——创新功勋人物”的决定》。

经鞍钢广大职工投票评选，并征求部分专家意见，孟泰、王崇伦等20名同志当选为“感动鞍钢——创新功勋人物”，宋仁峰等20名同志荣获“感动鞍钢——创新功勋人物”提名奖。集团公司党委、集团公司、集团公司工会决定向20名“感动鞍钢——创新功勋人物”颁发80克金质纪念奖牌，向20名“感动鞍钢——创新功勋人物”提名奖获得者颁发500克银质纪念奖牌。

张晓刚在讲话中说，在新的历史条件下重温“鞍钢宪法”，认识它的核心精神和现实意义，对于更好地继承和发扬鞍钢创新发展的宝贵经验，促进鞍钢加快“四个转变”，早日实现“全面腾飞”奋斗目标，具有十分重要的意义。“鞍钢宪法”的内容十分丰富，特别是其核心内容之——技术革新和技术革命，对今天的鞍钢更具有现实指导意义。技术革新和技术革命实质就是科技创新。实践证明，鞍钢历史上的每一次大的发展和飞跃，都是同科技创新分不开的。科技创新是鞍钢实现科学发展的决定性因素。在新的历史条件下纪念“鞍钢宪法”发表50周年，就是要紧紧抓住它的核心内容，坚持科学技术是第一生产力的观点，大力开展科技创新，不断提高自主创新能力，努力建设创新型企业。这是鞍钢转变发展方式，实现持续健康发展的必然选择。

张晓刚指出，要深刻认识“感动鞍钢——创新功勋人物”所承载的精神内涵。此次评选出的“感动鞍钢——创新功勋人物”是鞍钢生产、建设各个历史时期涌现的先进模范人物中的杰出代表，他们虽然身处不同年代、不同环境、不同岗位，但他们身上所体现出来的崇高精神，在本质上是一致的，那就是：爱岗敬业、争创一流，艰苦奋斗、勇于创新，淡泊名利、甘于奉献。这是几代鞍钢人在生产、建设各个历史时期孕育、积累的宝贵精神财富，是鞍钢精神的重要组成部分，值得每个人认真学习。

张晓刚强调，当前，鞍钢正处在加快“四个转变”，向“全面腾飞”目标迈进的新阶段，更需要继承和发扬“鞍钢宪法”中所提倡的科技创新精神，继承和发扬“创新功勋人物”身上所承载的爱岗敬业、争创一流，艰苦奋斗、勇于创新，淡泊名利、甘于奉献的优良传统，并使之贯穿到企业发展的各个方面。要着力提高科技创新能力，要着力把握科技创新方向，要着力打造创新文化氛围。

张晓刚强调，鞍钢的创新传统弥足珍贵。让我们坚持以科学发展观为指导，继承和发扬这些宝贵的精神财富，以高度的主人翁责任感、奋发有为的精神状态、求真务实的工作作风，同心同德，艰苦奋斗，开拓创新，在实现“全面腾飞”的伟大征程中不断创造新的辉煌。

（摘自2010年3月23日《鞍钢日报》）

鞍钢荣膺新中国六十年企业精神六十佳

在中外企业文化2010年北京峰会上，鞍钢荣膺新中国六十年企业精神六十佳。

此次峰会由中国企业文化研究会举办，主要议题是对新中国60年传承与创新的企业精神进行全面回顾、总结与评价，弘扬新中国60年培育形成的企业精神，建设昂扬向上的企业文化，宣传企业文化建设典型。鞍钢作为新中国最早成立的大型钢铁联合企业，在企业精神的塑造与传承上取得了成功的经验。在此次峰会上，鞍钢申报了以“与时俱进的鞍钢精神”为题的相关材料，对鞍钢精神的形成、内涵、特征、传承等进行了全面阐述，“创新、求实、拼争、奉献”的鞍钢精神得到专家一致肯定，认为鞍钢精神是鞍钢不同时期科学发展的重要精神理念，是鞍钢走向成功的重要软实力，为鞍钢提升竞争力提供了强大支撑。

（摘自2010年11月22日《鞍钢日报》）

鞍钢荣获战略执行明星组织奖

在9月10日召开的2010年中国战略执行峰会——第四届“中国战略执行峰会暨战略执行明星组织颁奖典礼”上，鞍钢荣获2010中国“战略执行明星组织”奖。

中国“战略执行明星组织”奖是中国战略管理领域的最高奖项。从2007年开始的中国“战略执行明星组织”评选活动，迄今举行了四届奖项评选，共有24个企业获奖。

中国战略执行明星组织评审理事会对鞍钢的评价主要是：鞍钢高度重视战略执行工作，高层积极推进，通过运用平衡计分卡，把战略规划转化成了可以操作的行动，实现了战略与运营的有效对接；建立了基于平衡计分卡（BSC）的战略管理体系，较好地推动了战略的执行，取得了良好的经济效益。鞍钢在战略执行实践中，结合行业特点，总结沉淀了值得同行业借鉴的指标、行动方案体系，并赢得了显著的业绩成果。在应用BSC不到3年的时间里，在领导力驱动变革、战略分解和细化、战略与组织协同、将战略落实到个人具体工作以及持续性战略流程建设方面均有比较成熟的表现。鞍钢建立并实施了“战略—预算—考核—薪酬”为一体的闭环式战略绩效管理流程，将“绩效考核职能”上升为“战略实施职能”，实施了战略管控模式，通过岗位绩效管理体系的建立，使公司战略有效落实到岗位，并将战略成为持续的流程。

（摘自2010年9月13日《鞍钢日报》）

鞍钢入选2010年《中国500最具价值品牌》

6月28日，2010年（第七届）世界品牌大会（World Brand Summit）暨中国500最具价值品牌发布会在北京举行。会上发布了2010年《中国500最具价值品牌》排行榜，鞍钢以207.62亿元人民币的品牌价值再度上榜，居排行榜第44位，在中国钢铁行业中列第2名，比2008年入选时上升4位，品牌价值提升39.17亿元人民币，并与国家电网、国航、中国中化、青岛啤酒等10个品牌一同被认定为2010

年度最佳表现品牌。

随着加快“四个转变”和技术改造步伐，不断提高品牌创新意识和产品市场竞争力，致力于建设能够引领世界钢铁工业发展的特大型跨国集团，积极推进国际化经营进程，鞍钢在中国乃至世界的影响力日渐提升。自2009年以来，鞍钢荣膺了中国最具影响力企业和中国最诚信企业，并入选亚洲品牌500强，同时鞍钢股份公司蝉联福布斯“亚洲上市公司50强”，企业被认为具有持续盈利能力和广阔的发展前景。

《中国500最具价值品牌》排行榜由全球三大品牌价值评估机构之一的世界品牌实验室（World Brand Lab）主办，是基于对企业的财务分析、消费者行为分析和品牌强度分析，并依据品牌行业影响、市场认知度、品牌管理、扩张能力等进行品牌价值评估得出的排名。排行榜从2004年开始至今已发布7次。

2010年《中国500最具价值品牌》总价值为42634.54亿元，平均每个品牌价值为85.27亿元。2010年入选品牌的最低价值已从去年的8.01亿元人民币上升到了9.19亿元人民币。宝钢、武钢、沙钢和南京钢铁联合有限公司分别居排行榜第18位、73位、75位和135位。

（摘自2010年7月1日《鞍钢日报》）

专　文

以科学发展观为指导　建设特大型跨国集团

鞍山钢铁集团公司党委书记、总经理　张晓刚

2010年是鞍钢发展史上浓墨重彩、具有里程碑意义的一年。鞍钢集团公司广大干部职工深入贯彻落实科学发展观，以推进鞍钢、攀钢重组整合为契机，加大工作力度，实现了跨越式发展。一年来：

——企业发展取得历史性突破。鞍钢集团公司全年铁、钢产量双超3000万t，销售收入达到1513亿元，按照营业收入衡量，鞍钢集团公司已经进入世界500强。

——国内布局取得历史性突破。鞍钢与攀钢实现重组，与福建省签署合作协议，莆田冷轧项目开工建设，成为国内布局完善、最具有资源优势的钢铁企业。

——国际化经营取得历史性突破。海外生产基地建设正式启动，成为第一个在美国投资建厂的中国钢铁企业，国际影响力和竞争力显著提升。

——精神文明建设取得历史性突破。郭明义同志的先进事迹得到胡锦涛总书记等中央领导同志的高度评价，在全国掀起了学习热潮，企业精神得到进一步升华。

一、企业发展实现“六个新跨越”

1. 规模化和多区域化发展实现新跨越。全年鞍钢集团公司生产铁3073万t、钢3022万t、钢材2877万t，同比分别增长6.5%、6.7%、8.5%；预计全年实现营业收入1513亿元、利润总额49.55亿元，同比分别增长24%、120%。

随着鞍钢与攀钢成功重组、鲅鱼圈新区实现达产、鞍凌公司建成投产、西昌基地加快建设、莆田项目开工建设，鞍钢集团公司的国内布局取得历史性突破，资源优势、规模优势、协同优势显著提升，成为国内布局完善、最具有资源优势的钢铁企业。

2. 国际化经营实现新跨越。与美国钢发展公司签订协议，成为中国首家在美国投资建厂的钢铁企业。第一个海外钢材加工中心——鞍钢维加诺公司正式成立运营，海外营销开始向实体化、专业化、系统化转变。海外资源保障体系建设稳步推进。认购澳大利亚金达必公司股权的整体融资方案得到国家核准。卡拉拉铁矿项目银团贷款协议正式签署，确保了项目建设顺利推进。全年鞍钢集团公司钢材出口（装船）201.7万t；创汇总额15.9亿美元。

3. 重要业务板块发展实现新跨越。大力发展资源产业。鞍钢铁矿山改扩建规划项目得到国家批准。与昊融集团建立战略合作伙伴关系，投资吉恩镍业成为其第三大股东。与山西物资产业集团开展焦煤投资开发、销售等方面的合作。与阳泉煤业集团、淮北矿业集团签订中长期煤炭购销协议。与大连造船厂集团、新加坡太平船务共同建立拆船公司，每年将向鞍钢提供50多万t废钢资源。

攀钢白马矿一期达产攻关取得突破；攀枝花矿尖山采区露天转地下开采。凉山州普矿资源控制及风险勘探工作取得进展。与重庆能源投资公司合作开发的云南富源煤矿建设取得突破性进展。在云贵煤炭产区开展经营性布点工作。

深化与国内外企业的合资合作，增强多角化产业竞争力。与韩国斯多伯格三一公司合资的高档次连铸保护渣一期工程竣工投产，与美国铁姆肯公司的轴承修复合作项目正式签约，自主研发的超细高纯铝粉项目竣工投产。

4. 低碳、绿色发展实现新跨越。鞍钢集团公司“十一五”期间节能319万t标准煤，超额完成“十一五”节能目标。在国务院节能减排工作会议上，鞍钢作为唯一一家企业介绍了经验。全年实现节能50万t标准煤、节水1267万t，鞍钢被国家列为首批“两化融合”促进节能减排试点示范企业；鞍钢烧结机余热发电等50多个重点项目全面实施，创造了良好的环保效益和经济效益。攀钢钒5~6号焦炉干熄焦工程建成投产，烧结系统技术改造二期、余热余能发电二期等工程稳步推进。

5. 核心技术开发实现新跨越。成功开发时速380公里高速重轨，铺设在京沪高铁。鞍钢成功生产替代进口的核岛关键设备试验用钢，锻造出先进核电站主管道锻件，促进了我国第三代核电技术自主化和关键设备国产化。成为国内首家通过铁道部500MPa级高强度铁路用钢技术审查的钢铁企业。建成东鞍山难选混合铁矿石“分选浮选”工业化示范生产线，达到国际领先水平。EVI活动卓有成效，鞍钢与一汽集团成立联合实验室，与中国船级社签订战略协议。

攀钢高品质齿轮钢、炼油行业换热器用镍基合金等新产品实现稳定批量生产；“钒钛资源综合利用国家重点实验室”获国家科技部批准并开始建设；钒钛磁铁矿综合利用新工艺、高品质富钛料制取、高炉渣提钛、氧化钒清洁生产四条中试线投入运行，完成了一系列提钒清洁生产工业试验。

鞍钢集团公司获国家科技进步二等奖1项、行业和省级科技进步奖29项；获得国家受理专利1351件、国家授权专利942件、国外专利授权5件。鞍钢荣获第十届全国质量奖。

6. 体制机制和管理创新实现新跨越。加快推进鞍钢、攀钢实质性重组整合。成功化解二次现金选择权风险。推进改制企业董事会试点工作。实施内部资源整合，推进专业一体化管理。鞍钢对重机公司与矿机、汽车公司与矿汽实施了业务整合；攀钢对生活公司与房产公司实施了业务整合，将攀钢钒维检中心成建制划入攀信公司，对机电学院（职教中心）和党校（管理干部学校）实施了整合。

加强战略规划管理，确立鞍钢集团公司战略目标、发展思路和发展战略。加强战略执行，鞍钢荣获2010中国“战略执行明星组织”奖。“大型铁矿山企业基于价值链的战略成本管理”荣获第十七届全国企业管理现代化创新成果一等奖。构建和完善了战略规划、全面预算、战略绩效考核、薪酬挂钩的闭环运营体系，确保了战略落地。

认真履行社会责任。鞍钢获得“2010金蜜蜂企业社会责任·领袖型企业”奖，“鞍钢集团2009可持续发展报告”获得“2010年优秀企业社会责任报告·领袖型企业”奖。安全生产取得长足进步，鞍钢集团公司安全事故同比降低15.3%。鞍钢实施物资集中采购管理，全年降低采购成本17.39亿元。

二、政治工作实现“五个加强”

1. 党的建设不断加强。鞍钢举行“郭明义事迹报告会暨鞍钢创先争优活动动员大会”，以典型引路的形式，启动了创先争优活动，在确立活动主题、设计活动载体、选树先进典型、公开进行承诺等方面取得显著成效。攀钢将创先争优活动与争创“四好”领导班子、“四强”党组织、“四优”共产党员活动结合起来，党建工作的生机与活力得到不断增强。

落实“融入中心做工作、进入管理起作用”的党建工作思路。鞍钢开展了“样板”党支部创建活动、党员对标领航活动、党内主题实践活动和民主评议党员活动。攀钢紧紧围绕实现扭亏为盈、加快重组整合和推进二次创业，深化“先锋·旗帜”实践建功活动。与此同时，认真开展基层党组织换届改选工作，推进基层党组织建设。

加强领导人员管理，规范领导人员选拔任用工作，得到中组部检查组的肯定。鞍钢制定的《关于进一步加强领导人员管理工作的通知》和攀钢制定的《领导干部任职到龄退出领导岗位的暂行规定》等制度，促进了领导人员管理工作规范化、制度化、科学化。

2. 思想政治工作不断加强。全面深化形势任务教育，引导职工认清企业发展面临的新形势、新任务，牢固树立大局意识和责任意识，把思想和行动统一到企业战略目标上来。攀钢深入开展“务必实现扭亏为盈，奋力推进二次创业”大讨论，引导职工把工作重点放在提高经济效益上。

高度重视维护稳定工作，从源头上预防化解矛盾的能力不断提高。鞍钢深入开展领导大接访活动，有效化解信访热点问题；开展“信访工作效率年”和“信访积案化解”活动，集中化解了一批疑难复杂信访问题。攀钢认真开展矛盾纠纷排查化解活动，化解各类信访苗头隐患；开展专项治理活动，解决信访突出问题。

3. 精神文明建设和企业文化建设不断加强。对开展向郭明义学习活动进行全面部署。鞍钢党委积极向上级部门推荐郭明义的先进事迹，胡锦涛总书记等多位中央领导同志就学习宣传郭明义先进事迹作出重要指示，新华社、人民日报、中央电视台等国内主要媒体重点宣传了郭明义的先进事迹，郭明义先进事迹报告团在全国作巡回报告，使郭明义成为全国人民学习的楷模，郭明义精神为企业精神和企业文化注入了新的内涵，成为推动鞍钢集团公司实现战略目标的强大精神动力。

以纪念“鞍钢宪法”诞生50周年为契机，总结提炼了以“鞍钢宪法”为代表的企业文化和企业管理经验，评选出孟泰、王崇伦等20名“感动鞍钢——创新功勋人物”。攀钢举办投产40周年系列纪念活动，实现了文化建设与中心工作的深度融合。鞍钢、攀钢荣膺新中国60年企业精神60佳。攀钢获得2009年四川省灾后重建暨精神文明建设宣传工作组织奖。鞍钢股份公司第一炼钢厂被评为辽宁省文明企业标兵。鞍钢女子拔河队为中国夺得首枚世界拔河锦标赛金牌。

4. 党风和反腐倡廉建设不断加强。鞍钢扎实推进惩防腐败体系建设，开展惩防腐败体系管理体系框架研究，编写了《党政纪条规汇编》和《党风和反腐倡廉建设制度汇编》。探索用信息化手段推进惩防腐败体系建设，发挥“三位一体”信息网舆论平台作用。攀钢推进惩防腐败体系建设、落实党风廉政建设责任制工作的作法，被编入国资委《中央企业党风廉政建设责任制经验汇编》。

加强领导人员作风建设。开展学习王瑛同志先进事迹活动，营造廉洁从业氛围。鞍钢开展牢记党的宗旨，坚定理想信念和加强党性党风党纪观念专题教育。召开廉洁文化建设现场会。攀钢开展以加强领导作风、工作作风为重点的自查自纠和专项治理；举办领导人员廉洁从业培训班；开展廉洁文化理念宣传和研讨活动。

5. 工会、共青团等群众组织工作不断加强。落实职代会制度，深化厂务公开民主管理，维护职工权益。以“职工创新年”活动为契机，开展群众性建功立业活动，鞍钢职工创新成果在纽伦堡国际发明展上获得3项金奖。鞍钢开展十大经济技术指标攻关、鞍凌工程建设等劳动竞赛活动，开展101个工种职工技术竞赛；攀钢举办第四届职工技术运动会，开展8个通用工种、103个专业工种职工技术竞赛。各级共青团组织围绕企业中心工作，以思想教育引导青年弘扬企业精神，传承企业文化，以岗位建功引领青年提升综合素质，发挥先锋作用，为鞍钢集团公司实现跨越式发展作出了重要贡献。

坚持以人为本，关心职工生活。全年鞍钢走访慰问救济特困、困难在职职工23711人次，发放救济金957万元；走访慰问救济困难、重病、工残、老劳模等退休人员35000多人次，发放救济金850多万元；深入开展互助互济活动，建立“一帮一”对子2081个，“群帮一”对子1369个；为106305名在职职工进行健康体检；发放医疗救济专项资金976万元，救济3117人；为22686名在职女职工签订了2010年团体女性安康保险合同，有36名女职工得到保险理赔共177万元。攀钢走访慰问困难职工、离退休人员等1万多人次，送慰问金、慰问品价值390万元，向340名困难职工发放帮困金58万元；为1372名女职工办理了大病互助保险。

大事志

2010年鞍钢大事记

1月

5日

△鞍钢总医院荣获全国医药卫生系统先进集体荣誉称号，成为鞍山市唯一一家获此殊荣的医院。

6日

△继新版鞍钢中文网站正式上线运行后，经过4个多月的紧张筹备，新版鞍钢英文网站上线运行。

7日

△鞍钢党委书记、总经理张晓刚，副总经理唐复平会见到访的大连重工起重集团有限公司董事长兼总经理宋甲晶、副总经理薛殿晔一行。

9日

△在北京召开的2010年中国企业诚信和商务道德建设论坛上，鞍钢获得了“2009年度中国最诚信企业”称号。

10日

△鞍钢与国内相关科研单位合作完成的“冷轧机板形控制系统核心技术自主研发与工业应用”项目经国家工商局批准技术商标注册，这是鞍钢第一个专用技术商标。同时，该项目被评为国家级技术创新项目，得到国家技术创新重大项目专项资助。

11日

△鞍钢“高性能造船用钢制造技术创新与集成”项目获得国家科技进步二等奖。

12日

△朝阳鞍凌精品钢项目1700热连轧粗轧机牌坊顺利安装。

16日

△鞍钢营口鲅鱼圈钢铁建设项目焦化、煤气、制氧系统顺利通过国家危险化学品建设项目安全设施竣工验收评价，并取得危险化学品安全生产许可证。

△在吉林省松原市举行的“中国石油杯”2010年中国拔河精英赛中，鞍钢股份公司拔河队获得男子组640公斤级冠军，矿业公司齐矿男女拔河队包揽其他三项冠军。

17日

△中船重工股份有限公司总经理、大连船舶重工集团董事长孙波一行访问鞍钢。

21日

△福建省人民政府和鞍钢在福州举行会谈，福建省省长黄小晶与鞍钢党委书记、总经理张晓刚分别代表福建省人民政府和鞍钢签署合作协议。双方一致认为，福建省与鞍钢建立战略合作伙伴关系，有利于推动钢铁企业跨地区联合重组，提高钢铁产业集中度，实现钢铁产业合理布局；有利于实现海峡西岸经济区先进制造业基地建设与鞍钢集团公司战略发展的双赢；是落实党中央、国务院支持海峡西岸经济区发展的战略决策和加快推进海峡西岸经济区建设的一项有力举措。

26日

△鞍钢与韩国斯多伯格三一公司合资合作的保护渣项目签字仪式在鞍钢会展中心举行。

27日

△鞍钢党委书记、总经理张晓刚在鞍钢会展中心会见到访的大连港集团有限公司董事长邢良忠、总经理孙宏、副总经理付彬一行。

△马钢副总经理高海建一行参观鞍钢鲅鱼圈钢铁新区。

△鞍钢股份公司成功发行2010年第一期短期融资券。本次发行额度为30亿元，期限为365天，发行利率为2.84%。

2月

1日

△鞍钢纪检监察工作会议在会展中心召开。

3日

△辽阳市委书记孙远良，市委副书记、市长唐志国，市人大常委会主任王义信，市政协主席尚杰洪等到鞍钢访问。

△鞍钢矿业公司荣获辽宁省希望工程突出贡献单位奖。鞍钢矿业公司齐大山铁矿职工郭明义

荣获辽宁省希望工程突出贡献个人奖。

4日

△鞍钢党委副书记闻宝满代表集团公司党委到部分困难党员家中走访慰问。

5日

△鞍钢与福建省莆田市人民政府在莆田市举行鞍钢冷轧钢板（莆田）项目签约仪式。6日，该项目建设开工奠基仪式在莆田市秀屿港隆重举行。

△第五届国际网络炼钢大赛成绩揭晓。鞍钢参赛职工获得第三名和第五名。

6日

△鞍钢领导张晓刚、闻宝满、唐复平、于万源、尹利、陈平、白静瀑代表集团公司党政走访慰问困难职工和退休人员。

△鞍钢冷轧钢板（莆田）项目建设开工奠基仪式在福建省莆田市秀屿港隆重举行。

8日

△鞍钢2009年度总结表彰大会在工人文化宫隆重举行，会议表彰了2009年在鞍钢生产经营和改革发展中作出突出贡献的先进集体和先进个人。

△营口市委书记赵化明一行到鞍钢访问。

9日

△鞍钢被中国企业联合会、中国企业家协会授予“2009年度中国最具影响力企业”称号。

△矿业公司郭明义无偿献血志愿者应急服务大队宣布正式成立。

22日

△鞍钢党委命名表彰了70个样板党支部、65个样板党员责任区和73个样板党员先锋岗，树立8个党支部工作示范基地。

25日

△鞍钢集团与营口港务集团关于矿石码头和钢材码头合资合作合同补充协议签字仪式在营口经济技术开发区举行。

△鞍钢党委书记、总经理张晓刚在营口经济技术开发区会见营口市委书记赵化明，双方就鞍钢鲅鱼圈基地发展状况等进行了交流。

28日

△鞍钢股份线材厂开发的HRBF400Ⅲ级带肋钢筋经现场实物检测和质量管理体系审查，全部符合标准，准予生产。这标志着鞍钢股份线材厂成为国内首家获得超细晶粒热轧带肋钢筋生产许可证的企业。

△在意大利举行的世界室内拔河锦标赛中，代表中国参赛的鞍钢女子拔河队先后获世界室内拔河锦标赛500公斤级冠军，540公斤级亚军。摘取了中国在世界拔河锦标赛历史上的首枚金牌。

3月

8日

△鞍钢纪念“三八”国际劳动妇女节100周年大会隆重举行。

9日

△鞍钢为全国高速铁路供货总量已达24.38万t，其中为哈大高速铁路客运专线供轨66700t。成功打造出百米重轨精品品牌，实现了百米重轨产能最大化和效益最大化。

△鞍钢职工大学远程教育网络开通运行。

10日

△鞍钢北科大中青年干部培训班（第四期）开班。鞍钢党委副书记闻宝满、北京科技大学副校长权良柱等出席了开班典礼。

△鲅鱼圈2号高炉月平均利用系数达2.445，创鞍钢高炉利用系数新纪录，位居国内4000m^3级大型高炉领先水平。

△鞍钢总医院成功实施脐带胎盘血提取干细胞移植胰腺手术。

11日

△鞍钢党校举行2010年春季班开学典礼。

△钢绳公司经辽宁省高新技术企业认定管理委员会评审，被授予辽宁省高新技术企业称号。

△鞍钢老区铁矿山改扩建规划项目正式得到国家工信部批准。项目实施后，到2015年，即在“十二五”末期，鞍钢铁矿石年产量将达到6200万t，铁精矿年产量将达到1800万t以上，分别比现有规模增加1700万t和300万t。到2020年，铁矿石年产量将达到9200万t，相当于在现有规模基础上翻一番。

13日

△由鞍钢和鞍山市燃气总公司共同建造的鞍钢送铁西区焦炉煤气专线正式投入使用，该专线的开通可有效缓解铁西区天然气供应不足的难题。

17日

△鞍钢党委在鞍钢会展中心召开纪念“鞍钢宪法”发表50周年暨弘扬鞍钢创新精神座谈会。

△鞍钢总医院独立成功完成东北地区首例、全国第二例一次置换三节人工颈椎间盘手术。

18日

△鞍钢集团工程技术有限公司揭牌仪式在鞍钢会展中心举行。该公司的成立为鞍钢做强做大

工程技术产业搭建了坚实的平台。

△中国海运（集团）总公司副总裁张国发一行到鞍钢访问。

22日

△鞍钢在工人文化宫隆重召开纪念“鞍钢宪法”发表50周年暨“感动鞍钢——创新功勋人物”颁奖大会。会上表彰了孟泰、王崇伦等20位自“七九”开工以来为鞍钢建设和发展作出突出贡献的“感动鞍钢——创新功勋人物”。

△鞍钢斯多伯格三一冶金材料有限公司在鞍山市达道湾工业园区开工奠基。鞍钢斯多伯格三一冶金材料有限公司由鞍钢实业公司与韩国斯多伯格三一公司（隶属S&B工业矿产股份有限公司）共同投资组建，双方各占50%股份，合作开发生产高档炼钢连铸辅助材料结晶器保护渣。

30日

△鞍钢精神文明建设委员会召开全委会，会上命名表彰了2009年度鞍钢文明作业区、文明机台、文明岗位、文明窗口，审议《关于修改〈鞍山钢铁集团公司精神文明绩效考核管理办法〉的建议》。

31日

△鞍钢科技创新工作会议在工人文化宫隆重举行。会议总结了过去一年科技创新工作，对2010年科技创新任务进行部署；表彰了获鞍钢2009年度重大科学技术奖的21项科技创新成果。

4月

1日

△鞍钢在矿山宾馆召开贯彻实施《中国共产党党员领导干部廉洁从政若干准则》座谈会。

△攀钢集团公司董事长、总经理樊政炜一行考察鲅鱼圈钢铁新区。

8日

△中国工商银行股份有限公司党委书记、董事长姜建清一行21人到鞍钢访问。

△矿山汽车公司国有股权委托管理签字仪式在鞍钢会展中心举行。鞍钢将矿山汽车运输有限公司国有股权委托汽车公司管理。

10日

△中共中央政治局常委、国务院副总理李克强视察鲅鱼圈钢铁新区。

15日

△铁运公司“内燃机车模拟驾驶系统”、“鞍钢西区铁路完善性改造科学规划与研究”两项科技成果通过了辽宁省科技成果鉴定。

18日

△鞍钢股份线材厂高速无扭控冷热轧盘条，被辽宁省名牌战略推进委员会认定为辽宁名牌产品。

19日

△鞍钢维护稳定信访工作会议在鞍钢会展中心召开。

20日

△鞍钢通过中央电视台抗震救灾大型募捐活动特别节目向青海玉树地震灾区捐赠500万元人民币。

21日

△鞍钢股份2009年度业绩发布会在香港举行，鞍钢党委书记、总经理、鞍钢股份有限公司董事长张晓刚出席业绩发布会并接受新闻媒体采访。

23日

△鞍钢在会展中心召开了鞍钢中长期战略发展规划暨战略规划管理办法宣贯会。鞍钢机关各部门和鞍钢股份公司、矿业公司等36家二级单位的相关领导及业务人员参加了会议。

△朝阳市市长张铁民一行7人到鞍钢访问。

27日

△中共鞍山钢铁集团公司委员会、鞍山钢铁集团公司发布《关于开展向郭明义同志学习的决定》。

△第五届中日钢铁业环保、节能先进技术专家交流会在鞍钢召开。来自鞍钢、武钢、首钢和冶金规划研究院等国内25家钢铁企业、科研院所的100余名专家与日方6家钢铁企业的26位专家和政府代表进行了交流。

28日

△鞍钢党委副书记闻宝满、工会主席尹利走访慰问鞍钢部分劳动模范和困难职工。

29日

△鞍钢劳动模范座谈会在会展中心举行。23名鞍钢新老劳动模范畅谈工作体会，共话鞍钢发展未来。

5月

1日

△鞍钢天铁冷轧薄板公司二期脱硅系统完成

联动试车，投入运行。

△鞍钢举行庆“五一”职工长跑比赛。

7日

△鞍钢与中国船级社战略合作协议在北京签署。鞍钢副总经理唐复平，中国船级社总裁李科浚、党委书记孙立成等出席签约仪式。

10日

△内蒙古自治区国资委主任苏和，包头钢铁（集团）有限责任公司董事长、党委书记周秉利一行到鞍钢考察。

14日

△鞍钢领导班子举行专题学习会。传达学习中央纪委监察部贯彻落实《关于加强和改进中央企业和中央金融机构纪检监察组织建设的若干意见》座谈会精神。

△鞍钢总经理张晓刚与美国钢发展公司总裁在纽约签订《鞍钢向美国钢发展公司进行股权投资协议》等三个协议。辽宁省省长陈政高参加协议签字仪式，祝愿鞍钢海外拓展成功。鞍钢与美国钢发展公司共同建设的螺纹钢厂，是中国钢铁行业在美国投资建设的第一家钢铁企业。

△鞍钢与一汽汽车用钢联合实验室成立签字、揭牌仪式在鞍钢技术中心举行。作为在各自行业有重要影响的国有大企业，鞍钢和一汽将在汽车用钢研发和应用领域进行广泛深入合作，促进我国钢铁工业和汽车行业更好更快发展。

16日

△鞍钢党委书记、总经理张晓刚在鞍钢会展中心会见到访的太钢集团董事长李晓波一行，双方就促进两企业共同发展等问题进行了交流。

17日

△中国船级社理事长兼总裁李科浚一行到鞍钢访问。

18日

△鞍凌精品钢项目中的重要能源支撑工程——2号焦炉于10时58分顺利实现点火烘炉。

△鞍钢工程技术有限公司在北京分别与中钢设备有限公司、五矿工程技术公司签署战略合作协议。双方以战略联合体形式共同开拓国际国内市场，中钢设备有限公司、五矿工程技术公司承揽的国际国内工程，优先与鞍钢工程技术有限公司合作，鞍钢工程技术有限公司作为设计分包方，负责提供全面的技术支持和服务。

20日

△国务院国有资产监督管理委员会同意鞍山钢铁集团公司与攀钢集团有限公司实行联合重组。重组后，新设立鞍钢集团公司作为鞍山钢铁集团公司、攀钢集团有限公司的母公司，由国务院国有资产监督管理委员会代表国务院对鞍钢集团公司履行出资人职责，鞍山钢铁集团公司、攀钢集团有限公司均作为鞍钢集团公司的全资子公司。

22日

△由鞍钢总医院承办的AG2010骨科新技术高峰论坛在鞍山国际酒店会展中心举行。来自法国、韩国等国的专家学者和国内几十所知名医院的骨科专家、教授共计200多人参加论坛。

23日

△2010年度鞍钢职工技术竞赛首批集中理论考试在职工大学考试中心举行。鞍钢党委副书记闻宝满，党委常委、工会主席尹利到考场看望参赛职工和考务人员。

26日

△鞍钢工程技术公司与自动化公司签署战略合作协议。根据该协议，双方将形成自动化设计和集成等技术资源协同工作机制，为提升鞍钢工艺技术装备和自动化水平提供有效支撑。同时，双方将积极落实鞍钢技术输出和技术领跑战略，发挥各自优势，共同拓展鞍钢外部市场。

31日

△商务部副部长蒋耀平一行就出口贸易和产业发展等情况到鞍钢进行调研。

6月

2日

△钢绳有限责任公司圆满完成了相关领域内资质复审工作，相继通过了API（美国石油学会）、煤矿矿用产品安全标志（即煤安MA标志）、英国劳氏船级社（LR）、中国船级社等多项权威资质评估机构换证审核。

3日

△鞍钢贯彻落实“中央企业劳动用工和收入分配工作会议”精神大会在鞍钢会展中心召开。

9日

△郭明义事迹报告会暨鞍钢创先争优活动动员大会在工人文化宫举行。大会将向郭明义同志学习活动进一步推向深入，并对鞍钢深入开展党内创先争优活动进行动员部署。

10日

△包钢集团公司董事、副总经理孟志泉一行到鞍钢考察。

19日

△鞍钢与北京市昌平区政府在鞍钢会展中心签署战略合作框架协议，就鞍钢未来钢铁研究院项目建设相关事宜达成多项共识，落户北京“未来科技城”的鞍钢未来钢铁研究院项目开始进入建设阶段。鞍钢党委书记、总经理张晓刚，党委副书记闻宝满，副总经理唐复平；北京市昌平区区委书记侯君舒，区长金树东，区委常委、组织部长李良，副区长金晖等出席签字仪式。

21日

△鞍钢投资的澳大利亚卡拉拉铁矿石项目12亿美元银团贷款协议在澳大利亚正式签署，正在澳大利亚访问的国家副主席习近平和澳大利亚总理陆克文出席了签字仪式。

△原中央军委委员、解放军总政治部主任于永波上将一行到鞍钢参观。

△太重集团公司董事长、党委书记岳普煜，副总经理、总工程师王吉生一行到鞍钢访问。

24日

△鞍钢与攀钢联合重组获得国务院国资委批准后，鞍钢集团公司形成了强大的规模优势和产品特色优势，鞍钢集团公司正式发布了新时期发展战略和目标。到2015年，年产钢进入世界钢铁行业前五位，成为钢铁业特强、钒产业世界领先、钛产业国内最大，多角化产业协调发展，最具国际竞争力、能够引领世界钢铁工业发展的特大型跨国集团。

27日

△在由中华全国总工会和国家安全生产监督管理总局组织的全国“安康杯”竞赛年度评比中，鞍钢荣获2009年度竞赛优胜企业称号，这是鞍钢连续第6年获得“安康杯”竞赛优胜企业称号。

28日

△在北京举行的2010年（第七届）世界品牌大会上，鞍钢以207.62亿元人民币的品牌价值再度上榜，居排行榜第44位，在中国钢铁行业中列第2名。

29日

△鞍钢庆祝中国共产党成立89周年大会在会展中心隆重举行。

30日

△鞍钢天铁冷轧薄板公司连续退火机组冷负荷试车获得成功。

△《鞍钢集团2009年可持续发展报告》正式发布。报告涵盖了鞍钢集团战略管理、经营绩效、环境绩效、员工保护、安全生产、社会绩效等内容，真实反映了鞍钢集团将科学发展作为承担社会责任活动的载体和途径。

7月

2日

△黑龙江省委常委、政法委书记黄建盛一行在辽宁省委常委、政法委书记李峰，鞍山市委书记张杰辉的陪同下到鞍钢参观考察，鞍钢党委副书记闻宝满陪同参观考察。

5日

△鞍钢与世界最大造船企业——韩国现代重工签订了2010年7月至2011年6月出口20万t热轧船板合作备忘录。签字仪式在东山宾馆举行。鞍钢集团公司总经理助理林大庆与韩国现代重工株式会社专务河禹镇分别代表双方在合作备忘录上签字。

△鞍凌公司铁路钢厂站正式开通运营。

9日

△鞍钢职工第二届自主创新成果展在鞍钢体育馆盛大开幕，共有65个单位462项成果参展。此次展览是对鞍钢近两年职工自主创新活动的集中展示，是一次鞍钢职工自主创新的“博览会”。

11日

△在辽宁进行工作调研的国家工业和信息化部部长、党组书记李毅中，到鞍钢鲅鱼圈钢铁新区考察。

15日

△鞍钢股份公司第三炼钢连轧厂轧钢生产作业区轧钢操作台被共青团中央、国务院国资委授予全国青年文明号。

21日

△鲅鱼圈分公司设备ERP项目成功上线。

22日

△鞍钢与吉林昊融有色金属集团有限公司签署合作框架协议。鞍钢副总经理姚林、吉林昊融有色金属集团有限公司总经理吴术在合作框架书上签字。双方同意建立战略合作伙伴关系，在特钢、不锈钢和镍资源的产业链上，就项目与资本合作、原料采购与供应、业务发展、信息交流等方面开展深入合作。

23日

△鞍钢被国务院国资委授予2007~2009年任期考核“管理进步特别奖”。

24 日

△为庆祝中国人民解放军建军 83 周年，鞍钢在鞍山陆军预备役通信团靶场举行了 2010 年轻武器实弹射击竞赛。

28 日

△鞍钢与攀钢重组大会在北京京西宾馆隆重举行。国务院国资委主任、党委书记李荣融出席会议并讲话。鞍钢党委书记、总经理张晓刚，攀钢董事长、总经理樊政炜先后在会上作表态发言。

8 月

1 日

△中共中央总书记、国家主席、中央军委主席胡锦涛作出重要批示，高度评价郭明义同志是助人为乐的道德模范，是新时期学习实践雷锋精神的优秀代表。要求大力宣传和弘扬他的先进事迹和崇高品德，为构建社会主义和谐社会提供强大精神力量。

3 日

△ 浦项中国投资有限公司董事长郑吉洙一行到鞍钢访问。鞍钢总经理张晓刚在东山宾馆会见郑吉洙一行。

△中国第二重型机械集团公司（简称二重）党委书记、总经理、二重集团（德阳）重型装备股份有限公司董事长石柯，副总经理马树杨一行到鞍钢访问。

5 日

△鞍钢与攀钢重组整合推进大会在鞍钢会展中心隆重举行。大会除设立鞍钢主会场外，还在攀钢南山宾馆、成都攀钢金贸大厦、攀成钢和攀长特设立了 4 个分会场。大会认真贯彻落实国务院国资委在北京组织召开的鞍钢与攀钢重组大会的精神，全面启动鞍攀实质性重组整合工作。

9 日

△鞍钢与山西省物资产业集团签署合作框架协议，双方将在焦煤投资开发、销售等方面开展深入合作。

△ 鞍钢党委书记、总经理张晓刚在会展中心会见到访的比亚迪股份有限公司总裁王传福一行。双方表示要深化产业链合作，为推进中国民族钢铁和汽车工业的振兴发展作出积极贡献。

11 日

△以全国政协常委、人口资源环境委员会副主任汪啸风为组长，全国政协人口资源环境委员会副主任李金明和任启兴为副组长的全国政协海洋环境保护与传播污染防治调研组到鞍钢鲅鱼圈钢铁新区调研。

12 日

△美国 JMC 公司总裁 Frank A Riddick 一行到鞍钢访问。鞍钢总经理张晓刚、副总经理姚林等在鞍钢会展中心接待美国客人，双方就战略合作事宜进行了探讨。

16 日

△鞍钢党委书记、总经理张晓刚和党委常委、工会主席尹利走访慰问部分有子女考上大学的困难职工家庭，并送去助学金。

△中华全国总工会在北京授予郭明义全国“五一劳动奖章”。

17 日

△鞍钢党委书记、总经理张晓刚，总经理助理林大庆在会展中心会见到访的山西焦煤集团副总经理曲剑午一行。

18 日

△长 6.444m、重 54.44t 的 AP1000 核电站主管道锻件在重机公司锻造厂成功锻造，标志着鞍钢进军核电产品领域取得重大突破。

20 日

△贝卡尔特钢帘线北亚区总裁张忠一行访问鞍钢。鞍钢党委书记、总经理张晓刚等会见了张忠一行，双方就合作项目以及产品供应与质量问题交换了意见。

△瓦房店轴承集团有限责任公司董事长王路顺一行到鞍钢访问。鞍钢党委书记、总经理张晓刚等会见到访客人，双方就建立新的合作关系等事宜进行了交流。

△原鞍钢党委常委、副经理曲维平同志因病医治无效逝世，享年 81 岁。

△鞍钢青年志愿服务队郭明义志愿服务分队成立仪式在鞍钢工人文化宫举行。

22 日

△鞍凌公司 2 号焦炉投产。

24 日

△抚顺矿业集团副总经理李兆福一行到鞍钢访问。

25 日

△中国人才研究会会长李有慰一行到鞍钢访问。

26 日

△鞍钢天铁冷轧薄板有限公司连续退火生产线建成，15 时 18 分产出第一卷合格退火钢板。它

的建成投产填补了天津地区生产高档汽车板材的空白。

△交通银行行长牛锡明一行到鞍钢访问。

27日

△鞍凌公司1700ASP热连轧项目2号加热炉成功烘炉。

△鞍凌公司炼铁厂1号焦炉顺利点火进入烘炉状态。

29日

△鞍凌公司高炉热风炉顺利点火烘炉。

30日

△鞍钢与意大利维加诺公司在米兰进行股权转让签字仪式，中国驻米兰总领事馆商务参赞、意大利中资企业协会会长、鞍钢国贸公司有关负责人等参加股权转让签字仪式。这标志鞍钢第一个海外钢材加工中心——鞍钢维加诺公司正式成立运营。

9月

3日

△鞍钢与国家开发投资公司（简称国投）正式建立战略合作伙伴关系，双方在北京签署了战略合作协议，确定在多个领域开展全方位、多元化合作。

5日

△国务院节能减排督查组到鞍钢就节能减排等工作进行督查。先后到二发电厂CCPP机组、西区烧结机脱硫项目进行现场督查。

7日

△国务院国资委“加快结构调整，促进钢铁行业科学发展”课题研讨会在鞍钢会展中心举行。鞍钢党委常委、纪委书记苏文生出席研讨会。

9日

△鞍钢党校举行2010年秋季班开学典礼。鞍钢党委副书记、党校校长闻宝满出席开班典礼并作动员讲话。

△鞍钢北科大中青年干部培训班（第四期）科级班结业典礼在北京科技大学管庄校区举行。鞍钢党委常委、纪委书记苏文生，北京科技大学副校长张欣欣等出席结业典礼并讲话。

10日

△在2010年中国战略执行峰会——第四届“中国战略执行峰会暨战略执行明星组织颁奖典礼”上，鞍钢荣获2010中国“战略执行明星组织”奖。

15日

△鞍钢集团投资美国钢发展公司签字仪式在北京举行，鞍钢与美国钢发展公司正式组建合资企业。

16日

△辽宁省委在辽宁人民会堂召开郭明义同志“优秀共产党员”命名表彰大会暨先进事迹报告会。省委书记、省人大常委会主任王珉向郭明义颁发“优秀共产党员”荣誉证书。

21日

△中国企业联合会副理事长李建明、曹明新率调研组到鞍钢调研。调研组对鞍钢近年来的技术创新和节能减排工作给予高度评价。

24日

△鞍凌公司2600m^3高炉顺利烘炉，标志着该高炉各工序已进入生产准备状态。

27日

△鞍钢再次入选“亚洲品牌500强”，位列排行榜第89位，名次较上年提升了5位。

28日

△鞍钢与美国铁姆肯公司在鞍钢会展中心举行轴承修复合作项目签约仪式。根据协议，双方将在鞍山设立合资企业，主要面向东北三省及内蒙古地区开展轴承等产品的品质鉴定、维护保养、维护性修复再制造以及工业服务等业务。

30日

△鞍钢召开安全、防火紧急工作会议。

10月

3日

△在日本召开的第44届世界钢铁协会年会上，鞍钢总经理张晓刚当选世界钢铁协会副主席。

11日

△郭明义同志先进事迹报告会在北京人民大会堂举行。受胡锦涛总书记委托，中共中央政治局常委李长春会见郭明义同志和报告团其他成员。

13日

△中国汽车工程学会汽车材料分会第17届学术年会在鞍钢召开。

15日

△鞍凌公司265m^2烧结机实现热负荷试车。

21 日

△第十届全国追求卓越大会在北京召开，鞍钢股份公司荣获第十届全国质量奖。

23 日

△鞍钢创先争优活动汇报会在会展中心举行。鞍钢党委书记、总经理张晓刚主持会议，他提出，鞍钢要走在全国学习郭明义活动的前列，要在深刻理解“明义精神”的基础上将学习郭明义活动同创先争优活动紧密结合，推动鞍钢创先争优活动向更高层面发展。

25 日

△鞍钢集团《重组整合工作计划》和《母子公司运行规则》宣贯大会在鞍钢会展中心隆重举行，标志着鞍攀重组整合进入实质性操作阶段。

26 日

△沪杭高铁正式通车。这条时速 350km 的客运专线上，所铺设的钢轨全部来自鞍钢，累计铺设量达 5 万 t。

27 日

△中国石油和化学工业联合会专务孟全生率中国工业大奖评选专家组到鞍钢调研。

△国家核电技术公司董事长王炳华一行到鞍钢访问。

31 日

△辽宁省委副书记陈希一行到鞍钢参观调研。

△在 2010 年纽伦堡国际发明展览会上，鞍钢参展的 9 项发明成果共获得三金两银一铜，包揽中国冶金建材行业参展全部金奖。

11 月

4 日

△鞍凌公司 1 号焦炉顺利出焦。

△鞍钢首批 5060t 重轨出口澳大利亚。

5 日

△宝钢集团有限公司党委书记、副董事长刘国胜一行到鞍钢鲅鱼圈钢铁新区参观考察。

10 日

△鞍钢在工人文化宫举行进一步深化向郭明义同志学习活动大会。会上，鞍钢党委作出《关于认真贯彻落实胡锦涛总书记重要指示精神 进一步深化向郭明义同志学习活动的决定》，对进一步开展向郭明义同志学习活动作了全面动员和部署，提出鞍钢必须走在全国学习郭明义活动的前列。

12 日

△鞍钢与安徽淮北矿业集团签订中长期煤炭购销协议，约定 2011～2015 年，每年煤炭购销量不低于 100 万 t。

△国务院国资委“小金库”专项治理检查组到鞍钢检查。

13 日

△鞍钢西区一号烧结机烟气脱硫装置热负荷试车成功。该装置的运行将大幅降低污染物排放量，提高资源利用率，预计每年减排二氧化硫 3000t 以上，可每天节水 24t、减少灰排放 20%。

14 日

△20 时 10 分，鞍凌公司炼铁厂 2600m^3 高炉在点火送风近 35 个小时后首次出铁，实现平稳开炉。

15 日

△鞍钢与韩国斯多伯格三一公司合资兴建的高档次炼钢连铸辅助材料结晶器保护渣一期工程项目竣工投产。

16 日

△鞍钢集团公司召开 2011 年预算编制暨 2010 年财务决算布置会。

△鞍凌公司继连轧系统完成过钢、高炉系统实现出铁后，炼钢和连铸系统也顺利投产，就此鞍凌公司开始进入全线试生产阶段。

17 日

△2010 年鞍钢职工技术竞赛表彰大会在工人文化宫隆重举行。会上命名 104 名职工为鞍钢技术状元、896 名职工为鞍钢技术能手，对在纽伦堡国际发明展和全国发明展上获奖项目给予嘉奖。

△美的机电集团 CEO 蔡其武一行到鞍钢访问。

20 日

△在中外企业文化 2010 年北京峰会上，鞍钢荣膺新中国 60 年企业精神 60 佳。

24 日

△由鞍钢建设机电分公司、鞍钢股份工程事业部、鞍钢股份冷轧厂联合完成的“冷轧机板型控制系统核心技术自主研发与工业应用项目”经国家工商总局批准注册为技术商标，这是鞍钢第一个专用技术商标。

25 日

△鞍钢 60 万 t 精品线材生产线热负荷试车在鞍钢股份线材厂一次获得成功。这条新产线的投

产，为鞍钢打造国内线材深加工的原料精品基地夯实了基础。

30 日

△11 月 5 日至 30 日，鞍钢股份鲅鱼圈钢铁分公司炼铁部 1 号、2 号高炉入炉焦比降至 287kg，综合焦比降至 472kg，创造了鞍钢超大型高炉冶炼史上的新纪录，两座高炉 11 月累计超产生铁 9086t。

12 月

5 日

△全国拔河精英赛暨全国拔河新星赛总决赛在江苏省新沂市落下帷幕。鞍钢拔河队夺得全部 5 个级别比赛的冠军，并获得体育道德风尚奖。

△中国机冶建材工会与中国钢铁工业协会联合表彰在 2009 年度“全国重点大型耗能钢铁生产设备节能降耗对标竞赛”中取得突出成绩的先进单位，鞍钢股份公司炼铁总厂新 1 号高炉和鲅鱼圈分公司 2 号转炉被命名为“优胜炉”。

9 日

△在第三届全国职工优秀技术创新成果评选中，鞍钢股份冷轧厂孙志刚等研制的“冷轧机有带换辊项目”获优秀奖。该项目实施后，每月作业率提高 3%，废品降低 176t，年创效 1062 万元 。

△鞍钢班组建设经验交流会在工人文化宫召开。鞍钢股份鲅鱼圈分公司厚板部等介绍班组建设经验。会上向鞍钢股份化工总厂二炼焦作业区点检班等 20 个鞍钢“工人先锋号”颁发奖牌，向鞍钢股份冷轧厂 1 号线联合机组点检组等 10 个中央企业红旗班组和郭明义等 10 名中央企业先进标兵职工颁发证书 。

13 日

△鞍钢党委书记、总经理张晓刚主持召开集团公司党委中心组学习会，传达贯彻中央经济工作会议精神。张晓刚要求，要认真学习贯彻中央经济工作会议精神，全面把握 2011 年经济工作的形势和任务，紧紧围绕科学发展这个主题和加快转变经济发展方式这条主线，进一步增强做好鞍钢 2011 年工作的紧迫感和责任感，切实把中央的部署和要求在鞍钢贯彻好、落实好，为实现“十二五”良好开局作出积极贡献。

14 日

△在第八届辽宁省优秀新产品评选中，鞍钢 TMCP 高强度船体及海洋工程系列钢板等五种新产品榜上有名。除了热连轧工艺生产 616 及 685 装甲钢板、KYS-2 型高分子乳化剂分别获得本届辽宁省优秀新产品一等奖和二等奖外，鞍钢 TMCP 船体及海洋工程系列钢板在评选中成为亮点，其高强度级别（8 ~ 100mm 厚）、超高强度级别（8 ~ 80mm 厚）和普通强度级别（8 ~ 100mm 厚）分别获得一、二、三等奖。

19 日

△2010 年度鞍钢技师攻关成果奖揭晓，261 名技师的 147 项成果获奖，累计创效 4310 万元。

22 日

△由鞍钢重机公司自主设计并生产制造的扬州诚德钢管公司 1500 型钢轧机热负荷试车成功，可轧制重 30t 的大钢锭 。

23 日

△中国科协在北京人民大会堂举行“中国科协会员日暨‘全国优秀科技工作者’颁奖大会”上，鞍钢的黄国建被授予“全国优秀科技工作者”称号。

26 日

△鞍钢集团公司工作会议在鞍钢会展中心举行。会议全面贯彻落实党的十七届五中全会和中央经济工作会议精神，以科学发展观为指导，总结 2010 年工作，分析当前形势，部署 2011 年任务，着力建设最具国际竞争力、能够引领世界钢铁工业发展的特大型跨国集团。

28 日

△鞍钢第十届职工代表大会第十次会议在工人文化宫举行。张晓刚总经理代表集团公司向大会作行政工作报告。报告的题目是《以科学发展观为指导 建设最具国际竞争力 能够引领世界钢铁工业发展的特大型跨国集团》。会议全面总结了鞍钢 2010 年的工作，确定 2011 年鞍钢工作的指导思想是：全面贯彻党的十七届五中全会和中央经济工作会议精神，深入贯彻落实科学发展观，以重组整合为契机，转变发展方式，深化改革创新，优化资源配置，发挥协同效应，推进和谐发展，全面提升国际竞争力，促进战略目标早日实现。

△鞍钢天铁冷轧薄板公司酸轧线工程荣获 2010 年度国家优质工程奖。

29 日

△鞍钢集团公司铁、钢年产量双超 3000 万 t。

2010 年鞍钢集团十大新闻

一、8 月 1 日，中共中央总书记、国家主席、中央军委主席胡锦涛作出重要指示，高度评价郭明义同志是助人为乐的道德模范，是新时期学习实践雷锋精神的优秀代表。要求大力宣传和弘扬他的先进事迹和崇高品德，为构建社会主义和谐社会提供强大精神力量。10 月 11 日，受胡锦涛总书记的委托，中共中央政治局常委李长春在人民大会堂亲切会见郭明义和郭明义先进事迹报告团成员。自人民大会堂首场报告后，郭明义先进事迹报告团在全国十个省市自治区作巡回报告。全党、全军、全国人民掀起向郭明义学习的热潮。

二、5 月 20 日，国务院国资委正式同意鞍钢与攀钢实行联合重组，重组后新成立鞍钢集团公司作为母公司，由国务院国资委代表国务院对其履行出资人职责；鞍钢与攀钢均作为鞍钢集团公司的全资子公司，不再作为国务院国资委直接监管企业。7 月 28 日鞍钢与攀钢重组大会在京举行，研究部署重组事宜。

三、截至 12 月 29 日，鞍钢集团公司铁、钢产量双双突破 3000 万 t 大关，实现营业收入 1480 亿元，进入世界 500 强，圆满完成鞍钢第六次党代会确定的“两步跨越”奋斗目标。

四、9 月 15 日，鞍钢集团投资美国钢发展公司签字仪式在北京举行，鞍钢与美国钢发展公司正式组建合资企业，成为国内首家在美投资建厂的钢铁企业。

五、10 月 3 日，鞍钢总经理张晓刚在世界钢铁协会第 44 届年会上当选世界钢铁协会副主席。按照世界钢协惯例，张晓刚将接替现任主席马田一出任下一届轮值主席，成为首位来自中国企业的世界钢铁协会主席。张晓刚出任世界钢铁协会重要领导，再次印证世界钢铁业重心向中国转移。

六、6 月 24 日，鞍钢集团公司发布新时期发展战略和目标，提出到 2015 年，年产钢进入世界钢铁行业前五位，成为钢铁业特强、钒产业世界领先、钛产业国内最大，多角化产业协调发展，最具国际竞争力、能够引领世界钢铁工业发展的特大型跨国集团。

七、10 月 26 日，攀钢西昌钒钛资源综合利用项目进入设备安装阶段。该项目与白马铁矿二期工程、攀长特灾后重建项目、钛业公司海绵钛项目等一系列重大战略工程项目的顺利推进，加速了结构调整、流程再造和科技创新，标志着攀钢二次创业步伐明显加快。

八、2 月 27 日至 28 日，2010 年世界室内拔河锦标赛在意大利切赛纳帝科巴罗赛多体育馆举行。由鞍钢女队组成的中国女子拔河队在女子 500 公斤级决赛中获得冠军。这是中国在世界拔河锦标赛上取得的首枚金牌。

九、3 月 22 日，鞍钢召开纪念“鞍钢宪法”发表 50 周年暨“感动鞍钢——创新功勋人物”颁奖大会，孟泰、王崇伦等 20 名同志当选“感动鞍钢——创新功勋人物”，宋仁峰等 20 名同志荣获“感动鞍钢——创新功勋人物”提名奖。

十、10 月 28 ~ 31 日，鞍钢组织职工创新发明成果参加第 62 届纽伦堡国际发明展览会。鞍钢首次参展就获得三金二银一铜，包揽中国冶金建材行业参展全部金奖。

概　况

总　述

2010年5月，鞍钢与攀钢联合重组为鞍钢集团公司。截至2010年末，鞍钢集团公司在职职工23.4万人，在岗职工20.5万人；固定资产原值1832.94亿元、净值1061.54亿元。

截至2010年末，鞍钢在职职工13.4万人，在岗职工11.6万人。拥有全资子公司17家，控股子公司3家，直属单位21家，参股公司12家。固定资产原值1272.32亿元、净值737.22亿元。拥有采矿、选矿、球团、焦化、炼铁、炼钢、轧钢等完整钢铁产业链以及机械、动力、运输、修建、科研、设计等辅助配套单位。主体生产设备中烧结机10台、焦炉22座、高炉10座、转炉17座、连铸机19台、板材轧机18套、线材轧机2套、管材轧机4套、型材轧机2套、制氧机组12套。能够生产热轧板、冷轧板、镀锌板、彩涂板、冷轧硅钢、重轨、无缝钢管、线材及钢绳制品等完整的产品系列，应用于冶金、石油、化工、煤炭、机械、水电、铁路、汽车、造船、建筑、电子、航空、航天、轻工、国防等行业。

2010年，鞍钢深入贯彻落实科学发展观，以推进鞍钢、攀钢重组整合为契机，加大工作力度，各项工作成效显著。

规模化发展实现新跨越。在市场形势复杂多变的情况下，全年生产铁2222万t、钢2180万t、钢材2090万t，同比分别增长8.3%、8.3%、10%；实现营业收入1050.71亿元、利润总额45.03亿元、上缴税金总额75.31亿元。

跨区域、多基地布局日趋完善。随着鞍钢与攀钢成功重组、鲅鱼圈新区实现达产、鞍凌公司建成投产、莆田项目开工建设，鞍钢的国内布局取得历史性突破，资源优势、规模优势、协同优势显著提升，成为国内布局完善、最具有资源优势的钢铁企业。

国际化经营实现新突破。与美国钢发展公司签订协议，成为中国首家在美国投资建厂的钢铁企业。第一个海外钢材加工中心——鞍钢维加诺公司正式成立运营，海外营销开始向实体化、专业化、系统化转变。加快海外资源保障体系建设，澳大利亚卡拉拉铁矿项目建设顺利推进。全年钢材出口（装船）170万t，同比增长83.3%；创汇总额12.4亿美元，同比增长124%。

重要业务板块发展实现新跨越。大力发展资源产业。铁矿山改扩建规划项目得到国家批准；与昊融集团建立战略合作伙伴关系，投资吉恩镍业成为其第三大股东；与山西物资产业集团、阳泉煤业集团、淮北矿业集团等开展合作，加强了对无烟煤、炼焦煤的掌控；与大连造船厂集团、新加坡太平船务共同建立拆船公司，每年将向鞍钢提供50多万t低成本优质废钢资源。

深化与国内外企业的合资合作，增强多角化产业竞争力。与韩国斯多伯格三一公司合资的高档次连铸保护渣一期工程竣工投产，与美国铁姆肯公司的轴承修复合作项目正式签约，自主研发的超细高纯铝粉项目竣工投产，各项指标达到世界先进水平。

低碳、绿色发展实现新跨越。全年实现节能39万t标准煤、节水758万t；COD、烟粉尘、SO_2排放同比分别下降1.5%、24%、6.2%，被国家列为首批“两化融合”促进节能减排试点示范企业。烧结机余热发电等50多个重点项目全面实施。“十一五”以来累计节能263万t标准煤，提前完成“十一五”节能目标。在国务院节能减排工作会议上，鞍钢作为唯一一家企业介绍了经验。

核心技术开发实现新跨越。全年开发新产品486万t，新产品比例达到23.3%，成功开发时速380公里高速重轨，铺设在京沪高铁。成功生产替代进口的核岛关键设备试验用钢，锻造出先进核电站主管道锻件，促进了我国第三代核电技术自主化和关键设备国产化。成为国内首家Q500qE钢通过铁道部500MPa级高强度铁路用钢技术审查的钢铁企业。建成东鞍山难选混合铁矿石“分选浮选”工业化示范生产线，达到国际领先水平。全年获得国家受理专利965件、国家授权专利648件；荣获一项中国专利优秀奖和第十届全国质量奖，是获得冶金科学技术一等奖最多的钢铁企业（共获得3项一等奖）。

体制机制和管理创新实现新跨越。通过资本市场运作，鞍攀实质性重组整合稳步推进。实施专业一体化管理，内部资源整合取得新进展。加强战略规划管理，确定了鞍钢集团公司的战略目标、发展思路和战略，鞍钢荣获2010中国“战略执行明星组织”奖。加强资金全过程集中管理，构建三省（市）六地统计网络体系。认真履行社会责任，鞍钢获得“2010金蜜蜂企业社会责任·领袖型企业”奖。全年安全事故同比降低28.6%，安全生产取得长足进步。通过实施物资集中采购管理，全年降低采购成本17.39亿元。

工会、共青团等群众组织工作不断加强。落实职代会制度，深化厂务公开民主管理，维护职工权益。以“职工创新年”活动为契机，开展群众性建功立业活动，鞍钢职工创新成果在纽伦堡国际发明展上获得3项金奖。鞍钢开展十大经济技术指标攻关、鞍凌工程建设等劳动竞赛活动，开展101个工种职工技术竞赛。全年双增双节创效2.35亿元。各级共青团组织围绕企业中心工作，以思想教育引导青年弘扬企业精神，传承企业文化，以岗位建功引领青年提升综合素质，发挥先锋作用，为鞍钢集团公司实现跨越式发展做出了重要贡献。

坚持以人为本，关心职工生活。全年鞍钢走访慰问救济特困、困难在职职工23711人次，发放救济金957万元；走访慰问救济困难、重病、工残、老劳模等退休人员35000多人次，发放救济金850多万元；深入开展互助互济活动，建立“一帮一”对子2081个，“群帮一”对子1369个；为106305名在职职工进行健康体检；发放医疗救济专项资金976万元，救济3117人；为22686名在职女职工签订了2010年团体女性安康保险合同，有36名女职工得到保险理赔共177万元。

（集团公司办公室　王海量）

2010年鞍钢工作指导思想和主要目标

指导思想

认真学习贯彻党的十七大、十七届四中全会和中央经济工作会议精神，深入学习实践科学发展观，落实中长期战略发展规划，把握发展机遇，加快“四个转变”，全面提升国际竞争力，确保第二步跨越目标顺利实现。

生产经营目标

生产铁2205万t、钢2210万t、钢材2050万t；实现营业收入850亿元、利润总额40亿元。

2010年鞍山钢铁集团公司生产经营指标完成情况

2010年，鞍钢面对后国际金融危机的严峻挑战和极其复杂的国内外市场形势，广大职工认真学习贯彻党的十七届四中、五中全会精神，深入学习实践科学发展观，各项工作取得了新成绩。

一、钢材产量首超2000万t大关，铁、钢、材产量均创历史最好水平

积极应对后金融危机时代的极其复杂局面，全年共生产钢2180.33万t，同比增8.33%，生铁2222.14万t，同比增8.35%，钢材2089.65万t，同比增9.99%，铁矿石4556.15万t，同比增3.88%，铁精矿1560.74万t，同比降1.19%。

品种结构保持稳定。全年完成板管比和板材比同比分别上升1.10个百分点和1.70个百分点。

二、财务状况向好

全年实现营业收入1050.71亿元，同比增30.91%，应交税金完成76.59亿元，同比增92.73%，实现利税102.51亿元，同比增33.98%，利润45.03亿元，同比增13.68%，工业增加值290.82亿元，同比增20.35%。

三、产品实物质量基本稳定

2010年，钢材合格率同比提高0.05个百分点，先进实物率同比下降5.42个百分点。

鞍钢股份公司生产的43kg/m～75kg/m钢轨、船体用结构钢板、彩色涂层钢带、冷轧低碳钢板和钢带、集装箱用热连轧钢板和钢带、石油天然气输送管用热连轧宽钢带6种产品获得中国钢铁工业协会2010年度冶金产品实物质量“金杯奖”。其中，船体用结构钢板还获得中国钢铁工业协会首届“特优质量奖”，该奖是中国钢铁产品实物质量最高奖项，标志着“鞍钢制造”的实物质量受到行业内的高度肯定，也为进一步巩固和扩大鞍钢品牌的市场影响力夯实了基础。

四、物耗指标基本保持稳定，节能减排取得新进展

综合能耗及可比能耗分别比上年下降3kg/t、上升12kg/t。综合焦比同比上升1.74kg/t，入炉焦比同比下降2.05kg/t。综合成材率同比下降0.39个百分点。

鞍钢被国家列为首批“两化融合”促进节能减排试点示范企业；鞍钢烧结机余热发电等50多个重点项目全面实施，西区1号烧结机烟气脱硫装置热负荷试车成功，创造了良好的环保效益和经济效益。

五、出口有所改善

全年实现出口创汇12.44亿美元，同比增124.14%，其中出口钢材170.05万t、创汇12.23亿美元，同比分别增83.34%、124.40%。

六、产品销售保持较好水平

2010年销售成品钢材2093.63万t，同比增10.74%，实物产销率完成100.19%，同比上升0.67个百分点，合同执行率完成99.997%，与上年持平。年末钢材库存23.07万t，同比下降14.71%。

七、自主创新取得新进展

2010年，鞍钢有5个项目获冶金科学技术奖，其中一等奖3项、二等奖2项；有4个项目获辽宁省科技进步奖，其中二等奖2项、三等奖2项；有5个项目获辽宁省优秀产品奖，其中一等奖2项、二等奖2项、三等奖1项。“冷轧机有带换辊项目”荣获第三届全国职工优秀技术创新成果优秀奖。“一种超低碳贝氏体钢的生产方法”获第十二届中国专利优秀奖。在2010年纽伦堡国际发明展览会上，鞍钢组织参展的6项专利项目获得三金两银一铜，包揽中国冶金建材行业参展全部金奖。全年，鞍钢组织专利申请取得国家受理专利965项，其中发明专利316项；取得国家授权专利648项，其中发明专利53项；4项专利获得国外授权。专利申请数、受理数和授权数较上年分别提高了37%、31%和17%。鞍钢专利申请数量、授权数量、拥有数量稳居国内钢铁行业前两名。全年认定专有技术1123项，较上年提高8.5%。

鞍钢成功开发时速380km高速重轨，铺设在京沪高铁；成功生产替代进口的核岛关键设备试验用钢，锻造出先进核电站主管道锻件，促进了我国第三代核电技术自主化和关键设备国产化；成为国内首家Q500qE钢通过铁道部500MPa级高强度铁路用钢技术审查的钢铁企业。建成东鞍山难选混合铁矿石“分选浮选”工业化示范生产线，达到国际领先水平。EVI活动卓有成效，鞍钢与一汽集团成立联合实验室，与中国船级社签订战略协议。

八、固定资产投资完成情况

全年完成固定资产投资额（按形象进度）70.92亿元，同比下降20.90%。

鞍钢鲅鱼圈新区实现达产、鞍凌公司建成投产、莆田项目开工建设，铁矿山改扩建规划项目得到国家批准。

九、资本运营和国际化经营有新突破

与美国钢发展公司签订协议，成为中国首家在美国投资建厂的钢铁企业。第一个海外钢材加工中心——鞍钢维加诺公司正式成立运营，海外营销开始向实体化、专业化、系统化转变。海外资源保障体系建设稳步推进。认购金达必公司股权的整体融资方案得到国家核准，卡拉拉铁矿项目银团贷款协议正式签署，确保了项目建设顺利推进。

（集团公司计划财务部　洪圣源）

2010年鞍山钢铁集团公司组织机构表

- 集团公司
  - 战略发展部
  - 技术改造部
  - 项目管理部
  - 资本运营部
  - 计划财务部
  - 管理创新部
  - 人力资源部（党委组织部）
  - 法律事务部
  - 信息化管理部
  - 集团办公室
  - 审计部
  - 科技质量部
  - 物资采购部
  - 安全环保部
  - 市场营销部
  - 海外拓展部
  - 企业文化部（党委宣传部）
  - 纪委（监察部）
  - 工会
  - 团委
  - 控股子公司
    - 鞍钢股份
      - 鲅鱼圈分公司
      - 化工总厂
      - 炼铁总厂
      - 第一炼钢厂
      - 第二炼钢厂
      - 第三炼钢连轧厂
      - 中厚板厂
      - 大型厂
      - 线材厂
      - 热轧带钢厂
      - 无缝钢管厂
      - 冷轧硅钢厂
      - 能源动力总厂
      - 设备处
      - 冶金运输厂
      - 质量检验中心
      - 原燃料加工储运中心
      - 技术中心
      - 计量厂
    - 朝阳鞍凌钢铁有限公司
    - 营口市鞍钢水业有限公司
  - 全资子公司
    - 矿业公司
    - 国际经济贸易公司
    - 工程技术有限公司
    - 自动化公司
    - 鞍钢未来钢铁研究院
    - 耐火材料公司
    - 铁路运输设备制造公司
    - 机械化装卸公司
    - 房产物业公司
    - 沈阳薄板厂
    - 大连轧钢厂
    - 接待服务公司
    - 财务有限责任公司
    - 房地产经营中心
    - 大连鞍钢大厦
    - 北京鞍钢玉蜓宾馆
    - 鞍钢集团广告传媒经营公司
  - 直属单位
    - 铁路运输公司
    - 矿渣开发公司
    - 生产协力中心
    - 设备检修协力中心
    - 生活后勤协力中心
    - 第二发电厂
    - 电讯厂
    - 资产经营中心
    - 生产监测中心
    - 经济发展研究院
    - 人才开发院
    - 文化体育活动中心
    - 托管中心
    - 保卫部（人民武装部）
    - 鞍钢日报社
    - 教育培训中心（鞍钢党校）
    - 鞍钢总医院
    - 千山温泉疗养院
    - 劳动卫生研究所
    - 冶金局质量监督站鞍钢站
    - 物资采购招标中心
  - 参股公司
    - 鞍钢建设集团有限公司
    - 鞍钢重型机械有限责任公司
    - 鞍钢实业集团有限公司
    - 鞍钢房地产开发集团有限公司
    - 鞍钢汽车运输有限责任公司
    - 鞍钢电气有限责任公司
    - 鞍钢钢绳有限责任公司
    - 鞍钢矿山汽车运输有限公司
    - 鞍钢矿山建设有限公司
    - 鞍钢矿山机械制造有限公司
    - 鞍山冀东水泥有限责任公司
    - 鞍钢维苏威耐火公司
    - 其他

（集团公司管理创新部）

2010年鞍钢党政领导班子成员名单

鞍 钢 党 委

书　　记　张晓刚

副 书 记　闻宝满

常　　委　张晓刚　闻宝满　唐复平　杨　华
　　　　　姚　林　尹　利　余自甦　苏文生

鞍 钢 公 司

总 经 理　张晓刚

副总经理　唐复平　于万源　姚　林　陈　平
　　　　　余自甦　白静瀑

总会计师　于万源（兼）

2010年鞍钢机关及所属单位负责人名单

公司工会	主　席	尹　利
公司团委	书　记	宋英韬
公司纪委	书　记	苏文生
公司监察部	部　长	胡乃民
公司人力资源部（党委组织部）	部　长	陶利贵
公司法律事务部	部　长	孙　凯
公司党委宣传部（企业文化部）	部　长	黄广利
公司办公室	主　任	路永利
公司战略发展部	部　长	洪树利
公司项目管理部	部　长	景奉儒
公司计划财务部	部　长	刘　申
公司管理创新部	部　长	刘　杰
公司技术改造部	部　长	陈国峰
公司审计部	部　长	王耕野
公司信息化管理部	部　长	王衍平
公司科技质量部	部　长	任子平
公司安全环保部	部　长	黄晓煜
公司物资采购部	部　长	刘宝山
公司市场营销部	部　长	谢成波
鞍钢股份有限公司	董事长	张晓刚（兼）
	党委书记	杨　华（兼）
	总经理	陈　明
炼铁总厂	党委书记	巴宝君
	厂　长	尚　策
化工总厂	党委书记	邹古春
	厂　长	马希博
第一炼钢厂	厂　长	马　成
第二炼钢厂	厂　长	李　镇
第三炼钢连轧厂	党委书记	于　洋
	副厂长（主持）	张　军
热轧带钢厂	党委书记	龙　强
	厂　长	徐世帅
冷轧厂	党委书记	孙光辉
	厂　长	蔡恒君
冷轧硅钢厂	党委书记	丁义新
	厂　长	金文旭
中厚板厂	党委筹建组组长、厂长	李　凡
无缝钢管厂	党委书记	杨乐群
	厂　长	王　枫
大型厂	党委书记	王志林
	厂　长	姜　海
线材厂	党委书记、厂长	任玉辉
能源动力总厂	党委书记	姚荣伟
	厂　长	陈　海
计量厂	党委书记、厂长	任长春
冶金运输厂	党委书记	刘成斌
	厂　长	吕宝顺
原燃料加工储运中心	党委书记、主　任	周丹军
设备处	党委书记、主持行政工作	林凤桐
质量检验中心	党委书记	张　军
	主　任	李　季
技术中心	党委书记	黄宝科
	主　任	张万山
鲅鱼圈钢铁分公司	党委书记	吴　迪
	经理	王义栋
鞍山冀东水泥有限责任公司	董事长	王延绵（兼）
	党委书记	唐万波
朝阳鞍凌钢铁有限公司	董事长	张晓刚
	党委筹建组组长、总经理	李忠武
炼铁厂	党委筹建组组长、厂长	温　庄
钢轧厂	党委筹建组组长、厂长	乔立峰
能源动力厂	党委筹建组组长、厂长	王吉开
鞍澳投资公司	经　理	高　岩
矿渣开发公司	经　理	苏兴文
	党委书记	张　凯

第二发电厂	厂长、党委副书记（主持）	朱传银
电讯厂	党委书记	孙晓辉
	厂　长	石岩力
铁路运输公司	经　理	王奇夫
机车厂	党委书记	蒋树成
	厂　长	李月涛
运输总站	党委书记	徐安祥
	主　任	李祖良
电务修建厂	党委书记	矫　波
	经　理	姜福利
铁路修建厂	党委书记	袁　辉
	厂　长	蔡永田
生产协力中心	主　任	张锦刚
设备检修协力中心	党委书记	穆铁健
	主　任	肖江山
生活后勤协力中心	主任、党委副书记（主持）	解晓欧
生产监测中心	副主任（主持）	高学祥
文体中心	主　任	孙贵生
鞍钢总医院	党委书记	张家齐
	院　长	耿树刚
千山温泉疗养院	党委书记	尹长飞
	院　长	曹学东
劳研所	党委书记	韩　伟
	所　长	林　菡
教育培训中心（党校）	党校筹建组组长	闻宝满（兼）
	党委筹建组组长	袁铁军
	筹建组组长	王　欣
鞍钢日报社	党委书记、总编辑	曲秀安
保卫部(人民武装部)	党委第一书记	张晓刚（兼）
	政委	王安成
	党委筹建组组长	王安成（兼）
工程质量监督站	副站长(主持)	李成涛
托管中心	主　任	苏晓钢
资产经营中心	主　任	张　屹
技术研究院	党委筹建组组长	沙孝春
	筹建组组长	刘万山
经济研究院	筹建组组长	窦力威
人才研究院	筹建组组长	陶利贵（兼）
物资采购招标中心	主　任	王铁楠
公司第一监事会	主　席	王贵民
公司第二监事会	主　席	孟宪龙
公司第三监事会	主　席	杨希有
公司第四监事会	主　席	张玉顺
公司第五监事会	主　席	王贵民（兼）
公司第六监事会	主　席	孟宪龙（兼）
矿业公司	党委书记	杨靖波
	经　理	邵安林
齐大山铁矿	党委书记	方栋林
	矿　长	王志忠
大孤山铁矿	党委书记	王茂宁
	矿　长	肖景辉
东鞍山铁矿	党委书记	乔廷宇
	矿　长	伊志宣
眼前山铁矿	党委书记	吕世波
	矿　长	周仁杰
大孤山球团厂	党委书记	崔晓峰
	厂　长	郑永旭
齐大山选矿厂	党委书记	张维刚
	厂　长	苏兴国
东鞍山烧结厂	党委书记	于　波
	副厂长（主持）	张　明
大连石灰石矿	党委书记	姜　斌
	矿　长	孙　晖
大连石灰石新矿	党委书记	姜　平
	矿　长	孙　晖（兼）
复州湾粘土矿	党委书记	王中波
	矿　长	姜在征
瓦房子锰矿	党委书记	谭永利
	矿　长	穆文飞
动力厂	党委书记、厂长	王洪伟
设计研究院	党委书记、院长	刘晓明
技工学校	党委书记、校长	王志强
附属企业公司	党委书记	都兴泰
	经　理	王恩忠
供销公司	党委书记	郭其春
	经　理	李之琦
质量计量中心	党委书记	王世第
	主　任	李荣波
设备检修协力中心	党委书记	刘凤翥
	经　理	王汝杰
武装保卫部	党委书记	张　鹏
	部　长	李增光
鞍千矿业有限责任公司	党委书记	马惠俊
	经　理	于宝新
辅助材料厂	党委书记	王晓明
	厂　长	谢　鑫

矿业公司弓长岭矿业公司	党委书记	宋乃斌
	经理	刘洋洲
选矿厂	党委书记	王乃彦
	厂长	朱长江
露天铁矿	党委书记	崔振阁(兼)
	矿长	熊宏启
井下铁矿	党委书记	陈永秋
	矿长	刘殿军
灯塔石灰石矿	党委副书记(主持)	任庆伟
	矿长	吴绍良
机械厂	党委书记	王占君
	厂长	丛峰武
动力厂	党委书记	张跃
铁路运输公司	党委书记	董玉明
	经理	王立平
职工医院	党委书记	裴雪松
	院长	李林北
生产协力中心	党委书记	尚书洪
	经理	谷凤君
汽运公司	党委书记	贾连吉
	经理	都业文
球团一厂	党委书记	王杰
球团二厂	党委副书记、副厂长（主持）	张士文
附企公司	党委书记	孙勇
国贸公司	党委书记	李士涛
房产物业公司	党委书记	王文发
	经理	王金昌
自动化公司	党委书记	刘晓明
	经理	王立公
耐火材料公司	党委书记	杨文
	经理	邱明金
接待服务公司	党委书记、经理	李英顺
铁路运输设备制造公司	经理	谭宇海
机械化装卸公司	经理、主持党委工作	张天祥
财务公司	董事长	于万源（兼）
	总经理	都兴开
工程技术有限公司	党委书记	申长纯
	董事长、总经理	陈涛
沈阳薄板厂	厂长	申永恩
大连轧钢厂	厂长	巴军（兼）
房地产经营中心	主任	李秉华
建设集团有限公司	董事长	刘传海

	党委书记	陈美祥
	总经理	白刚
第一建筑工程分公司	党委书记、经理	赵晓哲
第二建筑工程分公司	党委书记、经理	谢远仁
第三建筑工程分公司	党委书记、经理	赵训民
机电安装工程分公司	党委书记、经理	刘忠乾
机械化运输分公司	党委书记、经理	柳振河
营口钢结构分公司	党委副书记(主持)、经理	彭德魁
混凝土分公司	党委副书记(主持)、副经理（主持）	李茂祥
永发实业分公司	党委书记	陈广会
	副经理(主持)	曹洪策
汽车吊装运输分公司	党委书记、经理	程有库
工业炉窑工程分公司	党委副书记(主持)、经理	刘强
结构安装工程分公司	党委书记、经理	李盛春
机械安装工程公司	党委书记、经理	徐世鸿
特种结构厂	党委副书记(主持)、厂长	谷彪
供销分公司	党委副书记(主持)、副经理（主持）	蔡孝敏
托管中心	党委书记、主任	宋文姿
重型机械有限责任公司	董事长	扎世利
	党委书记	宋军
	总经理	于洪顺
冶炼设备制造厂	党委书记、厂长	张凤清
北部机械厂	党委书记、厂长	王文友
西部机械厂	党委书记	刘旭东
	副厂长（主持）	高学民
灵山机械厂	党委书记	白凤才
	副厂长（主持）	孟宪冀
铸钢厂	党委书记、厂长	李凯
轧辊厂	副厂长（主持）、主持党委工作	白云波
锻造厂	党委书记、厂长	梁冰

金属结构厂	党委书记、厂长	金晓雄
设计研究院有限公司	副经理（主持）、主持党委工作	晨宝虹
矿山机械制造有限公司	党委书记	刘春阳
	经　理	李朋昌
实业集团有限公司	董事长、党委书记	刁　安
	总经理	袁雪峰
第一薄板厂	党委书记	李　沂
	厂　长	王金生
生活服务分公司	党委书记	王　玉
	经　理	刘玉中
综合利用分公司	党委书记、经理	丁　勇
建设工程有限公司	党委书记	穆铁良
	经　理	石玉光
厂容绿化筑路有限公司	党委书记、经理	鞠生文
金属结构有限公司	党委书记	金泽玉
	经　理	庄大勇
一钢分公司	党委书记	高　伟
	经　理	秦　悦
托管中心	党委书记、主任	李桂娟
房地产开发集团有限公司	董事长	韩兆平
	党委书记	李洪石
	总经理	刘力辉
建筑材料公司	党委书记	王　良
	经　理	王荣华
第一建筑工程公司	党委书记	孟宪芳
	经　理	栗忠华
第二建筑工程公司	经　理	刘生强
第三建筑工程公司	党委书记	陈家斌
	经　理	宫智刚
第四建筑工程公司	党委书记	高大伟
	经　理	马纯德
机械化运输公司	党委书记	贾　军
	经　理	尹胜作
汽车有限责任公司	董事长、党委副书记（主持）	李鲁建
	总经理	王　锋
矿山汽车运输有限公司	党委书记、总经理	段先民
电气有限责任公司	董事长、党委书记	赵　琦
钢绳有限责任公司	董事长、党委副书记（主持）	赵博鸿
矿山建设有限责任公司	董事长	刘传海（兼）
	党委书记	于志波
	总经理	孙文旭

（集团公司人力资源部　郭　明）

2010 年度鞍钢先进单位名单

鞍钢股份有限公司热轧带钢厂
鞍钢股份有限公司冷轧厂
鞍钢股份有限公司第二炼钢厂
鞍钢股份有限公司鲅鱼圈钢铁分公司炼钢部
鞍钢股份有限公司第一炼钢厂
鞍钢股份有限公司大型厂
鞍钢股份有限公司鲅鱼圈钢铁分公司设备保障部
鞍钢股份有限公司技术中心
矿业公司弓矿井下铁矿
矿业公司大孤山球团厂
矿业公司齐大山铁矿
矿业公司鞍千矿业有限责任公司
矿业公司眼前山铁矿
国贸公司营销管理部
自动化公司信息化事业部
铁路运输公司运输总站
生产协力中心灵山工区
设备检修协力中心冷轧工区
建设集团有限公司第三工程分公司
重型机械有限责任公司冶金粉材厂
实业集团有限公司微细铝粉有限公司
房地产开发集团有限公司第一建筑工程分公司
耐火材料公司
矿渣开发公司
工程技术有限公司
接待服务公司

（集团公司工会提供）

2010年度鞍钢先进党委名单

鞍钢股份有限公司热轧带钢厂党委
鞍钢股份有限公司冷轧厂党委
鞍钢股份有限公司鲅鱼圈钢铁分公司炼钢部党委
鞍钢股份有限公司鲅鱼圈钢铁分公司设备保障部党委
矿业公司弓矿公司井下铁矿党委
矿业公司大孤山球团厂党委
矿业公司齐大山铁矿党委
矿业公司眼前山铁矿党委
铁路运输公司运输总站党委
建设集团有限公司第二工程分公司党委
房地产开发集团有限公司第一建筑工程分公司党委
工程技术有限公司党委
接待服务公司党委
设备检修协力中心冷轧工区党总支

（集团公司人力资源部提供）

生产经营

·生 产·

【综述】 2010年，面对后金融危机时代全球钢铁行业的强力震荡，鞍钢生产组织始终坚持“平稳运行、保证规模、改善指标、降本增效”的原则，狠抓落实，生产经营保持了良好发展态势，各项工作取得了新的成绩。

主要产品产量全面完成目标计划。2010年，鞍钢共生产钢2180.33万t，同比增8.33%；生铁2222.14万t，同比增8.35%；钢材2089.65万t，同比增9.99%。铁、钢、材产量三超2000万t，均创历史最好水平，其中钢材产量首次突破2000万t大关。鞍钢股份公司生产铁2212.50万t、钢2165.73万t、钢材2087.28万t（含天铁），比年预算目标分别超产7.08万t、9.43万t、34.28万t，同比去年分别增产161.55万t、158.58万t、187.49万t。

主要经济技术指标明显改善。与上年同比，鞍钢股份公司本部31项主要技术经济指标，有预算目标的25项中有16项完成计划，完成率64%；有8项指标同比改善，其中化工全焦耗洗煤、冶金焦M_{40}、钢坯合格率、吨钢综合能耗和吨钢耗新水5项主要技术经济指标均创历史最好水平。

1. 积极应对自然灾害。2010年初，鞍山相继13次强降雪，遭遇了历史罕见的持续严寒，七、八月份又相继6次大降雨，经历了60年来最长汛期，鞍钢生产、设备及运输、卸车系统及时启动应急预案，做到了提早预测，提前准备。在动力管网、运料系统、铁路、公路运输、解冻卸车、排洪系统等方面措施得当、准备充分、应对及时，经受住了两种极端天气的严峻考验，保证了生产稳定运行。

2. 积极应对原燃料和钢材价格的剧烈震荡带来的恶劣市场形势，严格坚持以产定销、规模适度、动态调整的生产组织原则。密切关注市场走势，动态调整鞍山、鲅鱼圈两地生产与机组检修。采购、生产、销售、财务紧密结合，清仓压库，优化产品结构，按照利润最大化组织生产和销售，把握先机，全年四次适时下达降本增效措施，最大限度地消化了市场不利因素给生产经营带来的不利影响，较好地完成了集团公司确定的利润目标。

3. 坚持精料方针，优化配煤配矿，以炼铁生产的长期顺行保全局生产的稳定。鞍钢一方面狠抓化工配煤和生产，焦炭指标明显改善，为高炉稳定顺行提供保障；另一方面，加大配煤配矿实验设施的投入和方案的研究，并根据原料情况，适时调整配煤配矿方案。全年鞍钢股份公司本部干熄焦率、冶金焦M_{40}指标均创历史最好水平。鞍钢股份鲅鱼圈分公司，通过灵活调整和优化配煤配矿方案，提高焦炭干熄率，研究高炉返焦分级等改善措施；同时不断探索高炉经济运行方式，使高炉主要技术经济指标得到进一步提升。为优化原燃料结构，努力提高铁料的长协比例和执行率，降低煤炭国外采购，提高国内采购比例，减少原燃料二手现货采购，同时积极开发国内外新的资源，提高原燃料保障能力。

4. 抓住生产关键，解决生产难题。针对新3号高炉处理炉缸，动态调整检修年修时序、产线开停，全力组织东铁西调和钢、钢坯、轧材高产，使有限的生铁资源得以充分利用。特别是4月份东铁西调铁水量达到10.06万t，调铁量大大超过计划水平和设计能力。以新3号高炉改造处理炉缸为主线的设备联合配套检修是鞍钢有史以来最大的配套检修，经过相关部门和单位共同努力，圆满完成各项配套检修任务，实现安全、生产平稳运行，创造鞍钢设备配套检修史上的最好水平。为提升高效百米重轨产能和实物质量，针对伤轨率高、轧痕多等问题，通过缺陷查找对比，技术交流，完善设备工艺，修整质量计划，保证高速钢轨的生产和质量。优化组织鞍山本部、鲅鱼圈、天铁、鞍凌等多地大宗物料分配、产线分工、合同优化以及人力、设备、科研等方面的互动，实现资源共享互补，确保多基地生产实现效益最大。为提高效益增长点，积极推进硅钢、线材新线、化工苯加氢项目调试达产，取向硅钢依靠自主研发成功具备批量生产水平，高牌号硅钢已具备达产水平。线材新线成功调试投产。化工苯加氢项目顺利达产，强有力保证了全年利润目标的完成。

5. 通过对标挖潜，成效显著。2010年卓越绩效对标工作通过持续完善、拓展，卓越绩效模式成功争创全国及省长质量奖。全年本部17个对标组召开579次对标专题活动会议，产生专有技术382项，产生操作法数量252项，成果纳标651

项，创效3.77亿元。确保技术经济指标的改善和提升。2010年鞍钢股份公司积极推进ERP的设计、维护、检查、优化工作，保证了冷轧4号线顺利上线；通过修改冷轧工艺，调整平整延伸率，保证了2.5mm以上IF钢的性能要求；通过对冷轧连退速度进行调整，DC06钢种性能达到最佳水平；通过调整高强船板的碳当量，保证了性能的稳定性；优化炼钢—热轧—冷轧多条供料路径的质量设计，保证了冷轧产品性能稳定。

6. 科研创新、新产品开发实现新突破。通过有效运行科研创新机制及激励机制，有力推动了各层面的科研创新工作，加速了科研成果向现实生产力的转化，技术研发总体水平显著提升，自主创新能力明显增强，产品结构明显改善，市场竞争力显著增强。核电用钢三大系列产品取得较大突破，核反应堆安全壳用钢一次性能合格率达98%以上，达到国内领先水平。核岛系列用钢15MnNi、20MND5、SA-533实现供货，并率先在国内试制出18MND5试验评定产品。核电常规岛及配套系列用钢——宽规格SA-516（宽度4800mm）填补国内空白。时速350km客运专线100m 60kg/m钢轨全线应用于沪杭高铁。成功开发时速380km高速重轨，并用于京沪高铁线上。成功研制澳标60kg/m钢轨，首次出口澳大利亚并实现批量供货。通过了中海油组织的国产化评定，完成中国第一条国产化海底管线——南海海底管线钢X70（31.8mm）、X65（30.2mm）小批量试制。船体海洋工程超高强钢F690的研制，实物质量满足标准要求并居国内领先地位，国内首家通过船级社认证。Q500qE钢通过铁道部500MPa级高强度铁路用钢技术审查，并成为国内首家通过该钢种审查的钢铁企业。EVI活动卓有成效，与一汽成立汽车用钢联合实验室。完成科研课题验收164项，实现创效2.44亿元。新产品开发、应用及商品化效益显著，全年开发新产品485万t，新产品比例达到22.7%，实现新产品销售收入239亿元。专利及专有技术数量、质量均创鞍钢历史最好水平。全年完成专有技术680项、国家专利570件，“一种中等厚度板坯连铸连轧板卷的生产工艺”国际专利申请PCT分别被澳大利亚、韩国、印度授权。“冷轧机板形控制系统核心技术自主研发与工业应用”获冶金行业科技进步一等奖。

7. 节能降耗、环保减排取得新成果。全年新放行西区烧结机余热发电、鲅鱼圈高炉煤气锅炉发电等节能项目61项，投资放行4.74亿元。先后立项实施了鲅鱼圈Ⅰ系列烧结机、西区Ⅰ系列烧结机、三烧烧结机、二烧烧结机的烟气脱硫、厚板生产线外排废水治理等环保项目18项，投资放行3.19亿元。鲅鱼圈CCPP及干熄焦发电CDQ项目顺利通过第三方现场核查。发电分厂锅炉改造、炼铁三烧余热发电、二炼钢北线饱和蒸汽发电、西区烧结余热蒸汽发电、西大沟污水深度处理等一批节能项目陆续投产并逐步发挥节能作用。同时，在推进鲅鱼圈分公司的太阳能利用、海水淡化、风力发电等新能源使用上取得新成效。鞍钢股份公司本部和鲅鱼圈分公司吨钢综合能耗分别达到632kg/t和629kg/t，吨钢耗新水分别达到4.57t/t和3.65t/t。全年实现三级以上环保事故为零。危险废物收集、转运、处置机制得到进一步完善，废油脂得到规范处置。大气污染源排放达标率为99.9%，可回收固体废弃物利用率达到100%，均创历史最好水平。鲅鱼圈钢铁项目绿色钢铁建设初见成效，被中华环保联合会授予首届“低碳中国突出贡献奖”企业。

8. 质量评价体系有效运行，质量绩效持续改善。股份公司28项主要质量指标中有24项完成目标计划，完成率85.71%，其中球团矿合格率、焦炭M_{40}、钢坯合格率、钢坯原品种合格率、钢材综合合格率、钢材原品种成材率6项质量指标创历史最好水平，从而确保公司生产经营的稳步回升。

9. 鲅鱼圈分公司坚持以“稳铁降耗、提钢增产、调材创效”为生产组织原则，在保证生产稳定顺行的前提下，不断深化、细化管理，堵塞漏洞，对标挖潜，生产经营业绩不断刷新。特别是四季度，针对严峻的市场形势，及时调整工作重点，实施“适度规模、指标最优”的经济运行模式，压缩无边际利润产品产量，品种结构得以优化，不断提升了技经指标。尤其是铁前系统，通过调整配煤配矿和高炉操作工艺与参数等措施，一举刷新各项指标，达到国内领先水平，燃料比降低30kg，为完成降本增效目标做出了突出贡献，也为两地高炉探求经济运行方式积累了经验。高炉利用系数、入炉焦比、喷煤比、钢铁料消耗、厚板成材率等5项指标创开工以来最好水平。全焦耗洗煤、喷煤比、钢铁料消耗指标位居国内前三名。2号高炉利用系数最高达2.455t/(m^3·d)，创鞍钢新纪录，达到国内 $4000m^3$ 级大型高炉领先水平。

（鞍钢股份公司产品制造部　徐岩松）

【矿山生产】 2010 年，鞍钢矿山系统全力推进矿业发展战略，加快矿山建设步伐，面对矿石生产能力不足的突出矛盾，把工作的着力点放在优化生产组织、挖掘现有生产潜力上，推进管理升级，努力降本增效，提高产品质量，全年完成铁矿山采剥总量 22245 万 t，铁矿石 4552 万 t，铁精矿 1560.7 万 t，烧结矿 275 万 t，球团矿 600 万 t。输出铁精矿、烧结矿、球团矿品位分别达到 67.49%、57.06% 和 65.41%。

2010 年，矿业公司铁矿山建设规划先后得到国家工信部、发改委的批复，老矿山改扩建和新矿山建设取得重大进展。按照规划，启动了 15 个项目的采矿权办理工作，成功获得了砬子山等 5 个采矿权，新增资源量 2.4 亿 t，实现了年度资源发展目标。“十一五”以来，共有 4 座露天矿和 2 座井下矿进入建设阶段，其中，大矿二期扩建、东矿二期扩建和弓长岭露天矿独木采区外扩等 3 个露天改扩建工程，完成了开拓运输系统建设和设备补充，全年共完成剥岩量 5000 万 t；西大背采区正式开工，全年完成剥岩量 1492 万 t；眼前山井下矿、弓长岭井下矿中央区延深开采两项工程的主要开拓运输系统工程进展顺利，眼前山矿西端帮挂帮矿开采将于 2011 年投产。

2010 年，矿业公司成功取得国土资源部颁发的固体矿产勘查甲级资质证书，成为国内唯一具备从探矿、采矿、选矿、烧结、球团生产，采选工艺研发设计到工程技术输出完整产业链的矿山企业，标志着产业化发展跨入全新的发展阶段。在提高科技创新能力上取得突破性进展。全年完成重大科研项目 29 项，6 项成果通过省级鉴定，1 项成果获得钢铁工业协会科技进步一等奖，9 项成果获得冶金矿山企业协会科技进步一、二、三等奖，实现科技创效 2.24 亿元。铁尾矿综合利用技术研究被列入中央企业重大技术创新项目，获国家财政部专项资金支持。齐矿空区安全预警预报系统研究、大矿边坡稳定分析及对策研究 2 个项目被确定为国家 2010 年度安全生产重大事故防治关键技术项目。国家“十一五”科技支撑项目——大型铁矿山固体废弃物减排和综合利用关键技术研究稳步推进。赤铁矿分级入选工艺技术研究等 6 个鞍钢重大科研项目按计划完成或取得了阶段性成果。含碳酸铁矿石入选工业试验、赤精矿高配比球团矿生产技术研究工业试验、浮选尾矿再选工艺技术研究试验取得重大进展。

矿业公司高度重视节能减排工作。实施了厂区高耗能照明灯具更新等 9 个节能措施项目，完成后每年节能创效近 1700 万元。完成了东矿二期岩石胶带水除尘系统、东烧前峪尾矿库管路改造、弓二球精矿堆场抑尘等三个环保除尘项目和齐矿 1 号锅炉脱硫除尘改造。公司岗位粉尘合格率和污染因子合格率达到历史最好水平。推进矿区复垦绿化，新增绿地面积 35 万 m^2。

（集团公司市场营销部　王　前）

【化工生产】 2010 年，鞍钢生产焦炭 943.94 万 t，比上年增加 62.66 万 t。其中鞍钢股份公司生产焦炭 927.14 万 t（本部 670.12 万 t；鲅鱼圈分公司 257.02 万 t）。鞍钢股份公司本部焦炭质量 M_{40} 完成 83.6%，M_{10} 完成 7.1%，灰分完成 12.4%，硫分完成 0.67%，全焦耗洗煤实现 1348kg/吨焦。其中，焦炭 M_{40}、全焦耗洗煤指标再创历史最好水平。鲅鱼圈分公司焦炭质量 M_{40} 完成 88.55%，M_{10} 完成 6.75%，灰分完成 12.46%，硫分完成 0.66%，全焦耗洗煤实现 1353kg/吨焦。

生产调度系统指挥协调能力得到提升。通过加强来煤管理和配煤结构的调整，狠抓炼焦操作、加热制度、正点推焦率，大力提升干熄率和运行稳定性，全年共调整配煤比 51 次，调整周转时间 32 次，满足动态调整生产规模的要求，为炼铁高炉创造良好的原料条件。

通过开展卓越绩效对标活动提高经济技术指标。围绕焦炭产量、质量等核心指标，打破作业区之间、上下工序之间界限，按照产线流程将全部对标指标分解为四级，落实到班组，使卓越绩效对标真正落到实处，保证了焦炭产量、质量等核心指标的均衡稳定，焦炭质量、三大产品收率明显提高，为高炉顺行提供了坚实的基础。全年立项攻关项目 52 项，生产操作法 9 项，形成“纳标”项目 26 项，质量管理黑带项目 1 项，绿带项目 2 项，创造效益共计 3659.35 万元。

苯加氢达标达产工作得到进一步提升。2010 年是苯加氢作业区达标达产关键的一年。按照石化企业安全生产标准，梳理各项安全管理制度，分解各级管理人员在安全管理制度中应履行的职责，建立管理人员安全职责分配表、检查表，按周期进行检查，形成痕迹管理，有效地保证了安全生产。针对苯加氢装置工艺复杂和参数较多的特点，优化达标达产方案，组织召开达标达产专项会议6次，确定科学合理的技术参数，认真组织技术标定，共标定完成139项工艺技术参数、11种中间产品和产品质量指标、7种能源介质消耗、13项处理量和收率等指标。针对300单元萃取蒸馏和汽提塔部分参数指标偏低的问题，组织分析攻关，探索新装置新工艺的特点，解决了汽提塔不正常的问题，实现了达标达产目标。

（鞍钢股份公司产品制造部　陆　云）

【炼铁生产】 2010年，鞍钢炼铁生产始终坚持"规模适度、平稳运行、降本增效"的原则，克服"强降雪、强降雨"等各种不利因素，生产运行保持了良好发展态势。全年鞍钢生产生铁2222.14万t，同比增加8.35%，其中，鞍钢股份公司本部完成1567.83万t，超计划8.21万t；鲅鱼圈分公司完成644.68万t。鞍凌公司完成9.64万t。

鞍钢股份公司本部综合焦比与2009年历史最好水平持平；高炉工序能耗同比降2.23kg/吨铁；生铁一级率比公司计划提高2.91个百分点；生铁40S率比公司计划降低1.42个百分点。烧结矿产量完成1750.11万t；球团矿产量完成204.55万t，超公司计划2.25万t。烧结碱度稳定率完成93.83%，超公司计划4.83个百分点；品位稳定率完成95.21%，超公司计划2.21个百分点；经过两个工序的共同努力，生铁成本降低13246.32万元，管理费用降低2464.55万元，合计成本费用降低15710.87万元。鲅鱼圈分公司高炉利用系数同比升高0.074t/(m^3·d)；综合焦比同比降低1kg/t；入炉焦比同比降低10 kg/t；煤比同比提高2kg/t。烧结矿产量完成858.7万t，超分公司计划17.1万t。烧结碱度稳定率93.09%、品位稳定率94.91%，分别超公司计划3.09个百分点和0.91个百分点。风温、利用系数、综合焦比、入炉焦比、煤比和工序能耗6个重要指标创历史最好水平。

坚持以降耗增效为目标，大力降低生产成本。为保证烧结矿质量稳定，重点从烧结原料入手，通过精细操作和科学调配，将混料配比由13%提高至17%，创历史杂铁料最大使用量；为提高烧结矿质量，组织转鼓指数技术攻关，使转鼓指数从年初的78.82%提升到81.23%；为稳定球团成品球品质，在磁铁矿供量日趋减少的情况下，实施提高调选配比方案，通过精心调整皂土配比、焙烧温度、生球水分等手段，实现稳定目标；2010年烟煤比例达到41%，比上年提高3个百分点，降低能耗1.84kg/t；综合焦比、入炉焦比等燃料比总体降低0.42kg/吨铁，达到降耗效果。

全力做好高炉和烧结机同步年修工作，解决了生产稳定顺行的重大设备隐患。新3号高炉大修，完成时间比计划提前4天16小时，创造国内大高炉检修史上的三项纪录，即"安全事故为零、质量最优、速度最快"，并一次性开炉成功；西区烧结机漏风率从年修前的54%降到50.6%，取得突破性进展。推进点检标准化管理。全年设备定修年修64次，比计划节余130.67小时，定修年修时间准确率100%；不断夯实设备基础管理，通过电子巡检网络评价，实现从被动约束向主动习惯点检的转变；推进定修标准化管理，突出"三个阶段"过程量化，即定修前缺陷项目量化、定修中质量过程检控量化、定修后总结归纳量化，进而细化了每一个技术和管理步骤，实现定修周期内无事故的目标。大力推进ERP和辅助开发信息系统应用，在过程应用中逐步优化系统数据和流程，重新识别、修订完善各类点检基础数据5万余条，理顺点检计划、异常点检、维修工单等ERP操作流程；通过设备事故、机旁备件等各类信息资源的网络平台，使日常设备管理实现网络共享、有效封闭、动态封闭。

节能环保工作取得新发展。余热余能回收创历史最好水平，高炉工序能耗同比降2.23kg/吨铁，高炉余热余能回收同比增加1.17kg/吨铁，其中：TRT发电量同比提高4.08kW·h/t，总发电量比上年增加0.75亿kW·h；粗煤气回收量同比增加230万GJ。全年共实施冷却水回收等节能项目16个，年节水194.55万t；实施蒸汽、电、压缩空气等节能项目24个，年分别节约1.5万t、2600万kW·h、705万m^3。实现冲渣水"零排放"目标，减少排水量187.5 t/h；实现公司级环境污染事故为零的目标，烟（粉）尘排放量减少3305.12t，SO_2排放量减少4187.29 t。坚持"绿色发展、环保先行"理念，完成新1号高炉矿焦槽、西区运焦转运站等区域粉尘治理及西区 A 系列烧结机全烟气脱硫项目。

（鞍钢股份公司产品制造部　喻爱国）

【炼钢生产】 2010 年，鞍钢共生产钢 2180.33 万 t，同比增 8.33%。鞍钢股份公司连铸坯产量 2165.73 万 t，其中：本部 1526.56 万 t，超计划 6.96 万 t；鲅鱼圈分公司 639.17 万 t，超计划 2.47 万 t。本部第一炼钢厂厚板坯产量 123.72 万 t，大方坯产量 180.37 万 t；第二炼钢厂南区小方坯产量 13.86 万 t，超低头板坯产量 45.07 万 t；1700ASP 中薄板坯产量 248.21 万 t；第二炼钢厂北区大连铸板坯产量 440.71 万 t；第三炼钢连轧厂板坯产量 471.54 万 t。鲅鱼圈分公司热轧板坯产量 461.52 万 t，厚板坯产量 177.65 万 t。

第一炼钢厂全年产钢 307.18 万 t，超计划 2.98 万 t，其中板坯产钢坯 123.72 万 t，欠产 2.08 万 t；方坯产钢坯 180.37 万 t，超计划 3.86 万 t。2010 年，第一炼钢厂面对合同需求不足，小浇次钢种多，以及铁水供应紧张、质量波动大、炉前吊车限重等不利因素，积极协调各方资源，提高铁水直兑比例，减少补铁作业耗时，强化炉机匹配，压缩转炉冶炼时间，稳定铸机恒拉速率，科学安排设备检修，实现了稳定生产。为满足用户日益增长的个性化需求，紧紧抓住重轨钢、帘线钢等重点品种，大力实施过程能力控制、目标管理控制和工序标准化操作，同时整合系统资源，使产品实物质量得到显著提高。板坯铸坯全年实现无中心裂纹废品，重轨钢正常罐次伤轨率达到 0.17%，创国内行业最好水平。全年综合质量合格率完成 99.72%，原品种合格率完成 99.03%，均创历史最好水平。同时，坚持以市场为导向，大力调整品种结构。军工 9690 采用超低过热度控制方法，磷、硫、氢等元素控制超过了宝钢和武钢；低温压力容器 1.5Ni ~ 5Ni 等均形成规模化生产能力；京沪时速 380km 高速轨完成生产，各项指标均满足内控要求；窄淬透性齿轮钢生产取得成功；大规格轴承钢取得进一步突破，中心组织控制达到国内同类产品先进水平；核电用钢采用转炉双联工艺，实现 5 元素 $80\times10^{-4}\%$ 超高洁净度控制，同时实现 5 罐连浇的规模化生产能力。

第二炼钢厂全年共产钢 747.84 万 t。南线 307.13 万 t，北线 440.71 万 t，两线全面超额完成公司计划；质量合格率两线分别超计划 0.15% 和 0.31%；原品种合格率超计划 0.34% 和 0.50%。2010 年，第二炼钢厂积极消化不利因素的影响，通过合理界定生产工序成本，实行目标管理；调度系统改变工作思路，把优化生产成本与生产顺行放在同等地位组织“两线”生产；突出重点项目等措施实现生产低成本运行，多降成本近 7000 万元。同时，不断优化对标体系，明确目标、完善制度，技术经济指标又有很大提高。一级指标中南线钢铁料、南线原品种合格率、南线吨钢质量损失等 3 项指标同比实现较大进步，其中，南北线钢铁料消耗在国内处于领先地位。各工区、部室注重归纳总结对标过程中形成的先进操作法，做好“纳标”工作，共形成 51 项操作法，有 3 项被推荐为集团公司先进操作法。开展全员创新活动。其中，“经济型低成本炼钢工艺开发”等 2 项为集团公司重大课题；“低碳、超低碳钢 RH 真空深脱硫工艺开发”等 10 项为公司级课题；“180t 转炉节能减排技术的研究与应用”申报集团公司特等奖。开展技术攻关活动，针对铁水硅数逐渐降低，低硫、低磷钢种的比率显著增加的情况，开发了硅铁增硅配加废钢的冶炼技术，形成了低硅铁水的操作指导，有力解决了钢水成分不稳的问题。通过对铸机的状态进行实时监控，优化二冷水量等措施，基本解决了取向硅钢生产过程中出现的泡疤、角部裂纹等问题，钢种做成率、铸坯合格率稳定在 85% 以上。

第三炼钢连轧厂全年生产钢坯 471.54 万 t，超计划 6.54 万 t。全年共生产 16 个系列、124 个钢种的产品，试制新钢种 32 个。全年钢铁料消耗平均 1123.25kg/t，铁水单耗 999.9 kg/t，降成本 9400 万元。2010 年，第三炼钢连轧厂面对施工项目多、品种结构复杂、资源紧张等诸多不利因素的影响，通过强化指挥、优化组织、大力开展攻关、细化质量控制等，确保实现了稳质稳产。不断提高 IF 钢恒拉速率和列车时刻表执行率，生产组织实现均衡有序，钢种执行率比计划提高了 0.43%。大力开展工艺技术攻关。组织攻关 ASP 铸机生产 IF 钢絮流问题，实现了整浇次不换或只换一次水口，IF 钢的生产质量得到稳定控制。围绕转炉底吹长寿化，进行了炉衬砖改型。该厂以卓越绩效对标为平台，以提高质量、降低成本为落脚点，努力突破产线限制瓶颈，挖潜增效。一级对标指标中超自己最好水平或进步的占 65%，二级对标指标中超自己最好水平或进步的占61.7%；IF钢增N量指标降至1.1×10^{-4}%；解决最终产品表面夹杂合格率提高到99.13%。针对铁水中钛含量高，增加脱硫扒损和炼钢吹损，导致钢铁料消耗高和铁水磷含量明显高于往年，导致熔剂消耗和吹损增加的成本控制的难题，通过采取多吃低价废钢、增加渣钢回收、控制转炉冶炼过程中跑渣等措施，降低成本6522.18万元。在生产过程中，通过加严转炉、精炼成分控制标准，全年合金消耗成本降低7930.63万元。2010年，加大科研科技管理，形成并申报公司“2150粗轧立辊AWC阶跃响应调整”等先进操作法6项。同时，以市场为导向，加大品种开发，福特汽车用钢通过TS16949体系认证，使其具备了向福特汽车公司供货资质；通过了泰国TISI出口产品认证；完成了英国、德国船用钢的延期认证。该厂3号连铸机主体建筑结构施工完成，铸坯输出区工程已完成地下基础施工，维修间主体建筑也已建设完毕。

（鞍钢股份公司产品制造部　张新义）

【轧钢生产】 2010年，鞍钢生产钢材2089.65万t，同比增9.99%，首次突破2000万t大关。鞍钢股份公司钢材产量完成2087.28万t，比上年增产187.49万t，增幅9.87%。其中：本部完成1469.60万t，超计划26.3万t；鲅鱼圈分公司完成564.67万t，超计划0.97万t，天铁冷轧薄板完成129.08万t，超计划7.18万t。

2010年，鞍钢股份公司面对多变的钢材市场，严格按照效益排序安排生产计划，调整产品结构，组织精益生产，加强科研开发力度，加大战略产品和主导产品开发力度，提升整体效益。

适时根据市场变化，动态调整品种结构。2010年以来，该公司密切跟踪钢材市场变化情况，严格按照效益排序组织生产，充分发挥高效材优势，加大品种调整力度。年初，及时修改了高效材奖励办法，分产线、分品种组距实施奖励。在实际生产组织过程中，确保品种效益高的产线（如硅钢、冷轧、大型、线材）满负荷生产，并优化RH工艺路径及品种，确保高效材的完成。全年专用材产量1585万t，专用材比例76.97%，比上年同期提高0.29个百分点，代表鞍钢汽车用钢、造船用钢、重轨、管线钢、家电板等12类主导产品产量达到890.98万t，比上年增加62.87万t。其中全年销售汽车板212.65万t，创历史最好水平。

实行精细管理，精益生产，合理组织轧钢生产。公司在各产线产能安排上先安排效益好的产线生产，对效益较差产线采取集约生产模式，坚持产量规模与设备年修改造相匹配，设备定修与产线集中开停相结合。在钢坯原料不足情况下，挖掘库存潜力，充分利用现货钢坯等资源组织生产。全年钢坯库存下降1.06万t，在产品库存下降1.98万t。通过优化从合同评审—质量设计—计划下达—生产组织等一系列流程，对1700、2150、中板等产线采用连铸连轧或热装热送，大大缩短了产品的制造周期。

优化生产工艺，提高产品实物水平。2010年通过推进六西格玛项目等措施，优化生产工艺，提高产品实物水平，全年钢材原品种成材率有新的提高，质量异议率仅为0.08%。积极推进ERP的设计、维护、检查、优化工作，保证了冷轧4号线顺利上线；通过修改冷轧工艺，调整平整延伸率保证了2.5mm以上IF钢的性能要求；通过对冷轧连退速度进行调整，DC06钢种性能达到最佳水平；通过调整高强船板的碳当量，保证了性能的稳定性；优化炼钢—热轧—冷轧多条供料路径的质量设计，保证了冷轧产品性能稳定。2010年，鞍钢中厚板厂新建成超快速冷却系统，是国内中厚板产线冷却能力最大的在线冷却装置，该系统不但可以实现在线淬火功能，而且可以实现冷却路径控制柔性工艺。目前已对水电钢和工程机械等钢种进行了成分减量化和强度升级。

坚持鞍营两地钢坯平衡互动。2010年股份公司本部钢坯减产，为保证品种钢合同执行，本部一方面对轧钢原料和在产品进行压库清库，同时积极组织鲅鱼圈分公司钢坯回运；针对冷轧产品效益比较突出的实际，组织回调鲅鱼圈分公司1580热轧卷；针对鲅鱼圈分公司厚板铸机调300断面时间长，合同少的实际，公司本部供鲅鱼圈分公司300断面板坯。2010年回运鲅鱼圈钢坯42.28万t，超年计划7.28万t；鲅鱼圈分公司供本部1580热轧卷8.96万t；本部供鲅鱼圈分公司板坯3.8万t。

大力推进新产品开发，提高产品竞争力。2010年鞍钢股份公司新产品产量485.56万t，新产品比率22.5%。实现新产品销售收入239亿元。专利及专有技术数量、质量均创鞍钢历史最好水平。“一种中等厚度板坯连铸连轧板卷的生产工艺”国际专利申请PCT分别被澳大利亚、韩国、印度授权。“冷轧机板形控制系统核心技术自主研发与工业应用”获冶金行业科技进步一等奖。热轧产品开发出Q345NS耐酸腐蚀钢、集装箱特种箱用钢AS600MC、AS700MC；冷轧产品开发出制桶用钢ZT2、ZT3，包装捆带用钢AFD1、AFD2、AFD3、AFD4、AFD5。镀铝锌是鞍钢改造开发的新产品，全年共生产镀铝锌产品3600t，主要应用在家电、彩涂基板、建筑等行业。开发产品包括深冲级别镀铝锌产品DX53D，高强度镀铝锌产品SGC400、SS40、SS33、S250GD，普通建筑镀铝锌产品DX51D、S250GD。彩涂新产品开发出网纹产品和印花产品，彩涂印花系列产品是彩涂产品扩大产品用途和提高技术附加值的高档次高端产品代表之一，目前鞍钢是国内第一个生产的厂家，已经与用户协商接受订单，可进行批量生产。

新建产线顺利投产。2010年冷轧硅钢厂西区硅钢生产线的高牌号无取向硅钢已实现达产达标，全年产量3.3万t；2010年6月完全依靠自主研发成功生产出了第一卷取向硅钢合格成品卷，已具备批量生产能力。线材厂2号线总体改造工程已顺利完工，并于2010年11月开始热负荷试车。

鲅鱼圈轧钢系统功能逐步完善。2010年鲅鱼圈分公司轧钢生产继续保持平稳、高效运行，通过开展工艺技术攻关，加强产品质量控制，1580热轧和5500厚板产品质量合格率分别提高到新水平，实现“现货减半”目标。厚板线开发核电用钢等15个新品种；成功使用60t钢锭轧制特厚ADB610D水电用钢，填补鞍钢空白；热处理年生产能力提高至9万t水平，管线钢、TMCP和CR工艺船板通过产品认证。1580热轧线开发汽车结构钢等12个新品种；集装箱薄材月生产能力突破2万t，过渡材实现零目标；X65等4个管线钢牌号通过产品认证。全年累计生产新产品和独有与领先产品分别达163万t和137万t，“三新”产品实现免税增效2716万元。

（鞍钢股份公司产品制造部　王宝军）

·经　营·

【综述】 2010年是鞍钢发展史上具有里程碑意义的一年，鞍钢与攀钢联合重组为新鞍钢集团，实现了大跨越、大发展，鞍钢以推进重组整合为契机，牢牢把握后危机时代的发展机遇，实现了“六个新跨越”。

一、生产运行比较平稳，主要产品产量继续保持增长

根据市场形势变化，加大生产组织调控力度，及时调整营销策略，实现了产销平衡，主要产品产量及钢材出口继续保持增长。2010年，鞍钢生产铁2222.14万t、钢2180.33万t、钢材2089.65万t，比上年分别增加171.196万t、167.67万t和189.86万t，比上年分别增长8.35%、8.33%和9.99%。钢、铁、钢材产量均超2000万t，钢材产量连续7年增长。

实现营业收入1050.71亿元，比上年增加248.08亿元，增幅30.91%；利润总额45.03亿元，比上年增加5.44亿元，增幅13.74%；2010年末资产总额1741.73亿元，比上年增加157.44亿元；所有者权益总额906.87亿元，比上年增加47.31亿元。

二、对标挖潜不断深入，可控成本费用不断降低

积极与国内先进企业开展对标挖潜，查找差距与不足，提出改进措施；认真分析把握原燃材料价格变化，全力做好集中招标采购，合理控制采购节奏，大力降低采购成本。继续牢固树立过“紧日子”思想，制定进一步压缩费用开支的相关措施，促进各单位可控费用在年度预算的基础上再压缩10%，努力提高企业经济效益。

三、低碳发展实现新跨越，节能减排效果显著

鞍钢“十一五”以来累计节能269万t标准煤，提前完成“十一五”千家企业节能目标，得到了国家充分肯定，在国务院节能减排工作电视电话会议上，鞍钢作为唯一一家企业介绍了经验。2010年，鞍钢实现节能39万t标准煤、节水758万t；鞍钢本部COD、烟粉尘、SO_2排放同比分别下降1.5%、24.0%、6.24%。鞍钢被国家工信部列为首批“两化融合”促进节能减排试点示范企业；鞍钢烧结机余热发电、焦炉煤调湿、绿色照明工程等50多个重点项目全面实施，西区一号烧结机烟气脱硫装置热负荷试车成功，鲅鱼圈新区废煤气供华能营口电厂发电，创造了良好的环保效益和经济效益。

四、全球产业链不断完善，企业布局实现新突破

积极探索在海外投资建厂的发展模式。与美国钢发展公司签订协议，成为中国首家在美国投资建厂的钢铁企业。第一个海外钢材加工中心——鞍钢维加诺公司正式成立运营，海外营销开始向实体化、专业化、系统化转变。海外资源保障体系建设稳步推进。认购金达必公司股权的整体融资方案得到国家发改委核准，卡拉拉铁矿项目银团贷款协议正式签署，确保了项目建设顺利推进。

五、核心技术开发实现新跨越，自主创新能力显著提升

鞍钢实施独有和领先产品战略，新产品和新工艺开发再创佳绩。2010 年，开发新产品 485.62 万 t，新产品比例达到 23.27%。成功生产出替代进口的核岛关键设备试验用钢，锻造出先进核电站主管道锻件，促进了我国第三代核电技术自主化和关键设备国产化；成功开发时速 380km 高速重轨，在京沪高铁铺设；成为国内首家 Q500qE 钢通过铁道部 500MPa 级高强度铁路用钢技术审查的钢铁企业。汽车板等高附加值产品销量同比提高 34.9 个百分点。建成东鞍山难选混合铁矿石“分选浮选”工业化示范生产线，达到国际领先水平。EVI 活动卓有成效，与一汽集团成立联合实验室，与中国船级社签订战略协议，推进了战略产品的研发。

六、兼并重组加快推进，管控模式取得新进展

加快推进鞍攀实质性重组整合，精心筹划攀钢钒钛的重大资产重组事项。实施内部资源整合，推进专业一体化管理。加强战略规划管理，确立新鞍钢集团战略目标、发展思路和战略，编制鞍钢 2010 ~ 2012 三年滚动规划，制定鞍钢“十二五”战略发展规划。完善全面预算管理，形成战略规划、全面预算、战略绩效考核、薪酬挂钩的闭环运营体系，确保了战略落地。加强资金全过程集中管理，探索新型融资方式，构建三省（市）六地统计网络体系，保证了生产经营顺利进行。以新的管控模式为基础，以价值链管理为载体，加快推进核心业务流程优化工作。

随着鞍钢与攀钢成功重组、鲅鱼圈新区实现达产、鞍凌公司建成投产、西昌基地加快建设、莆田项目开工建设，新鞍钢集团的资源优势、规模优势、协同优势得到显著提升，跨区域、多基地、国际化的发展格局更加完善。

（集团公司计划财务部　高凤芬）

【澳大利亚卡拉拉铁矿项目获得 12 亿美元国际银团贷款】 为响应国家“走出去”战略方针，增加铁矿石资源海外储备，鞍钢与澳大利亚金达必金属公司合资建设卡拉拉铁矿项目，项目总投资 24 亿澳元，其中建设项目总投资 19.75 亿澳元。除双方股东资本金注资外，申请借款 12 亿美元。

为确保卡拉拉铁矿项目建设顺利进行，集团公司从 2008 年开始就着手启动该项目的融资工作，经过系统筛选论证，最终确定由国家开发银行作为牵头银行组建国际银团境外项目融资方案。经过两年多的艰苦谈判，2010 年 6 月 21 日，鞍钢投资的澳大利亚卡拉拉矿业有限公司铁矿项目国际银团贷款合同在澳大利亚正式签署，国家副主席习近平出席了该项目《12 亿美元借款合同》和《为卡拉拉 12 亿美元银团贷款的保证与承诺协议》的签字仪式。

卡拉拉铁矿境外项目融资国际银团由国家开发银行牵头发起，中国银行、中国工商银行、中国农业银行参加组成，中国银行悉尼分行为贷款银团授权贷款代理行和抵押信托行。卡拉拉铁矿项目贷款金额为 12 亿美元，贷款期限 12 年。

银团贷款所涉及的重要内容有工程投资概算、资本金核准与注入、融资商务条款、信用担保和资产抵押结构等，各项工作覆盖了公司内部多个部门，所有手续经过了国家多个相关部门审核批准。该贷款以合资公司拥有的采矿权及项目未来形成的固定资产提供抵押、以合资公司拥有的项目产品销售合同形成的应收账款和产品销售收入归集账户提供质押。同时双方股东以持有合资公司的全部股权向银团提供质押并以各自的信誉分别向银团提供担保。在此基础上鞍钢为银团提供建设期的兜底担保。鞍钢为降低该项目建设期兜底担保风险，通过让金达必签署《反担保承诺函》和《股权互保协议》，要求金达必以其持有合资公司股权及信誉向鞍钢提供反担保。

卡拉拉铁矿境外项目融资是鞍钢第一个海外资源类大型项目融资，在谈判过程经历了的国际金融危机前后剧烈动荡的金融形势，鞍钢能以超低成本获得项目融资，标志着鞍钢拥有超强的市场竞争力和影响力、卓越的融资专业能力和高效的内部团队协同力。

（集团公司计划财务部 张 昕）

【研究方案，化解攀钢第二次现金选择权】 为贯彻落实《关于鞍山钢铁集团公司与攀钢集团有限公司重组的通知》（国资委国资改革〔2010〕376号）的精神，按照“调整和明确重组后企业的战略定位和发展规划，妥善解决所属上市公司同业竞争问题，研究提出重组整合的目标、步骤和措施，推进鞍钢和攀钢的实质整合”的要求，结合2011年4月鞍钢集团公司需化解二次现金选择权行权资金压力的实际情况，研究并提出了对攀钢钒钛进行重大资产重组的方案。方案为攀钢钒钛以其拥有的钢铁相关业务资产与鞍钢拥有的鞍千矿业100%股权、鞍钢香港100%股权、鞍澳公司100%股权进行资产置换，从而实现攀钢钒钛主营向铁矿石采选、钒钛制品生产、加工及应用业务转型。目前该项目已经进入实质性操作阶段。

2010年11月2日，攀钢钒钛公告重大事项并停盘。停盘期间，与中介机构研究设计攀钢钒钛重组方案，对重组方案的各事项着手开始操作。针对上述方案内容，为保障方案的顺利进行，11月10日向国资委、证监会就攀钢钒钛资产置换事项进行初步沟通，并获得支持意见，同时就理财产品与各银行进行沟通，获支持态度。12月10日攀钢钒钛召开董事会就资产置换事项进行审议。12月16日攀钢钒钛复盘并发布相关公告，自12月21日开始攀钢钒钛股价高于二次行权价格10.55元，市场反映良好。

【澳大利亚投资项目——参与金达必融资】 为保证鞍钢在金达必的股权比例不被稀释，更好地掌控该项目资源，防范卡拉拉铁矿项目建设风险，鞍钢参与金达必股权融资。2010年2月15日，鞍钢已就参与金达必股权融资保证股权比例不被稀释一事上报澳大利亚外商投资审查委员会，4月7日获得批复。2010年3月19日，鞍钢召开党政联席会议通过了参与金达必股权融资有关事宜。2010年5月14日，鞍钢与金达必签署了此次股权融资的认购协议。2010年8月10日，鞍钢获得国家发展和改革委员会批复。2010年9月21日获得商务部批复。2010年11月，鞍钢完成参与金达必股权融资项目，支付资金7450万澳元，每股价格0.93澳元/股，获得新增股票8011万股。此次融资完成后，鞍钢持有金达必股份33577万股，持股比例为36.12%。

【澳大利亚投资项目——增资卡拉拉矿业】 2008年5月，国家发展和改革委员会批复卡拉拉项目建设总投资为19.422亿澳元。2009年5月，随着项目设计工作的深入，工艺流程得以完善，长周期设备订货完成，施工承包商的询价招标工作全面展开，可研阶段的缺漏和不足得到弥补，经过多次审核、削减，最终卡拉拉矿业公司董事会通过了项目的成本估算。已批准的预算包括项目成本19.75亿澳元以及非项目成本4.3亿澳元，两项共计24.05亿澳元。按此测算，双方股东各需增加注入卡拉拉矿业公司资金16850万澳元，预计在2011年8月31日前完成。2010年7月，鞍钢上报发改委、商务部，拟对卡拉拉矿业公司增资16850万澳元，其中包括6100万澳元的项目成本（项目成本包括工厂建设以及相关基础设施建设）和10750万澳元的非项目成本（非项目成本包括开工前费用、流动资金以及保证金），2010年8月10日获得国家发改委批复，9月28日获得商务部批复。截止到2010年12月31日，鞍钢已对卡拉拉矿业增资4210万澳元。

【反垄断调查申报】 根据国资委《关于鞍山钢铁集团公司与攀钢集团有限公司重组的通知》，鞍钢与攀钢实行联合重组，组建鞍钢集团公司。按照《中华人民共和国反垄断法》和《国务院关于经营者集中申报标准的规定》及下一步鞍攀重组进行资产置换资本运作时需向证监会提供反垄断审查文件的要求，鞍钢攀钢联合重组需按规定向商务部进行经营者集中的反垄断审查申报，为此聘请北京市嘉源律师事务所进行相关申报工作。经鞍钢和攀钢各部门及该所的共同努力，11月28日完成正式稿件并上报，11月29日收到商务部关于鞍钢与攀钢联合重组的反垄断审查申报受理单。2011年1月，商务部反垄断局表示鞍钢和攀钢的重组不构成市场垄断，不需要进行进一步审查，故鞍钢和攀钢可以确认本次重组已经通过关于经营者集中的反垄断审查，可以依法实施集中。

【认购农业银行首次公开发行股票】 2010年5月，鞍钢参与认购农业银行首次公开发行股票。2010年7月8日战略投资者认购完成，确认鞍钢认购农业银行A股股票5.94亿股，持股比例0.2%，认购价格2.68元/股，鞍钢总认购资金15.93亿元。鞍钢作为战略投资者所认购农业银行股份中，50%锁定12个月，50%锁定18个月。

【认购吉恩镍业非公开发行股票】 2010年6月，鞍钢参与认购吉恩镍业非公开发行股票。6月17～22日鞍钢参与吉恩镍业非公开发行股票询价。6月23日最终确认鞍钢集团认购吉恩镍业非公开发行股票970万股，占吉恩镍业非公开发行股票后总股本的1.196%，认购价格16.22元/股，较询价截至日前一交易日6月22日收盘价折价25%，认购资金1.57亿元，锁定期为12个月。

【认购大唐新能源网下配售】 2010年12月，鞍钢作为基石投资者认购大唐新能源港股，认购主体为鞍钢香港有限公司，认购资金5000万美元，认购价格2.33港元/股，认购股数1.67亿股，持股比例2.29%，锁定期为6个月。

（集团公司计划财务部　赵　莉）

【鞍钢与福建省政府签订合作协议】 2010年1月21日，鞍钢与福建省政府在福州签订合作协议，建立战略合作伙伴关系。福建省领导孙春兰、黄小晶、杨岳、李川、张志南，鞍钢领导张晓刚、闻宝满、唐复平、尹利参加会谈并出席签字仪式。福建省省长黄小晶与鞍钢党委书记、总经理张晓刚分别代表双方签署合作协议。

根据合作协议，福建省与鞍钢将按照国家钢铁产业发展政策的总体要求，围绕钢铁产业沿海布局、产业结构调整和淘汰落后产能，就钢铁产业发展及钢材深加工进行深入合作，并确立了双方合作的近期、中期和远期目标。协议还就双方为实现合作目标而相互支持的具体事项做出了安排。

福建省处于东南沿海，港口资源丰富、区位优势明显，可辐射到华东、华南乃至东南亚地区，全省钢铁需求仍然处于不饱和状态。特别是近年来，福建经济社会发展势头良好，经济外向度高，市场潜力巨大，特别是国务院支持海西建设《意见》出台后，福建面临广阔的发展前景，是鞍钢国内产业布局的重点。鞍钢与福建省建立战略合作伙伴关系，可以发挥鞍钢的技术优势、人才优势、管理优势，推动钢铁企业跨地区联合重组，完善鞍钢战略发展布局，不仅推进鞍钢又好又快发展，也会推进东部沿海地区先进制造业基地建设和福建经济社会发展。双方表示将促进项目的推进和技术、管理、经营模式创新，成为央企与地方合作的典范。

【鞍钢与鞍山市签署2010年战略合作协议】 2010年1月28日，鞍钢与鞍山市签署“十二五”战略合作框架协议。鞍钢党委书记、总经理张晓刚，鞍山市委书记谷春立，鞍山市委副书记、市长王阳分别讲话。张晓刚、王阳共同签署了鞍钢·鞍山市“十二五”战略合作框架协议。为支持鞍钢建设特钢和钢铁深加工产业基地、国家级菱镁新材料产业基地、先进装备制造产业基地、特大型跨国集团，支持鞍山建设“世界级精化工新材料产业基地和光电光伏产业基地”，基于“鞍钢因矿山而立，鞍山因鞍钢而兴”的发展共识，鞍山市人民政府和鞍钢秉承“互为一体，相互依托，地企融合，共兴共荣”的理念，签署“十二五”战略合作框架协议，将进一步加强在产业发展、城市建设、环境保护、土地利用等领域合作。

2010年2月8日，鞍山市人民政府和鞍钢签署了2010年战略合作协议。根据协议，鞍山市将全力支持鞍钢在鞍山地区的矿产资源开发，保证鞍钢发展对铁矿石资源需求；支持鞍钢实现从生产普碳钢和低合金钢到生产低合金钢和特殊钢的转变，鼓励直接还原等新的炼铁工艺开发；鼓励鞍钢发展煤化工产业，支持鞍钢的改革和稳定。鞍钢将加大在鞍山投资力度，继续支持鞍山经济发展和城市建设。

【增资入股山西物产集团进出口有限公司】 根据2010年8月9日鞍钢与山西省物资产业集团有限责任公司签署的《合作框架协议》，2011年2月28日，双方在财务审计和资产评估的基础上，共同协商起草了《增资入股经营合同》，确认对目标公司以人民币现金方式进行增资，使目标公司注册资金由原来的5000万元增加至10000万元。增资后山西省物资产业集团有限责任公司持有目标公司52.5%股权，鞍钢持有目标公司30%股权，目标公司原自然人李爱民和乔明不参与本次增资，增资后李爱民持有目标公司10%的股权，乔明持有目标公司7.5%的股权。

山西省物资产业集团有限责任公司是山西省政府授权经营的国有资产大型一类企业，前身是山西省物资厅。山西物产集团进出口有限公司是该集团的控股子公司，成立于1998年，注册资本5000万元人民币，主要经营范围包括：原（精）煤、焦炭、轻纺产品、机电产品、进出口贸易等。

鞍钢增资入股山西物产集团进出口有限公司，是在国内优质焦煤主产区谋求掌控资源投资合作的第一步，下步将以目标公司为平台，寻求新的投资合作机会，直接获得权益性资源，保障公司炼焦煤稳定供应。

（集团公司战略发展部　杨进波　李　莉　郑开耀）

【钢材出口继续保持行业领先地位】 2010年，鞍钢积极应对后金融危机时期十分困难复杂的国际钢材市场形势，全年出口钢材签约181万t，签约额约13.30亿美元，全年出口钢材装船170万t，出口创汇约12.20亿美元，继续保持行业领先地位。稳步推进出口市场多元化。在深耕原有市场基础上，开发了南美洲及东南亚等新市场；出口向质量效益型转变显著，出口资源得到最优配置，在树立鞍钢品牌的同时，为集团公司赢得了效益；高附加值高品质产品出口大大增加，冷轧深冲产品打入欧洲、美洲及东南亚市场，重轨产品首次出口到澳大利亚等发达国家和地区，并形成示范效应，开发了镀铝锌、耐磨钢板等新产品；提高了战略客户与直供客户比例，与三星造船、韩进造船、现代重工、浦项越南、俄罗斯客户形成了战略合作关系。积极应对出口政策变化，减少退税损失5000多万元。

【国际化经营迈上新台阶】 海外建厂取得突破。与美国钢发展公司签署了合资协议，鞍钢成为国内第一家在美国投资建厂的钢铁企业；鞍钢维加诺公司正式运营，开启了鞍钢海外加工中心实体投资的第一步；启动了英国加工线项目前期尽职调查。积极开发海外资源。认购金达必公司股权整体融资方案获批，正式签署卡拉拉项目银团贷款协议，鞍钢第一家海外铁矿合资项目进入施工建设阶段；全年新增365万t长协矿资源，与澳大利亚BMA和ANGLO签订了年度焦煤采购协议，海外原燃料资源掌控能力得到增强。海外公司业务范围得到拓展，管理进一步加强。

（国贸公司　张玉斌）

【鞍钢与美国钢发展公司正式组建合资企业】 2010年9月15日，鞍钢集团投资美国钢发展公司签字仪式在北京举行，鞍钢与美国钢发展公司正式组建合资企业，此举意味着鞍钢在美投资建厂迈出了关键步伐。

2010年5月13日，鞍钢与美国钢发展公司在纽约洛克菲勒中心签订《鞍钢向美国钢发展公司进行股权投资协议》等三个投资合作备忘录。按照三个投资合作备忘录，美国钢发展公司计划分期建立4个螺纹钢厂和1个电工钢厂，第一个螺纹钢厂选址在临近客户、原料供应充足、交通便利的密西西比州阿默利（Amory）建设，已获得密西西比州颁发的环境许可，完成土地平整及铁路交通。根据协议，鞍钢成为美国钢发展公司董事会成员之一，并提供美国钢发展公司技术和设备包的特定部分。

国际化经营是鞍钢重要的战略举措。与美国钢发展公司等多方合作者联手在密西西比州建设螺纹钢厂，符合鞍钢的战略发展要求和海外产业布局要求，对于鞍钢加快实施国际化经营具有重要和深远的意义。

【鞍钢第一个海外钢材加工中心——鞍钢维加诺公司正式成立运营】 2010年8月30日，鞍钢与意大利维加诺公司在米兰举行股权转让签字仪式，这标志着鞍钢第一个海外钢材加工中心——鞍钢维加诺公司正式成立运营。

维加诺公司是意大利一家钢材加工企业，主要加工硅钢和镀锌板卷，年加工能力为10万t左右。该公司拥有自己的分销物流中心，为下游40多家用户配送货物，在欧洲钢材市场享有很高的声誉。鞍钢从2003年开始向维加诺公司提供冷轧硅钢和镀锌产品，数量逐年增长，是该公司最重要的原料供应商。双方在贸易实践中建立了良好的互信和紧密的合作关系。2008年10月9日，鞍钢与维加诺公司签订合资协议，收购维加诺公司60%的股权。

鞍钢在意大利建立自己的海外钢材加工中心，可以为海外客户提供及时的服务，提高鞍钢产品的国际市场占有率，加快鞍钢品牌推广，加速企业国际化的步伐。

（文　鉴）

【推进实施物资集中采购管理，保证物资稳定供应】 2009年7月集团公司物资采购部启动运行，在完成物资采购核心制度与流程建立的基础上，2010年1月正式推进实施物资集中采购管理，发挥了规模采购优势与一体化协同效应，防范了采购风险，控制了采购成本，保证了物资稳定供应。

1. 建立核心管理制度与流程，统一规范了物资采购管理。

为实现从职能管理向流程管理转变，集团公司物资采购部根据战略操作型管控模式，结合物资采购职能模块优化项目，按照“管办分开、采招分离、隔离制约，有效协同”的原则，在对集团原有26个物资采购管理制度和56个物资采购现状流程梳理、分析的基础上，制定了物资采购核心管理制度5个、物资采购目标流程20个，规范了物资采购管理模式与运行方式，明确了集团部门之间、集团与子公司之间物资采购职责与业务接口，搭建了物资采购招标平台，为集团未来对多个分（子）公司异地一体化物资采购管控奠定了基础。

2. 优化合格供应商队伍，实现了供应商资源共享使用。

为进一步提高采购质量，避免采购风险，对分（子）公司物资采购供应商进行了摸底调查，针对供应商队伍比较庞大、档次参差不齐的实际情况，明确了供应商准入原则和标准，对合格供应商按物资类别和综合实力进行分类分级管理，每一类物资的合格供应商根据与集团公司合作的紧密程度、供货业绩、售后服务等情况分为战略供应商、重点供应商、一般供应商和临时供应商四个等级，集团主要负责战略、重点供应商管理，各级采购部门主要负责一般和临时供应商管理。2010年通过综合评审，确定出战略供应商36家、重点供应商235家。另外集团对各级采购部门自行管理的一般和临时供应商进行了备案管理，并将备案的信息整合下发到采购部门和招标平台，实现了供应商资源的共享使用。

3. 建立物资采购招标中心，规范了物资采购招标管理。

在进口物资采购招标由国贸公司招标中心归口操作的基础上，2010年成立了集团物资采购招标中心，对国内物资采购招标业务进行归口和统一操作，进一步规范了物资采购招标行为。为规范评标管理，采取分（子）公司推荐、集团综合评审的方式，建立了由635名公司内部专家组成的评标专家库，满足了物资采购招标评标工作需要。

4. 组织开展卓越绩效对标，促进了物资采购管理水平提升。

完善物资采购指标对标体系，建立定期对标机制，做好外部和内部对标工作。2010年经与宝钢多次沟通、交流，确定了70个物资采购对标指标，并组织人员与其进行了对标。同时，依据分（子）公司统计上报的物资采购数据，按月搞好物资采购前瞻性预测与分析，并通过开展物资采购绩效评估和季度回顾会形式，通报全公司物资采购管理、采购业务开展及分（子）公司采购绩效指标完成情况，使分（子）公司看到了差距、明确了任务，发现纠正了部分物资采购价格偏高等问题，促进了物资采购工作开展。

5. 实施物资集中采购，有效地降低了采购成本。

依据2010年集团公司物资集中采购目录，合理制定采购方案，采取适宜的采购策略，组织实施集中采购工作。一是整合需求，规模采购降成本。采取整合需求计划、扩大计划周期、优化供应渠道等方式，对2010年集中采购的设备备件、主要材料供应商进行了优化，取消规模较小和非生产型供应商134家，比例达37.8%，实现了资源优化配置和规模采购效益。二是加强合作，战略采购降成本。积极推进与山西焦煤、龙煤、沈煤等重点煤矿战略合作，加大对其采购量，获取了最优惠价格。2010年与淮北、阳煤两家煤矿签订中长期战略合作协议，进一步实现了对优质煤炭资源的占有和控制，并通过与中石油、中石化战略供应商直接建立长期供需关系，使鞍钢享受到了比大客户价格更优惠的价格，2010年汽柴油采购降低成本2600多万元。三是研判市场，择机采购降成本。根据原燃料市场变化大、采购风险高的实际情况，全力组织搞好外部市场调研分析，重点做好后市预判和采购风险控制工作。2010年通过对国内、国外两个市场比较，择机实施了进口煤、进口矿采购，降低采购成本47000万元。四是量价挂钩，竞争采购降成本。对大宗、通用、常耗物资品种通过量价挂钩，按品种报价确定供货范围和厂家的方式，充分实现竞争，降低采购成本。2010年电气二类采购价格比2009年下浮20.27%，卷钢涂料比2009年下浮10%，降低采购成本1925万元。五是扩大渠道，寻源采购降成本。在零固设备集中采购中，针对部分设备为单一来源采购的问题，想方设法多渠道寻源，并通过组织技术交流等措施，努力打破独家供货。2010年累计完成零固设备采购计划965笔、2261台件，采购金额2.23亿元，降低采购成本3531万元，采购成本降低率为13.69%。六是严格标准，优质采购降成本。针对进口焦煤成本不断升高的不利局面，2010年组织对国内地方炼焦煤质量评估，重新确定了一、二组焦煤分类标准，淘汰或停发了21家质量监测不合格的供应商，并积极推动国内优质焦煤使用，补充进口焦煤缺口，控制采购成本，保证生产稳定。

2010年，鞍钢实施物资集中采购累计金额326.98亿元，与市场价格比共计降低采购成本17.39亿元。其中：原燃材料降低采购成本16.77亿元，降低率为5.24%；设备备件降低采购成本0.62亿元，降低率为8.93%。

（集团公司物资采购部　姜忠辉）

【市场营销工作】 2010年以来，面对国际金融危机尚未完全消退、市场形势依然严峻的形势，鞍钢营销系统以“健全营销管理体系，提高应对市场变化能力”为主线，以渠道策略、市场策略、价格策略、产品策略、服务策略、品牌策略为支撑，全面开展营销管理工作，为全面完成生产经营目标提供保证。

1. 加强营销制度建设。为了增强工作的制度化、流程化、规范化，市场营销部制定并下发了《鞍山钢铁集团公司生产计划管理办法》、《鞍山钢铁集团公司价格管理办法》、《鞍山钢铁集团公司对外品牌形象展示管理办法》；起草了《鞍山钢铁集团公司资源管理办法》、《钢铁产品客户管理办法》，完善了集团资源计划管理流程，使各项工作有章可循，为实现集团宏观管控提供制度保障。

2. 进一步完善营销流程。进一步完善价格管理、资源配置工作机制和流程，采用“双建制”+“合议制”的价格决策机制。即：每月初由股份公司和国贸公司基于对市场分析，从不同的角度来提出下月价格调整的建议，由集团公司组织价格领导小组成员共同讨论并形成决议，上报集团领导审批。规范了价格管理的流程，从价格报告的形式上，采取了相对固定的价格模板，从价格报告内容上，强化了出口价格与内贸当期、与当地市场、与国内兄弟企业价格之间的对比分析，使价格决策更加科学准确。

3. 积极推进鞍攀重组营销系统协同工作。根据鞍钢集团管控总体思路，结合鞍钢战略发展的需要和鞍钢现有营销模式，不断优化营销管理流程。在充分调研的基础上，提出了鞍、攀重组营销整合工作思路，制定了鞍、攀重组营销推进计划，组织生产运行系统对攀钢营销管理工作进行实地调研，编写了生产运营组的重组推进报告，为鞍、攀重组实现营销渠道协同、销售价格协同、客户协同奠定了基础。在营销实践中，不断探索加强集团营销管控的新思路。

4. 优化品种结构，合理配置生产资源，实现集团公司效益最大化。结合市场变化，通过ERP信息系统，监控各生产线合同情况，实施了各产线合同预警制度，确保了生产稳定运行。按品种效益排序组织生产，提出总体指导平衡式调整意见，指导股份公司调整产品结构，优化生产资源计划。如：针对汽车板市场非常活跃现状，大力推动冷轧汽车板、汽车外板生产和销售量；针对集装箱板价格上涨，及时解决集装箱薄规格生产瓶颈问题，为稳定生产、增产创效和抢占市场提供了有力支持，实现了集团效益最大化。

5. 积极组织挖掘自产矿产能，降低铁前成本，增加集团公司盈利能力。针对进口粉矿缺口问题，市场营销部组织矿山采用品位为17%的低品位矿120万t入选，全年自产精矿增产11万t，为集团整体增效做贡献。为提高自产铁精矿产量，组织技术中心对大孤山地区新的小孤山含碳酸铁磁铁矿进行了实验室试验，解决了新矿种的使用问题，为提高球团产量创造了条件。针对进口矿缺口加大，提出鲅鱼圈分公司增加地产精矿10万t，组织测算提高地精矿配比的效益性，降低采购成本1000万元。

6. 发挥集团公司生产运行管控作用，解决存在重大问题，为生产稳定运行创造条件。全力组织鞍凌公司开工前各项生产准备工作，为鞍凌公司投产达产创造有利条件。针对矿业公司磁铁精矿资源不足问题，组织赤铁精矿配球团矿30%～50%实验室试验和工业试验，球团赤铁矿配比达到50%，2010年球团超产70万t。此项工业试验取得了突破性创新，属国内同行业首创，并申报公司重大科技成果。组织协调集团层面物流运输工作，提高集团公司物流管理能力。组织制定产品调试计划和产品大纲，为营销策划、开辟新市场提供条件。

7. 强化系统间、系统内的沟通与协调，建立了采购与销售、内贸与外贸、直供与流通、生产研发与销售的联动机制。在铁矿石价格波动与钢材市场价格波动关联度越来越高的市场环境下，市场营销部与集团物资采购部、股份公司、国贸公司紧密衔接，实现购销联动。每月初共同对后期原材料价格及国内、国际钢材市场走势进行研讨和预判，各方互通信息，共同制定科学的采购及营销策略，优化采购、销售的时机和节奏，提高销售效益，降低采购成本。强化与生产计划紧密配合，完善资源配置和管控。坚持按照效益最大的原则合理配置商品材资源。同时根据市场行情、行业状况、用户需求等情况对生产和检修计划提出调整建议，逐步引导生产计划与生产经营效益、市场有机结合，保证产能的发挥和实现规模效益。根据市场变化及时调整资源分配中直供与流通、内贸与出口等比例关系，并通过与子公司的充分协商讨论，形成了比较规范的资源配置工作程序。

8. 强化营销策划，设计科学合理的营销绩效评价机制。积极探索新型营销思路，在品种、渠道、区域和营销服务等方面提出了营销目标和营销措施。集团公司钢铁产品实现价格一体化，既有利于国贸公司开发直供客户和强化营销服务，同时提高了集团整体经济效益，还为集团公司战略扩张奠定了营销基础模式。根据集团公司战略发展和战略绩效评价的总体要求，市场营销部确定了营销系统（股份公司、国贸公司）营销绩效项目和目标值，把营销工作目标和绩效评价有机结合起来，使提高战略和主导产品比例、提高近域（东北、华北）销售比例、提高直供比例、保持出口份额等营销目标得以实现。

9. 密切关注市场需求变化，积极参与战略行业新客户开发。以提高鞍钢专用材的市场占有率为目标，市场营销部与股份公司先后走访上汽、一汽、吉利、中国重汽、哈飞汽车、金杯华辰等汽车客户，并对鞍钢汽车用钢需建立延伸服务的目标市场做了多次调查，按月形成汽车行业新车型和新客户反馈表。市场营销部充分利用已建立的信息渠道，做好信息收集、分析和整理工作，先后派员参加了“我的钢铁”、“钢之家”等2010年专业市场分析等研讨会，及时了解、掌握市场发展方向和趋势，了解用户需求与心态，进行深度分析与预测，为营销决策提供了有力支持。与管理信息部共同建立了营销信息平台，为营销信息管理提供了新手段。

10. 进一步加强对营销活动的数据分析工作。针对集团管控的要求，市场营销部加强了对营销数据的分析、后馈职能的发挥。坚持按月对股份公司直供、国贸内贸流通和出口合同的完成情况进行分析和总结，从产品、渠道、价格、促销等四个维度，深入切实地反映当期鞍钢总体的营销情况，从2010年4月份开始将新产品开发工作进展情况纳入每月的营销分析中。同时对上月的产品流向、营销策略以及还款情况进行后馈分析，并对后期营销工作提出一些建设性的建议。如：在2010年5月份提出关注退税变化的问题，支持国贸公司积极研究保税策略；2010年6月份提出关注经营风险的问题以及由于汽车、家电市场下滑冷轧资源进入流通领域比例急剧放大的问题，请国贸公司提早应对、认真筹划，加强开拓市场，共同渡过难关。将每月的营销分析报告提供给集团公司、股份公司以及攀钢的有关领导，为决策提供支持和帮助。

11. 强化品牌传播，提升鞍钢品牌价值。充分利用各种品牌传播渠道宣传鞍钢品牌，不断提高鞍钢的知名度和美誉度，有效积累了鞍钢品牌价值。2010年6月28日，2010年（第七届）世界品牌大会（World Brand Summit）暨中国500最具价值品牌发布会在北京举行，鞍钢以207.62亿元人民币的品牌价值再度上榜，居排行榜第44位，在中国钢铁行业中列第2名，比2008年入选时上升4位，品牌价值提升39.17亿元人民币，并与国家电网、国航、中国中化、青岛啤酒等10个品牌一同被认定为2010年度最佳表现品牌。2010年9月27日，由世界品牌实验室和世界经理人集团共同编制和发布的2010年“亚洲品牌500强”排行榜在香港揭晓，鞍钢集团再次入选“亚洲品牌500强”，位列排行榜第89位，名次较上年提升了5位。

（集团公司市场营销部　安　宇）

【鞍钢股份公司市场营销工作】 2010年，面对复杂多变的形势，鞍钢股份公司销售、采购工作在集团公司总体战略指导下，坚持以市场为导向，分析和把握宏观经济及微观环境对钢铁行业发展所带来的各种影响，倡导服务增值理念，完善服务体系，持续提升客户满意度，全面完成2010年生产经营目标。

一、主要指标完成情况

全年发出钢材2030万t，产发比例100.25%；

销售钢材2027万t，产销率100.1%。实现销售收入902亿元，完成年度预算831.4亿元的108.5%；实现销售利润163亿元，完成年度预算96.5亿元的168.92%。钢材平均价格4272元/t，比上年上涨665元/t，比年预算3914元/t上升358元/t。全年采购各种原燃材料数量达5953.18万t，采购成本650.63亿元。

二、提高营销管理水平，扩大直供企业销售比例，持续强化产线结构和品种结构的调整力度，全面提高服务意识，使客户满意度稳步提高

1. 大力发展直供企业，积极参与重点工程投标。1~10月份直供企业（不含国贸）所占比重达到52.33%，比上年上升5.49%。重点工程方面，2010年在中石油锦州—郑州输油管线工程，中石化日照、曹妃甸、册子岛等储油基地项目，中化国际惠州项目，中海油大连项目以及呼和浩特储能电站等国家重点工程中累计中标40万t。

2. 以效益为中心，持续强化产线结构和品种结构的调整力度，提高主导产品销售比例，2010年主导产品销售量为880万t，较上年增加230万t，其中汽车用钢、家电用钢、造船用钢、集装箱用钢较上年分别增加42万t、55万t、90万t、61万t。家电用钢、造船用钢、集装箱用钢2010年市场排名第一位。八成汽车厂家已经将鞍钢作为战略采购商，2010年在汽车用钢市场排名第二位。

3. 全面提高服务意识，增强服务措施，完善服务体系，实现对客户超值和增值服务，客户满意度稳步提高。

一是加大技术开发服务力度，挖掘客户潜在需求，重点在造船、汽车、铁路耐候、帘线、核电等品种，EVI前期介入，密切跟踪客户产品更新（改型）和发展战略，为公司产品改进和研发提供课题依据。加大客户选材、用材指导工作，增强技术服务，培育技术服务专家团队。在日常订货及开发市场工作中，不断提高开发人员的技术素质，增强客户产品订货的辨识能力，引导客户正确选材。

二是建立完善的客户和潜在客户档案，确定各类客户准入标准。按照客户所在的行业、重要程度、代表性等予以细分，确定关键客户并建立战略伙伴关系，并对其提供个性化服务。建立健全客户问题反馈与解决机制，利用多种方式对客户的满意度和纠正措施落实率进行定期调查，完善客户评价体系，加强客户流失率考核，不断提升用户服务水平。

三是重点推进全方位快速服务机制，在售前、售中、售后全过程中，持续创新改进服务体系和功能，最大限度地发挥行业经理、技术专家、合同管理人员、物流管理人员等的协同作用，稳步推进“一站式”服务。进一步完善售后服务，实行异议管理人员责任制、处理人员资格制，制定、规范相关制度，提高异议处理质量，缩短异议处理周期，提高客户满意度。

四是加强物流相关方管理，理顺流程，持续提升物流服务质量。完善目的港集港交货操作方式，逐步建立和改进远程物流管理的信息流平台，为实现未来优质现代化的远程物流服务奠定良好基础。

五是完善服务举措，进一步推进电子商务、远程物料查询系统、海运信息查询等增值服务措施的落实，定期收集和反馈重点直供企业对鞍钢各环节的服务意见，组织协调和整改服务过程中存在的问题，持续提高服务质量。

三、积极组织原燃材料资源的供应、催发，保证生产稳定顺行

1. 克服资源紧张、运输困难的不利因素，保证煤炭供应面，积极组织催发。2010年是集团物资采购部开始运作的第一年，股份公司市场营销部积极主动与集团物资采购部沟通和汇报，尽可能提高集团公司计划的可执行性。由于高炉、焦炉的大型化，对于优质焦肥煤等稀缺煤种的需求比例大幅度增加，增加了资源组织的难度；本部增产及鲅鱼圈分公司的完全达产，炼焦煤、喷吹煤、燃料煤需求比上年相比有了不同程度的增加；省内本溪与北台合并引发其产能扩张、鞍凌钢铁投产等因素，使股份公司获得东北流向的优质洗精煤压力加大。对此，2010年继续使用进口焦煤替代部分山西主焦煤，有效地解决了山西主焦煤短缺的问题，保证了供应；炼铁厂基本克服焦作煤在喷吹上的不利因素，完全掌握了焦作煤的特性，摆脱了多年炼铁无烟煤喷吹依赖阳泉煤的窘境，同时，加大了神华烟煤水运的数量，对提高与神华进一步合作以及对鲅鱼圈分公司的煤炭供应都起到积极的作用。面对资源紧张状况，加大了国矿煤的催发工作。在煤炭供应紧张时，燃料室全体员工分别到山西焦煤集团、龙煤集团、开滦集团、沈煤集团、阳煤集团、神华集团等重点煤矿及相关铁路局值守，详细落实资源、装车情况，及时协调解决问题，保证装车和发运。

2. 建议公司确定了废钢铁的中长期采购策略。在废钢采购上，根据市场考察并结合宝钢与鞍钢废钢应用情况分析，及时向公司提出了废钢采购的建议。一是废钢采购应将进口废钢、进口热压铁和国内废钢、生铁块统一纳入平衡，可根据市场价格变化作部分调整，统一实施；二是稳定采购渠道，与符合鞍钢要求的废钢企业建立长期、稳定的合作关系，对条件成熟的企业建立战略合作伙伴关系，尽快确定废钢供应基地。通过这一措施，改变了原来废钢采购进口、国内分头操作、采购节奏和批量不稳定状况。

3. 努力克服维苏威合资公司不能进入总承包期的不利因素，保证了耐火材料的供应。年初，为约束维苏威合资公司2009年因计划临时调整造成的保产保供的被动问题，该公司与合资公司签订了供货保证协议。但是2010年仍发生3次较大的因合资公司原因造成公司生产被动状况，给组织保产和成本控制造成了严重影响，为此积极与生产现场和其他供方相协调，采取了临时组织招标和增补合同量的措施，保证了生产供应。

4. 加强质量管理。一是加强煤炭质量管理工作。上半年市场营销部先后组织化工厂、产品制造部与山西焦煤集团、淮北矿业集团、龙煤集团、新汶矿业集团等国矿企业进行技术交流活动，了解了各国矿原煤质量，特别是灰分、黏结性质量指标均存在质量下滑现象，便于公司做出适应性调整。加强煤炭供方管理。针对一段时间内焦一煤合同到货验质变焦二较多的状态，重新进行质量标定，以质定家。对于出现的各种不同的质量波动情况，及时采取提示、调整质量标准和扣款条件、不合格煤返厂等措施，加大不合格煤处罚力度。二是加强原料的质量管理工作。对于萤石、铁矾土、菱镁石、铝矾土等天然矿或简单加工的矿产品，建议实行了质量分级管理，大大减少了不合格品的发生。协调改变了合金的质量评审方式。由于铁合金产品采购技术条件要求的成分范围较窄，在化检验过程中受取样、化验、标样、化检验装备、化检验方法、化检验误差和操作者的技能等诸多因素的影响，经常有成分处在临界值或化检验误差范围内的不合格品产生，因而引起的质量异议和合同纠纷较多，退货成本较高。经与炼钢厂和产品制造部专家沟通，将原来按鞍钢化检验成分绝对数值评审不合格的一律做退货处理的处置方式改为按鞍钢化检验成分并参考化检验误差等因素判定，在评审可接受范围内的不合格品的处置改为国内同行业通常惯例的商务处理方式，大大减少了质量异议、仲裁和合同纠纷的频次，减少了供需双方成本、费用支出。此外还按月进行辅助材料质量抽查，全年共对60个品种的54个供货厂家组织了抽查。进行供方业绩评价和年度评估，对供方进行动态控制，为加强采购工作和质量管理工作打下了良好的基础。全年共处理质量异议39起。

（鞍钢股份公司市场营销部　安　宇）

【清欠工作】 2010年，清欠收尾工作继续稳步推进，账销案存资产销案工作有了新的进展。全年实现清欠回款回物1225万元，超计划104%，其中：办理法定抵消3笔，回款72万元；抹账1笔，回款30万元；直接清欠5笔，回款123万元；依法清回欠款1000万元。

2010年，共受理审核了热轧带钢厂、国贸公司、矿业公司等17个单位的债权性资产销案申请11份136笔，完成债权性资产销案5279万元。截至2010年12月31日，债权性资产已由2010年初的2.7557亿元下降到2.3393亿元。

2010年，完成了矿业公司、鞍钢股份公司、电讯厂等6个单位的实物资产销案任务，销案金额2362万元。

（资产经营中心　白振云）

· 多角化经营 ·

【综述】 经过多年的发展，鞍钢已形成具有较大规模和一定实力的多角化经营业务格局，各业务单位依靠科技进步、产品创新、服务品质打造核心竞争力，注重战略业务和提升业务的发展，在立足鞍钢内部市场的同时，积极参与国内外市场竞争，外部收入占比逐步提高，日益成为鞍钢重要的经济效益增长点。

1. 重机公司2010年克服国际金融危机和国家宏观调控政策的影响，以及原燃材料价格上涨、产品价格下降、合同不足、铸钢搬迁改造后迟迟不能达产创效等困难因素，积极开拓市场，取得了一定效果。2010年该公司实现销售收入18.4亿元。11月成功完成AP1000主管道热段A段和B段的锻造，成为国内第一家成功锻造AP1000主管道热段的企业，获得国家核安全局颁发的《中华人民共和国民用核安全机械设备制造许可证》。大型锻钢支承辊开发和冷轧工作辊开发取得明显进展，其中锻钢支承辊已经大批量生产。圆锥破碎机开发、大型扁平钢锭开发、电渣熔铸冷轧工作辊坯料开发获得成功。

2. 建设公司依靠过硬的施工质量赢得国内外市场。2010年该公司共承担各类工程项目471项，重点工程均实现合同工期目标，单位工程质量优良率91%。全年工程签约额达到84.9亿元，创历史新高。其中：鞍钢工程15.4亿元，外部工程60亿元，国际工程9.5亿元。2010年，公司完成企业总产值52.48亿元，实现销售收入35.38亿元，实现利润4277万元。

3. 汽运公司2010年实施“大规模、大吨位、低成本”战略，积极创新商业模式，根据钢铁冶金工艺对公路运输的需求变化，对内部资源结构进行调整，强化成本管理，寻求发展空间，提高市场占有率和竞争力；同时以资本运营为纽带，引进战略投资者，积极配合支持集团公司实施的内部同业整合，对运输资源实施统筹管理、优化配置，提高设备利用率，降低钢铁物流成本，使企业在立足鞍钢市场同时，放眼社会市场，尽快实现由企业物流向物流企业的转变。

4. 钢绳公司2010年在实施精品战略、加速实现“四个转变”工作中取得了显著成绩。该公司不断加大科技创新工作力度，目前拥有专有技术和专利59项，居全国同行业首位，被辽宁省高新技术企业评定委员会评选为辽宁省高新技术企业。2010年新开发的高强度镀锌异形股索道用钢丝绳成功应用于中国海拔最高的西岭雪山运动场，创国产索道钢绳单重纪录。目前，国内90%以上的索道用钢丝绳选用鞍钢产品。

5. 矿渣开发公司以建设“两大基地”，即百万吨钢铁物料深加工基地、千万吨精品建材原料基地；打造“两大中心”，即中国冶金渣高附加值产品研发中心、国际冶金渣处理核心装备技术研发中心为目标，不断优化产业结构，加大冶金渣产品开发力度，努力探索冶金渣处理新工艺、新产品、新技术的有效途径，公司的冶金渣处理能力和技术实力达到国际一流水平。2010年矿渣粉产量达到64万t，获得了辽宁省、鞍山市名牌产品称号，成为鞍钢非钢产业唯一的省级名牌产品。

6. 铁路设备制造公司是全国冶金工业系统规模最大的铁路运输设备修造企业之一，是获得铁道部准轨车辆许可证的路外企业，同时也是冶金矿山大型非标设备、选别设备、耐磨耐高温系列产品及备件主要生产企业，具备320t鱼雷罐车整车设计和生产能力。2010年完成销售收入2.34亿元、利润总额33万元。2010年外部市场收入占比17.5%，同比增加75%。

7. 工程技术公司的前身是鞍钢设计院，与中钢设备、五矿工程公司建立了以股权为纽带的战略合作关系。2010年初以来参与俄罗斯车钢、伊朗扎兰德等10项国际工程。与中钢设备合作伊朗扎兰德160万t钢厂项目；与五矿工程合作俄罗斯车钢轨梁项目。建立鞍钢内部单位的战略协同机制，与鞍钢自动化公司、建设公司、重机公司等联合，服务鞍钢、共同开拓鞍钢外部市场，开展总承包业务。整合设备制造企业、施工单位、生产企业，为业主提供工程咨询、设计、采购、施工、调试和试车的全过程服务。建立营销代理机制，拓展营销网络。已发展营销代理商12家。2010年，营销代理商为工程技术公司承揽合同额1600多万元。成立节能公司，积极开展合同能源管理项目，发展节能环保等新技术产品。

8. 实业公司依托新项目求发展。围绕鞍钢主业需求，借助钢铁产业链上点多线长的优势，利用长期为主体服务的条件，积极开发新项目，已实施的耐火材料回收、铁碳球、水处理剂、轧辊镀铬等项目，都已经正式投入生产，取得了预期收益。微细铝粉公司的超细高纯球形铝粉是实业公司的代表性产品。

（集团公司战略发展部　裴红峰　郑开耀）

【鞍钢与韩国斯多伯格三一公司组建合资公司】 2010年1月26日，鞍钢与韩国斯多伯格三一公司举行保护渣合资合作项目签字仪式。双方将共同开发具有广阔市场前景的高档连铸保护渣。鞍钢在做强主业的同时，实施“与国际顶尖企业一起登山战略”，加强与世界各行业的顶尖企业合作，发展非钢产业，提高非钢产业的档次和竞争力，实现鞍钢全面发展。

根据合资合作协议，双方各占50%股份合作开发建设保护渣项目，项目选址在鞍山市达道湾工业园区，厂区占地面积2万m^2，设计年产2万t高档连铸保护渣。高档连铸保护渣是炼钢厂连铸生产中的主要辅助材料。随着钢铁企业产品结构调整和技术装备水平的不断提高，对连铸保护渣的质量要求愈来愈高。在钢厂大板坯超低碳钢、大板坯冷轧硅钢、高拉速中薄板坯低碳钢和超低碳钢、高拉速中薄板坯冷轧硅钢等铸坯工艺中，高档连铸保护渣产品被广泛应用。

2010年3月22日，鞍钢斯多伯格三一冶金材料有限公司在鞍山市达道湾工业园区开工奠基。此举标志着合资公司的建设正式启动，鞍钢与韩国斯多伯格三一公司已进入到合作共赢的新阶段，同时也标志着鞍钢的国际化、多角化经营战略取得了新的重要成果。

斯多伯格三一公司（隶属于S&B工业矿产股份有限公司）是国际著名的高档连铸保护渣生产企业，其产品广泛应用在国际众多先进钢铁企业中。合资公司的开工建设，对提高国内高档优质连铸保护渣生产制造能力，打造鞍钢非钢产业知名品牌都具有重要意义。

【与吉林昊融有色金属集团有限公司签署合作框架协议】 2010年6月28日，经中国证监会批准，鞍钢出资1.57亿元，参与了吉恩镍业公司的股份增发，认购完成后一举成为吉恩镍业的第三大股东，持股比例为1.2%。2010年7月22日，鞍钢与吉林昊融有色金属集团有限公司签署合作框架协议，与吉林昊融公司围绕特钢、不锈钢、镍资源和镍产品产业链进行合作。

吉林吉恩镍业股份有限公司是中国第二大镍生产企业，位于吉林省磐石市，主要从事硫酸镍、高冰镍、电解镍、氢氧化镍、氯化镍、硫酸铜、铜精矿、硫酸等产品的生产和销售。该公司现资产总额32亿元，员工近万人。主要控股企业有：通化吉恩镍业有限公司、重庆吉恩冶炼有限公司、新乡吉恩镍业有限公司、吉林卓创有色金属有限公司、磐石长城精细化工有限公司和磐石恒远物资回收有限公司等。该公司国内镍资源储量约16万t，通过数次海外收购，资源储量增长到62.6万t。

【鞍钢与TIMKEN(中国)公司组建轴承修复公司】 2010年9月28日，鞍钢与美国TIMKEN公司签署《轴承修复合作框架协议》，鞍钢实业集团公司与TIMKEN（中国）公司在鞍山合资组建“轴承修复公司”。合资双方签署了《合资合同》等3个协议。合资公司的股权比例为鞍钢实业占40%，TIMKEN（中国）占60%。合资公司主要围绕鞍钢股份公司、鞍钢矿业公司生产中使用的进口轴承、液压缸状态进行在线检测、检验和修复。

【鞍钢与鞍山市发蓝钢带公司签署合作框架协议】 2010年6月23日，鞍钢与鞍山市发蓝钢带有限责任公司签署合作框架协议，准备组建合资公司，生产各种强度包装用钢带。通过充分发挥各自的优势，增强合资公司参与包装钢带行业国际、国内市场的竞争能力，根据行业态势适时完成合资公司在国内和国际生产基地的布局，力争三年内完成股份制改造并实现公开上市，将合资公司建设成为技术领先、产品一流、最具竞争力的国际包装钢带行业龙头企业。

【鞍钢与国家开发投资公司签署战略合作协议】 2010年9月3日，鞍钢与国家开发投资公司在北京签署战略合作协议，双方将在钢铁项目、煤炭和矿产资源项目、低碳环保产业项目、工程建设项目及金融等其他领域开展全方位、多元化合作。

（集团公司战略发展部 杨进波 李 莉 郑开耀）

【实业集团有限公司多角化经营新进展】 2010年，实业集团有限公司在集团公司的大力支持和帮助下，把多角化经营作为企业发展的主要方向，取得长足发展。

原有多角化项目发展顺利。轧辊镀铬项目，经济效益远远大于预期；水处理剂项目，按计划接收水处理系统，已经进入盈利期。

按照“与世界顶尖企业一起爬山”的构想，同世界一流企业合资合作取得新成果。借助其先进技术、管理和成熟市场渠道，既为钢铁主体提供国际顶尖的产品，又可提升实业公司的发展实力。同韩国斯多伯格三一公司合资设立了鞍钢斯多伯格三一冶金材料有限公司。该公司开发生产的高档连铸保护渣，为开发钢铁新产品、提高产品质量、降低成本提供保证，具有广阔市场前景。实现当年开工，当年投产。与美国铁姆肯公司合资的轴承修复项目，已经正式成立合资公司，选定了工厂厂址，即将启动项目工程建设。目前，实业公司组建了4个与世界知名企业合作的合资公司，其中3个已建成投产，初步形成了“高端”企业集群。与美国ISSI公司合作的氧化铁红项目，双方进行了多次商务洽谈和技术交流，各项合作文件基本敲定，计划于2011年正式签约。此外，还有煤焦油下游产品深加工、磁性材料、固废处理等储备性项目正在加紧论证。随着以上项目的逐步投产，将不断优化产业产品结构，壮大多角化产业，推进实业公司向更高的层次迈进。

自主创新形成的独有产品和领先产品，也成为多角化产业发展的一个新亮点。超细高纯球形铝粉，是鞍钢实业微细铝粉有限公司自主研发生产的产品，可广泛应用于尖端设备、太阳能电池导电浆料、导热材料、金属颜料、化工、铝基复合材料等行业，市场潜力巨大。目前，超细高纯球形铝粉在国内“独步江湖”，潜在竞争对手主要是美国铝业公司和英国阿尔伯克公司等国外铝业巨头。这些技术含量高、竞争力强、市场前景广阔的独有产品和领先产品，提升了实业公司非钢产业竞争力，增加了企业的经济效益。

积极寻找钢铁产业价值链上的可增值点，发展多角化业务。为鞍钢股份公司新线材生产线提供原料的钢坯清理项目，工厂选址已经完成，建厂的准备工作正在紧张进行。

（实业集团有限公司　刘永先）

【重型机械有限责任公司新产品研发工作取得新成绩】 2010年，经一年多努力，鞍钢重机公司取得国家核安全局颁发的《民用核安全机械设备制造许可证》。成功锻造AP1000核电站主管道锻件，产品质量符合技术要求，获业主、国家核电技术公司好评，这标志着重机公司进军核电产品领域取得重大突破。到2010年末，重机公司完成了浙江三门2号电站首套AP1000主管道的全部锻制任务。

该公司完成了矿山破碎机主轴装配、上架体和下架体的设计制造，并已交付使用。河北莱宝2300中板生产线顺利投产，充分证明了重机公司具备了中板生产线工程设备的总承包能力。ϕ920挤管机主机组装完成、空载试车成功，宣告国内自主设计的大型挤管机制造成功。1500型钢轧机设备研制成功，标志着重机公司型钢轧机设计制造能力达到国内领先水平。

该公司全年完成离心复合铸造改进型高铬铸铁轧辊、粗轧半钢工作辊等20项科研攻关和新产品开发项目。包括AP1000核电主管道锻制在内的三项课题被纳入集团公司重大科技项目。该公司有30项实用新型专利被授权，有效专利总量已达56项。新产品开发项目形成产值4759万元，创效达1833万元。

（重型机械有限责任公司　阮　征）

【建设集团公司签订海外工程订单9.5亿元】 鞍钢建设集团公司坚持“立足鞍钢，拓展国内，走向世界”的发展战略，凭着优秀的施工业绩，良好的企业信誉，不仅在国内叫响了“鞍钢建设”品牌，而且在进军海外市场上也颇有收获，2010年签订的海外工程合同额达9.5亿元人民币，国内和国际工程签约额达103亿元，实现了历史性突破。

近两年，随着鞍钢大规模技术改造的收尾，作为鞍钢技术改造施工主力军的建设集团公司，其生存发展遇到了前所未有的困难。为此，该公司凭借着在参加鞍钢西区500万t精品板材基地建设、营口鲅鱼圈钢铁项目建设、鞍钢朝阳鞍凌项目建设中积累的经验，以及一支在冶金重点工程建设中锻炼成长起来的高素质的职工队伍，大力开拓国内、国际市场。相继组建了开发外埠市场的组织机构和外埠施工项目部，同时成立了国际工程分公司，并与中钢集团、五矿工程技术有限公司、中信建设、中国重型机械总公司、德兴技术工程有限公司等单位签订了战略合作协议，搭建了通向国际市场的桥梁。该公司坚持以冶金建设工程为中心开发国际市场，以机电设备安装和钢结构制造为发展重点，将鞍钢的钢材进行深加工，出口到澳大利亚、德国、巴西、印度等国。

目前，建设集团公司承建了韩国浦项在中国投资的全部13条生产线，美国投资的大连固特异项目等；已完成土耳其950mm热轧线机电设备安装项目，签约俄罗斯车钢重轨线机电设备安装项目，沙特阿赛洛米塔尔无缝厂机电设备安装项目，澳大利亚卡拉拉钢结构制作项目，与德国、蒙古、巴基斯坦、俄罗斯、澳大利亚、孟加拉、缅甸等国进行工程项目洽谈，国际市场开发呈现喜人局面。

（建设集团有限公司　张新政　张树发）

【自动化公司独立完成鞍凌公司1700热连轧控制系统的设计与调试】 2010年，自动化公司独立承担了鞍凌公司1700热连轧生产线控制系统的设计、调试工作。

热连轧控制系统是冶金生产设备中精度要求最高、反应速度最快，架构最复杂、功能最齐全的系统之一。为将该项目打造成行业内的品牌工程，该公司在全公司范围内选拔出涵盖PLC、传动、服务器、网络通信等专业的36名专家和技术骨干，组成了平均年龄只有三十多岁的项目团队，并对其进行了轧钢控制理论、计算机控制系统结构等相关知识的强化培训。在系统设计及软件编程完成后，对系统进行了为期两个月的封闭调试，同时为保证工程质量在控制系统的设计、编程和调试的关键阶段，进行内部检查与验收，该公司在消化、吸收国内外现有前沿技术基础上进行软件集成，实现了诸多技术突破。为提高系统控制精度和产品质量采用轧辊热膨胀与热凸度补偿技术；精轧机架间冷却水控制采用带钢速度与喷水量二维控制方式；层流冷却系统采用分层计算钢板温度进行冷却控制，有力保证了带钢温降梯度，提高了卷取温度命中率；采用两批次钢种控制数据传递与显示技术，使轧制生产操作具有直观性和可预见性；在卷取控制系统中，引入压力锁定控制模式，大幅减少卷取噪声，并为提高带钢表面质量提供了保证。

2010年9月8日，开始进行现场系统调试，10月3日开始进行全线联动调试。在集团公司工程主管部门、鞍凌公司及有关兄弟单位的大力支持与帮助下，仅用36天时间，就完成了全线联动调试任务，使该生产线实现了顺利过钢，同时也使自动化公司实现历史突破，一步跃升为业内同类控制系统调试质量最高、速度最快的“领跑者”。

（自动化公司　陈晓娟）

【工程技术有限公司积极开拓外部市场，节能环保等新兴产业取得新进展】 工程技术有限公司以成功实现企业转型为契机，按照“完成一个项目、形成一个产品”的工作思路，围绕培育核心技术能力和实现快速报价要求，开发可提高产品竞争力的专有技术和专利技术，完成业务建设124项，完成专利申报41项，专有技术申报79项，对炼铁、焦化、炼钢、轧钢等传统产品，实现核心技术升级，形成有市场竞争力的热轧飞剪、卷取机等核心设备产品和成型的工艺技术产业化产品。

该公司全年承揽外部工程62项，合同额9293万元。继续加强与大型国际工程公司合作，共同参与9项国际项目投标，承揽了伊朗工程设计任务；通过营销代理跟踪35个项目，签订合同3项。各专业积极开拓市场，焦化专业依靠煤气净化、焦油加工等品牌特色技术，实现外部合同额1009万元；炼铁、炼钢、轧钢等专业积极参与伊朗、孟加拉、巴西、越南及攀长钢、通钢等国内外项目的投标工作。其他专业也利用专有技术承揽了一些地方工程，机制室作为主体专业承揽外部项目实现了新的突破，土建室在开拓民建市场上又有了新的进步，承揽了合同额340万的住宅小区项目。

该公司发挥技术优势，深入现场，掌握第一手信息，主动为客户提供解决方案，通过超前咨询服务争取市场。稳步推进3.8m中厚板、5.5m室式炉、方圆坯改造、30万t大焦油、线材加热炉等在建项目。全年承揽总承包项目12项，占销售收入78%，工程总承包业务模式日渐成熟。

开展鞍钢鲅鱼圈水系统实地深度调研，形成了污水处理系统的解决方案。借助鞍钢西区2号烧结机烟气脱硫总承包项目建立的市场影响力，又承揽了鞍钢西区1号烧结机、鞍钢三烧360m^{2}烧结机、鲅鱼圈Ⅰ系列烧结机、沙钢、通钢烧结机烟气脱硫总承包项目。开展鞍钢老区电机、风机、水泵等节能调研，通过设计与生产实际对标，分析查找原因，提出节能降耗的建议。组建了节能服务公司，迅速搭建能源管理平台，为培育节能技术能力、抢占能源市场奠定了基础，承揽完成了鞍钢鲅鱼圈分公司高炉排煤风机变频改造合同能源管理项目。节能环保等战略性新兴业务实现新进展。

（工程技术有限公司　杨明铎）

【房地产开发集团有限公司产业发展能力明显增强】 2010年，房地产开发集团有限公司生产经营运行稳定，主要经济效益与产业发展指标再次创造该公司历史最高纪录。

全年实现企业总产值16.8亿元，比上年同期增加2.1亿元，同比增速14.1%。其中，建筑施工产值13.8亿元，占企业总产值82.1%，同比增长15%。产品生产产值2.4亿元，运输设计加工等产值6041万元，与上年同期相比，分别提高10%和17%。销售收入突破20亿元，实际完成21.3亿元，为上年同期的1.08倍。利润总额首次超过亿元大关，达到1.5亿元，比上年同期增长4.1倍。商品房和建材产品利润增长率，分别比上年同期增长14.4倍和9%。施工总规模、企业总产值、销售收入、利润总额等主要发展指标与历史最好年份相比，分别增长14.1%、70.1%和81.9%，再次刷新该公司成立以来历史最高纪录。

实现主营业务收入21.24亿元，比上年同期增加11.15亿元。扣除内部抵消因素后，同比增长68.66%。其中，商品房收入9.3亿元，同比增长14.81倍。建筑施工收入14.1亿元，建材产品收入2.2亿元，运输设计物业等收入6150万元，分别比上年同期增长13.02%、11.44%和17.74%。实现主营业务利润2.35亿元，同比增加1.51亿元。按现行产业划分，商品房利润15066万元，建筑施工利润3585万元，建材产品利润3043万元，运输设计物业等利润700万元，分别比计划提高8916万元、785万元、543万元和100万元。年末企业资产总额18.94亿元，比上年增加3243万元。所有者权益44183万元，比上年增加10041万元。净资产收益率28.5%，同比增加26.18个百分点。资本保值率131.16%，同比增加28.82个百分点。

房地产开发成果显著。开发投资、建设面积、销售回款等主要产业指标，继续处于总体上行和较快增长区间。全年完成房地产开发投资3.45亿元，在建商品房面积31.7万m^2。商品房预售收入5.1亿元，比上年同期增长29%。鞍钢嘉园按期派户，项目决算总投资4.4亿元，结转销售收入5.14亿元。鞍钢景园主体结构封顶，各专业分项工程按预定计划有序推进，项目开盘后累计实现预售收入3.3亿元。原鞍钢医专项目总体建设规划获得批准，前期手续、规划图和施工图设计等重点工作逐步展开。配合鞍钢集团完成鲅鱼圈钢铁新区职工公寓68.7万m^2住宅销售分配工作。鲅鱼圈二期工程四街坊25.8万m^2住房按期达到派户条件，三街坊14.8万m^2建设项目单体工程基本结束。全年建筑工程总规模228.3万m^2，同比增长11.4%。其中，房地产开发31.7万m^2，市危房改造工程128.5万m^2，鲅鱼圈钢铁新区职工公寓二期工程40.6万m^2，市政建设等其他工程27.5万m^2。鲅鱼圈职工公寓和市政府危房改造工程，分别比上年同期增长12.6%和6.2%。东沙河二期、千山日新二小区、建工宾馆西等52万m^2危改房工程按期竣工交出。千山日新三小区、红岭家园、湖畔香台等74.5万m^2新建危改房建设工程，分别达到计划形象进度。万盛街、友谊小学等待建项目施工准备全部就绪。承建鞍山市商务大厦B座等市政建设工程22.2万m^2，占年度建筑施工总规模9.7%，同比增幅25.3%。主要在线产品继续保持产销总量稳步增长。全年完成产品销售产值2.3亿元，比上年同期增长11%。其中，内销产品2.02亿元，增长34%。硅酸盐系列产品销售产值同比增长15%，金属建材产品产销规模保持相对稳定。投资990万元，建成一座2m^3混凝土搅拌站，对移动式搅拌站实施技术改造，新增产能40万m^3，商品混凝土南北两大基地产业格局基本形成，年产能力达到90万m^3。应用助磨剂改进工艺配比，提高水泥产量17%。17种形式21个规格防火门通过国家消防产品合格评定，四面厚铺门芯折弯一体成型防火门投入批量生产，GGD交流低压配电柜通过CCC质量认证。申报外墙保温干混砂浆、散热器内防腐涂装工艺等6项产品专利和专有技术。完成“模板体系垂直度与平整度多用检测尺”等9项施工专利申报。推广应用新型木塑模板、玻璃纤维增强复合材料保温板等新材料、新工艺。剪力墙沉降缝处的模板施工技术、新型助磨剂在水泥生产中的应用等8项专有技术得到认定。剪力墙结构墙体装饰施工等2项工法申报省级工法。建筑设计院晋升为甲级院。山南一街坊7号楼评为辽宁省世纪杯工程，鞍钢嘉园2号楼、3号楼评为辽宁省优质主体结构工程，鞍山长大医院老年病康复治疗中心评为辽宁省用户满意工程，鞍钢嘉园1号楼等54项工程，申报鞍山市千山杯和优质主体结构工程。施工质量继续保持鞍山地区同行业领先地位，房建公司被授予辽宁省优秀建筑业企业和辽宁省用户满意企业。

（房地产开发集团有限公司　林凯建）

（本栏编辑　张　琪）

技术进步

· 技术改造 ·

【综述】 2010年，鞍山钢铁集团公司共完成投资126.65亿元，其中：固定资产投资96.79亿元，股权类投资29.86亿元。固定资产投资中，主业投资92.35亿元，占总投资的95.41%，非主业投资4.7亿元，占总投资的4.9%。资金来源，自有资金96亿元，银行贷款0.79亿元。

一、重点项目进展情况

1. 弓长岭井下矿延伸工程采矿能力接续项目。总投资4.5亿元，2010年完成投资0.42亿元。主要工程内容：主斜坡道掘凿累计进尺4962m，新建箕斗提升竖井1022m，深部开拓、副井和入风井延伸等子项工程开工。

2. 眼前山露天矿转井下工程采矿能力接续项目。2010年主要完成水平巷道掘砌主副竖井及风井掘凿，完成投资1.87亿元。

3. 化工焦炉改造项目。总投资15亿元，新建2座60孔7m焦炉，1套190 t/h干熄焦装置，年产焦炭150t。全年累计完成投资4.7亿元。截至2010年底设备订货基本完成，进行土建施工。计划2011年11月投产。

4. 焦油扩容项目。一期年处理焦油量30万t。总投资8.45亿元，截至2010年底已完成3.7亿元，完成设备订货，进行土建施工。计划2011年6月底投产。

5. 60万t高速线材生产线改造项目，计划投资6.39亿元，截至2010年底已完成投资6.04亿元，进入热负荷试车阶段。

6. 三钢轧新增3号铸机及配套项目。总投资8.3亿元，截至2010年底已完成投资6.15亿元，开始进行设备安装，计划2011年4月底投产。

7. 鲅鱼圈中板项目。总投资19亿元，新建3.8m中板生产线。截至2010年底完成投资11.32亿元，正在进行设备安装、调试，计划2011年4月底投产。

8. 福建1450冷轧项目。总投资35亿元，新建年产100万t冷轧生产线及配套项目，2010年计划投资15亿元，截至2010年底已完成投资17.63亿元。完成了设备订货，主厂房钢结构制作完成80%，酸洗设备基础施工完成50%。

9. 尾矿坝新建煤气发生炉项目。总投资2.6亿元，新建两座4万 m^3/h煤气发生炉及配套项目。2010年累计完成投资0.65亿元。完成设备订货，土建施工全面展开，计划2011年9月底投产。

10. 西区烧结余热发电项目。总投资1.5亿元，2010年累计完成投资0.284亿元。土建施工完成，设备安装完成80%以上，计划2011年6月投产。

11. 鲅鱼圈烧结机烟气脱硫项目。总投资1.18亿元，增建2台烟气脱硫装置。2010年累计完成投资0.33亿元。其中一台已进入设备安装阶段，另一台计划2011年初开工实施。

12. 朝阳200万t钢项目。该项目调整后总投资81亿元，截至2010年底已完成55.21亿元。2010年原计划投资9亿元，根据市场形势的变化，集团公司将投产日期做出调整，当年投资计划也相应增加。全年累计完成投资22.8亿元。2010年底已建成投产。

二、投资监管情况

针对钢铁市场不断变化的情况，鞍钢及时调整投资策略和投资方向，把握投资节奏，将投资规模控制在集团公司财务支撑能力的范围内，对部分预期市场效益变化较大的项目，暂停实施。从而保证重点在建工程资金及时到位。同时，按照国务院国资委要求，严格控制非主业投资，不涉足房地产等高风险行业。集团公司生产经营活动平稳运行。

集团公司加强项目前期论证，按照效益、效率优先的原则确定项目实施顺序。项目实施中编制工程建设网络图，并严格按网络进行管理和检查，争取项目早日投产见效。为保证重点在建工程的顺利实施，2010年6月开始，集团公司主管副经理每月主持召开项目调度会，掌握工程进度，及时解决实施过程中遇到的问题。特别是对与建设单位生产关联不大的节能减排项目，不仅落实项目责任人，还指定安环部跟踪项目进展情况，重点推进实施。

三、投资效果分析

（一）加快企业发展的同时也拉动了地方和区域国民经济发展

鞍钢集团公司作为国务院国有资产监督管理委员会直接管理的中央企业，在加快自身发展的同时，也注重项目建设中对所在地区和区域的经济发展推动。通过鲅鱼圈、朝阳等地实施的项目建设，带动了当地经济，特别是第三产业的发展，开辟了新的就业渠道，为更多人创造了就业机会，既发挥老钢厂人力资源、技术优势，又为维护社会稳定和经济持续发展创造了良好条件。

（二）加大产业结构调整力度，推进产业结构优化升级

通过钢铁结构调整重点项目的实施，增建鲅鱼圈中板、1450冷轧、60万t高速线材等项目建成投产后，提高了鞍钢钢铁产品附加值，提升企业核心竞争力。

（三）提高了市场竞争力，提升钢铁主业发展能力

一是鞍钢生产规模的增长，分摊了企业固定费用，降低了生产成本，增强了企业的竞争能力。二是鞍钢精品板材量的提高，实现了替代进口，提高了本企业产品的市场占有率，增强了参与国际市场竞争的能力。三是鞍钢生产规模的扩大，提高了钢铁产业集中度，为调整我国钢铁产业组织结构和布局起到积极的示范作用。

（四）节能降耗、降低成本，增强鞍钢可持续发展能力

鞍钢烧结机烟气脱硫项目的实施，解决了300m^2以上烧结机脱硫的难题，在冶金行业具有积极的示范作用。化工干熄焦、烧结机余热发电、攀钢钒能动中心利用余热余能发电二期等项目的实施，对鞍钢节能降耗、降低成本，增强可持续发展能力起到促进作用。2010年鞍钢吨钢综合能耗和吨钢新水消耗完成了国资委阶段考评目标，达到全国重点钢铁企业先进水平。

（集团公司项目管理部　韩　萍）

【鞍钢鲅鱼圈钢渣处理工程投产】 鞍钢鲅鱼圈钢渣处理工程位于鲅鱼圈小董屯，占地面积14万m^2。建设规模为100万t/a钢渣加工生产线以及10t/a的精炼渣处理区。其中加工处理常规转炉渣85万t，铁水脱硫渣15万t。工程计划投资16185万元。鞍钢矿渣开发公司负责工艺设计方案，中国京冶工程技术有限公司负责设计施工。工程于2009年3月15日开工，2009年10月31日竣工，2010年3月25日正式投产。

工程建设的内容为：钢渣破碎—筛分—磁选加工生产线、脱硫渣精炼渣翻渣处理区、压球加工处理生产线。

主要生产工艺：转炉钢渣经过热焖后，经筛分、破碎、磁选加工后得到含铁物料产品；脱硫渣经带罐打水冷却后进入钢渣破碎筛分磁选生产线进行深加工；精炼渣自然冷却处理后经过湿碾、压密、压制成球。

2008年，矿渣开发公司在掌握了钢渣处理全套工艺技术的基础上，创造性地提出熔融钢渣热焖、磁选、深加工生产工艺。钢渣热焖后，鞍钢改变了传统的钢渣磁选工艺，将德国的带磁技术与日本的棒磨技术相结合，实现了工艺创新，磁选能力最强、渣钢分离最彻底、磁选物质量最好，为国内首创。

该项目专利专有技术有：一种磁选加工钢渣的优化工艺、用脱硫渣粉成球做电炉炼钢原料的方法、钢渣中提取的精铁粉成球用于转炉炼钢的方法。

钢渣磁选生产线可获得含钢量大于90%的优质废钢，生产出的精选粒钢和磁选粉能满足鲅鱼圈钢铁新区炼钢和炼铁的需求。磁选后的尾渣粉金属含量小于1.5%，经加工处理后可作钢铁渣复合粉、水泥混合材和生料配料、新型建筑材料、道路材料，属绿色环保建材产品，具有显著的社会效益和经济效益；转炉助熔剂（压球）生产线，在生产转炉炼钢助熔剂过程中充分利用LF精炼炉渣中的氧化铝、氧化钙成分，不仅实现废物利用，还降低了钢厂生产成本。使冶金废渣得到了最充分的利用，实现钢渣“零排放”，促进企业实现循环经济，可持续发展。

该项目自投产以来，截止到2010年末，共生产含铁品位85%以上的渣钢3.5万t，含铁品位90%以上的精选渣钢2万t，脱硫渣钢0.95万t，磁选粉12.2万t。创效803万元。钢渣生产线的建成投产，标志着鞍钢实现了节能降耗，污染减排，实现钢渣“零排放”和资源化利用，实现了鲅鱼圈钢铁新区作为绿色鞍钢的目标。

【鞍钢朝阳鞍凌钢铁项目简介】 鞍钢朝阳鞍凌钢铁项目位于辽宁省朝阳市龙城区中涝村和西大营子村之间。厂址东北距朝阳市约11km，距凌钢老厂区约100km。沈承铁路在厂址东南侧通过，厂址东南侧为朝阳南站，101国道和锦朝高速公路分别从厂区的西北和东北两侧经过，厂址距锦朝高速公路的出入口2km。

工厂设计规模为年产钢400万t，分二期建设，两期的建设规模分别为年产钢200万t。

一期工程包括原料场、焦化、烧结、炼铁、炼钢、热轧以及燃气、制氧、回转窑、热电站等一系列项目。

一期工程主要建设内容：（1）新建年受料量为563.1万t，年供料量为563.1万t的原料场；（2）新建2×50孔JN60-6型复热式焦炉及一套125t/h的干熄焦装置；（3）新建1台265m^2烧结机，年产冷烧结矿262.35万t；（4）新建1座

$2600m^3$ 高炉，年产生铁200万t；（5）新建2座120t顶底复合吹转炉，年产钢水208.2万t；（6）新建2台单流1700板坯连铸机，年生产板坯210万t；（7）新建1条年产热轧钢卷200万t的1700热轧带钢生产线；（8）与以上项目相配套的公辅设施。

一期工程于2007年4月18日开工奠基，6月29日正式开工建设，2009年5月至10月因经济危机影响停缓建，2010年11月14日高炉出铁。

【鞍钢朝阳鞍凌钢铁有限公司原料场工程投产】 鞍凌原料场工程位于厂区西北方向，工程占地面积39.88万 m^2。设计年吞吐物料量1126.2万t，其中接受和输出物料各563.1万t。工程计划投资24756万元。由中冶北方工程技术有限公司总承包。工程于2007年9月27日开工，2010年9月30日投产。

工程主要建（构）筑：翻车机室、汽车受矿槽、解冻库、煤场、一次料场、汽车堆场、混匀配料室、转运站及通廊、配电室、洒水泵站等。

主要设备：转子式翻车机2台、1200t/h斗轮式堆取料机4台、圆盘给料机等。

工艺技术特点及装备水平：（1）原料场具有分类储存原料和混匀原料的功能。一次料场具有原料储存功能和混匀功能。料堆采用菱状（鳞状）堆积方式，可达到混匀原料并防止原料发生粒度偏析的目的。（2）混匀配料槽由变频调速圆盘给料机和胶带称量机组成自动配料系统，以实现各种铁原料自动配料，达到稳定混匀料化学成分的目的。（3）原料场胶带运输机设置了自动检测设施，如：跑偏、打滑、金属探测及漏斗堵塞报警等装置，使胶带机的运行更安全、更可靠。（4）原料场来料和送至各用户的物料，设置了电子称量设施，进行严格的计量管理。（5）原料场设有洒水设施，防止了风吹扬尘和原料流失，改善了环境。（6）设置解冻库，在煤场、一次料场系统中，都可实现在冬季覆盖干料及草帘子的可能，为冬季防冻创造有利条件。

项目经理：张顺义

工程负责人：潘颖铁

【鞍钢朝阳鞍凌钢铁有限公司焦化工程投产】 鞍凌焦化工程建筑面积3.16万 m^2。工程主要内容是建设2×50孔JN60-6型复热式焦炉及一套125t/h的干熄焦装置及相关配套装置。年产干全焦100万t。工程计划投资7亿元。由中冶焦耐工程技术有限公司设计、设备供应及施工总承包。工程于2007年7月4日开工，2号焦炉2010年8月20日投产；1号焦炉2010年11月3日投产；干熄焦2010年11月26日试生产。

工程主要建（构）筑：备煤车间、炼焦车间、干熄焦及其附属设施、筛储焦系统、煤气净化车间以及溴化锂制冷站、除油凝结水泵站、酚氰废水处理站、给水系统、综合电气室、中心试验室等辅助生产设施。

主要工艺设备：2×50孔焦炉、干熄焦装置（包括干熄焦锅炉）、可逆锤式破碎机、$\phi2000$ 圆盘给料机、双辊破碎机 $\phi900\times900$、带式输送机、电机车、熄焦车、熄焦塔除尘装置、振动筛、$L=72m$ 刮板放焦机、排出装置用振动给料器、循环风机、一次除尘器、除焦油器、焦油渣车、横管式煤气初冷器 $FN=4700m^2$、电捕焦油器DN5200、$H=14544$，机械化氨水澄清槽、煤气预热器DN1700、$H=3000$、$FN=140m^2$，终冷塔DN4000、$H=36290$，洗苯塔DN4000、$H=43090$，脱苯塔DN1800、$H=27430$，再生器DN1600、$H=9200$，圆筒管式加热炉4.652MW-2.45MPa-$\phi140/\phi114$、蒸汽双效溴化锂吸收式制冷机（智能型）$Q=2910kW$、$1025m^2$、$2880m^2$、$4000m^2$ 及 $5067m^2$ 脉冲袋式除尘器。

项目经理：陈洪文

工程负责人：张家利

【鞍钢朝阳鞍凌钢铁有限公司烧结工程投产】 鞍凌烧结工程占地面积8.4万 m^2。建设规模为新建1台 $265m^2$ 烧结机，年产冷烧结矿262.35万t。工程计划投资27200万元。中冶北方工程有限公司总承包。2007年9月开工，2010年10月15日热试。

主要建（构）筑：熔剂受矿槽、燃料破碎室、配料室、一次混合室、二次混合室、烧结机室、机头电除尘器室、主抽风机室、成品烧结矿筛分室、成品矿槽及连接各车间的转运站和通廊等。

主要工艺设备：GZG80-140型敞开式振动给料机、$\phi900\times700$ 四辊破碎机、PZH28圆盘给料机、定量给料机、XGD300×450回转给料机、$\phi3800\times15000$ 圆筒混合机、$265m^2$ 烧结机系统（$N=68.6kW$）、$265m^2$ 烧结机用点火保温炉、F2000×3740单辊破碎机、$210m^2$ 电除尘器、烧结主抽风机（$Q=13500m^3/h$）、3075椭圆等厚振动筛、$330m^2$ 鼓风环式冷却机、环冷风机用消音器、G4-73-11No.25D离心通风机、胶带机等。

主要工艺技术：（1）采用铺底料烧结工艺。可保护台车箅条，降低烧结废气的含尘量，并使混合料烧好、烧透。（2）采用成品烧结矿冷却和整粒工艺。(3) 采用在烧结机的混合料矿槽中蒸汽预热混合料，可提高混合料温度。(4) 采用自动重量配料，提高配料精度，改善烧结矿质量。(5) 采用新型点火保温炉，降低燃料消耗。(6) 选用节能型变压器和变频调速设备，采用同步电动机。(7) 控制系统采用分散控制和集中管理的分布式控制模式。具有数据采集、过程控制、参数指示、越限报警、画面显示、存储、打印生产报表等功能。

项目经理：温庄

工程技术负责人：佟径伟

【鞍钢朝阳鞍凌钢铁有限公司炼铁工程投产】 鞍凌炼铁工程高炉有效容积为 $2600m^3$，年平均利用系数 $2.2t/(m^3 \cdot d)$，年产铁水 200.2 万 t。干法除尘由鞍钢工程技术有限公司总承包，其他部分则由中冶赛迪工程技术股份有限公司总承包。工程于 2007 年 6 月 29 日开工，2010 年 11 月 14 日出铁。

工程主要设施：高炉本体、出铁场、热风炉、重力除尘器、水渣冲制、矿焦槽、煤气干法除尘、TRT 余压发电、软水密闭循环泵站、净环水泵站、出铁场及炉顶除尘、矿焦槽除尘、电动鼓风站、制粉喷吹系统、中控室、铸铁机室及铁水罐修理库、炼铁站及信号楼、供配电和生活福利等设施。

工艺设备：矿焦槽系统、上料系统、炉顶系统、炉体系统、煤粉喷吹系统、风口平台出铁场系统、热风炉系统、炉渣处理系统、粗煤气系统以及煤气干法除尘系统。

采用的技术及主要特点：设置独立的矿槽和焦槽，矿石、焦炭分散筛分、集中称量，采用小块焦回收并与烧结矿混装入炉工艺，矿焦槽设施检修、称量控制方便；炉顶采用新型上罐固定式串罐无料钟炉顶装料装置，通过设置多流嘴式料流分配器，减少炉料装入过程中的偏析，同时减少炉顶设备维护工作量，并改善炉顶环境；炉底炉缸采用碳砖加水冷炉底结构。炉体高热负荷区采用铜冷却壁，软水密闭循环冷却，有利于高炉长寿；出铁场设计为无填沙层的出铁场平台结构，便于汽车上出铁场以及清理和维护渣铁沟专用工具车、换风口叉车的现场作业；炉前设备采用全液压的泥炮、开铁口机，改善了高炉操作条件，提高了炉前机械化、自动化程度及可靠性，减轻了炉前工人的劳动强度，改善了炉前作业环境条件；设置 3 座高风温内燃式热风炉，燃料为高炉煤气加焦炉煤气，设置烟气余热回收装置，同时预热助燃空气和煤气，使热风温度达到年平均 1200℃的水平，采用高温稳定型墙体结构设计，有利于延长热风炉寿命、提高热风温度；由于在高炉设计中采用了新型冷却系统和新型耐火材料等综合长寿技术以及先进的操作技术，一代炉役（无中修、无喷补）寿命可达 15 年以上，热风炉也因采用了较多先进技术，在保证送风温度不降低的条件下，一代炉役寿命也可达 20～25 年；高炉自动化系统采用电气、仪表和计算机三电一体化系统，提高高炉操作和自动化水平，确保高炉安全、稳定、顺利运行；加强高炉生产控制和管理，确保铁水质量，降低焦比，提高利用系数，进行高炉设备状态的自动检查，保证生产的安全性和延长一代炉役寿命。

项目经理：安武生

【鞍钢朝阳鞍凌钢铁有限公司炼钢工程投产】 鞍凌炼钢工程建筑面积 2.80 万 m^2。工程主要内容是 2 套单喷颗粒镁铁水脱硫装置、2 座 120t 顶底复吹转炉、2 座 LF 精炼炉。年产钢水 208.2 万 t。计划总投资 5.8 亿元。工程由中冶赛迪工程技术股份有限公司总承包。工程于 2007 年 6 月 29 日开工，2 座转炉分别于 2010 年 11 月 16 日、2010 年 11 月 21 日投产。

主要建筑物：转炉车间主厂房（脱硫跨、加料跨、转炉跨、钢水接收跨）、热泼渣跨、转炉一次、二次除尘设施、LF 炉及铁水脱硫除尘设施、蓄热站、转炉副原料上料系统、炼钢水处理设施、废钢料场等。

主要工艺设备：2 套铁水脱硫装置、2 座 120t 顶底复吹转炉、2 套吹氩喂丝站、钢包冷、热修整设施、2 套钢包在线烘烤装置、5 套钢包离线烘烤装置、2 座 LF 精炼炉等。

采用的主要技术：采用单喷颗粒镁脱硫工艺，投资省、运行成本低，铁水脱硫效率高；采用顶底复合吹炼转炉，搅拌气体为氮气、氩气等惰性气体，可根据需要由 PLC 自动进行气体的切换；转炉倾动装置采用四点全悬挂和扭力杆平衡，该装置设备布置紧凑，传动平稳，运行安全可靠；炉体和托圈的连接采用三组关节轴承—连杆—十字铰构成的吊挂系统。转炉倾动装置为全悬挂四点啮合及扭力杆支撑结构，驱动采用交流变频电动机，可无级调速；镁碳砖为主综合砌筑炉衬和溅渣护炉，提高炉衬寿命，降低耐材消耗；采用 OG 系统冷却、净化、回收转炉高温烟气，节约能源；转炉采用二次除尘，以净化车间环境；转炉出钢过程钢水采用全程底吹氩；散状料系统采用皮带机上料，PLC 自动控制，提高了劳动生产率；

铁合金系统采用皮带机加料，PLC 自动控制，提高了劳动生产率；采用二级计算机控制系统，既实现基础自动化和生产过程自动化控制，并预留三级计算机接口。

项目经理：刘伟

工程技术负责人：杨胜斌

【鞍钢朝阳鞍凌钢铁有限公司连铸工程投产】 鞍凌连铸工程主厂房面积 1.33 万 m^2。工程主要内容是建设一条 1700 中薄板坯连铸生产线，主机设备为二台连续弯曲、连续矫直的中薄板坯连铸机，年产厚 135mm、宽 900 ~ 1550mm 的板坯 210 万 t。工程计划投资 53475 万元。鞍钢工程技术有限公司设计。主体工程由鞍钢建设集团有限公司施工。工程于 2008 年 2 月 28 日开工，中间因故停缓建一年，2010 年 11 月 16 日连铸机一次拉坯成功。

连铸工程由连铸主厂房、设备维修间、水处理系统等组成。其中主厂房包括浇注跨、切割跨、出坯跨。

主要工艺设备：浇注平台设备、主机设备、出坯区设备、中间罐整备场设备、润滑液压设备等。

采用的主要技术：(1) 结晶器浸入式水口快速更换。为满足连浇 10 炉的需要，在浇注过程中需更换一次浸入式水口，水口在中间罐上为外装式，更换时间为 3 秒，以保证更换水口期间不停浇。(2) 结晶器液压振动技术。(3) 结晶器专家系统。为防止钢水与结晶器壁发生黏接而造成漏钢，在结晶器宽边、窄边铜板上，布置了两排共 66 支热电偶。在浇注中，适时监视并记录结晶器各种参数，及时预报可能发生漏钢的倾向，以便采取措施。(4) 结晶器在线热态调宽。(5) 保护浇铸。钢包与中间罐、中间罐与结晶器之间采用长水口、浸入式水口保护浇铸，避免钢水氧化，减少氧化物夹杂。(6) 二冷水动态控制技术。可提高连铸坯内部质量及表面质量。(7) 自动控制技术。铸机控制全部由一级 PLC 实现自动控制，二级计算机实现二冷水动态控制、最佳切割计算、生产管理、跟踪控制等。(8) 结晶器液面自动控制。

主要工艺参数：

连铸机流数与台数	1 流/台 ×2 台
板坯厚度（冷坯尺寸）	135mm
板坯宽度（冷坯尺寸）	900 ~ 1550mm
最大坯重	28.3t
连铸机长度	23.9m
连铸机机械拉坯速度	3.5m/min
连铸机送引锭杆速度	5m/min
穿引锭杆时间	48min
平均连浇炉数	8 炉
平均浇注时间	39.6min
铸机年作业天数	292 天

项目经理：姜永芳

【鞍钢朝阳鞍凌钢铁有限公司连轧工程投产】 鞍凌连轧工程主厂房面积 8.37 万 m^2。工程主要内容是建设一条 1700 中薄板坯连轧生产线，其生产能力为年产带钢厚度 1.5 ~ 12.7mm、带钢宽度 900 ~ 1550mm 的热轧钢卷 200 万 t。主要生产钢种有低碳钢、优质碳素结构钢、低合金钢、耐蚀钢、管线钢 X60。工程计划投资 21.65 亿元。鞍钢工程技术有限公司设计。主体工程由鞍钢建设集团有限公司施工。工程于 2008 年 2 月 28 日开工，中间因故停缓建一年，2010 年 11 月 8 日过钢。

连轧工程主厂房由加热炉装钢跨、加热炉跨、轧钢跨、磨辊间跨、主电室跨、钢卷库跨等组成。

主要工艺设备：步进梁式长板坯加热炉 2 座（有效长度 23360mm、内宽宽度 16500mm）、高压水除鳞、带前附着立辊的四辊可逆粗轧机 E1/R1、保温罩、热卷箱、转鼓式切头飞剪、精轧机 F1 ~ F7、层流冷却装置、2 台卷取机、钢卷运输系统、钢卷检查线等。

采用的主要技术：连铸坯由辊道直接运到加热炉前热装，减少加热时间；采用长行程装钢机，使加热炉具有加热板坯功能的同时，还具有连铸生产与轧制节奏不协调的缓冲作用；2 座步进式加热炉均设有汽化冷却装置，以提高加热质量，节能、节水，并向车间管网补供蒸汽；粗轧机前立辊轧机设置液压 AWC，实现带坯宽度自动控制，提高带钢宽控精度；设置保温罩、热带卷箱减少中间坯的温降及头尾温差，适用于高附加值、薄规格品种的轧制；精轧机组采用长行程全液压 AGC、工作辊弯辊、窜辊技术，提高板厚和板形控制精度，延长轧辊使用寿命，提高轧机作业率；精轧机采用低惯量液压活套，以利于控制精轧机组间的张力，提高带钢质量；自动化控制采用二级计算机控制。从板坯上料开始，到钢卷下线为止，计算机跟踪控制。

项目经理：姜永芳

【鞍钢朝阳鞍凌钢铁有限公司热电站工程投产】 鞍凌热电站工程占地面积约 9.2 万 m^2。工程主要内容是新建 2 ×130t/h 次高压锅炉（其中 1 台纯烧煤气锅炉和 1 台煤混烧煤气锅炉）及 2 ×25MW 抽凝式发电机组。计划投资 30964 万元。中冶京诚

(秦皇岛) 工程技术有限公司设计。施工单位主要有：鞍钢建设集团有限公司、东北电业管理局第三工程公司。工程于2007年10月1日开工，2010年10月20日锅炉投产。

主要建（构）筑物：主厂房（锅炉间、汽机间、除氧间、循环水泵间）、集控楼、电气主控楼、除尘脱硫装置、双体灰仓、1号风机间、2号风机间、120m烟囱、除渣系统、带干煤棚的煤场及皮带通廊和转运站、化学水处理间、全厂热交换站、双曲线冷却塔、热电站办公楼等。

主要工艺设备：次高压全烧高炉煤气锅炉1套、次高压煤粉锅炉（掺烧高炉煤气）1套、配采用液力耦合器调速的鼓风机和引风机各2台、煤粉炉配NID烟气脱硫除尘装置1套、电磁振动给煤机2台、胶带输送机、电动双侧犁式卸料器7台、永磁自卸式除铁器2台、环锤式破碎机1台、风扇磨煤机4台、全封闭计量式给煤机4台、抽气式汽轮机发电机组2套、静止励磁装置2套、低压膜式除氧器2台、减温减压器1台、变频调速锅炉给水泵3台、反渗透装置1套及混合离子交换器4台、热网交换器2台及热网循环泵3台。

该项目的投产既保障了鞍凌钢铁项目的生产及生活用蒸汽，又烧掉了多余的放散煤气，并利用了二次能源，最大限度地保证了该地区的生态环境，同时又为企业提供了一定的自备电力。

项目经理：郝利民

工程负责人：邬全海

【鞍钢朝阳鞍凌钢铁有限公司供电系统工程投产】 鞍凌供电系统工程分布在厂区内。工程主要建设66kV总降压变电所两座、厂区内66kV电源线路、全厂供配电电源（35kV电缆线路采用送电制，10kV电缆线路采用取电制）、全厂主干电缆沟及配套公辅设施。工程计划投资13750万元。中冶赛迪工程技术股份有限公司设计。主要施工单位有鞍钢建设集团公司、鞍钢附企动力工程公司、鞍钢实业输变电工程公司。工程于2008年5月8日开工，2010年10月24日竣工。

炼铁66kV总降压变电站内设4台66kV/10kV、40MVA有载调压变压器，2台66kV/10kV 31.5MVA变压器、1套66kV配电装置、1套10kV配电装置和1套低压配电装置。炼钢66kV总降压变电站内设2台66kV/10kV、40MVA有载调压变压器，2台66kV/35kV、25MVA变压器，1套66kV配电装置、2套35kV配电装置、1套10kV配电装置和1套低压配电装置、4组滤波装置。

全厂66kV配电采用架空线路，35kV、10kV、0.4kV采用电缆配电方式，电缆采用电缆沟、直埋等方式。炼铁总降压变电所用66kV架空线路对制氧厂供电、用10kV电缆对原料场、烧结、高炉、高炉风机、铁前空压站、铸铁机、铁前道路照明、3号门、所内变、自备电厂供电。自备电厂主电室用10kV电压等级对焦化变电站、干熄焦变电站、中央水处理、耐火材料库、高焦炉煤气柜、机务段（一回）、供电。炼钢66kV总降压变电所用66kV架空线路对热轧厂供电、用35kV对LF炉供电、用10kV电缆对炼钢、连铸、白灰、厂前办公楼、库房、铁后空压站、转炉煤气柜、铁后道路照明、化检验中心供电。

项目经理：李国军

工程负责人：邬全海

【鞍钢朝阳鞍凌钢铁有限公司电力外网工程投产】 鞍凌电力外网工程，位于朝阳市龙城区龙城一次变至厂内的炼铁总降和炼钢总降的龙钢线、柳城一次变至厂内的炼铁总降的柳铁线和柳城一次变至炼钢总降的柳钢线，共计5条66kV加空线路。工程计划投资6526.6万元。朝阳电力勘察设计院设计。主要施工单位有朝阳博远电力建设有限公司、朝阳正达电力建设有限公司。工程于2008年5月8日开工，2010年10月24日竣工。

龙钢线全长15.7km，单回2×240mm^{2}复导线，杆塔72基；柳铁线全长2.4km，双回2×300mm^{2}复导线，杆塔15基；柳钢线全长2.2km，双回2×300mm^{2}复导线，杆塔13基。

项目经理：李国军

工程负责人：邬全海

【鞍钢朝阳鞍凌钢铁有限公司制氧站工程】 鞍凌制氧站工程位于厂区东南方向，占地约65000m^2，主厂房建筑面积7224m^2。工程主要内容是搬迁改造鞍钢厂内3套（2号、3号、4号）万立方米制氧机。搬迁改造后3套制氧机生产能力，2号、4号制氧机氧、氮产量（标态）均增加到11000m^3/h，单套氩气产量（标态）可达到320m^3/h，投产后3套制氧机总生产能力为氧气（标态）32000m^3/h，纯度99.6%、氮气（标态）32000m^3/h，纯度99.999%、氩气（标态）830m^3/h。制氧机电控设备由鞍钢设计院设计，DCS检测和控制由制氧机厂家配套。工程计划投资3亿元。工程于2007年11月开工，1号制氧机2010年11月投产，2号制氧机2010年12月末投产，3号制氧机预计2011年5月投产。

工程主要建筑物：制氧主厂房（含生产辅助用主控室、高低压配电室）、氮氧（氩）充瓶间、变电所、机修间、循环水泵房、综合办公楼等。

主要改造内容：3套万立方米制氧机所有压缩机机械部分全部利旧，压缩机电控部分：除3号利旧外，其余全部更新；仪控部分全部改造更新；3号万立方米制氧机更新空气过滤器、透平膨胀机等少量设备，其余全部搬迁；对2号、4号制氧机改造成分子筛净化空气、增压透平膨胀、无氢制氩流程，空分部分基本全部更新；增加1套液体贮存、加压、汽化系统，除液氩槽利旧外，其余全部新增加；2号、4号制氧机所有电控部分全部更新；仪控部分全部由常规仪表改为DCS检测和控制（包括3号制氧机）。

制氧机工艺流程：2号、4号制氧机改造后，其流程为分子筛净化空气、增压透平膨胀、无氢制氩流程。2号制氧机为3台活塞压缩机，4号制氧机为1台透平压缩机，氧气出口压力均为3.0MPa，加压后送到氧气管网系统。产品氮气经氮气透平压缩机加压到1.6MPa送入氮气管网系统。3号制氧机仍为可逆式换热器切换流程，3号制氧机安4台活塞压缩机，氧气加压到3.0MPa送到氧气管网系统；产品氮气也经氮气透平压缩机加压到1.6MPa送入氮气管网系统。

3套制氧机氧气、氮气压缩机进口和出口管道都各自相互连通，发挥各压缩机的能力。

另外还建两台流量（标态）3700m^3/h，升压3.0MPa氮气活塞压缩机，加压后的氮气送往站区3.0MPa氮气管网。

2号、4号制氧机产生的液氩经贮槽、加压、汽化进入站区氩气管网。

项目经理：宁永清

工程负责人：齐铁群

【鞍钢朝阳鞍凌钢铁有限公司活性石灰工程】 鞍凌活性石灰工程占地面积约2万m^2，建筑面积约5100m^2。建设一条采用烧混合煤气带竖式预热器和竖式冷却器的回转窑组成的生产工艺线。建设规模为年产活性石灰20.4万t。工程计划总投资5680万元。洛阳矿山机械工程设计研究院总承包。工程于2008年4月开工，计划2011年1月投产。

工程主要建设内容：石灰石受料储存系统、筛分上料系统、石灰烧成系统、窑尾废气处理系统、成品石灰筛分破碎储运系统。

主要工艺设备：10m × 4m竖式预热器、ϕ4.2m×52m回转窑、4m×4m×8m竖式冷却器。

回转窑性能特点：窑的转速为0.198～1.98 r/min，辅助传动转速为3.6r/h。窑的倾斜度为3.5%。具有大跨距两挡支撑、斜齿传动、鳞片式密封结构、主传动电机变频调速等特点。

项目经理：张顺义

工程负责人：马维志

（集团公司技术改造部　刘义善）

【总图工作】 2010年是鞍钢落实总图管理办法关键的一年，集团公司将总图管理纳入到基层单位常态化工作中。

一是继续进行总图管理办法的宣贯、检查、落实。由集团项目管理部总图处、厂容监察大队的人员组成检查组，到基层单位逐一宣传、检查，并不定期抽查；组织基层单位总图管理人员集中学习。

二是开展地理信息系统管理平台立项工作。为建立信息丰富、反应快速的地理信息管理平台，实现总图数字化管理，解决复杂的规划、决策和管理问题，项目部先后与中冶武勘、山东正元、成都金城、黑龙江测绘研究所进行了技术交流。按照要把该系统建设成“地物合一”的具有前瞻性、开放性、网络化的高水平数字化管理系统的要求，并增加土地管理和固定资产管理功能，先后数次与鞍钢自动化公司、信息管理部、电讯厂结合讨论，完成了项目建议书，并将地理信息平台建设纳入到鞍钢信息建设规划中。

三是完成了鞍钢鲅鱼圈工程竣工图测量和地下管网数据库、鲅鱼圈影像数据库建立，完成矿山公司厂区测量约17.2km^2，启动鞍凌公司的竣工图测量（含地下管线）工作。

四是开展鞍钢集团矿山总图规划。为落实矿山改扩建规划，开展具有可操作的总图规划，通过协调，将矿山规划纳入了城市总体规划。

（集团公司项目管理部　韩　萍）

【工程质量监督】 2010年是鞍钢“十一五”改造的最后一年，鞍钢实现了鲅鱼圈钢铁项目的全面投产和朝阳鞍凌钢铁项目的竣工投产，这标志着鞍钢技术装备、生产能力跃上了一个新台阶。全年在建和建成的重点项目有：外埠朝阳鞍凌钢铁项目的烧结系统、焦化系统、炼铁系统、炼钢系统、连铸系统、热连轧系统、氧气系统、供电系统、给排水系统等工程；营口鲅鱼圈钢铁项目烧结余热发电、5.5m宽厚板、1580热连轧、矿渣处理、范屯铁路站场、煤气发电、3.8m热连轧板等新建和配套完善工程；福建莆田冷轧板工程。厂内化工总厂的苯加氢、大焦油、7号、8号焦炉、煤置气等工程，鞍钢电渣重熔工程，一炼钢厂转炉吊车梁改造工程，无缝厂 ϕ177 机组建设工程，高性能硅钢工程，新1号高炉上料及返矿区域除尘改造，以及矿业公司弓长岭井下矿 1000m 竖井和眼前山铁矿地上转地下采矿井巷等工程。为了保证建设工程质量高水平地建成投产，面对 2010 年繁重的监管任务，工程质量监管部门上下紧密配合，通力合作，较好地完成了鞍钢集团公司各项工程建设质量监管工作，实现了重点工程监管覆盖面达 100%，重大质量事故为零，重点项目一次试车成功率 100%，全年核定单位工程 366 个，合格率 100%，优良率 81.1%。积极组织施工企业开展创优质工程活动。鞍钢鲅鱼圈烧结系统工程、鞍钢鲅鱼圈炼钢连铸工程、鞍钢鲅鱼圈 5.5m 宽厚板工程和鞍钢鲅鱼圈 1580 热连轧等 4 项工程被评为 2010 年度国家冶金行业优质工程；鞍钢西区烧结烟气脱硫塔钢结构制作安装等 9 项工程获鞍钢优质工程（详见附表）。

由于建筑市场的管理混乱，建筑材料以次充好，以假乱真时有发生，给工程质量监管带来很大的困难。为了避免不合格材料流入鞍钢建设工程，2010 年把原材料的入场检测复试工作作为重中之重。针对福建莆田冷轧板工程地处外埠，水泥、沙石、钢筋等原材料来源复杂、混凝土试块的检验量非常大的特点，在莆田施工现场组织建立了常规检验室。同时加强福建莆田和朝阳鞍凌检验室的日常管理，派驻有经验的材料检验专家亲临现场主持检验室的工作，进一步完善检测工作的规章制度，认真贯彻《鞍山钢铁集团公司建设工程质量检测有关规定》，定期检查，严格执行见证取样制度，做到每抽取一组试样都保证随机抽取，准确无误，保证了外埠工程常规检试验的科学性、准确性、及时性和公正性。把住了原材料的入场关，真正起到了为鞍钢建设工程保驾护航的作用。

2010 年对矿业公司眼前山铁矿露天开采转井下开采重点项目 1000m 竖井工程现场搅拌混凝土搅拌站进行两次大检查，第一次检查发现石子和沙子没有按规范要求及时进行复检，混凝土配合比没有及时调整等问题，及时召开现场会议研究处理意见，强制混凝土搅拌站整改。第二次检查发现不具备冬季搅拌混凝土的条件，决定冬季施工用混凝土一律不准现场搅拌，全部采用商品混凝土，把住了竖井混凝土浇灌的混凝土质量关，取得了比较明显的效果。

2010 年归档资料的收集整理比上一年大有改进，工程交工保证资料基本齐全，达到了与工程进度基本同步的要求。特别是鲅鱼圈钢铁项目工程所有项目工程归档资料全部按标准要求归档完毕。

附：2010 年度鞍钢获奖工程一览表

序号	工程项目名称	荣誉名称	施工单位
1	鞍钢鲅鱼圈烧结系统工程	国家冶金行业优质工程	鞍钢建设集团有限公司
2	鞍钢鲅鱼圈炼钢连铸工程	国家冶金行业优质工程	鞍钢建设集团有限公司
3	鞍钢鲅鱼圈 5.5m 宽厚板工程	国家冶金行业优质工程	鞍钢建设集团有限公司
4	鞍钢鲅鱼圈 1580 热连轧工程	国家冶金行业优质工程	鞍钢建设集团有限公司
5	鞍钢西区烧结烟气脱硫塔钢结构制安工程	鞍钢优质工程	鞍钢建设集团公司结构安装工程分公司
6	鞍钢三烧改造 150m 烟囱工程	鞍钢优质工程	鞍钢建设集团公司第一建筑工程分公司
7	鞍钢鲅鱼圈连铸机电设备安装工程	鞍钢优质工程	鞍钢建设集团公司机电安装分公司
8	鞍钢鲅鱼圈 1580 热连轧机电设备安装工程	鞍钢优质工程	鞍钢建设集团公司机电安装分公司
9	鞍钢鲅鱼圈 5.5m 宽厚板机电设备安装工程	鞍钢优质工程	鞍钢建设集团公司机电安装分公司
10	东鞍山烧结厂环境除尘系统技术改造工程	鞍钢优质工程	鞍钢矿山建设有限公司
11	供铸钢厂氧气管道改造工程	鞍钢优质工程	鞍钢矿山建设有限公司
12	二炼钢北区转炉余热蒸汽发电站及外部热力管道工程	鞍钢优质工程	鞍钢矿山建设有限公司
13	弓长岭井下铁矿新建箕斗提升竖井掘砌工程	鞍钢优质工程	华冶资源开发公司邯郸第一分公司

（冶金工业工程质量监督总站鞍钢监督站　高长利）

·科学技术·

【综述】 2010年，面对国际金融危机带来的严峻挑战和极其复杂的国内外钢铁行业竞争形势，鞍钢科技工作以鞍攀整合为契机，坚持科学发展观，落实创新型国家战略，践行自主创新，实施科技引领战略，持续提升技术创新能力，研发进程明显加快，汽车板、电工钢、石油管等主导钢铁产品成功地实现了向高端产品的跨越，造船板、轻工家电、集装箱板、重轨、军工等产品国内市场占有率跃居榜首，实现了大跨越、大发展。

——重点领域钢铁新产品开发取得重大突破。跟踪国家清洁能源开发需求，加大核电用钢开发力度，生产出替代进口的核岛关键设备试验用钢，已形成三大系列产品。时速380km高速重轨成功铺设“京沪”客运专线；时速350km高速重轨，独家供货“沪杭”客运专线。形成热轧、冷轧和热镀锌三大高品质汽车用钢系列，具备为顶级汽车板制造商供货能力，汽车板年产量首次突破200万t，成为我国汽车板重要生产基地。冷轧薄规格家电外板、电脑机箱和通讯机柜用钢板、太阳能热水器用彩涂板开发取得新进展，全年家电行业用钢销售184万t，跃居国内首位。成功研制海洋工程用超高强钢，成为全球首家通过船级社认证企业；开发出特厚齿条钢、高级别帘线钢、第一条国产化海底管线——南海海底厚规格管线钢、高碳钢拉丝材；率先开展大型油船用耐腐蚀船板的试制和应用，全年船板产量达到280万t，居国内第一。经过多年努力，取向硅钢产品研发取得重大进展。高强度镀锌异形股索道用钢丝绳成功应用于中国海拔最高的西岭雪山运动场，创国产索道钢绳单重纪录，已占领95%以上索道钢绳市场。

——关键冶金工艺技术研发取得显著成效。立足资源高效利用，“鞍山式含碳酸盐赤铁矿石高效浮选技术研究”取得重大突破，其工艺流程、选别参数和指标实现国际首创；“冶金含铁废弃物在转炉中再利用技术”开发出尘泥废弃物中铁、碳、锌综合利用新技术，已达到年处理12万t的工业生产规模，填补了国内空白。立足于关键技术开发，4300mm厚板轧机轧后快速冷却系统成为国内在线冷却能力最强的快速冷却装置；1780线取向硅钢边部加热器工艺开发取得新成效；自主设计、自主集成，具有自主知识产权创新项目60万t精品线材线和“鞍凌1700连铸连轧生产线控制系统”投入生产。立足节能减排和绿色钢铁技术开发，“钢渣磁选产品深加工工艺技术及装备的研究与应用”实现了粒铁和磁选粉高品位回收，提纯后的废物零排放；围绕炼焦煤调湿、转炉余热蒸汽发电、燃煤锅炉脱硫灰、烧结机脱硫灰资源化利用、焦化废水废液处理利用等方面开展了节能环保技术研发工作，成效显著。

——重大科技项目研发取得重要进展。通过加强目标控制、定期开展技术“诊断”等办法，确保了重大项目研发质量。2008年启动的首批17个科技重大项目已于2010年全部通过结题验收，取得重大突破。第二批科技重大项目6大类、21个项目、111个课题已经启动实施。目前，鞍钢重大项目累计取得国家受理专利330项、认定专有技术295项，发表论文258篇。与国家“千人计划”专家、国内外院士、知名大学著名专家等多名学者建立了合作关系，签订合作项目23个。同时，国家级研发项目申报力度不断加大。在国家发改委首批低碳钢铁行业5个项目中，鞍钢承担“低碳钢铁工艺技术开发及示范工程”等2个项目；在国家科技部“十二五”钢铁行业科技支撑计划5个优先启动项目中，鞍钢承担“炼铁高炉CO_2减排与利用技术开发”等2个项目；在国家财政部重大技术创新及产业化项目中，鞍钢承担了“铁矿尾矿减排利用技术”等5个项目。

——独有领先产品开发取得全新业绩。独有领先产品是国际先进企业标志性指标，是市场核心竞争力的体现。基于钢铁产品未来发展趋势和鞍钢产品结构状况，鞍钢确定了独有领先产品目录，发布《鞍钢独有产品和领先产品管理办法》，引导独有领先产品研发方向，规范管理程序，并将其纳入战略绩效管理。通过制定提高独有领先产品质量产量措施，推进以汽车用钢等项目团队为代表的产销研工作，降低制造成本，提高质量控制水平，拓展独有领先产品市场，使独有领先产品开发取得新效果。2010年独有领先产品产量占钢材总量达到23%。

——知识产权管理跃上较大台阶。鞍钢注重加大知识产权创造、应用、管理和保护力度。全年取得国家受理专利965项，其中发明专利316项；取得国家授权专利648项，其中发明专利53项；4项专利获得国外授权。专利申请数、受理数和授权数较上年分别提高了37%、31%和17%。

鞍钢专利申请数量、授权数量、拥有数量稳居国内钢铁行业前两名。全年认定专有技术 1123 项，较上年提高 8.5%。获奖成果创造历史最好水平，在冶金科学技术奖评选的 12 项一等奖中，鞍钢独得 3 项，实现了行业高等级获奖的重大突破。获得地方省市科技进步奖 26 项。获得部级工法 2 项。荣获第十二届中国专利优秀奖 1 项。

——研发平台建设得到切实加强。鞍钢通过加大投入，构建高效研发平台，提高对核心技术的掌控能力。2010 年，研发投入为 22.26 亿元，占主营业务收入 2.17%。“鞍钢未来钢铁研究院”入驻国家未来科技城，与北京市昌平区签订战略合作框架协议，完成建设用地测绘定界、地质勘查等筹备工作。与中科院金属所、钢铁研究总院等知名科研院所开展广泛合作，确立了“利用太阳能激光提炼金属镁新技术”、“硅钢薄板高速铸轧技术”、“厚带材高速连铸（RTSC）工艺技术”等重大超前技术研发项目。与中国第一汽车集团有限公司成立汽车用钢联合实验室。同中国船级社签订战略协议，缩短了油轮储油舱耐蚀钢的研发进程，已成功进行油轮挂片试验。股份公司技术中心成立汽车与家电用钢研究所、环境与资源研究所和中间试验研究所，新建板点焊及激光加工技术试验室、专有特性研究试验室、汽车和家电用钢板表面处理试验室和热镀锌及电镀锌试验室，科研实验和理化检验能力得到进一步加强。同时，从高起点和满足用户需求出发，组建汽车板、高级别帘线钢、铁路耐候钢、核电用钢及船板用钢等 5 个 EVI 团队，使产品研发的输入和输出都与用户需求紧密相连，提高了产品研发效率。

——学术交流与产学研合作效能不断提高。深入开展高水平学术交流与产学研活动。与辽宁省交通设计规划院签订技术协议，打造国内耐蚀钢公路桥样板工程；与山东核电、东方重机、上海电气等企业签订新产品供货技术协议，开拓核电用钢三大系列产品的市场。同时，为确保产学研合作效果，针对集团公司重大课题、技术难题开展国际学术交流。围绕高强钢生产技术、非高炉炼铁技术等前沿课题，与美钢联、神户制钢、浦项、中钢等钢铁企业开展了深层次技术交流。邀请南安普顿大学、利兹大学、国际锌协会等国际高校和科研机构的 10 名专家教授来鞍讲学，聘请三位著名外籍科学家为鞍钢技术顾问，奠定了前沿技术合作的基础。学术交流目的已由单纯为了学习转变成为研发服务，及时蓄积冶金前沿热点技术，为科技人才成长和创新搭建国际合作平台，推动研发工作快速上水平。

——群众性创新工作成果显著。成功举办“第二届职工创新成果展”，共有 65 个单位 462 项成果参展，参观人数突破 4 万人。深入开展优秀科技论文评选、“讲理想、比贡献”、“金桥工程”等活动，表彰优秀科技论文 169 篇，“讲理想、比贡献”和“金桥工程”优秀项目 100 项。广泛组织科技人员参加国内外学术活动 20 余个，被全国性会议录用论文 150 余篇，会上发表论文 60 余篇，参加交流 500 人次。全年在国家正式刊物上发表科技论文 480 篇，被“四大检索”机构收录论文 38 篇。为提高科技论文撰写水平，举办 4 期培训班，培训学员 400 余人。全年广大职工共提出各级合理化建议 3 万余项，其中公司级建议 443 项，累计创效 3.8 亿元。职工技术创新小组新增 192 个，总数量达 996 个。产生公司以上级别 QC 成果 148 项，省质量信得过班组 10 个。“冷轧机有带换辊项目”荣获第三届全国职工优秀技术创新成果优秀奖。“一种超低碳贝氏体钢的生产方法”获第十二届中国专利优秀奖。在 2010 年纽伦堡国际发明展览会上，鞍钢组织参展的 6 项专利项目获得三金两银一铜，包揽中国冶金建材行业参展全部金奖。全年有 20 项自然科学成果荣获辽宁省自然科学学术成果奖。

【制定《鞍钢公司“十二五”科技发展规划》】 按照国务院国资委《关于开展中央企业“十二五”科技发展（创新）规划编制工作的通知》精神，遵循国家中长期科学和技术发展规划纲要（2006—2020）、钢铁产业发展政策和鞍钢公司“十二五”发展战略的要求，以鞍攀整合为契机，按照“鞍钢公司新时期发展战略目标”，确定大集团科技规划框架，提出了“十二五”重点科技工作目标和内容，颁布了《鞍钢公司“十二五”科技发展规划》，制定了“攀钢‘十二五’钒钛资源综合开发利用科技发展指南”。

《鞍钢公司“十二五”科技发展规划》由“十一五”科技发展情况、钢铁和钒钛行业科技发展趋势分析、企业科技发展现状及存在问题、“十二五”科技发展规划、“十二五”科技发展重点及主要任务、保障措施等 6 个部分组成。

在规划总体构架上，重点围绕科技创新战略、指导思想及原则、规划目标、创新体系建设、创新体制和机制建设、知识产权战略、人才战略、信息化建设、对外技术交流合作等规划了鞍钢

"十二五"科技发展总体工作。

在研发的重点及主要工作上，围绕矿山技术研究领域、炼铁技术研究领域、炼钢技术研究领域、轧钢技术研究领域、涂镀技术研究领域、用户技术研究领域、钢铁节能环保技术研究领域、资源及综合利用技术研究领域、重点钢铁产品研究领域、钒铬产品工程技术研究领域、大型装备及重要部件制造技术研究及产业化研究领域等规划了鞍钢"十二五"科技发展重点及主要任务。

在强化保障措施上，围绕加强科技规划管理，纳入绩效考评体系；加大科技投入，面向规划需求整合优化科技研发资源；创新完善大公司大科技管理机制，提升研发管理工作效率；发扬创新传统，建设具有鞍钢特色的创新文化；开展群众性创新活动，提升全员技术创新水平等方面规划了鞍钢"十二五"科技发展的保障措施。

（集团公司科技质量部　李维兵）

【科技重大项目】 2010年，集团科技质量部通过到中国科学研究院金属研究所等知名科研院所座谈，邀请北京科技大学等高校25名专家学者讲学交流，广泛征集研发项目建议，并组织鞍钢股份有限公司、矿业公司等单位反复论证，历时3个多月，形成6个大类、21个项目、111个课题，经集团公司批准后下发了"第二批重大项目暨研究院项目计划"和"第二批科技重大项目补充计划"，并组织开展了项目启动实施工作。

股份公司成功开发出4800mm核电用钢板，形成三大系列产品，率先在国内实现了大型钢锭直接轧制成品，生产出核岛关键设备试验用钢钢板替代进口，核反应堆安全壳用钢一次性能合格率达98%以上，为国内领先水平。与东方电气合作开发大单重18MND5钢板，率先在国内进行了超重、超厚规格钢板的生产试制，实现了关键材料的国产化。成功开发380km/h高速重轨，并用于京沪高铁线，100m60kg/m钢轨独家供货沪杭高铁，成功研制澳标25m60kg/m钢轨，实现首次大批量向发达国家出口重轨新突破。高品质无取向硅钢开发取得重大突破，形成多规格产品、多钢种的高牌号NGO初步体系的8个品种，高牌号及高效电工钢产品实现批量生产，成为国内第三家具有高牌号生产技术的电工钢企业。具备批量生产普通磁感取向硅钢（GO钢）和高磁感取向硅钢（Hi-B钢27AH100）的能力。完成中国第一条国产化海底管线——南海海底管线钢X70(31.8mm)、X65(30.2mm)小批量试制。4300mm中厚板轧机轧后快速冷却系统的研制成功，成为国内在线冷却能力最大的快速冷却装置，实现了热处理工序的节省和合金元素的减量化。60万t精品线材生产线热负荷试车成功，是鞍钢进行自主总体流程布置、自主工艺设计、自主组织实施、具有自主知识产权的集成创新项目。开发出LX90B等高级别帘线钢，盘条质量达到贝卡尔特的质量要求。

矿业公司"鞍山式含碳酸盐赤铁矿石高效浮选技术研究"取得重大成果，成功地实现了含碳酸盐赤铁矿石的分选，在工业生产原矿品位为31.24%时，可获得精矿铁品位63.03%，铁回收率为63.77%，为中国难处理铁矿石选矿技术研发的重大突破。年处理能力100万t的东鞍山难选混合铁矿石"分选浮选"工业化示范生产线建成，获得的铁精矿品位65%以上，综合金属回收率80%以上，实现了尾矿中磁性铁和赤褐铁矿的有效回收，回收率提高2%以上，其工艺流程、选别参数和指标均属国际首创，并达到领先水平。

重型机械有限责任公司成功取得国家核安全局颁发的"民用核安全机械设备制造许可证"，具备核电主管道热段锻制的能力和条件。钢绳有限责任公司生产的高强度（2060MPa）镀锌异形股索道用钢丝绳成功应用于中国海拔最高的成都西岭雪山运动场，创出国产索道钢绳单重最大纪录，"鞍钢牌"索道钢绳已占领国内索道95%以上市场。该生产线成功轧制出线材产品中规格最小的ϕ5.0mm（SWRH72A）高碳钢拉丝材，一举打破国外企业垄断这种极限规格的局面，填补了国内线材产品规格空白。自动化公司自主集成的"鞍凌1700连铸连轧生产线控制系统"热负荷试车一次成功，标志着自动化公司已跻身国内少数几家可以独立完成整套热连轧控制系统设计和调试的行列。矿渣开发公司"钢渣磁选产品深加工工艺技术及装备的研究与应用"取得突出业绩，实现了粒铁和磁选粉高品位回收，可直接应用于转炉冶炼，同时有效解决了脱硫渣的开发利用难题和渣钢提纯后的废物零排放，为鞍钢提高钢渣利用率开辟了一片新天地，该项技术达到国际领先水平。

【合作项目】 2010年组织开展了以国际技术交流为基础，以探寻双边合作为手段，以引入新技术和培养人才为目的的技术交流及合作工作，先后组织5次150人参加与国际知名专家技术交流及合作会议，共组织签订技术开发合同20项，取得了一定进展。

国际合作方面：与英国利兹大学交流，初步确定了在热轧润滑技术方面进行合作；与美国工程院院士进行交流，纳米团簇技术在高强钢研发领域应用方面达成初步合作意向；与悉尼大学签订了技术合作协议，同时派遣了一名鞍钢技术中心技术人员赴悉尼大学显微技术与显微分析研究实验室学习。

国内合作方面：为提升与国内院校合作水平，科技质量部筛选了国内各单位优势领域与他们开展合作。先后与东北大学、上海大学及北京科技大学等国内冶金领域知名专家进行合作，共同研发钢铁行业新技术新工艺。

1. 与东北大学开展合作，将轧后快速冷却技术应用在厚板线上，取得显著效果，采用快速冷却技术，在合金成分不变的情况下，较大幅度提升了产品的强度级别。

2. 在前期成功开发 TRIP780 产品并成功应用到中国第一汽车集团有限公司奔腾 B70 等轿车的基础上，与上海大学合作开展 TRIP980 和超低碳（含钒）烘烤硬化钢的研究开发。

3. 与北京科技大学合作研发的 500MPa 级高强度桥梁钢成为国内第一个通过铁道部技术审查的高强度铁路用钢。

4. 与中国钢研科技集团公司合作，开发出了符合鞍钢镀锌线装备水平的铝锌硅合金镀层钢板生产工艺技术及铝锌硅合金镀层钢板产品。

【供应商早期介入（EVI）管理】 为了与战略用户建立战略合作关系，推进产品研发进程，在 EVI 活动管理办公室的统一安排下，各 EVI 团队开展与用户签订战略技术合作协议工作。与中国船级社签署了战略合作协议，与中国第一汽车集团有限公司合作在鞍钢技术中心建立了汽车钢研发实验室，与山东核电设备制造有限公司等 10 家企业和单位签署了技术合作协议书。借助 EVI 管理，推动重大战略产品突破。

汽车板团队：鞍钢和中国第一汽车集团有限公司共建联合实验室，分设鞍钢技术中心实验室和中国第一汽车集团有限公司技术中心实验室。鞍钢与中国第一汽车集团有限公司联合实验室挂牌，合理配置人才和设备资源，共同开发、研究汽车用钢新产品和应用技术，实现与用户共同研发无缝对接。鞍钢作为汽车轻量化联盟伙伴单位，EVI 小组参与了关键轻量化技术开发与集成应用，通过参与轻量化联盟，鞍钢可以共享联盟所形成共性技术平台——技术规范、数据库等资源。赴广汽本田汽车有限公司等多家车厂进行了大量的市场推广工作。

船板团队：与中国船级社签订战略协议，开创与造船行业系统合作新局面，油轮储油舱耐蚀钢研发初见成效，突破国际组织和国外企业的技术壁垒，带动造船行业全面技术提升。目前，由鞍钢牵头与中国船级社等 7 家单位形成产学研用联合体共同推进，经过短短 5 个月研发工作，已试制出合格产品并实现实船挂片。

高级别帘线团队：（1）LX80A 工艺改进。通过专用大罐的实施，使 A 级帘线钢钛夹杂罚分由 47 分降低到 36 分。在一炼钢帘线钢生产过程保证 A 级帘线钢连轧坯表面质量。（2）90 级盘条的开发。完成了 90 级盘条在胶管钢丝方面的实验性生产。（3）高热老化破断力输送带钢绳用盘条开发。使用 LX90B 在试制 7×19 钢丝绳生产过程无断丝，满足了用户对 LX90B 的加工要求。

核电用钢团队：形成了适合国内核电用钢发展的三大系列核电用钢产品，即“核反应堆安全壳系列用钢”、“核岛关键设备系列用钢”、“核电常规岛及配套结构件系列用钢”；开展用户先期介入，及时了解用户现有及潜在需求，签订技术协议 26 份，形成质量计划 17 份；成功地与山东核电完成了国内首座内陆核电机组的技术协议沟通及确认，并签订了合同，表明鞍钢在该钢种的开发方面已达到国内领先水平；成功生产出 EPR1000、AP1000 核岛关键设备试验用钢板，替代进口；成功开发出 4800mm 宽 SA-516Gr. 70 钢板，满足阳江核电机组的需求，填补国内空白；成功进行了大型钢锭直接轧制钢板研究，率先在国内实现了大型钢锭直接轧制成品钢板的试制。

耐候用钢团队：承担的“十一五”国家科技支撑计划中的“高速客车转向架用钢的研发”课题，在 2010 年 3 月完成了采购技术条件的协商制定工作，8 月完成了工业生产试验，在中板线试制了 10 等 4 种厚度的样品钢板。按照技术条件要求，进行了全面的生产检验工作，确认各项性能指标均达到了目标要求。试制的钢板产品，11 月在中国科学院金属研究所通过了第三方认证检验。

（集团公司科技质量部　姜成林）

【开展承担国家（政府）科研项目】 在国家发改委首批低碳产业化示范项目计划中，鞍钢承担钢铁行业5个项目中的“冶金工厂低碳生产技术产业化综合性示范工程”和“新一代TMCP（控制轧制和控制冷却技术）技术创新及产业化示范工程”等2个低碳技术创新和产业化专项工程项目；在国家科技部“十二五”科技支撑计划、钢铁行业少数优先启动的5个项目中，鞍钢承担“高炉富氧喷吹焦炉煤气技术”项目；在国家财政部、工业信息化部征集中央企业重大技术创新项目中，鞍钢“新型节能取向硅钢制备技术”、“铁矿尾矿减排利用技术”、“钢渣处理与资源化利用技术”、“大型水电机组用钢国产化技术”、“高强度高韧性耐磨钢轨生产技术”等5个项目审批立项，获得国家7494万元资金支持。

“冶金工厂低碳生产技术产业化综合性示范工程”项目是以鞍钢鲅鱼圈新区为依托，从冶金工厂的能源优化利用、高炉喷吹焦炉煤气、新清洁能源开发等方面入手，开展一系列的节能减排技术研究与开发，利用鞍钢鲅鱼圈新厂区的地理环境优势建设风力发电和光伏发电装置，可以进一步提高冶金工厂的自发电比例，实现冶金工厂能源清洁化。

“新一代TMCP（控制轧制和控制冷却技术）技术创新及产业化示范工程”项目，是通过4300mm中厚板生产线超快冷技术研发和2150热连轧生产线增加超快冷设备，开发超快冷技术；开发热轧带钢柔性化生产技术，实现减少钢种、简化炼钢连铸过程，“一钢多能”的目标。以超快冷却为核心的新一代TMCP技术在理论研究的基础上综合利用多种强化方式实现传统钢铁材料的升级。通过优化热轧工艺和轧后冷却工艺，生产出不同性能水平的产品来满足用户的不同使用要求，最大程度地发挥产品的性能潜力。

“新型节能取向硅钢制备技术及产品开发”项目是打破国外该项技术垄断，自主研发、拥有自主知识产权的取向硅钢制备技术。开发取向硅钢冶炼、热轧工艺技术；开发具有世界前沿技术的低温取向硅钢制备技术；完成冷轧低温高磁感取向硅钢120、110等牌号的开发，产品达到国际先进水平。

“铁矿尾矿减排利用技术”项目主要开展从尾矿中提取有价成分；铁尾矿生产建材的研究；尾矿凝石生产工艺技术开发研究；鞍钢铁尾矿替代河砂的研究；尾矿轻质保温建材的研制等研究内容。

“钢渣处理与资源化利用技术”项目是鲅鱼圈钢厂建设80万t/a钢渣热焖生产线和100万t钢渣磁选加工处理生产线。渣热焖生产线是全国第一条熔融钢渣直接入池热焖的生产线，可将钢厂转炉倒出的钢渣直接倾翻到焖渣池中，熔融钢渣直接处理，效率高，渣铁分离彻底，金属铁回收率高，而且磁选尾渣粉稳定性好，可以继续深加工为钢渣粉，作为建材材料。钢渣磁选加工处理生产线为鞍钢自主研发的磁选加工生产线。该生产线优化了传统的破碎磁选技术，使钢铁物料回收更彻底。采用颚式破碎机进行初级破碎，棒磨机进行精磨，分级磁选筛分，使钢尾渣得到100%综合利用，为钢尾渣深加工成钢渣粉创造有利条件。

“高强高韧性耐磨钢轨生产技术”项目主要研究内容：（1）实现万能轧机液压系统和连轧张力在钢轨断面尺寸上的精确控制。（2）改进BD2轧机的导卫系统，提高钢轨的表面质量。（3）编制100m钢轨打印程序，逐步优化钢轨打印方案和参数。（4）借鉴50m长尺钢轨的预弯工艺，结合气候特点及钢轨的冷却变形特点，逐步优化长尺钢轨热预弯工艺。（5）完善100m长尺钢轨的矫直程序；根据矫前钢轨的弯曲情况，逐渐优化100m长尺钢轨的矫直参数。（6）通过钢轨检查镜面系统的优化，实现钢轨的在线检查。项目实施目标：批量生产时速160km、250km、350km三个等级100m长尺钢轨，满足国家铁路建设的不同钢轨产品需求。

“大型水电机组用钢国产化技术”项目是根据我国水电行业迅猛发展，制造大型发电机组需要大量的抗层状撕裂厚钢板，而160～270mm厚的抗层状撕裂钢板由于技术要求高，制造难度大，只有少数国家能够生产，我国水电建设用的此类钢板全部依靠国外进口。项目实现目标：研制开发水电建设中应用较多的S355-Z35抗层状撕裂钢板，并使其性能达到我国目前从日本等国家进口的同类产品的水平，最终目标是研制开发性能更加优良的S500Q+Z35抗层状撕裂钢板。

（集团公司科技质量部 王 霆）

【科技成果获奖情况】 2010年，鞍钢获冶金科学技术奖一等奖3项，二等奖2项；获辽宁省科技进步奖二等奖2项，三等奖2项；获第八届辽宁省优秀新产品奖一等奖2项，二等奖2项，三等奖1项；组织申报2010年鞍山市科技进步奖46项，全部获奖，其中特等奖1项、一等奖6项、二等奖14项、三等奖25项。组织召开19项科技成果鉴定会，成果水平达国际领先水平的5项，国际先进水平的9项，国内领先水平的5项。

2010年，各单位申报鞍钢重大科学技术奖评奖的科技成果共44项，根据《鞍山钢铁集团公司重大科学技术奖管理办法》的规定，按照申报项目所属专业，将申报项目分成5个初评小组，分别为自动化组、矿山组、轧钢组、冶金组、能源环境组。经评审委员会投票选出20项鞍钢重大科学技术进步奖，其中：一等奖项目为4项，二等奖项目为6项，三等奖项目为10项。

附表1　2010年度鞍钢获冶金科学技术进步奖情况

一等奖3项	
弓长岭选矿厂贫磁铁矿减排增效关键技术研究与工业应用	鞍钢矿业公司弓长岭矿业公司、东北大学
低碳低硅无铝（低铝）相变诱发塑性钢的开发	鞍山钢铁集团公司、上海大学
冷轧机板形控制核心技术自主研发与工业应用	鞍钢股份有限公司、燕山大学、东北大学、鞍钢建设集团有限公司
二等奖2项	
高炉自焙炭砖陶瓷砌体复合炉缸技术研究及其工业化应用	东北大学、鞍钢股份有限公司、北京科技大学
ISO 22034：2007钢丝产品的试验方法和尺寸偏差系列国际标准	冶金工业信息标准研究院、鞍山钢铁集团公司、首钢总公司、湖南华菱湘潭钢铁有限公司、中钢集团郑州金属制品研究院有限公司、武汉钢铁（集团）公司、江苏永钢集团有限公司

附表2　2010年度鞍钢获辽宁省科技进步奖情况

二等奖2项	
厚规格经济型X70-X80管线钢开发	鞍钢股份有限公司
大线能量焊接用船舶及海洋工程系列钢板的研制	鞍钢股份有限公司
三等奖2项	
提高球团矿铁品位试验研究及工业应用	鞍钢矿业公司弓长岭矿业公司、建平慧营化工有限公司
弓长岭井下铁矿薄矿体新型高效采矿方法研究	鞍钢矿业公司、东北大学、盘锦东大矿业新技术服务有限公司

附表3　2010年度鞍钢获鞍山市科技进步奖情况

特等奖1项	
鞍山式含碳酸盐赤铁矿石高效浮选技术研究	鞍钢矿业公司、东北大学
二等奖6项	
提高冷轧带钢板形质量的工艺技术研发	鞍钢股份有限公司
无钼（低钼）高强高韧管线钢热轧平板的开发	鞍钢股份有限公司
ASP流程厚规格高性能X70-X80热轧卷板开发	鞍钢股份有限公司
钢渣磁选产品深加工工艺技术及装备的研究与应用	鞍山钢铁集团公司矿渣开发公司
大线能量焊接用船舶及海洋工程系列钢板的研制	鞍钢股份有限公司
MC＋锁定式颈椎融合器临床应用及疗效评价	鞍山钢铁集团公司总医院

续附表3

三等奖14项	
鞍钢无取向电工钢炼钢、精炼、连铸技术开发和应用	鞍钢股份有限公司
鞍钢高钢级石油管生产工艺装备及其控制系统研究与开发	鞍钢工程技术有限公司
鞍钢贝氏体钢轨的研制	鞍钢股份有限公司
ASP流程经济型X70热轧卷板开发	鞍钢股份有限公司
细粒赤铁精矿厚料层烧结技术研究与应用	鞍钢矿业公司、北京科技大学
赤铁矿尾矿铁资源回收再利用新工艺试验研究	鞍钢矿业公司
鞍钢矿区生态环境修复关键技术的研究与应用	鞍钢矿业公司
鞍山式贫赤铁矿阴离子反浮选新型捕收剂的研究及应用	鞍钢矿业公司
特厚板（71~150mm）普碳、低合金系列钢板开发	鞍钢股份有限公司
矿业公司管控一体化研究	鞍钢矿业公司
鞍钢中薄板坯连铸连轧产品质量控制技术	鞍钢股份有限公司
鞍钢股份公司1450连续退火线自动化控制系统	鞍钢自动化公司
职业性急性四乙基铅重度中毒患者临床治疗效果及预后评估研究	鞍山钢铁集团公司劳动卫生研究所
有创与无创序贯通气治疗慢性阻塞性肺病	鞍山钢铁集团公司总医院

附表4　2010年度鞍钢获辽宁省第八届优秀新产品奖情况

一等奖2项	
鞍钢TMCP高强度船体及海洋工程系列钢板（8~100mm厚）	鞍钢股份有限公司
热连轧工艺生产616及685装甲钢板	鞍钢股份有限公司
二等奖2项	
KYS-2型高效高分子乳化剂	鞍钢矿业公司
鞍钢TMCP超高强度船体及海洋工程系列钢板（8~80mm厚）	鞍钢股份有限公司
三等奖1项	
鞍钢TMCP普通强度系列船板（8~100mm厚）	鞍钢股份有限公司

附表5　2010年度鞍山钢铁集团公司重大科学技术奖情况

一等奖4项	
鞍山式含碳酸盐赤铁矿石高效浮选技术研究	鞍钢集团矿业公司
低温取向硅钢制备技术及工艺装备	鞍钢股份公司冷轧硅钢厂
自主创新建设钢铁产品全制程的质量管控信息系统	鞍山钢铁集团公司信息化管理部 鞍钢股份有限公司
鞍钢鲅鱼圈钢铁项目设计与研究	鞍钢集团工程技术有限公司
二等奖6项	
钢渣磁选产品深加工工艺	鞍钢集团矿渣开发公司
浮尾再选工艺技术工业试验研究	鞍钢集团矿业公司
鞍钢AOA转炉自动化控制系统开发	鞍钢集团自动化公司 鞍钢股份公司技术中心 鞍钢股份公司第一炼钢厂

续附表 5

超纯净钢冶炼和夹杂物控制工艺技术研究	鞍钢股份公司技术中心 鞍钢股份公司第一炼钢厂 鞍钢股份公司第二炼钢厂
鞍钢 ϕ177 高钢级石油管生产工艺装备及其控制系统的研究与开发	鞍钢集团工程技术有限公司 鞍钢股份有限公司
新一代高炉——转炉全流程节能降耗集成技术研究	鞍钢股份公司产品制造部
三等奖 10 项	
鞍钢股份 180t 转炉节能减排技术的研究与应用	鞍钢股份公司第二炼钢厂
低成本高性能 DP490-DP780 冷轧双相钢及超低硅热镀锌双相钢研究开发	鞍钢股份公司技术中心 鞍钢股份公司冷轧厂
鞍钢大型原油储罐用钢研制	鞍钢股份有限公司
鞍钢连铸机电磁搅拌和电磁制动冶金工艺的研究与应用	鞍钢股份公司鲅鱼圈分公司
磨矿磁选全流程智能控制系统	鞍钢集团矿业公司
烧结烟气脱硫工艺及装置的研究与开发	鞍钢集团工程技术有限公司
冷轧厂 1500mm 平整机组自主集成	鞍钢股份公司冷轧厂 鞍钢重型机械设计研究院有限公司
鲅鱼圈烧结球团全进口矿合理使用研究	鞍钢股份有限公司技术中心
矿区生态环境修复关键技术的研究与应用	鞍钢集团矿业公司
烧结矿断面图像分析与烧结生产智能控制系统	鞍钢股份公司技术中心

（集团公司科技质量部　张　刚）

【专利工作】 2010 年是鞍钢“十一五”规划的最后一年，根据规划鞍钢到“十一五”末期专利累计拥有量要达到3000 件，授权专利累计拥有量超过1000 件的目标。为此年初下达了2010 年专利申请目标为900 件，专利授权为400 件。

2010 年鞍钢各单位实际提出专利申请 1069 项，取得国家受理专利 965 项，其中发明专利 316 项，专利申请受理超年度计划目标 65 件（7.2%），同比上年（738 件）增长 30.8%。鞍钢取得国家授权专利 648 项，其中发明专利 53 项，专利授权超年度计划目标 245 件（61%），同比上年（555 件）增长 16.2%。专利申请受理和授权数量分别创历史新高，均为历史最好水平。

2010 年鞍钢有两项国际专利申请取得国外专利授权，其中“一种兼顾板形控制和自由规程轧制的工作辊辊型”获得欧洲发明专利证书，专利号为 06722160.6（EP，欧洲）；“中厚板坯连铸连轧板卷的生产工艺发明”获得澳大利亚、印度和韩国发明专利证书，专利号分别为 2006228889（AU，澳大利亚）、3902/KOLNP/2007（IN，印度）和 10-2007-7024084（KR，韩国）。

在 2010 年第 62 届德国纽伦堡国际创新发明展（IENA）上，鞍钢组织参展的 6 项专利项目获得 3 项金奖、2 项银奖、1 项铜奖，包揽中国冶金建材行业参展项目全部金奖。

附：2010 年鞍钢在第 62 届德国纽伦堡国际创新发明展获奖情况一览表

序号	获奖专利名称	发明人代表	发明人单位	获奖等级
1	吊车检修新型装置研制	李新林	鞍钢设备检修协力中心	金奖
2	双喷嘴雾化铝粉生产工艺	田景明	鞍钢实业微细铝粉有限公司	金奖
3	铁矿石阴离子反浮选药剂的组合使用方法	刘桂云	鞍钢矿业公司齐矿	金奖
4	以赤铁精矿为主的多品种铁料的烧结配矿方法	王常秋	鞍钢矿业公司	银奖
5	采用液相催化氧化法进行气体脱硫的工艺方法和装置	马中全	鞍钢工程技术有限公司	银奖
6	重心偏置式自爬升车	刘乃军	鞍钢设备检修协力中心	铜奖

在2010年由中国发明协会主办的第19届全国发明展览会上，鞍钢组织参展的22项专利项目获得4项金奖、9项银奖、9项铜奖的好成绩。

附：2010年鞍钢在第19届全国发明展览会获奖情况一览表

序号	获奖专利名称	发明人代表	发明人单位	获奖等级
1	冷轧机有带换辊系统	孙志刚	鞍钢股份公司冷轧厂	金奖
2	重心偏置式自爬升车	刘乃军	鞍钢设备检修协力中心	金奖
3	双喷嘴雾化铝粉生产工艺	田景明	鞍钢实业微细铝粉有限公司	金奖
4	采用液相催化氧化法进行气体脱硫的工艺方法和装置	马中全	鞍钢工程技术有限公司	金奖
5	吊车检修新型装置研制	李新林	鞍钢设备检修协力中心	银奖
6	板带轧制用四辊轧机板形控制工作辊辊形曲线设计方法	王军生	鞍钢股份有限公司	银奖
7	多功能全天候工程救险用蒸汽车	王　栋	鞍钢股份公司能源动力总厂	银奖
8	真空循环脱气炉整体式环流管	臧绍双	鞍钢股份公司第一炼钢厂	银奖
9	一种纸带过滤机走纸控制方法	于　雷	鞍钢股份有限公司	银奖
10	高效复合油相材料的合成及在炸药装药车工艺中的应用研究	宋仁峰	鞍钢矿业公司设计研究院	银奖
11	电网地线自动监测及防带地线合闸报警系统	吕　钢	鞍钢矿业公司动力厂	银奖
12	超高性能耐磨高锰钢及其生产方法	张东海	鞍钢矿山机械制造有限公司	银奖
13	焦油渣回收装置	郑晓雷	鞍钢股份公司鲅鱼圈分公司炼焦部	银奖
14	从中质洗油中提取联苯的方法	李　健	鞍钢股份公司化工总厂	铜奖
15	一种铁水防溅保护方法	方　敏	鞍钢股份公司第二炼钢厂	铜奖
16	KYS-2型高分子乳化剂的合成及在炸药混装车中的应用研究	宋仁峰	鞍钢矿业公司设计研究院	铜奖
17	以赤铁精矿为主的多品种铁料的烧结配矿方法	王常秋	鞍钢矿业公司东烧厂	铜奖
18	闸板提升器	盖智谦	鞍钢设备检修协力中心	铜奖
19	伸缩小平台	齐晓光	鞍钢设备检修协力中心	铜奖
20	RH炉环流管安装吊具	曲延华	鞍钢设备检修协力中心	铜奖
21	立辊轧机检修专用小车	刘兰芳	鞍钢设备检修协力中心	铜奖
22	利用高硅细粒铁尾矿制作的陶粒及其制作方法	刘雁翎	鞍钢矿业公司	铜奖

在2010年第十二届中国专利奖评选中，鞍钢股份公司申报的“一种超低碳贝氏体钢的生产方法”发明专利（发明人为侯华兴）荣获优秀奖。中国专利奖是国家知识产权局从1989年起设立的，是我国唯一对获得专利权的发明创造实行奖励的政府部门奖，是国家知识产权局授予专利发明单位或个人的最高荣誉。已经得到联合国世界知识产权组织（WIPO）的认可。

截止到2010年底，鞍钢累计拥有专利3029件，累计授权专利1585件。鞍钢专利申请、授权、拥有数量稳居国内钢铁行业前两名。“十一五”期间鞍钢取得国家受理专利和授权专利分别是“十五”期间的12.7倍和9.8倍。

【专有技术工作】 鞍钢专有技术是集团公司广大职工在多年的生产实践中，经技术创新、研发总结而形成的，具有一定经济价值且尚未公开的技术信息；对其进行认定备案，及时采取保密措施是保护企业知识产权、提高企业核心竞争力的重要手段。2010年集团公司各单位共提出专有技术申报1678项，经集团科技质量部组织相关领域的专家评审，最终完成认定备案专有技术1123项，认定备案通过率为66.9%，专有技术认定数量较上年提高8.5%。

通过各单位推荐申报，共收到20个单位344项优秀专有技术奖申报项目。科技部组织相关领域的技术专家通过对项目的技术水平、经济效益进行评价和认定，经过初评、终评等程序，最终评选出2010年优秀专有技术奖项目104项，其中：一等奖17项、二等奖30项、三等奖57项。累计创效20103.01万元。

（集团公司科技质量部　马普生）

【鞍钢2010年度合理化建议和技术改进成果】 2010年鞍钢重大合理化建议和技术改进活动不断拓展深化，成为企业创新的重要支撑力量，成效卓著。

鞍钢依据管理程序，全年共评出重大合理化建议和技术改进成果奖432项，其中“关于恢复一期岩石井，缩短汽车排岩距离的改进”等147项为一等奖；“提高热轧1780线薄材轧制稳定性”等285项为二等奖，集团公司决定对上述获奖项目给予表彰，并颁发证书。

附：鞍钢2010年度合理化建议和技术改进成果（一等奖）一览表

序号	建议名称	提出单位	等级	建议人
1	关于建设振动放矿设施的建议	矿业东鞍山铁矿	一	梁小军
2	关于恢复一期岩石井，缩短汽车排岩距离的改进	矿业大孤山铁矿	一	张宝才
3	关于3311E矿用汽车转向系统降温装置的改进	矿业大孤山铁矿	一	杨君溪
4	关于3311E生产汽车冷却系统膨胀水箱的改进	矿业大孤山铁矿	一	宋成库
5	关于3311E生产汽车治理液压系统渗漏的改进	矿业大孤山铁矿	一	杨君溪
6	关于大矿北帮特殊复杂部位控制、减震爆破技术的改进	矿业大孤山铁矿	一	徐连生
7	实施绿色照明改造工程的建议	矿业供销公司	一	贺　伟
8	关于矿用汽车用0号柴油替代-35号柴油的建议	矿业供销公司	一	于荣海
9	关于大球降低尾矿品位试验研究及成果推广的建议	矿业大球厂	一	高志喆
10	关于优化生产组织、降耗增效的建议	矿业大球厂	一	唐学飞
11	关于采场-135m~-147m公路改设的建议	矿业眼前山铁矿	一	刘显峰
12	关于中和配矿提高石灰石资源利用率的建议	矿业大连新矿	一	黄振威
13	关于提高尾矿筛分系统效能的建议	矿业大连石灰矿	一	孙　晖
14	关于弓长岭二矿区东南区上含铁带实施分区露天开采的建议	矿业规划资源部	一	金忠伟
15	关于选厂水系统平衡改造的建议	矿业齐大山铁矿	一	高　太
16	关于输送作业区尾砂事故改造的建议	矿业齐大山铁矿	一	高　太
17	关于利用扩帮排岩回填北破碎胶带机路基降低工程造价的建议	矿业齐大山铁矿	一	王成梁
18	关于西大背采场中部建立联络通道的建议	矿业鞍千矿业	一	吴庆深
19	关于粗破机横梁保护板改性的建议	矿业弓选厂	一	隋增义
20	关于抚顺徐家大沟煤粉工业试验研究的建议	矿业弓球一厂	一	马　文
21	关于调整放灰时间合理开停空压机实现节能的建议	矿业弓球二厂	一	温玉学
22	关于独木采区外扩区域运输系统优化的建议	矿业弓矿露天矿	一	郭志东
23	关于降低露天铁矿剥岩运输成本的建议	矿业弓矿生产部	一	张虎强
24	高炉炉前开口机钻杆接手销板改进的建议	鞍钢股份炼铁总厂	一	高德库

续表

序号	建议名称	提出单位	等级	建议人
25	11高炉12次铁改为9次铁的建议	鞍钢股份炼铁总厂	一	谢明辉
26	根据干熄焦使用比例调整装料制度的建议	鞍钢股份炼铁总厂	一	刘善明
27	5高炉热风炉煤气换热器增加声波吹灰器的建议	鞍钢股份炼铁总厂	一	王宝海
28	3高炉热风炉热风短管改造的建议	鞍钢股份炼铁总厂	一	张洪宇
29	热风炉保温工艺改进的建议	鞍钢股份炼铁总厂	一	孟凡双
30	球团提高赤铁矿配比生产的建议	鞍钢股份炼铁总厂	一	李志斌
31	烧结机提高杂料用量降低生产成本的建议	鞍钢股份炼铁总厂	一	李志斌
32	Z1-1头漏子改造的建议	鞍钢股份炼铁总厂	一	刘沛江
33	混合机出口漏子改型的建议	鞍钢股份炼铁总厂	一	王志君
34	提高烧结机料层新方法	鞍钢股份炼铁总厂	一	谷鸿伟
35	一种耐高温长寿型高炉布料溜槽	鞍钢股份炼铁总厂	一	张荣军
36	烧结热筛长寿化与国产化	鞍钢股份炼铁总厂	一	于明珠
37	新烧主抽风机微启动困难与振动分析处理	鞍钢股份炼铁总厂	一	于明珠
38	焦油精制率标定技术	鞍钢股份化工总厂	一	李　健
39	鞍钢化工总厂6m焦炉参数优化与评定技术	鞍钢股份化工总厂	一	甘秀石
40	大块焦仓内壁延长使用寿命技术改进	鞍钢股份化工总厂	一	谭　啸
41	降低终冷塔后煤气温度技术改进	鞍钢股份化工总厂	一	郭方明
42	中包洁净化的建议	鞍钢股份一炼钢厂	一	张晓军
43	连铸结晶器液位波动增加监测报警的建议	鞍钢股份一炼钢厂	一	王　琳
44	高速重轨钢B类夹杂物控制	鞍钢股份一炼钢厂	一	王　宁
45	高强船板AH32成分优化的建议	鞍钢股份一炼钢厂	一	臧绍双
46	降低磨具钢P20铸坯断裂废品的建议	鞍钢股份一炼钢厂	一	秦海山
47	优化生产工艺，降低N80管坯裂纹废品率	鞍钢股份一炼钢厂	一	曹维华
48	控制转炉渣厚的建议	鞍钢股份二炼钢厂	一	李伟东
49	关于LF炉处理沸腾钢升温工艺改进的建议	鞍钢股份二炼钢厂	一	于守巍
50	关于设计RH插入管提升气体测试系统的建议	鞍钢股份二炼钢厂	一	李西岱
51	关于3号转炉蒸汽回收采用RH优先无缝隙外送技术的建议	鞍钢股份二炼钢厂	一	解　秘
52	RH开发真空加热操作的建议	鞍钢股份二炼钢厂	一	林　洋
53	开发RH预熔精炼渣脱硫工艺的建议	鞍钢股份二炼钢厂	一	林　洋
54	RH中部槽托砖环砖改型的建议	鞍钢股份二炼钢厂	一	李西岱
55	减少取向硅钢泡疤缺陷的建议	鞍钢股份二炼钢厂	一	袁　皓
56	优化铸坯自动评级系统	鞍钢股份三炼钢连轧厂	一	简　龙
57	冷轧超低碳钢防絮浸入式水口开发	鞍钢股份三炼钢连轧厂	一	温铁光
58	铁水预处理综合除渣技术	鞍钢股份三炼钢连轧厂	一	王文科
59	4台双20t吊车夹钳移动电缆管改造	鞍钢股份三炼钢连轧厂	一	张松林
60	厚规格管线钢卷在线安装加强带	鞍钢股份三炼钢连轧厂	一	马小军
61	提高带钢头尾宽度控制精度	鞍钢股份三炼钢连轧厂	一	管成平

续表

序号	建议名称	提出单位	等级	建议人
62	数学模型层别优化	鞍钢股份三炼钢连轧厂	一	史乃安
63	粗轧机扁头套备件国产化，降低维修成本	鞍钢股份三炼钢连轧厂	一	董仁杰
64	实现万能轧机第3道次延时加速功能，提高百米轨合格率	鞍钢股份大型厂	一	张金明
65	研制万能轧机UR轧辊刮刀，解决钢轨二面下额轧痕	鞍钢股份大型厂	一	刘 鹤
66	澳标60超声波探伤工艺研究	鞍钢股份大型厂	一	马 东
67	BD2轧机二孔导卫系统改进，降低踏面轧痕影响高速轨合格率及二孔卫板库存	鞍钢股份大型厂	一	丁 宁
68	降低1700ASP线无取向硅钢残余Ti含量	鞍钢股份热轧厂	一	张 文
69	优化精炼工艺与喂线设备，降低铝钙线消耗	鞍钢股份热轧厂	一	姚伟智
70	提高1700ASP线硅钢连浇罐数	鞍钢股份热轧厂	一	张 文
71	改变钢包坐罐方向，降低LF精炼工序电能消耗	鞍钢股份热轧厂	一	姚伟智
72	解决1780线精轧立辊前卡钢事故	鞍钢股份热轧厂	一	康小兵
73	R1接轴平衡系统技术改进	鞍钢股份热轧厂	一	沈 强
74	利用厚板线超快速冷却提高08MnNiVR（12MnNiVR）性能合格率	鞍钢股份中厚板厂	一	韩 鹏
75	利用厚板线超快速冷却开发海底管线钢	鞍钢股份中厚板厂	一	韩 鹏
76	二辊主电机控制系统研究与备件国产化改进	鞍钢股份中厚板厂	一	刘 硕
77	提高锯片用钢脱碳层合格率	鞍钢股份中厚板厂	一	渠秀娟
78	Q758高强韧性液压支柱用管的开发	鞍钢股份无缝厂	一	王善宝
79	定径横移区改进 提高终轧温度	鞍钢股份无缝厂	一	胡 斌
80	优化设计程序 提高排管锯设备作业率	鞍钢股份无缝厂	一	李 林
81	在ϕ219机组开发ϕ110、ϕ130小规格管坯	鞍钢股份无缝厂	一	吴宇新
82	镀锌线增加锌鼻加湿和锌泵除灰装置，提高机箱板合格率	鞍钢股份冷轧厂	一	林 彬
83	重卷机组头尾卷废品搭接操作	鞍钢股份冷轧厂	一	郭晓丽
84	轧机动态无功补偿装置（SVC）系统控制及参数优化	鞍钢股份冷轧厂	一	柳 军
85	双面立式吊具在冷轧罩式退火炉的应用	鞍钢股份冷轧厂	一	许 新
86	平黄膜缺陷研究	鞍钢股份冷轧厂	一	温 艳
87	辊面划伤缺陷攻关	鞍钢股份冷轧厂	一	吴乃强
88	联合机组镀铬辊应用	鞍钢股份冷轧厂	一	毕海波
89	降低成品吊车负荷、提高吊车安全性能的建议	鞍钢股份线材厂	一	刘磊刚
90	稳定规格8.0mm、10.0mm细晶粒热轧带肋钢筋性能指标的建议	鞍钢股份线材厂	一	孙文东
91	中高碳含硼钢轧制控制的建议	鞍钢股份线材厂	一	赵学博
92	利用废次钢轨降低铁路设施投入成本	鞍钢股份冶金运输厂	一	刘福东
93	泰山型内燃机车燃油系统改造	鞍钢股份冶金运输厂	一	张国秋
94	电力机车空气干燥装置的研制	鞍钢股份冶金运输厂	一	董汉明
95	降低氧气管网压力的建议	鞍钢股份能源动力总厂	一	倪健勇
96	西大沟深度处理项目供电电源改进的建议	鞍钢股份能源动力总厂	一	陈 海

续表

序号	建议名称	提出单位	等级	建议人
97	关于“改进110变电所中置式开关设备结构”的建议	鞍钢股份能源动力总厂	一	尚春贞
98	降低11号高炉煤气洗涤系统差压，提高11号TRT发电量	鞍钢股份能源动力总厂	一	芦　义
99	北大沟全回收改造实现零排放	鞍钢股份能源动力总厂	一	陈　北
100	环水作业区利用季节温差调整风机运行	鞍钢股份能源动力总厂	一	邹朝霞
101	新2号、3号高炉区域浊环供水泵电机冷却水再利用	鞍钢股份能源动力总厂	一	邹朝霞
102	研制内控标准样品，建立分析工作曲线，在线分析镀铝锌钢带镀层重量	鞍钢股份质检中心	一	宋立伟
103	腐蚀监测试片架装置的改进	鞍钢股份质检中心	一	李　化
104	鞍钢股份鲅鱼圈生产能源管控系统	鞍钢股份计量厂	一	任长春
105	高炉送风系统采用风冷煤枪的建议	鞍钢股份鲅鱼圈管控计划室	一	王立军
106	降低烧结点火温度的建议	鞍钢股份鲅鱼圈炼铁部	一	韩晓东
107	提高1580加热炉炉压稳定性的建议	鞍钢股份鲅鱼圈设备保障部	一	刘占全
108	关于烧结使用炼钢（原石）除尘灰降低熔剂消耗的建议	鞍钢股份鲅鱼圈炼铁部	一	韩晓东
109	普通船板采用控冷工艺改善表面质量的建议	鞍钢股份鲅鱼圈厚板部	一	曲圣昱
110	优化热处理工艺，缩短在炉时间，提高生产节奏的建议	鞍钢股份鲅鱼圈厚板部	一	乔　馨
111	优化SP模块使用方法的建议	鞍钢股份鲅鱼圈热轧部	一	贺　亮
112	三通阀安装固定套筒的建议	生产协力中心	一	吴玉峰
113	A101R、A201R皮带改造的建议	生产协力中心	一	马庆森
114	在打油泵油管出口处安装控制阀门的建议	生产协力中心	一	杨福平
115	辊道电机加装防护装置的建议	生产协力中心	一	王治生
116	新5号高炉冲渣工艺优化	生产协力中心	一	田业军
117	新1号运上料系统除尘改造的建议	生产协力中心	一	郑永全
118	焦炉炉门推进轴更换器具改进	生产协力中心	一	韩洪恩
119	改进管线钢加强带加固方式，减少松卷废品的建议	生产协力中心	一	巴庆福
120	改进2150连铸中包水口安装　降低中包整备数量的建议	生产协力中心	一	吴乃克
121	降低热轧带钢厂两线轧机垫板消耗的建议	生产协力中心	一	贾　群
122	改进吊钳爪降低废品率的建议	生产协力中心	一	丁雪峰
123	冷轧4号线成品放置场改造的建议	生产协力中心	一	杨继营
124	水平滑送式车轮更换法的改进	设备协力中心	一	李新林
125	台车免拆卸车轮更换法改进	设备协力中心	一	李新林
126	1700线165t吊车走行轮抢修方法改进	设备协力中心	一	刘兰芳
127	大型厂降低1150轧钢机工作辊道故障率的建议	设备协力中心	一	王光博
128	更换台车滑板的建议	设备协力中心	一	李新林
129	ZY402氧枪喷头分型改进	设备协力中心	一	栗　露
130	260t转炉炉内运砖机械系列的研制的建议	设备协力中心	一	董维财
131	5号转运站振动筛剖分改进的建议	设备协力中心	一	孙学军
132	二炼钢厂北区板坯连铸机水处理水泵入口过滤网改进的建议	设备协力中心	一	董维财

续表

序号	建议名称	提出单位	等级	建议人
133	高压水除磷喷嘴专用工具制作的建议	设备协力中心	一	李劲松
134	35000m³/h 制氧机组液氧流程泵迷宫密封更换工艺改进的建议	设备协力中心	一	邱大鹏
135	新 2 号、3 号炉炉顶液压系统改进的建议	设备协力中心	一	祝旭义
136	3 号炉脱硫由钙法改为镁氨法的建议	二发电厂	一	吴庆晖
137	CCPP 解列、3000rpm 无负荷运转、再并网运行技术的建议	二发电厂	一	高星圣
138	鲅鱼圈渤海明珠观景台工程第 3、4 段桁架整体吊装的建议	建设公司结构分公司	一	李盛春
139	化工四期改造发生炉至灵山煤气管道工程改线建议	建设集团公司	一	海兴林
140	鞍钢化工四期改造公辅配套及相关设施优化设计的建议	工程技术公司	一	常鞍平
141	鞍钢第二炼钢厂 3 号转炉余热锅炉改造工程的建议	工程技术公司	一	李惠春
142	鞍钢无缝 ϕ177 石油管工程管加工车间主厂房改造利旧设计的建议	工程技术公司	一	张 东
143	环市铁路实现调度集中的技术改造的建议	铁运公司	一	包 民
144	液传机车传动箱试验台改造的建议	铁运公司	一	孟庆武
145	车辆基础制动装置技术改进	铁运公司	一	宋正学
146	铁路车号智能识别系统双机热备的建议	铁运公司	一	高振国
147	混凝土整体道床块道口铺设技术的建议	铁运公司	一	周兴旺

（集团公司科技质量部　潘　玲）

【申报工程高级职称任职资格人员的科技创效认证工作】 根据 2010 年鞍钢职称评审工作安排，7～8 月份，集团科技质量部与计划财务部共同组织专家对本年度申报高级工程师所呈报的科技效益认证材料进行审定。两部门联合下发了《关于对 2010 年鞍山钢铁集团公司申报工程高级职称任职资格人员进行科技创效认证的通知》，股份公司上报科技效益认定材料 401 项，申报效益 129585 万元，通过认证的项目 242 项，认定效益 41373.8 万元。股份公司以外各单位共上报项目 128 项，申报效益 121792 万元，通过认证的项目 62 项，认定效益 6681.9 万元。

其余项目中有部分项目已经在合理化建议、技术成果评比等活动中获奖，还有一部分缺乏科技创效依据不予认定。

（集团公司科技质量部　解勤山）

【国际学术交流】 2010 年，鞍钢积极开拓国际学术交流渠道，推进各项学术交流活动，与签署协议的美钢联、台湾中钢及韩国 STX 集团进行了卓有成效的交流。2010 年 7～11 月，鞍钢分别组成技术交流团出访美钢联和台湾中钢，并接待韩国 STX 集团代表团来访。双方按协议要求，本着互信、统一、共赢的原则，分别在原料、炼铁、炼钢和冷轧、节能环保、厚板生产技术领域进行了全面、深入的交流。通过交流，使鞍钢生产技术人员对知名钢企的工艺技术及设备状况有了深入了解，并根据这些先进企业的工艺技术指标及研发情况，对标找差距。参加交流的人员普遍认为鞍钢的设备装备水平已达到世界先进行列，但在技术创新、新产品研发、产品质量控制及成本控制等管理和技术及生产经验的积累方面还存在较大差距。今后在交流过程中，一方面逐渐实现生产工序的全覆盖，加深双方的了解，同时通过议题的设定，达到取长补短的目的。

围绕重点技术领域开展多种形式的国际学术交流。先后组织了与日本神户制钢、韩国浦项制铁、美国纳米钢公司等企业的技术交流活动，内容涵盖第三代炼铁法、高强钢生产技术、电镀锌项目、Finex 炼铁技术和先进纳米钢技术。同时，组团出访日本神户制钢，重点对高强钢生产技术、电镀锌项目进行考察，为双方今后的项目合作奠定基础。

与国外高校、科研院所的交流合作。先后邀

请英国皇家工程院院士、南安普顿大学特里·乔治·朗顿教授，英国利兹大学丁玉龙教授，美国工程院院士、中国工程院外籍院士刘锦川教授和加拿大皇家学会会员、美国国家科学院外籍院士David Embury教授分别作“通过制备超细晶材料的方法获得优异的机械性能”、“钢铁行业节能技术新思考”、“先进核能系统用结构材料的开发”、“大块非晶合金”和“高强钢的微观结构和建筑用高强钢的研究”等技术报告，让鞍钢的科研人员及时了解世界前沿科技的发展方向、最新研究成果以及国际知名学者的治学方法。目前，鞍钢已与丁玉龙教授、刘锦川院士和David Embury院士达成科研合作意向。

推进鞍钢与悉尼大学科研项目合作。签订了与悉尼大学关键显微技术分析中心在“超细晶粒IF钢的强度和韧性机理的研究”的项目合作协议，目前鞍钢指派的科研人员正在悉尼大学进行研发工作。

组织鞍钢科技人员撰写论文参加“第三届澳—中—日钢铁生产技术研讨会”、“第十届国际轧钢大会”、“第七届环太平洋先进材料与工艺国际会议”、“第十二届中日双边钢铁技术研讨会”、“2010先进钢铁材料国际会议”等国际学术会议，会上发表论文19篇。

国际网络炼钢大赛再创佳绩。2010国际网络炼钢大赛共有来自25个国家的645个参赛组参赛，鞍钢8个参赛组共提交有效成绩400余次，有2个参赛组进入世界前10名，最终分别以593.68美元/t和594.01美元/t的成本获得第三名和第五名。

为进一步提升企业科技创新能力，加快企业发展，集团公司聘用16名国内外知名院士作为鞍钢外聘技术顾问，聘期3年。

（集团公司科技质量部 龙承俊）

【科协工作】 2010年，鞍钢科协坚持“三服务一加强”的工作定位，积极组织开展学术交流、科学技术普及、“讲理想、比贡献”等活动，调动广大科技工作者的积极性、创造性和主动性，为鞍钢加快推进“四个转变”，实现“全面腾飞”做出积极的贡献。鞍钢科协被评为辽宁省、鞍山市科协系统先进集体。

——开展各种学术交流活动，促进鞍钢科技人员学术水平提升。全年组织开展各类学术活动20多次，800多名科技人员参加，其中全国重点学术活动10多次，鞍钢投稿论文120多篇，录用110多篇，70多人参加会议，30多篇论文在会场交流。邀请《矿冶工程》主编曾维勇教授在矿业公司弓长岭矿和矿业公司设计研究院举办2期科技论文写作专题培训，200多人参加。邀请鞍钢师资深入重机公司、钢绳公司举办2期科技论文写作专题培训，培训200多人。

——组织开展学术成果评比和申报工作，促进科技人员将技术能力转化成学术成果。表彰奖励鞍钢优秀科技论文169篇，其中特别奖9篇、一等奖25篇、二等奖50篇、三等奖85篇。获辽宁省科协自然科学学术成果奖20项，其中一等奖1项、二等奖6项、三等奖13项，矿业公司设备检修协力中心王汝杰撰写的《现代设备管理》一书获著作类一等奖。获辽宁省金属学会优秀科技论文159篇，其中，一等奖29篇、二等奖38篇、三等奖92篇。获鞍山市自然科学学术成果奖21项，其中，一等奖7项、二等奖7项、三等奖7项。

——引入技术创新方法培训，活跃鞍钢科技人员创新思维。在职工大学知识产权培训班的基础上加设TRIZ创新方法普及培训内容，推广普及TRIZ基础理论，全年共培训2000多人，上半年，TRIZ培训课时2学时/期，下半年，根据培训情况，将课时调整到4学时/期，为创新方法在鞍钢的推广和应用奠定基础。

——开展多种形式科普活动，为提升鞍钢科技人员综合素质服务。为30多个基层单位科协订阅了《大众科技报》和《科协论坛》刊物，与省、市科协沟通，向各基层单位发送《鞍山科普》和《辽宁科技界》。以参加中国金属学会和中国冶金报联合举办“全国冶金节能减排新技术知识竞赛”活动为契机，在鞍钢相关单位开展答题竞赛活动，为基层单位购买发放《钢铁工业节能减排新技术5000问》参考书籍330本，600多名科技人员参加答题竞赛活动。筛选“鞍钢高性能造船用钢制造技术创新与集成”、“鞍钢鲅鱼圈钢铁基地风能利用”、“鞍钢西大沟废水深度处理及除盐工程情况介绍”和“弓长岭选矿厂贫磁铁矿减排增效关键技术研究与工业应用”4个项目参加全国冶金科技周展览。2010年11月17~19日，承办中国金属学会“全国网络炼钢师资培训班”，来自武钢、首钢、本钢、莱钢、包钢等钢铁企业及辽宁科技大学、安徽工业大学、西安建筑科技大学、重庆科技学院等院校的30多名学员参加了培训。

——组织开展“讲、比”、“金桥工程”等群众性科技创新活动。起草、发布《鞍山钢铁集团公司科协“讲理想、比贡献”活动管理办法》，规范鞍钢“讲、比”活动，保证活动的健康、持久、深入开展。2010 年，各单位积极组织开展“讲、比”、“金桥工程”活动，完成活动项目 210 项，集团科协对 2009 年完成的项目进行评比，表彰奖励 100 项，其中一等奖 16 项、二等奖 31 项、三等奖 53 项，这些项目对基层单位在新技术开发、节能降耗、产品质量提高、工艺技术改进等方面发挥重要作用，取得了可观的成效，创效 1 亿多元。鞍钢矿业公司“弓选厂老厂区铁精矿年增产 190 万 t 技术改造”和股份公司“彩涂板生产涂层膜厚控制技术”分别荣获辽宁省科协第八届“金桥工程”优秀项目一等奖和三等奖，鞍钢科协荣获优秀组织单位。鞍钢科协和鞍钢矿业公司科协荣获辽宁省“讲、比”活动先进集体，8 个单位荣获鞍山市科协“讲、比”活动先进集体。

——组织优秀科技工作者选拔推荐工作，增强鞍钢科技人员荣誉感。鞍钢股份公司技术中心黄国建获全国优秀科技工作者称号，股份公司王华、高毅荣、重机公司艾忠诚获辽宁省优秀科技工作者称号，矿业公司徐连生获中国金属学会冶金先进青年科技工作者称号，股份公司王军生、建设公司邵波、股份公司王越获辽宁省“讲、比”活动科技标兵称号。

（集团公司科技质量部　曹新全）

（本栏编辑　张　琪）

企业管理

· 综合管理 ·

【综述】 2010年，鞍钢全面贯彻落实党的十七大、十七届四中全会、五中全会和中央经济工作会议精神，深入学习实践科学发展观，不断推进“四个转变”，加快企业改革发展步伐，企业管理水平进一步提高。

一是深入贯彻落实“四个转变”发展战略，系统策划、有序推进鞍钢与攀钢联合重组工作。制订重组整合实施方案、鞍钢集团公司母子公司运行规划及重组整合工作计划，系统推进鞍钢与攀钢实质性重组整合。二是以组织优化和核心业务流程优化为重点，大力推进管理创新。持续整合优化企业内部资源和组织结构，推进专业一体化管理；以集团公司管控模式为依托，以价值链管理为载体，加快核心业务流程梳理与优化，将流程细化落实到岗位，编制《鞍山钢铁集团公司核心业务流程汇编》（2010版）电子光盘；规范数据管理，推动流程管理信息化建设。三是推进企业深化改革，完善法人治理机制。优化有关改制企业股权结构，引入战略投资者，积极推进董事会改革试点工作。四是为适应新的管控模式及流程管理需要，完善规章制度管理。对现行管理制度进行全面梳理、评估，建立完善集团公司核心管理制度、专业管理制度、单位管理制度的层级制规章制度管理体系；编制《鞍山钢铁集团公司核心管理制度汇编》（2010版）电子光盘；完善集团公司规章制度管理办法，制定并下发《关于进一步规范鞍山钢铁集团公司规章制度管理意见》；进行规章制度综合审查，强化规章制度执行效力。五是推进风险体系运行，有效防范各类风险。开展集团总部核心业务风险评估，向国务院国资委报送《鞍钢2010年度全面风险管理报告》；制定和发布《鞍钢全面风险管理规定》以及风险评估、风险报告等一级流程，搭建集团风险管控平台框架；与攀钢开展风险管理工作交流；针对核心业务流程和重大风险，开展内部控制自我评价，促进核心业务水平提升。六是管理现代化创新成果申报评审工作实现新突破，行业影响力进一步提升。七是认真履行社会责任，提升企业可持续发展水平。进一步完善社会责任管理体系；编制并发布《鞍钢集团2009可持续发展报告》；积极参加社会责任实践评选活动，在履行社会责任和实现可持续发展方面显现一定社会影响力。

（集团公司管理创新部　王　茹）

【体制改革】 2010年，鞍钢深入贯彻落实“四个转变”发展战略，系统策划、有序推进鞍钢与攀钢联合重组，积极推进集团公司管理机制和体制创新。

1. 系统策划、有序推进鞍钢与攀钢联合重组。2010年5月21日，国务院国资委批复同意鞍钢与攀钢实行联合重组。重组后，新设立鞍钢集团公司作为母公司，由国资委代表国务院对其履行出资人职责；鞍钢与攀钢均作为鞍钢集团公司的全资子公司，不再作为国资委直接监管企业。按照国资委的要求，为明确鞍钢集团公司的战略目标、各业务模块融合思路和整合措施，鞍钢集团公司制订上报了《鞍钢集团公司推进鞍钢与攀钢重组整合实施方案》。为明确鞍钢集团公司与鞍钢、攀钢的母子公司权责，指导鞍钢与攀钢重组整合各项工作的开展，鞍钢集团公司下发了《鞍钢集团公司母子公司运行规则》和《鞍钢集团公司推进鞍山钢铁集团公司与攀钢集团有限公司重组整合工作计划》。按照重组整合工作计划的安排，鞍钢与攀钢陆续开展了频繁的交流互访调研活动，各专业组按计划有序推进实质性重组整合。

2. 稳步推进集团公司管控模式优化工作。为建设创新型企业，加快从核心技术的“追随者”向“领跑者”转变，成立鞍钢未来钢铁研究院，按集团公司全资子公司管理；为深入研究国内外宏观经济形势和钢铁及相关产业发展趋势，为鞍钢经营决策和管理创新提供支撑，成立鞍钢经济发展研究院，按集团公司直属单位管理；为加强对鞍钢高层次经营管理人员的开发培训，全面提升鞍钢高层次经营管理人员的综合素质和领导能力，成立鞍钢人才开发院，按集团公司直属单位管理；结合国内外节能产业发展形势和鞍钢发展战略的需要，为培养节能技术和产品研发团队，推动鞍钢节能产业发展，成立鞍钢集团节能技术服务有限公司。

3. 加快推进集团公司内部资源整合。为推进鞍钢教育培训资源整合，提升教育培训水平，按照“实事求是、以人为本、平稳推进”的原则，整合职工大学和党校的教育培训资源，组建鞍钢教育培训中心（鞍钢党校）；为提高工作效率、规范区域管理，将营口市鞍钢水业有限公司中集团公司股权委托鞍钢股份公司管理，实现一体化运营。

4. 规范鞍钢内部单位组织机构设置。为提高决策效率，降低组织体系运营成本，先后对自动化公司大连华冶联公司、铁路运输设备制造公司鲅鱼圈工区、劳动卫生研究所、托管中心等单位组织机构设置进行梳理和优化；为建设新国企样板工厂，对莆田冷轧项目组织机构及运行机制进行设计。

5. 积极推进改制企业董事会试点工作。组织制定下发了《鞍山钢铁集团公司实行董事会改革试点改制企业规范管理暂行办法》、《鞍山钢铁集团公司实行董事会改革试点改制企业专职外部董事管理暂行办法》。

（集团公司管理创新部　陈家成）

【核心业务流程优化】 以集团公司管控模式为依托，以价值链管理为载体，鞍钢加快核心业务流程梳理与优化，积极推动流程管理信息化建设。

1. 整体推进集团本部流程优化工作，加快完善公司流程管理体系建设。先后组织15个部门开展543项微观流程的现状梳理，进行规范性审核、流程操作手册修改完善和流程目录调整等工作，组织跨部门业务流程优化与确认，形成覆盖全体系的流程操作手册汇编（2010电子版），进一步完善了集团公司流程管理文件体系。

2. 集中整理集团公司核心业务流程，为集团公司管理输出创造条件。按照集团公司重组整合其他钢铁企业的需要，对集团已发布的业务流程进行集中整理，形成集团公司战略管理层核心业务流程汇编。梳理优化210项核心业务流程，与规章制度体系相呼应，联合编制了具备索引、浏览、内容查找及检索等功能于一体的《鞍山钢铁集团公司核心业务流程汇编》（2010版）电子光盘并发布运行。

3. 跟踪测试标杆流程运行，推动流程管理的持续深入。选择“大宗原燃料集中采购月度计划管理流程”和“价格及政策制定流程”作为跟踪测试目标流程，组织相关部门及单位补充完善相应的流程操作手册。组织开展流程跟踪写实及访谈，了解流程运行状况，发掘存在问题并征求改进建议。撰写完成“大宗原燃料集中采购月度计划管理流程”和“价格及政策制定流程”运行跟踪测试报告，为后续核心业务流程梳理和持续优化提供保障。

4. 按照“标杆先行，重点推进”的原则，试点推进集团公司所属单位流程管理工作，重点推进了矿业公司、国贸公司和生产协力中心等单位的流程管理工作，推动集团公司业务流程纵向深化与承接。

5. 以信息化和办公自动化项目实施为契机，规范主数据管理，积极推动流程管理信息化建设，为管理流程固化创造条件。根据集团公司主数据管理模式和管理职责界定情况，积极推动国贸公司、集团物资采购、矿业公司和鞍凌公司等信息化项目的顺利实施，按照“统一归口，分级管理，专业负责”的原则，下发《鞍山钢铁集团公司主数据管理办法》，确定集团公司主数据创建和维护工作管理模式及运行规则，对集团公司主数据管理进行规范，设计主数据管理流程，并对管理职责进行了界定。

（集团公司管理创新部　王　茹）

【规章制度管理】 2010年，集团公司进一步完善规章制度体系，规范规章制度管理，指导、监督子公司建立完善规章制度体系及规章制度的贯彻落实。

1. 优化、完善集团公司管理制度体系。为进一步强化集团控制力，适应集团公司现行管理体制要求，结合集团公司新的管控模式、职责界定及业务流程整合需要，建立完善了集团公司以核心管理制度为重点、以专业管理制度为基础、以单位管理制度为支撑的规章制度管理体系。在此基础上，为及时体现集团公司的核心管理思想和管理规范，指导和规范集团公司及所属单位的制度管理工作，确保集团公司管理制度的时效性并有效贯彻落实，组织集团公司各职能管理部门、相关单位对现行管理制度进行全面梳理、评估，建立完善了规范集团公司组织活动和行为准则、保证建立现代企业制度和公司治理需要以及支撑生产运营的三级核心管理制度体系，共确认核心管理制度156件。同时，运用信息化管理手段，完成了具备索引、浏览、内容查找及检索等功能的《鞍山钢铁集团公司核心管理制度汇编》（2010电子版）的编辑、设计制作及发布，为建立科学、高效的集团公司规章制度管理体系奠定了基础。

2. 规范集团公司规章制度管理。为进一步加强集团公司规章制度管理，制定了《关于进一步规范鞍山钢铁集团公司规章制度管理意见》，对规章制度起草、审核、发布、贯彻执行等方面作出规范的标准化管理要求，建立了规章制度综合审查与会签制度，实现管理科学化、规范化。以此为基础，按照国家法律法规及国家产业政策、集团公司发展战略规划、鞍攀重组职能及业务流程整合需要，在战略规划、项目管理、资本运作、科技质量、财务预算、管理创新、人力资源、安全环保、信息化管理等方面完善规章制度35件。同时，组织集团公司所属各单位开展了建立健全规章制度体系、完善规章制度以及规章制度贯彻执行情况的自检自查工作，并将各子公司工作完成情况、考核评价结果纳入集团公司绩效考核，确保集团公司各项管理制度得到有效贯彻落实。

（集团公司管理创新部 郭淳璞）

【风险管理】 2010年，按照国资委关于加强风险管控并把风险管理与企业日常生产经营管理有机结合的工作要求，鞍钢在进一步健全全面风险管理体系的基础上，以推动风险管理体系有效运行、将风险管理要素融入生产经营管理的各关键环节为工作重点，着力实施集团总部核心业务风险评估、风险管理制度流程优化、集团总部和试点单位核心业务内控评价等项工作，并首次向国务院国资委报送了鞍钢年度风险管理报告。

1. 开展集团总部核心业务风险评估。为推进集团风险体系运行，实现对核心业务重大风险有效控制，年初组织启动了集团总部风险管理项目。项目选择计划财务部、战略发展部、项目管理部、物资采购部、安全环保部、法律事务部、市场营销部、信息化管理部8个业务和支撑部门作为标杆单位，系统开展了风险辨识和分析、评价，应用风险管理基础工具和方法，建立了集团总部风险评估标准、风险事件库、风险地图、风险映射矩阵，初步确定了集团总部5大类、47项风险和236项风险事件，通过问卷、访谈和评价、分析，明确了集团总部目前应重点关注的10项重大风险，并针对钢铁行业和鞍钢突出的各项风险，进行了深入整合分析，提出了近期的管理建议和鞍钢总体推进风险管理体系建设的基本思路和工作规划。

2. 向国务院国资委报送《鞍钢2010年度全面风险管理报告》。在集团总部风险评估工作的基础上，调研分析了鞍钢股份公司、国贸公司、矿业公司、财务公司风险管理工作现状，系统梳理了鞍钢风险管理总体情况。按照国资委关于中央企业风险管理年度报告的框架和内容要求（国资厅发改革〔2009〕102号），形成了《鞍钢2010年度全面风险管理报告》，经公司审核、党政联席会议批准，正式上报国务院国资委。2010年6月，在国资委举办的“央企年度风险报告交流研讨会议”上，鞍钢交流了年度全面风险管理报告和相关工作，受到了国资委改革局领导的肯定和54家央企与会代表的好评。

3. 搭建集团风险管控总体框架，助推风险体系有效运行。在对风险项目相关内容、可操作性等检验、分析和完善，并征求集团总部11个部门意见的基础上，制定发布了《鞍山钢铁集团公司全面风险管理规定》。按照《规定》界定的职责界面和相关要求，制定发布了“风险评估”和“风险报告”工作一级流程，全面指导和规范了鞍钢内部各单位风险管理工作，推动集团风险体系有效运行。

4. 开展内部控制自我评价，提升核心业务风险管控水平。针对核心业务流程和重大风险，围绕集团总部风险评估确认的各项重大风险以及各单位核心业务职能，四季度在集团总部和四家试点单位（鞍钢股份公司、矿业公司、国贸公司和财务公司）组织开展了核心业务内部控制自评工作。通过内控自评工作的开展，进一步完善重大和重要风险解决方案，揭示各层面核心业务流程的关键控制点和控制活动的薄弱环节，拟定改进措施，有效提升了核心业务管理水平和风险防范能力。

（集团公司管理创新部 梁 军 徐长维）

【管理创新成果】 2010年，鞍钢加大管理创新成果培育、总结和推广工作力度，系统组织集团公司管理创新成果总结、申报和评审，促进管理创新工作日臻完善与不断深化。各单位申报2009年度管理创新成果92项，比2008年增加10%。评出鞍钢企业管理现代化创新成果49项，其中特等奖1项、一等奖2项、二等奖3项、三等奖19项、四等奖24项。内容涉及当前企业管理各个领域，全面反映了各单位为实现集团战略目标、应对国际金融危机冲击，积极开展管理创新、强化企业管理所取得的最新成就，体现了鞍钢管理的先进水平和发展趋势，有的成果已达到行业和国家先进水平。其中，“大型铁矿山企业基于价值链的战略成本管理”、“大型钢铁企业战略绩效管理体系建设”2项成果受到国家级管理创新成果审定委员会的充分肯定，被评为第十七届全国企业管理现代化创新成果一、二等奖，创鞍钢1990年参加国家级企业管理创新成果评审以来的最好成绩。此外，《精益化成本管理模式的构建与实施》等8项成果分别荣获“2010年冶金企业管理现代化创新成果”和“辽宁省第十四届企业管理进步成果”。

“大型铁矿山企业基于价值链的战略成本管理”成果从鞍钢发展战略出发，以谋求长期竞争优势为导向，以企业价值链全方位、多视角管控和优化为主线，以管好消耗、管好物流、管好费用和推行全员管理、推进全面创新、实现实时监控为重点，通过逐步构建和实施基于价值链的战略成本管理体系，大幅降低了铁矿石生产成本，提升了企业核心竞争力，为鞍钢渡过国际金融危机、实现可持续发展做出了较大贡献，同时也为行业其他企业持续发展提供了成功借鉴。“大型钢铁企业战略绩效管理体系建设”成果，系统总结了鞍钢2008年以来在集团整体战略指导下，以EVA价值创造为导向，以系统化管理思想为指导，以实现企业价值最大化为目标，逐步建立并运行基于价值创造的战略绩效管理体系，保障了集团战略落地，实现了业绩考核与战略管理的有效衔接，对冶金企业具有较强的指导意义。上述成果的取得，不仅充分展示了鞍钢积极应对国际金融危机挑战、大力推进“四个转变”的辉煌业绩，而且标志着鞍钢企业管理软实力的显著提升，表明鞍钢创新管理已走在了全国企业的前列。在由中国经济体制改革研究会、中国经济体制改革杂志社主办的“中国改革（2010）年会”上，鞍钢获“2010中国改革年度企业”殊荣。

（集团公司管理创新部　蔡跃成　刘　虹）

【企业社会责任】 鞍钢集团公司按照国务院国资委《关于中央企业履行社会责任的指导意见》要求，参照全球报告倡议组织（GRI）《可持续发展报告指南》、中国社科院发布的《中国企业社会责任报告编写指南》以及有关行业指引的要求，建立了社会责任和可持续发展指标体系，包括战略管理、经营绩效、技术创新、资源环境、员工保护和社会发展等9个部分29个方面工作要求，反映了鞍钢集团公司履行社会责任和实现可持续发展的工作内容。发布《鞍钢集团2009年可持续发展报告》，全面系统地披露和展示鞍钢集团社会责任工作，真实反映鞍钢集团将科学发展作为承担社会责任的载体和途径，将履行社会责任作为企业义不容辞的职责，努力从经济、社会、环境多角度认真履行社会责任，实现了经济、社会、环境全面协调发展。

2010年，在商务部《WTO经济导刊》主办的“2009金蜜蜂企业社会责任·中国榜”评选活动中，鞍钢获得“2009年金蜜蜂奖·领袖型企业”奖项（为最高奖项）。同时，鞍钢参评的案例“将鞍钢鲅鱼圈项目建成循环经济示范园”，入选《2009年金蜜蜂责任竞争力案例集》。《鞍钢集团2009可持续发展报告》获得“金蜜蜂2010年优秀企业社会责任报告·领袖型企业”奖；被中国社会科学院经济学部企业社会责任研究中心评为四星半级，为参评企业中最高级别。2010年，中国社会科学院发布的《中国企业社会责任研究报告蓝皮书》公布了中国100强系列企业社会责任发展指数排名，鞍钢由2009年的第18位上升到第11位。

（集团公司管理创新部　陶贵立）

【土地资产管理】 2010年，鞍钢围绕集团公司的改革、改造和发展，加强土地资产管理工作。

1. 土地征用。落实鞍钢西区征地剩余62万m^2土地供地，与市国土资源局签订了《土地出让合同》；开展了鞍钢矿山二期征地工作中土地预审涉及的前期工作，包括地形图测绘、勘测定界、林业设计、土地利用总体规划调整实施方案编制，以及土地复垦、压覆、地灾、综合治理等评估，至年底完成了70%工作量；开展了大连新矿征地前期工作，包括压覆、地灾、综合治理等评估；与政府进行了汽运公司搬迁项目、维苏威合资耐火材料项目、实业公司水制剂项目等征地谈判工作，为上述项目争取到了政府开发区优惠的地价和税收政策。

2. 土地资产处置。为解决西区供地和盘活部分闲置土地资产，以及政府城市规划改造涉及占用鞍钢部分土地问题，经集团公司批准，共处置涉及原自动化公司闲置农场土地、深沟寺眼镜湖公园闲置土地、原鞍钢小岭子医院闲置土地等20宗、64万m^2闲置土地，与市政府签订了补偿协议，土地及地上资产补偿全部到位；按集团公司要求，完成了政府拟动迁望达大厦和房产物业粮食网点的评估、弓矿公司闲置土地与政府进行资产置换的评估、灵山地区两宗闲置住宅用地的评估，并与政府签订了补偿协议，资产补偿全部到位。

3. 土地管理基础工作。根据集团公司的体制变化情况和集团新的管控模式，对1999年制定的《鞍山钢铁集团公司土地资产管理办法（试行）》进行了修订，完成了修订初稿，并在征求意见的基础上进行了进一步修改完善。

（集团公司项目管理部　唐百放）

【外事管理】 2010年，鞍钢外事工作努力落实科学发展观，继续围绕公司的国际化经营战略，积极开展对外友好交流工作，共接待来自20余个国家和地区的1515人次到鞍钢参观访问、技术交流和执行合同等。并为全公司84个团组、319人次赴境外执行公务办理了手续，完成了全年的外事任务。

一、外事接待工作

2010年，鞍钢较重要的大型外事接待任务有：韩国国会议员、韩国斯多伯格三一公司理事长一行、日本神户制钢执行董事一行、德国五金工会代表团、美国JOM公司总裁一行、比利时贝卡尔特集团执行副总裁一行、英国皇家工程院院士一行、台湾中钢代表团和日本JFE公司常务执行议员一行等来访。另外，应中国钢铁协会委托成功承办了“第五届中日钢铁业节能、环保技术交流会”，全国业内及日本企业150多人参加了交流会。与集团公司有关部门配合，全年组织了近30场中外技术交流和讲座，鞍钢有关单位工程技术人员共有200余人次参加，增进了对国外高新技术的了解。

二、出国管理工作

自国际金融危机后，国家下发了严格控制因公出国的通知。2010年，按照中央的统一规定和公司领导关于加强出国审批工作的指示，进一步强化审批程序和标准。结合鞍钢实际，严把出国审批关，缩减了一些出国团组的时间和路线，始终做到保证百分之百出国团组的行前外事教育。对于公司领导率团出访手续的办理做到高效主动、当好参谋、确保成行。2010年，集团公司领导张晓刚总经理赴美、奥及日本参加国际钢协会议，赴韩国参加中日韩高峰论坛会议，唐复平副总经理赴美钢联技术交流，白静瀑副总经理率团赴台湾中钢交流企业管理，苏文生书记率北京干部培训班学员赴新加坡考察学习等都按预定时间顺利出访。

三、外国专家管理

2010年，共有890人次的外国专家在鞍钢各技术改造现场执行合同、技术服务。为有效发挥外国专家的作用，外事办经常关注他们在鞍钢的工作以及生活情况，确保其无后顾之忧。坚持每逢节假日组织旅游观光、欣赏音乐会等活动，并赶往现场致以节日慰问，赠送鞍钢礼物和纪念品。热情接待了20世纪八九十年代鞍钢技术引进时的一些外国专家重访鞍钢。

2010年仍坚持外宾入厂管理办法，办理外宾长期工作22个，审批外宾496人次进入鞍钢厂内临时工作。

（集团公司外事办　衣秉伟）

· 战略管理 ·

【战略规划管理】 2010年，鞍钢加强战略规划管理，制定下发了《鞍钢战略规划管理办法》，编制了鞍钢2010～2012三年滚动规划；制订了年度战略计划，将发展战略融入年度全面预算管理，纳入年度战略绩效考核体系。

鞍钢与攀钢联合重组获得国务院国资委批准后，鞍钢集团公司形成了强大的规模优势和产品特色优势，在战略、资源、技术、管理、人才和企业文化等方面的协同效应更加突出。按照国家有关政策要求，鞍钢集团公司积极着手整合内部资源，优化产业结构，创新管控模式，发挥协同效应和整体优势。

在洞察挑战与机遇的基础上，鞍钢集团将“四个转变”发展方略与新一时期的发展目标相结合，提出了新时期发展战略和目标，包括企业使命、核心价值观、企业愿景、战略路径、战略目标、发展思路和规划目标七个方面。发展战略中明确提出鞍钢集团企业使命为“以钢铁强国为己任，为股东、为客户、为员工、为社会创造价值”，核心价值观为“钢铁强国，造福社会”，企业愿景为“成为中国钢铁行业的‘排头兵’”，战略目标为“到2015年，年产钢进入世界钢铁行业前五位，成为钢铁业特强、钒产业世界领先、钛产业国内最大，多角化产业协调发展，最具国际竞争力、能够引领世界钢铁工业发展的特大型跨国集团”，发展思路为打造特强钢铁、做大特色钒钛、践行技术引领、构筑资源优势、拓展跨国经营、实现科学发展。

在发展战略总览全局的基础上，鞍钢结合宏观经济形势和钢铁行业发展趋势变化及自身的发展特点，科学制定“十二五”发展规划，提出未来五年的规划目标：2015年集团钢产能达到6000万t/a；铁精矿自给率达到65%以上；汽车用钢、铁路用钢等核心钢铁产品和钒钛产品达到行业领先水平，长板材比例逐步改善；拓展全球多区域布局，国内形成东北、西南、东南沿海及华北的战略格局，实现各基地产业合理布局、产线协同分工和资源优化配置；建设资源节约型和环境友好型的低碳企业，打造“绿色制造、绿色经营”的样板型钢铁基地。

（集团公司战略发展部 张富强 李 莉 郑开耀）

【战略实施管理】 2010年，鞍钢认真贯彻落实中央企业经营业绩考核工作会议精神，进一步发挥业绩考核的导向作用，企业价值创造能力稳步提升，风险控制水平明显提高，创新能力显著增强，科学发展迈出新步伐，有力保证了公司2010年战略计划和年度生产经营目标的实现。

1. 全面运行战略绩效管理体系。2010年，基于平衡计分卡的战略绩效管理体系在鞍钢总部的18个部门、41个二级单位，以及基础管理水平较高的187个三级单位全面运行；有效运行了“战略—预算—考核—薪酬”为一体的闭环式战略绩效管理流程，把战略发展规划融入关键绩效指标体系，以考核促进战略实施；引导各单位在加强“短板”、强化成本管理、深化对标挖潜、防控经营风险、提升自主创新能力、增强国际竞争力等方面下功夫，实现企业稳健经营和科学发展。

2. 战略绩效管理有效保证了战略发展规划目标的落地。2010年，战略绩效管理关注重点包括：一是以落实年度战略计划为出发点。根据鞍钢2010～2015年中长期总体战略发展规划和2010～2012年业务板块和专项职能战略规划，编制2010年度战略计划；依据年度战略计划制订年度绩效计划，并纳入年度生产经营预算，通过战略计划的实施推进企业中长期战略发展规划目标的实现。二是以推进战略业务和提升业务发展为中心点。以发展战略业务、提升业务为中心点，有效引导各单位集中有限的资源发展好战略业务和提升业务，提高企业的竞争能力。三是以推进战略项目实施为切入点。战略项目的推进落实是保证战略业务和提升业务发展的基础，鞍钢2010年度计划中重点战略举措涉及的项目均作为绩效评价考核和季度绩效回顾会议报告的重点。四是以鼓励开发外部市场为侧重点。对有外部市场开发能力的单位，在指标设计上采取鼓励政策，逐步引导企业走出去并且走得好，培育新的业务增长点。2010年集团公司战略地图中的42项关键成功要素全部完成；平衡计分卡中131项关键绩效指标中有128项指标完成，占总指标完成率的97.7%，战略目标基本实现。

3. 将经济增加值指标纳入领导班子绩效考核。国资委决定从第三任期（2010～2012年）开始在中央企业全面推行经济增加值（EVA）考核。2010年，鞍钢将EVA指标纳入经营单位的经营者业绩考核指标体系，修改完善了《鞍山钢铁集团公司子公司、直属单位正职领导经营业绩考核及薪酬管理暂行办法》，用EVA替换净资产收益率指标，来衡量经营者业绩完成情况。引导各单位控制风险、优化结构，提高发展质量；更加重视自主创新、战略投资和长远回报，增强价值创造能力，实现可持续发展。要求各单位在“提升现有资本使用效率，优化管理流程，改善产品结构，减少存货和应收账款，处置不良资产，提高投资质量，优化资本结构，降低资本成本”等方面下功夫，将价值管理融入企业发展全过程，抓住价值驱动的关键因素，层层分解落实责任。

4. 建立了基于价值创造的战略绩效管理体系。2010年下半年组织专门力量研究经济增加值的内涵，寻找提升企业价值途径。通过深入分析经济增加值的有关财务指标及其折射出的管理理念，确定九个方面的关键驱动要素，设计完成了包括145个关键绩效指标的《鞍钢2011年EVA平衡计分卡》，建立了基于价值创造的战略绩效管理体系。

5. 鞍钢荣获2010中国“战略执行明星组织”奖。在冶金行业，鞍钢率先实现了在集团总部及全公司范围内建立并有效运行战略绩效管理体系。《鞍钢战略绩效管理体系的构建与实施》获第十七届国家级企业管理现代化创新成果二等奖；获冶金行业2009年管理创新成果一等奖，获辽宁省第14届（2009年）企业管理进步一等奖。《鞍钢基于价值创造的战略绩效管理体系建设》一文入编《国务院国资委2010年中央企业经营业绩考核经验材料汇编》。

（集团公司战略发展部 陆 颖 郑开耀）

【胡家庙子铁矿储量核实和采矿权转让变更】 2010年6月10日，为推进鞍钢与攀钢集团有限公司联合重组的顺利进行，鞍钢决定将鞍钢集团矿业公司胡家庙子铁矿评估作价注资到攀钢集团有限公司。由于在资产评估中必须获得国土资源部下发的储量评审备案证明和将采矿许可证中的采矿权人转让变更为鞍千矿业公司才可满足要求，战略发展部、计划财务部会同矿业公司在已有工作的基础上委托辽宁冶金地质勘查局地质勘查研究院开展了储量核实备案工作，于2010年9月5日通过了中国矿业联合会储量评审委员会组织的专家审查，2010年10月8日获得了国土资源部《关于〈辽宁省鞍山市胡家庙子铁矿资源储量核实报告〉矿产资源储量评审备案证明》，备案结果为采矿许可证范围内保有铁矿石资源储量11.54亿t。采矿权转让变更工作由战略发展部牵头，会同矿业公司及鞍千矿业公司联合组织材料，先后通过了鞍山市国土资源局、辽宁省国土资源厅和国土资源部的审查，于2010年12月31日转让变更完成，获得了国土资源部颁发的采矿权人为鞍千矿业公司的采矿许可证，为资产注入奠定了采矿权基础。

【砬子山、张家湾、古首峪铁矿获得采矿许可证】 2003年，鞍钢向辽宁省国土资源厅申请了张家湾、古首峪采矿权和砬子山铁矿探矿权。2003年12月31日，辽宁省国土资源厅下发了张家湾、古首峪铁矿划定矿区范围的批复，2004年9月，辽宁省国土资源厅颁发砬子山铁矿探矿证。2004年，鞍山市国土资源局代表辽宁省国土资源厅与鞍钢集团矿业公司签订了有偿出让采矿权《协议书》，约定采矿权价款分六年缴清，至2010年鞍钢矿业公司全部缴纳了采矿权价款及砬子山铁矿探矿权价款。2003~2010年，矿业公司按法规要求先后完成了砬子山、张家湾、古首峪铁矿《储量核实及评审备案》、《矿产资源开发利用方案》、《灾害地质评估》、《建设项目安全性评价》、《环境影响评估》、《矿山环境综合治理方案》和《水土保持方案》等的编制及国家和省国土资源、安全监督、环保、水利等部门组织的评审，于2010年7月6日获得辽宁省国土资源厅颁发的古首峪铁矿采矿许可证，2010年9月13日获得国土资源部颁发的砬子山铁矿采矿许可证，2010年11月30日获得辽宁省国土资源厅颁发的张家湾铁矿采矿许可证。

砬子山铁矿位于鞍山市东北部，眼前山铁矿东北侧，距长—大铁路线鞍山站21km。矿区面积2.07km^2，设计露天/井下采矿能力200万t/a，采矿许可证有效期至2040年。张家湾铁矿矿区位于鞍山市千山区胡家庙子村，距鞍山市15km，矿床位于两条山脊之间，平均宽400m的开阔地中河床之下。矿区面积1.08km^2，设计井下采矿能力100万t/a，采矿许可证有效期至2030年。古首峪位于眼前山铁矿东南，矿区面积0.43km^2，设计井下采矿能力50万t/a，采矿许可证有效期至2030年。

（集团公司战略发展部　杨永革　郑开耀）

· 信息管理 ·

【综述】 2010年，鞍钢集团公司的信息化管理以《鞍钢集团中长期信息化战略发展规划（2010~2015年）》和《2010年信息化管理职能规划》为核心，紧紧围绕集团公司发展战略和主营业务需求，认真履行信息化管理职责，开展信息化系列项目建设，有力地支持了集团公司战略发展目标的实现。

【信息化职能管理】 2010年，鞍钢信息化职能管理进一步加强。

1. 发布《鞍钢信息化发展战略规划》。集团信息化管理部组织起草编制的《鞍钢集团中长期信息化战略发展规划（2010~2015年）》，历经一年半时间的系统论证修改，于2010年2月21日通过了集团公司信息化领导小组评审，并于2010年4月正式发布，为鞍钢今后6年内信息化工作的持续开展提供了方向。

2. 信息化制度体系建设和完善。为加强集团公司信息化制度体系建设和持续完善，全面梳理了信息化管理部管理职能，共计95个管理流程全部绘制成图，编制了管理业务流程说明，并系统地编制和完善各管理流程的支撑标准、规范、规程和管理制度。通过以上方式，完善和优化了集团公司信息化制度体系，为鞍攀重组后信息化管理工作的整合奠定了基础。

3. 鞍攀信息化业务整合。按照集团公司鞍攀重组工作统一部署，经过鞍钢与攀钢信息化管理领域相关业务人员多次讨论，形成了鞍攀信息化重组工作思路，明确了未来鞍钢集团公司信息化管理规则，制定了《鞍钢与攀钢重组整合信息化管理专业组工作计划》。

4. 严格信息技术应用项目的立项及采购管理。依据《鞍山钢铁集团公司信息技术应用项目建设管理办法》，集团信息化管理部强化了信息化项目及计算机设备采购的管理。针对集团公司所属单位购买计算机相关设备和软件进行了专项检查，下发了《关于重申严格执行〈鞍山钢铁集团公司信息技术应用项目建设管理办法〉的通知》，促进了制度的贯彻和落实。

5. 持续加强信息安全管理。为保证鞍钢数据信息系统的安全运行，按照国家四部委联合下发的《信息安全等级保护管理办法》要求，集团信息化管理部对鞍钢信息系统的主要网络及集团公司网站进行了定级，并根据国家《信息系统安全等级保护基本要求》设计了信息系统安全解决方案，立项放行了信息系统安全技术防护建设项目。

6. 推进集团公司办公软件正版化。按照国资委关于“中央企业要做好正版化工作”三年规划的要求，2008 年末已完成集团机关部门和鞍钢股份公司的正版化工作，完成了第一阶段工作目标；2010 年下半年集团信息化管理部组织除集团机关部室和鞍钢股份公司外的所有其他单位参加国资委组织的正版软件集中采购，按计划完成了鞍钢第二阶段工作目标。

【信息化项目建设】 2010 年，鞍钢的信息化建设坚持在实施业务流程再造的基础上，通过构建覆盖产品全制程的物流、工作流、资金流及信息流高度集成的 ERP 系统，规范、完善企业运行机制和管理机制，实现管理创新，提高企业运营质量和效率，真正达到通过信息化促进管理创新，推进企业管理的科学化和现代化的目的。开展的主要信息化项目包括：

1. 鞍山本部项目。2010 年 5 月 1 日 ERP 财务成本子系统二期按期正式上线并行；2010 年 6 月 4 日冷轧 1450 产线 ERP 及 MES 系统成功上线；2010 年 7 月 1 日鞍钢集团市场营销信息系统平台投入运行；2010 年 8 月 10 日线材新建 2 号产线 ERP 及 MES 系统成功上线；2010 年 8 月 10 日无缝热四产线 ERP 质量设计功能成功投入运行，该系统首次实现无缝管生产的按支跟踪管理；2010 年 10 月鞍山本部长材产线 ERP 产销系统成本数据与财务成本子系统实现了无缝对接；鞍山本部新建高性能硅钢产线 MES 建设和 ERP 系统扩展项目实现了在 ERP 系统内进行商品订货功能。此外，与冷轧 1450 产线、线材 2 号产线、无缝热四产线配套的化检验 MES 扩展开发全部完成，并投入使用。

2. 鲅鱼圈厂区项目。2010 年 3 月启动建设的鲅鱼圈厂区 ERP 设备管理子系统，7 月初上线投入运行。

3. 鞍凌公司项目。鞍凌 ERP 产销系统、ERP 财务系统建设按计划完成，于 2010 年 11 月随鞍凌公司主体产线同步上线投入运行。

【信息系统优化完善】 2010 年，通过对在线运行信息系统的完善、改进与优化，强化了信息系统的功效，有效地提高了信息系统的应用水平。

1. 完善 ERP 产销系统。依据新的业务需求，开发了系统的新功能，大大提升了系统的适应性，完善了鞍山本部及鲅鱼圈厂区的 ERP 产销系统。

2. 加强运维管理。集团信息化管理部对系统运行中发现的各类问题进行了跟踪分析，及时解决存在的问题。同时，归纳总结操作人员经常出现的操作错误，由业务部门明确并完善系统操作业务规则，完善了系统校验功能，保证 ERP 的稳定运行。

3. 优化报表功能。按月核对统计报表数据的一致性，对出现的数据差异问题及时跟踪、落实，认真分析出现问题的原因，保证了 ERP 系统的数据准确性。进一步优化、完善鞍钢运营报表管理，开发了 ERP 系统二期上线单位及三期工程鲅鱼圈分公司的统计报表分析、设计及优化功能，实现了按日查询产量、动态掌握库存变化等管理需求。充分利用 ERP 系统信息资源，设计开发了集团公司上报中国钢铁工业协会《重点大中型钢铁企业生产经营旬报》、鞍山市城调队《工业品出厂价格报表》统计报表；对已投入运行的报表体系进行细化完善。完成了中国钢铁工业协会要求的《钢材产品营销统计月报表》、《钢材产品按地区流向表》增加按材质分类统计业务。

4. 主数据和编码管理。进一步做好 ERP 系统基础数据的管理，加强已上线运行的 ERP 系统基础字典维护，创建了鞍凌公司产品主数据和物料主数据规则；完成了“鞍凌公司管理编码”及部分矿业 ERP 项目、国贸 ERP 项目编码的编制，保证了集团公司编码的规范性、统一性。完成了 ERP 财务成本系统二期上线单位（长材、西区扁平材、硅钢及中厚板产线）ERP 产销系统与 ERP 财务成本系统接口规则制定、ERP 产销系统物料转换成本核算对象映射关系的建立。该项工作标志着鞍山地区所有产线 ERP 产销系统与 ERP 财务成本系统实现业务数据通过接口自动对接，ERP 财务成本系统所需生产物流数据不再通过统计报表形式手工批导，ERP 产销系统数据与 ERP 财务成本系统数据实现高度集成，从根本上保证了信息完全一致。

【信息技术深化应用】 数据挖掘是信息系统深化应用的重要技术之一，2010 年鞍钢在该方面进行了开创性的工作，取得了显著成绩。

1. 数据挖掘项目取得重要进展。2010 年，完成了对冷轧 1 号线、2 号线、2130 冷轧生产线和 1 号、3 号、4 号、5 号镀锌线的 OLAP 分析、SPC

控制图、质量指标统计、订单执行周期分析控制等应用开发、推广使用工作，并准备扩展到冷轧1450生产线。

2. “质量控制与性能预测专家系统”的推进。2010年，信息化管理部组织相关技术力量，推进“冷轧产品生产质量控制与性能预测专家系统”和“中厚板产品生产质量控制与性能预测专家系统”两个课题的设计开发。其中“冷轧产品生产质量控制系统”已开发完成，并在冷轧推广；中厚板产品生产质量控制与性能预测专家系统开展了需求调研，完成了数据集的建立。

（集团公司信息管理部　王　叙　赵　红）

· 设备管理 ·

【固定资产管理】 2010年，鞍钢强化了固定资产管理，进一步提高了对各单位固定资产使用、保管、增减变动、处置等各环节的管控能力。2010年末，固定资产拥有量为19.70万台/（套、条、座），原值1124.17亿元，净值639.11亿元。

1. 完成与计财部共同起草的《关于鞍钢集团公司国有资产处置暂行规定》内容的修改、完善。协调完成馈赠市公安局等21台公务用车，资产原值462.54万元，净值33.58万元；完成馈赠鞍山市公安局交警支队公务用车60台（报废36台、手续不全及外市24台）协议及交接；完成捐赠82092部队用车1台协议及交接；完成捐赠派出所1台公务车协议及交接；完成捐赠市国安局用车5台协议及交接。完成闲置及报废车辆由交警现场拓印、查验及核档，集中协调报废车辆238台前期工作，通知鞍钢股份公司安排落实拆解计划；报废架号腐蚀等问题公务用车54台、现单位与原单位代码证不符237台。将集团公司最后一批闲置公务用车26台移交资产经营中心调剂。

2. 拍卖矿业鞍塔铁矿选矿厂资产7526.81万元并协调办理手续。协调完成生活协力中心与鞍钢股份公司互占涉及生活资产手续办理。完成大连鞍钢大厦报告调查，经汇报领导同意按报废处理，残体由当地处置办事处组成处置小组处置。完成实业公司丰盛一处办公楼委托中介机构固定资产评估备案及鞍矿弓矿建设公司部分（附企使用）资产按省政府协商意见出售本钢矿业评估39.34万元报告备案等。移交资产经营中心处置闲置固定资产1～14批，共950台，原值9490.90万元，净值1683.14万元。办理鞍千公司房屋产权办证28栋。

3. 严格设备零固更新投资管理和控制。一是依据《鞍山钢铁集团公司设备零固更新管理办法》的规定，严格控制固定资产投资计划和投资比例。2010年设备零固更新投资计划在各单位申报的基础上，进一步压缩投资比例，核定了公司投资计划控制额度，其中：集团公司投资申报计划减资比例为56.6%，自筹资金投资申报计划减资比例为69.2%；核定了鞍钢股份公司备案制管理投资控制额度。二是对各单位申报的设备零固更新申请的实施计划进行现场调查研究，严格审核项目实施的必要性，按生产经营需要提出处理意见报集团公司领导审定。全年设备零固更新放行计划总投资1.41亿元，其中：公司投资1517.35万元，自筹资金1.26亿元；鞍钢股份公司备案自筹投资1.89亿元；实现了从严从紧控制。

（集团公司项目管理部　李　革）

【设备管理】 2010年，设备保障部紧紧围绕公司《2010年设备管理工作计划》，实施设备管理优化项目，打造鞍钢股份特色设备管理模式，实现管理创新；开展5S、现场定置化、可视化管理活动，将“清洁、紧固、润滑、调整”的八字方针落到实处，实现设备的精细化管理；以专项整治为载体，强化设备本质安全及设备功能状态的专项整治力度，提高设备的管控能力。继续开展管理专项内审，实现设备管理能力的提升。2010年设备管理目标是：保证设备稳定运行，追求设备零故障，实现最佳的经济技术指标；推行以价值为导向的固定资产一生管理，实现资产保值增值。

一、推进设备管理优化项目实施，打造鞍钢股份特色设备管理模式，实现管理创新

鞍钢设备管理优化项目于2010年1月9日正式签订启动，截至2010年12月末，鞍钢与广州学府分别成立了体系、绩效、信息化及现场项目组，明确了各项目组组织成员以及工作职责，各项目组依照分工分别开展工作。针对鞍钢设备管理现状调查及诊断工作，形成《鞍钢股份设备管理体系手册（ANPM）》；在现场共采集到400余幅需改善的照片，形成《鞍钢股份、冷轧厂、三钢轧5S管理手册》；完成《鞍钢股份ANPM信息平台技术方案》的编制。

二、强化设备运行管理，追求“零事故”，为公司生产顺行提供最大程度保障

1. 继续强化点检定修，做好预防和预知维修，追求“零事故”。按零事故管理模式，强化三级点检、精密点检和状态监测，通过设备管理ERP实现过程管控。优化定修模型，严格按定修模型实施。2010年公司定修计划1600次、45384小时，实际完成1568次、44047小时。2010年10月23日至2010年12月2日鞍钢股份公司设备保障部、工会、人力资源部、团委共同举办第三届专业点检员大赛，对设备管理知识、实用技术能力、设备ERP子系统实际操作、设备故障处理进行比武，评出专业点检技术状元7人，能手29人，有力推动了提高专业点检员素质活动的深入展开。

2. 深入开展设备本质安全及功能状态完善专项整治。2010年继续深入开展现场设备缺陷、隐患的排查和整治，持续推进设备基础管理水平的提高。按照《关于2010年设备管理工作计划》要求，梳理设备本质安全缺陷项目184项，完成整治156项。同时在全公司全面开展设备功能状态缺陷排查，全年共发现设备功能状态方面缺陷69项，完成整改37项。

3. 完善设备对标评价体系，全面提升设备综合管理能力。2010年公司按照“系统评价、区域负责”的指导思想，围绕“设备功能最佳，可开动率最大，设备投入最少”的实施原则，继续深入开展设备对标工作。年初通过《2010年设备管理工作计划》进一步健全了设备系统对标管理体系，优化了设备综合管理指数的计算方法，产线对标小组由2009年的8个增加到11个。2010年公司设备对标各项指标取得明显成效，设备综合管理指数达到105.18，较2009年同期97.19提高了7.99分，公司自我提升指数达到101.57，较2009年同期97.02提高了4.55分；炼铁总厂二烧、分厂1号烧结机、西区2号烧结机、新1号/新2号/新3号/7高炉、1号/2号/3号/4号/5号/6号/7号/9号/A/B/C转炉、一炼钢板坯连铸机、3号板坯连铸机等35条产线实现连续12个月零事故。

2010年公司设备可开动率计划93.93%，实绩94.47%，比计划提高0.54%。提高的主要原因是公司严格管控设备事故，设备事故时间、频次大幅减少，同时在检修作业时实施精细管理，利用停机待料时间定修、日修，时间有所节余，部分年修提前完成。设备可开动率实际较2009年同期降低0.27%，主要影响因素是年修时间较2009年有所增加。从偏差趋势上看，2010年偏差在0.28%～1.0%之间波动，较2009年（在0.02%～1.95%间波动）波动较小。2010年公司共发生设备事故219起，事故时间758小时，其中4级及以上设备事故只发生4起，与2009年同期（事故频次293起、事故时间1222小时、4级及以上设备事故6起）相比分别降低25.26%、37.97%、33.33%。2010年公司设备修理费（含设备检修协力费）预算25.57亿元，实际发生24.17亿元，各月预算执行平均偏差为－3.42%。其中备件消耗14.17亿元，所占比例为55.42%，费用管理基本受控。

4. 未雨绸缪，积极应对，做好防汛工作。汛前积极组织各种防汛器材准备，并对设备进行检修，确保汛期正常运行。同时对人力和责任单位进行落实，确保汛期平稳度过。2010年7～8月出现集中降雨7次，各生产厂提前组织做好对本区域主要排水清淤，厂房、主电室防水处理等工作；鞍钢股份公司组织全公司范围的防汛准备情况以及防汛设备运行、检修情况检查6次，有效督促各单位防汛准备工作开展，为应对重大汛情做好充分准备，各生产厂所属区域未发生因降雨造成产线被淹影响生产的事故。

三、强化备件管理，提供资材保障

1. 组织各单位对前期在途计划及合同进行了全面清理，制定下发了2010年备件、生产工具采购、库存预算，严格按照采购预算审批采购计划，备件库存资金占用有所降低。

2. 针对ERP上线后备件管理存在的问题，完善计划、采购、仓储、消耗各环节管理流程，制定下发备件采购周期，组织各单位合理申报采购计划，预留采购及制造周期，以保证设备备件按质、按量、按期交货，满足生产需要。

3. 为加强无库存备件实物验收过程中数量及质量管理，堵塞管理漏洞，对原无库存备件管理流程进行了修改，增加了入库验收环节，当月入库、当月领出，实现当月资金占用为零。

4. 充分考虑市场形势、生产组织特点及设备运行状况，利用设备ERP平台，制订2010年备件采购方案，完成新品、修复备件功能承包项目协议签订，提高采购效率，降低采购价格，稳定采购渠道。

5. 研究确定上线后库存备件物料编码修改方案，下发“关于修改库存错误数据的通知”，组织各单位对备品备件库存数据进行第二次集中修改，不断修正库存备件错误数据，完善ERP系统基础数据管理。

6. 为规范设备备件修复过程中更换下来旧备件及材料的处置管理，有效利用，及时收回残值，制定了备件修复更换旧件处置管理细则，确定了修复旧件回收、折价原则及流程。

7. 完成备件、生产工具季度盘点，从库龄、存货状态等多角度分析现有存货的真实状态，加大对现有库存备件的消化利用工作，重点对在库时间较长的、价值较大的备件进行公司范围内利库，减少新品采购；并对多年形成的已报废备件进行了逐项分析，制定了已报废备件处置方案。

8. 组织落实同步年修及生产急需备件，保证设备备件供应。

9. 完成公司备件、生产工具程序、办法的内审及设备管理优化项目相关工作。

四、完善在线资本性工程项目管理体系，提高项目管控力

完善项目管理设备保障部主管室负责制和项目负责人制管理体系，编制、平衡2010年各项目资金预算，制定资金支付原则。设备保障部组织技改技措项目185项（其中2009年结转73项，2010年新立项112项），截至12月末已竣工决算108项，在建77项。

设备保障部在组织实施过程中按照“三控一管理”，加强过程管理，定期召开项目例会，组织协调解决实施过程中各类问题，使项目得到有效推进。对新1号高炉上料及返矿区域除尘区域项目进行重新设计，新建一台CD17000长袋低压脉冲除尘器，处理风量103万m^3/h，过滤面积17000m^2，负责处理矿槽内83个扬尘点。该工程于2009年9月开工，按计划于2010年5月投产。自5月17日运行以来，风机、电机运转正常，除尘器运行阻力低于1000Pa，现场除尘效果良好，每天回收的灰量由20t提高到80t。经鞍钢生产监测中心现场监测，实际运行工况风量107万m^3/h（标准103万m^3/h），排放浓度（标态）19mg/m^3（标准≤30mg/m），漏风率2.2%（标准≤3%），岗位粉尘浓度均小于10mg/m^3，均满足技术要求。公司一些重点节能环保项目，如西区烧结I系列脱硫、西大沟污水处理、一发电二期改造和三烧余热发电项目也顺利投产并达效，为公司节能减排任务的完成作出了贡献。2010年共实施节能67项，计划投资4.61亿元，完成投资2.20亿元；实施环保项目21项，计划投资7.89亿元，完成投资5.94亿元。

公司2010年下达零固设备，资金1.81亿元，其中结转部分零固资金8000万元，放行零固设备3.52亿元，其中：2009年结转1.52亿元、2010年放行零固更新及备品1.06亿元、2010年放行零固新增9475万元；已签订合同1.46亿元，到货8755万元。

五、深化以价值为导向的固定资产一生管理，促进资产保值增值

重点强化资产实物过程管理，完成2009年固定资产盘点工作，盘点出计量厂等单位有盘盈资产情况；组织完成2号方坯连铸机资产评估、低价确定、委托出售等工作；出售给电气公司等资产计406.04万元；完成税务、审计需要的房产情况清查统计工作；组织完成清理公务用车报废、验车等工作；组织10个单位清理设备处总库存放拆旧设备，确认回收废钢资产735.63t、出售2714台，已上报集团公司；办理移动、联通、电信网站租赁协议；审定修改一炼钢与重机公司的“电渣重熔资产租赁协议”内容；收集固定资产管理相关文件，准备编制汇编。

六、信息化建设

明确协力管理流程，构筑信息化管理责任体系；夯实基础管理，为保产提供稳定、有效的信息管理平台；利用先进技术和管理方法，提供专业的技术支撑；整合信息系统，杜绝信息孤岛，大力推进信息化建设；制定《信息管理办法》，实现信息归口管理。

七、强化设备相关方管理，实施相关方过程评价

为了加强相关方管理，完成了《设备相关方管理办法》修订，重点加强相关方准入和过程评价。对工事类相关方评价内容，划分工事类相关方为战略相关方、重点相关方、一般相关方、临时相关方、特殊相关方5类，针对性地进行项目评价、月评价、招投标过程评价、技术素质提升年评价和年度评价，并依据评价结果对相关方进行奖惩处理，开发工事类相关方评价辅助计算机系统，并投入运行。

八、推进卓越绩效管理模式，完成创国家质量奖和省长质量奖工作

按公司统一安排，2010年历经10个月时间，设备保障部圆满完成公司交给的设备管理卓越绩效各项工作，受到专家和公司好评，公司获得国家质量奖和省长质量奖。

【设备年修工程】 全年共对60条主体生产线实施年修，计划时间19920小时，实际用时19090小时，合计节省830小时（见附表）。3月12日开始对新3号高炉大修，集团公司和股份公司领导高度重视，各方面准备充分，科学组织，协同作战。在安全方面制定了详细完整的施工安全管理规程和个性化安全作业对策制度，对每一个单位作业都有安全对策，同时具体到每个施工工序点、每个不同阶段都有针对性的个性化安全对策；在工程质量方面制定了详细质量标准和责任体系，强化三级质量检查即施工班组自检、施工单位专检、炼铁总厂工艺及设备进行联合检查以及特种作业的特检，在每一个质量点上由各方具体人进行负责，每一次验收均是4个人以上签字方确认合格；在工期方面，通过施工前组织各施工单位按实际施工工序节点要求进行施工方案演练，优化了施工进度计划，保证各工序、各专业、各节点衔接准确无误。该次大修创造国内3200m^3高炉检修史上的三项新纪录：安全事故为零、质量最优和速度最快，仅用75天零8小时完成，比计划80天提前4天16小时，同时也为鞍钢3200m^3高炉大修积累了宝贵经验。

在7月6日开始的2150线年修工程中，精轧F1/F2牌坊修补、F1、F2、F4出口导位更换、F1～F6支撑辊滑车设备的维修、F2、F5上支撑辊液压缸更换、精轧液压系统清洗油箱、周期性更换胶管等都是平时检修无法处理、必须利用年修加以解决的项目。各方克服了工程项目多、设备安装精度要求高、施工作业面小、复杂程度高等诸多困难，历时10天零2小时40分钟，完成了各项目的年修，实现安全事故为零。该次年修体现如下特点：一是平时可以处理的项目决不进入到年修工程中，确保该次年修网络清晰、线条少、跟踪量小、验收工作简单，提高了年修施工质量。二是解决了大量必须年修处理的问题。三是各专业备品备件工作准备得充分，细化分类，体现了较高的水平。四是有组织、有秩序、有计划、有目的、有方法、有安全保证地开展试车工作。重点项目多方关注，群策群力。五是次年修粗轧区域与施工单位结合好，要求施工单位在年修前一周将人员分配情况与点检员进行沟通，点检员能够掌握各个缺陷的施工人员资质，并把年修项目与施工人员进行交底，使点检员对年修的施工水平和进度有了一定的掌握，为年修工程的顺利完成打下基础。

附：2010年鞍钢股份公司主体生产线同步年修工程

序号	生产厂	机组名称	计划开工时间	计划工期/h	实际开工时间	实际工期/h	备注
1	三钢轧	A号转炉	1月4日	144	1月4日	161.5	拖期：换炉衬拖期
2	炼铁	新3号高炉	3月12日	1920	3月12日	1808.47	
3	炼铁	西区2号烧结机	3月26日	360	3月26日	344	年修15天
4	化工	脱硫脱氰（三回收）	3月1日	720	3月1日	720	年修30天
5	二炼钢	8号转炉	3月10日	288	3月11日	264	调整：产品制造部调整
6	二炼钢	1号转炉	3月26日	384	3月26日	365.1	年修16天
7	三钢轧	西区B炉	3月11日	1200	3月12日	1052	调整：产品制造部调整
8	能源动力	4号3.5万m^3制氧机组	3月18日	312	3月18日	312	
9	化工	新6K干熄焦	4月6日	600	4月6日	584	年修25天
10	二炼钢	9号转炉	4月13日	192	4月13日	172.75	年修8天
11	热轧	1700机组	4月13日	192	4月12日	192	调整：处理煤气管网生产部提前要求年修时间为9天
12	热轧	4号板坯连铸	4月16日	120	4月16日	120	年修5天
13	热轧	5号板坯连铸	4月13日	120	4月13日	120	年修5天
14	炼铁	西区1号烧结机	4月12日	480	4月27日	480	调整：产品制造部调整

续表

序号	生产厂	机组名称	计划开工时间	计划工期/h	实际开工时间	实际工期/h	备　注
15	二炼钢	3号转炉	4月22日	144	4月22日	144	年修6天
16	三钢轧	西区C炉	4月28日	720	4月28日	627	年修30天
17	一炼钢	5号转炉	4月29日	168	4月29日	168	年修7天
18	炼　铁	新4号高炉	5月7日	144	5月7日	107	年修5天
19	化　工	1K干熄焦	5月11日	672	5月11日	666	年修28天
20	一炼钢	6号转炉	5月7日	384	5月7日	382.93	年修16天
21	一炼钢	1号方坯	5月14日	120	5月14日	120	年修5天
22	一炼钢	2号方坯	5月6日	144	5月6日	144	年修6天
23	连　轧	950轧机	5月10日	168	5月10日	167.55	年修7天
24	大型厂	1150机组	5月6日	168	5月6日	168	年修7天
25	线　材	线材轧机	5月6日	360	5月6日	345.17	年修15天
26	中　板	2500/2450	5月27日	240	5月27日	233.13	年修10天
27	冷　轧	1号线联合机组	6月7日	192	6月7日	191.67	
28	冷　轧	3号镀锌线	6月7日	240	6月7日	237.48	
29	无　缝	133机组	6月20日	480	6月20日	472.17	
30	炼　铁	新2号高炉	7月6日	120	6月7日	105.62	
31	炼　铁	西区1号烧结机	7月6日	192	6月7日	192	
32	化　工	新2K干熄焦	7月6日	600	7月6日	545	
33	三钢轧	西区A炉	7月3日	840	7月3日	774	
34	炼铁	11号高炉	7月12日	192	7月12日	130	
35	炼铁	分厂1号烧结机	7月12日	288	7月12日	311.5	拖期
36	二炼钢	2号转炉	7月15日	216	7月15日	195.8	
37	三钢轧	西区1号连铸机	7月6日	96	7月7日	96	
38	三钢轧	西区2号连铸机	7月10日	120	7月11日	100	
39	三钢轧	2150机组	7月6日	240	7月6日	242.7	拖期
40	三钢轧	西区1号LF炉	7月6日	120	7月7日	120	
41	三钢轧	2号LF炉	7月11日	120	7月11日	120	
42	冷　轧	4号线连退机组	7月12日	288	7月12日	281	
43	硅钢厂	2号连退机组	7月12日	600	7月12日	589.77	年修25天

（鞍钢股份公司设备保障部　石兴绵）

【降低采购成本，实现优质保供】 2010年，设备处按照全面提升设备备件供应能力，大力降低采购成本的工作思路，积极优化采购策略，拓宽降本增效途径。

扩大年度采购范围。完成通用件8大类、53项无库存协议续签及导入工作，有2项分别降价3%。专用件在完成2009年延续的15大类、66项、80份无库存协议的基础上，新增3大类、7项、10份无库存协议，降低采购成本300万元。

合理确定采购方案。坚持招标为主、审价为辅的原则，采取现场测绘、进口转化等方式，对独家、专利产品，打破行业垄断、创造招标条件，降低采购成本。针对采购市场形势的变化，及时掌握设备、备件、材料价格动态信息，提高确定价格的准确性。有效利用公司招标中心工作平台，对招标结果进行评审，最大限度地降低采购成本。

以保证鲅鱼圈、鞍凌、莆田等重点工程项目设备供应为中心，狠抓计划跟踪与合同执行。对制造周期长、生产难度大、质量要求高的关键、要害件，派驻人员驻厂监造催交，工地代表积极深入现场，及时协调解决问题，搞好现场服务。全年共派出监造、催交人员百余人次。

增强服务意识，主动征求生产厂意见和建议，改进工作。跟踪生产厂设备运行情况，掌握现场需求信息，克服时间紧、任务重的困难，做到及时准确供应，优质完成西区A转炉、新3号高炉、冷轧1号线联合机组、11号高炉等55项年修工程备件供应。

继续坚持24小时全天候供应。全年仓管中心节假日及夜间共计出勤收发料472人次。

【大力提升仓储管理水平】 2010年，设备处面对公司仓储管理新变化，立足现有条件，积极采取应对措施，调整仓储布局，强化实物管理，保证了设备备件收发、存储的正常工作秩序，满足了公司生产和改造的需求。全年，设备备件入库639.04万件/6.75万t，发出619.08万件/5.82万t，直付现场验收入库设备3659.61万件。

为适应公司取消直达直付及无库存设备备件的需要，克服人员少、存放场地紧张、机具设备老化等诸多困难，精心组织，科学安排，对仓储布局进行规划调整，共计归整设备备件1.56万件/1364t，腾倒出仓储面积3050m^2。针对露天货场设备备件品种多、存放区域范围大、查找困难的现状，在北区露天货场实行网格化定位的基础上，对南区露天货场设备存放场地进行网格化定位。以铁道为分界线，划分成7个区域，每个区域以东西走向为横坐标，南北为纵坐标，横向到边，纵向到头，采用八位五段式货位编制结构，对现场进行标识、定位，使现场实物与ERP系统设备货位形成科学、准确、合理的对应关系，实现了现场设备存放区域标识清晰，定位准确，物流有序，极大地提高了工作效率。按时完成线材、冷轧区域库搬迁，共搬迁备件5万余台（件）。为做好灵山库房搬迁准备，归整备件8.5万余件/2000多吨，腾空库内面积6400m^2，露天货场5000m^2。做好季度盘点工作，保证在库设备备件清楚，账目准确。全年累计保养量5.66万件/1.11万t。对原新轧1299万元报废备件送废钢处理。为配合扫描枪上线，提高库房定位准确率，对2～15号库库房内货架重新进行精确定位，采取对库房地面及货架进行10位货位编制，地面货位依据库房横、纵坐标原则进行编制，货架依据库房号、货架号、层号、位号原则进行货位编制，并将编制后的上万个货位编码及物料标签批量打印粘贴在指定位置，实现了标准化管理。开展“三红”竞赛，评选出红旗设备12台、红旗库房（区）18个，并颁发流动红旗。

（鞍钢股份公司设备处　李永华）

· 质量能源管理 ·

【质量工作综述】 2010年，集团公司及各子公司牢固树立“质量第一”的工作理念，加强对标、质量攻关、质量素质教育、标准制修订、质量管理体系完善、品牌战略建设等工作，推进质量发展战略工程，质量工作取得新业绩。2010年，30项重点技术经济指标和质量指标好于上年水平，25项指标创历史最好水平。鞍钢股份公司荣获“第十届全国质量奖”称号。

1. 钢材实物质量情况。（1）钢材、连铸坯质量特性改善，钢坯原品种合格率、钢材综合合格率、质量异议率比2009年分别提高0.23、0.07和降低0.21个百分点。钢材原品种成材率、钢材优等品率较年度计划指标分别提高0.87个百分点和0.91个百分点。（2）钢材实物质量有所下降，2010年钢材实物质量达到国际先进水平产量比率，比2009年降低4.33个百分点。

2. 过程产品质量情况。（1）生铁质量指标有所提高。生铁硫含量同比稳定。全年生铁一级品率同比升高0.56%；生铁硫同比下降0.05%。（2）外购原燃料条件有所降低，冶金焦质量保持稳定。洗精煤质量有所下降，外购原燃料合格率同比降低0.75个百分点；洗精煤灰分同比升高0.07个百分点；洗精煤硫分同比升高0.02个百分点；洗精煤合格率同比降低0.75个百分点；冶金焦灰分同比升高0.17个百分点；M_{40}同比提高0.47个百分点。（3）人造块矿质量有所提高。2010年烧结矿合格率、一级品率同比分别提高0.31个百分点、0.49个百分点；球团矿合格率、一级品率同比分别提高0.09个百分点、1.28个百分点；人造块矿品位同比下降0.42个百分点。

（4）铁精矿质量有所提高。2010年铁精矿品位同比提高0.03个百分点；铁精矿一级品率同比提高0.381个百分点。（5）石灰石、活性石灰质量有所提高。全年石灰石 S≤0.020，达标率为92.50%，同比提高1.53个百分点；活性石灰S≤0.022%，达标率为83.36%，同比提高8.18个百分点；活性石灰 CaO≥88%，达标率为98.53%，较年度计划指标提高4.53个百分点；烧结用小粒石灰 CaO 稳定率 70.10%，同比提高 0.27 个百分点。

3. 主要技术经济指标情况。鞍钢本部化工全焦耗洗煤同比降低2kg/t，鲅鱼圈化工全焦耗洗煤同比升高了9kg/t；本部矿石单耗同比升高5kg/t，鲅鱼圈矿石单耗同比升高5kg/t；本部高炉利用系数同比降低0.019t/（m^3·d），鲅鱼圈高炉利用系数同比提高了0.074t/（m^3·d）；本部综合焦比同比升高3kg/t，鲅鱼圈综合焦比同比降低1kg/t；本部入炉焦比同比升高2kg/t，鲅鱼圈入炉焦比同比降低10kg/t；本部喷吹煤粉同比降低2kg/t，鲅鱼圈喷吹煤粉同比提高2kg/t；本部高炉平均热风温度同比降低3℃，鲅鱼圈高炉平均热风温度同比提高17℃；本部综合成材率同比降低0.43个百分点，鲅鱼圈综合成材率同比降低0.68个百分点；本部钢铁料消耗同比增加7kg/t，鲅鱼圈钢铁料消耗同比减少7kg/t。

4. 开展质量管理小组活动。组织开展质量自主管理技术攻关活动，鞍钢4个QC小组被授予全国优秀质量管理小组，11个QC小组被授予冶金行业优秀质量管理小组，47个QC小组被授予辽宁省优秀质量管理小组，10个班组被授予辽宁省质量信得过班组。37个QC小组获鞍钢优秀质量管理小组一等奖，39个QC小组获鞍钢优秀质量管理小组二等奖。

5. 加强标准制修订工作。凭借核电用钢产品研发优势，承担核电用钢板国家标准制定工作，全年共完成6项国家标准及行业标准的制修订任务。积极争取将鞍钢的独有技术转化为国家标准，提出并承担了《钢铝复合用钢带》、《连铸钢板坯枝晶组织缺陷评级图》等4项标准制定工作，填补国家标准空白。鞍钢起草制定的“碳素结构钢和低合金结构钢热轧厚钢板和钢带”荣获国家标准创新贡献奖。全年制定并实施企业标准75项。

6. 加强产品认证及创优管理。一是完成鞍营两地热轧板、中厚板产品出口欧盟的CE标识的扩大认证，品种扩大至S420、S460强度级别。二是取得鞍营两地管线钢、无缝管、焊瓶钢特种设备许可证认证证书，完成鞍营两地的出口泰国钢材产品的TISI认证，开展对西门子公司的产品质量认证，完成韩国沃尔沃对鲅鱼圈厚板认证。三是开展鞍营两地热轧板、冷轧板、涂镀板、中厚板结构产品的JIS认证。四是开展无缝管API认证，对无缝管线管API 5L产品复审换证和无缝油井管API 5CT产品的扩大认证，完成了认证申请。五是组织化工厂、氧气厂生产许可产品的年审自查工作，取得了鲅鱼圈化工产品生产许可证的认证。六是组织建设集团机械分公司取得了由国家质检总局颁发的“一、二类压力容器生产制造许可证”。七是依据国家质检总局等相关部委规定，对矿业公司复州湾黏土矿、矿业公司大连石灰石水泥分厂、矿业公司弓长岭公司灯塔石灰石矿、建设公司、鞍钢集团水泥厂等5家已停产单位的水泥生产许可证进行了注销。

【实施名牌产品战略】 2010年鞍钢股份有限公司线材厂生产的“高速无扭控冷热轧盘条”和鞍钢钢绳有限责任公司生产的“重要用途钢丝绳”经过资格审查、专家评价、社会公示等环节，被辽宁省名牌战略推进委员会认定为2010年辽宁名牌产品。其中“高速无扭控冷热轧盘条”为新报产品，“重要用途钢丝绳”为续展产品。

【2010年度鞍钢6种产品荣获国家冶金产品实物质量“金杯奖”】 冶金产品实物质量“金杯奖”是由中国钢铁工业协会组织评定的，是中国钢铁产品实物质量水平认定达到国际同类产品水平的重要奖项，是业内唯一具有权威性的产品质量认定。为了体现企业高质量、高性能及关键冶金产品实物质量的先进水平，2010年，中国钢铁工业协会提出在“金杯奖”达标产品中推荐产生“特优质量奖”，为中国钢铁产品实物质量最高奖项，该奖项的产生对推动钢铁产品质量不断提高具有积极的促进作用。经过集团公司积极组织申报，鞍钢股份公司生产的43～75kg/m钢轨、船体用结构钢板、彩色涂层钢带、冷轧低碳钢板和钢带、集装箱用热连轧钢板和钢带、石油天然气输送管用热连轧宽钢带6种产品获得“金杯奖”。其中，船体用结构钢板获得“特优质量奖”，不仅意味着“鞍钢制造”的实物质量受到行业内的高度肯定，也为进一步巩固和扩大鞍钢品牌的市场影响力夯实了基础。

（集团公司科技质量部　韩晓东）

【开展质量管理小组活动】 2010年，集团公司进一步推进质量管理小组（简称 QC 小组）活动，广泛开展群众性技术创新活动，使质量管理小组活动紧紧围绕实现“四个转变”目标进行选题，并扎实、有效地开展工作，在改进质量、降低消耗、提高全员素质和增创经济效益等方面均取得显著成绩。经各级质量管理组织推荐、评选，鞍钢矿业公司齐大山铁矿浮选作业区 QC 小组等 4 个 QC 小组被授予全国优秀质量管理小组，鞍钢股份公司热轧带钢厂生产技术室 QC 小组等 11 个 QC 小组被授予冶金行业优秀质量管理小组，鞍钢股份公司炼铁总厂西区烧结乙班 QC 小组等 47 个 QC 小组被授予辽宁省优秀质量管理小组，鞍钢股份公司炼铁总厂球团甲班工段 QC 小组等 37 个 QC 小组被授予鞍钢集团公司优秀质量管理小组一等奖，鞍钢股份公司炼铁总厂新 2 号高炉 QC 小组等 39 个 QC 小组被授予鞍钢集团公司优秀质量管理小组二等奖；鞍钢股份公司热轧带钢厂 1780 线轧钢丙班等 10 个班组被授予辽宁省质量信得过班组；鞍山钢铁集团公司设备检修协力中心栗露同志被授予辽宁省质量管理小组活动优秀推进者，鞍钢股份公司第二炼钢厂李镇同志被授予辽宁省质量管理小组活动卓越领导者，鞍钢股份公司第二炼钢厂被授予辽宁省质量管理小组活动优秀企业。

【优秀质量管理小组名单】

一、全国优秀质量管理小组

1. 鞍钢矿业公司齐大山铁矿浮选作业区 QC 小组：提高铁精矿生产一级品率；

2. 鞍钢大孤山球团厂生产技术室选矿工艺 QC 小组：降低尾矿品位；

3. 鞍钢股份公司热轧带钢厂生产技术室精炼 QC 小组：降低 50AW800 硅钢夹杂废品率；

4. 鞍钢生产协力中心鲅鱼圈分部炼钢协力区 QC 小组：延长 450t 吊车钢丝绳寿命。

二、冶金行业优秀质量管理小组

1. 鞍钢股份公司热轧带钢厂生产技术室 QC 小组：减少工程机械钢 HQ460 牌号表面氧化铁皮量；

2. 鞍钢股份公司热轧带钢厂生产技术室精炼 QC 小组：降低低碳铝镇静钢 LF 精炼合金消耗；

3. 鞍钢股份公司大型轧钢厂机械作业区机械万能 QC 小组：降低万能轧机保持板设备故障；

4. 鞍钢股份公司冷轧厂信息化项目 QC 小组：冷轧数据挖掘的研究与开发；

5. 鞍钢股份公司冷轧厂轧辊探伤 QC 小组：冷轧辊无损检测技术的研发；

6. 鞍钢股份公司二炼钢厂生产技术室北连铸 QC 小组：提高 IF 钢碳小于 $20\times10^{-4}\%$ 比率；

7. 鞍钢股份公司中厚板厂中板线设备作业区 QC 小组：降低二辊主电机事故时间；

8. 鞍钢生产协力中心热轧一工区东部生产作业区中包整备 QC 小组：降低 ASP 连铸中间包水口钻钢事故率；

9. 鞍钢设备检修协力中心降低连退机组炉区水消耗 QC 小组：降低连退机组炉区水消耗；

10. 鞍钢铁路运输公司电务修建厂信号二车间 QC 小组：“LED”取代信号机灯泡降低故障率；

11. 鞍钢铁路运输公司运输总站生产技术 QC 小组：降低铁路货场行车事故率。

三、辽宁省优秀质量管理小组

1. 鞍钢股份公司炼铁总厂西区烧结乙班 QC 小组：提高混合料温度；

2. 鞍钢股份公司第三炼钢连轧厂 RH 精炼 QC 小组：提高 IF 钢处理后碳小于 $20\times10^{-4}\%$ 的比率；

3. 鞍钢股份公司化工总厂北煤车间 QC 小组：减少四、六送煤配煤波动；

4. 鞍钢股份公司无缝钢管厂生产技术室 QC 小组：提高石油套管原品种成材率；

5. 鞍钢股份公司质检中心炼铁化验室 QC 小组：提高不规则生铁 X 荧光分析结果的准确性；

6. 鞍钢股份公司热轧带钢厂粗轧区域 QC 小组：提高 1780 线宽度均匀性及命中率；

7. 鞍钢股份公司冷轧厂 1 号线成材率 QC 小组：降低 2.0mm 以上料平擦伤废品率；

8. 鞍钢股份公司冷轧厂彩涂线工艺质量 QC 小组：降低彩涂板麻点缺陷废品率；

9. 鞍钢股份公司冷轧硅钢厂生产技术室 QC 小组：提高冷轧硅钢碱洗质量；

10. 鞍钢股份公司冷轧硅钢厂生产技术室 QC 小组：提高硅钢连退工序成材率；

11. 鞍钢股份公司能源动力总厂供电分厂变六作业区 QC 小组：鞍钢厂区路灯自动开闭装置；

12. 鞍钢股份公司计量厂衡器作业区 QC 小组：秤轨运输小车的研制；

13. 鞍钢股份公司第二炼钢厂生产技术室“超越”QC 小组：提高 IF 钢氮小于 $20\times10^{-4}\%$ 合格率；

14. 鞍钢股份公司二炼钢厂生产技术室“炉火”QC 小组：提高转炉留渣比率；

15. 鞍钢股份公司鲅鱼圈钢铁分公司煤气净化作业区 QC 小组：改善环保外排水指标；

16. 鞍钢股份公司鲅鱼圈钢铁分公司炼铁部2号高炉作业区QC小组：$4000m^3$大高炉开炉公关；

17. 鞍钢股份公司鲅鱼圈钢铁分公司表面质量控制QC小组：降低热轧带钢麻点封锁率，提高表面质量；

18. 鞍钢股份公司鲅鱼圈钢铁分公司宽度精度QC小组：提高宽度精度，降低Q235B拉钢发生率；

19. 鞍钢股份公司中厚板厂中板线热轧作业区QC小组：提高薄钢板板形合格率；

20. 鞍钢股份公司第一炼钢厂连铸作业区QC小组：降低板坯废品率；

21. 鞍钢矿业公司大孤山铁矿回收车间QC小组：排土场的矿石回收；

22. 鞍钢齐大山选矿厂二选车间QC小组：延长介质盒使用周期；

23. 鞍钢齐大山选矿厂破碎车间QC小组：提高粗破台时；

24. 鞍钢大孤山球团厂原料作业区QC小组：提高生球落下强度；

25. 鞍钢东鞍山烧结厂活性灰生产QC小组：提高活性灰中有效CaO含量；

26. 鞍钢矿业公司眼前山铁矿铁运车间机务乙班QC小组：降低电力机车传动装置齿轮的失效数量；

27. 鞍钢矿业公司齐大山铁矿磨磁作业区QC小组：提高球磨机的利用系数；

28. 鞍钢矿业公司动力厂计量分厂东烧QC小组：降低烧结机主轴系统事故停机故障率；

29. 鞍钢矿业公司设计研究院岩土工程勘察QC小组：提高在黏性土层中冲击钻进的工作效率；

30. 鞍钢矿业公司设备检修协力中心汽修工区工程机械QC小组：缩短斯太尔汽车刹车盘拆卸时间；

31. 鞍钢矿业公司弓矿公司井下铁矿80m车间QC小组：提高矿石回收率；

32. 鞍钢矿业公司弓矿公司井下铁矿采准车间QC小组：高效光面爆破方法的研究；

33. 鞍钢重机公司锻造厂加工车间QC小组：提高曲拐取试效率；

34. 鞍钢重机公司锻造厂水压机车间QC小组：提高8000t水压机轴类锻件的钢锭利用率；

35. 鞍钢生产协力中心炼铁工区环保作业区QC小组：19转除尘排放达标攻关；

36. 鞍钢生产协力中心热轧一工区西部成品作业区QC小组：提高管线钢试样机械性能检验合格率；

37. 鞍钢生产协力中心炼钢工区东部生产作业区QC小组：降低钢水罐渣线轧钢频次；

38. 鞍钢设备检修协力中心炼钢工区北运行作业区污水处理QC小组：降低转炉浊环水悬浮物；

39. 鞍钢设备检修协力中心冷轧工区原燃料作业区电气QC小组：降低卷扬电动机烧损量；

40. 鞍钢设备检修协力中心鲅鱼圈分部焦化协力区电气QC小组：降低皮带PLC控制系统断电故障率；

41. 鞍钢设备检修协力中心动力工区第二检修作业区南钳QC小组：二转炉鼓风机密封装置技术改进；

42. 鞍钢铁运公司铁路修建厂维修二车间QC小组：应用辙叉线上修复技术延长辙叉使用寿命；

43. 鞍钢铁运公司机车厂北部车间生产技术QC小组：北煤车组漏料的预防与控制；

44. 鞍钢建设公司机电安装分公司机装四队第三QC小组：提高不锈钢管道安装质量；

45. 鞍钢自动化公司鞍钢1450连续退火线QC小组：鞍钢1450连续退火线；

46. 鞍钢矿建公司建筑一公司综合QC小组：运用QC方法，确保鞍钢28变电所改造工程框架柱混凝土施工一次成优；

47. 鞍钢铁路运输设备公司铸钢攻关QC小组：铁路货车用13号车钩的质量控制。

四、鞍钢优秀质量管理小组

一等奖

1. 鞍钢股份公司炼铁总厂球团甲班工段QC小组：优化焙烧提高成品球抗压；

2. 鞍钢股份公司炼铁总厂新1号高炉QC小组：年煤比达到180kg/t攻关；

3. 鞍钢股份公司化工总厂一回收作业区QC小组：降低和稳定废水氨氮指标；

4. 鞍钢股份公司无缝钢管厂热一作业区QC小组：减少轧管机直道缺陷；

5. 鞍钢股份公司质检中心点检室攻无不克QC小组：提高铁化热反应设备可开动率；

6. 鞍钢股份公司能源动力总厂发电分厂生产室QC小组：增加制水量，节能降耗；

7. 鞍钢股份公司计量厂冶炼作业区化工班QC小组：化工厂四炼焦2号焦炉吸力控制系统完善；

8. 鞍钢股份公司一炼钢厂技术室2号方坯QC小组：提高重轨首罐探伤合格率；

9. 鞍钢矿业公司齐大山选矿厂生产技术部QC

小组：降低水单耗；

10. 鞍钢矿业公司东鞍山铁矿运输车间机车班QC小组：减少单位开闭器故障烧损而回修次数；

11. 鞍钢矿业公司齐大山铁矿铁运作业区技术质量QC小组：降低电机车主电机风筒故障率；

12. 鞍钢矿业公司动力厂计量分厂电工班QC小组：降低电能表零线错误接线引起计量误差增大率；

13. 鞍钢矿业公司供销公司销售室QC小组：降低销售成本；

14. 鞍钢矿业公司弓矿公司弓选厂过滤车间QC小组：降低盘式过滤机精矿水分；

15. 鞍钢矿业公司弓矿公司露天矿质地车间QC小组：降低矿石输出混岩率；

16. 鞍钢矿业公司弓矿公司井下铁矿－220m西车间生产QC小组：提高采矿巷道光爆效果；

17. 鞍钢矿业公司弓矿公司井下铁矿西北车间生产QC小组：提高矿石回收率；

18. 鞍钢重机公司金属结构厂技术科QC小组：攻克大型水轮基座环制作难关；

19. 鞍钢重机公司设计研究院通用机械QC小组：8000t水压机上横梁复造设计攻关；

20. 鞍钢重机公司北部机械厂煤气炉QC小组：大工件固体渗碳技术的研发；

21. 鞍钢重机公司西部机械厂滑板产品攻关QC小组：提高轴承座滑板加工质量；

22. 鞍钢重机公司轧辊厂技术开发科QC小组：解决离心轧辊亮斑问题；

23. 鞍钢重机公司灵山机械厂现场修复QC小组：确保1780定宽机牌坊修复任务圆满完成；

24. 鞍钢重机公司灵山机械厂技术科09第三QC小组：保障上横梁加工质量；

25. 鞍钢重机公司灵山机械厂重型车间甲班第一QC小组：保证克虏伯底部壳体同轴孔精度要求；

26. 鞍钢重机公司灵山机械厂加工车间乙班第一QC小组：保障宝钢渣罐的制造质量；

27. 鞍钢生产协力中心炼铁工区副产作业区QC小组：二期生物脱氮外排水COD指标达标；

28. 鞍钢生产协力中心热二工区大型吊车作业区QC小组：钳式吊车控制系统局部改进实现故障率为零；

29. 鞍钢生产协力中心鲅鱼圈分部炼钢协力区白区QC小组：提高烧结白灰输出量满足炼铁生产需求；

30. 鞍钢设备检修协力中心炼铁工区煤焦检修作业区QC小组：6m焦炉拦焦车吊辊改进；

31. 鞍钢设备检修协力中心长材工区大型检修作业区QC小组：降低1150轧钢机工作辊道故障率；

32. 鞍钢设备检修协力中心鲅鱼圈分部炼钢协力区电气QC小组：降低连铸机引锭杆自动回收检测光电装置的故障率；

33. 鞍钢设备检修协力中心鲅鱼圈分部轧钢协力区1580线精轧机械QC小组：提高1580线精轧机移动块检修工效；

34. 鞍钢铁运公司铁路修建厂维修三车间QC小组：采用土工膜整治线路低接头翻浆冒泥；

35. 鞍钢建设集团公司一分公司第七项目部QC小组：提高大面积混凝土地坪的施工质量；

36. 鞍钢矿渣开发公司微粉车间技术攻关QC小组：保证磨机高产稳产运行；

37. 鞍钢设计研究院土建QC小组：鞍钢鲅鱼圈3.8m中厚板厂房优化设计。

【辽宁省质量信得过班组名单】

1. 鞍钢股份公司热轧带钢厂1780线轧钢丙班；

2. 鞍钢股份公司冷轧厂2号线生产作业区丁班平重班；

3. 鞍钢股份公司鲅鱼圈分公司炼铁部烧结作业区丁班；

4. 鞍钢股份公司鲅鱼圈分公司炼钢部炼钢作业区甲班；

5. 鞍钢矿业公司东鞍山铁矿运输车间机车班；

6. 鞍钢矿业公司供销公司眼矿供应站备件班；

7. 鞍钢重机公司质量控制管理中心灵山探伤班；

8. 鞍钢生产协力中心鲅鱼圈分部炼铁协力区煤粉班；

9. 鞍钢设备检修协力中心冷轧工区冷轧作业区4号线配管一班；

10. 鞍钢集团铁路运输公司铁路修建厂高炉点检班。

（集团公司科技质量部　张　刚）

【开展质量月活动】 2010年9月，鞍钢下发了《关于开展"2010年质量月"活动通知》，在全公司范围内开展了以"抓质量水平提升，促发展方式转变"为主题的"质量月"活动。鞍钢制定了活动指导思想，提出了活动目标，明确了"加强组织领导、把握活动重点、引导全员参与"等三项要求。统一组织开展了全面质量管理知识培训、推出质量月专栏报道、推广先进质量管理方法、推进用户满意工程实施、实施质量品牌建设工程、召开质量管理现场经验交流会、开展群众性质量改进和攻关活动等七项活动。一是开展全面质量管理知识培训。按照中国质量协会“提高新一轮质量知识普及教育培训参与率”的要求，围绕普及卓越绩效模式、精益生产、六西格玛管理、可靠性工程等先进质量管理方法，依托教育培训中心举办了两期全面质量管理知识培训，共培训基层质量相关人员300人。二是推出质量月专栏报道。为重点宣传各单位在精品文化、名牌强企、自主创新、质量管理等方面的先进经验和做法，以《鞍钢日报》等新闻媒体为交流平台，推出了“质量月”专栏报道，共计刊登发表近20篇质量专题文章。三是推广先进质量管理方法。以申报2010年全国质量管理奖和辽宁省省长质量奖为契机，推进《卓越绩效评价准则》国家标准实施。为培养一批符合企业要求的质量管理专业人才，组织各单位做好职工报名参加质量经理职业资格考试和注册六西格玛黑带考试工作。四是推进用户满意工程实施。以树立“用户满意就是我们的工作标准”为工作理念，开展了走访用户活动，了解和掌握了重点产品的顾客满意度和市场认同度，针对用户反映出来的意见和建议迅速整改。五是实施质量品牌建设工程。以打造拳头产品、创建精品工程为目标，严格细化工艺改进、技术攻关、生产控制、设备运行、产品研制、销售服务等各环节，有2个产品获得辽宁省名牌产品。六是组织召开质量座谈会、研讨会。围绕质量主题开展大讨论活动，组织各单位召开质量管理经验交流会、工程质量现场会和质量工作研讨会，对制约单位发展的关键问题进行分析定位，制定出详细的解决措施并逐一加以落实。七是开展群众性质量攻关和竞赛活动。为解决制约鞍钢发展的关键质量问题，组织各单位开展了提合理化建议、群众性质量改进和攻关活动以及岗位练兵、质量知识和技能竞赛活动，带动了鞍钢生产流程和工艺的优化和改进。

（集团公司科技质量部　韩晓东）

【标准化管理工作】 2010年，鞍钢组织制定企业标准1项，工艺技术规程5项，并加入钢铁物流关键技术标准化研究项目工作，参与行业标准起草工作。

1. 组织制定QJ/AG 1000.02.08—2010《弓长岭矿业公司选矿厂工艺技术规程》，并以钢标发〔2010〕1号“关于发布鞍钢集团矿业公司工艺技术规程的通知”发布实施。

2. 组织制定AJT 47—2010《动力煤技术条件》企业标准，并以钢标发〔2010〕2号“关于发布《动力煤技术条件》企业标准的通知”发布实施。

3. 组织制定鞍钢矿业公司4项工艺技术规程，并以钢标发〔2010〕3号“关于发布鞍钢集团矿业公司四项工艺技术规程的通知”发布实施，分别为：QJ/AG 1000.02.02—2010《鞍钢集团矿业公司工艺技术规程　露天采矿工艺技术规程》、QJ/AG 1000.02.08—2010《鞍钢集团矿业公司工艺技术规程　大孤山球团厂球团工艺技术规程》、QJ/AG 1000.02.09—2010《鞍钢集团矿业公司工艺技术规程　弓矿公司球团一厂工艺技术规程》、QJ/AG 1000.02.10—2010《鞍钢集团矿业公司工艺技术规程　弓矿公司球团二厂工艺技术规程》。

4. 组织加入钢铁物流关键技术标准化研究项目工作。全国物流标准化技术委员会已正式宣告启动“重点物流领域关键技术标准”项目，这是中国首次编写物流领域行业标准，组织鞍钢股份鲅鱼圈钢铁分公司以集团公司名义加入钢铁物流关键技术标准化项目研究，以参与行业标准起草工作，掌握钢铁物流行业运作主动权。

5. 组织鞍钢矿业公司参与“铁矿石产品等级的划分”冶金行业标准起草工作。

6. 鞍钢股份公司2010年完成国家标准、行业标准6项、企业标准74项。

（集团公司科技质量部　张　刚）

【能源管理】 2010年是完成“十一五”节能减排目标的最后一年，鞍钢股份公司通过落实国家节能减排工作方案，加快淘汰高耗能、高排放的落后工艺和设备，把源头治理与改造和管理相结合，全面完成“十一五”节能减排目标，进入国内钢铁企业节能减排先进行列。

1. 克服困难，推进节能技术进步，能耗指标再创佳绩。2010年鞍钢股份公司本部按照生产经营计划，克服新3号高炉等主体设备集中检修、夏季煤气大量过剩、原燃料和焦炭质量波动等困难，优化组织能源系统运行，积极消化生产阶段不平衡等因素影响，通过加强预测、精心安排、细化管理，不断推进节能技术进步，能耗指标实现全面进步，完成集团公司下达的各项能耗目标。2010年鞍钢股份本部吨钢综合能耗、吨钢耗新水分别比年计划降低3kg和0.03t，比上年吨钢综合能耗

(标煤)增加3kg，吨钢耗新水降低0.26t，若以吨钢综合能耗计算与年计划对比节能4.58万t标煤，折合价值约0.66亿元。转炉煤气回收总量11.49亿m^3，吨钢转炉煤气回收完成75.26m^3/t，余热蒸汽(含余热水)回收1048.19万GJ，其中，炼焦干熄焦蒸汽回收455.81万GJ。高炉TRT发电量完成4.38亿kW·h，吨铁TRT发电量完成27.91kW·h/t。二发电厂CCPP发电量完成18.63亿kW·h，比上年增加1.16亿kW·h。

2. 加强能源管理，大力降低消耗。2010年通过不断加强能源管理，深入对标挖潜，实施能源系统优化运行措施，努力降低各工序能耗。提前预测、有效调整，积极消化主体设备检修，高炉、焦炉煤气阶段不平衡的不利因素，根据煤气平衡及供热平衡情况，积极调整保障一发电锅炉及二发电厂CCPP合理运行，有效减少煤气放散量，大力降低外购燃料消耗。2010年综合能耗实际完成比2009年同期降低13.0kgce/t，降幅1.78%；吨钢耗新水同比降低0.26t/t，降幅5.38%。两项主要能耗指标实现历史最好水平。二发电CCPP机组2010年发电量为18.63亿kW·h，比上年同期增加1.16亿kW·h，增幅6.64%

3. 合理调整运行方式，提高能源回收利用水平。2010年，在能源回收利用方面，始终坚持以保障二发电厂CCPP机组生产稳定为重点，充分发挥15万m^3焦炉煤气柜、4座转炉煤气柜和2座30万m^3高炉煤气柜的“削峰填谷”作用，实施动力系统提前预测、平衡，根据公司大生产实际情况动态调整运行方式和方案，积极消化焦炉、高炉、转炉煤气阶段不平衡的矛盾，积极发挥发电分厂中央电站作为二次能源转换中心的作用，充分消化副产煤气、余热蒸汽过剩的双重压力，减少外购燃料消耗和电力。加强回收副产余热余能，实现转炉煤气、余热回收(包括CDQ、余热水及余热汽)及TRT发电等余能利用再上新台阶。2010年转炉煤气回收完成11.49亿m^3，同比增加1522万m^3；吨钢转炉煤气回收75.26m^3/t，同比降低0.19m^3/t，基本持平。加强TRT设备维护，稳定高炉操作，炼铁与燃气加强信息沟通，确保高炉TRT运行稳定。开展专项对标竞赛，TRT发电指标实现历史性突破。全年TRT累计发电量4.38亿kW·h，比上年同期增加0.75亿kW·h；吨铁TRT发电量27.9kW·h/t，同比增加4.1kW·h/t，增幅较大，达到17.23%。全年余热蒸汽回收740.68万GJ，同比增加28.38万GJ，主要是通过加强化工干熄焦CDQ、炼钢厂转炉蒸汽的回收和并网利用，大幅度提高余热蒸汽的回收，取得增加蒸汽回收的效果显著。

(鞍钢股份公司产品制造部　王靖萍)

·节能减排·

【节能减排工作综述】 2010年鞍钢主要节能减排指标达历史最好水平，吨钢综合能耗比2009年降低18kg标准煤，降低比例为2.49%；节能39万t标准煤。“十一五”期间鞍钢累计节约269万t标准煤，完成向国家承诺“十一五”期间节能目标200万t标准煤的134.5%。吨钢耗新水比2009年降低0.35m^3，降低率7.53%，节水758.0万m^3。吨钢综合能耗、吨钢耗新水全面超额完成了国资委给鞍钢下达的目标。二氧化硫排放比2009年降低4%；吨钢烟粉尘排放达到2.0kg，比2009年降低26.7%。

2010年，鞍钢坚持以科学发展观为指导，着力转变发展方式，创新节能减排技术应用和项目管理载体，积极探索建立钢铁工业绿色样板工厂，取得了明显成效。鞍钢节能减排工作得到了国务院和国资委的认可，在国务院和国资委召开的节能减排工作会议上，鞍钢作为唯一企业代表作经验汇报。获得工信部命名的首批“信息化与工业化融合促进节能减排试点示范企业”称号。

坚持科学发展观，建设资源节约型、环境友好型企业。按照“3R”原则，通过技术改造升级，加大节能减排投入和管理力度，促进节能减排，同时提高余能余压回收利用，二次能源利用效率逐年提高。主要实施了烧结余热发电改造、余能余热利用、电机节能、绿色照明、饱和蒸汽发电、鲅鱼圈外供华能电厂煤气利用等节能项目。

【节能减排规划管理措施】 1. 发展规划：按照国家建设资源节约型、环境友好型社会的相关要求和国务院国资委对中央企业节能减排的管理目标，认真贯彻落实科学发展观，致力于建设资源节约型和环境友好型的钢铁企业，打造“绿色制造、绿色经营”的样板型钢铁基地，注重资源开发与资源综合利用并举，积极发展循环经济，确立企业节能减排的战略发展思路，实现经济效益、生态效益和社会效益相统一，力争节能环保工艺技术和指标实现国内领先、国际先进水平。高标准建设鲅鱼圈绿色钢铁基地，到2012年鲅鱼圈钢铁基地主要节能减排指标达到同行业领先水平；加快鞍山本部钢铁基地更新改造步伐，到2012年鞍山本部钢铁基地主要节能减排指标要达到同行业先进水平；优化资源整合，发挥协同效应，做精钢铁、优化资源、做强企业，积极实施低碳经济、循环经济和绿色制造，建成一批节能、环保和低碳的示范工程。

2. 管理机制：进一步强化和规范节能减排管理工作，安全环保部在集团公司节能减排委员会部署下，安排和指导集团所属子公司及基层厂矿的节能减排工作，将节能减排工作作为生产经营计划的重要内容，通过按月通报和分析节能减排指标完成情况、按季度实施绩效考评、现场检查和测评等管理手段，形成了有效的监控和管理体系。创新节能管理经验和模式，建立节能管理项目和技术创新平台，制定和实施《鞍山钢铁集团公司合同能源管理暂行办法》。建立健全具有可操作性的节能减排管理体系和指标考核体系，按照集团节能减排监察管理制度进行监督检查和考核，发现问题及时治理和整改，节能规章制度严格执行落实。

3. 管理措施：提高认识、转变观念，明确目标和措施，落实责任，强化约束和激励，逐级分解落实节能减排指标和任务，把节能减排指标纳入集团整体发展战略规划、各级单位生产经营计划和领导战略绩效考评体系中。实施集团、二级公司和基层单位节能减排通报制度，抓好考评落实。落实节能减排制度，从规划设计开始，实施源头治理，大力推进重点节能减排治理项目；继续淘汰落后生产工艺设施；加强与国外先进企业交流、学习与合作，开展钢铁企业节能减排工艺技术研究、创新和应用，在钢铁行业节能减排和新能源示范技术及工程项目上实现突破和领先。利用合同能源管理机制和平台，促进节能环保技术进步和治理项目及时立项实施，发挥鞍钢研发、设计、施工、制造能力。针对各单位存在问题、差距和不足进行立项治理和创新，保证节能减排目标的实现。

【节能减排技术措施】 2010年节能减排项目投资7.94亿元，年可实现节能32.02万t标准煤。“十一五”以来累计投入节能减排专项资金79.44亿元。“十一五”期间，通过加强管理、淘汰落后和技术进步，节能减排指标持续改善，主要节能减排指标已经达到同行业先进水平。

1. 经过近几年大规模淘汰落后，鞍钢落后工艺和装备基本淘汰完毕，主体工艺装备达到世界先进水平，其中鲅鱼圈钢铁基地达到行业领先水平。

2. 持续推进技术进步

（1）鞍凌钢铁基地建成投产。鞍凌钢铁基地是鞍钢钢铁主业跨地区发展战略的重要组成部分，该项目是贯彻落实国务院关于振兴东北老工业基地战略部署，加快辽宁省钢铁工业结构调整步伐，支持辽西和朝阳市产业结构升级的重要举措。坚持“自主创新”与“集成创新”相结合，按照循环经济和清洁生产的要求，采用先进的节能环保措施生产工艺，配备了行业一流的节能环保工艺装备，该项目达产后，能耗、环保等技术经济指标均可达到行业领先水平。

（2）余能回收水平大幅度提高。通过加强余热蒸汽回收利用，开发转炉煤气利用新途径，关键余能回收指标的对标，建设饱和蒸汽发电设施实现转炉余热蒸汽的分质利用，不断改善工艺、装备、操作技术水平，使余能回收水平有了较大幅度的提高。2010年，转炉煤气回收量达到16.96亿m^3，比2009年增加12.31%；余热蒸汽回收量1301万GJ，比2009年增加1.56%；高炉煤气放散率为1.94%；高炉炉顶余压发电（TRT）发电量达到6.59亿kW·h，比2009年增加22.89%。

（3）提高能源转换效率。充分发挥具有世界领先水平鞍山本部300MW、鲅鱼圈150MW的CCPP机组的作用，CCPP机组发电量达到29.76亿kW·h，比2009年增加12.97%，该机组转换效率高达48%以上，比常规锅炉发电机组高出13%，相当于年可节能12.9万t标准煤；鞍钢CDQ发电量为2.74亿kW·h，比2009年增加6.21%。

（4）主要节能减排项目初步发挥效果。三烧余热发电、鲅鱼圈烧结余热发电、饱和蒸汽发电、华能电厂利用煤气、绿色照明、二发电南厂增加电容无功补偿系统等一批节能项目的顺利实施，发挥出节能减排效果。其中：鞍钢鲅鱼圈供华能营口电厂煤气8月投产以来运行稳定，平均送量达到3.0万m^3/h以上；利用烧结机环冷烟气余热，采用双压余热锅炉高效回收烟气余热，烟气循环利用，汽轮机双进汽设计提高发电效率，烧结蒸汽余热发电年可节能3.0万t标准煤；利用夏季余热蒸汽富余，选择在炼钢余热蒸汽集中富余地区建设饱和蒸汽发电机组，采用进口设备和系统，一键式启、停，充分、高效利用炼钢转炉的余热蒸汽，饱和蒸汽余热发电年可实现节能1.2万t标准煤。

（5）清洁能源使用。2010年鞍钢鲅鱼圈7台风力发电机组发电量比2009年增加298%，厂区内办公楼、综合楼及路灯用电全部使用风电清洁能源，研究实现电力特性与轧机电气传动系统的匹配，使风电用于供电生产；利用太阳能热量，鞍钢鲅鱼圈新区建成6座太阳能热水装置，用于满足厂内六座综合生活区（炼焦综合楼、炼铁综合楼、炼钢综合楼、热轧厚板综合楼、CCPP综合楼及综合办公大楼等）员工热水洗浴需求，每年可减少5800t标煤的消耗。

（6）资源利用。西大沟工业污水深度处理工程顺利投产，处理水量2000m^3/h，达到工业新水标准，替代新水供应冶金工厂生产使用；建成120t海水淡化项目，向行政办公大楼提供生活用水，每年可供应生活用水4.38万t。

（集团公司安全环保部　杨大力　王柏青）

· 安全环保厂容 ·

【安全生产工作综述】 2010年，鞍钢深入学习实践科学发展观，坚持“以人为本，安全发展”的理念，严格贯彻“安全第一，预防为主，综合治理”的安全生产方针，认真落实《国务院关于进一步加强企业安全生产工作的通知》，以全面开展安全生产标准化为主线，创新安全管理方法和载体，扎实有效落实安全生产各项工作，安全生产取得长足进步。全年实现较大及以上生产安全事故为零、发生一般生产安全事故15起（其中：死亡事故1起、重伤事故为零、轻伤事故14起），千人负伤率为0.12‰。与上年相比事故总量减少6起，减少比例为28.6%，千人负伤率下降32.2%，完成全年安全生产工作目标并创历史最好水平。

【落实主体责任，创新工作方法，开创安全生产新局面】 一是进一步落实安全生产主体责任，安全生产机制、体制建设得到加强和提升。根据《国务院关于进一步加强企业安全生产工作的通知》和国家安监总局、国资委相关要求及指导意见，组织各级领导学习领会国务院通知精神，形成要实现新形势下高水平安全生产，对安全工作的认识必须有创新和突破的共识，上下共同树立“企业最大的价值是员工的生命，最高的责任是安全，安全生产是各级领导的第一责任、第一要务，是员工的第一素质和需要，是公司上下的第一目标”的安全生产价值观。制定下发《鞍山钢铁集团公司煤气及其他有毒有害气体安全管理基本规定》和《鞍山钢铁集团公司受限空间作业安全管理规定》。组织三期单位主要负责人、安全管理人员培训班，培训主要负责人、管理人员600余人，规范、指导并强化危险性较大作业管理。对照《通知》要求，完善安全生产机制体制，强化安全生产工作。房产集团、重机公司以及鞍钢股份公司所属化工厂、热轧厂等单位成立了独立的安全机构或充实了安全生产管理人员。矿业公司组织指导所属两家井下矿山，严格按照规定的人员、班次、计划等建立领导下井带班制度。

二是全面开展安全标准化工作，并取得初步成果。2010年，公司组织各单位全面开展安全标准化工作，对管理标准化、操作标准化和现场标准化分阶段、有序推进。先后采取专题培训、到厂服务、专题座谈、集中讲座等方式，组织多次培训班和宣贯会议，促进各单位人员对标准化工作的理解和掌握，为各单位安全标准化工作的顺利开展创造条件。各单位成立工作推进小组，分解工作任务，按照一季度以管理标准化为重点、二季度以操作标准化为重点、三季度以现场安全标准化为重点的阶段目标开展工作。进行文件的承接和转化，实施管理制度的评审和修订，全年修订完善制度文件216个，编制标准化作业指导书9万余份，夯实了基层和基础安全工作。2010年末，有80家基层厂矿通过自评、二级单位评审和集团公司评审，其中38家厂矿被评为公司安全标准化一级企业、42家厂矿被评为公司安全标准化二级企业。在2010年7月召开的辽宁省冶金企业安全生产标准化现场会上，鞍钢的安全生产标准化工作得到参会的国家总局领导和省局的充分肯定。

三是强化应急管理，应急处置能力得到加强。2010年3月，公司重新修订下发了《鞍山钢铁集团公司生产安全事故综合应急预案（第一次修订版）》，报送和通过国家应急救援指挥中心组织的评审，6月完成了《鞍山钢铁集团公司防汛应急预案》的制定。7月3日组织开展了集团公司首次模拟危险化学品泄漏、火灾综合实战应急救援演练，应急抢险、消防保卫、医疗抢救、现场检测等相关部门和协作单位全部参加，90余人和15台各种车辆合成演练。通过实战演练过程，锻炼了队伍、检验了应急响应程序、应急措施和抢险救援装备，收到了预期效果。全年投入资金1000多万元，用于应急器材的配备和物资储备，组织开展各种类型应急救援演练263次，8400余人次参加，基本做到了基层车间开展一次逃生演练，厂、矿开展一次专项演练，公司开展一次综合演练。落实国家安监总局和中华全国总工会下发的《关于开展全国安全生产应急知识竞赛活动的通知》，组织全公司11万职工参加了安全生产应急知识竞赛，获得了国家安全监管总局、全总颁发的优胜单位奖。

四是积极开展安全大检查，全方位排查治理安全隐患。根据《国家安全监管总局关于开展冶金企业煤气安全管理专项检查的通知》和国务院国资委3.11、4.2安全工作会议精神，全方位排查治理隐患。各单位按照《鞍山钢铁集团公司安全生产事故隐患排查奖励办法（试行）》，结合全员安全评价、危险辨识、设备管理、生产点检等工作，实施全员隐患排查。公司主管领导亲自带队，对4座尾矿库、1座灰渣库和玉石水库等6个安全、防汛的重大危险源进行检查。全年总计排查出各类安全生产隐患4306项，整改4221项，隐患整改率为98%，有效提高了职工作业环境本质安全水平。

五是扎实开展全员安全评价，营造安全文化氛围。利用报纸、局域网、安全会等各种有效形式，广泛开展“安全生产月”活动的宣传、发动和部署工作。全公司总计悬挂安全旗405面、安全横幅439幅，制作宣传板、宣传漫画和挂图522块，安全征文72篇、发放安全宣传光碟303张。集团工会、团委、企业文化部和安全监察部共同举办“杰出班组长过关挑战、安全知识擂台赛”，21个单位的210名班组长经笔试、预赛、复赛和决赛，8名优秀班组长脱颖而出。全面推进全员持证上岗和操作标准化作业指导书编制工作，采取理论考试和实际操作考核相结合的原则，对经“双考”合格并通过所在班长、车间主任确认具备上岗条件的职工发放安全生产上岗证，全公司共培训、考试、考核和发放职工上岗证40000余张，促进了职工安全操作技能的提高。鞍钢遵循以危险源控制为核心的现代化安全管理理念，组织各单位以班组为单位全面梳理本班组所有作业种类，明确每项作业的操作步骤，辨识出每个操作步骤中存在的危险因素，结合安全规程、制度对此类作业的规定，编制作业指导书，解决了制度、规程指导性不强、功能模块化差问题，在指导职工安全操作方面收效明显。全方位开展安全教育培训。结合安全生产咨询日，组织7万名职工参加了鞍山市开展的安全知识有奖问答活动；开展“职业安全健康管理办法”培训和“煤气安全管理”专项培训，培训安全管理人员和工程、设备管理人员540人；组织收看《人命关天》安全警示电影和《安全发展，预防为主》安全警示光碟3.28万余人次；组织安全生产应急培训、防触电培训、干部安全责任培训和标准化培训4.03万人次；组织生产监测中心等单位完成全公司近3万人特种作业、特种设备作业资格证的办证和复审培训工作。集团公司工会组织了对各单位工会系统劳动保护员的专项培训和“安康杯”竞赛。集团公司团委组织了各单位开展创建青年安全生产示范岗和青年安全监督岗活动。以上工作有效提升了职工安全综合素质和自主管理水平。

六是落实监管责任，相关方安全管理得到加强。依据相关方安全管理办法，组织各单位对相关方单位的安全资质、人员的教育培训、安全协议签订、相关方人员施工作业过程和重点工程项目进行检查和评审，对新建投产项目单位的安全管理进行重点指导和监管。各单位按照维修、生产、劳务派遣、承包租赁等不同类别的相关方的性质和特点，严格资质审查确认，进一步明确、细化双方在安全管理中的责任和界面，签订安全生产协议，落实管理措施，加强了对相关方安全的监管。集团人力资源部制定《鞍山钢铁集团公司对劳务派遣单位准入管理办法（试行）》，并组织有关部门对劳务派遣单位准入资格进行了审验，公布合格派遣单位名录。生产协力中心就与鞍钢股份公司、相关方三方关联的情况，与各生产厂签订了相关方补充条款；房建集团、矿建公司等单位制定制度和流程，规范相关方选择、协议签订、监督检查、事故处理等管理措施，起到了有效约束作用。

七是完善制度，规范职业健康管理。根据国家安监总局《作业场所职业健康监督管理暂行规定》等法规，鞍钢组织重新制定了《鞍山钢铁集团公司职业健康管理办法》，加强和规范职业健康管理。并将职业健康工作的危害因素监测、职工健康检查、在岗职工患职业病等指标纳入新修订的《鞍山钢铁集团公司安全管理考核规定》和2010年绩效考评中，促进职业健康管理工作的进一步落实。2010年全公司共完成职工的职业健康检查4万人次，基本覆盖接触职业危害因素的岗位作业人员；完成各种职业危害因素现场检测17748点，其中岗位粉尘综合合格率达到92.68%，比年初目标提高0.68个百分点。2010年11月，国家粉尘与高毒物品危害治理专项行动督查组的领导和专家对鞍钢的职业健康管理工作给予了较高的评价。

八是强化安全“三同时”管理，实现安全生产源头控制。建设项目安全“三同时”是实现安全生产源头控制、现场作业条件本质安全的重要途径和保证。2010年，鞍钢组织协调各单位依据国家、省、市法律法规的要求，从规划立项、初步设计、建设施工、竣工验收四个阶段，分别做好建设项目的安全和职业卫生预评价、设计专篇、同步施工、验收评价和验收工作。完成了鞍钢股份公司化工总厂三期、苯加氢、动力总厂制氧机、福建莆田、鞍凌公司冶金、危化等项目的安全预评价、设计审查、验收评价及职业卫生评价工作，依法履行国家、省、市相关的审批、审查和备案手续，确保建设项目的合规性，提升了企业本质安全水平，为企业安全生产许可的获取创造了条件。

九是加大安全生产工作的检查、指导、监督力度，促进安全生产工作的均衡发展。2010年，集团公司在坚持月安全生产例会、季度工作会议，定期通报、总结和督促安全管理工作落实的基础上，继续编制安全警示录、事故录像，组织全体职工从事故当中吸取教训，提高安全意识和技能。同时，加大安全生产工作的指导、监督力度，坚持每月分片对各单位调研检查评价，在月例会上曝光检查中发现的隐患和问题，下发限期整改通知，跟踪整改落实，实行闭环管理。全年共检查140多家单位、厂矿，下发限期整改通知220多份。为适应安全工作发展的需要，对安全考核制度进行了修订，并在重新修订的《鞍山钢铁集团公司安全管理考核规定》中，加大了事故考核力度，增加了相关方、职业健康等考核内容，有力促进了集团公司整体安全生产的均衡发展。

【全年事故统计分析】 综合分析2010年发生的15起事故，反映出以下工作亟待加强：一是施工、检修、安装作业过程中职工违章作业比例高，占事故总量的40%，是事故发生的主要原因；项目施工、劳务派遣等相关方作业的组织管理、安全监督需要进一步强化。二是安全标准化工作开展还不均衡，个别单位工作落后于公司计划；工作不深不细，制度没有完全承接、现场仍有明显隐患。三是部分基层单位在落实公司工作要求上有不足；检查工作缺少计划、记录，整改及措施落实未全部做到闭环。

（集团公司安全环保部　孙广慧）

【应对气候变化】 鞍钢通过不断实施烧结机烟气脱硫、电厂锅炉烟气脱硫、焦炉煤气脱硫、除尘器改造等项目，在治理废气、烟尘排放方面取得显著成果，全面完成国资委下达的节能减排“十一五”目标。继鞍钢本部西区B系烧结机脱硫项目投入运行后，2010年鞍钢鲅鱼圈钢铁基地烧结机脱硫项目、本部西区烧结机A系列脱硫项目、三烧烧结机脱硫项目相继建成投入运行，年可减排二氧化硫15000t。中央电站锅炉改造工程配套脱硫设施投入使用，年可减排二氧化硫3500t；实施二发电3号机组脱硫改造，将原氧化钙—氢氧化钠双碱法脱硫工艺改为氧化镁—氨水的双碱法，脱硫效率由原45%提升到85%以上，年可多减排二氧化硫1500t。鞍钢自主设计施工的SDA技术脱硫在本部西区烧结机运行良好，已在国内多家钢铁企业得到推广应用。

2010年，鞍钢积极应对气候变化，与国际碳基金机构（CDM）开展有效合作，其中CCPP和CDQ均已成功注册联合国CDM项目，每年减排约142.4万碳汇流入国际碳交易市场。绿色钢铁建设初见成效，被中华环保联合会授予首届“低碳中国突出贡献奖”企业。

【生态恢复】 2010年，鞍钢坚持不懈地抓好厂容绿化和生态环境建设，营造良好的生产、生活和生态环境。一是把绿化和生态恢复纳入到生产经营和建设项目整体规划，落实责任，保证投入，严格把关验收，使工程建设项目的绿化、美化率达到100%。二是强化厂容绿化监管，消灭绿化死角，提高管护和绿化水平。三是继续开展矿山复垦绿化，改善矿区市区生态环境。冶金厂区绿化覆盖率达35%以上，处于冶金行业领先水平。

鞍钢在鞍山地区有5座大型铁矿山，由于多年的矿山开采活动，在鞍山市城市周边共形成了占地1213万m^2的排岩场和519万m^2的尾矿库。为了改变排岩场和尾矿库粉尘飞扬现象，鞍钢制定矿区复垦绿化和植被恢复规划，分阶段开展矿区复垦工作。自2000年以来，鞍钢累计投资3.4亿元，完成生态恢复面积1159万m^2，复垦绿化覆盖率达到43%。研发具有自主知识产权粉尘覆盖剂，对尾矿库、排岩场、原料场实施抑尘治理。2010年，粉尘覆盖剂总计投入230万元，抑尘面积230万m^2；厂容绿化投入1100万元、绿化面积35万m^2。种植树木45.75万棵、草坪2.37万m^2。

（集团公司安全环保部　杨大力　王柏青）

【鞍钢股份公司环境保护工作】 2010年，鞍钢股份公司围绕“努力建设资源节约型、环境友好型、最具国际竞争力的钢铁联合企业”的奋斗目标，大力推进污染减排，环境保护工作取得长足进展。全年实现了重大环境污染事故和三级以上环保事故为零；环保“三同时”执行率100%；环境空气质量和南部沟外排水主要污染物指标均达到国家标准；固体废物得到有效利用和妥善处置。危险废物无害化处置率、一般废物处置率和废旧物资回收利用率均为100%。

1. 强化管理，以管促治。2010年鞍钢股份公司以制度、标准为准绳，认真开展环保专项管理行为评价和事故考核79项，制（修）订环保管理相关程序、制度2项，开展污染物达标排放和固体废物管理等环保管理专项评审7项，持续改进ISO14001环境管理体系，顺利通过外审，促进了环境管理体系持续改进和环境因素的有效控制，提升了环境管理执行力。在加强环境监管方面，一是坚持编写《鞍钢股份公司环境保护工作月报》，通过对污染源监测数据统计分析，研究环境质量变化的内在原因，为加强污染源达标排放的监管和领导做出环境问题的决策提供依据；二是通过对烧结、炼铁、化工、发电、炼钢等重点区域烟粉尘排放情况的动态监控，取得“以点带面”效果；三是组织给水分厂、环境监测部门开展外排水情况巡检、抽检，增加监测频次，发现超标排水，及时通报；四是强化建设项目环境管理，积极组织、参与各类新改扩建项目环保设计审查和方案评定，组织完成福建莆田冷轧项目等环评和环保设施竣工验收工作，并实施了西区烧结B系列脱硫设施运营承包管理模式，持续改进存在问题，确保脱硫设施平稳达标运行，严控新污染；五是开展了公司182枚放射性同位素、68套射线装置安全和防护状况评估工作，确保放射源安全运转；六是通过落实区域责任、制订整改措施、加强相关方监管，促进西部新区和中央大道、西耐大道沿线重点区域厂容厂貌改观。

2. 加速污染治理，落实减排措施。2010年鞍钢股份公司新实施了西区1号烧结机和三烧烟气脱硫、西区翻车机新建除尘、北部沟排水减排等单项污染治理项目14项，投资2.08亿元，加快了老污染源治理步伐，取得了明显的污染物减排效果。与上年同期相比，在钢产量增加1.6%的情况下，SO_2、SS、石油类、氨氮和烟粉尘排放总量分别下降17.8%、33.2%、14.6%、4.7%和9.6%。新审查论证了一炼钢增设定位折铁除尘、新三烧机尾电除尘改造等环保项目13项，投资估算1.04亿元，为污染治理提供了充足的项目储备。

3. 发挥生态功能，绿中求美，美化鞍钢。鞍钢将厂区绿化纳入发展总体规划，同步设计、同步实施；新建项目的总建筑面积中要预留20%～25%的绿化用地，确保绿化面积逐年增加；制定绿化技术规程和管护标准，严格施工占地审批，促使相关方文明施工，巩固厂容绿化成果；对污染严重的区域采用点、线、面相结合方式重点绿化，广植适宜生长的花草树木，形成单层、多层和垂直多角度的绿化系统。2010年投资2966万元，组织清运、回填土方3.02m^3，种植各类乔木2474棵、灌木3587丛、绿篱3.3万株、铺草坪5.05万m^2，新增绿地2.94万m^2，厂区绿化覆盖率达35%以上，增添了企业形象新亮点。

（鞍钢股份公司产品制造部　王　威）

· 财务管理 ·

【推进电子票据应用，规避票据资金风险】 为进一步推动国内票据业务和票据市场发展，便利企业支付和融资，支持商业银行票据业务创新，中国人民银行电子商业汇票系统于2009年10月建成投入运行。鞍钢为加强资金管控力度，降低票据资金风险，在已全面实行实物票据集中管理的基础上，决定从2010年开始大力推广使用电子商业汇票系统，并根据国家有关法律法规，结合实际，颁发相关管理办法。文件明确规定计财部是集团公司电子商业汇票业务的主管部门，负责集团公司电子商业汇票的政策制定、业务审批和监督检查。各单位严格贯彻执行集团公司电子商业汇票管理办法，并结合本单位实际情况制定实施细则。文件要求各单位要建立健全电子商业汇票核算管理内部控制制度，各单位财务负责人对本单位电子商业汇票的管理负责。

集团公司还要求各单位、各部门应利用鞍钢股份公司和国贸公司在采购和销售市场中的优势地位，积极推广电子商业汇票的使用。集团公司定期和各商业银行进行沟通并及时更新已开通电子商业汇票系统的供应商和客户的名单，以方便各单位对电子商业汇票的使用。

（集团公司计划财务部　张　昕）

【构建鞍钢集团公司统计管理网络】 2010年5月，国务院国有资产监督管理委员会批准了鞍山钢铁集团公司和攀钢集团有限公司联合重组，并成立母公司鞍钢集团公司。8月，鞍钢集团公司发布了《鞍钢集团公司推进鞍钢与攀钢重组整合实施方案》。为贯彻落实该方案，保证鞍钢集团公司、鞍山钢铁集团公司、攀钢集团有限公司的各级各类报表（统计、财务、业务三种核算）的编制、上报工作的平稳有序过渡，保障在过渡期鞍钢集团公司满足各级政府对统计信息的要求，根据《鞍钢集团公司推进鞍钢与攀钢重组整合实施方案》中“在组建初期，为保证鞍钢集团公司能够尽快运行，鞍钢集团公司总部的有关职能暂由鞍钢现行部门行使”的规定，在充分了解攀钢集团有限公司统计管理体系的基础上，结合鞍山钢铁集团公司统计管理实际，本着“系统完善、职责明确、简洁高效、避免重复”的原则，制定下发了《关于印发〈鞍钢集团公司总部及所属单位各级各类报表过渡期职责划分管理办法〉的通知》，明确了鞍钢集团公司总部机关和鞍山钢铁集团公司、攀钢集团有限公司及所属单位的报表职责，规定鞍钢集团公司总部机关负责国家级层面的报表编制、上报工作，鞍山钢铁集团公司、攀钢集团有限公司负责属地省级及以下层面的报表编制、上报工作，同时负责上报鞍钢集团公司各类报表，促进了统计、财务、业务三种核算同步融合，确保了鞍钢集团公司各级各类报表工作的顺利衔接和平稳过渡。从2010年8月报表开始，计财部编制了鞍钢集团公司的各类报表，并上报国家各部门。

（集团公司计划财务部　洪圣源）

【会计管理】 2010年8月鞍钢集团确定了报表体系并开始编报鞍钢集团合并报表。鞍钢集团本部于8月开始向大连市政府相关部门报送财务报表。

鞍山钢铁集团公司被列为2010年国家税务总局税收检查单位，同年5月，辽宁省国税稽查局、地税稽查局开始对鞍山钢铁集团公司所属各子公司和分支机构2007～2009年度的涉税事项进行检查。该次检查由企业纳税自查和入厂专项检查两部分构成，至年底现场检查结束。

鞍山钢铁集团公司各单位于2010年4月实行个人所得税全员申报；鞍山市地税局从2010年10月1日起取消建筑单位代扣代缴建筑业营业税；2010年10月21日，鞍山市国税局和地税局联合向鞍山钢铁集团公司颁发了纳税A级信用单位牌匾和证书。

（集团公司计划财务部　林　染）

·审计监察·

【审计工作】 2010年，集团公司审计部共完成审计项目32项（年计划30项），其中经济责任审计15项（离任经济责任审计14项、任期经济责任审计1项），工程审计项目14项，专项审计调查2项，集中开展后续审计1项。审计发现和披露各类问题346个，提出审计意见和建议333条，移交纪委监察部门3个疑似案件。其中涉及比较重大违法违规金额1303.21万元，审计工程投资额57.11亿元，审减工程费用2802万元，审计调整错误金额1531万元。鞍钢所属单位审计部门2010年共开展审计项目179项，发现问题215个，查出违规问题金额522万元，审减工程款496万元，提出审计意见和建议200条。

【经济责任审计工作】 2010年，审计部把经济责任审计作为审计工作的重点之一，继续坚持对集团公司所属全资子公司、控股子公司、直属单位、改制单位法人代表（经理、厂长、行政负责人）以及鞍钢股份公司所属厂长（经理、行政负责人）实行离任必审，并力争实行任期内3年一审的原则。全年完成审计项目15项。通过经济责任审计，查出各类问题及披露事项232个，涉及金额11.23亿元，提出审计意见和建议230条，有效地促进了被审计单位加强经营管理和内部控制，提高风险防范能力。同时为集团公司考核、任用干部提供了重要参考依据。

【管理效益审计工作】 一是针对鞍钢生产经营的重点部位，审计部专项审计调查2项，有针对性地检查并揭示了一些管理方面存在的问题和不规范行为，取得了较好效果。二是继续注重风险管理审计和内部控制审计，坚持以风险为导向，以内部控制为重点开展审计检查。不仅对已经发生的问题进行检查和纠正，而且特别关注对没有发生但存在发生风险的问题提出警示及审计建议，拓宽了审计工作视野和空间，实现了真正意义上的审计工作前移，使审计内容和审计空间更加广泛，审计效率和效果更加明显。

【工程审计】 一是坚持突出重点原则。2010年，审计部继续将集团公司、鞍钢股份公司重大投资项目作为审计工作重点，完成了鞍钢鲅鱼圈炼钢工程等项目的审计工作。二是及时完成集团公司领导批示的审计项目。2010年，审计部及时完成了集团公司领导批示的计划外审计项目3项。三是积极开展过程跟踪审计。通过跟踪审计，及时发现和解决问题，把问题消灭在萌芽状态，解决了工程项目有些工作内容事后无法检查的问题，有效减少了设计变更和现场签证；促进了施工单位按图纸规范施工，促进了被审计单位加强工程管理。2010年，共开展工程审计项目14项，审计工程投资额57亿元，发现并纠正问题110个，提出审计意见和建议120条。审减应付工程款2802万元，纠正、调整错误金额1531万元。

【鞍攀重组后内部审计体系整合的相关工作】 2010年，鞍钢与攀钢进行了重组，按照鞍钢集团公司的统一规划和工作安排，鞍钢审计部与攀钢审计部进行了广泛业务交流，对双方的审计体系、机构设置、人员状况、管理制度、工作内容、工作方式、工作范围和审计信息系统等内容进行了调查研究形成了整合建议报告初稿。

【联络、协调国家监事会和审计署在鞍钢集团公司的监督检查工作】 1. 为了适应国家监事会转变工作方式，加强日常的监督检查工作力度，审计部起草了《关于重申向国资委派驻鞍钢监事会及时报告重大工作事项的通知》，要求集团公司各职能部门和子企业随时向国家监事会报告重大事项，并随时接受监事会领导和人员到企业现场检查指导，每季度按照要求汇总报告文字材料和相关报表。此外，审计部还联络和协调了国家审计署在鞍钢开展的节能减排专项审计、信贷资金专项审计和国家审计署建立中央企业信息库等相关工作。

2. 参与国资委组织的攀钢经济责任审计相关工作。鞍钢审计部按照集团公司的指示，参与了国资委与鞍钢集团公司共同组织的对攀钢董事长经济责任审计相关工作。审计由国资委收益局主导，委托中介机构实施审计。鞍钢审计部出任了审计项目组副组长和绩效评价组成员，参与了中介机构的招聘、业务培训、审前准备，并与中介机构多次交换意见，参与审计实施方案确定等。

【发挥鞍钢“三位一体”大监督体系作用】 一是将审计项目中发现的重大疑似违法违纪问题及线索及时向纪委移交；二是组织召开鞍钢审计部长、子公司监事会主席联席会议，认真研究、落实集团公司领导指示精神，研究、协调和处理子公司监事会以及鞍钢改制企业、合资企业派出监事的相关工作；三是与集团公司纪委监察部组成联合调查组，调查审计工作中发现的重大问题；四是参加了集团公司纪委牵头组织的“小金库”专项治理工作和集团公司有关部门牵头的相关专项检查工作。

【夯实审计基础工作】 一是开展了审计业务流程梳理、优化工作，共完成19项具体审计业务流程优化方案，使审计工作得到了进一步的规范；发布《审计简报》，在集团公司范围内通报有关审计信息；修订了《鞍钢集团公司审计部审计复核办法》，完善了项目组长（处长）、审计复核处、审计部长三级审计复核制度。二是积极组织审计人员的业务培训。审计部2010年共参加了集团公司安排的28个项目、340人次的各类业务培训；聘请了审计署专家来鞍钢为审计部、子公司监事会全体人员以及各单位审计人员举办专题业务讲座；组织全体审计人员参加了辽宁省内审协会组织的建设工程项目审计和风险、内控审计等方面的业务培训；参加了国资委、内审协会组织的审计学习、经验交流会。三是实行激励工作机制。审计部2010年进一步强化了履行集团公司赋予的代管子公司监事会工作职责，下发了《子公司监事会工作实施细则》，进一步规范子公司监事会工作。10月，组织了子公司监事会的主任科员、副主任科员竞聘工作，调动了工作人员的积极性。

（集团公司审计部　孙　齐）

【年度集中检查】 2010年，监事会对子公司进行2009年年度集中检查，上报监督检查报告35份，反映各类问题92项，提出改进企业经营管理、规范企业经营行为等方面的建议93条。在推进鞍钢科学发展，促进国有资产保值增值等方面发挥了重要作用。

1. 针对子公司生产经营重点开展监督检查。监事会以子公司重大决策事项、重要人事任免、重要项目安排、大额度资金使用为重点，以财务监督为核心，检查了子公司经营效益、利润分配、会计报告的真实性和合法性，资本运营、国有资产安全、重大事项的决策及程序的合法性、合规性，单位负责人的经营行为等事项。监事会人员深入到车间、班组等基层部门实地了解情况、听取意见，进一步扩大了监督检查的覆盖面，加大了监督检查力度。

2. 提高监督检查工作的质量和效率。一是在检查人员配置上，按照子公司规模、经营管理情况等因素采取“分组与集中”相结合的办法，灵活安排检查时间和检查分工，根据“分工负责制”

落实每位检查人员的责任，确保检查工作及时、高效完成。二是各监事会人员及时向监事会主席报告子公司重要情况和进行阶段性汇报，监事会主席把握工作全局，统筹安排检查工作。三是对监督检查报告的内容进行认真复核，严格把关，做到反映真实、评价客观、问题准确、建议可行，提高了监督检查报告质量。

3. 跟踪、落实被监督单位对检查问题的整改情况。监事会年度集中检查发现的问题得到了各子公司的高度重视，提出的问题基本上得到了有效整改和落实。一年来，监事会不断加大跟踪、落实对检查问题的整改力度，使子公司进一步健全了内控机制，完善了相关制度，提高了运营质量，推动了子公司健康发展。

【当期监督检查】 2010年，监事会通过开展当期监督检查和专项检查，努力提高监督工作的灵敏性和有效性，共上报要情报告26份、专项报告10份，为集团公司领导和其他部门作出决策提供了重要参考。

1. 围绕生产经营重点开展日常监督。2010年，监事会着重对子公司开展生产经营的过程监督，特别是对“三重一大”制度执行情况的监督。各监事会按照《鞍山钢铁集团公司子公司监事会工作实施细则》划分责任区，定期到责任区了解情况，与子公司联络员、财务负责人和职工谈话，掌握第一手资料；通过查阅、分析相关资料，验证经营结果的真实性、企业管理的规范性、执行集团规章制度的完整性；通过参加子公司生产经营相关的财务分析会、招投标会议等，直接掌握企业的经营动态和管理状况，从而有针对性地进行监督检查；监事会主席与子公司主要领导经常就廉政建设、“三重一大”决策事项，以及加强子公司经营管理等方面问题进行谈话，既传达了集团公司精神，又加深了监事会与被监督单位的沟通与联络。

2. 针对事关国有资产安全等重大问题开展专项调查。按照集团公司领导“监事会监督要抓大事，突出防范性，有效避免国有资产发生损失”的要求，监事会发现子公司经营行为可能危及国有资产安全和集团公司关注的重大问题时，及时向集团公司主管领导提交报告。

【加强自身建设】 一是加强监事会制度建设。为进一步落实集团公司科学发展观整改方案，认真学习贯彻国资委中央企业监事会工作会议精神，积极探索和实践“当期监督”的工作方法和途径，监事会办公室组织修订了《鞍山钢铁集团公司子公司监事会文件、工作规范汇编》、《鞍山钢铁集团公司子公司监事会工作流程》等工作制度，为监事会依法履行职责提供了保障。二是加强业务知识学习。监事会非常重视提高工作人员的政治素质和业务能力，除参加集团公司统一组织的培训外，还参加了审计部组织的聘请审计署专家专题讲座、纪委监察部组织的矿山知识、钢铁冶金知识讲座等。监事会定期组织学习国资委中央企业监事会工作会议精神、鞍钢核心管理制度、子公司监事会各项工作制度等，以推动监事会工作向系统化、科学化、规范化方向发展。

（鞍钢集团子公司监事会　袁　玲）

· 人力资源管理 ·

【人力资源管理】 2010年，鞍钢的人力资源工作进一步加强。

1. 人力资源基本情况。2010年末，鞍钢在职职工总数134215人，其中女职工21403人，占职工总数15.95%。在职职工中，在岗职工115960人，居家休息职工15478人，列编外职工2777人。在岗职工中，管理岗位12926人，专业技术岗位8548人，生产岗位76323人，服务岗位18043人（国家统计部门规定，医院和学校职工按服务岗位人员统计），其他人员100人（暂时离岗）。鞍钢在职职工总数比2009年末减少3.53%，在岗职工总数比2009年末减少1.54%。

2. 人力资源配置工作。一是开展退役士兵安置工作。根据鞍钢与辽阳市政府商定的意见，组织开展辽阳市退役士兵录用考试工作。对辽阳地区2003～2006年冬季退役士兵再给一次考试机会，考试合格人员予以接收录用。共有58名退役士兵报名，经考试、审查档案，最终录用14人。同时，根据鞍钢与辽阳市政府商定的意见，向辽阳市支付2003～2008年冬季退役士兵有偿转移金及补充安置费用1146万元。二是开展党校和职工大学教育资源整合相关工作。根据集团公司对党校和职工大学教育培训资源进行整合的工作部署，按照集团公司改革领导小组的要求，对党校及职工大学人员构成情况进行了调研，分别与党校、职工大学领导班子主要成员、部分处室管理人员、部分教研人员等进行了座谈，收集、整理了各方面人员的意见及建议。同时，协调鞍钢股份公司等19家单位提供相应的安置岗位，在此基础上形成了人员安置意见。三是为合资公司选聘人员。根据鞍钢公司领导决定事项的通知（《关于为鞍钢维苏威耐火材料有限公司选聘人员有关事项的决定》）精神，为满足合资公司——维苏威耐火材料有限公司人员的需求，解决耐火公司部分人员安置问题，协助维苏威耐火材料有限公司在耐火公司选聘第三批人员223人，并办理划转手续。

3. 劳动统计工作。按照鞍钢劳动统计年报表制度要求和满足上级有关部门需要，完成了2009年《劳动情况》等各类年报统计、分析工作，为工作决策提供统计数据支持。为适应一些单位职工工资总额全部纳入集团公司规范管理需要，指导有关单位补录了相关人员信息。按照鞍钢集团重组推进计划，对鞍山钢铁集团公司和攀钢集团公司的劳动统计报表进行规范合并，于2010年11月正式合并报表。

4. 临时用工管理工作。一是严格界定临时用工，进一步理顺临时用工管理体制。稳步推进原生产协力外委劳务移交鞍钢股份公司管理工作，经鞍钢股份公司与生产协力中心协商，对原剩余未移交的106项外委劳务作业进行了重新细化拆解。2010年底，经双方共同努力，除49项不具备移交条件外，其余项目已移交鞍钢股份公司管理。二是按照全面预算管理要求，完成了2010年度临时用工费用预算的编制工作。对建设公司、矿建公司、房建公司三个建筑施工单位的工程用工，因其费用预算是根据本单位施工规模及经营指标同时结合施工预算定额标准进行预测，其费用已计入工程成本，并严格按工程合同额与单位工程预算定额实物量计件单价进行核算。同时，核定42个单位（不含三个建筑施工单位）2010年度劳务用工及项目用工的临时用工费用，预算总额为6.89亿元。按照年初预算、计划审批、过程控制、年终评价的管理模式，严格执行临时用工计划申报审批制度。三是建立临时用工管理绩效考核机制，将临时用工管理列入绩效评价考核体系。从2010年2月1日起，对使用劳务补充自然减员、完成原在岗职工承担工作的单位，自然减员人员工资总额不再留给单位，集团公司予以相应核减；对减员后不再新增人员的单位，继续实行减人不减工资的政策。四是建立劳务派遣单位准入和退出机制。对劳务派遣单位实行统一的资格准入制管理和定期评价制度，起草制定了《鞍山钢铁集团公司对劳务派遣单位准入管理办法（试行）》，并以钢政发〔2010〕31号文件印发各单位。按该文件精神，人力资源部通过公告、报名、初审，并组织法律事务部、纪委（监察部）、计划财务部、管理创新部、安全环保部现场验点认证等程序，对劳务派遣单位准入资格进行了审验。

5. 人才引进工作。2010年共引进26所高等院校毕业生170人，其中博士研究生8人，硕士研究生51人，本科生111人。其中149名毕业生均为“985”和“211”重点建设院校毕业生。另外，为鞍凌公司从鞍钢职工子女中公开招聘了2009年专科及以上学历工科专业的毕业生211名；指导鞍钢冷轧（莆田）招聘2010年毕业生48人；与168名2011年毕业生签订了实习代培协议。

6. 加强居家休息审批管理。按照《关于规范职工离岗居家休息审批工作的通知》的有关规定，对符合离岗居家休息条件的人员严格按政策办理审批手续。为控制各单位在岗人员办理居家休息，缓解生产一线人员紧张局面，采取于每年一月份、七月份集中审批的方式办理手续，同时为方便基层单位办理居家休息工作，采取现场办公的形式为515人办理了居家休息审批手续。

（集团公司人力资源部　李　宏）

【深化分配制度改革】 2010年，鞍钢继续加大力度深化分配制度改革。坚持按劳分配、效益优先和市场经济的原则，完善绩效评价考核办法，完善工资能增能减机制。坚持工资总额的增长值要低于经济效益的增长值，职工人均工资收入的增长要低于劳动生产率提高的原则，工资总额计划安排与人工成本和效益承受能力相匹配。采用劳动分配率、人事费用率、人工成本构成率三项指标，对各子公司、直属单位的人工成本进行分析，在“三率”保持上年水平不变的前提下，只要单位接受集团公司以其2009年实际水平加上集团公司新增投入产出予以核定的效益指标，原则按上年实发工资核定其工效挂钩工资基数。继续采取在岗工资总额的一部分同本单位效益指标挂钩，另一部分同集团公司利润完成率挂钩，完善了各单位职工工资与集团效益联动机制，同时建立了与劳务用工联动的在岗职工工资总额管理机制。起草了《关于2009年度工资总额预算清算评价报告》及《关于鞍钢2010年工资总额预算的请示》。

【积极推进企业年金制度的建立】 开展了投资管理人、账户管理人、托管人招标等相关工作；起草了鞍山钢铁集团公司企业年金实施方案；初步完成了企业年金信息采集工作；制定并与企业年金管理机构分别签订了账管、托管、投资管理合同，于2010年11月24日上报国家人力资源和社会保障部备案；针对企业年金实施中遇到的问题提出处理意见，为企业年金工作顺利开展提供制度保证。

【调整鞍钢各类人员待遇】 2010年，鞍钢调整了各类人员待遇。一是根据《关于转发《转发辽宁省劳动和社会保障厅〈关于调整企业工伤人员伤残津贴、生活护理费和供养亲属抚恤金有关问题的指导意见〉的通知》的通知》规定，调整了工伤人员及供养亲属待遇。二是根据《关于给鞍钢职工一次性增加收入的通知》规定，为鞍钢在职及离退休职工增加一次性收入。三是根据《关于转发〈关于调整部分优抚对象等人员抚恤和生活补助标准的通知〉的通知》规定，提高鞍钢已退休参战（试）退役人员438人生活困难补助标准，月增加30660元，人均月增加70元；已居家参战（试）退役人员18人参照退休人员调整，月增加1345元，人均月增加74.7元。四是根据《关于转发〈关于2010年调整企业退休人员基本养老金的通知〉的通知》规定，调整了鞍钢离休人员基本养老金。五是根据《关于2010年调整鞍钢全民离岗居家休息职工待遇的通知》规定，调整鞍钢全民离岗居家休息职工待遇。六是根据《关于给鞍钢1997年至1999年病退生活困难人员发放困难补助的通知》精神及2010年5月21日公司处理信访问题会议的要求，做好1997～1999年期间病退生活困难人员困难补助审核工作。为减轻基层单位的工作量，加快困难补助的计算速度，提高计算的准确性，人力资源部请自动化公司编程人员编写了困难补助计算程序。

（集团公司人力资源部　吕文福）

【深化干部人事制度改革】 一是改进领导班子和领导人员年度考核工作。制定了《鞍山钢铁集团公司年度考核评价领导班子和领导人员办法（试行）》，据此对48个基层单位和19个机关部门的领导班子及领导人员进行2009年度考核评价，对领导班子综合考核评价结果为“好”的，授予“四好”领导班子创建活动先进集体荣誉称号；对领导人员综合考核评价结果为“优秀”的，集团公司党委发文通报表扬，并给予增加5%效益年薪的奖励。在此基础上制定了领导班子、领导人员调整意见和加强领导人员队伍建设的建议措施。总结2009年度考核的运行情况，结合部分专家对考核评价指标权重系数和多维度评价权重系数的修改意见，进一步完善了《考核办法》，新的《考核办法》既适用于基层单位，也适用于机关部门，同时，实现了全面量化考核。

二是落实中组部检查组要求，改进鞍钢领导人员管理工作。集团公司党委印发了《关于进一步加强领导人员管理工作的通知》，提出了今后一段时期加强领导人员管理工作的基本思路和措施：加大领导人员交流力度，在同一岗位任职时间超过6年和在管理人、财、物等关键重要敏感岗位任职超过3年的领导人员原则上必须交流；继续实施领导人员提前退出领导岗位制度，胜任本职工作、距法定退休年龄5年以内的领导人员可提前退出领导岗位，其中距法定退休年龄2年内的现职按副部长及以下岗位层次管理的领导人员原则上都要退出领导岗位；压缩领导岗位职数，按照精干高效原则，整合和规范机构、部门设置，合理核定领导岗位职数，压缩领导人员数量；进一步加大竞争择优任用领导人员力度，选拔按副处长层次管理岗位的领导人员要全部通过竞争择优任用方式，选拔按处长及以上层次管理岗位的领导人员通过竞争择优任用方式的比例要达到50%以上；推进领导人员队伍年轻化，大力培养和选拔优秀中青年领导人员进入各级领导班子，努力实现老中青相结合的合理配备；加强领导人员管理和监督，重点强化选拔任用工作监督，严格惩处选人用人上的不正之风，保证选人用人工作质量，不断提高选人用人工作满意度。

【专业技术人才队伍建设】 一是积极开展引进海外高层次人才工作。按照中央“千人计划”要求，积极与海外高层次人才联系，与日本埼玉大学高新技术研究中心主任巨东英教授签订了聘用协议，拟申报千人计划。日本日立集团日立金属株式会社冶金研究所研究室长韩刚与鞍钢已进入深度洽谈，拟作为千人计划人选上报。二是继续工程技术岗位等级序列的推广工作。积极推动专业技术人才专业化发展，建立健全分类别、分层次的岗位管理体系，明确专业技术岗位划分原则和范围，优化管理和专业技术人才岗位结构，为实现人才“按岗位管理”和“多通道”发展奠定基础。以畅通专业技术人员晋升通道为重点，在总结鞍钢股份公司试点经验的基础上，继续在矿业公司和设备协力中心开展工程技术岗位等级序列的试点和推广工作，指导其科学设置工程技术岗位，明确序列中各岗位的主要职责、考核指标和权限，有效解决责权利统一问题，充分调动专业技术人才的积极性和主动性。三是推荐2010年享受国务院政府特殊津贴人选和开展专业技术人员管理基础工作。根据国家人力资源和社会保障部文件要求，推荐专业技术人选5名、高技能人才人选3名。开展工程系列和政工系列高评委调整工作，根据“跨单位、本专业、高层次、权威性”的原则，在满足评审工作需要的基础上，优先选拔享受政府特殊津贴人员、鞍钢技术专家、鞍钢技术拔尖人才、集团公司重大技术改造项目负责人、技术业务水平较高的单位领导人员和技术部门负责人，提出评委会评委人选440名；完成政工高级专业职务任职资格评审委员会的调整工作。

（集团公司人力资源部　郭　明）

【岗位管理】 一是建立岗位管理体系。按照岗位分类别、分层次管理要求，参照先进企业理念和做法，起草制定《鞍山钢铁集团公司岗位设置暂行规定》，明确管理、专业技术岗位、生产和服务岗位的划分原则和范围，提出各类岗位的序列等级，规定各类岗位命名原则及比例，为优化岗位结构，实现人才“按岗位管理”和“多通道”发展奠定基础。二是规范岗位职级体系。为在集团公司范围内建立统一、规范的岗位职级体系，按照《集团公司岗位价值评估和职级插入指导意见》，结合薪酬制度改革，对鞍钢股份公司、矿业公司及其他等11家单位的岗位，组织开展岗位价值评估和职级插入工作，为确保薪酬分配制度改革顺利实施奠定了基础。

（集团公司人力资源部　李学佳）

【劳动合同管理】 一是完善劳动管理制度体系建设。为加强劳动合同管理，构建和谐稳定的劳动关系，规范用工行为，根据《劳动合同法》等法律法规，制定《鞍山钢铁集团公司劳动合同管理办法（试行）》，经集团公司职代会审议通过后下发，明确了有关部门、单位的管理职责，对劳动合同的订立、履行、变更、续订、终止、解除及竞业限制做了进一步规范，为劳动合同的规范管理奠定了基础。同时，为规范职工工作时间和休假制度管理、劳动纪律管理、三岗制管理、人力资源市场管理，起草制定了《鞍山钢铁集团公司职工工作时间和休假制度》、《鞍山钢铁集团公司职工劳动纪律管理办法》、《鞍山钢铁集团公司职工三岗制管理办法》、《鞍山钢铁集团公司人力资源市场管理办法》，经公司职代会审议通过下发。二是开展重新签订竞业限制协议工作。为保护企业商业秘密，规范并加强集团公司从事涉密岗位工作人员管理，根据《鞍山钢铁集团公司劳动合同管理办法（试行）》精神，起草下发了《关于重新签订〈竞业限制和商业秘密保密协议〉的通知》，明确了竞业限制人员确定的原则，规范协议签订、终止的程序。三是开展清理不规范劳动关系工作。为进一步理顺规范劳动关系，按照《鞍山钢铁集团公司劳动合同管理办法（试行）》规定，下发了《关于进一步清理不规范劳动关系的通知》，对各单位存在的不辞而别人员、下落不明人员、与单位存在经济利益关系的离职人员、涉案人员等不规范劳动关系形态进行清理。

（集团公司人力资源部　孙晓胜）

【博士后工作站】 2010年，鞍钢继续通过多种形式，加强对外宣传，积极做好博士后招收和在站博士后管理工作。站内1名东北大学热能工程专业博士，从事《电磁冶金工艺项目》研究工作，按照项目所提要求，完成了博士后科研课题并通过出站考核答辩，经鞍钢博士后管理委员会批准出站。

（集团公司人力资源部　张　鸿）

【职工培训工作】 2010年，鞍钢统一组织的一类培训员工7.82万人次。其中：副厂处级以上领导干部岗位人员及管理、专业技术岗位人员培训4.51万人次；生产操作、服务岗位人员培训3.31万人次。

1. 抓好重点培训项目的落实工作。根据集团公司人才培养规划，一是举办了鞍钢第四期北京科技大学中青年领导人员培训班，其中副厂处级以上培训班和主任科员培训班均为31人，对学员进行为期一年或半年党的理论知识、现代管理知识、企业文化等知识的培训；二是选送两期共87名高层次管理人员到浦东国家干部学院培训学习，系统学习了战略、资本运营、公司治理和风险控制等内容。三是开设国际化人才外语高级强化培训班，选拔英语基础好的人才到大连外语学院进行半年的强化培训，通过学习使学员外语水平有了质的飞跃。

2. 加强高技能人才培训，选派技师和高级技师到高等学校进修、举办创新能力培训班等。选派28名电工、30名机修钳工技师和高级技师赴天津职业技术师范大学进行3个月的进修学习；举办高技能人才创新能力培训班5期，共240人参加学习；举办电工、机修钳工高级操作人才培训班，共培训60人。通过多种方式的培训和学习，使高技能人才得到全方位的素质提升和能力提高。

3. 评选申报国家技术能手人选。按国家和辽宁省人力资源和社会保障部门的要求，在鞍钢范围内安排各单位推荐人选，经评选确定12人参加国家和辽宁省的技术能手、功勋技能人才等荣誉称号的评定，最终，王庚、许广明、魏勇等3名同志被评为全国技术能手、葛发斌获得国家技能人才培育突出贡献奖。

4. 组织技师成果奖评审。根据年度工作安排，组织开展技师成果奖的评审工作，本着公平、公正的原则，经组织专家评审，在申报的311个项目中共有147项成果获得奖励，其中一等奖13项、二等奖32项、三等奖67项、四等奖35项。

5. 开展各种竞赛活动，提高职工的自主创新能力和操作技能。2010年，人力资源部会同工会、团委等部门共同举办了102个工种的集团公司技术竞赛，共产生出104名技术状元；举办鞍钢员工英语竞赛活动，740人报名参赛，21人获得公司奖励。

（集团公司人力资源部　胡传林）

【职业技能鉴定】 2010年，鞍钢申报职业技能鉴定5563人，其中，技师247人，高级工1616人，中级工367人，初级工3333人。鉴定合格技师97人。组织理论考试15场次。完成了对《考评办法》的修改工作，通过书面征求意见、组织召开基层单位业务人员座谈会等方式集思广益，在综合考虑各方意见和建议的基础上形成了《鞍山钢铁集团公司技能人才评价工作实施细则》，并下发。

（集团公司人力资源部　贾　志）

·房地产管理·

【供暖管理工作】 2010年，鞍钢供暖改造工程完成余热水发电系统改造、东门锅炉房换热站改造、长甸锅炉房及灵山一号锅炉房除渣系统、深南锅炉房改造、深沟寺二区锅炉房软水设备及矿区住宅大孤山三八锅炉房改造等工程。发展供暖面积3.05万m^2，其中政府回迁住宅楼及开发商开发住宅联网面积3.04万m^2；铁运铁路修建工区联网面积0.07万m^2；对部分不能经济运行的供暖区域实施了移交，移交供暖面积23.92万m^2；组织房产物业公司完成30万m^2既有住宅的节能改造任务。

【住宅及附属大修工程】 2010年，职工住宅及附属供暖设施大修工作采取集团公司审核勘察项目、按“直接费+税费”审核预算、由房产物业公司对工程全过程管理的施工总承包模式。职工住宅及附属供暖设施大修、抢修费用投入4964.34万元。其中，屋面防水32项、236栋，投入费用678.41万元；给排水大修40项，投入费用359.86万元；土建等其他大修3项，投入费用136.51万元；室内暖气大修27项，投入费用1434.25万元；供暖设备大修36项、67台套，投入费用1348.12万元；供暖外线大修27项，投入费用895.75万元；供暖设施综合大修1项，投入费用16.63万元。

【房产管理】 一是按照市政府住宅专项维修资金管理办法，会同集团公司计划财务部提出了鞍钢职工住宅专项维修资金使用方案并经集团公司领导审批同意启用了住宅专项维修资金，对2010年度职工住宅大修工程按产权性质分类统计、核算，规范使用，减少了集团公司管理费用支出；二是会同集团公司相关部门对鞍钢产权的21个供水二次加压泵站移交自来水公司管理进行调研，拟定移交方案，进一步与市自来水公司进行协商；三是先后完成了友好小区、友好北团结小区、立山生产街北曙光小区底层商业网点土地出让评估工作，完成太平宿舍小区底层商业网点产权证、土地证办理；四是完成市政府计划改造的东长甸地区23万m^2、82栋楼的资产清查及与市政府拆迁协议的协商工作；五是经与市政府及相关部门多次协商研究，完成矿业公司大孤山等地区危旧房移交地方政府管理协议签订工作，移交危旧房面积13.19万m^2，涉及3163户；六是处理了鞍钢股份公司、铁运公司、建设公司等单位历史自建房、自购房职工个人产权证办理工作；完成了立山区深沟寺原冯宋大队占地安置农业户参加办理产权工作；处理了历史遗留的零散拆迁安置户参加房改及维修管理事宜；七是配合办理鞍钢烟台大厦售后产权变更工作，协调市政府办理生产街北小区产权登记，处理部分住宅楼住户对房屋面积、户型提出的问题。

【鲅鱼圈职工公寓住房出售】 鲅鱼圈职工公寓住房出售工作事关鲅鱼圈职工切身利益，在集团公司主管领导组织下，主要做了以下工作：一是保持与地方政府的沟通协调，减免上交费用、简化相关工作程序；二是组织相关部门、相关单位多次研究出售办法、出售细则，组织相关部门、单位完成了职工选房摇号、职工购房手续办理流程等项工作；三是配合相关部门、中介机构对鲅鱼圈公寓住房一期建设成本进行了评估，按照集团公司决定，履行了二期在建工程投资主体变更转移，对二期工程实施了监督管理；四是适应公寓住房出售的需要，对鲅鱼圈4街坊住房建设造价进行了初步核定，以估价入账形式形成了资产。

（集团公司房地产管理开发部　徐克汉）

·企业内保、信访工作·

【厂区治安保卫工作】 2010年，根据鞍钢内部资源整合的总体战略要求，鞍钢对保卫部与人民武装部进行机构整合，成立集团公司保卫部（人民武装部），内设5个处、4个大队，分别是综合管理处（党委工作处）、保卫管理处、防火管理处、保密国安处、武装人防处和内保一大队、内保二大队、内保三大队、交通管理大队。在机构整合的同时，不断加强门卫“三检”、重点要害部位守卫、围墙围栏和重点防范区域的治安巡逻，不定期组织阶段性治安大检查和异地、异岗互换检查行动。购置使用便携式金属探测仪，提高门卫“三检”工作效率。投资527万元，修建12km^{2}钢板围墙。开展鞍钢运输车辆专项整治行动，共检查非鞍钢运输车辆2400余台次，清理无证人员2600余人次。针对贵重合金料和废钢铁的使用管理方面存在的问题，进行专项整治，对存在治安隐患的单位下发治安隐患整改意见书9份，并逐一落实整改。制定了《鞍山钢铁集团公司职工盗窃行为及被盗物资价值认定办法》，对近三年来全公司违法违纪职工的处理情况进行排查，要求对违纪人员没有处理意见和处理偏轻的单位按规定重新处理。与钢都分局建立了“联勤联防”机制，增强打击、预防企业资产流失的能力。2010年共查扣转借、冒用、无效钢通卡、假车证3100余张。查获各类违规违法问题1200余起。清理各类闲杂或违规人员3000余人，移交公安机关涉嫌违法案件120余起、犯罪嫌疑人130余人，直接挽回经济损失300多万元。

【厂区交通管理工作】 2010年，不断强化交通安全宣传，提高职工交通安全意识。开展以“关注交通，珍爱生命”为主题的交通安全月活动，营造浓厚的交通安全宣传氛围。定期召开车管干部例会，下发交通安全通报，将每月厂区发生的交通安全事故及职工的交通违规情况及时通报给各单位。持续开展道路交通安全和道路交通环境整治行动，2010年共纠正各类交通违规车辆9100余台次，查出假证车辆8台。强化道路隐患排查，责成相关单位处理隐患井82处，隐患路面23处，在易发生事故的东北门重新铺设了45m减速带。在视线受阻的无缝路、2150成品库等8处路段安装了反光镜，设置交通警示牌12处。全年完成交通警卫任务150余次。2010年主厂区交通事故比2009年下降了22%。

【安全防火工作】 2010年，全面加强企业消防管理，着力提高消防安全“四个能力”建设水平，组织开展了《构筑消防安全“防火墙”工程》活动，有效预防和杜绝较大以上火灾事故发生。鞍钢防火委员会先后与46家基层单位签订了消防安全责任状。全面修订规章制度，重新制定了《鞍山钢铁集团公司消防安全管理规定》和《火灾事故管理办法》，修订完善了《鞍山钢铁集团公司火灾爆炸事故综合应急预案》，重新制定了《鞍山钢铁集团公司治安保卫重点单位及其重要部位管理暂行规定》等规章制度。定期开展火灾隐患排查整治行动，下发火灾隐患整改意见书23份。积极开展“消防安全宣传月”和“119消防安全周”活动，先后组织消防演练135场，消防检查57次，更换灭火器材500余件，举办各类消防培训班10期，培训人数500人次。2010年11月，组织鞍钢各单位参加“万人答百题”消防知识竞赛活动，切实提高了职工防火技能。2010年火灾发生次数与2009年同期相比下降了27%，经济损失下降了190%，实现了集团公司较大以上火灾事故为零的目标。

【综合治理工作】 以“打造平安企业，构建和谐鞍钢”为目标，坚持“打防结合、预防为主、专群结合、依靠群众”的方针，进一步推进“创建平安厂区、平安单位”活动。围绕治安隐患部位和重点人员开展治安隐患排查整改工作，认真贯彻中央、省、市要求，先后对集团公司所属的18个幼儿园逐个进行治安、安全、防火等方面检查，提出整改意见12项，并确保得到全面落实，投入90余万元用于加强鞍钢所属幼儿园的各项安保措施。全面贯彻落实国务院颁布的《企业事业单位内部治安保卫条例》，把“超前预防，先期介入”作为治安防范工作的重中之重，不断强化治安防范措施，进一步推进鞍钢主厂区治安区域负责制和单位负责制的落实。深入排查不稳定因素，及时化解各类矛盾纠纷。2010年，对32个综合治理工作突出的单位进行了表彰，对13个没有完成综治包保指标的单位实施了治安综合治理“一票否决”。

【保密国安工作】 一是健全保密工作管理机构。2010年6月，重新调整了集团公司保密委员会成员；按照国资委关于重点涉密央企必须设置保密管理专门机构的要求，在保卫部（人民武装部）机构改革中，设立保密国安处。二是开展保密法制教育培训。组织5612人参加鞍山市保密知识短信答题活动，组织7350人参加辽宁省保密知识竞赛；在鞍钢党校开设保密课，总计培训班次13个，培训520人。三是强化国家秘密保密管理。贯彻落实新《保密法》，制定《鞍山钢铁集团公司保守国家秘密管理办法（试行）》；规范国家秘密定密工作，成立鞍钢军品科研生产国家秘密定密工作小组，明确工作职责和定密程序；下发《鞍山钢铁集团公司军工科研生产国家秘密事项目录》，组织各涉密单位确定军工科研生产国家秘密项目和涉密人员。四是加强网络安全保密管理。投资126.3万元，安装国际联网计算机上网行为日志审计工具硬件31台、软件309点，对48个单位3032台国际联网计算机实施在线监控；强化计算机信息系统基础管理，组织对集团公司所属单位17261台计算机进行统一编码，建立了计算机管理电子台账。五是按照《辽宁省国家安全防线建设实施办法》要求，加强国家安全工作组织领导，指导各单位建立工作机构，健全工作网络，扎实推进鞍钢国家安全工作；反映鞍钢国家安全工作的《全面加强国家安全人民防线建设》一文，在《国家安全通讯》2010年第11期上刊登。

（集团公司保卫部（人民武装部） 张 戈）

【信访工作】 2010年，鞍钢共接待和受理职工群众来信来访总计10950人（件）次，同比下降13.5%。其中，集体访9653人次，同比下降11.2%；个人访930人次，同比下降47.8%；受理职工群众来信367件，同比下降40.6%。鞍钢荣获了辽宁省信访先进单位。

1. 开展排查矛盾纠纷活动，超前化解苗头隐患。认真贯彻落实中办、国办《关于把矛盾纠纷排查化解工作制度化的意见》文件精神，组织开展了春节及全国“两会”期间鞍钢潜在的不稳定因素排查活动，对排查出的不稳定因素，全部落实责任单位和包案领导。集中开展了拖欠农民工工资专项排查，并制定相应对策和应急措施，确保了春节前将拖欠农民工工资足额支付到位，没有因拖欠农民工工资引发上访问题。上海世博会召开前，组织开展了鞍钢潜在的不稳定因素和去省进京上访案件再次排查，对可能引发群体性事件的苗头和隐患，安排部署有关单位采取措施，切实把各类信访苗头和隐患消除在萌芽状态。2010年，集团公司共组织开展矛盾纠纷排查活动5次，排查出各类矛盾纠纷64件，超前化解41件，不仅从源头上有效预防信访问题的发生，也为企业减少了大量不和谐因素。

2. 开展“信访工作效率年”活动，着力解决疑难信访问题。按照辽宁省委、省政府关于开展“信访工作效率年”活动的部署，制定了《关于开展“信访工作效率年”活动的工作方案》，成立了“信访工作效率年”活动指导小组，做到分工明确，责任到人，措施到位。在具体工作中，坚持原则性与灵活性相结合，集中化解了省交办的鞍钢职工群众到中纪委上访案件和进京重信重访案件24件。同时，就解决“三跨三分离”（跨地区、跨部门、跨行业和人事分离、人户分离、人事户分离）信访问题进行专题研究，在辽宁省委、省政府指导和协调下，集团公司拿出近亿元，解决了大连复州湾粘土矿、辽阳弓长岭铁矿等外埠集体企业退休职工医保问题。

3. 开展“信访积案化解”专题活动，妥善解决长期遗留信访积案。2010年6月，在国务院国资委召开的中央企业处理上访老户问题工作会议上，鞍钢介绍了有效解决上访老户信访问题工作经验。为进一步落实国务院国资委会议精神，组织开展了“信访积案化解”专题活动，集团公司和相关单位加大人力、物力、财力投入，在不违反政策的情况下，从实际出发，成功解决信访积案16件，实现了对所有上访老户息访或有效稳控的工作目标。

4. 开展领导大接访活动，有效化解热点难点信访问题。认真贯彻落实《关于领导干部定期接待群众来访的意见》文件精神，集团公司对领导大接访活动作出具体安排。公司领导带头深入基层、走进群众，面对面听取意见，心贴心交流情感，释疑解惑，排忧解难，通过大接访活动的有效开展，促进了热点难点信访问题的有效化解。2010年，集团公司领导接待上访代表30批次、200余人次。基层单位有115名党政工主要领导参加大接访，总计接访200余批次、1000余人次。

5. 抓好重点时段、敏感时期的维稳信访工作，圆满实现既定目标。一是超前谋划，周密部署。集团公司先后3次下发通知，对全国“两会”、上海世博会和十七届五中全会期间的维稳信访工作进行全面部署，从强化政治责任、开展矛盾纠纷排查化解、解决信访问题等方面作出了具体安排。二是加强分析研判。完善信访信息“零报告”机制和信访信息研判机制，密切关注各不稳定群体的信访动态。对具有普遍性、倾向性信访问题及时研究分析，形成趋势性判断，提出相应的建议，有针对性地开展工作。三是妥善处置进京非正常上访。按照鞍山市委、市政府的统一部署，加强驻京控访工作力量，在京开展接待及现场处置工作，最大限度地减少职工群众进京上访的负面影响。全国“两会”、十七届五中全会和上海世博会期间，集团公司实现了“大事不出，小事也不出，确保万无一失”的工作目标。

【人民调解工作】 2010年，集团公司继续把发挥基层调解组织作用作为人民调解工作重点。通过加强组织制度建设，加大管理和指导工作力度，有效调动了基层组织和工作人员的积极性。通过组织开展民间矛盾纠纷排查活动，加大企业在生产经营过程中产生的各种矛盾纠纷排查调处工作力度，防止了矛盾积累、激化、扩大或引发群体性事件。2010年，各级调解委员会共排查调处各类矛盾纠纷572件。其中，生产经营方面引发的职内纠纷196件，实现各类纠纷调处率、调成率和防止矛盾激化率三个百分之百。

（集团公司办公室信访办　李金光）

· 法律事务 ·

【兼职总法律顾问】 为落实国务院国资委中央企业法制工作新三年目标，推进鞍钢所属单位总法律顾问制度建设进程，逐步建立和完善鞍钢法律管理体系，集团公司在2005年实行总法律顾问制度基础上，于2010年6月下发实施《关于在鞍钢股份公司、矿业公司、国贸公司建立企业总法律顾问制度的决定》，分两批在22家单位设兼职总法律顾问：7月，在鞍钢股份公司、矿业公司、国贸公司设置兼职总法律顾问；12月，在房产物业公司、自动化公司、工程技术有限公司、铁运设备制造公司、机械化装卸公司、房地产经营中心、接待服务公司、建设集团公司、重机公司、实业公司、房地产开发公司、汽车运输公司、矿建公司、钢绳公司、电气公司、鞍凌公司、财务公司、总医院、千疗设兼职总法律顾问，使具有鞍钢特点的总法律顾问制度建设工作延伸到基层。兼职总法律顾问由集团公司人力资源部、法律事务部从法律事务部现有人员中考核推荐产生，任期三年，采取派而不驻的流动工作方式，履行指导法律事务工作、论证重大经营决策的合法性、指导重要规章制度制定和贯彻实施等职责。

第一批兼职总法律顾问于10月到岗履职以来，介入重要涉法事项法律论证，提出预防、规避、排除法律风险的意见和措施；审查重要合同、协议和法律文件，协助把好审核关；指导和协调处理法律纠纷案件，维护企业合法权益；解答日常生产经营管理中涉及的劳动人事、合同签审、招投标、资产处置、工程承包、违法违纪职工处理、法院裁判执行以及集团公司管理规章制度的解释和适用等方面问题，分析法律风险，提出法律建议，指导聘用单位依法合规开展工作。

【法律风险防范】 2010年，法律事务部采取各项措施，法律风险防范工作逐步深入。重新盘点法律风险源，实行全局计划性预警。集团公司对各类法律风险进行新一轮的识别、筛选、评估和确认，研究法律风险的性质、成因、特征和防范重点，确认企业设立、规章制度、关联交易、合资合作、矿产资源、合同管理、劳动关系等24类150余项法律风险，建立了法律风险分类展示模本，指导今后一个时期法律风险防范工作。实行随机重点预警，加强日常法律风险预警工作。针对各部门、单位在生产经营和管理中现实和潜在的法律风险进行识别、分析，集团公司定期编发《鞍钢法律风险预警通报》、《鞍钢法律纠纷案例分析》，提示法律风险和防范措施。全年共发出《鞍钢法律风险预警通报》、《鞍钢法律纠纷案件分析》36期，内容涉及企业兼并重组、规章制度、合同管理、证据管理、专用章管理、劳动争议等多方面，发挥了防范法律风险的警示和指导作用。

【法律保障】 2010年，集团公司重大项目法律保障工作按计划落实。发挥法律事务部介入项目可行性研究、尽职调查、谈判、分析评估论证和排除法律风险、出具法律意见书、审查制作法律文件的专业功能，为集团公司对外投资、融资、兼并重组等近30个重大项目提供了全程法律服务。先后完成鞍钢与福建钢铁合作项目合作协议书、与营口港务局相互入股码头合资项目补充协议、美国钢发展公司螺纹钢项目合作意向书、收购北票劳家沟铁矿采矿权协议、澳大利亚卡拉拉融资项目12亿美元银团贷款协议、与山西物产合作框架协议签约、与大船合资修船拆船项目备忘录、与美国铁木肯轴承项目的合作框架协议等法律文件的起草或审查，保证了上述项目如期签约。在澳大利亚卡拉拉融资项目实施过程中，法律事务部参加讨论、谈判及电话会议30余次，修改及审查项目文件60余份，处理与律师事务所、银行及卡拉拉、金达必往来邮件600余件，准备和报送公司领导签字的各类法律文件50份，保证了项目的实施进度和安全。此外，经法律事务部审查协议、规章制度等重要法律文件140余份，出具法律意见130余份，提供法律咨询服务近百次。

【合同管理】 修订《鞍山钢铁集团公司合同管理办法》，对合同管理部门及职责，合同审查及订立，合同履行变更转让及解除，争议解决，合同文本管理，合同印章管理，授权委托管理，合同登记统计和归档、检查与考核等进行完善。加强日常生产经营合同审签工作，继续执行单位自审、专业部门复审和法律事务部终审的三审制度。重点对合同的真实性、合法性、完备性进行审查，解决对方合同主体资质不符、合同条款缺失、违约责任约定不明、内部审批手续不完备等问题，降低了合同风险。全年审查集团公司及直属单位生产经营合同2505份，合同金额16.53亿元；审查战略合作、房屋租赁、技术研发、中介服务、土地转让、聘用、保密、保险、担保及年金管理等重大合同80余份，共出具法律意见书60余份，有效防范了合同法律风险。

持续开展鞍钢“守合同重信用”活动，建立鞍钢获国家、省、市级“守合同重信用”企业名录。截至2010年，鞍钢连续10年获得国家级“守合同重信用”企业殊荣。同时，在保持鞍钢建设集团有限公司国家级，国贸公司、铁运公司等25户省级，矿业公司等11户市级“守合同重信用”企业殊荣基础上，房产物业公司由市级晋升省级及接待服务公司、财务公司新获市级“守合同重信用”企业殊荣。

【诉讼管理】 2010年，集团公司从“上、下、内、外”四个维度入手，进一步强化诉讼管理工作。对上严格执行国资委关于中央企业重大法律纠纷案件备案制度和国家监事会重要诉讼事项报告制度，每季度向国家监事会报告重要诉讼事项，将鞍钢的诉讼管理工作纳入上级监管和指导；对下建立诉讼案件统一管理制度，要求基层单位及时上报本单位发生的法律纠纷案件，集团公司按照制度规定统一安排处理。对各单位自办案件，由法律事务部负责指导、监督和协调，保证办案质量；对内加强管理，全面贯彻落实《鞍山钢铁集团公司法律纠纷案件管理办法》，建立诉讼业务流程。同时，将诉讼工作的重点从纠纷处理向纠纷预防转移，提前介入可能引发纠纷的涉法事项，经过诉讼风险评估，提出防范措施，预防重大法律纠纷的发生；对外注重加强与法院系统的沟通和联系，为企业生产经营营造好的法治环境。鞍钢与鞍山中院建立的司法联系制度，已经扩展到鞍山地区基层法院，双方通过案件立案沟通机制、重大疑难案件协调处理机制，使一些关系到鞍钢大局稳定、涉及鞍钢重大利益的案件得到妥善处理。2010年，除矿业公司、国贸公司各发生一起案件外，其他单位未发生重大法律纠纷案件。

依法清欠胜诉债权后续执行工作继续推进。采取对胜诉债权进行全面筛查，挖掘债务人可执行财产线索，确定重点执行案件；加强与办案法院的沟通、协调，建立顺畅有利的办案通道；发挥律师等社会中介机构的优势，借助外部力量办案等措施，依法清欠执行工作取得明显效果，全公司共收回货币5387万元。在大规模销案法律鉴证工作基本完成之后，继续对鞍钢股份公司、矿业公司、国贸公司、实业公司等十几家单位账销案存债权性资产，通过律师事务所出具鉴证意见，可销案166户，可销案金额9300余万元。

【工商、商标管理】 落实国资委《关于鞍山钢铁集团公司与攀钢集团有限公司重组的通知》，制定、上报《鞍钢集团公司章程》。经国家工商总局名称预核准及验资、产权登记，“鞍钢集团公司”于2010年7月28日在辽宁省工商局核准开业登记。核准鞍钢未来钢铁研究院、鞍钢斯多伯格三一有限公司、鞍钢集团节能技术服务有限公司、大连华冶联公司、鞍千矿业等公司章程，完成设立或变更登记。整顿经营秩序，对鞍钢机械实业总公司清理整顿，注销其下属停业企业；对鞍钢电气实业、矿业房产物业公司等12户企业注销登记。鞍钢及所属单位完成2009年度企业年度检验。

以维护企业无形资产权益为核心，商标管理工作进一步规范。对各部门、单位未规范使用商标的现象和行为予以纠正。通过法律诉讼和行政异议途径依法维护“钢都牌”水泥商标权利。对改制企业使用鞍钢名称进行规范，与鞍钢10家改制企业签署《企业名称许可使用协议》。配合市工商局打击假冒鞍钢产品行为。清理非法使用鞍钢名称的外部企业，责令10余家企业停止侵权行为，变更企业名称。办理鞍钢“英文+图形”商标在国内第1、19类产品项目上的注册证2册，办理国际注册在韩国、日本的延伸保护并领取马来西亚（01类）、阿根廷（01类）、巴西（01、06、19类）商标注册证9册。与鞍凌公司、冀东水泥公司签订《商标许可使用合同》并报国家商标局备案。

（集团公司法律事务部　李文冰
刘晓晖　李钢都）

· 医疗卫生 ·

【卫生系统概况】 截至2010年末，鞍钢拥有鞍钢总医院、劳动卫生研究所和千山疗养院三所医疗机构。鞍钢卫生系统共有在职职工1874人，专业技术人员1291人，其中高级专业技术人员272人。医疗床位总数1451张。

【医疗卫生工作】 2010年，鞍钢的医疗卫生工作采取了多项措施，取得了显著成效。

1. 积极沟通协调，促进鞍钢医疗卫生机构参加鞍山市公立医院改革。2010年，鞍山市作为全国17个试点城市，正式启动公立医院改革。为确保鞍钢医疗卫生机构正常运营和健康发展，将鞍钢医疗卫生机构纳入鞍山市公立医院改革试点工作，鞍钢向鞍山市政府递交了《关于将鞍钢医疗卫生机构统一纳入鞍山市公立医院改革方案的请示》，多角度阐述了鞍钢医疗卫生机构参加鞍山市公立医院改革的必要性和重大意义，获得鞍山市政府的认同，将鞍钢总医院、鞍钢千山温泉疗养院、鞍钢劳动卫生研究所等三所医疗卫生机构与鞍山市属公立医院一并纳入鞍山市公立医院改革范围，统一执行相关改革政策；同意鞍钢总医院与鞍山市中心医院享受同样的功能定位等待遇，将其与鞍山市中心医院并列设立为鞍山市市级医疗中心，负责全市急危重症和疑难病的诊治、建立与乡镇中心卫生院远程网络会诊体系并作为全市医疗科研和临床教学基地。

2. 强化监督考核，促进医疗服务质量不断提升。按照《鞍钢集团公司功效挂钩考核办法》的要求，进一步完善了《医疗卫生机构医疗服务质量考核办法》和《医疗服务质量满意率测评表》，通过采取现场测评和出院患者随访等方式，定期对医疗卫生机构医务人员的服务态度、责任心、廉洁行医、指导患者用药和医院环境卫生等五个方面进行考核测评，有效促进了医疗服务质量的提高。

3. 开展临床路径管理工作，规范诊疗服务。根据卫生部《临床路径管理指导原则（试行）》的通知精神，总医院与市中心医院等医疗机构于5月在全市率先开展了临床路径管理工作，下发《鞍钢总医院临床路径管理实施方案》，制定《鞍钢总医院临床路径开发与实施流程》等配套制度，对29个病种的诊断标准、手术适应症、检查及用药范围、住院天数等项目进行规范性管理试点。

【企业医疗保险工作】 2010年，鞍钢企业医疗保险工作采取了以下措施：

1. 强化宣传教育，确保基本医疗保险并轨后职工正常就医。2010年，鞍钢职工基本医疗保险正式与鞍山市并轨后，为保证广大职工及时了解医疗保险相关政策，会同原鞍钢保险公司、集团公司工会等部门，通过鞍钢日报和发放宣传单、电话咨询等多种方式，宣传基本医疗保险和企业补充医疗保险政策及就医结算办法，为基本医疗保险顺利并轨和2010年企业补充医疗保险核销管理打下良好基础。

2. 强化监督管理，确保企业补充医疗保险健康规范运行。一是针对基本医疗保险并轨后定点医院和定点药店扩大至全市范围的实际，会同人力资源部等部门，在充分调研基础上，增加了7所医疗装备和技术水平较高的市属医院为鞍钢企业补充医疗保险定点医院，既满足了就医职工更多选择定点医院的需求，又保证了企业补充医疗保险的安全运行。二是于年初召开定点医院会议，与定点医院分别签订了《鞍钢企业补充医疗保险定点医疗机构医疗服务协议》，对定点医院医疗服务、收费、就医职工管理等提出明确要求和严格的处罚标准，为企业补充医疗保险等规范运行提供了制度保证。

3. 迅速研发核销系统，确保企业补充医疗保险费及时准确发放。为便于鞍钢企业补充医疗保险核销管理，确保企业补充医疗保险费及时准确发放，会同自动化公司，克服时间紧、开发难度大等诸多困难，于2月末完成了新的鞍钢企业补充医疗保险核销管理系统开发工作，于4月准时向职工发放企业补充医疗保险费。此外，为解决尿毒症等大病、慢性病职工垫付医疗费用负担较重问题，卫生处提出将企业补充医疗保险费核销周期由原定的每季度核销一次更改为每月核销一次，深受广大职工的欢迎。

4. 加强离休干部等人员医疗费审核管理，不断提高管理质量和服务水平。一是于年初与定点医院签订了《鞍钢离休人员定点医院医疗服务协议》，对定点医院医疗服务行为和违约处罚提出明确要求。二是通过调阅病志、抽查处方、床头调查等多种方式，监督检查定点医院履约情况，严肃处理违规行为，保证各项医疗费合理支出。三是坚持月例会制度，每月召开一次定点医院院长例会，分析各定点医院费用使用情况，对超标单位提出预警，及时通报违规事项及对违规单位和个人处罚情况。

据统计，2010 年全年接待离休人员 9650 人次，审核离休人员住院费用 3662 人次、门诊票据 28 万张，平均每月核销 800 人次，审核住院病志 260 份、门诊票据 2.36 万张。

【卫生防病工作】 2010 年，鞍钢从多方面着手加强卫生防病工作。

1. 强化食品安全管理，确保职工饮食安全。一是于 4 月初举办了食品安全管理培训班，对各单位食堂管理部门负责人和食堂管理员就食品安全法和鞍钢食品安全检查考核标准等法规进行了集中培训，为实现全年食品安全管理目标奠定了坚实基础。二是加大食堂食品安全监督检查力度，从 6 月中旬开始，利用近两个月时间，对全公司 174 个食堂进行了全面彻底的检查。结果显示，鞍钢所属 174 个食堂中，食品安全管理达标率 100%。其中，达到较好以上水平的占总数的 98%，达到优秀水平的占 43%。

此外，为认真贯彻落实国务院办公厅《关于加强地沟油整治和餐厨废弃物管理的意见》，加强鞍钢所属食堂（餐厅）食用油和餐厨废弃物管理，于 8 月初对食堂食用油和餐厨废弃物管理进行了专题调研，并到市食品监督安全管理部门进行政策咨询，在此基础上印发了《关于加强食品经营场所餐厨废弃物管理工作的通知》，对鞍钢所属食堂（餐厅）食用油和餐厨废弃物管理提出明确要求。

2. 采取有效措施，防控甲型 H1N1 流感。一是于 1 月末召开各单位甲流防控办主任会议，要求各单位采取公共场所开窗通风、班前会询问等行之有效的措施，严防聚集性疫情发生；二是通过局域网、板报等多种宣传形式，教育职工春节期间尽量减少旅游、购物等聚集性活动；三是对探亲返回人员，职工宿舍要及时了解掌握其健康状况，一旦出现发热等感冒症状要及时敦促就医治疗；四是组织后勤生活服务系统服务人员、国贸公司、财务公司、保卫部、鞍钢股份公司、矿业公司重点岗位人员注射疫苗；五是医疗单位严格执行首诊负责制，杜绝误诊漏诊现象发生；六是严格执行疫情报告制度，一旦发现疫情，必须立即报告。

3. 加强健康体检管理，职工满意率达 96%。一是会同工会生活部等部门一道，在通过发放健康体检问卷调查方式广泛征求职工的意见和建议后，印发《2010 年度职工健康体检计划》。二是通过定期到体检医院进行检查、发放体检服务满意度调查表及召开座谈会等方式，广泛征求患者意见，并将检查发现的问题和征求到的意见及建议及时反馈给体检医院，督促整改。三是严格审核体检医院上报的体检人数与体检费用，确保各单位体检费用合理支付。据统计，2010 年共完成在职职工 10.63 万名的体检任务，通过体检，使 52 名患恶性肿瘤的职工得到了早发现、早诊断、早治疗，体检单位和职工对体检质量、服务质量满意率达 96%。另外，为职工注射乙肝疫苗共计 2.68 万人次

4. 积极开展示范食堂创建活动。2010 年鞍山市开始启动全民健康生活方式实施方案，鉴于鞍钢健康教育和食堂管理处于鞍山地区领先水平，市政府有关部门决定将生活后勤协力中心、矿业公司、实业公司生活服务分公司、建设公司、重机公司和耐火公司等单位的 33 个食堂作为鞍山市首批示范食堂。市健康教育所免费为上述示范食堂提供了人员培训、体重计、BMI 尺（体重指数速查卡）、食物模型和宣传挂图及可供职工自由取阅的健康生活方式宣传资料等物品支持。

【职业病防治】 2010 年，鞍钢职业病防治工作进一步加强。

1. 职业病治疗及职业健康体检。2010 年完成职业病门诊量 9008 人次、出院患者 886 人次。完成各类职业性健康体检 3.99 万人次，其中高温环境作业职工体检 1.05 万人次；接触粉尘职工体检 1.05 万人次；特种作业职工体检 5000 人次；接触噪声职工体检 6260 人次；接触射线职工体检 1031 人次；接触毒物职工体检 5871 人次。

2. 劳动卫生、放射卫生监测。2010 年完成粉尘监测 4359 点次；噪声监测 5256 点次；毒物监测 2625 点次；高温监测 5508 点次。对 93 台（套）放射装置和 133 台除尘设备进行了检测。同时，完成急性中毒现场调查 2 起、职业病现场调查 2 起；放射卫生应急现场监测 12 次。

【医疗卫生科研工作】 2010 年，各医疗单位十分

重视人才培养和技术创新。据统计，鞍钢全年外送省级以上医院进修17人次，举办各类继续教育学习班68个，参加人数达1.39万人次。全年立项科研项目15项，其中获省部级科技进步二等奖2项、三等奖2项；获市级科技进步一等奖1项、二等奖2项、三等奖7项。全年开展三新项目11项，其中新手术1项、新技术7项、新疗法3项。卫生系统医务人员在国家级刊物上发表论文45篇。

【计划生育工作】 2010年，鞍钢从以下5个方面加强了计划生育工作：

1. 落实计划生育工作一把手负责制。年初，根据《辽宁省人口和计划生育条例》和与鞍山市签订的《计划生育责任承包书》，组织召开了集团公司计划生育工作会议，对全年工作进行部署；与各单位主要领导签订了《2010年计划生育责任承包书》，并拨160万元专款兑现了2009年计划生育责任承包奖。

2. 修订《鞍钢计划生育工作检查考核标准》。对基层计生工作目标、管理质量、工作质量、服务质量和工作创新等六方面提出21项具体考核指标，为科学准确评价基层单位计生工作提供考核依据。

3. 加强对计划生育专兼职干部的培训。8月上旬，召集约150名基层单位计划生育专兼职干部，举办了计划生育法规培训班，集中学习《中共中央、国务院关于全面加强人口和计划生育工作，统筹解决人口问题的决定》、《辽宁省人口和计划生育条例》等政策法规和《鞍钢计划生育工作检查考核标准》等规章制度。

4. 开展丰富多彩的宣传教育活动。一是3月组织开展了以“合理控制人口规模，保持生态自然平衡”为主题的第十四届科普之冬宣传月活动，共征集宣传简报92幅，评选出优秀奖37幅、纪念奖55幅。二是为纪念中共中央《公开信》发表30周年，不断创新计划生育管理和服务理念，9月举办了主题为“以科学发展观指导计划生育工作”的大型论文征集活动。共征集论文173篇，评选出一等奖25篇、二等奖38篇、三等奖43篇、纪念奖67篇。

5. 热情为基层单位和广大职工服务。一是免费为育龄职工实施计划生育手术（上环、摘环、人流、节扎术、计划生育手术并发症），共有741名职工实施计划生育手术，支出费用4.01万元。二是计划生育各项政策落实到位。包括0～14岁独生子女家长奖励费待遇（每月10元补助）、独生子女家长退休享受一次性补助2000元待遇、女职工产假期间执行本人休假前的岗位薪酬标准等。三是在职工浴池、卫生间等场所设置了计划生育药箱，职工可以免费、按需索取避孕药具，截止到9月末共发放避孕药具400箱、避孕栓20箱。

【爱国卫生工作】 2010年，鞍钢爱国卫生工作采取了以下措施：

1. 加强防灭鼠管理工作，确保鼠媒停电事故为零。一是组织春秋两季统一灭鼠活动，共投放鼠药12t，新增毒饵站约6500处，维修防鼠设施1900个。监测结果表明，投药后室内外鼠密度均低于1%，符合鼠密度在3%以下的国家标准。二是针对年初因降雪频繁气温明显低于往年及暑期鞍山地区雨量偏大、极易发生鼠媒停电事故的情况，分两次下发紧急通知，对供变电场所防灭鼠工作提出具体要求并进行抽查，查找隐患，堵塞漏洞，实现了集团公司全年鼠媒停电事故为零的目标。

2. 组织开展春季爱国卫生清洁月活动，环境卫生进一步改善。清洁月期间各单位共组织义务劳动1247次、参加人员约4万人次；清除卫生死角1235处、清理垃圾4960t、平整场地11.9万m^2。通过清洁月活动，有效地消除了厂区内四害孳生地，环境卫生进一步改善。

【红十字会工作】 6月25日，由矿业公司职工郭明义倡议发起的“鞍山市红十字遗体（器官）捐献志愿者俱乐部”成立仪式在鞍钢矿业公司礼堂举行，省红十字会党组书记、常务副会长刘琳娜，鞍山市政府副市长、市红十字会会长王忠哲等省市红十字会领导及矿业公司红十字志愿者和新闻媒体记者参加会议。仪式上共有112名志愿者报名参加身后器官捐献，26名志愿者报名参加身后遗体捐献。9月17日，鞍钢矿业公司与鞍山市红十字会联合举行鞍山市造血干细胞第三十一批样本采集活动，包括郭明义在内来自矿业公司、鞍山驻军、辽宁科技大学青年志愿者和社会各界爱心人士共300多人参加了本次采集。采集活动现场还举行了“鞍山红十字捐献造血干细胞俱乐部郭明义大队”成立仪式及为两名身患白血病的儿童捐款的活动。

（集团公司卫生处　徐静滔）

（本栏编辑　赵　艳）

党群工作

特　辑
专　文
大事志
概　况
生产经营
技术进步
企业管理
党群工作
企业文化
上市公司——鞍钢股份有限公司
集团单位简介
人　物
统计资料
附　录

·组织工作·

【党内统计】 2010年末，鞍钢有基层党委159个（含9个党委筹建组，不含党组织关系属地化的6个党委），其中直管党委36个，直管党委下属党委123个。有党总支155个，党支部2213个，其中在岗党支部（含总支）2119个、居家休息党支部（含总支）162个、离退休党支部（含总支）87个。有党小组5689个。有党员55967名（女党员8291名），其中在岗党员43489名、离休党员1372名、退休党员3863名、居家休息党员6573名、其他情况党员670名。全年发展党员1334名，有申请入党人7718名、入党积极分子3637名、重点发展对象1387名。

【鞍钢隆重召开庆祝建党89周年暨“三先两优”表彰大会】 2010年6月29日，鞍钢党委隆重召开庆祝建党89周年暨“三先两优”表彰大会，表彰各级党组织、广大共产党员和党务工作者在面对国际金融危机带来的严峻挑战和极其复杂的国内外竞争形势，团结和带领广大职工认真贯彻党的十七大和十七届三中、四中全会精神，深入开展学习实践科学发展观活动，大力推进“四个转变”中涌现出的先进典型。经各级党组织的推荐，集团公司党委决定：授予股份有限公司化工总厂党委等18个党委先进党委称号；授予生产协力中心炼钢工区党总支先进党总支称号；授予矿业公司弓矿公司井下铁矿中运车间党支部等333个党支部先进党支部称号；授予建设集团有限公司机电分公司液压室党支部第一党小组等302个党小组先进党小组称号；授予郭明义等488名同志优秀共产党员称号；授予孙光辉等221名同志优秀党务工作者称号。会议号召，各级党组织和广大共产党员、党务工作者向受表彰的先进集体和优秀个人学习。紧密围绕鞍钢改革发展稳定的中心工作，坚持“融入中心做工作，进入管理起作用”的党建工作思路，深入开展创先争优活动，做好党建卓越绩效对标工作，不断加强基层党组织建设，提高党员队伍的整体素质，努力创造出一流的工作业绩。

【党委班子建设】 一是加强理论学习。集团公司党委在鞍钢党校举办党委书记党建理论研讨班，重点对党的十七届四中全会精神、建设马克思主义学习型政党、领导干部廉洁从政若干准则等进行专题培训，进一步提高党委书记的能力素质和决策水平，推进党内民主建设和廉政建设。二是印发《关于做好2010年基层党组织换届选举工作的意见》，重点对基层党组织换届拖期比较严重的现象进行了安排，提出了基层党委换届选举时间安排表，要求各单位党委按照集团公司党委确定的换届选举时间，及时召开党委会议认真研究本单位换届选举工作，制定工作计划，落实相关工作任务，保证本单位党委换届选举工作如期进行，取得了较好的效果。

【基层党支部建设】 一是强化对标学习工作。落实《鞍钢基层党支部工作条例》（钢委发〔2007〕4号）、《鞍山钢铁集团公司党支部基础工作规范》（钢委发〔2009〕12号）要求，由160个基层单位党委书记带队，组织本单位党委委员、党委工作部门人员和党支部书记，到集团公司党委树立的8个党支部工作示范基地进行对标学习。重点从工作思路、工作目标、工作方式、工作流程、工作载体、工作考核评价等方面进行学习借鉴、交流研讨具体做法，查找工作差距，分析原因、制订整改落实措施，按照“规范、务实、有效”的原则制定加强本单位党支部建设的意见办法，确保各级党组织具有落实抓党建工作责任的基本能力、作用突出的基本队伍、务实管用的基本制度、富有特色的基本活动、标准规范的基本阵地。二是加强党小组基础建设工作。为加强党小组基础工作，制定下发了《鞍山钢铁集团公司党小组基础工作规范》（钢委发〔2010〕12号），重点从党小组的地位、作用和主要任务，党小组的建立和划分，党小组长的产生和基本职责，党小组基本制度规范，党小组主要工作流程规范，党小组基础纪录规范等六个方面进行了明确、规范，使党小组的工作更加贴近基层、符合实际。三是继续深入开展创建“样板”党支部活动。按照党支部基础工作规范的标准要求，选树了48个集团公司“样板”党支部，促进了党支部的基础建设工作，普遍提升了基础党支部工作水平。

【党员教育管理】 一是贯彻《关于在全公司党员中实施目标管理的意见》（钢委发〔2009〕13号）精神，通过举办组织工作培训班、专项检查等方式，全面推进党员目标管理的组织实施工作。二是在全体党员中广泛开展向郭明义、沈浩同志学习活动，用郭明义、沈浩同志的感人事迹、崇高精神引领鞍钢广大党员成为“六个先锋”、为党旗添光彩，激励广大党员和干部以实际行动忠实履行共产党员的神圣职责，树立起基层党员干部的良好形象，推动鞍钢各项工作的顺利开展。三是深入开展党员对标领航活动。各级党组织把开展对标领航活动作为广大党员创先争优活动的基本活动载体，立足岗位对照同行业和本单位历史最好指标开展建功立业竞赛活动，充分发挥了党员在思想、业绩、作用等方面的领航作用。为鼓励先进，集团公司党委命名表彰了股份有限公司鲅鱼圈分公司炼焦部煤气净化作业区硫铵工序党员责任区等120个党员责任区为样板党员责任区，矿业公司弓矿公司露天铁矿穿爆车间11号钻机司机长崔岩等114个党员先锋岗为样板党员先锋岗。

【创先争优活动】 按照中组部、中宣部、国务院国资委党委和辽宁省委关于在党的基层组织和党员中深入开展创先争优活动的工作部署，6月9日，召开了郭明义事迹报告会暨鞍钢创先争优活动动员大会，用典型引路的形式，高标准启动了鞍钢创先争优活动。集团公司党委成立了创先争优活动领导小组，设立领导小组办公室，下设组织指导组、调研秘书组、学习宣传组、整改落实组四个小组；印发了《鞍山钢铁集团公司深入开展创先争优活动实施方案》和《关于成立鞍山钢铁集团公司创先争优活动领导机构及工作机构的通知》文件，对开展创先争优活动进行了全面部署。集团公司党委以争创“四强四优”活动作为鞍钢党内创先争优活动总抓手，覆盖公司全部党组织、全体共产党员。在不同层面继续坚持开展行之有效的活动载体，实现争创“四强四优”活动与其他创先争优活动的统筹衔接。即：在各级领导班子中继续开展“四好”领导班子创建活动；在基层党支部中以党支部“达标创先”活动为基础，开展创建“样板”党支部活动；在广大党员中以目标管理为基础，开展对标领航活动、党内主题实践活动和民主评议党员活动，形成相互结合、相互促进、务实有效的党内活动体系。集团公司创先争优活动领导小组成员率先垂范按照分工具体领导、指导和适时点评包片单位的创先争优活动，领导小组办公室及时编印了《鞍山钢铁集团公司创先争优活动相关工作指导意见》、《创先争优活动载体选编》和《鞍钢基层党委创先争优活动主题、载体、公开承诺汇编》等资料，保证了鞍钢创先争优活动扎实、有序、有效开展。

【中央企业表彰名单】 2010年6月25日，国务院国资委党委召开党建工作会议，表彰了出席中央企业先进基层党组织、优秀共产党员和优秀党务工作者。鞍钢获奖名单如下：

1. 中央企业先进基层党组织

鞍钢股份有限公司化工总厂党委

鞍钢矿业公司眼前山铁矿党委

2. 中央企业优秀共产党员

郭明义：鞍钢矿业公司齐大山铁矿生产技术室业务主管

黄国建：鞍钢股份有限公司技术中心钢铁产品所项目负责人

3. 中央企业优秀党务工作者

孙光辉：鞍钢股份有限公司冷轧厂党委书记、纪委书记

王茂宁：鞍钢矿业公司大孤山铁矿党委书记、纪委书记

（集团公司人力资源部(党委组织部)　陈金华）

【老干部工作】 2010年，鞍钢高度重视老干部工作，各项政策得到较好落实，老干部支部建设和自身队伍建设取得显著成效。

1. 党政领导重视老干部工作，政治待遇、生活待遇得到较好落实。在政治待遇方面：按规定为老干部订阅报刊杂志，有的单位还为老干部增订辽宁《党员特刊》和《共产党员》。集团公司继续免费为每一名离退休老干部订阅《鞍钢日报》。年初，公司老干办下发《2010年鞍钢离退休干部政治理论学习安排意见》，把组织老干部学习作为落实老干部政治待遇一件大事。坚持每季度邀请专家、学者为老干部支部书记和关工委主任作学习专题辅导，举办学习辅导报告6次，有650多人参加。在生活待遇方面：一是根据相关政策，为1875名离休干部调整了养老金，平均提高608元；二是为123名离休干部提高护理费待遇；三是为242名地专级及以上离休干部和老红军、公司老领导遗属发放春节一次性生活补贴76400元；四是组织761名退休干部进行健康体检；五是组织520名老干部进行健康疗养；六是鞍钢各级党政领导在元旦、春节、国庆节之际走访慰问老干部1118人次。集团公司和各基层单位救济生活困难老干部1370人次，金额达53.4万元；七是鞍钢“七九”开工61周年，为离退休发放标准分别为300元或500元的一次性慰问金；八是为纪念抗日战争胜利65周年，鞍钢为153名抗日老干部每人发放1000元的慰问金。2010年，鞍钢认真做好老干部信访接待工作，全年共接待586名老干部来信来访，切实帮助老干部解决思想认识问题和生活实际困难。

2. 老干部党支部建设取得新成绩。鞍钢各单

位党委和组织部门把抓好老干部党支部建设作为老干部工作的重点内容，通过扎实有效的工作，建设一批支部班子好、党员队伍好、组织设置好、活动开展好、群众反映好的“五好”老干部党支部，使之成为组织老同志、凝聚老同志、教育老同志的坚强堡垒。2010年11月，鞍钢96个老干部党支部在2009年评选5个“五好党支部”的基础上，又有6个党支部被鞍山市委评为“五好党支部”，鞍钢公司老干办被评为老干部党建工作示范点。

3. 开展了适合老干部特点的文体娱乐活动。2010年，鞍钢老干办积极组织老干部开展一些适合老年人特点的文体娱乐活动。矿业公司组织老干部开展“庆祝抗日战争胜利65周年知识竞赛活动”。股份公司热轧带钢厂等单位组织老干部到厂内和鞍山市区参观。集团公司老干办举办了鞍钢老干部“迎新春”大型书法、绘画、摄影、征文展览，有200多名老干部作品榜上有名，分别荣获等级奖。在庆祝重阳节举办千名老干部游园活动，公司为每名老干部发了精美的礼物。集团公司老干办坚持每月举办一次大型文体娱乐活动，先后举办乒乓球、地掷球、门球、麻将、风筝、激光枪、台球、交际舞等比赛，较好地活跃老干部的晚年生活。鞍钢老干部各个文体协会也取得一定成绩。鞍钢老干部大学全年开办书法、京剧、音乐三个班，共有学员110名。

4. 老干部工作人员队伍自身建设取得一定成绩。一是在全公司老干部工作系统继续开展“优质服务年”活动。在工作中坚持以人为本理念，根据每名老干部的不同情况，广泛开展亲情服务。许多单位结合工作实际制定相应的服务公约，增加服务项目，把老干部当亲人、当长辈、当功臣。股份公司炼铁总厂、动力总厂给水分厂老干部工作部门主动与厂团委合作，成立青年志愿者服务小分队，定期到行动不便的老干部家打扫卫生、理发、护理病人等。鞍钢总医院老干办还与院团委配合，在重阳节期间到公司老干办为离退休干部义诊、量血压，增强青年职工尊老、敬老、爱老的思想意识。据统计2010年全公司老干部工作人员为老干部办好事2462件。二是注重加强老干部工作人员政策业务学习。组织工作人员学习老干部各项政策，交流工作经验和体会。公司老干办还加大调研工作力度，组织有关工作人员认真学习上级政策规定，要求把党和政府关于老干部有关待遇落实好，做到及时、准确。三是树立典型，表彰先进。为推进老干部工作深入开展，表彰了一批老干部工作先进单位和先进个人，树立10名老干部工作标兵。2010年全公司老干部工作部门和工作人员在为老干部服务的过程中，开拓创新，辛勤工作，为老干部办了许多好事、实事，也创造出很多好的工作经验，好的做法，对推动“优质服务年”的深入开展起到很好的促进作用。

（集团公司人力资源部　刘维新）

· 宣传工作 ·

【加强政治理论学习，不断推进学习型党组织建设】 2010年，鞍钢各级党委认真学习贯彻党的十七大和十七届四中、五中全会精神，积极推进学习型党组织建设，坚持用党的基本理论和现代科技知识武装广大党员干部，不断增强党员干部的理论素养和实践能力，为实现鞍钢科学发展提供了精神动力、智力支持和思想保证。

一是高度重视理论学习工作，全面部署学习型党组织建设工作。鞍钢党委年初制定了《鞍山钢铁集团公司2010年理论学习安排意见》，以公司党委一号文件下发，对全年的理论学习工作进行了部署。4月鞍钢党委下发了《关于转发〈国资委党委关于推进中央企业学习型党组织建设的实施意见〉的通知》，对鞍钢学习型党组织建设工作进行了具体部署。鞍钢党委成立了鞍钢建设学习型党组织工作协调小组，由党委副书记闻宝满任组长，集团党委宣传部、组织部、办公室等为成员单位，协调小组办公室作为日常工作机构，设在宣传部。

集团公司及各基层单位党委中心组认真落实两个文件精神，坚持政治理论学习制度。鞍钢党委宣传部结合学习重点，有针对性地推荐学习书目，满足党员干部的学习需求。购买下发了中宣部党员干部第二批、第三批学习推荐书目、《政府工作报告辅导读本》、《建设学习型党组织系列讲座》、《〈中共中央关于制定国民经济和社会发展第十二个五年规划的建议〉辅导读本》等资料。编辑印发了《2010年学习资料汇编》2500册，指导组织各基层党委理论学习工作。各单位以学习贯彻党的十七届四中、五中全会精神为重点，系统学习中国特色社会主义理论和社会主义核心价值体系内容，深入学习实践科学发展观，学习党中央党风廉政建设的相关规定。同时学习中央经济工作会议精神、人大《政府工作报告》和《中共中央关于制定国民经济和社会发展第十二个五年规划的建议》，学习推动鞍钢科学发展所需要的经济、政治、文化、科技、管理和国际化等各方面知识。提高运用科学理论领导企业科学发展的实际能力，提高应对金融危机的能力和水平。

二是探索创建学习型党组织长效机制。鞍钢党委年初组织开展对全公司中心组学习情况检查和考核，制定中心组学习考核办法及评分标准，首次将中心组学习量化考核纳入公司领导班子年终考核，取得了良好效果。各单位普遍建立起学习调研、考核检查、成果交流等相关制度。鞍钢党委深入基层开展调研，撰写了调研综述《认真学习贯彻党的十七届四中全会精神　深入学习实践科学发展观　为应对金融危机　实现科学发展发挥保证作用》，总结交流了鞍钢股份公司及其下属冷轧厂、线材厂、能源动力总厂，矿业公司、生产协力中心等单位的典型经验。年中开展了全公司中心组学习及学习型党组织建设工作中期检查调研，撰写了《加强中心组学习，推进学习型党组织建设》调研综述，总结推广股份公司、矿业公司、铁运公司等单位的先进经验，创新学习方法。确立了股份公司热轧带钢厂为辽宁省学习型党组织建设示范点，在全公司营造崇尚学习的浓厚氛围。在鞍山市推进学习型党组织座谈会上介绍了《以学习型党组织建设带动学习型创新型企业建设》经验，并在《鞍山日报》刊载。

三是坚持理论与实践相结合，创新学习方式方法。鞍钢积极拓展学习培训、理论研究阵地，搭建多种平台。鞍钢党校、鞍钢职工大学等单位发挥培训主渠道作用，组织各种培训班，对党员和职工进行集中培训和轮训。鞍钢党委宣传部组织开展了由辽宁省委学校教授主讲的学习型党组织建设专题讲座。在学习中，各级党委中心组坚持中心发言与座谈讨论相结合，集中学习与自学相结合，充分利用各种学习资源，开阔视野。同时把调查研究作为加强中心组理论学习的重要手段，中心组成员深入基层调研，并结合学习专题和个人工作实际提出研究课题，撰写学习体会。在充分运用党委中心组学习、形势任务教育、“三会一课”、专题研讨、主题党课等有效做法的同时，大力倡导开放式、互动式、研究式和共享式等学习形式，开展形式多样、生动活泼的主题教育活动，激发党员干部学习的内在动力。

（集团公司党委宣传部　张广明）

【坚持“三贴近”原则，全面深化职工形势任务教育】 2010年，鞍钢通过内容与形式的不断创新，全面深化职工形势任务教育，引导职工认清形势，振奋精神，把思想和行动统一到实现鞍钢发展战略目标上来。一是贴近企业发展实际，突出教育主题。集团公司党委宣传部专门下发了《2010年职工形势任务教育工作安排意见》，对2010年职工形势任务教育工作提出了要求。各单位在形势任务教育中注意突出贯彻落实鞍钢十届九次职代会精神的主题，并通过多种形式向职工宣传鞍钢发展面临的新形势新任务，引导职工牢固树立大局意识和责任意识，克服后金融危机的不利影响，坚定信心，迎接挑战，为鞍钢实现第二步跨越目标提供坚实的思想保障。二是贴近职工思想实际，讲究方式方法。为更好地做好2010年职工形势任务教育工作，集团公司通过召开职工座谈会、下发调查问卷、走访谈话等形式，对职工思想的热点及难点问题进行摸底，从中了解广大职工对金融危机给鞍钢带来哪些影响和面临哪些困难及鞍钢有哪些应对措施。采取讲座和报告会、领导干部“大讲堂”等活动的方式，按季度安排专题，开展主题教育。各单位则结合本单位实际，将形势任务教育融于形式多样的活动之中，通过丰富载体、拓展渠道，切实增强了形势任务教育的实际效果。三是贴近生产经营实际，注重成果转化。2010年，全公司有41个单位对形势任务教育工作作了专项安排，组织形势任务教育各类报告会、宣讲会900多场，走访职工12900多人次，化解不稳定因素950多人次。各单位通过深入开展形势任务教育，使广大职工的思想进一步统一，精神进一步振奋，重实干、讲奉献的意识明显增强。

【以鞍钢“四个转变”成果和创先争优活动为重点，全方位加大对内对外宣传力度】 2010年，鞍钢积极加大宣传力度。一是鞍钢国际化经营方面取得的重大突破进行宣传。鞍钢投资澳大利亚卡拉拉铁矿项目、鞍钢在美国建厂等国际化经营情况，新华社、人民日报、经济日报、中国冶金报等国家级新闻媒体都进行了深入的报道。二是加强对鞍钢节能减排工作成就的宣传报道，展示鞍钢负责任的国企形象。鞍钢在全国节能减排工作会上介绍了经验并由新华社、中央电视台、中国冶金报等进行了全面报道，树立了鞍钢节能减排的社会新形象。三是对鞍钢与攀钢联合重组，组织新华社、人民日报、经济日报、中央电视台等全国43家媒体进行了全方位报道。2010年，中央级以上媒体发表报道鞍钢业绩稿件350余篇。四是加强创先争优活动宣传。在鞍钢日报上设立了“创先争优活动”专栏，对鞍钢及各单位创先争优活动情况进行了及时报道。创办了《鞍钢创先争优活动工作简报》，2010年编发16期，同时报送国资委，分别被国资委《中央企业创先争优活动简报》第9期、第25期和第39期采用。及时总结推广创先争优活动的做法和经验。

【典型宣传树立取得历史性重大突破，郭明义事迹在全国引起强烈反响】 鞍钢党委先后作出了《关于向郭明义同志学习的决定》和《认真学习贯彻胡锦涛总书记重要指示精神 进一步深化向郭明义学习的决定》，分别于4月26日、11月10日在《鞍钢日报》上刊发。参与组建了鞍钢、辽宁省和中宣部三个层面的郭明义事迹报告团，并在鞍钢《郭明义事迹报告会暨创先争优活动动员大会》上做了首场报告。据不完全统计，鞍钢郭明义事迹报告团已在鞍钢各单位和鞍山市各单位巡回宣讲了20余场，发放光盘组织收看达300多场，在职工中反响强烈。

为了将郭明义这一典型推向更高层次，通过新华社《国内动态清样》报道了郭明义的先进事迹。8月1日，胡锦涛总书记做出重要批示，高度评价“郭明义同志是助人为乐的道德模范，是新时期学习实践雷锋精神的优秀代表，要大力宣传和弘扬他的先进事迹和崇高品格，为建设社会主义和谐社会提供强大精神力量”。随后，中央有关领导也分别做了重要批示。

鞍钢先后接待省委调研组、省新闻媒体采访团、中央及部分省市新闻媒体采访团，达200余人，深入生产现场和郭明义家中，对其事迹进行了全面详尽的采访。9月18日至20日，新华社、人民日报、中央电视台、解放军报等各大媒体连续三天集中报道了郭明义的感人事迹，在全国掀起了学习郭明义先进事迹的热潮。郭明义这一典型成为鞍钢继孟泰、王崇伦之后又一个具有时代意义的全国重大典型。

按照辽宁省委、中宣部的安排，鞍钢参与了组织协调郭明义事迹报告团在辽宁省、北京人民大会堂以及全国10个省市和辽宁省直机关和沈阳、大连的巡回报告有关工作。11月，鞍钢郭明义事迹报告团应邀赴宝钢、攀钢做事迹报告，受到热烈欢迎。

【鞍钢网站管理工作】 根据集团公司领导关于鞍钢网站建设的相关指示精神，在新版鞍钢中文网站设计、开发、上线运行的基础上，加快英文网站的设计与实施，2010年1月6日，新版鞍钢英文网站正式上线运行。网址为 http://en.ansteelgroup.com，设有 Overview、News Center、Enterprise Culture、Scientific Development、Products、Human Resources、Sustainability 7个一级栏目，Profile、President's message、News 等30个二级栏目。全新改版的鞍钢网站中文版和英文版，得到了上级领导、相关企业和网民的充分肯定。按照国资委的要求，对鞍钢网站进行了自我评估和问题修正，起草了《鞍钢网站管理办法》（讨论稿），对鞍钢网站的进一步规范管理提出了更明确的要求，同时对基层单位的部分网站进行了规范化建设的调查和指导。积极向国资委网站报送鞍钢重要信息，全年共有30多条被国资委网站采用。

（集团公司党委宣传部 付玉强）

【党建政研会思想政治工作研究工作】 2010年，鞍钢党建思想政治工作研究会以加强学习型党组织建设为契机，围绕改进创新党建、思想政治工作、精神文明建设和企业文化建设等方面，认真开展调查研究和理论研讨，加强研究成果的推广应用，为鞍钢科学发展发挥了重要作用。

一是积极推进理论武装工程建设。鞍钢党建政研会坚持把用十七大精神和十七届三中、四中、五中全会精神，武装头脑、指导实践、推动工作作为理论研究工作的出发点和落脚点。各级分会认真开展学习和研讨，适应发展中国特色社会主义、全面建设小康社会的总体要求，紧密联系企业实际，高举中国特色社会主义伟大旗帜，增强贯彻落实科学发展观的自觉性和坚定性，增强了责任感和使命感。广大党建思想政治工作者坚持把全面理解和深刻把握中国特色社会主义理论体系作为学习的中心内容，围绕主线，突出重点，注重学习的系统性，兼顾学习的广泛性。

二是按照集团公司党委统一部署，积极开展纪念“鞍钢宪法”发表50周年系列活动。制定相关方案，组织召开纪念“鞍钢宪法”发表50周年暨弘扬鞍钢创新精神座谈会、“鞍钢宪法”专题报告会，组织科技人员、先进人物及理论工作者代表发言，教育引导职工继承发扬鞍钢工人阶级的优良传统，弘扬孟泰、王崇伦、李晏家、邢贵彬等先进模范的首创精神，全心全意依靠工人阶级办企业，推动鞍钢科学发展。还征集包括知名学者胡鞍钢等20余篇纪念文章，编辑出版《鞍钢政工研究》纪念鞍钢宪法发表50周年专刊，总结提炼以“鞍钢宪法”为代表的鞍钢企业文化和企业管理经验成果。

三是深入扎实地开展思想政治工作研究。下发了《关于开展2010年鞍钢党建思想政治工作研究的通知》，以学习型党组织建设为重点，共制定下发研究课题59项，开展课题研究，组织学组活动。鞍钢党建政研会积极协调各会员单位，组织骨干力量，深入基层，深入实际，广泛开展调查研究活动。组织开展优秀研究成果评选，表彰公司级优秀成果60项。推选研究成果参加中国冶金政研会课题评选，获一等奖2篇，二等奖1篇，三等奖1篇。注重总结推广研究成果，编辑出版《鞍钢思想政治工作论文集》。2010年12月份，举办了鞍钢党建政研会学习型党组织建设论坛。铁运公司、鞍钢股份公司热轧带钢厂、矿业公司齐大山铁矿分别做了题为“创建学习型党组织，引领铁运科学发展”、“提高认识　紧贴实际　创新方法　大力推进学习型党组织建设”和“以深入开展向郭明义同志学习活动为契机　积极营造全员学习的浓厚氛围　推进学习型党组织建设不断深入”的经验介绍。鞍钢党建政研会调研总结的矿业公司学习树立郭明义先进典型的经验在全国冶金政研会理事大会上发言。

四是加强党建政研会基础建设，认真办好党建政研会会刊《鞍钢政工研究》，提高办刊质量，坚持唱响主旋律、打好主动仗，在继承中创新，在创新中发展。开辟学习型党组织建设和创先争优等专栏，开展理论研讨和学习成果交流，为各会员单位和广大干部职工提供学习研讨的园地。

（集团公司党委宣传部　张广明）

【法制宣传教育工作】 2010年，鞍钢加大了法制宣传力度。一是年初制定下发了《鞍钢2010年法制宣传教育要点》，对鞍钢实施“五五”普法规划最后一年的工作进行了重点部署。二是重点开展了《社会主义法制理念读本》学习宣传教育。把学习宣传社会主义法治理念纳入“五五”普法规划的内容，将宣传社会主义法治理念纳入了党校的培训计划，在领导干部法律培训班和中青年后备干部培训班中开设了社会主义法治理念课程。同时大力对《侵权责任法》进行了学习宣传，促使广大干部群众自觉对照社会主义法治理念的要求，提高认识，信法、学法、懂法、用法、守法。三是按照国资委《关于中央企业开展“五五”普法总结验收工作的通知》的工作部署及省市有关要求，起草下发了《关于鞍山钢铁集团公司开展“五五”普法总结验收工作的通知》，并制定了《鞍山钢铁集团公司“五五”普法检查验收标准》。围绕《鞍钢开展“五五”普法　推进依法治企工作规划》执行情况，领导干部及经营管理人员学法用法情况，职工学法、懂法、守法、用法及法律素质提高情况，依法决策、经营、管理、维护企业权益情况等进行验收考核。四是编纂了《企业常用法律法规选编》，作为各单位进行普法宣传教育的参考教材予以下发。五是以“12·4”法制宣传日为契机组织了（副）厂处级以上领导干部法律知识考试，对领导干部掌握各项常用法律知识情况进行了考核。

（集团公司党委宣传部　赵　艳）

【统一战线工作】 2010年，鞍钢按照国资委党委、省委统战部的部署，围绕鞍钢生产经营中心，发挥优势，凝聚力量，调动一切积极因素，为鞍钢实现“建设特大型跨国集团、实现质的飞跃”的发展目标做出了积极贡献。

一是按照中央、省委、国资委党委的要求，结合鞍钢工作实际，部署全年工作。把落实中央、省和国资委党委统战工作会议精神与鞍钢工作会议精神相结合，针对鞍钢统战工作中遇到的新情况新问题，制定了《2010年鞍钢统战工作要点》，对全年统战工作进行了安排和部署，进一步动员和号召广大统战成员，立足本职岗位建功立业，迎难而上，共克时艰，为推进鞍钢和谐发展做出应有贡献。切实加强对基层统战工作的指导，举办了统战干部培训班，围绕统战工作中遇到的热点难点问题进行了研讨。鞍钢基层统战干部50余人参加了培训，进一步提高了统战工作整体水平。

二是组织开展以“爱鞍钢、献良策、做贡献”为主题的“爱献做”活动。年初以来，认真组织发动各单位统战成员，紧紧围绕鞍钢生产经营中心和本单位生产经营、改革改造工作的难点和重点献计献策，涌现出一大批优秀成果。广大统战成员共提出合理化建议973条，被采纳429条，不仅创造了可观的经济效益，而且对于提高鞍钢各方面工作水平发挥了积极的促进作用。其中鞍钢股份公司技术中心高级工程师王军生的一项成果，获得冶金工业科学技术一等奖。矿业公司齐大山铁矿高级工程师刘桂云的一项成果获得纽伦堡国际发明展金奖。集团公司最终评定优秀成果一等奖3项，二等奖8项，三等奖22项，进行了表彰和奖励。2010年6月，中央统战部六局、国资委统战部联合召开了“爱企业、献良策、做贡献”主题研讨会，认真总结了鞍钢多年来开展该项活动的经验，在会上与其他国有企业进行交流，得到了与会人员的认可。

三是加强统战代表人士的教育培训工作，推进高素质统一战线代表人士队伍建设。将培训工作与外出考察学习相结合，进一步深化社会主义核心价值体系教育活动成果。组织了20余名统战代表人士参观上海世博会。积极搭建实践锻炼平台，支持统战代表人员参与各类社会活动。支持和协调民主党派成员参加省、市有关部门举办的报告会、培训班、理论研讨等活动40余人次，选派2名同志参加了省、市社会主义学院举办的民主党派人士学习班。

四是筹备鞍钢侨联换届改选工作。2010年鞍钢党委统战部对各基层单位归侨侨眷联谊会建设情况进行全面调查摸底，对集团公司归侨侨眷联谊会组成人员进行调整和充实，确保组织健全、人员得力、工作有效。第四次代表大会以来，鞍钢归侨侨眷联谊会以“聚侨心，促和谐”为主题，组织开展了大量的学习、考察、联谊等活动。在总结过去几年工作的基础上，认真组织筹备改选工作，特别是委员的推荐工作。按照规定，经过层层筛选，在基层单位确定推荐委员的基础上，组织人员考核。

五是开展各具特色、富有成效的统战活动。根据省委统战部《关于组织观看影片〈袁隆平〉的通知》要求，积极组织公司统战成员600余人观看影片《袁隆平》，广大统战成员都被袁隆平心系祖国、无私奉献的精神打动。影片播放后，许多基层单位在统战成员中开展了观后感评比活动，进一步提高了广大统战成员的思想觉悟。组织召开了鞍钢统战代表人士新春茶话会，迎中秋庆国庆大型联谊活动以及统战代表人士登山健身活动，增强了统战工作的吸引力和凝聚力。据统计，2010年全公司开展各种形式的统战联谊活动66次。同时，分层次组织走访了鞍钢重点统战人士，关心他们的学习、工作和生活，让他们感受到党组织的关怀和温暖。2010年基层单位走访重点统战代表人士153人。

（集团公司党委宣传部　张　丹）

· 精神文明建设 ·

【精神文明创建工作】 2010年，鞍钢精神文明创建活动紧紧围绕鞍钢生产经营和改革改造实际，坚持以深化社会主义核心价值体系建设为目标，以提高职工思想道德素质为根本，开展了丰富多彩的精神文明创建活动，为鞍钢加速推进“四个转变”、迈进“世界五百强”提供了精神动力和智力支持。

一是总结和宣传精神文明建设先进集体和先进个人事迹，发挥先进典型的引领示范作用。组织开展评选文明作业区、文明机台、文明岗位、文明窗口活动。经过基层单位推荐、二级公司审核、公司文明办初评、公司精神文明建设委员会讨论命名鞍钢文明作业区8个、文明机台4个，文明岗位6个，文明窗口7个，进一步壮大了鞍钢先进典型群体。按照中央和省市文明办的要求，在全体职工中开展了“我推荐、我评议身边好人”活动。为扩大影响，调动广大职工参与的积极性，充分挖掘鞍钢职工身边的好人好事，公司文明办专门在《鞍钢日报》上刊发了活动通知。通知印发后，各单位积极组织，广大职工踊跃参与，积极推荐候选人，又涌现和发现了一批先进个人典型。

二是开展年度文明单位总评工作。公司文明办会同文明委成员单位，确定考核指标，严格评选标准，高质量地完成了2009年度鞍钢和省市级文明单位的总结评比及相应的推荐工作，有138个单位被评为鞍钢级文明单位，21个单位被命名为鞍山市文明单位，鞍钢股份公司一炼钢厂被评为辽宁省文明企业标兵，鞍钢日报社被评为鞍山市文明单位标兵。

三是积极推进职业道德建设。组织开展鞍钢职工岗位职业道德行为规范知识竞赛，与鞍钢日报社联合开展了鞍钢职工岗位职业道德行为规范知识竞赛答题活动，共有39个单位22294名职工参加。引导广大职工自觉践行本岗位职业道德行为规范，进一步促进了《公民道德建设实施纲要》以及《鞍钢各单位职工岗位职业道德行为规范汇编（试用）》在基层单位和岗位的贯彻落实。以“凝聚道德的力量”为主题，举办纪念《公民道德建设实施纲要》颁布九周年文艺演出。演出以大合唱、诗朗诵、情景故事等多种形式，集中展现了鞍钢近年来精神文明建设工作取得的丰硕成果，讴歌了李晏家、邢贵彬、郭明义等先进典型以及鞍钢职工抗战暴风雪、支援地震灾区、勇于承担社会责任等先进事迹，特别是邀请了捐献造血干细胞配对成功的鞍钢职工孙智勇和河北邢台青年郝艳海亲临现场，引起现场观众的强烈共鸣。此次演出受到了公司领导和观看演出的职工代表的广泛好评。

四是开展精神文明品牌创建活动方案征集评选活动。为认真总结推广鞍钢各单位精神文明创建工作形成的好经验、好做法，激发广大精神文明建设工作者立足实际，勇于创新，促进精神文明建设贴近一线、贴近职工、贴近实际，不断研究解决精神文明建设工作面临的新情况、新问题，进一步提高鞍钢精神文明创建工作水平，鞍钢文明办在各级文明委、文明办成员，党务干部，党校、职工大学教师中开展了精神文明品牌创建活动方案征集评选活动。得到了各单位和党员干部的积极响应，共征集95个精神文明品牌创建活动方案，集中展示了基层单位精神文明创建活动的新进展、新成果。

五是加强精神文明绩效考核，促进精神文明创建活动的贯彻落实。2010年，经集团公司精神文明建设委员会讨论通过，对《鞍山钢铁集团公司精神文明绩效考核管理办法》进行了修订，将企业文化建设列入精神文明绩效考核。为与集团公司战略绩效考核相匹配，将集团公司精神文明绩效考核由月度考核调整为季度考核。2010年以来，公司文明办认真贯彻落实精神文明绩效考核管理办法，加强对基层单位精神文明绩效考核管理的指导，每季度组织相关考核部门对各单位进行考核，进一步完善了鞍钢精神文明建设考核体系，有效促进和推动了鞍钢精神文明建设各项工作的落实。

六是完成了攀钢精神文明建设工作调研。按照鞍钢与攀钢战略重组党群工作组的工作部署，鞍钢文明办派专人赴攀钢对攀钢精神文明建设工作进行了认真调研。详细了解了攀钢精神文明建设领导工作体制、文明单位创建、选树先进典型、开展文明社区建设、“文明列车”等工作经验和典型做法。完成了攀钢精神文明调研报告，对新集团精神文明建设工作提出了工作建议。

【2010年度鞍钢文明单位】 2011年2月14日，鞍钢集团公司精神文明建设委员会召开了2011年第一次全体委员会议，会议决定以下121个单位为鞍钢文明单位。

股份公司：化工总厂、炼铁总厂、一炼钢厂、二炼钢厂、线材厂、大型厂、冶金运输厂、计量厂、热轧带钢厂、冷轧厂、无缝厂、冷轧硅钢厂、技术中心、设备处、市场营销部、鲅鱼圈分公司炼铁部、鲅鱼圈分公司炼钢部、鲅鱼圈分公司热轧部、鲅鱼圈分公司厚板部、鲅鱼圈分公司环境与能源部、鲅鱼圈分公司设备保障部。

矿业公司：齐大山铁矿、眼前山铁矿、东鞍山铁矿、鞍千矿业有限责任公司、设计研究院、辅助材料厂、技工学校、生活协力中心、实业公司留守处、武装保卫处、用电管理处、大连石灰石新矿、设备检修协力中心、化工原料制备厂、大孤山球团厂、大连石灰石矿、弓长岭矿业公司井下铁矿、弓长岭矿业公司选矿厂、弓长岭矿业公司机械厂、弓长岭矿业公司球团一厂、辽阳鞍钢弓矿建筑工程有限公司、弓长岭矿业公司铁路运输公司。

国际经济贸易公司：鞍钢欧洲有限公司、鞍钢美国有限公司、鞍钢澳大利亚有限公司、鞍钢集团韩国有限公司、鞍钢集团日本株式会社、鞍钢集团香港有限公司、广州鞍钢国际贸易有限公司、沈阳鞍钢国际贸易有限公司、鞍钢集团国际经济贸易公司鲅鱼圈公司、鞍钢沈阳钢材加工配送有限公司、成都鞍钢国际贸易有限公司、天津鞍钢国际北方贸易公司。

自动化公司：信息产业公司、过程控制公司。

鞍钢集团工程技术有限公司、接待服务公司、耐火材料公司、房产物业公司。

生产协力中心：灵山工区、冷轧工区。

设备检修协力中心：炼钢工区、冷轧工区。

铁路运输公司：运输总站、电务修建厂、铁路修建厂、机车厂。

鞍钢日报社、鞍钢党校、职工大学、劳动卫生研究所、文化体育活动中心、总医院、资产经营中心、财务公司、电讯厂、矿渣开发公司、铁路运输设备制造公司。

建设集团有限公司：混凝土分公司、建筑研究院（原建筑研究所）、技工学校、工业炉窑工程分公司、特种结构厂、第三建筑工程分公司、汽车吊装运输分公司、营口钢结构分公司。

重型机械有限责任公司：锻造厂、汽车运输公司、机械设计研究院、西部机械厂、轧辊厂、质量控制管理中心、技工学校、北部机械厂、灵山机械厂、冶金粉材厂。

实业集团有限公司：综合利用分公司、厂容绿化筑路有限公司、生活服务分公司、无缝金属制品厂、微细铝粉有限公司、运输分公司、乳业有限公司、热轧工程有限公司、冶金机械有限公司、办公用品公司、供销实业公司。

房地产开发集团有限公司：第二建筑工程分公司、建筑材料分公司、建筑设计院有限公司、物业管理有限公司、安全门厂、第一建筑工程分公司、第四建筑工程分公司、协成建材分公司。

鞍钢钢绳有限责任公司、矿山建设有限公司、电气有限责任公司、矿山机械制造有限公司。

【2010 年度鞍钢文明作业区、文明机台、文明岗位、文明窗口标兵】 近年来，鞍钢涌现出的文明集体能够认真组织践行鞍钢职工岗位职业道德行为规范，努力培育社会主义核心价值观，积极开展各种形式的精神文明创建活动，营造出和谐稳定、文明健康的良好发展环境，并能够始终保持文明集体标准，争创优良业绩，涌现出一大批作业环境优美、工作业绩领先、职工精神面貌向上、创建活动特点鲜明的文明作业区、文明机台、文明岗位和文明窗口标兵，提升了鞍钢文明集体创建水平，促进了鞍钢各项工作任务的顺利完成。

为充分发挥先进集体的引导示范作用，营造比、学、赶、帮、超的浓厚氛围，不断提高鞍钢文明集体创建工作水平，鞍山钢铁集团公司精神文明建设委员会决定：

命名矿业公司大孤山球团厂磁选作业区、生产协力中心热轧二工区中板生产作业区、设备检修协力中心炼铁工区化产检修作业区为鞍钢文明作业区标兵；

建设集团有限公司汽车运输分公司吊装一队500 吨吊车机组、重型机械有限责任公司锻造厂8000 吨水压机机台为鞍钢文明机台标兵；

股份公司化工总厂四炼焦作业区干熄焦班组、股份公司鲅鱼圈钢铁分公司热轧部精轧岗位、矿业公司弓长岭矿业公司球团一厂原料车间造球岗位、工程技术有限公司冶金设备室四组、铁路运输公司机车厂定修车间钳工班为鞍钢文明岗位标兵；

国际经济贸易公司钢铁产品出口部、鞍钢总医院影像中心乳腺诊断工作组为鞍钢文明窗口标兵。

（集团公司党委宣传部 曹德飞）

· 纪检监察工作 ·

【构建惩治和预防腐败体系】 2010 年，鞍钢集团公司各级纪检监察组织在集团公司党委的正确领导和全力支持下，动员全体纪检监察人员，以邓小平理论和“三个代表”重要思想为指导，以科学发展观统揽反腐倡廉建设工作，坚持标本兼治、综合治理、惩防并举、注重预防的方针，全面推进惩治和预防腐败体系建设。

一是召开了 2010 年鞍钢纪检监察工作会议。集团公司党委常委、纪委书记苏文生传达十七届中央纪委第五次全会会议精神，并做题为“加大惩防腐败力度，推进反腐倡廉建设，为鞍钢实现第二步跨越目标提供坚强保证”的工作报告，总结集团公司2009 年纪检监察工作，部署2010 年任务；中央纪委第一纪检监察室、国务院国资委纪委、省纪委领导出席会议，中央纪委第一纪检监察室领导代表上级讲话，对过去一年鞍钢加强党风建设、效能监察和反腐倡廉工作取得的成绩给予充分肯定；集团公司党委书记、总经理张晓刚代表集团公司党委就如何进一步抓好鞍钢党风和反腐倡廉建设提出工作要求。

二是开展了“鞍钢惩防腐败体系管理体系框架研究”，建立文化层、保障层和基础层“三个层次”体系结构。编发了《鞍钢惩防腐败体系 A 级文件——党纪政纪条规选编》、《鞍钢惩防腐败体系 B 级文件——鞍钢党风和反腐倡廉建设制度汇编》，不断赋予惩防体系建设新的内容，编发了《读书思廉——鞍钢惩防腐败体系建设工作要点提示》，从工作思路、工作内容和工作进程三个方面指导各单位审视自身工作进展情况。召开了惩防体系领导小组第七次会议，总结了工作经验，安排了下一步工作。

三是开展了惩防腐败体系、全面风险管理体系、企业社会责任体系“三体融合共建”课题研究，探索融合共建的方法，梳理、分析、归纳“三体”各自的工作要素，制订具体落实措施。积极学习中石化、宝钢的“制度 + 科技”预防腐败的经验，在物资采购管理信息系统中开展监督工作，将信息化手段应用于源头防腐。矿渣开发公司实施了备品备件和油料信息化管理试点，解决了管理程序不公开、受人为因素影响大的问题。

攀钢矿业公司开展重点领域廉洁风险防范工作，构建“三全”和“六C”廉洁风险防范管理体系，规范了权力运行、业务处置和审批流程。

四是将落实党风廉政建设责任制、推进惩防腐败体系建设情况纳入年度考核以及领导人员选拔任用的要求中去。纪委配合组织部联合对各单位领导班子及成员进行了年度考核，并对选人用人情况共同开展了专项检查，对各单位领导班子进行了选人用人满意度测评。股份公司化工总厂安排业务工作的同时安排党风和反腐倡廉建设；领导人员调动的同时进行廉洁教育；日常工作检查的同时检查党风和反腐倡廉建设情况，增强了各级领导人员的责任意识。攀冶公司以“三级防范”为重点推进惩防体系建设，防范企业廉洁风险。

五是继续完善“三位一体”监督机制，深化对重点管理流程和环节的监督控制。每月召开“三位一体”联席会议，整体协调、安排监督检查工作。审计部门开展经济责任审计、工程审计、专项审计、风险管理审计等工作，全年完成审计项目211项，查出问题金额11亿元，发现和披露各类问题561个，提出审计意见和建议533条。子公司监事会着重监督检查子公司生产经营管理的过程，针对国有资产安全等问题开展监督检查和专项检查，全年完成监督检查报告35份，专项报告10份，反映各类问题92项，提出管理建议93条，充分发挥了“三位一体”监督机制的作用。

六是发挥组织协调作用，开展惩防体系建设研讨交流活动。鞍钢作为促进中央企业构建惩防体系工作第四组组长组织开展了论文征集等交流研讨活动，并在武汉组织召开了十六家中央企业参加的第四组工作交流会，各单位纪检监察工作主要负责人参加了会议。国务院国资委纪委副书记、监察局局长邵春保同志和中央纪委惩防办公室监察专员、综合组组长姚风顺同志到会并对第四组工作给予了充分的肯定。集团公司纪委应邀在中央纪委杭州培训中心开办的纪检监察业务培训班上为全国600多名纪检监察人员作了“鞍钢党风和反腐倡廉建设的理论与实践”专题讲座；在鞍钢党校后备干部培训班上作了“加强年轻干部党性修养，构建鞍钢惩防腐败体系”的专题讲座。

（集团公司纪委监察部　冷　松）

【查办违纪违法案件】 鞍钢各级纪检监察组织全面落实科学发展观，忠诚履行党章赋予的职责，加大案件检查工作力度，有效承接“三位一体”监督机制，不断提高执纪办案的能力和协作区查办案件的整体水平，为国有资产保值增值和企业生产经营活动提供坚定的纪律监督保障。2010年，全集团公司各级纪检监察组织共受理群众来信来访827件，查结案件69件，大案要案35件，处分126人，其中按副处级以上岗位管理人员41人，追究刑事责任18人，收缴违法违纪款、房产等价值400余万元，挽回经济损失1150余万元。

一是深入开展案件查办工作。查办了“12.03”国贸大连分公司原经理巨额受贿案件，查明涉案人利用职务之便先后收受多个客户现金累计数百万元，目前该案已进入法院审理宣判阶段。查办了“5.26”温州伯特利公司销售代理人向鞍钢销售假冒伪劣阀门案件，查明其勾结内部员工虚耗100多个阀门，向鞍钢销售数千个伪劣和与合同不符的阀门的事实，涉及部分单位的领导和管理人员在采购和验收阀门过程中负有责任100余人。还查办了重机实业公司“挂靠小法人”10余年未予清理的案件。

二是充分发挥“查办案件协作区”作用。在全集团公司范围内形成纵横交叉、点面结合、科学高效的查办案件工作协调机制。先后查办了“时尚时装城合同诈骗案”、“某单位私设小金库案”等一系列损害鞍钢利益和侵害职工合法权益的案件。协作区查办案件31件，立案调查17人。

三是用“七个对接”发挥查办案件的源头治本功能。在“12.03”案件查办过程中，坚持边查办案件边查找企业管理问题的工作思路，撰写了管理建议报告，编写了《读书思廉——“12.03”案件剖析》材料，进行廉洁自律教育，同时完善体制机制制度，强化管理，进而达到源头治本的效果；在查办“5.26”案过程中，按照“一案两报告”制度，对发现的资质认证、采购、验收、使用等方面存在的11个问题，提出了7个方面12条管理建议，规范了阀门公开招标、公开评审、入围公示等工作；在查处重机实业公司“挂靠小法人”案件后，提出了7条管理建议。建设集团公司在办案处理责任人的同时，一并追究相关领导、管理人员的责任，研究管理薄弱环节和不足，提出整改建议，充分发挥了查办案件的治本功能。

四是总结查办案件工作经验。结合工作实际，及时总结了矿业公司纪委“采取联合协作的方式查办案件，为企业健康发展提供有力保障”和建设集团公司纪委“融入生产经营管理，以查办案件促进企业降本增效”的工作经验，在年工作会议上交流推广。

五是完善相关工作制度。制定了《关于加大查处违纪违法案件工作力度的意见》和《鞍钢集团公司纪委监察部受理网上检举、控告、申诉和实施网络监控管理办法（试行）》。一年来，通过不断加大办案力度，增强网络监控，强有力地维护了国有资产安全和职工及社会稳定，收到了良好的政治、经济、社会和法制效果。

（集团公司纪委监察部　顾　鑫）

【反腐倡廉教育】 鞍钢纪委紧紧围绕贯彻落实《中国共产党党员领导干部廉洁从政若干准则》（以下简称《廉政准则》）、《国有企业领导人员廉洁从业若干规定》（以下简称《若干规定》）、《关于进一步推进国有企业落实“三重一大”决策制度的意见》和《关于实行党风廉政建设责任制的规定》，紧密结合鞍攀两地的实际，严格执行党风廉政建设责任制，扎实推进党风和反腐倡廉教育、廉洁文化建设，取得显著效果。

1. 多种形式学习宣传《廉政准则》和《若干规定》，不断推进各级领导人员廉洁规范从业。印发了《关于深入学习宣传，认真实施〈中国共产党党员领导干部廉洁从政若干准则〉的通知》和《关于认真贯彻〈中国共产党党员领导干部廉洁从政若干准则〉和〈国有企业领导人员廉洁从业若干规定〉的意见》，要求各级领导人员对照要求开展述廉议廉，自觉接受民主监督。各单位领导班子及成员开展述廉议廉1831人次。印发《关于召开“以贯彻落实〈党员领导干部廉洁从政若干准则〉切实加强领导干部作风建设”为主题的领导人员民主生活会的安排意见》，组织各级领导班子和领导人员召开民主生活会，对照相关规定，查找存在的问题，开展批评和自我批评，对存在的问题制订整改措施，认真整改。坚持领导人员定期为党员和职工上反腐倡廉党课制度，集团公司纪委领导先后在股份公司冷轧厂、矿业公司、矿业弓矿公司、鞍钢日报社等单位授课7次，400余人听了党课，全集团公司共组织《廉政准则》、《若干规定》学习976场次，包括集团公司领导在内的1000多名各级领导人员参加了《廉政准则》知识测试答题活动。

2. 落实党风廉政建设责任制，建立健全反腐倡廉建设工作机制。将党风廉政建设责任制的要求纳入各级领导人员岗位职责，使之成为其“岗位规程”的核心内容之一。按照“一岗双责”的要求，围绕“责任分解、责任考核、责任追究”三个环节，将反腐倡廉教育、廉洁文化建设与生产经营管理工作紧密融合，一起部署，一起检查，一起考核，一起落实；建立起谁主管谁负责，一级抓一级，层层抓落实责任体系。落实各级领导班子、领导人员担负的党风廉政建设责任，健全和完善上级党委领导、党组织对下一级党政领导班子和领导人员贯彻执行责任制进行考核制度。集团公司各级领导人员签订责任书1748份，将考核结果作为业绩评定、奖励惩处、选拔任用的重要依据。

3. 完善反腐倡廉制度体系，强化制度执行力。贯彻落实中央《关于进一步推进国有企业落实“三重一大”决策制度的意见》，紧密结合鞍钢、攀钢的实际，制定了《鞍钢集团公司贯彻落实“三重一大”决策制度实施办法（试行）》，明确鞍钢集团公司“三重一大”事项的决策规则，确定决策范围，规范决策程序，保证决策的科学性和民主性。落实《鞍山钢铁集团公司廉洁承诺制度》，集团公司各级领导人员、管理人员、重点关键岗位人员实施廉洁承诺10734人。在工程建设领域建立廉洁评价制度，实行施工单位与主管部门双向考核、互相监督。严格执行《鞍山钢铁集团公司廉洁谈话制度》，对领导人员任职谈话857人次，诫勉谈话162人次。

4. 开展党性党风党纪专题教育，筑牢党员领导人员思想道德防线。一是开展牢记党的宗旨，坚定理想信念和加强党性党风党纪观念专题教育。印发了《牢记党的宗旨　坚定理想信念——党性党风党纪教育重点问题100问》读书思廉专刊，汇集党的十七届四中全会决定、十七届中央纪委四次全会精神和胡锦涛、习近平、贺国强、李源潮等中央领导同志关于党性党风党纪、理想信念、思想道德修养等论述、观点、思想和方法，以及《若干规定》等相关制度规定的基本要求，大力弘扬党的优良作风，引导党员领导人员增强党的意识、宗旨意识、执政意识、大局意识和责任意识，讲党性、重品行、作表率。二是开展坚定使命意识，推进企业党的建设和惩防腐败体系建设专题教育。强化反腐倡廉建设的重点任务是建立健全惩防腐败体系的观念，要求把惩防腐败体系建设作为深入贯彻落实科学发展观的重要内容抓紧抓实抓好。印发了《强化反腐倡廉，促进党的建设》读书思廉专刊，紧密围绕反腐倡廉建设在党的建设中的重要作用，以及惩防腐败体系建设在反腐倡廉建设中的重要地位开展专题教育。三是开展反面典型警示教育，做到警钟长鸣。利用发生在鞍钢的反面典型案例教育党员领导人员、管理人员，增强党性、党风、党纪和宗旨意识，牢固树立马克思主义世界观、人生观、价值观和正确的权力观、地位观、利益观、事业观、政绩观。深刻剖析“12.12”内蒙古某厂向鞍钢销售伪劣萤石及行贿受贿违纪违法案，编写了《职工侵害企业利益等于自戕》教育小册子，警示职工遵纪守法，廉洁从业。选取了发生在鞍山钢铁集团公司和攀钢集团有限公司的20起典型案例，编写了《以人为鉴　可知得失——鞍攀20起典型案例带来的20条忠告》，从不同角度进行剖析，提出20条忠告，警示广大职工，特别是各级领导人员。攀钢组织720人参加法院公开审判，接受警示教育。

5. 丰富廉洁文化建设方式和途径，营造廉洁从业氛围。在铁运公司召开鞍钢廉洁文化建设现场会，推广了铁运公司、股份公司炼铁总厂、矿业公司眼前山铁矿的廉洁文化建设经验，推进廉洁文化建设向基层发展、在基层落实。在鞍钢日报开办反腐倡廉论坛，组织撰写反腐倡廉文章，引导广大职工自觉做到廉洁自律、遵纪守法。将反腐倡廉建设的内容固化为职工培训的规定项目。充分发挥职工大学、党校在反腐倡廉建设中的独特作用，将反腐倡廉建设纳入职工大学、党校职工日常培训，作为职工培训的一项重要内容。深入挖掘、广泛宣传，把学习郭明义同志先进事迹转化为加强自身建设，推动工作发展的强大动力。组织观看根据王瑛事迹摄制的电视剧《远山的红叶》，并邀请部分单位纪委书记、机关部室领导人员、勤政廉政典型、领导人员家属参加观后座谈会。广泛开展廉洁勤政事迹报告会、廉洁理念征集、书法摄影展、发廉洁短信等活动，提高领导人员和广大职工廉洁自律意识。

（集团公司纪委监察部　周军杰）

【效能监察】　鞍钢纪委以“保证政令畅通、降低消耗、惩治腐败、完善管理”为目标，紧紧围绕企业的物资流、资金流和信息流，通过“三个层次”开展监察，充分发挥了效能监察的堵塞漏洞、规范管理、完善制度、控制风险、提高效能作用，促进效率、效益、廉洁和质量的有机统一。2010年，全集团公司共开展效能监察项目369项，避免和挽回经济损失10060万元，提出监察建议617条，建章立制223个。

一是根据中央纪委、监察部、财政部、审计署、国务院国资委统一部署，广泛深入地开展了“小金库”专项治理工作。印发了《鞍钢集团公司关于开展“小金库”专项治理工作的通知》，各单位开展了自查自纠工作。2008年以来，鞍钢集团公司共有20余家单位存在60余个“小金库”，累计金额2000余万元，已处理30余名责任人。其中鞍钢有10余家单位存在“小金库”，总金额1000余万元，处理了20名责任人；攀钢有近10家单位存在“小金库”，总金额1000余万元，处理了10余名责任人。国务院国资委检查组经过三周的检查，对鞍钢和攀钢的自查自纠工作给予了高度评价。

二是执行年度效能监察工作计划。开展“降本增效”效能监察，发现了五方面的问题，提出了六方面的意见建议，督促各单位进一步挖潜增效，确保全年生产经营各项任务的完成。开展选人用人工作专项检查，对各单位贯彻执行党的干部路线方针政策和集团公司领导人员管理制度规定、决策指令情况进行了检查。对中央投资工程项目实施情况进行跟踪，并向国资委纪委报送工作情况9次。耐火材料公司针对集团公司效能监察发现的问题，深入开展招标采购、原材料、备品备件、薪酬分配效能监察工作，逐步使效能监察常态化、制度化。房地产开发集团通过开展降本增效效能监察，实行精细化管理，减少了施工过程中的废料流失。

三是股份公司开展原燃材料验质验收效能监察。对30余个品种的原燃材料进行了700余次抽查，针对质量不合格、包装不规范等问题，提出了相应监察建议，处理了9名管理人员，取消了3家供应商资格，避免了近千万元的损失。矿业公司开展矿产资源开发保护效能监察，将贯彻落实矿产资源管理规章制度纳入问责制度当中，分别给予了31名管理人员免职、记过等处理，配合公安机关严厉打击偷盗矿产资源的违法犯罪活动，抓获违法人员147人，挽回经济损失365万元。

四是攀钢针对鞍攀联合重组召开干部大会，印发《关于严明纪律，确保联合重组和改革顺利进行的通知》，建立健全监督约束机制，严格执行重大问题集体讨论决策制度，加强对联合重组中突击花钱、隐匿资产以及其他妨碍重组等行为的监督检查，保障联合重组和深化改革工作健康、有序、规范地进行。

【加强纪检监察组织自身建设】　鞍钢纪委以创先争优活动为契机，加强思想政治建设，牢固树立监督者更要接受监督的意识，用郭明义的勤廉事迹引领纪检监察人员“做党的忠诚卫士，当群众的贴心人”。不断加强学习型纪检监察组织和作风建设，严格遵守政治纪律、工作纪律、办案纪律、保密纪律和廉政纪律，努力打造一支掌握和运用新思想、新知识、新经验的复合型人才队伍。

一是在鞍钢和攀钢两地开展党风和反腐倡廉建设以及纪检监察工作调研，向集团公司党委提交了《鞍钢集团公司纪检监察组织建设调研报告》。召开各单位纪委书记座谈会，对全集团公司贯彻落实廉政准则工作作出部署。

二是制定《鞍山钢铁集团公司纪检监察组织创先争优活动工作方案》，把创先争优活动与纪检监察工作，学习实践科学发展观活动和“做党的忠诚卫士，当群众的贴心人”主题实践活动，向郭明义、王瑛学习活动紧密结合起来。

三是制定了《鞍钢集团公司党风廉政监督员工作制度》，召开了鞍钢集团公司党风廉政监督员聘任大会，聘任了127名监督员，将监督员的队伍拓展至劳动模范、技术专家、先进工作者以及关键重要岗位人员。攀成钢实行了纪检监察员派驻制度，向公司重要部门各派驻1名纪检监察员，派驻人员将监督与服务有机结合。矿业公司大球厂也聘任了15名党风廉政监督员。

四是加强业务培训。选派44名纪检监察人员参加了中央纪委培训中心的培训；集团公司纪委领导先后为350余名纪检监察、审计、子公司监事会等专职监督工作人员做了鞍钢采矿、钢铁冶金知识讲座；内部“岗位轮训”和“一案两培训”累计48人次。

（集团公司纪委监察部　冷　松）

· 党校工作 ·

【党校概况】 2010年末，鞍钢党校在职职工115人，其中在岗职工81人，居家休息职工28人，其他职工6人。离退休职工263人。在岗职工中，43人具有高级专业技术职称，19人具有中级专业技术职称，1人具有初级专业技术职称。32名专职教师中，26人具有高级专业技术职称，5人具有中级专业技术职称，1人具有初级专业技术职称。组织机构设党委，党委和行政共管机构设综合管理部（党委工作部）。设党的纪律检查委员会（含监察）。群团机构设工会、团委。管理机构设综合管理部、组教部、教学科研部、总务部。教学机构设马列教研部、党建教研部、管理教研部、经济教研部。拥有固定资产1154万元，净值51.38万元。校园占地3.01万 m^2，建筑面积1.60万 m^2。

2010年，鞍钢党校以科学发展观和党的十七届五中全会精神为指导，不断提高培训质量和办学水平，特别是在面临鞍钢教育培训改革的情况下，进一步加强管理，从严治校，充分发挥了鞍钢干部教育培训的主渠道、主阵地作用。全年共开设27种培训班型，举办培训班202个，完成培训7952学时，培训学员12064人次。教师到基层开展培训580学时，培训6540人次。2010年培训总学时比2009年增长26%，再创历史新高。培训计划执行率、正课率、优良课率均为100%，高质量完成公司下达的培训计划。

【政治工作】 2010年，鞍钢党校深入贯彻党的十七大和十七届四中、五中全会精神，扎实推进学习型党组织建设。认真贯彻落实中央《关于进一步加强和改进党委（党组）中心组学习的意见》，始终把深入学习贯彻中国特色社会主义理论体系作为党委中心组学习的首要任务，加强学校领导班子思想政治建设。全年，党委中心组集体学习16次。通过加强学习，推进党校学习型组织的建设，使班子成员和教职工及时学习领会党的创新理论最新成果，思想理论水平得到提高。

创新党建工作，把党组织工作“进入管理起作用”落到实处。强化三项教育工作，即开展形势任务教育、科学发展观教育和保持先进性教育。深化三项管理工作，即党组织工作进入管理、党组织基础管理和党员目标管理工作。准确把握党组织建设和党员教育管理工作的重点，明确党员建功立业的着力点，为党支部和党员开展“创先争优”活动创造条件、搭建平台。

【培训与科研工作】 2010年，鞍钢党校以学习贯彻落实科学发展观和党的十七届四中、五中全会精神为重点，作为贯穿全年培训的主要内容，用中国特色社会主义理论武装学员的头脑。严把教学质量关，大力加强新课题开发，全年共开设新专题79个。创新和改进培训方式方法，采用多种形式的教学方式，将《生产经营模拟仿真》沙盘教学在高管人员管理能力研修班、中青年后备干部班推广，全新的教学方式方法的运用，活跃了课堂气氛，使培训效果得到显著增强。坚持严格管理，认真贯彻集团公司干部培训的有关规定，制定了学员管理的一系列考核制度，严格学员考勤管理，严肃执行请假制度，学员管理再上新台阶。

坚持科研为教学培训服务，为领导决策服务，为企业服务的方向，开展学术研究，科研工作取得丰硕成果。2010年，共发表学术论文69篇，其中省级20篇，市级49篇。承担课题10项，其中，国资委课题2项，省党校协作课题2项，公司级课题1项，校级重点科研课题5项。教师全年共深入基层单位调研546人天，为培训工作更好开展奠定了基础。

【管理与服务工作】 2010年，继续加强制度建设，完善基础管理工作。制定和修订了包括《鞍钢党校科研工作管理办法》在内的多项规章制度，学校的各项管理工作又上了新台阶。认真落实经济责任制，严格执行财务制度，全年费用指标、年流动资金使用和现金流量均按公司计划完成。坚持实行校务公开，畅通民主管理渠道。重大问题决策，广泛听取教职工意见，认真解决好教职工提出的问题。重大事项通过大屏幕、校园网进行公布，做到透明、公开、公平、公正，无违章、违纪。信访维护稳定工作获得公司先进单位称号，全年实现重大人身、设备、火灾和教学事故为零，校内治安、刑事案件和职工违法犯罪、严重违纪为零的目标。按照学校改善教学环境的总体规划和设想，本着从学校实际出发，节约开支，量力而行，少花钱，多办事的精神，通过精心组织、周密安排、严细管理，在保证质量的前提下，购置了必需的教学设备，保证了教学培训工作的正常进行。加强校园美化、绿化工作，保持了校园内绿树成荫，鲜花常开，充满生机和活力的面貌。

（教育培训中心（党校） 邓爱民）

·工会工作·

【鞍钢第十届职代会第二十七次主席团会议】 鞍钢第十届职代会第二十七次主席团会议于2010年12月28日在鞍钢工人文化宫二楼文化厅召开，会议通报了职工代表和主席团成员变动情况。会议通过了增补职工代表事项、增补主席团成员事项。会议通过了鞍钢十届十次职代会议题和日程安排。

【鞍钢第十届职代会第二十八次主席团（扩大）会议】 鞍钢第十届职代会第二十八次主席团（扩大）会议于2010年12月29日在鞍钢工人文化宫二楼文化厅召开，会议听取了各代表团讨论情况汇总汇报，通报了大会对《关于〈鞍山钢铁集团公司企业年金实施方案〉的补充规定（草案）》、《鞍山钢铁集团公司职工工作时间和休假制度（草案）》、《鞍山钢铁集团公司职工劳动纪律管理办法（草案）》、《鞍山钢铁集团公司职工三岗制管理办法（草案）》、《鞍山钢铁集团公司人力资源市场管理办法（草案）》、《鞍山钢铁集团公司2011年绩效评价考核办法（草案）》和《2011年福利费使用方案（草案）》的表决结果，审议通过了《关于集团公司行政工作报告的决议（草案）》。

【鞍钢第十届职工代表大会第十次会议】 鞍钢第十届职工代表大会第十次会议于2010年12月28至29日在鞍钢工人文化宫召开。会议听取并审议了总经理张晓刚所作的公司行政工作报告。会议审议了《鞍山钢铁集团公司集体合同履行情况的报告》、《2010年职工住房公积金及住房债券收支情况报告》、《2010年度鞍钢社会保险缴费情况报告》、《2011年财务预算报告》、《鞍钢十届九次职代会提案处理情况报告》、《2010年教育经费提取使用情况报告》、《2011年职工培训计划》和《2010年业务招待费使用情况报告》。会议审议通过了《关于〈鞍山钢铁集团公司企业年金实施方案〉的补充规定（草案）》、《鞍山钢铁集团公司职工工作时间和休假制度（草案）》、《鞍山钢铁集团公司职工劳动纪律管理办法（草案）》、《鞍山钢铁集团公司职工三岗制管理办法（草案）》、《鞍山钢铁集团公司人力资源市场管理办法（草案）》、《鞍山钢铁集团公司2011年绩效评价考核办法（草案）》和《2011年福利费使用方案（草案）》。

【专委会工作】 2010年2月12日，鞍钢第十届职工代表大会提案审查委员会会议召开，对十届九次职代会职工代表提案进行了审查，共立案46件，按照职代会有关规定，转交集团公司办公室处理。6月25日，再次召开提案审查委员会会议，听取了职工代表提案处理情况的汇报。

【厂务公开工作】 2010年度，除鞍凌公司、营口水业公司、电气有限公司、职工大学、党校和保卫部外，其他62个基层单位均开展了民主测评厂务公开工作。职工“满意”和“基本满意”率达到90%以上的有61个单位，占98.39%。

鞍钢股份有限公司二炼钢厂、线材厂，矿业公司齐大山铁矿、建设集团有限公司营口钢结构分公司、生产协力中心、矿渣开发公司、工程技术有限公司等7个单位被评为鞍山市厂务公开民主管理工作先进单位；冷轧厂党委书记、纪委书记孙光辉，一炼钢厂党委副书记、工会主席魏胜安，中厚板厂党委筹建组组长、厂长李凡，矿业公司党委书记杨靖波、经理邵安林，齐大山铁矿矿长王志忠，建设集团有限公司营口钢结构分公司工会主席刘福贵，房产建设有限公司三公司党委书记、工会主席陈家斌，重型机械有限责任公司党委书记宋军，铁路运输公司机车厂厂长李月涛，国际经济贸易公司营销管理部副部长赵国伟，设备检修协力中心主任肖江山，汽车运输有限责任公司董事长李鲁建，实业集团有限公司综合利用分公司工会主席于会迁，鞍钢集团人力资源部主任科员孙晓胜被评为鞍山市厂务公开民主管理工作先进个人。

【集体合同】 鞍钢工会认真开展集体合同履行情况专项视察工作。2010 年 7 月 26 日至 8 月 5 日，集团公司工会组织职代会劳动法律监督委员会成员和部分职工代表，对 56 个基层单位履行集体合同情况进行了专项视察，对视察过程中发现的一些问题，督促有关单位及时进行整改。并向十届十次职代会报告了集体合同履行情况。

【民主评议工作】 为了做好 2010 年度的民主评议工作，集团公司工会于 2009 年 11 月 19 日下发了《关于开展 2010 年度民主评议领导班子和领导干部工作的通知》，对全公司民主评议工作做出了统一安排。各基层单位对民主评议工作给予了高度重视，接到通知后结合本单位实际，制订了民主评议工作计划，对民主评议工作进行了认真安排。各单位通过召开专门会议、座谈会、广播和板报等多种形式进行广泛宣传和动员，进一步提高了各级领导干部尊重职工民主权利和广大职工正确行使民主权利的自觉性。为了保证民主评议工作的顺利开展，各单位普遍开展了培训工作。股份有限公司、矿业公司、重型机械有限公司等 30 多个单位专门举办了培训班，对 7200 多名两级职工代表和评议委员会成员进行了业务培训。

各单位严格按照《鞍钢民主评议干部办法》规范操作，并实行了民主评议工作事先、事后报告制度，保证了评议工作质量。各级评议委员会成员参加民主评议的全过程，严把被评议干部述职报告关、职工代表民主评议和测评关、评议结果反馈关。各级领导干部在广泛征求职工群众意见的基础上认真做好自我评价。各单位坚持主要领导在职代会上口头述职、其他副职以书面形式述职的做法。民主测评则全部采取职工代表无记名投票的方式进行。对机关部门负责人的民主测评，由被评议干部所在部门的全体职工和部分基层代表参加。由于准备充分，组织周密，广大职工较好地行使了民主权利，实事求是、公正客观地评价了领导班子和领导干部。

民主评议领导班子情况：广大职工对各基层单位领导班子 2010 年度的工作给予了充分肯定。在 64 个基层单位领导班子（含股份有限公司下属单位）中：综合评价“好”的比率达到 90% 以上的单位有 43 个，占 67.19%，比 2009 年度提高 6 个百分点。综合评价“差”为 0 的单位有 56 个，占 87.5%，比 2009 年度提高 2.43 个百分点。

民主评议领导干部情况：全公司属于民主评议范围的正科级（含主持工作的副科级）以上领导干部和部门负责人共 5141 人，其中有 485 名干部因到现岗位工作不足半年或半年内达龄退休等原因未参加民主评议，其中副处级以上干部 203 人，科级干部 282 人。2010 年度实际评议干部 4656 人，评议率为 90.57%。其中评议副处级以上干部 1211 人，科级干部 3445 人。

2010 年，职工群众对领导干部总体评价较高。在被评议的副处级以上领导干部中，“优秀率”达到 90% 以上的有 947 人，占同级被评议干部总数的 78.2%，比 2009 年度提高 9.51 个百分点。

在被评议的干部中，“不胜任”率达到 1/3 以上的干部有 1 人，为科级干部，占被评议干部总数的 0.21‰，比 2009 年度降低 0.37‰。

民主评议职工董事、职工监事的情况：2010 年，根据国务院国资委党委、国资委《关于建立和完善中央企业职工代表大会制度的指导意见》，各单位按照集团公司的统一要求，把职工董事和职工监事纳入到民主评议范围。目前基层单位共有职工董事 1 人，职工监事 10 人，均进行了民主评议。在被评议的职工董事和职工监事中，“优秀率”达到 90% 以上的有 4 人，占总数的 36.36%。

【工会组织建设】 深入开展“建家”活动。命名鞍钢股份有限公司化工总厂工会等 76 个单位工会为先进工会，矿业公司韩鹏飞等 129 名同志为优秀工会工作者，铁路运输公司盖建强等 870 名同志为优秀工会积极分子。深入开展工会规范化建设达标创优活动，鞍钢所属 217 个基层工会被鞍山市总工会评为工会规范化建设创优单位，鞍钢被评为优秀组织单位。

根据新时期工会工作的需要，9 月 10 日，鞍钢工会召开了工会组织建设工作会议，会议在充分肯定工会组织建设取得的成绩的同时，指出了存在的问题和不足。会议提出了建设学习型、创新型、服务型工会组织的目标，要求切实把工会组织建设成为组织健全、维权到位、工作活跃、作用明显、职工信赖的职工之家。

为了不断提高工会干部素质，在鞍钢党校举办了2期工会专兼职干部培训班，对288名基层工会干部进行了法律知识、团队沟通、公文写作和心理健康等方面的培训，收到了较好效果。选派5名基层工会主席参加中国机冶建材工会举办的工会主席培训班。选派2名工会干部参加了国务院国资委举办的培训班。举办了一期基层工会组织民管员培训班，由股份公司化工总厂工会和汽车运输有限责任公司工会分别介绍了民主评议干部和落实职代会职权方面的经验。

（集团公司工会　张林元）

【职工自主创新活动】 集团公司工会把2010年确定为“职工创新年”，组织开展一系列活动，促进职工自主创新活动的深入开展。一是组织评选“感动鞍钢——创新功勋人物”。为纪念“鞍钢宪法”发表50周年，集团公司工会按照集团公司党委的统一部署，会同有关部门组织开展了“感动鞍钢——创新功勋人物”评选活动。通过基层推荐、专家评议、职工投票，评选出孟泰、王崇伦、张明山等20名“感动鞍钢——创新功勋人物”，对弘扬鞍钢的创新文化，推动职工自主创新活动产生了深远影响。二是举办鞍钢第二届职工自主创新成果展。有65个单位462项成果参展，集中展示了两年来鞍钢职工的新专利、新技术、新操作法、新建议、新发明等，58000多名职工群众参观展览。三是积极推荐优秀创新成果参加全国和国际发明展。9月、10月，分别组团参加了第19届全国发明展和第62届纽伦堡国际发明展，均取得了可喜的成绩。参加第19届全国发明展，获3项金奖、10项银奖、10项铜奖；选派设备检修协力中心“工人发明家”李新林等2人参加第62届德国纽伦堡国际发明展，鞍钢送展的9个项目获得3项金奖、2项银奖、1项铜奖。此次参展，中国展团总共获得金奖5项，鞍钢就占了3项，为鞍钢和中国产业工人赢得了荣誉。四是以李晏家技术创新小分队为样板，积极推进职工技术创新小组活动，职工技术创新小组发展到996个。

【劳动竞赛】 2010年，鞍钢各级工会组织结合企业生产经营实际，大力开展各种形式的劳动竞赛活动，充分发挥广大职工的主力军作用。集团公司层面组织开展了10项竞赛活动，各基层单位组织开展了684项劳动竞赛。一是围绕重点年修工程开展“保工期、保安全、创优质、降消耗”攻关立功竞赛活动。一季度，围绕炼铁总厂新3号高炉改造性大修工程，集团公司工会拨出专项经费开展劳动竞赛，有27个集体、2080名个人受到竞赛表彰，年修工程创造国内大型高炉检修史速度最快、安全最好、质量最优3项纪录。二是公司竞赛委员会在化工总厂3号干熄焦等11个年修工程开展立功竞赛，均顺利实现了竞赛目标。三是为确保鞍钢2010年40亿元利润目标的实现，集团公司竞赛委员会在股份公司和矿业公司组织开展了“十大经济技术指标攻关劳动竞赛”。股份公司全年共有221项（次）竞赛指标完成目标计划，完成一档目标（提升目标）53项（次）、二档目标（创先目标）42项（次）、三档目标（卓越目标）126项（次）。该公司七大竞赛指标与2009年比都有长足进步，其中本部和鲅鱼圈分公司全焦耗洗煤保持同行业前三名内（前三季度名列同行业第一）；鲅鱼圈分公司入炉焦比进入同行业前三名，上升1个名次，位列第二；鲅鱼圈分公司钢铁料消耗进入同行业前三名，上升6个名次；冷轧汽车板年产量实现119.1万吨，创历史最好水平。矿业公司围绕集团公司下达的三大竞赛指标，分采矿、选矿、烧结、球团四个赛区开展“达标、创新、保能力、降成本”生产竞赛活动，三大经济技术指标均达到竞赛考核的最高水平。四是在冷轧硅钢厂开展硅钢生产专项劳动竞赛，促进取向硅钢具备批量生产能力。五是围绕节能降耗开展“大型耗能钢铁生产设备节能降耗对标竞赛”。炼铁总厂新1号高炉和鲅鱼圈分公司2号转炉，被中国机冶建材工会与中国钢铁工业协会命名为全国“大型耗能钢铁生产设备节能降耗对标竞赛”优胜炉，取得了参赛以来最好的成绩。六是在采购、销售系统开展“促销保产、降本增效”竞赛活动。表彰8个先进集体、108名先进个人。七是在鞍凌公司工程项目建设开展“加快基地建设，实现全面生产”劳动竞赛活动。八是围绕废钢资源不足广泛开展“深挖内部潜力、增加废钢回收，实现降本增效”竞赛活动。九是围绕冬季供暖开展“四保一满意”供暖竞赛活动。十是围绕转变机关工作作风开展“三服务”竞赛。

【双增双节活动】 2010年，各级工会组织围绕“职工每人每天节约3元钱，力争全年实现节约创效1亿元”的双增双节总目标，广泛开展双增双节活动。职工提出节能降耗措施3718条，修复备品备件143288件，开展技术攻关2356项，修旧利废实现创效14454万元。在广大职工的共同努力下，全公司全年实现双增双节创效2.35亿元。

【职工技术竞赛】 2010年4月，集团公司工会、人力资源部、团委、职工大学联合下发了《关于举办2010年度鞍钢集团公司职工技术竞赛暨选拔参加国资委、钢铁协会技术竞赛选手的通知》。2010年竞赛工种由2009年的12个增加到101个，参加集团公司级竞赛人数由2009年的780人增加到4649人，参加各级技术培训、技术竞赛的职工达10万人次。2010年11月18日，集团公司隆重召开表彰大会，命名表彰了百名技术状元，千名技术能手。为促进职工学技术活动的开展，集团公司工会4月份做出了《关于开展向杨福斌同志学习活动的决定》，引导广大职工立足岗位，勤学苦练，努力成长为一岗多能型的高技能人才。

【开展合理化建议活动】 集团公司工会积极组织开展群众性提合理化建议活动。集团公司工会成立了以先进操作法创造者、技术状元等技术骨干为成员的技术协会，下设3个分会，通过开展技术研讨、技术攻关等活动解决生产难题。2010年，职工提合理化建议3万多条。集团公司工会表彰了10项最佳合理化建议，51项群众性合理化建议一等奖成果，165项群众性合理化建议二等奖成果，360项群众性合理化建议优秀奖成果，7个合理化建议活动优秀组织单位，25名合理化建议活动优秀组织者。

【班组建设】 2010年，鞍钢认真贯彻落实国务院国资委《关于加强中央企业班组建设的指导意见》，全面实施《鞍钢班组建设纲要》，大力提升班组管理和建设水平。12月9日，集团公司在鞍钢工人文化宫召开班组建设经验交流会。会上，股份鲅鱼圈分公司厚板部、大孤山铁矿、股份热轧带钢厂精整车间、生产协力中心炼钢工区北部吊车作业区等基层单位和班组分别从不同角度、不同层面介绍了在推进班组建设工作中取得的成绩和体会。2010年，集团公司表彰了20个“五好班组”标杆和10名优秀班组长标兵，集团公司工会命名了579个“五好班组”和100名优秀班组长。

【劳动模范管理】 2月8日，集团公司在工人文化宫召开2009年度总结表彰大会，命名表彰了53名2008~2009年度鞍钢劳动模范。五一前夕，刘仁东、白海、宋仁峰、吴振国等4名职工被评为全国劳动模范，9名职工荣获辽宁省五一劳动奖章，42名职工被评为鞍山市劳动模范。4月29日，召开了劳动模范座谈会，集团公司领导闻宝满、杨华、尹利、苏文生参加了座谈会。历届劳动模范代表和新当选的4名全国劳动模范汇聚一堂，共同畅谈鞍钢的美好明天。座谈会上，技术中心刘仁东介绍了全国劳动模范表彰大会的盛况，参加座谈会的劳模就鞍钢科技创新及发展提出了诚恳的意见和建议。10月12日，召开了“传承鞍钢精神，弘扬明义品格”座谈会。鞍钢党委副书记闻宝满介绍了10月11日郭明义同志先进事迹报告会在北京人民大会堂举行及中央领导同志会见郭明义情况，就下一步开展学习郭明义先进事迹活动提出要求。7月份，组织60名劳模到上海参观世博会。

【工会劳动保护工作】 2010年，各级工会组织以“安康杯”竞赛为载体，扎实开展各种安全保护活动，促进鞍钢安全生产工作上水平。一是健全“安康杯”组织体系，全公司共有106个单位8740个班组101259名职工参加全国“安康杯”竞赛。二是加强安全教育工作。各单位工会会同有关部门开展安全教育2589场次，展出安全版（画册）411期。6月2日，鞍钢劳动保护监督检查员培训班在职工大学再次举办，培训的对象由2009年的厂级劳动保护监督检查员扩大到车间（工段）级，培训的人数由2009年的2期200人增加到10期1120人。三是加强防暑降温和职工劳动环境检查工作力度。5月份，集团公司工会和安环部、纪委、计财部等部门联合检查了5家防暑降温供货单位供货情况。各单位全年组织劳动保护监督检查932次，查出隐患3357项，督促整改3090项，避免事故190起。2010年，鞍钢再次荣获全国“安康杯”竞赛优胜单位称号。

（集团公司工会　邱梅雪）

【职工思想教育活动】 各级工会组织结合生产经营和职工思想实际，坚持不懈地开展职工思想教育活动，鼓舞、激励广大职工不断为实现“全面腾飞”目标做出新贡献。一是广泛深入开展学习郭明义活动。年初，集团公司工会推荐郭明义同志为鞍山市特等劳动模范。7月9日，集团公司工会向到鲅鱼圈新区视察工作的全国总工会主席王兆国递交了《关于向全总推荐“弘扬工人阶级伟大品格”重大典型鞍钢职工郭明义的建议》。7月16日，王兆国主席在鞍钢工会的报告上做出了宣传学习郭明义同志精神和品格的重要批示。8月1日，胡锦涛总书记在新华社内参做出学习宣传郭明义的重要批示。学习宣传郭明义活动在鞍钢掀起高潮并不断引向深入。二是大力弘扬鞍钢精神、劳模精神。各级工会组织把学习郭明义活动，同学习孟泰、王崇伦、李晏家、邢贵彬及职工身边的各类先进典型结合起来，大张旗鼓地宣传、树立、表彰先进典型，激励广大职工学孟泰，爱鞍钢，做主人，创一流。三是深入开展“企业有困难，职工怎么办”专题讨论活动。通过各种形式，深入开展形势任务教育，分析形势，解读政策，正面引导，统一思想，凝聚力量。四是召开职工思想建设经验交流会，总结矿业公司设备检修协力中心、齐大山铁矿、弓矿露天矿，股份公司炼铁总厂、鲅鱼圈分公司，铁路运输设备制造公司等单位的经验，探索工作规律，不断提高职工思想工作的到位率和实效性。五是深入开展调查研究，及时把握职工的思想状况，有针对性地开展思想教育工作。2010 年以来，鞍钢工会先后开展了“两会”期间职工思想动态调查、一线职工对党的十七届五中全会的思想反映及关注的热点问题调查、鲅鱼圈地区职工思想动态调查等十余项专题调研。

（集团公司工会　周以纯）

【女职工工作】 2010 年，各级女职工组织以提高女职工整体素质为主线，不断深化巾帼文明创建活动。一是广泛开展“创建学习型组织，争做知识型职工”的巾帼读书活动。全公司共建立女职工“小书架”227 个，筹书 25368 本，举办演讲、知识竞赛 80 次。2010 年有 189 名女职工实现大专以上学历升格，254 人职称晋级。二是搭建活动舞台，展示女职工风采。各单位积极开展评选“好母亲、好职工、好妻子、好儿媳、好女儿”，举办“百幅作品迎百年”等丰富多彩的系列活动，有 25 个女职工家庭被评为鞍山市特色家庭。三是发挥典型示范导向作用，激发女职工的创造活力。3 月 8 日，集团公司隆重召开鞍钢纪念“三八”国际劳动妇女节 100 周年大会。会上命名表彰“三八”红旗手标兵 20 名，“三八”红旗手 284 名，“三八”红旗集体 45 个，“三杯”竞赛先进单位 40 个；大会还特别授予了获得 2010 年世界室内拔河锦标赛冠军称号的鞍钢女子拔河队 13 名队员“鞍钢三八红旗手标兵”称号。2010 年，有 1093 名女职工被评为单位先进生产者；有 21 名女职工、9 个三八班组和 1 个女职工组织被评为市级以上先进典型。其中，股份公司周杰、重机公司王晓英、矿业公司王洋等 3 名女职工被授予辽宁省五一巾帼先进个人称号；股份公司李小丽被授予辽宁省三八红旗手称号；矿业公司任丽红被授予辽宁省巾帼建功标兵称号；生产协力中心板框班被授予辽宁省三八红旗集称号、设备检修协力中心炼钢工区北运行作业区连铸运行区域 1 号水处理泵站等被授予辽宁省五一巾帼先进集体称号、矿业公司工会女工部被授予辽宁省先进女职工组织称号；股份公司女职工关菊当选“鞍山市第三届道德模范”。

深入开展巾帼建功竞赛活动。协调组织女职工参加岗位技术培训和多元化、多门类的技术竞赛活动；举办各种知识讲座，努力拓展女职工成才平台。2010 年共举办技术技能知识讲座 490 场，有 9014 人参加。举办技术竞赛 183 次，5616 人参加，在集团公司 101 个技术工种竞赛中，有 13 名女职工获鞍钢技术状元称号，有 137 名女职工获鞍钢技术能手称号。2010 年，女职工共提合理化建议 4638 条，被采纳 1515 条，703 名女职工参与重大项目技术革新和技术改造；建立三八监督岗 263 个，节约创效 574. 1 万元。

积极为女科技人员岗位建功、岗位成才搭建平台。2010 年，有 66 名女职工被评为厂级技术专家，11 人被评为鞍钢技术专家，17 人被评为鞍钢技术拔尖人才。各单位共评选出巾帼建功标兵 899 名，巾帼文明示范岗 261 个；鞍钢工会表彰巾帼建功标兵 200 名，巾帼文明示范岗 48 个。

以全面落实女职工专项集体合同为重点，进一步提高维权工作的实效。组织女工干部和女职工代表对基层单位履行《女职工权益保护专项集体合同》情况进行检查，针对检查中发现的问题，提出改进意见和建议，并协调监督有关单位落实整改措施，保证专项集体合同的全面履行。

关注女职工的身心健康。通过举办女性疾病预防和保健知识讲座，提高了女职工的“四期”保护意识。全年各级组织开展女职工心理、生理健康知识咨询讲座 147 次，有 6639 人参加。组织 18813 名女职工进行两病普查；继续为女职工办理“团体女性安康保险”，2010 年共有 36 名患病女职工得到理赔金 197 万元。2010 年，各级女职工组织走访慰问困难女职工和单亲特困儿童 715 人次，共发放救济金 65. 21 万元，为 353 名单亲女职工子女发放“金秋助学”资金 22. 4 万元。

加强女职工组织自身建设。2010 年，有 37 个厂级和 91 个车间级女职工委员会进行换届改选，新配备女工干部 84 人，保证了工会女职工组织的健全与发展。为提高女工干部的理论水平和工作能力，鞍钢工会选派 25 名女工干部到上海妇女干校进行业务培训。组织 12 个基层单位 2250 名女职工参加市总工会举办的推进女职工提升素质建功立业工程的培训。全年共组织业务培训 117 次，参加培训1396人。

（集团公司工会 刘 琦）

【走访慰问送温暖】 2010年，按照特困职工、困难职工、困难边缘户职工的界定标准和救济标准，在全公司范围内开展困难职工摸底调查，做到不漏一人，不扩大范围，全部录入全国总工会帮扶工作管理系统。在春节、国际劳动节、国庆节期间，深入开展以“走千家进万户，暖人心促和谐”为主题的走访慰问送温暖活动，做到全覆盖，不遗漏。据统计，全公司共走访慰问救济特困、困难职工、居家休息职工、残疾职工和住院职工9200多人，发放救济金458万元，发放慰问品价值86.26万元。慰问救济困难退休人员6900多人，发放救济金214万元，发放慰问品价值195万元。

【群帮互助】 2010年，鞍钢各级工会组织深入开展“一帮一”、“群帮一”帮扶活动。各单位针对困难职工的不同困难程度、不同致困原因、不同帮扶需求等情况，因人施助，建立“一帮一”、“群帮一”帮扶对子。全公司有3241名各级干部和党员骨干参加包户扶贫活动，建立“一帮一”帮扶对子2034个，“群帮一”帮扶对子1178个，特困、困难职工包保率达95%以上。2010年底，在全公司开展的“送温暖、献爱心”捐助活动中，广大党、团员和职工群众以郭明义同志为榜样，踊跃捐款捐物，共有83860人捐款，捐款金额315.1314万元，人均38元。

【医疗救济】 2010年全公司有3719名职工和退休人员申报医疗救济，经过初审、复审和核对工作，符合救济条件的有3114人，使用救济总额1202.44万元。其中，在岗职工救济580人，使用救济金额274.59万元；居家休息职工救济300人，使用救济金额138.91万元；退休人员救济2234人，使用医疗救济金额788.94万元。救济2万~3万元23人。发放职工温暖工程专项资金12.11万元，救济无收入、无劳动能力、无医保的困难职工家属76人。

【金秋助学】 为了进一步做好帮困扶贫工作，构建和谐鞍钢，全公司各级组织以保证“不让一名困难职工子女上不起学”为目标，积极开展“金秋助学”活动。集团公司救助特困职工、困难职工子女235人，发放救济金49.95万元。基层单位救助困难职工和困难边缘户职工子女615人，发放救济金58.35万元。

（集团公司工会 方 敏）

【居家职工管理服务工作】 2010年，各级居管组织坚持以人为本，坚持科学有效的工作方法，以巩固发展居家职工队伍稳定局面为目标，扎扎实实做好居家职工的管理、服务和宣传思想工作，为鞍钢和谐发展做出了贡献。

1. 管理工作逐步完善。一是完善了信息反馈制度。通过信息反馈制度的完善、落实，使各级居管组织能够及时准确地掌握居家职工各类人员数量变化；超前了解居家职工的思想动态，为做好居家职工队伍的稳定工作奠定了基础。二是完善了考核评价机制。2010年，集团公司居管办强化了对各基层单位居管工作的日常考核、季度考核与评价工作，实行了考核评价结果的通报和阶段性表奖制度，激励和促进了基层居管工作的开展。三是对全公司居家职工管理工作数据及相关情况进行了全面调研，形成综合情况报告，为集团公司科学决策提供了依据。四是加强救济费管理，会同集团公司工会生活部对基层单位2009年度在职职工救济费管理使用情况进行综合检查，下发了检查结果的通报。五是各单位居管组织结合实际，细化管理，不断加强和完善居管工作各项管理制度。

2. 服务质量不断提升。一是广泛开展走访慰问送温暖活动。2010年，各级党政工组织、居管办走访慰问救济居家职工7101人次，发放救济金235万元。发放医疗救济金和温暖工程救济金100万元，救济因病困难居家职工264人。全年共计为居家职工发放米、面、油等慰问品价值达179万元。推荐和聘用居家职工1814人做临时工作。为2548名居家职工办理了2009年临时用工收入计入个人工资缴费基数业务工作。二是做好居家劳模的服务工作，受到居家劳模的好评。三是积极开展各种有益活动，全年参与各类活动的人员达1万余人，为更多的居家职工创造了交流思想、沟通感情的机会。

3. 宣传思想工作进一步加强。各级居管组织广泛宣传鞍钢十届九次职代会精神，宣传鞍钢面临的形势和任务，宣传调整居家职工待遇与企业发展的关系，引导居家职工进一步树立与企业共兴衰的观念。2010年，各级党政工组织和居管办共召开各种座谈会303次，有4188人次参加；谈心谈话7079人次；各级居管办共接待来信来访7234人次。通过大量的座谈会、走访慰问、谈心谈话，发挥了思想政治工作优势，促进了居家职工队伍和谐稳定。

（集团公司居管办 宋伟忠）

【退休人员管理服务工作】 2010年，鞍钢各级退管组织以高度的大局意识、责任意识、服务意识，真心爱老、真情为老、真诚待老，尽职尽责开展退管服务工作。

一是调动退休人员老有所为积极性。2010年初，国家调整了企业退休人员的基本养老金，鞍钢在年初和纪念鞍钢“7·9”开工61周年之际两次为退休人员发放了慰问金，在国庆节为建国前参加工作的老同志发放了慰问金。各单位退管办利用组织文体娱乐活动、召开政策辅导会、家访谈心、参观鞍钢第二届职工自主创新成果展等各种形式，大力宣传国家和鞍钢对退休人员的关怀，宣传企业发展与退休人员切身利益的关系，引导退休人员关心鞍钢发展，促进企业和谐。在开展“余热建功”活动中，许多老同志主动参与退休人员自主管理活动，参与老年志愿者活动和社区公益活动。有6061名退休人员捐献小布垫30余万块，提合理化建议1022条。各单位将精力充沛、乐于助人、有奉献精神的老同志充实到退休片组长岗位，定期组织学习培训，举办退休片组长等骨干培训班263次，全公司退休片组长队伍达1851人，实现了管理网络化。成立有4941名老同志参加的志愿服务小分队478个，帮助排忧解难达5600余次。召开座谈会215次。2010年重阳节，集团公司工会和退管会表彰了91名先进退休片组长、761名先进退休人员。

二是真心实意为退休人员排忧解难。各级退管组织将开展走访慰问作为贴近退休人员、了解疾苦、掌握实情、落实组织关怀的一项经常性工作。深入开展以“走千家进万户，暖人心促和谐”为主题的走访慰问送温暖活动。全公司走访重病卧床、工残人员3560人次，走访住院人员7105人次，帮助去世的老同志家属料理丧事3248次。全年总计走访救济23079人次，发放退休人员救济费850万元。在省总工会组织的“爱尔眼科光明行”活动中，集团公司退管办组织30名患白内障、青光眼的老同志到沈阳做了复明手术，极大提高了生活质量。为落实钢人发〔2009〕29号文件，配合人力资源部门做好对1997年至1999年期间办理病退人员审核发放困难补助工作，全公司有7989名病退人员得到了困难补助。

三是不断丰富退休人员的文化生活。集团公司退管办先后组织5000名退休人员到鞍钢千山疗养院进行健康疗养；集中组织了3.4万人参加的大型麻将牌娱乐活动；组织了43个单位代表队参加的门球赛及象棋、乒乓球等比赛。在重阳节组织观看鞍钢艺术团专场慰问演出。各单位结合老年人的爱好及特点，组织开展了登山游园、节日联欢、健身操、太极拳、门球、乒乓球等文体娱乐活动430项次，有15.8万人次参与。全公司29个基层单位退休活动站普遍做到了管理制度健全，责任到人，活动秩序井然，常年对退休人员开放服务。活动站室内外环境不断改善。

（集团公司退管办　张　利）

· 共青团工作 ·

【青年思想理论教育】 鞍钢团委以弘扬鞍钢精神为重点，加强青年思想引导。一是加强理想信念教育，青年思想政治素质进一步提高。组织青年学习实践科学发展观，用中国特色社会主义理论体系和社会主义核心价值体系武装青年头脑，坚定青年的理想信念。通过与关工委召开爱国主义教育座谈会、邀请雷锋生前战友作报告、组织青年通过学习鞍钢宪法回顾鞍钢发展历史等活动，加强了党史、团史、厂史教育，激发青年爱国、爱党、爱企热情。利用团委中心组学习、政治理论辅导讲座、共青团网站、简报和团刊等方式，帮助青年认清当前企业发展面临的机遇与挑战，引导青年树立危机意识和大局意识，加强青年政治理论学习和形势任务教育，提高青年政治理论水平。二是开展学习郭明义活动，鞍钢精神进一步弘扬。深入开展了向以郭明义同志为代表的鞍钢典型群体学习活动，引导青年弘扬孟泰精神，传承鞍钢文化。成立了鞍钢青年志愿服务队郭明义志愿服务分队，组织青年开展星期六义务奉献日、捐资助学、无偿献血等活动，引导青年服务企业做贡献，奉献社会献爱心。通过征文、演讲等形式，广泛宣传郭明义事迹，开展献爱心活动。2010年，有600多名青年参加希望工程爱心助学活动，230多名青年参加无偿献血、捐献遗体和眼角膜活动。鞍钢团委开展了“孟泰精神代代传”活动，制定下发了《关于在广大青年中开展“孟泰精神代代传”主题活动的安排意见》，通过召开弘扬孟泰精神座谈会、参观孟泰纪念馆等形式，引导青年牢记使命，不断增强主人翁责任感。三是加大典型选树力度，青年榜样力量进一步突出。开展了第十届鞍钢杰出青年评选活动，10名鞍钢杰出青年和10名鞍钢优秀青年脱颖而出。5月4

日，鞍钢团委举办了“鞍钢纪念五四运动九十一周年大会暨第十届杰出青年颁奖典礼”。以“传承、创新、奋进”为主题，召开了集团公司领导与鞍钢杰出青年代表座谈会，总结了鞍钢青年典型的成长发展历程。同时，通过在鞍钢日报公示、开设专栏、举办事迹宣讲会等形式，广泛宣传青年典型的先进事迹。基层单位团委踊跃开展青年典型评选活动，对广大青年起到了良好的示范带动作用。鞍钢股份炼铁总厂刘太东被评为鞍山市十大杰出青年。汽车运输有限责任公司修理二场奔驰修理班被授予“鞍山市十大杰出青年标杆集体”。四是服务青年生活需求，为青年解决实际问题。对生活困难的青年，坚持日常帮扶和重点救助相结合的原则，通过开展“一助一”、“多助一”、“真情助困进万家”等活动，将帮困工作落到实处。2010年元旦、春节期间，鞍钢团委走访慰问120名困难青工，为其购买米、面、油等生活用品。走访了14个集体宿舍，为春节期间坚守岗位的青年送去1100余份慰问品。两节期间，鞍钢各级团组织共走访慰问困难青工1815人，发放慰问金87900元，慰问品折价37800元。深入开展为青年“办实事”活动，各级团组织结合本单位实际为青年做实事、办好事523件，切实帮助青年解决后顾之忧。

【青年生产实践活动】 鞍钢团委以推进岗位建功为重点，服务企业中心工作。一是深入开展“五小”攻关活动，青年创新创效能力进一步提升。突出广泛性和群众性特点，深化“五小”攻关活动，从解决实际问题入手，组织青年围绕企业工程施工、技术升级、提质降耗、安全环保等内容，开展立项攻关、提合理化建议等活动，为企业生产经营平稳运行献计出力。鞍钢团委下发了《关于在广大青年职工中征集“五小”成果的通知》，确立一批重点项目，进行重点跟踪和推进。全年共完成“五小”成果502项，提合理化建议5394条，有50项成果获鞍钢青年“五小”活动成果奖。基层团委通过举办青年管理论坛，对征集的优秀论文成果进行发布、围绕工程施工建设，开展QC成果征集和优秀施工技术方案征集等方式，营造了浓厚的为企业生产经营攻难关、做贡献的氛围。二是全面加强“青安岗”建设，提高了青年安全生产水平。以开展“安全生产月”活动为契机，贯彻落实《鞍钢青年安全监督岗工作条例》，广泛开展青年安全教育活动和安全技能培训。邀请了鞍钢安全环保部门为330余名团干部和“青安岗”岗长进行安全培训。深入开展了“查隐患、堵漏洞”、“金点子”征集等活动，全年共查找安全隐患5752项，整改5444项，推进了安全生产标准化。鞍钢团委对“青安岗”进行了全面普查，规范了“青安岗”的设置。在主体单位扩大青安岗覆盖面，保证每一个主体车间都设立一个“青安岗”。基层单位团委深入开展安全知识竞赛、安全技能演练等活动，促进了“青安岗”作用的发挥。三是强化青年文明号管理，规范了青年文明号创建工作。以岗位建设、岗位创优为重点，带领青年职工立足本职岗位，诚实劳动，文明从业，牢固树立敬业意识和创新意识，引导青年职工按标准化作业，创造一流的工作业绩。加强了青年文明号的管理工作，对各级青年文明号进行复核与检查，撤销了一批不符合条件的青年文明号，提高青年文明号的整体建设水平。股份公司鲅鱼圈钢铁分公司热轧部轧钢作业区轧钢甲班等4个青年集体被授予中央企业青年文明号，10个青年集体被授予鞍钢青年文明号。目前，鞍钢共有青年文明号集体101个，青年文明号创建工作规范有序开展。四是深化节约降耗工作，促进了企业降本增效。鞍钢各级团组织深入开展了节约降耗“十个一”、“节能减排青年先行”等主题生产实践活动，引导青年从身边小事做起，千方百计降低生产成本，增加企业效益。在节约意识教育上，在广大团员青年中大力提倡养成节约降耗十种好习惯，使节约降耗成为青年的自觉行为。各级团组织通过开展降本增效劳动竞赛、修旧利废、挖潜增效等活动，全年共组织青年修理备品、备件10870余件。从9月份起，鞍钢团委在全公司青年中开展了大规模的“回收废钢铁百日竞赛”活动，截至12月20日，共回收非生产废钢铁6921t，为公司生产经营做出了贡献。五是推进“百岗对标”活动，实现了青年岗位指标提高。将青年“百岗对标”活动持续引向深入，引导青年职工瞄准国际、国内一流岗位指标，通过优化操作方法、改进生产工艺、创新生产技术，推动各项岗位指标不断攀新高。2010年共有398个岗位参与对标活动，参与人数达2365人。通过对重点单位的重点岗位进行重新梳理，确定了对标标准，建立了考核台账，加强日常管理，实现了对标岗位指标的大幅提升。全年共有40个岗位被授予鞍钢青年“百岗对标”优胜岗位称号。

【青年职工素质工程】 鞍钢团委以提高青年素质为重点，服务青年成才需求，促进青年成长成才。继续推进《鞍钢青年人才培养规划》的实施，促进人才培养工作取得实效。以推行《鞍钢新入厂员工学习成长手册》为主要载体，深化青年职业生涯导航计划，引导青年自主设计职业发展目标，不断提高自身素质。鞍钢团委确定10个试点单位，指导青年员工填写《鞍钢新入厂员工学习成长手册》1000余册。以实施“青年项目制”为重点，深化青年科技精英登高计划。1500余名青年科技人员参与科技开发1600余项。以深入开展导师带徒、技术竞赛和青年岗位能手活动为重点，深化青工技能振兴计划。全年共签订师徒对子3370对。44名青年获鞍钢技术状元称号，占鞍钢技术状元总数42.3%。3名青年被授予中央企业青年岗位能手，股份公司冷轧厂王弢被授予“鞍山市十大杰出青年岗位能手”。

【青年文化活动】 鞍钢团委服务青年文化需求，满足青年活动愿望。利用重大节假日、纪念日的时机，开展青年歌咏大赛、读书征文、篮球赛、露天电影展映等喜闻乐见、健康向上的文体活动，得到了广大青年的热情参与和积极响应。5月4日，鞍钢团委邀请天津师范大学师生进行慰问演出，为青年带来艺术的享受，陶冶了情操。中秋节，鞍钢团委为节日期间不能回家团圆的住宿青年职工举办了“皓月当空舞、中秋共团圆”慰问演出，集团公司领导与大家共同赏月，使广大住宿职工感受到了企业和团组织的温暖。充分发挥青年业余文化团体的作用，围绕住宿青年职工文化建设，举办了英语沙龙、演讲与口才等文化活动，让青年在活动中得到锻炼，提升了青年的文化层次和修养。

【青年志愿者活动】 鞍钢团委深化青年志愿者活动，文明向上风气进一步形成。各级团组织以志愿者活动为依托，以科技攻关、挖潜增效、环境治理、回收废钢铁等为主要内容开展“星期六义务奉献日”活动。针对南方大旱，广大团员青年积极响应号召，共为灾区捐出购水款175209.6元。组织了20名青年志愿者为全国拔河锦标赛提供赛事服务，青年志愿者的出色表现得到组委会和参赛人员的高度肯定。大力开展爱心助学活动，广大团员青年捐款170545元，397名贫困学生得到资助。以“敬老服务月”活动为契机，组织青年志愿者为离退休职工、居家休息职工提供力所能及的服务，为企业和谐稳定做出了积极贡献。鞍钢团委被共青团中央、中国青年志愿者协会授予“第八届中国青年志愿者优秀组织奖”。

【团的基础建设】 鞍钢团委以加强团的基础工作为重点，推进团建创新工程。一是加强学习型团组织建设，提升团组织的学习能力。各级团组织把建设学习型团组织作为一项重要任务抓好落实，在团员青年中大兴学习之风，通过举办青年大讲堂、开展“每天读书一小时”等多种形式的学习活动，不断提高团员青年的学习能力。按照十次团代会的要求，大力加强团干部培训工作，5名团干部参加了北科大鞍钢中青年干部培训班学习，67名基层团委负责人参加中央团校培训，收到良好效果。举办了两期团支部书记培训班，有380余名基层团支部书记参加了鞍钢团校培训。鞍钢团干部素质和工作能力有了进一步的提升。二是加强创先争优工作，夯实团的组织基础。在公司党委开展创先争优活动之后，鞍钢团委也成立了鞍钢共青团创先争优活动领导小组，推进共青团系统的创先争优活动深入开展。大力推进团的管理创新，对团员信息进行重新登记，实现了团的管理网络化与信息化。积极探索工地建团、宿舍建团等新的组织设置方式，实现团组织的有效覆盖。开展“样板团支部”评选活动，规范团支部基础工作，完善团支部工作体系，有19个团支部被评为鞍钢“样板团支部”。通过开展主题团日、团课等活动，加强团员意识教育，增强团员的光荣感和使命感，充分发挥团员的先锋模范作用。三是加强基层基础工作，促进团的建设上水平。坚持将工作资源向基层倾斜，将工作力量向基层集中，努力为基层团的工作开展创造有利条件。要求基层团委要将活动经费向团支部倾斜，促进了团支部工作活跃。加强了“三会一课”、团费收缴、管理和使用等制度的落实，各项规章制度得到了严格执行。鼓励基层单位团委自主研发了基层团建信息系统，实现了团建工作信息化。进一步加强团支部基础工作，强化了团支部基础工作的日常管理，做到账、簿、册纪录准确详实，增强了基层团支部的自转能力，促进了团建水平不断提高。

【调研与宣传工作】 鞍钢团委加强宣传调研工作，扩大团组织的影响力。鞍钢各级团组织高度重视宣传调研工作，大力营造共青团工作氛围，不断扩大团的影响力。鞍钢团委将宣传工作作为“五四红旗团委”创建的重要考核指标，全年各级团组织在《鞍钢日报》刊登宣传稿件176篇，在鞍钢共青团网站发布信息714篇，在中央企业青年网发布信息375篇，团的宣传报道工作走在中央企业前列。各级团组织和广大团干部广泛开展调查研究工作，深入基层，深入青年，及时发现问题、研究问题并解决问题，增强了工作的针对性和实效性。形成的《关于鞍钢新入厂大学生座谈会的情况汇报》、《关于鞍钢青年思想状况的调研报告》等送阅件和调研报告，得到了公司主要领导的批示和肯定。

（集团公司团委 孙晓雷）

· 人民武装工作 ·

【拥军优抚】 2010年，鞍钢认真贯彻落实各项优抚政策，积极为优抚对象办实事、解难题、送温暖，结合重大节日具体部署优抚工作，注重加强形势宣传教育，大力宣传加强军政、军企团结的重要性，深入开展以“爱军队、固长城、强国防”为主题的爱国主义活动，采取报告会、纪念会、座谈会等形式，强化职工的国防观念和双拥意识。全年集团公司及所属基层单位领导组织走访慰问伤残军人、军烈属、现役军人家属以及优抚对象特困户等200多户，接待优抚对象上访约70多人次，确保了集团公司优抚对象无集体越级上访事件发生。2010年先后组织接待总政、国防大学、沈阳军区政治部等部队首长和团体400多人次参观鞍钢，为军队展示企业改革发展成果。

【民兵军事训练】 鞍钢坚持按纲施训，狠抓各项军事训练工作的落实，圆满完成了鞍山军分区赋予的年度民兵军事训练任务。一是完成年度军事训练任务。共完成防空作战分队、对口专业分队、勤务保障队伍和应急队伍等专业395人的年度民兵军事训练任务。其中民兵高炮分队80人、指挥分队15人、伪装防护分队60人、电子战分队50人、情报侦察分队30人、交通运输分队80人、应急队伍80人，经考核，及格率达100%，优秀率达50%以上。二是完成武装干部岗位培训。组织所属编兵单位武装干部采取以会代训形式，以武装工作专业基础知识为内容，结合当前武装工作实际以及民兵组织整顿重点和难点问题集中进行培训，集团公司所属30个子公司和直属单位的武装干部参加了培训。三是完成沈阳防空联训区高炮（防空）团首长机关理论研讨及要地勘察任务。撰写并上报了《城市民兵防空团重点目标防护需把握的几个问题》、《中心城市防空作战有效对抗问题探讨》两篇军事研讨文章，对鞍钢民兵防空团要地配置进行了重新的勘察和调整。四是完成组织参加沈阳防空联训区高炮（防空）团首长机关训练任务。6月27日至7月2日，组织鞍山民兵防空1团首长机关11名同志，到抚顺预备役高炮1师4团训练基地参加了辽宁省军区组织的沈阳防空联训区高炮（防空）团首长机关训练。完成指挥所演练文书作业7份，标图作业11份，首长决心团1份，取得了训练团体总评优秀成绩。五是完成省军区组织的防空团营（连）长和标图兵专业集训任务。取得了较好成绩，为参加省军区组织的高炮实弹射击演习与考核奠定了基础。

【民兵预备役部队组织建设】 2010年，鞍钢共有编兵单位98个，编兵总数为14900人。其中：基干民兵4205人，预备役部队388人，现役部队预编预备役人员41人，普通民兵10266人。达到了布局合理、编组科学、干部齐强、兵员满员、队伍纯洁、制度健全、兵员素质较高的要求。一是优先预备役部队编组。按照“战时能应战、平时能应急”的要求，最大限度地将退伍军人、专业对口人员和党团员编入预备役部队，保证了预备役通信团官兵的专业对口率、复转军人比例和党团员比例分别达到90%、50%和90%。二是突出民兵防空团编组。具体做到了“三个注重”，即：注重首长机关能力的提高；注重专业技术骨干的储备；注重实弹演练的准备。根据防空团首长机关和一个民兵防空连参加年度实兵实弹考核演练任务的实际，重点落实了防空团、营指挥分队的编组，为完成省军区组织的防空团指挥所实兵演练和高炮实弹射击考核任务奠定基础。三是搞好各种保障队伍编组。根据各种保障队伍的专业性质，结合企业生产经营实际，做到对口编组，提高了专业对口率和民兵高技术含量。

【国防动员】 2010年，根据上级国动委要求，鞍钢集团公司党委、鞍钢集团公司研究决定，重新调整了鞍钢国防动员委员会组成人员及内设机构职能，并以钢委发〔2010〕3号文件下发全公司所属编兵单位，加强了对鞍钢国防动员工作的领导。为学习贯彻《国防动员法》，按照上级国动委要求，10月份，组织鞍钢国动委成员在军分区参加了辽宁省国动委系统人员国防动员法培训。在2010年的预备役登记统计工作中，各单位对服预备役退伍军人和服预备役地方与军事专业对口技术人员进行了认真的核对，撤销了超龄人员，对新调入的服预备役人员进行了补登，摸清了本单位服预备役人员的数质量情况。经过登记统计，2010年鞍钢共有服预备役退伍军人2824人，地方与军事专业对口技术人员936人，确保了鞍钢在岗现役部队预编人员能够及时抽出参加执行点验和专业训练任务。

【武器装备管理】 鞍钢严格执行武器装备安全管理的各项规定。根据上级军事部门的有关指示，人武部配合军分区军械所对民兵高炮进行了春季换季保养和高炮实弹射击前的检查维修。坚持了武器装备的擦拭保养制度，对库存轻武器定期擦拭保养。坚持了炮场日制度，使武器装备达到了上级规定的“四无”标准。严格执行轻武器射击的审批制度，加强武器弹药跟踪管理。2010 年共动用轻武器 160 余件次，消耗弹药 27000 多发，做到了安全无事故，实现了鞍钢民兵武器装备管理工作连续 49 年安全无事故。

【民兵高炮演习】 2010 年 9 月，鞍钢民兵高炮连参加了在大连营城子靶场进行的“全省民兵预备役高炮分队实弹射击暨基础训练考核活动”。此次活动集团公司共出动参演人员 86 人，涉及参演单位 20 余家，动用 37 高炮 6 门及部分指挥器材；牵引车 6 台、运输车 5 台、指挥车 1 台；往返行程 700 多公里；共发射实弹 468 发。进行了炮班单手、班协同、连协同操作以及连长指挥、侦察兵、标图员等专业科目的考核，均取得了较好成绩，圆满完成了省军区赋予的高炮实弹射击及考核任务，确保了全程演练安全无事故。

【民兵政治工作和国防教育】 2010 年，鞍钢将民兵政治教育纳入到经常性的职工思想政治教育之中，4 月 26 日，集团公司党委和集团公司联合下发了《关于开展向郭明义同志学习活动的决定》，各单位纷纷结合实际，开展了深入学习郭明义同志先进事迹活动，进一步提高广大民兵预备役人员的思想和政治素质。在民兵预备役部队整组期间加强基干民兵的政治审查，确保政治合格，实现全年基干民兵犯罪率为零。在抓好全民国防教育工作中，集团公司主要侧重结合所属单位实际，开展多种形式的职工国防教育活动，进一步增强全体职工的国防意识。鞍钢各单位在对职工进行经常性国防教育的基础上，先后组织开展各项军事活动。八一期间，集团公司组织了全公司 300 多名编兵单位的领导干部、武装干部和民兵预备役人员开展了轻武器实弹射击竞赛活动，还分别组织股份公司所属单位、生产协力中心、生活协力中心等 10 多个单位 1000 余名干部、职工进行轻武器实弹射击活动，进一步提高了职工的军事素质，增强了职工的国防观念。9 月份，在省市国教办组织的《国防教育法》颁布实施 10 周年评选推荐全民国防教育先进单位和先进个人工作中，鞍钢矿业公司和铁运公司被推选为全民国防教育先进单位；鞍钢股份公司副书记王明海、设备检修协力中心党委书记穆铁健、集团公司人民武装部动员参谋张怀明、矿渣开发公司武装部长张浮被推选为全民国防教育先进个人。

【民兵参建】 鞍钢各级武装部门和全体民兵号紧紧围绕鞍钢实现第二步跨越目标的实际，继续组织开展了民兵预备役人员立足岗位为企业生产经营多做贡献活动，坚持以民兵号“十、百、千”评比竞赛活动为主要形式，推动了民兵号活动向深层次发展。2010 年集团公司有民兵号集体 161 个，全年实现民兵号为公司多创效益 1000 万元。为进一步推动民兵参建工作，对在民兵参建和“十、百、千”评比竞赛活动中表现突出的 14 个标兵民兵号和 100 个先进民兵号集体予以通报表彰；继续发挥民兵组织的政治优势，组织民兵开展了义务巡逻、护厂、护矿活动，维护厂区的安全稳定，充分发挥民兵在生产经营中的作用。

【人民防空】 鞍钢在 2010 年的人防工作中，一是完成了人防专业分队编组和年度训练任务。集团公司现编有人防专业分队 500 人，其中：伪装设障分队 400 人，公路运输分队 100 人。完成了人防分队编组纳入基干民兵编组管理体制，实现了单独编组，科学编组。根据人防专业分队训练工作与企业实际需要相结合的特点，6 月份，股份公司化工总厂组织完成了 30 人的人防专业分队训练和应急救援演练任务。二是加强了人防警报设施的检查与管理。4 月份，根据市防办 2010 年 7 号文件通知安排，集团公司对基层所属 27 家人防警报设施管理单位进行了设备、拉线、电源、支架等项目的全面安全检查，完好率为 100%。同时在矿业球团厂增设了一台警报器。在警报设施的管理上，各有关单位做到了定人、定位、定责。三是加强了重点人防工程的维修管理。年初，集团公司先后投资 9 万余元，对 7401 和 631 等重点人防工程的基础设施和排水管线进行了维修改造。全年实现人防工程及设施安全防火事故为零，人防工程维护管理完好率达 97% 以上。

（集团公司保卫部（人民武装部）　张　戈）

（本栏编辑　张广明）

企业文化

·企业文化建设·

【开展纪念“鞍钢宪法”发表50周年系列活动】 2010年3月22日，是“鞍钢宪法”发表50周年纪念日。为进一步宣传鞍钢宪法在鞍钢发展建设中的积极作用，鞍钢组织开展纪念“鞍钢宪法”发表50周年系列活动。先后开展了“纪念‘鞍钢宪法’发表50周年”征文、“感动鞍钢——创新功勋人物”评选活动；组织召开了“纪念‘鞍钢宪法’发表50周年暨感动鞍钢——创新功勋人物”颁奖大会，孟泰、王崇伦、张明山等20人获创新功勋人物，范重模、杨世明、李松堂等20人获创新功勋人物提名；纪念“鞍钢宪法”发表50周年暨弘扬鞍钢创新精神座谈会、“鞍钢宪法”50周年专题报告会；编发了《鞍钢政工研究》纪念鞍钢宪法发表50周年专刊。通过开展主题系列活动，弘扬了鞍钢工人阶级大搞技术革新和技术革命的优良传统和“创新、求实、拼争、奉献”的鞍钢精神，为加快实施“四个转变”，实现鞍钢“全面腾飞”目标作出更大贡献。

【全面总结“十一五”以来鞍钢企业文化建设，提出“十二五”设想】 鞍钢全面总结“十一五”以来企业文化建设的成绩和经验，查找差距与不足，形成了《鞍钢十一五企业文化建设情况综述》，上报国资委宣传局，并在中国冶金报上全文刊发。为进一步加强和改进鞍钢企业文化建设工作，推动企业文化建设深入发展提供了重要依据。同时还提出了“十二五”鞍钢企业文化建设的初步构想。申报的题为“与时俱进的鞍钢精神”企业文化建设成果，在中国企业文化研究会举办的中外企业文化2010年峰会上被评为“新中国60年企业精神60佳”。

【开展鞍攀重组企业文化融合推进工作】 根据国务院国资委《关于鞍山钢铁集团公司与攀钢集团有限公司重组的通知》和《鞍钢集团公司推进鞍钢与攀钢重组整合实施方案》的指示精神和相关要求，鞍钢与攀钢围绕重组中企业文化融合工作进行了深入的研究与探讨，提出了鞍钢与攀钢重组企业文化融合的工作思路，在“企业使命”、“企业目标”、“企业精神”、“企业核心价值观”等方面达成共识，在文化融合上取得了重要进展。组织专人赴攀钢进行了企业文化融合的前期调研，撰写出了考察报告和鞍攀企业文化融合建议方案，为不断细化文化整合方案奠定了重要基础。

（集团公司党委宣传部　付玉强）

·新闻出版·

【鞍钢日报社概况】 2010年末，鞍钢日报社有职工222人，其中，管理、专业技术岗位83人，生产服务岗位139人。在岗副高级职称13人，中级职称38人，初级职称23人。机构设置由编辑部、综合管理部、行政事务部、印刷厂和鞍钢广告传媒经营公司构成。建筑面积1.5万m^2，固定资产2400万元。《鞍钢日报》现为对开四版彩色大报，发行量4.2万份。

【宣传报道】 鞍钢日报社主动适应鞍钢“国际化、跨地区、多基地”发展需要，加大改版工作力度。重新明确了一、二、三版定位，设置了经济信息部，将原综合副刊改为《周末》版，成功完成了报社历史上最大一次改版工作。改进了报头设计，将原鞍钢日报汉语拼音改为英文，突出了鞍钢集团的企业标识，实现对企业形象的整合。加快报纸数字化建设步伐，完成了“新闻采编数字化平台”系统的运行与应用，实现了稿件处理、报纸排版完全网络化和计算机化，使编辑记者告别了笔和纸，减少工作环节与差错，提高了工作效率和质量，为报纸安全出版提供了一个科学化平台。开展手机报、视频网站、远程新闻资源共享平台等方面的调研论证工作，为加速新媒体建设做好了充分准备。满足鞍攀重组后对新闻宣传的需求，第一时间把鞍钢集团的声音传递到攀钢，与攀钢日报建立了重要新闻稿件网上互传与共享机制，增强报纸对攀钢新闻报道的时效性，初步确立了鞍钢日报作为鞍钢集团党委机关报的主体地位。强化新闻策划工作，成功完成了“过‘紧日子’”、“鞍钢宪法”发表50周年、鞍攀重组、郭明义典型人物、创先争优、鞍钢大战略大发展等重大新闻报道。在典型宣传中，重点挖掘了雷锋传人——郭明义的先进事迹，率先在《鞍钢日报》上进行了全面系统的报道，为郭明义先进事迹走向全国奠定了基础。2010年，报社荣获鞍山市新闻宣传突出贡献集体奖。

【承担《鞍钢》杂志编辑出版任务】 根据鞍钢集团公司党委书记、总经理张晓刚提出的“鞍钢需要有一本多元文化综合的杂志来统一区域文化”和“要办成企业宣传、员工文化凝聚于一身的杂志”的要求，鞍钢日报社承担了集团公司《鞍钢》杂志的编辑出版任务。该社认真研究新《鞍钢》杂志的定位，主动出击、迎难而上，在充分调研、论证的基础上，以“统一区域文化，传播鞍钢声音”为使命，以办成一本和鞍钢未来发展相匹配，与世界500强企业内刊相对应的优秀期刊为愿景和第一推动力的办刊原则。经过采编人员的共同努力，在短短半年时间里，《鞍钢》杂志已经出版正刊四期。《鞍钢》杂志出版发行后，不仅在内部读者群中引起强烈反响，也引起国资委宣传局等上级领导机关的关注。为进一步扩大《鞍钢》杂志的社会影响力，报社还改变了《鞍钢》杂志的发行渠道，变以内为主为以外为主，为宣传鞍钢的战略、理念、文化，扩大鞍钢在企业外的影响开辟了新的渠道，使宣传报道工作由过去单纯依靠报纸，发展为报纸、电子版和杂志齐头并进、多渠道、多手段宣传报道新格局。

【经营管理】　鞍钢日报社在全力抓好《鞍钢日报》、《辽阳日报》、《钢都周报》、《冶金安全》等主打产品印刷的基础上，积极参与集团公司内部印刷品竞标活动，并加大集团各部门书刊和保密印刷品的承揽力度，全年累计承揽近百个品种、40余万册书刊和保密印刷活源，有效地扭转了年初印刷品中标率比上年减少50%的困难局面。主动适应鞍钢集团公司跨地区联合重组的需要，针对天铁、攀钢、本部的实际，分别实施了驻在记者、特聘记者等项制度，有效地整合了各单位信息资源，为搞好集团公司内部全方位宣传报道工作提供了保证。健全完善通讯员培训机制，全年培训基层单位通讯员48人。在全公司范围内选聘15名特聘记者，缓解了采编人员紧张的问题。进一步完善了采编人员考核制度，推进编采人员考核工作的制度化、科学化、规范化。继续实行首席记者、首席编辑、技术状元评选制度，调动编采人员和工人钻研技术业务的积极性。规范了临时用工机制，加大了临时用工管理力度，保证了临时用工在有监督情况下的阳光操作。强化安全管理教育工作，实现轻伤以上事故、设备事故、火灾事故为零的目标。积极做好全员安全生产持证上岗工作，对各岗位进行理论和实际考试，持证上岗率达100%。进一步规范了物资采购和工程招标程序，加大对投标单位实地验点及资质审核工作力度，强化市场价格跟踪并坚持“同样产品比价格，同样价格比质量，同样质量比信誉”的操作原则，有效地降低了原材料采购和维修工程成本。不仅为印刷生产赢取更大的利润空间，也保证了外墙体修缮、会议室改造、电梯中修、轮转机房改造、供暖管线改造等大中修工程的顺利完成。强化物资管理工作，健全新闻纸领取制度和材料、办公用品审批制度，在材料使用上实行了计划管理，做到少量材料一进一出，大批量材料定量入库，减少库存品种及量的积压，减少流动资金占用。强化计算机管控和网络管理工作。保证了办公系统和报纸出版工作的安全运行。成功完成了攀钢及攀成钢稿件共享、稿件共享平台建设和报纸大样异地传输工作，实现了报纸异地印刷和发行。报社安全生产连续第四年实现无轻伤和设备、火灾等事故，办报、生产经营、管理等各项工作又迈上了一个新台阶。

【鞍钢广告传媒经营公司经营状况良好】　由鞍钢日报社代管的鞍钢广告传媒经营公司积极面对市场竞争压力大、市场萧条及各企事业单位压缩费用，以及公司要求《鞍钢日报》正版原则上不再发布与企业无关广告等不利因素，及时调整经营策略，在力求保证老客户不丢失的情况下，积极发展新客户，扩大广告经营范围，通过举办汽车展销会等多种渠道，保证了全年利润计划的完成。发行公司圆满完成了覆盖鞍钢厂区、市区、偏远矿区、营口鲅鱼圈、朝阳凌钢、大轧、天铁等近万个投递点的报刊投递任务。特种印务公司以“服务鞍钢，面向社会”为宗旨，扩大市场经营范围，取得了良好的经济效益。

（鞍钢日报社　王延钢）

· 文学艺术 ·

【纪念“鞍钢宪法”发表50周年】　2010年3月22日，是毛泽东同志亲笔批示的“鞍钢宪法”发表50周年。为纪念“鞍钢宪法”发表50周年，弘扬“创新、求实、拼争、奉献”的鞍钢精神，激励广大职工为实现鞍钢“全面腾飞”目标作出新的贡献，集团公司工会、文联组织开展了系列纪念活动。一是在“感动鞍钢——创新功勋人物”表彰大会上，组织鞍钢文艺工作者和爱好者专门赶排了一场文艺节目。朗诵协会4名爱好者朗诵了鞍钢职工自己创作的诗歌作品《鞍钢宪法永放光芒》。晚会还邀请著名演员阎学晶和辽宁芭蕾舞剧院的著名演员为大会献艺。鞍钢文联编辑出版了《流火》——“纪念鞍钢宪法发表50周年特刊”，并开辟“感动鞍钢——创新功勋人物”专栏，集中宣传了孟泰、王崇伦、宋学文、李晏家、邢贵彬、王军的事迹。举办了纪念“鞍钢宪法”发表50周年“感动鞍钢——创新功勋人物”诗歌朗诵比赛，有34名朗诵爱好者参赛。鞍钢文联还和《鞍钢日报》联合举办了“感动鞍钢——创新功勋人物”征文活动，共征集发表散文、回忆录、诗歌等文学作品近50篇（首）。

【文化下厂活动】 2010年2月2日，鞍钢美术协会和股份公司工会在鞍钢第二炼钢厂食堂举办了“吉祥虎年，腾飞鞍钢，迎新春职工文化联谊”活动。为职工撰写春联、福字200余副，各类书画作品80余幅。2月4日，集团公司工会、文联组织书法、美术、摄影、楹联诗词、文学等协会50多名职工艺术家和30多名艺术团演职人员赴鲅鱼圈钢铁新区慰问演出，为鲅鱼圈分公司职工送去新春的祝福。共赠送各种图书、杂志8000余册，赠送春联、福字和生活用品1.5万多套。截至2010年，鞍钢文联已经连续十年组织鞍钢艺术家开展文化下厂活动。同时，鞍钢文联还组织书法、美术、摄影协会骨干，为鞍钢接待服务公司1号楼、2号楼、贵宾楼以及矿山宾馆创作书画及摄影作品共百余幅，分别挂在各个楼厅，起到了对外宣传鞍钢的积极作用。

【参加辽宁省红诗活动获奖】 2010年1月，鞍钢文联组织业余作者参加辽宁省总工会、《辽宁职工报》举办的“红诗征文”活动，共有4名业余作者的作品登载在《辽宁职工报》上。有两名作者获得“红诗征文”活动一等奖；另外3名作者分获二等奖、三等奖和优秀奖。

【参加摄影大赛获奖】 2010年1月，鞍钢部分业余摄影爱好者参加了由中国钢铁协会等单位联合举办的“2009魅力钢铁摄影大赛”，鞍钢选送的8幅作品有4幅获奖，鞍钢获得优秀组织奖。

【参加冶金系统散文大赛获奖】 为庆祝中华人民共和国成立60周年，中国冶金文化协会举办了“庆祝建国60周年散文大赛”，鞍钢有10名作者参赛，有7名作者分别获得特别奖和一、二、三等奖。

【庆祝新中国成立61周年文艺晚会】 2010年9月29日晚，为庆祝新中国成立61周年，鞍钢工会在鞍钢工人文化宫举办“鞍钢职工迎国庆职工文艺晚会”。晚会中，鞍钢职工自己创作的歌颂郭明义歌曲《大爱之光》、《鞍钢与共和国》，舞蹈《流火》等节目受到观众的一致好评。

【参加“中华红歌会”大赛获奖】 2010年10月25日至29日，由国家文化部、中共重庆市委、重庆市政府主办的“中华红歌会”汇演在重庆市进行。鞍钢合唱团以歌曲《打起手鼓唱起歌》、《天路》夺得“中华红歌会·长江杯”。

【鞍钢编辑出版的部分书籍】

《大爱之歌》（长篇诗报告） 北方出版集团春风文艺出版社 周以纯著

《梅雨季》（诗集） 四川出版集团四川文艺出版社 刘盛超著

《热土玫瑰》（报告文学集） 鞍钢女职工委员会、鞍钢文联主编

《钢铁梅韵》（散文集） 鞍钢女职工委员会、鞍钢文联主编

（集团公司工会 周以纯）

· 档案图书 ·

【鞍钢档案工作在国资委作经验介绍】 2010年3月，鞍钢在国资委首次中央企业档案工作视频会议上作题为“加强五个建设 突出五个作用 持续推动档案工作上水平”的经验介绍。鞍钢始终坚持加强制度体系建设，突出制度对规范档案基础工作的作用；加强档案队伍建设，突出培训工作对全面提升档案人员素质的作用；加强档案协作组建设，突出协作组对延伸档案管理职能的作用；加强三类重点档案管理建设，突出档案管理对企业改革改造的促进作用；加强档案资源建设，突出档案信息对企业的服务作用；切实发挥集团公司档案管理职能，档案工作的制度化、规范化、信息化建设有了较大进步，服务生产经营和改革改造中心工作的能力也有了新的提高，2007年获得“全国档案工作优秀集体”称号。会上鞍钢着重介绍了鞍钢在探索工程档案管理方法、建立适应现代企业制度要求的员工档案管理模式、结合实际及时处置企业资产与产权变动档案，确保企业档案管理的完整性、连续性等方面的做法。

【工程档案管理受到国家档案局肯定】 按照《鞍山钢铁集团公司建设项目（工程）档案管理办法》（钢政办发〔2008〕42号），2010年全力协调组织项目管理部门、监理单位和产权单位，验收鲅鱼圈热连轧、宽厚板、检化验设施、防洪沟、暗渠、

活性灰、管控中心、原料厂，新5号高炉、西区2150连轧二期、维苏威免烧制品生产线、化工苯加氢、大连镀锌线二期等14项重点工程档案验收工作，归档7263卷。召开电渣重熔炉、鲅鱼圈道路、鲅鱼圈场坪、鲅鱼圈制氧、鞍凌精品钢项目等9项工程归档工作会议。针对鞍凌精品钢项目管理的实际情况，先后制发《关于鞍凌公司档案管理工作的意见》（钢办发〔2010〕9号）和《鞍凌精品钢竣工项目归档工作安排》，明确鞍凌公司档案管理体制、管理职责，并对项目总包单位培训竣工档案验收标准和程序，确保归档工作顺利进行。全年，24个基层单位验收自管工程50项、归档5016卷。

7月29日，国家档案局建设项目档案检查组对鞍钢鲅鱼圈项目档案工作进行检查。检查组认为集团办公室档案处对整个集团公司档案工作监督指导力度到位，档案工作基础好；集团公司文件控制力强，每个阶段制发相应制度标准及培训、检查考评要求，确保档案齐全完整；鲅鱼圈项目竣工图编制质量好、文件资料质量高。

【员工档案管理形成长效机制】　按照《鞍山钢铁集团公司员工档案管理办法》（钢委发〔2008〕17号）要求，在去年审核整理在职员工档案的基础上，2010年鞍钢对离休、退休、居家、托管、长病等人员的零散材料进行收集、编号、编目和装订。全公司收集离休、退休、居家、托管、长病员工零散材料218683份，整理99568卷，对维护员工利益起到档案保障作用。鞍钢组织上报的《建立现代企业制度下员工档案管理模式的探索与实践》获2010年辽宁省档案局优秀科技成果二等奖。

9月，鞍钢在接受中组部、国资委对鞍钢2008年以来直管干部选人用人情况调卷审查工作中，由于员工档案收集齐全、整理规范，受到好评。

【鞍钢归档范围基本内容体系初步形成】　鞍钢各单位按照部门、岗位进一步细化归档范围，对2009年46项未归事项进行催办，落实归档152卷、3560件/份。对学习实践科学发展观活动、国贸西北公司破产案、俄罗斯彩涂板反倾销案、钢绳军工产品鉴定、职工加入企业年金计划等大事、要事及时跟踪，20个单位落实工业遗产档案34项，1082卷/件/张。全年160个岗位新增归档新产品研发材料、1985～2003年鞍钢专利材料、鞍钢商标管理文件、施工技术标书、商务标书等内容5247卷/件/张，档案资源不断丰富。年底，在汇总各单位年度归档范围的基础上，按岗位职能首次形成鞍钢归档范围基本内容目录（初稿），进一步促进鞍钢档案资源建设标准化、规范化、制度化。

【鞍钢集团OA系统与档案管理对接】　2010年，鞍钢OA系统建设进入实施阶段。实现档案管理与OA系统有效对接，有利于各岗位形成的文件材料及时归档、高效利用，使公文流转、归档利用形成完整有效的闭合体系，是强化企业档案管理的有效途径，符合文档一体化和电子档案管理需求。为此，集团办公室档案处与集团信息化管理部达成共识，通过委托自动化公司自主研发的方式，实现OA与档案管理系统对接。对接后可实现电子文件在线同步归档和利用；对原档案管理系统功能进行完善、拓展，与基层单位档案管理岗位组成档案局域网，实现档案管理数据网络传输、统计、汇总，档案信息的跨全宗、跨类别查询，实现信息共享；同时对原系统中的数据有效兼容。截至2010年底，档案系统需求分析、与OA系统接口需求说明书和全公司682个岗位ATM网使用情况调查工作已经完成，程序开发设计正在进行。

【工业遗产（实物）档案管理】　2009年，为配合鞍山市做好全国第三次文物普查暨鞍钢工业遗产普查工作，根据公司领导批示意见，办公室档案处制发《关于开展鞍钢工业遗产普查工作的通知》（钢办发〔2009〕13号），152个单位上报《工业遗产普查表》119份。历时两个月，共对25家单位的39个实物进行实地普查。普查出23个工业遗迹及具有代表性建筑物，雷锋纪念馆、孟泰纪念馆、王崇伦使用的“牛头”刨床、炼铁总厂老1号高炉、铁运公司“建设者”号火车头、鞍钢科技馆、弓长岭“万人坑”等8项在《鞍山日报》和《千山晚报》进行报道。2010年8月，鞍钢大白楼、老1号高炉，迎宾馆、技术中心1号科研楼、鞍钢总医院病房主楼等实物档案被辽宁省申报为国家工业遗产项目，并顺利通过国家文物局复核小组实地考察。

【档案归档利用】　2010年，鞍钢集团公司归档文书档案14卷、49123件，会计档案49495卷，基建档案25969卷，设备档案1155卷，产品档案162卷，荣誉档案911件，教学档案44卷，新闻书稿档案53卷，设计档案5451卷、地质档案7卷、施工档案553卷、照片档案817张、声像档案104盘。全年档案部门围绕公司重点工作，积极提供利用档案29756人次，188325卷次，7707件次，60653张次，复制档案137442页，为鞍钢全面发展发挥重要作用。

（集团公司办公室　刘　贺）

【技术图书馆工作】 2010年，鞍钢技术图书馆采、编图书927种、2751册，期刊352种，报刊46种；接待读者12433人次；办理借阅证84个，外借图书8308册。

继续推进技术图书馆数字化建设，购买安装了正式版本的非书资源管理系统软件，不断完善自建的电子资源种类，对不能纳入非书资源管理系统的资源，自行设计制作了读者交互平台，完成了ILASⅡ图书管理系统的升级。

坚持树立“以读者为中心”的服务理念，不断拓展服务的方式和服务领域，千方百计为读者服务。进一步理清了目前的馆藏结构和馆藏资源的利用情况，保证了图书采购的针对性；加快了新书的处理入库流通速度，保证了读者在最短的时间内借阅到新书；认真做好读者接待服务工作，开发利用图书馆有限资源，及时向读者提供所需文献资料。

（教育培训中心（党校）　刘允壮）

· 体育工作 ·

【职工体育活动】 2010年，鞍钢职工体育工作坚持促进企业发展，促进职工综合素质提高的原则，通过贯彻实施《全民健身计划纲要》，广泛开展职工健身活动，丰富了职工的体育生活，增强了体质。全年相继开展了鞍钢职工乒乓球、羽毛球、长跑、足球、排球、篮球、拔河、游泳、武术及鲅鱼圈钢铁新区职工乒乓球、篮球等项目比赛。为更好地开展群众健身活动并吸引更多的鞍钢职工体育爱好者，鞍钢体育协会与市体育局联合举办了乒乓球、羽毛球、拔河、排球、篮球、田径等六个项目裁判员学习班。鞍钢晨练总站积极推广健身排舞等健身活动。各基层单位结合各自特点，开展职工喜闻乐见的体育活动。鞍钢集团公司被国家体育总局授予2010年全民健身活动优秀组织奖；被中华全国总工会授予2010年全国亿万职工健身活动月优秀组织奖。

【鞍钢女子拔河队获世界锦标赛冠军】 2月28日，鞍钢女子拔河队代表中国参加在意大利举行的世界室内拔河锦标赛，勇夺女子500公斤级冠军、540公斤级亚军，为我国竞技拔河运动取得历史性突破。《人民日报》、《工人日报》、《中国体育报》分别刊发专稿介绍鞍钢女子拔河队。

【体育赛事】 1月16日，“中国石油杯”2010年中国拔河精英赛在吉林省松原市举行，鞍钢代表队包揽了男子600公斤、640公斤、女子500公斤和男女混合600公斤级四项冠军。

1月31日，鞍钢代表队获鞍山市“移动杯”象棋总决赛团体冠军，股份能源动力厂职工白殿友获个人赛第一名。5月16日～25日，鞍钢58名职工分别代表辽宁省和冶金体协参加拔河、毽球、地掷球和围棋、象棋比赛。获男子600公斤级拔河冠军，女子520级拔河亚军，男子640公斤级拔河第二名；由建设公司组成的毽球队获女子三个毽球团体赛第二名，地掷球女队获小金属球比赛第三名。6月，在第四届全国冶金职工运动会羽毛球比赛中，鞍钢队获处级组男双冠军，混双冠、亚军；男子中年组单打和双打亚军；男子青年组双打和女子组双打第三名。在9月4日～5日举行的2010年全国拔河锦标赛暨全国拔河新星系列赛上，鞍钢包揽了全部七个级别的金牌。在10月19日举行的第四届世界武术锦标赛上，鞍钢代表中国冶金体协获五金、四银、五铜的成绩，列国内组团体总分第三名。在11月26日举行的第五届中央企业乒乓球赛上，鞍钢矿业公司队代表鞍钢参加比赛，夺得男子A组团体冠军。在12月1日举行的全国拔河精英赛暨全国拔河新星赛上，鞍钢队夺得全部五个级别冠军。

【职工体育先进单位】 2010年职工体育先进单位如下：

1. 股份公司第二炼钢厂。该厂认真贯彻落实《全民健身计划纲要》，定期开展全民健身活动，增强了企业凝聚力和职工团队精神。一是加强组织领导，各项体育协会工作活跃。在厂体协的组织领导下，根据职工群众的兴趣和爱好分别组建了羽毛球、乒乓球、足球、篮球、排球、游泳、棋牌、登山等体育兴趣协会，定期开展比赛和活动；二是坚持职工体育活动制度化，突出群众性和广泛性。厂工会坚持经费下拨、活动下移的原则，每逢单月举行一次全厂职工体育竞技比赛，每逢双月基层车间工会组织一次大众体育活动，全民健身活动参与率100%；三是加强优势体育项目建设，创建企业文化品牌。该厂职工男女游泳队连续多年获得集团公司游泳比赛男女团体总分第一名，曾代表鞍钢集团公司参加市和全国比赛取得好成绩。

2. 股份公司第三炼钢连轧厂。该厂认真贯彻落实《全民健身计划纲要》，坚持开展形式多样、寓教于乐的文体活动，相继组织开展了乒乓球、羽毛球、篮球、足球、长跑、登山、台球、保龄球、游泳、拔河、大众体育比赛等系列体育活动，扩大了职工参与范围，增强了企业的凝聚力和向心力。积极参加集团公司各项文体活动，游泳比赛获男子团体第 3 名。参加全国拔河精英赛暨全国拔河新星赛总决赛 600 公斤级比赛获得第 4 名。注重基础设施的投入，建立乒乓球、健身馆等场馆，为职工体育活动提供更加方便的活动空间。

3. 工程技术有限公司。该公司重视职工体育工作，坚持开展丰富多彩的文体活动，提高职工素质，陶冶职工情操，营造和谐氛围。一是定期开展全体职工参加的健身活动，春游东山、夏季游园、冬季晨练等；二是根据企业特点和职工需求，开展乒乓球、排球、跳绳、踢毽、游泳、羽毛球等系列比赛；三是积极组织职工参加集团公司全民健身活动和体育比赛并取得优异成绩，获“股份公司杯”围棋比赛团体第一名、“股份公司杯”桥牌队际赛第三名、“工程技术公司杯”男子排球第二名、乒乓球女子团体第二名、青男团体第三名。

4. 重型机械有限责任公司。该公司立足本企业，面向市、鞍钢，坚持主旋律、提倡多样化，大力开展全民健身活动。成立了篮球、排球、足球、乒乓球、羽毛球、游泳、摄影、诗歌、毽球、跳绳、登山等 10 个体育协会，并先后组织基层 14 个单位开展各项比赛，在登山、跳绳等大型活动中，职工参与率达 91%；积极参加鞍钢各项比赛，冠名“重机杯”足球精英赛获冠军；“五一”长跑获男子团体第三名；篮球获第二名，排球获第六名，游泳获男团第二名；武术获团体第五名。

5. 矿业公司设备检修协力中心。该中心 2010 年相继成立羽毛球、乒乓球、毽球、足球、登山等群众性体育协会。组织开展羽毛球、乒乓球、毽球、足球等职工喜爱的体育活动。登山协会自成立以来，坚持每个周六或周日开展活动。随着各协会的成立和各项活动持续开展，职工参与面不断扩大，参与热情不断提高，团队意识不断增强。

6. 汽车运输有限责任公司。该公司注重职工体育活动机制建设，推动职工健身活动蓬勃开展。一是领导重视，机制健全，为各项体育活动的开展提供了组织保证。二是加大体育设备设施的投入，建立了职工活动室，并购买了健身机、跑步机、乒乓球台，建设灯光篮球场等体育设备设施，为职工健身创造了条件。三是发挥各群众文体兴趣协会作用，先后成立了乒乓球、登山、篮球、自行车、台球、书法美术等群众性文体协会，有 500 余名职工参加各类协会。在鲅鱼圈新区篮球赛中，该公司代表队获得冠军，并获得体育道德风尚奖称号。

（集团公司工会　李　松）

（本栏编辑　张广明）

上市公司——
鞍钢股份有限公司

·综　　述·

【概况】 2010年末，鞍钢股份有限公司有职工30729人，其中干部6476人（高级职称759人，中级职称2550人，初级职称1853人），工人24253人。离退休职工32662人。公司下设13个部门，21个基层单位。拥有固定资产原值568亿元，净值306亿元，新增值53亿元。

2010年面对后金融危机时代全球钢铁行业的强力震荡，股份公司广大职工深入学习贯彻党的十七大和十七届五中全会精神，认真贯彻落实科学发展观，坚持“平稳运行、保证规模、改善指标、降本增效”的原则，齐心协力，狠抓落实，生产经营保持了良好发展态势，各项工作取得了新的成绩。2010年股份公司荣获第十届全国质量奖，被中国企业文化研究会命名为全国企业文化建设优秀单位。

【生产经营取得新成效】 全年生产铁、钢、材分别为2213万t、2166万t、2087万t，实现销售收入923亿元。年初相继13次强降雪，遭遇了历史罕见的持续严寒，七月、八月又相继6次大降雨，经历了60年来最长汛期，公司生产、设备及运输、卸车系统及时启动应急预案，做到了提早预测，提前准备。在动力管网、运料系统、铁路、公路运输、解冻卸车、排洪系统等方面措施得当、准备充分、应对及时，经受住了两种极端天气的严峻考验，保证了生产稳定运行。同时，面对原燃料和钢材价格的剧烈震荡，密切关注“两个市场”走势，动态调整鞍山、鲅鱼圈两地生产与机组检修。采购、生产、销售、财务紧密结合，清仓压库，优化产品结构，按照利润最大化组织生产和销售，把握先机，全年四次适时下达降本增效措施，最大限度地消化了市场不利因素给公司生产经营带来的不利影响，较好地完成了集团公司确定的利润目标。化工全焦耗洗煤、连铸坯合格率、吨钢综合能耗、吨钢耗新水等4项指标创历史最好水平。

【科研创新、新产品开发实现新突破】 核电用钢三大系列产品取得较大突破，核反应堆安全壳用钢一次性能合格率达98%以上，达到国内领先水平。核岛系列用钢15MnNi、20MND5、SA-533实现供货，并率先在国内试制出18MND5试验评定产品。核电常规岛及配套系列用钢——宽规格SA-516（宽度4800mm）填补国内空白。时速350km客运专线100m60kg/m钢轨全线应用于沪杭高铁。成功开发时速380km高速重轨，并用于京沪高铁线上。成功研制澳标60kg/m钢轨，首次出口澳大利亚并实现批量供货。通过了中海油组织的国产化评定，完成中国第一条国产化海底管线——南海海底管线钢X70（31.8mm）、X65（30.2mm）小批量试制。船体海洋工程超高强钢F690的研制，实物质量满足标准要求并居国内领先地位，国内首家通过船级社认证。Q500qE钢通过铁道部500MPa级高强度铁路用钢技术审查，并成为国内首家通过该钢种审查的钢铁企业。EVI活动卓有成效，与一汽成立汽车用钢联合实验室。

完成科研课题验收164项，实现创效2.44亿元。新产品开发、应用及商品化效益显著，全年开发新产品485万t，新产品比例达到22.7%，实现新产品销售收入239亿元。专利及专有技术数量、质量均创鞍钢历史最好水平。全年完成专有技术680项、国家专利570件，“一种中等厚度板坯连铸连轧板卷的生产工艺”国际专利申请PCT分别被澳大利亚、韩国、印度授权。《冷轧机板形控制系统核心技术自主研发与工业应用》获冶金行业科技进步一等奖。

【节能减排和环境建设取得新成果】 全年新放行西区烧结机余热发电、鲅鱼圈高炉煤气锅炉发电等节能项目61项，投资放行4.74亿元。先后立项实施了鲅鱼圈Ⅰ系列烧结机、西区Ⅰ系列烧结机、三烧烧结机、二烧烧结机的烟气脱硫、厚板生产线外排废水治理等环保项目18项，投资放行3.19亿元。鲅鱼圈CCPP及干熄焦发电CDQ项目顺利通过第三方现场核查。

发电分厂锅炉改造、炼铁三烧余热发电、二炼钢北线饱和蒸汽发电、西区烧结余热蒸汽发电、西大沟污水深度处理等一批节能项目陆续投产并逐步发挥节能作用。同时，在推进鲅鱼圈分公司的太阳能利用、海水淡化、风力发电等新能源使用上取得新成效。

全年实现三级以上环保事故为零。危险废物收集、转运、处置机制得到进一步完善，废油脂得到规范处置。大气污染源排放达标率为99.9%，可回收固体废弃物利用率达到100%，均创历史最好水平。

【营销采购工作再上新水平】 坚持以市场为导向，超前制定科学合理的营销政策及价格策略，实现了合同到位率、合同执行率、产销率、回款率、利润计划实现率五个 100%。

加强营销渠道和目标市场管理，利用国家发展环渤海经济带的有利时机，积极扩大北方地区市场占有率。以汽车、家电用钢等战略和主导产品为重点，加大了直供企业和战略品种的开发力度，成立了由副经理及以上领导牵头的 5 个 EVI 团队，大大改善了产销研体系的协调和互动功能。深化拓展了用户产品设计开发的长期介入。持续开展了由市场营销部牵头，产品制造部、计划财务部和各生产厂参加的调品增效活动，增加了高效品种考核办法，将高效材效益增量与各部门、各单位的收入挂钩，分产线、分品种组织实施奖励，全年调品创效比上年增加 7 亿元，专用材比例达到 80.38%，同比提高 6%，为完成全年利润目标作出了重大贡献。同时，提高主导产品销售比例，2010 年公司主导产品销售量为 887 万 t，比上年增加 237 万 t，家电、造船、集装箱用钢销量市场排名第一，汽车用钢销量市场排名第二。直供企业订货比例同比上升 7.2%。战略用户订货比例达到 30%。

积极参与重点工程投标，2010 年在中石油锦州——郑州输油管线工程，中石化日照、曹妃甸、册子岛等储油基地项目、中化国际惠州项目、中海油大连项目以及呼和浩特储能电站等国家重点工程上累计中标 40 万 t。

积极拓展海外市场，促进国际化经营，实现出口钢材订货量 176 万 t。

全面提高服务意识，增强服务措施，完善服务体系，建立和改进远程物流管理的信息化平台，密切跟踪客户产品更新和发展战略，为公司产品改进和研发提供课题依据，引导客户正确选材。确定关键客户，并对其提供个性化服务。重点推进全方位快速服务机制，实现了对客户超值和增值服务，客户满意度得到稳步提升。

全力做好煤炭等原燃材料的保供工作，努力控制成本上升。为有效应对由于资源短缺、铁路运力不足等诸多原因造成的煤炭资源组织困难局面，公司加大了国矿煤催发和运输的协调力度，同时，加强供方管理，进行供方年度评估，保证供方质量。面对各种原燃材料的价格波动，采取适时调整价格、坚持招标采购等方式，有效降低了采购成本。

【技改技措项目及对外投资合作取得新进展】 全年完成固定资产投资 41.99 亿元。立项放行、实施了硅钢实验室和汽车用钢实验室建设、1780mm 和 4300mm 厚板高压水除鳞系统改造、1780mm 边部加热器改造、5500mm 厚板 2 号热处理炉改造、4300mm 厚板 1 号热处理线淬火机组改造等共计 14 个建设、改造项目。

西区硅钢生产线的高牌号无取向硅钢已达产达标，更为可喜的是完全依靠自主研发成功生产出了取向硅钢并具备批量生产能力。线材总体改造工程已进入热负荷试车阶段。鲅鱼圈 3800mm 中板工程完成主轧线的设备安装。化工四期焦炉改造、恩德炉煤制气、焦油扩容和化工三期酚氰废水深度处理等工程按计划稳步推进。完成电镀锌工程的技术交流并形成建设方案请示。

按照多点布局、延伸产业链的发展思路，投资新建了鞍钢冷轧钢板（莆田）有限公司，该项目已完成主体部分设计、主体机组设备订货及制造，目前正在进行土建及设备基础施工。合肥、武汉和沈阳钢材加工二期工程进入设备订货阶段。与大连造船厂集团、新加坡太平船务共同建立的拆船公司，已完成投资合同和公司章程的签订。

【企业管理水平再上新台阶】 全面导入卓越绩效管理模式，系统梳理、优化、整合了公司各项管理流程。组织修订并发布《股份公司 2010 ~ 2012 年战略发展规划》，完成了《鞍钢股份有限公司卓越绩效管理模式自评报告》，通过中国质量管理协会的评审，获得第十届全国质量奖，成为东北地区唯一获此殊荣的企业。

与正略钧策咨询公司签订了产销研优化项目合同，《产销研体系优化项目》启动并开始实施，项目组完成了工作资料的收集和准备，并已进入对相关人员的访谈阶段。

质量评价体系有效运行，质量绩效得到持续改善。公司 28 项质量指标，17 项同比改善。

深化点检定修，强化设备基础管理，实现了设备维修费用最低、可开动率最大、设备功能状态良好的目标，保证了设备的稳定运行。设备事故和频次较上年同期分别降低了 23.22% 和 37.61%。公司管控的 74 条生产线有 35 条实现全年零事故。特别是新 3 号高炉大修，历时 75 天 8 小时，比计划提前 4 天 16 小时，创造了国内 3200m^3 高炉检修史上的三项纪录，即安全事故为零、质量最优和速度最快，同时也为鞍钢同类高炉大修积累了宝贵经验。

充分发挥滚动预算调控作用，紧跟市场环境变化，动态测算公司效益，四次制定调整降本增效措施，实现降本增效 25 亿元，为公司完成全年利润目标奠定基础。开发成本追溯功能，为公司调整品种结构、合理配置资源提供了数据支撑。

深化工序标准成本管理，推进“五环节工作法”，成本控制能力持续提升。股份公司申报的“大型钢铁企业精益化成本管理模式的构建与实施”获中国钢铁工业协会现代化管理创新成果一等奖。SAP财务成本系统二期项目成功上线运行，实现财务成本系统与二期产销系统全部集成。深入开展厂矿工序对标和行业对标，各项指标持续向好。成功发行一期30亿元短期融资券并置换贷款，开辟了公司低成本融资新渠道。对外投资回报大幅提升，2010年实现投资收益4.02亿元。

开展效能监察，加强企业内控和风险防范，有效促进了国有资产保值增值。全年共开展效能监察77项，避免和挽回损失2378.20万元，增加和创造经济效益4799.52万元。

开展群众性双增双节活动，全年创效7188.4万元。

企业信息化建设快速推进。完善了无缝厂ϕ177产线、取向硅钢生产线、线材新线、冷轧1450生产线的ERP和MES系统。完善了鲅鱼圈ERP设备管理子系统。建立了公司网络监控平台、安全信息网和设备管理网的门户网站。

加强安全管理，深入探讨安全生产的长效机制和手段。深入开展安全生产标准化工作，实施《安全生产禁令》。开展了以“遵章守纪难在哪？安全生产为了谁？”为主题的安全生产大讨论活动。全面运行安全信息网络管理，利用现代化信息管理平台，严格落实“三级”安全检查管理体系，实现了管理动态、安全信息、隐患查改、经验交流的快速传递和落实，安全管理工作系统化、规范化、科学化水平大幅提升。全年千人负伤率为0.148‰，完成集团公司下达目标。

拓宽人才发展通道，建立、完善了高技能人才等级序列、工程技术岗位等级序列，累计涉及人员60人。推动岗位绩效工资制改革试点，实现了薪酬分配制度改革的平稳过渡，已有8个单位实施了新的薪酬分配制度。积极探索研发、销售等关键群体的薪酬分配政策，编制了劳动定员定额标准，建立了岗位绩效管理体系。在引进技术、研发、生产操作等岗位紧缺人员197人的基础上，依靠挖潜减员和扩大外委业务方式，初步完成了3800mm中板、线材新线、福建莆田冷轧、烧结脱硫、发电分厂脱硫等项目的人员配置工作。创新培训思维模式，持续构建人才建设高地，开展有针对性的理论培训和专项培训，全公司参加外委和内部专项培训达43450人次，为公司长远发展提供了强有力的智力支持。

【鲅鱼圈分公司样板工厂示范作用实现新提升】 以“稳铁降耗、提钢增产、调材创效”为生产组织原则，在保证生产稳顺的前提下，不断深化、细化管理，堵塞漏洞，对标挖潜，成长进步迅速，生产经营业绩不断刷新。尤其是针对第四季度严峻的市场形势，及时调整工作重点，制定了“适度规模、经济运行、指标最优”的生产组织原则，采取优化品种结构，压缩无边际利润产品产量，适当降低生产规模，对标挖潜，优化技经指标，探索经济运行方式等降本增效措施，收到了很好的效果。尤其是铁前系统，通过调整配煤配矿和高炉操作工艺与参数等措施，一举刷新各项指标，达到国内领先水平，燃料比降低30kg，为完成公司降本增效目标作出了突出贡献，也为两地高炉探求经济运行方式积累了经验。高炉利用系数、入炉焦比、喷煤比、钢铁料消耗、厚板成材率等5项指标创开工以来最好水平。全焦耗洗煤、喷煤比、钢铁料消耗指标位居国内前三名。2号高炉利用系数创鞍钢新纪录，达到国内4000m^3级大型高炉领先水平。现货率实现减半目标。“高效低成本优质宽厚板轧制技术开发”和“热轧带钢柔性生产技术研究”列入集团公司重大科技项目计划。绿色钢铁建设初见成效，被中华环保联合会授予首届“低碳中国突出贡献奖”企业。

【党建思想政治工作取得新实效】 一是深入开展创先争优活动，推动鞍钢股份公司科学发展。根据集团公司深入开展创先争优活动实施方案的部署和具体要求，公司党委积极组织贯彻落实，制定下发《鞍钢股份有限公司深入开展创先争优活动实施方案》，召开创先争优活动动员大会，安排部署公司创先争优活动。公司创先争优活动紧密联系企业实际，把握科学发展规律，集思广益，完善发展战略、解决发展难题，通过创先争优活动推动企业科学发展。在实际工作中，主要抓住政治工作评价、公开承诺、党员领航、典型引路、阶段巡检五个环节。选树20名关键工序党员领航人，制作电视短片《卓越业绩引航程》，对领航人事迹进行形象化宣传，用职工身边的先进人物影响职工。用郭明义精神引导党员职工爱鞍钢、爱岗位，为实现鞍钢“全面腾飞”目标作贡献。

二是深入抓好创建学习型组织建设，提高职工队伍整体素质。按照党的十七大、十七届四中全会的总体部署和集团公司具体要求，公司党委在全公司范围内开展了创建学习型企业活动，进一步提高职工队伍整体素质，解决公司发展中的实际问题。在全体职工中开展了以“创建学习型组织、争当知识型职工”为主题的实践活动，倡导并推进全员、全过程、全时段岗位技能大练兵，将竞赛总成绩依照理论考试、实际考核和职工绩效考核结果按4∶4∶2的比例计算。编制下发了93个工种的“全员岗位技能大练兵”培训提纲，组织21个单位、2323名职工参加技术竞赛。其中，组织18个单位、1454人参加集团50个工种竞赛。全公司共举办各类培训班2546次、培训职工达20362人次，举办竞赛（工种）177项（次）、参赛职工达7064人，命名技术状元122人、技术能手491人。

三是加强党的自身建设，党的组织优势和政治优势得到有效发挥。公司各级党组织紧紧围绕企业生产经营中心，夯实党建基础，开拓党建局面，做到融入中心，进入管理，为生产经营各项工作的顺行提供了保障。按照《鞍山钢铁集团公司竞争择优任用领导岗位人员实施细则（试行）》选拔任用领导干部，公平、公正、公开做好领导干部任用管理工作。2010年调整交流任免领导干部56人，其中提职16人（公开招聘16人），岗位交流30人，专项工作10人。沟通备案任免领导干部35人，其中提职10人（公开招聘10人），岗位交流22人，专项工作3人。按照《鞍山钢铁集团公司领导岗位人员报告个人有关事项实施办法》的要求，组织领导干部报告个人事项，报集团备案12人，受理56人，公司备案206人。完善领导班子、领导人员考核标准，形成严格严密的考核程序，严谨高效完成了2009年度领导班子和领导干部考核工作。确定政治上过关，业绩上突出，具有发展潜力、群众认可的后备领导干部225人。加强样板党支部基础建设工作，指导规范“样板”党支部示范基地基础建设。35个党员责任区和40个党员先锋岗被评为2009年度鞍钢“样板”党员责任区和“样板”党员先锋岗。总结党员岗位责任点检活动，共评出公司级模范党员责任区157个、党员先锋岗264个。25个党支部被评为2009年度集团公司“样板”党支部。

四是围绕生产经营和企业发展大局，宣传思想工作和企业文化建设取得实效。在全公司范围内广泛征集党建思想政治工作论文，对如何做好不同时期、不同形势下的党建思想政治工作进行深入探索和研究。共征集党建思想政治工作论文62篇。各类信访问题得到妥善处理。2010年公司累计接待职工来信来访470余人次，妥善处理11起突发性群体访，涉及职工住房、工资待遇、工伤鉴定方面的16个问题得到了彻底解决。企业文化建设得到有效加强。结合卓越绩效管理体系的导入，企业文化建设工作主要在企业文化理念的梳理、灌输和落地方面加大了力度，在理念上抓普及，在视觉上抓规范，以企业文化贯穿公司管理的全过程，让企业文化能够真正落地，在企业管理中实实在在地起到引导作用。

五是严格党风廉政建设责任落实，惩防腐败体系建设得到进一步加强。公司重视建立健全惩治和预防腐败体系，有序开展教育、制度、监督、惩处等各项工作，党风建设和反腐倡廉工作得到进一步加强。股份公司党委和各单位党委、机关部门签订了党风廉政建设责任状，全公司各单位党委与基层党支部签订党风廉政建设责任状343份。开展了“坚持廉洁从业、促进科学发展”主题教育活动。组织两级班子及基层党组织开展中心组学习、研讨《廉政准则》和《廉洁从业若干规定》；组织党员干部观看《远山的红叶》、《贪之害》等正反典型电教片；组织党政纪法规培训62次，受训7173人次；公司各级领导人员、管理人员、关键重要岗位人员5062人签订了廉洁承诺书，实行廉洁承诺。

六是加强对工会、共青团组织的领导，群众组织作用不断增强。工会组织紧密结合生产经营重点、难点，围绕双增双节、关键指标、技术创新、节能减排、班组建设等项工作开展劳动竞赛活动。2010年实现双增双节7188万元，连续五年实现“双增双节”创效超6000万元目标；征集合理化建议9500项，先进操作法322项。广泛开展“班组对标擂台赛”、“星级班组”评选等各具特色的“五好班组”达标升级活动，10个“五好班组标杆”荣获鞍钢“工人先锋号”称号，一线生产班组有137项次指标居同行业先进水平，186项次指标创历史最好水平；命名表彰节能降耗对标竞赛“冠军炉”、“优胜炉”22座；命名表彰“轧制无废品、操作零差错”对标竞赛优胜班组95个。在全公司开展“为困难职工送温暖工程”、“为职工群众办实事工程”、“创建安全文化工程”活动。全年共发放救济费1046.13万元，救济25549人次；建立一帮一对子133对，群帮一对子232对。厂处级领导参加走访493人次，慰问3745人次。对119名特困职工子女就学开展了金秋助学活动，救济19.3万元。2010年共组织29900名职工度假，有11000人参加了拓展培训，拓展培训活动新增加了体能测试及心理疏导项目，有2400人参加了体能测试，800人参加了健康知识讲座。共青团组织通过成立青年兴趣协会、青年交友俱乐部，建立青年需求及关注点反馈机制，为外地青年购买春节返乡火车票，组织传统节日庆祝活动等方式，建立了服务青年的长效运行模式；制定实施了《2010 年鞍钢股份有限公司基层团委绩效评价办法》，通过按季度对基层团委进行贯标检查、业绩评价、效果评估，提高了基层团组织的执行力、创新力和工作活力，有力推动了共青团工作上水平。

（宋景荣）

· 所属单位简介 ·

【鲅鱼圈钢铁分公司】 2010 年末，鲅鱼圈钢铁分公司有职工 3685 人，其中干部 1038 人（高级职称 85 人，中级职称 318 人，初级职称 454 人），工人 2647 人。该公司设置综合管理部、人力资源部（党委工作部）、工会、监察部（纪委）、安全监督部、计划财务部、制造管控中心 7 个行政部门；炼焦部、炼铁部、炼钢部、热轧部、厚板部、设备保障部、环境与能源部 7 个事业部和管控物流中心、管控化检验中心、管控铁路运输中心 3 个中心。厂区占地总面积 8.32km^2。固定资产原值为 268.62 亿元，净值为 232.60 亿元。拥有能源动力、焦化、烧结、炼铁、炼钢、轧钢以及公辅配套设施，主要装备有 6.98m52 孔焦炉 4 座、405m^2 烧结机 2 台、4038m^3 高炉 2 座、260t 顶底复合吹炼转炉 3 座、双流 1450mm 板坯连铸机 2 台、单流 2300mm 板坯连铸机 1 台、1580mm 热轧带钢生产线 1 条、5500mm 宽厚板生产线 1 条，以及原料仓储、成品码头、铁路运输、理化检验等辅助设备，其中 5500mm 厚板轧机为世界之最。

2010 年，该公司紧紧围绕建设“五个一流”的标志性钢铁企业这一中心任务，积极应对严峻复杂的市场形势，拓展视野、抓住机遇、发挥优势、迎难而上，全面加快创建绿色钢铁样板工厂的步伐。全年铁、钢、材分别生产 645 万 t、639 万 t 和 565 万 t，比上年分别提高 22%、27% 和 30%，均创历史最好水平。全年生产事故时间和频次分别比上年降低 25% 和 29%，生产系统保持稳健运行。以高炉经济运行为核心，探索以焦定铁经济运行模式，系统改善生产运行质量，主要经济技术指标大幅提升，入炉焦比、综合能耗、钢铁料消耗、吨钢耗新水等分别创历史最好水平；全焦耗洗煤、喷煤比等达到行业领先水平；高炉利用系数创造国内 4000m^3 大型高炉纪录。以高附加值产品为载体，拓展国内外两个市场，专用材生产 233 万 t，产品出口日本、韩国、意大利等 8 个国家和地区，出口量达 42 万 t，有力提升了企业经营质量。

技术创新取得新突破。发挥工艺装备优势，推进工艺技术创新。2010 年，完成 206 项科研课题，创效 7638 万元；发明 11 项国家实用新型专利；创造 25 项集团公司专有技术。重点完成“1450 板坯电磁搅拌工艺开发研究与应用”课题，铸坯平均合格率提高 0.24%；完成“1580 生产线热轧镀锡原板开发”课题，Ⅰ级品率提高 35%；完成“系列核电用钢的研制与开发”课题，批量生产核反应堆安全壳用钢 SA-738Gr. B、核岛关键设备系列用钢 15MnNi、20MND5、SA-533Gr. B、核电配套结构件系列用钢 SA-516Gr. 70。集团公司 2 个重大科技项目“高效低成本优质宽厚板轧制技术开发”和“热轧带钢柔性轧制技术开发”，已完成阶段性目标；“原油储罐用 08MnNiVR 钢板开发”等 3 个省企业技术创新重点项目，已完成课题目标。“鞍钢鲅鱼圈洁净钢平台建设”在 2010 年全国炼钢-连铸生产技术会议上介绍经验。加强产品质量控制，厚板和热轧产品质量合格率登上新台阶，分别实现“现货减半”目标。厚板产线开发核电用钢等 15 个新品种；成功使用 60t 钢锭轧制特厚 ADB610D 水电用钢，填补鞍钢空白；热处理年生产能力提高至 9 万 t 水平，管线钢、TMCP 和 CR 工艺船板通过产品认证。热轧产线开发汽车结构钢等 12 个新品种；集装箱薄材月生产能力突破 2 万 t，过渡材实现零目标；X65 等 4 个管线钢牌号通过产品认证。全年累计生产新产品和独有与领先产品分别达 163 万 t 和 137 万 t，“三新”产品实现免税增效 2716 万元。

节能环保工作取得新进展。坚持“3R + G”原则，完善绿色钢铁生产体系，促进生态化企业建设。以降低高炉焦比为中心，建立高炉合理操作制度，提高煤气利用率 3%，实现一次能源消耗减量化。向华能电厂供应煤气 9580 万 m^3，降低焦炉煤气放散 10%；调整 CDQ 发电运行方式，提高二次能源利用水平，二次能源发电达 55.3%。海水淡化和太阳能装置稳定运行，新建二期四台 1500kW 风电机组实现内部并网发电，年发电 1792 万度，绿色能源利用达到行业领先水平。加强环保监控管理，全年实现重大环境污染事故为零。

固废资源100%回收处置，危险废物100%无害化处理，SO_2、CO_2、COD等环保指标全部实现达标，厂区绿化率达38%。“鞍钢鲅鱼圈钢铁分公司能源管控中心建设”在2010年全国能源环保生产技术会议上介绍经验。绿色钢铁建设初见成效，被中华环保联合会授予首届“低碳中国突出贡献奖”企业。

降本增效工作成绩显著。完善“年度总控、季度平衡、月份执行、滚动编制、超标预警、刚性控制”的预算管控模式，以财务ERP系统为平台，提升成本控制力。根据市场形势变化，全年四次实施降本增效，降低工序成本4.88亿元，压缩期间费用2.83亿元，累计实现降本增效8.12亿元。特别是进入四季度以后，市场形势更为严峻，原燃料价格居高不下，钢材价格始终在低位徘徊。该公司按照股份公司统一部署，落实减亏3亿元计划，层层分解成本指标，刚性控制费用支出，果断采取探索生产经济运行方式、精益操作降低消耗、优化配煤配矿、调整品种结构、降低物流费用等多种有力措施，实现降本增效3.14亿元。

安全管理工作进一步夯实。坚持“安全第一，预防为主，综合治理”的安全生产方针，实现全年安全、消防事故为零目标。创新安全管理方法，建立安全生产绩效期权奖惩机制，建立隐患排查整改奖励制度，建立相关方安全签审制度。深入开展“遵章守纪难在哪？安全生产为了谁？”大讨论活动，开展安全教育培训，加强事故预案演练，规范消防管理，全年组织职工安全消防技能培训11074人次，开展各类事故预案演练157次，排查整改隐患5743项，组织特殊岗位及特种作业人员体检2581人次。

设备保障能力不断增强。完善点检责任体系，优化维修策略，成功实施投产以来两次大规模全系统同步年修工程。深入开展技术攻关和技术创新，解决63个制约生产的瓶颈问题。关注设备劣化倾向，强化设备事故管理，设备事故持续下降，事故时间、事故次数比上年分别降低48%和52%，实现四级以上设备事故为零，有力地保障生产平稳顺行。设备可开动率93.15%，达到行业先进水平。推进信息化建设，开发完成安全信息网及班组建设信息网，实现ERP设备子系统一次成功上线。

企业管理工作进一步规范。QEO管理体系顺利通过年度监督审核，热轧产品顺利通过德国莱茵公司监督审核。全面导入《卓越绩效评价准则》，通过全国质量奖评审。持续完善规章制度体系，换版下发138个管理制度。实施战略绩效管理，建立平衡计分卡经营管理绩效评价机制。根据生产经营实际，制定并下发《产品奖励办法》、《现货减半评价办法》和《降本增效评价办法》等补充办法，有力地保障分公司实现既定的生产经营目标。“以打造最具国际竞争力沿海钢铁产业基地为目标的系统创新与实践”管理创新成果，获得鞍钢特等奖和辽宁省一等奖。

人才队伍建设再上新水平。全年组织培训65791人次，247人获得技能晋升证书，大幅提升职工综合素质和专业技能。通过外部引进和内部优化，有效解决3.8m中板线和保卫管理等人员配置需求，全年公开招聘38人，择优选聘9人，引进毕业生35人。全面建立企业年金管理模式，形成保障有力的补充养老保险制度和长效激励机制，有效提高企业凝聚力。

职工利益得到切实维护。建立健全职代会制度，完善民主管理程序。围绕职工关心的热点和难点开展为职工办实事活动，顺利完成公寓住房分配工作，精心组织送温暖活动，走访救济困难职工322人次，发放救济金和慰问品。

企业形象进一步提升。充分发挥宣传引领作用，营造良好舆论氛围，全年编发《开拓》简报21期。深入开展职工诚信意识教育，以培育企业核心价值观为重点，编制《分公司职工岗位职业道德规范》。坚持精神文明建设，发挥典型示范作用，先后选树一批先进典型人物和典型集体；拍摄文明岗位宣传片《精轧岗位铸精品》和企业形象片《走向蔚蓝》；组织广大职工积极参与“母亲节”和“倡导健康生活，构建和谐企业”等主题征文活动，企业特色文化持续深入人心。

（潘迎军）

【化工总厂】 2010年末，化工总厂共有职工2681人，其中在岗职工2437人，管理及专业技术人员301人（高级职称18人，中级职称124人，初级职称129人），工人2136人；居家职工185人，编外人员59人；离退休职工2586人。总厂机关设有安全环保室、生产技术室、设备室、综合管理室、改建办、党委工作室、工会，基层设17个车间（作业区）。厂区占地面积121万m^2，房屋建筑面积31万m^2。设备总重量84.6万t，主要设备有：14座焦炉、4套干熄焦、12台煤气鼓风机以及塔、槽等。年产量：焦炭664.5万t，煤焦油24万t，精萘2万t，硫铵8.5万t。主要产品有萘系列、苯系列、酚系列、吡啶系列等40多个品种。

2010年，该厂经济指标再创历史最好水平。全年生产焦炭670万t；焦炭质量M_{40}完成83.6%，M_{10}完成7.1%，灰分完成12.4%，硫分完成0.67%，反应后强度完成59.3%，反应性完成28.2%；全焦耗洗煤比计划降低2kg/t焦，成本降低任务完成1.74亿元。

生产经营实现平稳运行。生产调度系统指挥协调能力得到提升。加强来煤管理和配煤结构的调整，狠抓炼焦操作、加热制度、正点推焦率，大力提升干熄率和运行稳定性，全年共调整配煤比51次，调整周转时间32次，圆满完成公司动态调整生产规模的要求，为炼铁服好务。

设备点检维护进一步加强。全年主线设备完成了一、三回收脱硫和1～4号干熄焦等6项年修工程，主体设备完成了苯加氢年修及一、三回收硫铵年修、粗苯年修，各年修项目、工期及质量实现了100%，为全面完成公司下达的生产任务奠定了基础。

通过卓越绩效对标活动提高经济技术指标。总厂对标组围绕公司关注的焦炭产量、质量等核心指标，打破作业区之间、上下工序之间界限，按照产线流程将全部对标指标分解为四级，落实到班组，使卓越绩效对标真正落到实处，与实际生产形成有机整体。最大限度地保证了焦炭产量、质量等核心指标的均衡稳定，焦炭质量、三大产品收率明显提高，为高炉顺行提供了坚实的基础。

安全防火基础工作得到进一步加强。总厂设立了80万元的专项奖励基金，用于季度和全年评审标准化一、二级作业区（车间）的奖励。召开推进大会，介绍经验，举办成果展，年终评审，苯加氢等6个单位被评为标准化作业先进单位。实施《安全生产禁令》、安全防火绩效期权奖励机制。组织三支专业应急救援队伍，增加安全防火组织机构编制、人员配置，修改和完善了各项规章制度，提高了管理者的执行力。加大现场隐患整治力度，推进现场标准化。全厂有64名职工因及时发现隐患得到嘉奖，组织火灾爆炸事故应急救援预案演练53场次，有效控制重特大事故发生。严格动火作业审批制度，全年共签发二级以上动火作业许可证2210多次，实现动火作业无纰漏。

苯加氢达标达产工作得到进一步提升。2010年是苯加氢作业区达标达产关键的一年，针对苯加氢装置工艺复杂和参数较多的特点，优化达标达产方案，组织召开达标达产专项会议6次，确定科学合理的技术参数，认真组织技术标定，共标定完成139项工艺技术参数、11种中间产品和产品质量指标、7种能源介质消耗、13项处理量和收率等指标，实现了达标达产目标，接近了国内先进水平。

技术改造工程顺利开展。积极推进四期150万焦炭的两座7m焦炉以及配套的备煤和煤气净化系统、大焦油建设项目。针对技改项目投资多、规模大进行规范管理，运用《化工技改工程信息管理系统》，编制了《化工总厂技术改造工程管理制度》，对其中13项工程管理制度进行了补充修改，实现了“安全事故为零，工程缺陷为零”目标。

降低成本工作成效显著。针对公司在年初预算基础上，上半年两次追加降成本任务1814万元、1721万元，下半年在降7478万元的基础上，11～12月又给化工总厂下达了2244万元的降成本任务，全年降成本任务指标达13257万元。强化对成本指标和费用的控制，每月开展三次成本预测、一次经济活动分析会，对影响成本的因素进行分析评价，对存在的问题持续改进，围绕全厂主要经济技术指标、费用、能源指标制定25项降成本措施，确保了2010年各月及各个阶段降成本任务的完成，为实现公司全年利润目标作出了贡献。

节能环保取得新进展。开展9项公司级、12项车间级节能项目，完成了20台蒸汽伴热煤气排水器改为电伴热煤气排水器改造。2010年工序能耗比公司年平均计划降低8.4kg/t，吨焦耗新水完成2.656t/t，均创造历史最好水平并达到了同行业一流标准，干熄焦蒸汽回收完成455.81万GJ，创收1.91亿元。焦油渣回配煤、小品种装车除尘改造项目已经立项改造，三期技术改造项目环评通过国家环保部的监测验收。

科技创新取得新成效。3项课题被公司评为优秀成果。上报专利57项，专有技术120项。全年完成厂级攻关成果46项，共计创效2600余万元。13个项目获集团公司重大“两革一化”成果奖。

（郑晓黎）

【炼铁总厂】 2010年末，炼铁总厂共有职工2853人，其中在岗职工2401人，管理及专业技术人员共395人（高级职称29人，中级职称162人，初级职称134人），生产操作人员2006人；居家休息职工480人；离退休职工3984人。总厂机关设置为“五室一会”，即生产技术室、设备管理室、综合管理室、党委工作室、安全环保室和工会，下辖23个作业区。固定资产原值为80.00亿元，净值为49.93亿元，设备总重量73.48万t。主体设备有大型现代化烧结机6台、带式球团焙烧机1台、大型现代化高炉8座。主要产品是人造富矿和制钢生铁，副产品主要有水渣、高炉煤气、炉尘等。

2010年，炼铁总厂坚持“产量规模、平稳运行、降本增效”的原则，各项工作均创佳绩。全年完成生铁1567.83万t，超公司滚动计划8.13万t；利用系数超公司滚动计划0.014t/(m^3·d)；综合焦比与2009年历史最好水平持平；入炉焦比339kg/t；煤比164kg/t；生铁一级率84.91%，比公司计划提高2.91个百分点；生铁40S率5比公司计划降低1.42个百分点；人造富矿完成1955万t（球团矿205万t），超公司滚动计划4.7万t；烧结碱度稳定率完成93.83%，超公司计划4.83个百分点；品位稳定率超公司计划2.21个百分点；高炉矿耗1645kg/t，比公司滚动计划降低1kg/t；生铁成本降低1.32亿元，管理费用降低2464.55万元。

生产过程管控更加精细。通过实施高炉作业长工艺纪律点检卡等措施为稳定生产奠定基础；高炉休风灌浆、钒钛矿护炉等措施的合理应用使炉缸得到了有效养护；通过强化薄弱部位日检和坚守减少撤风温次数的操作纪律，为高炉提高风温创造条件；针对原燃料供货紧张、质量不稳的状况，高度重视随机抽检，全年共对大宗原燃料抽检2163批次，将不合格品挡在入口大门；以减少烧结机小耽误为目标，规范备品台车、箅子管理，使烧结机停机次数大幅下降；继续开展铁水一罐制和铁水温度攻关，提高铁罐周转率，实现空罐率达到15%以下，受到公司和炼钢用户的好评。

设备管理水平持续提升。大力推进点检标准化管理，设备功能状态接近最佳。高炉设备可开动率完成94.87%，比计划提高0.37个百分点，设备定修年修64次，比计划节余130.67小时，定修年修时间准确率100%；通过电子巡检网络评价，实现从被动约束向主动习惯点检的转变；推进定修标准化管理，突出“三个阶段”过程量化，即定修前缺陷项目量化、定修中质量过程检控量化、定修后总结归纳量化，实现定修周期内无事故的目标。

大力推进ERP和辅助开发信息系统应用，重新识别、修订完善各类点检基础数据5万余条，理顺点检计划、异常点检、维修工单等ERP操作流程；通过设备事故、机旁备件等各类信息资源的网络平台，使日常设备管理实现网络共享、有效封闭、动态封闭。

全力做好高炉和烧结机同步年修工作，解决了生产稳定顺行的重大设备隐患。新3号高炉大修，完成时间比计划提前4天16小时，创国内大高炉检修史上的三项纪录，即“安全事故为零、质量最优、速度最快”并一次性开炉成功；西区烧结机漏风率从年修前的54%降到50.6%，取得突破性进展。

强化对标竞争机制完善三级对标体系。19项一级指标，40项二级指标向国内先进行业看齐；在公司设备对标中，设备综合运行指数7次排名前三，14条产线月零事故达157次，7条产线连续全年零事故，设备事故时间、频次同比降低41.15%和66.75%。

坚持以降耗增效为目标，大力降低生产成本。为保证烧结矿质量稳定，从烧结原料入手，通过精细操作和科学调配，将混料配比由13%提高至17%，创历史杂铁料最大使用量；为提高烧结矿质量，组织转鼓指数技术攻关，使转鼓指数从年初的78.82%提升到81.23%；为稳定球团成品球品质，在磁铁矿供量日趋减少的情况下，实施提高调选配比方案，通过精心调整皂土配比、焙烧温度、生球水分等手段，实现稳定目标；今年烟煤比例达到41%，比上年提高3个百分点，降低能耗1.84kg/t；综合焦比、入炉焦比等燃料比总体降低0.42kg/t铁，达到降耗效果。

积极推动群众性技术创新。全年共申报专利82项，66项专业技术通过集团公司认定，44项创新通过集团公司重大合理化建议评审，其中13项获一等奖，31项获二等奖，年创效益4030万元；完成集团公司重大科研项目1项，鞍钢股份公司科研项目5项，年创效益3475万元。

安全生产标准化成绩斐然。再次实现“零工伤”管理目标，连续3年创历史最好水平，获得集团、股份公司安全生产和防火先进单位，获得鞍山市“安康杯”竞赛优胜单位、安全生产标杆企业、辽宁省及鞍山市安全文化示范企业荣誉称号。

加强煤气事故的防控力度。成立了由煤气技师等107人组成的煤气应急救援队伍，规范煤气系统突发事故应急救援流程，配齐空气呼吸器、CO报警器等应急器材，人员、物质实现网上共享与调配；为126名作业人员办理煤气、轻小型起重特种作业资格证，为所有接尘岗位配备防尘口罩，进一步规范了特种作业、职业健康管理。

发动全员编写操作标准化指导书。球团焙烧机岗位标准化指导书作为模板在鞍钢股份公司范围内推广；推行安全生产禁令，全员签订责任状、承诺书，加大正负激励的奖惩力度；2010 年，97 个班组达到厂级标准，96 个班组达到公司级标准，23 个作业区、1416 人次获得奖励；执行 ABC 三级“隐患分级提报”制度，共辨识排查隐患 2424 项，整改率达 94.55%。经两级公司评审，1 项重大隐患，5 项较大隐患，12 项一般隐患项目获得集团、股份公司隐患排查治理奖。

坚持“预防为主、防消结合”的防火工作方针，通过实施“防火墙”工程，排查各类火灾隐患 140 余项，各类演练 50 余场（次）。2010 年，实现火灾事故为零。

节能环保工作取得新发展。余热余能回收创历史最好水平，高炉工序能耗完成 409.51kg/t 铁，同比降 2.23kg/t 铁，高炉余热余能回收完成 183kg/t 铁，同比增加 1.17kg/t 铁，其中：TRT 发电量完成 27.91kW·h/t，同比提高 4.08kW·h/t，总发电量达 4.38 亿 kW·h，比上年多发电 0.75 亿 kW·h；粗煤气回收量完成 0.78 亿 GJ，同比增加 230 万 GJ。全年共实施冷却水回收等节能项目 16 个，年节水 194.55 万 t；实施蒸汽、电、压缩空气等节能项目 24 个，年分别节约 1.5 万 t、2600 万 kW·h、705 万 m^3。11 高炉 TRT 余热发电装置的改造，三烧、西区烧结余热发电机组试运行，标志着余热回收技术得到有效利用。

环保减排工作取得新突破。实现冲渣水“零排放”目标，减少排水量 187.5t/h；实现公司级环境污染事故为零的目标，烟（粉）尘排放量减少 3305.12t，SO_2 排放量减少 4187.29t。完成新 1 号高炉矿焦槽、西区运焦转运站等区域粉尘治理及西区 A 系列烧结机全烟气脱硫项目。

厂容现场标准化管理不断巩固提高。全年共清理整顿现场死角 285 处，清运废物垃圾 5800 余吨，回收非生产性废钢铁 5836t，新增三烧新区绿化面积 7409m^2，连续两年获得集团公司清洁工厂荣誉称号。

全面导入卓越绩效管理模式。在公司范围内率先编写了近 7 万字的《卓越绩效自评报告》，在争创全国质量奖现场评审中成为排头兵。管理行为评价取得实质进展，持续制订和完善管理制度类文件 56 个，管理创新 60 余项，开列不合格项 492 项；以安全管理网为平台，新建并完善《长/短期相关方动态管理》等 7 个管理台账；修订完善 54 项设备点检标准和 52 项给油脂标准。强化运营风险管理，共辨识重大风险 11 项、二级 37 项、三级 39 项，对生产运营中存在的薄弱环节及风险隐患，采取提前预防，收到了良好的效果。

员工技能素质不断提升。全年一类培训职工 334 人，计划完成率达 99.11%；厂内培训职工 9919 人次，计划完成率达 101.84%；130 人通过烧结工、炉前工等六个工种中、高级工鉴定；在股份公司第三届点检员大赛中，机械专业取得第一名的好成绩；另外，代培鞍凌公司顶岗实习人员 218 人，荣获集团公司实习代培先进单位称号。

综合管理工作稳中有升。促进了企业均衡协调发展。深入开展平安厂区创建活动，实现重特大刑事、治安案件事故、主厂区道路交通事故、职工违法犯罪率为零；积极推动薪酬分配体制改革，成为股份公司首批实施薪酬改革的主体厂之一；行政后勤管理更加规范、细致。信访工作实现群体性越级上访为零的目标，计划生育、档案、武装工作获得集团公司 2010 年度先进单位荣誉称号。

开展向郭明义学习活动。深化群众性劳动生产竞赛；坚持厂务公开和职工民主管理，23 件职工代表提案全部办结；表彰“三八”红旗手 37 名；努力开展青年岗位对标和导师带徒活动，15 名青工获得集团公司技术状元、能手称号；关心职工健康，丰富文体活动，组织 2930 名职工度假疗养、3010 名职工健康体检，开展炼铁总厂成立 10 周年系列文化活动，多次荣获两级公司文体活动道德风尚奖和优秀组织单位等荣誉称号。

实施送温暖工程，确保职工队伍的稳定。重点对长病编外、患疑难重病、残疾职工、困难单亲等职工进行救助，累计救济金额 24.3 万元，救济人数 869 人次，走访慰问 576 户；积极开展金秋助学活动，救助职工子女 45 人，救助金额 1.6 万元；启动温暖工程基金，救济职工特困、特种病和职工家属重病 28 人次，共计 3.7 万元。

（邢明贺）

【第一炼钢厂】 2010 年末，该厂共有在岗职工 1118 人，其中管理技术岗位 125 人，生产服务岗位 993 人；离退休职工 1764 人。固定资产原值 20.50 亿元，净值 7.04 亿元。厂区占地面积 21.52 万 m^2，建筑面积 14.25 万 m^2。钢、坯年生产能力 350 万 t。生产设备总重量 13.77 万 t，主要设备有：公称 100t 氧气顶吹转炉 3 座，两套铁水脱硫扒渣设备，3座LF炉，1座双工位VD（脱真空处理）炉，1座RH-OB（真空处理）炉，立弯式一机一流厚板坯连铸机1台，直弧形一机四流大方坯连铸机两台，1台 ϕ950两辊可逆式初轧机和3台（$\phi850/700m^3/700m^2$）连轧机组。

2010年，共生产钢307.2万t，超计划3万t；生产连轧坯102.6万t，超计划9.5万t。全年降成本总额5366万元。全年综合质量合格率完成99.72%，原品种合格率完成99.03%，连轧质量合格率完成99.68%，均创历史最好水平。劳动生产率为2748t钢/（人·a）。

创建安全标准化，实现了人身伤害事故为零目标。建立安全管理信息网，对事故信息、班组管理等日常工作进行梳理，实现了安全管理系统化。制定了《安全现场标准化管理实施细则》等8个管理制度，重新修订了安全技术规程和岗位标准化作业指导书，基础管理工作得到进一步加强。扎实推进全员安全评价工作，新辨识出“转炉烟气冷却作业”等四处重大风险源点，均制定了防范措施和应急预案。加强相关方施工管理，制定了《相关方安全交底流程》，在“三吹零”等工程施工前，编制安全控制网络图和危险因素控制措施表，确保了安全施工。扎实推进“红旗班组”创建活动，全年共有113个班组荣获“安全标准化红旗班组”称号。深入开展了“遵章守纪难在哪、安全生产为了谁”大讨论，组织职工学习公司20条安全生产禁令，提高了职工安全意识和防范技能。该厂连续四年实现人身伤害事故为零目标。获得了鞍钢集团公司安全生产标准化一级单位荣誉称号。

强化系统节能降耗，成本控制能力持续提升。为消化原材料价格上涨等减利因素，公司四次调整了降成本目标。该厂按照公司部署，眼睛向内，不等不靠，采取有力措施积极应对。一是严格成本定额管理，将综合成本按项拆分并设置控制目标，确保指标得到有效控制。二是根据品种和产量情况，有计划地开停RH炉、加热炉等设备，降低能源消耗。全年综合能耗（标煤）完成24.39kg/t钢，4月转炉工序能耗（标煤）达到－7.17kg/t钢的国内领先水平。三是强化钢铁料消耗控制，将炼钢和连铸细分成五个工序控制单元，通过完善计量设备、优化生产工艺等一系列措施，使钢铁料消耗稳步下降。全年钢铁料消耗实现1112.92kg/t钢，比计划降低1.08kg/t钢。四是深入开展对标挖潜，有42项指标得到优化和改善，有34项指标创出历史最好水平。五是严格控制各类事故，厂内事故次数及事故时间分别比上年降低了43.75%和14.32%。由于措施得当，工作到位，超额完成了公司下达的目标任务。全年降成本总额达到5366万元。

品种质量明显改善，技术创新成效显著。为满足用户日益增长的个性化需求，紧紧抓住重轨钢、帘线钢等重点品种，大力实施过程能力控制、目标管理控制和工序标准化操作，同时整合系统资源，针对疑难问题开展团队攻关，产品实物质量得到显著提高。板坯铸坯全年实现无中心裂纹废品，重轨钢正常罐次伤轨率达到0.17%，创国内行业最好水平。全年综合质量合格率完成99.72%，原品种合格率完成99.03%，连轧质量合格率完成99.68%，均创历史最好水平。

充分挖掘创新潜能，创新能力持续提升。全年共开展厂级创新项目329项，创效1542.6万元，负责公司级科研项目6项，获得集团公司专有技术44项，取得QC成果13项，申报国家专利29项，有4篇科技论文被公司及中国钢铁行业会议选用。

完善设备保障机制，设备运行稳定可靠。制定了设备“四大标准”完善计划及管理流程，增强了管理制度的科学性和可操作性。积极开展“5S”管理工作，编制推进计划，树立示范样板，促进了管理升级。推行“零事故”理念，加强设备趋势化管理，定期分析设备运行态势，积极探索关键设备预知性维修，并充分利用定修、年修及改造时机，消除隐患，完善功能，提高了设备使用精度。一年来，按计划完成了年修及“三吹零”工程；完成了转炉吊车轨道梁改造、转炉变电所升级改造、2号方坯自动布渣等多项技措工程；先后解决了炉后160t吊车主梁裂纹等多项疑难问题，实现了设备安全。全年平均故障时间为10.65小时/月，平均故障次数为5.58次/月，同比降低1.78小时/月和4.34次/月。全年有10个月实现了公司级设备事故为零。

实施卓越绩效管理，企业管理全面升级。以争创全国质量奖活动为契机，积极导入卓越绩效管理模式，从财务、内部流程、学习成长、客户等四个维度对绩效指标进行分解和落实，保证公司战略目标落地。制定了安全环保、技术质量等七个战略发展规划，从过程的学习、改进、整合及绩效方面进行系统梳理，促进了管理升级。

深入实施目标管理，确定工作目标，制定评价标准，实现了管理工作及目标的可测量，全年共完成管理目标281项，占目标总数的86.46%。深入实施流程管理，全年共梳理管理流程44个，有效解决职能界定不清等问题，进一步提高了工作效率和工作质量。深入实施全面风险管理，对23个厂级重大风险应急预案进行演练，检验了应急措施的可靠性。优化组织结构和管理职能，先后对设备管理室区域化管理模式、吊车点检组织框架及能源、环保等业务职能进行整合和调整，提升了组织绩效和管控能力。

提高职工素质，关心职工群众生活。以创建学习型企业为目标，积极推进职工素质工程建设。全年共培训职工16908人次，人均接受培训66.8学时。有8人取得技师职业资格证书，有3人取得全国质量工程师证书。

全年实现带薪休假1088人次。组织职业健康体检670人次。修缮了浴池、现场卫生间，更换了操作室、休息室桌椅，改善了职工的工作和生活环境。建立生活困难职工救助档案，全年共走访慰问185人次，救济困难职工249人次，发放救济费2.84万元，使用温暖工程基金1.45万元。组织开展了楹联、警句征集及登山、篮球比赛等活动，丰富了职工业余文化生活。厂拔河队代表公司参加全国拔河锦标赛等多项赛事，均取得了优异成绩，为厂和公司争得了荣誉。

科技成果显著。军工9690采用超低过热度控制方法，磷、硫、氢等元素控制超过了宝钢和武钢；低温压力容器1.5Ni～5Ni等均形成规模化生产能力；京沪时速380km高速轨完成生产，各项指标均满足内控要求；窄淬透性齿轮钢生产取得成功；大规格轴承钢取得进一步突破，中心组织控制达到国内同类产品先进水平；核电用钢采用转炉双联工艺，实现5元素80PPM超高洁净度控制，同时实现5罐连浇的规模化生产能力。此外电脉冲、长水口喷粉等新技术已经用于核电、帘线钢正常生产。

（王　帅）

【第二炼钢厂】 2010年末，有在岗职工1436人，其中管理、专业技术岗位人员251人（高级职称24人，中级职称126人，初级职称64人），生产及服务岗位1185人；离退休人员3065人。厂下设四室一会，即党委工作室（含纪委、团委）、综合管理室、生产技术室、设备管理室、工会；7区1站，即炼钢一工区、炼钢二工区、连铸一工区、连铸二工区、整备工区、转炉点检工区、连铸点检工区、吊车点检站。

经过大规模的技术改造，主体设备装备水平达到了国内先进水平，拥有南北两条炼钢、连铸生产线。具备800万t的生产能力。主要设备有：南线：主体设备包括公称容量为100t转炉3座，年生产能力350万t；高效六流小方坯连铸机2台，年设计生产能力120万t；超低头板坯连铸机1台，年设计生产能力50万t；铁水脱硫扒渣装置1套；LF钢包精炼炉1座。北线：主体设备包括公称容量为180t转炉3座，年生产能力450万t；立弯式双流大型板坯连铸机2台，年生产能力450万t；铁水脱硫扒渣装置2套；RH真空处理装置2台；LF钢包精炼炉1座；ANS-OB精炼处理装置2套。厂区占地总面积34.6万m^2，建筑面积32.4万m^2。

2010年，该厂主要生产经济技术指标均完成或超额完成公司计划，全年共产钢747.84万t。南线307.13万t，北线440.71万t，质量合格率两线分别超计划0.15%和0.31%；原品种合格率超计划0.34%和0.50%；钢铁料为1125.33kg/t和1118.92kg/t完成了公司计划。在完成公司成本考核指标的基础上，多降低成本7000万元。为公司年度利润目标的实现作出了重要贡献。顺利通过了QEO贯标、全国质量奖、16949和CE外审，全部消灭了不合格项，实现了预期目标；安全工作日趋稳定，实现了轻伤事故为零的目标。

以落实“安全生产标准化”为契机，以贯彻安全生产禁令为切入点，安全管理日趋规范。制定下发了第二炼钢厂《关于开展安全生产标准化工作的安排意见》，从而有效遏制了违反“禁令”问题的发生。2010年共排查处理问题26项，实现了火灾事故为零目标。2010年共评选安全标准化红旗班组348个次，达标率实现100%。

积极消化不利因素的影响，实现生产低成本运行。2010年，在公司四次调整成本计划的压力下，出色完成了降成本任务。2010年降钢铁料成本7000多万元，降低合金成本5500多万元。南北线综合能耗与上年同比分别下降4.22kgce/t和1.06kgce/t，综合能源消耗与上年相比，分别下降3.72kgce/t和2.1kgce/t。

不断优化对标体系，技术经济指标又有新提高。2010年，一级指标中南线钢铁料、南线原品种合格率、南线吨钢质量损失等3项指标同比实现较大进步；二级指标中509项进步，155项超越历史；三级指标中3500项进步、1217项超越历史。同时，各工区、部室注重归纳总结对标过程中形成的先进操作法。共形成操作法51项，技术纳标29项。其中，有6项被评为厂级先进操作法，有3项被股份推荐为集团公司先进操作法。确定的11项重点指标与同行业先进水平开展对标。其中，南北线钢铁料消耗在国内处于领先地位，南北线综合能耗、白灰单耗、纯净钢冶炼水平等在鞍钢处于领先地位。

从基础管理工作入手，设备保障作用有效发挥。2010年，转炉、连铸设备可开动率南线分别为96.1%和94.93%，北线分别为94.61%和95.55%，均完成或超额完成了计划。2010年，陆续完成了6座转炉和2台连铸机的年修任务，达到了预期目标。2号水处理CP5500改造项目，一举打破了日本的技术壁垒。南区“方改圆”工程，以“规范组织设计、关注设备监造、加强过程监管”为重点，提出“改造影响生产为零”的目标，精心组织，顺利进入工程收尾阶段。节能、环保工作成效明显。在综合能耗同比下降的情况下，蒸汽回收同比增加16.47kg/t和10.63kg/t；转炉工序能耗同比下降2.52kgce/t和1.42kgce/t。2010年环保设备同步运行率实现100%，通过改造、优化北区散料除尘系统等项目，污染物综合排放合格率、岗位粉尘合格率、噪声合格率均达到95%以上。循环利用率和单位产品耗水量达到国家清洁生产二级标准以上，实现了环保事故为零的目标。

全员创新活动不断深入，科技进步工作有效推进。2010年，二炼钢厂下发技术创新课题172项，涉及工艺109项，设备63项。其中，“经济型低成本炼钢工艺开发”等2项为集团公司重大课题；“低碳、超低碳钢RH真空深脱硫工艺开发”等10项为公司级课题；“180t转炉节能减排技术的研究与应用”申报集团公司特等奖。全年共征集职工建议210条，采纳实施166条，已完成146条；征集科技论文10篇，参加全国学术会议6篇；有三项职工QC成果参加辽宁省冶金行业优秀质量管理小组评奖。2010年厂提出专利申请44件，已经取得国家受理专利申请26件。另有新增国家授权专利19件。2010年共开发新钢种16个，其中冷轧硅钢2个、汽车用钢2个，开发了硅铁增硅配加废钢的冶炼技术。针对冶炼过程中出现的泡疤、角部裂纹等问题开展攻关，制定整改措施。通过对铸机的状态进行实时监控，优化二冷水量等措施，基本解决了产品质量问题，钢种做成率、铸坯合格率稳定在85%以上。

淘汰混铁炉生产工艺，向低碳生产再进一步。2010年3月15日至9月15日，在第二炼钢厂，鞍钢最后四座混铁炉拆扒工程历时六个月顺利完成，标志着鞍钢在生产流程优化、降本增效、促进低碳生产的道路上迈出新步伐，从此告别了混铁炉生产工艺。

积极调整品种结构，“双高”产品产量达到200万t。2010年，共开发生产取向硅钢、无取向硅钢等16个钢种、69个钢质代码的新产品。以硅钢、汽车板钢、高级别管线为代表“双高”产品产量达到200万t。其中，硅钢生产近百万吨，同比增幅32%，为公司完成全年利润，实现第二步跨越目标给予了强有力的支撑。在做好硅钢开发生产的同时，结合开展全员创新活动，不断提升科技创新能力。2010年共完成公司级技术攻关6项、厂级技术攻关8项、工区级技术攻关15项，创效690余万元。在职工中开展“千人献千计”提合理化建议活动，共征集合理化建议476条项，采纳实施403条项，累计创效1506万元。命名表彰6项厂级先进操作法，累计创效1035万元，申报集团公司级先进操作法3项。有三项职工QC成果参加辽宁省冶金行业优秀质量管理小组评奖。提出专利申请44件，已经取得国家受理专利申请26件，新增国家授权专利19件。重点品种IF钢和冷轧硅钢质量合格率两线分别超公司计划0.16%和0.32%；原品种合格率超公司计划0.35%和0.48%；冷轧夹杂废品率持续下降，为历史最好水平。2010年，二炼钢厂共生产焊管用管线钢、出口含硼钢、工程机械用钢、高强船板钢、高耐腐蚀用钢等69个钢质代码的新产品。

为满足线材厂、无缝厂等下道工序对不同形状钢坯需求，公司于2010年对二炼钢厂南线2号方坯连铸机实施方圆铸机改造工程。该项工程于2010年5月动工，经过8个月的建设于2010年底完工。2号方坯连铸机建成投产后，年可生产方坯40万t、圆坯20万t，采用气雾冷却、结晶器电磁搅拌、刚性引锭杆、大容量中间包等先进技术，铸机技术装备达到国内同行业先进水平。

炼钢二工区丁班2号转炉班组总结的“实行‘一察、二会、三保证’安全工作法推进班组安全文化建设”成果，荣获全国第二十六次钢劳联年会暨“新钢杯”班组安全建设成果展示竞赛一等奖。

积极开展为职工送温暖活动。2010年共救济在岗困难职工303人，金额11.02万元；救济居家职工138人，金额5.54万元；救济退休职工825人，金额21.88万元；“金秋助学”救助困难职工17人，救助金额3.66万元。

（杨星海）

【第三炼钢连轧厂】 2010年末，第三炼钢连轧厂共有职工834人，在岗职工832人，其中管理及专业技术岗位133人（高级职称18人，中级职称69人，初级职称30人），生产及服务岗位699人。有4个职能室、5个作业区，分别为党委工作室（含纪委、监察室）、综合管理室（含工会、团委）、生产技术室、设备管理室，炼钢生产作业区、连铸生产作业区、轧钢生产作业区、炼钢设备作业区、轧钢设备作业区。厂区占地总面积49.76万m^2，建筑面积21.60万m^2。主要生产设备有：2个铁水倒罐工位，2套铁水脱硫扒渣设备，3座公称吨位260t的氧气顶底复吹转炉，2座公称吨位260tLF钢包精炼炉，2座公称吨位260tRH-TB真空处理设备，1套钢水扒渣设备，2台1机双流中薄板坯连铸机，1台1机双流连铸机及附属设施在建，3座步进梁式加热炉，1架带前后附着立辊的2150mm四辊可逆式粗轧机，1套中间坯保温罩，1台转鼓式切头飞剪，6架2150mm四辊不可逆式精轧机，1套层流冷却装置，3台地下式液压卷取机，1套平整分卷机组，13套除尘系统，79台桥式起重机，5台磨床及其辅助设备与设施等。

2010年共生产钢坯471.54万t、钢材434.04万t，分别超计划6.54万t、9.04万t，其中商品材240.97万t，出口26.03万t。全年共生产16个系列、124个钢种的产品，试制新钢种32个。全年降低成本9400万元，钢铁料消耗平均1123.25kg/t，铁水单耗999.9kg/t，铸坯合格率平均99.91%，综合成材率平均97.35%，吨坯、吨材质量损失分别为4.72元/t、5.45元/t。炼钢连铸综合能耗（标煤）29.9kg/t，轧钢综合能耗（标煤）74.3kg/t。设备运行稳定。转炉日历作业率53.96%，铸机日历作业率77.72%，轧机日历作业率71.33%。实现安全环保。千人负伤率为零，绿化覆盖率100%，三级以上环保事故为零，大气污染源排放达标率100%，水污染源排放达标率97.22%，环保设施同步运行率100%，三废回收利用率100%。

加强安全管理体系建设。修改《安全技术规程》等标准文件17个，按岗位制作了《安全标准化作业指导书》，全力推进5S定置定位管理，被评为股份公司安全生产标准化一级单位。针对3号铸机新建、转炉电缆隧道改造、年修及检修施工，开展过程安全管理。强化落实《安全协议书》、《操作牌、停电牌、工作牌、供电牌》、《动火许可证》等制度执行。强力推进《安全生产禁令》的执行。全年开展事故应急预案“现场演练”和“桌面演练”24场，完成隐患缺陷整改10余项，获得公司级安全奖励7项、21人次。探索外委相关方安全管理模式，先后有12个单位、33项外委作业活动纳入厂安全管理。

不断优化生产组织体系。增加了副值班调度长，将精炼工序划归炼钢生产作业区管理；将生产线质量检查岗位，由生产技术室划归连铸、轧钢作业区管理。不断提高IF钢恒拉速率和列车时刻表执行率，钢种计划执行率98.43%，比计划提高0.43%。大力开展工艺技术攻关。实现了整浇次不换或只换一次水口，IF钢的生产质量得到稳定控制。实验LF炉部分钢种走RH直上工艺。围绕转炉底吹长寿化，进行了炉衬砖改型。突破了2m宽极限材的生产瓶颈。推进热轧油和新材质工作辊使用，完成了F4机架支持辊热轧油和高速钢工作辊的推广应用，进一步提高了轧制计划编排的自由度，缓解了生产组织难度。

细化质量控制。全年查出不合格224项。其中制度执行不到位190项、不执行制度11项，督导检查问题10项。通过工程师跟钢反馈制度，及时掌握质量控制状态；依托创新网，快速反馈当期生产过程中的质量信息。并通过科研立项攻关、合理化建议等方式进行质量改进。

开展卓越绩效对标。一级对标指标中超最好水平或进步的占65%，二级对标指标中超最好水平或进步的占61.7%，与鲅鱼圈对标指标中进步的占45.22%；与太钢对标煤气回收指标，由2009年的吨钢回收75m^3/t，增加到2010年的91m^3/t，最好回收纪录达到101m^3/t；IF钢增氮量指标由2009年末的$1.72\times10^{-4}\%$降至年终的$1.1\times10^{-4}\%$，降低了36%；产品表面夹杂合格率由98.68%提高到99.13%。每月吃低价废钢平均在1万t左右，降低跑渣比例在50%以上，渣钢回收由去年的每月1500t提高到现在的3000t，全年使用低价废钢降低成本6522.18万元。全年合金消耗成本降低7930.63万元。合理降低备品备件的库存资金占用。努力压缩业务招待费、差旅费、办公费、绿化费等9项可控费用开支。

科技创新能力明显增强。上报具有国际、国内先进水平的技术专利51项；形成专有技术118项，公司认定通过58项；上报公司技术改进及重大合理化建议计划59项，已完成35项；参加集团公司科技竞赛项目9项，上报厂级创新181项，发表科技论文16篇；形成并申报公司《2150粗轧立辊AWC阶跃响应调整》等先进操作法6项。通过创新网，提出问题1937项，提出解决方案1549项，被采纳636项，完成219项，实施奖励56650元。以市场为导向，加大品种开发。福特汽车用钢通过TS16949体系认证，具备了向福特汽车公司供货资质。通过了泰国TISI出口产品认证。完成了英国、德国船用钢的延期认证。调试轧制宽度小于1150mm的极限材；试制了高强耐蚀钢A572GR65和轮辐钢460LF。

设备稳定运行节能减排成效显著。完善了《5S管理手册》、《可视化与定置管理标准》等制度。全厂事故时间由上年的39.69小时减至年底的20.39小时；事故频次由上年的21次减至年底的8次。持续优化设备功能状态。F6出口导卫加宽侧导板项目，解决了轧制2000mm带钢经常卡钢的问题，实现批量生产。高压水喷射阀由锥阀改为滑阀，极大提高了使用寿命，避免了事故发生。通过安装表面检测仪和加热炉照合等手段，持续满足了不断提高的生产要求。全年实施完成52项维修、改造工程，实现了安全、优质、按期、不超预算的目标。全厂13套除尘设施、7套水处理设施可开动率达92.29%。将环保设施纳入生产设备管理，同步运行，同步检修，对全厂16个废气排放口、51个废水主排放口实现定置、挂牌管理，责任落实到人。固体废弃物收集和排放实现规范化，能源使用趋于合理。

全面导入卓越绩效管理模式。《第三炼钢连轧厂卓越绩效管理自评报告》，通过了中国质量管理协会的评审。全年作业区实施管理自评2529项，专业部室实施系统评价663项，充分发挥了QEO管理体系的推动和保障作用。制（修）订体系文件99个。全年岗位培训5052人次、27126学时，签订师徒协议47对，持证上岗率达到100%。为在建鞍凌项目输出中层管理人员2人；为鞍凌钢轧厂培训管理技术人员14人，生产操作人员80人。成功实施了美世薪酬改革。先后完成了岗位职级插入、基础信息录入及核定、动态调控、薪酬测算和竞聘上岗等程序，对美世薪酬改革在全公司的推广起到了示范作用。综合治理得到进一步强化。通过强化人防、物防、技防的“三防”措施落实，实施了有效监控。全厂已设有防盗监控镜头57个、计算机防盗程序10余项，实现了防盗工作的深度治理。

强化人文关怀，关心员工生活。解决了长期以来浴池的渗漏、锈蚀、淋浴设施损坏严重等问题。改善了职工的就餐环境。深入开展送温暖活动，走访慰问困难职工146人次；发放救济金7.35万元，救济129人次。

（弭传学）

【中厚板厂】 2010年末，中厚板厂职工总数867人，在岗职工738人，其中管理及专业技术岗位138人（高级职称5人，中级职称79人，初级职称29人），生产及服务岗位600人；离退休867人。厂下设一会、四室及6个作业区。固定资产原值22.15亿元，净值5.86亿元，新增7540.58万元。厂区占地面积41万m^2，建筑面积20.94万m^2，设备总重量4.6万t。

主要设备：厚板线：最大轧制力可达8000t的4300四辊可逆轧机1台，额定矫直力达3400t的热矫直机1台，推钢式、步进式加热炉各1座，4300mm轧辊磨床1台，组合剪1台，2座罩式炉，直燃式常化炉1座和无氧化常化炉1座，还有抛丸机、重矫直机、切头剪、喷打字机、千吨压力矫等。新增1台无氧化热处理炉（3号热处理炉），新增年探伤20万t钢板探伤机1台。目前生产工艺及产品质量达到国内一流、国际先进水平，成为目前国内最先进的宽厚板生产企业之一。现生产能力达到110万t/a。

中板线：推钢式汽化冷却加热炉3座，二辊可逆式轧机1套，四辊可逆式轧机1套，矫直机3台，切头剪1台，圆盘剪1台，滚切剪1台，辊底式常化炉1座，现生产能力达到90万t/a，两线共有高压水除鳞设备各一套，自动控制层流冷却设备，X射线、γ射线测厚仪等设备。

主要产品分为十二大类：普通碳素结构钢、低合金高强度结构钢、锅炉板容器用钢、优质碳素结构用钢、造船用钢、桥梁用钢、工程机械用钢、管线钢、军工钢、汽车用板、刃具板新产品等。广泛应用于造船、桥梁、工程机械、锅炉压力容器制造、电站、海洋采油平台、石油与天然气输送和军工等行业。产品规格为厚度6～150mm、宽度1500～4000mm。所能生产的钢板品种规格可达1000多种。

实施精细化管理，优化生产组织。用PDCA管理手段对QEO目标指标进行层层分解落实，通过导入卓越绩效管理模式，建立安全标准化管理体系，基础管理工作得到有效夯实并顺利通过“国家质量奖”审核。实施一体化生产组织方式，加强与内外部的沟通协调，合理匹配产品结构，提高物流运行效率，两线生产平稳高效运行。全年完成产量196.5万t，超公司计划0.91万t；厚板线综合成材率达到90.25%，超公司计划

1.85%，中板线综合成材率达到90.17%，超公司计划0.67%；主要产品实现40天交货期目标。在保安全、保质量、保项目、保工期的前提下，顺利完成两线年修工程，为设备稳定运行创造了条件。两线实现全年无公司三级以上设备事故目标。

以成本控制为中心，降本增效成绩斐然。通过优化坯料设计和精心操作，全年提高成材率降本增效6516万元；通过开展“我为企业降本增效献策出力”群众性合理化建议活动，全年共提出合理化建议365项，采纳342项，创效5325.63万元。

以实施精品战略为抓手，工艺技术创新成效显著。完成中国第一条国产化海底管线——南海海底管线钢X70（31.8mm）、X65（30.2mm）小批量试制，并通过中海油组织的国产化评定；完成船体海洋工程超高强钢FH690的研制，实物质量满足标准要求并居国内领先地位，成为国内首家通过九国船级社认证的中厚板企业；Q500qE钢通过铁道部500Mpa级高强度铁路用钢技术审查，并成为国内首家通过该钢种审查的中厚板企业；船体用结构钢板获得2010年中国钢铁协会颁发的“冶金产品实物质量金杯奖”，并同时荣获中国钢铁协会首届“特优质量奖”，成为全国首批获此殊荣的六个产品之一。全年两线共开展6σ黑带和绿带项目6项，其中，中板线设备作业区QC小组积极开展“降低二辊主电机事故时间”攻关活动，荣获全国冶金行业优秀质量管理小组称号；中板线热轧作业区QC小组积极开展“提高薄钢板板型合格率”攻关活动，荣获辽宁省优秀质量管理小组称号。

大力推进技术改造，设备装机水平持续提高。厚板线抛丸机改造顺利完成并投入使用，通过采取更换丸料和修改抛丸器叶片尺寸、更换及增加出口密封帘、加强对丸料粉尘收集系统清理频次等措施，已基本解决抛丸质量、丸料残留等问题。厚板线安装了国内第一套拥有自主知识产权、应用于工业化生产的超快速冷却系统，现已投入生产使用。完成了厚板线污水外排治理项目废水调节池的土建施工工程、浊环电控系统的安装调试工程。完成了中板线自动喷打字机空压站工程，设备投入使用后运行稳定，效果良好。

努力打造素质工程，职工队伍素质稳步提升。全年共组织职工参加公司级专项培训920人次。目前生产服务岗位员工中具有大专以上学历的已达56%，技师及以上占14.5%，高级工占30.7%，全员持证上岗率达到99.2%。

以弘扬郭明义精神为载体，积极构建和谐企业。全厂上下深入学习实践科学发展观，坚持以人为本，不断推进企业民主管理。落实领导班子成员与职工群众沟通联系制度，收集职工意见和建议121条，现已全部落实整改和解答。职工生活条件得到改善，为生产一线配备冰柜6台、饮水机35台、更新座椅60把，对两线浴室、食堂进行了维修，组织职工健康体检、暑期度假和拓展培训950人次。积极开展“为困难职工送温暖工程”，全年共走访慰问困难职工163人次，救济困难职工302人次，发放救济款9.88万元。在郭明义精神的感召下，中板线精整热处理作业区率先建立了“学习郭明义爱心基金”，中板线热轧作业区成立了“学习郭明义爱心小分队”，为进一步做好困难职工帮扶工作创造了条件。

（牟筱琳）

【大型厂】 2010年末，大型厂在岗职工809人，其中管理及技术岗位135人（具有高级职称11人，中级职称74人，初级职称32人），生产及服务岗位674人。厂下设党委工作室、综合室、调度室、技术室、机动室、改造办、离退管办、居管办及加热、轧钢、型钢、精整、机械和电气等6个作业区。拥有固定资产原值12.96亿元，净值5.65亿元，2010年增值1174.27万元。厂区占地面积3.45万m^2，建筑面积17.91万m^2。设备总重量3.22万t。主要设备：大型三重不可逆式轧机3架，连续式加热炉1座，步进式加热炉1座，1150初轧机1台，1100初轧机1台，三架万能可逆式轧机1台，6000kg交流变频主电机1台，ϕ1840四连杆热锯机8台，平立复合矫直机1台，型钢1200矫直机1台，四面压力矫4台，锯钻组合机床8台。

2010年生产技术指标：全年实现万能线产量72.5万t，其中高效材客专轨17.98万t；重轨成材率完成91.97%；百米轨合格率完成81.51%；质量外异率完成0.05%；吨材质量损失率92.63元/t；综合能耗完成74.01kg标煤/t；实现重大安全、质量、火灾、设备、环保事故为零的目标。

技术改造工程：2010年大型厂实施了鞍钢中小型球扁钢技术改造工程。该工程2010年1月21日启动放行，8月15日正式施工，预计2011年2月15日竣工。项目总投资为7600万元。工程主要内容：在大型厂800型钢车间内增建中小型球扁钢生产线，在原一初轧钢坯库北跨建设成品热处理生产线。新增主要设备有：中频感应加热炉、台车式回火炉、中频淬火机组、580 轧机、350 轧机、矫直机及配套运输辊道，改造型钢冷床及附属设施，配套建成探伤线一套及相关辅助设施等，设备总重量为 2200t。

生产组织管理：该厂以产量和利润最大化为目标，以“百米轨生产、万能线组织和效益最大化”为组织原则，通过科学组织、合理布局、加强沟通、精细管理、合理组织换辊作业等具体措施，有效提升了客专百米高速重轨的成材率、合同执行率、万能线作业率和小时能力，带动了重轨产能上水平。9 月份实现小时能力 143.17t/h、百米轨产量达到 4 万 t，规模占总体缴库的 70%，创万能线百米生产以来最高纪录，全年高效材品种百米轨产量为 33.71 万 t，占总产量的 46.5%，为公司提升效益作出了重大贡献。

安全管理以开展安全标准化工作为主线，成立了标准化推进小组，确立了以管理标准化为基础、操作标准化为核心、现场标准化为条件的推进体制，将岗位作业标准、安全作业指导书、应急作业指导书分阶段进行了整合，编制了 104 个岗位指导书，促进了全员安全生产活动。以落实安全生产责任制为目标，实施了安全管理人员生产绩效指标期权奖惩机制，签订了安全生产责任状 12 份，安全承诺书 692 份，营造了特色安全文化氛围。

技术质量管理：通过新产品研制，开发了时速 380km 高速轨 1 万余吨，成功铺设在世界上首条商业运行速度最快、运行里程最长的京沪高速铁路线，实现了高端生产技术的储备。同时，在国内钢轨产能过剩前提下，不断扩大国际市场份额，出口澳大利亚澳标 60kg 钢轨 1 万余吨，实现了重轨首次大批量出口发达国家，提升了“鞍钢重轨”品牌的国际知名度。

通过加强合作，畅通信息交流渠道。邀请铁道部科学研究院、物资总公司等专家开展“高速铁路钢轨质量管理、技术研究与应用”相关知识讲座，及时了解高速铁路建设情况、钢轨的质量跟踪、使用情况及钢轨技术的研究与应用情况，畅通了信息交流渠道。组织技术人员赴北京铁道科学研究院金化所，开展钢轨脱碳层检验、非金属夹杂物检验及标准的学习交流，强化了相互间的合作伙伴关系。

通过加强沟通，畅通了用户反馈渠道。会同铁科院人员在沈阳南焊轨厂对钢轨质量情况进行了测量和检查，收集并整理用户对产品质量和服务质量的要求。先后对芜湖二段和沈南焊轨厂等重点用户单位进行走访，组织轧钢工和精整检查工到沈阳焊轨厂进行参观，了解钢轨质量现状及用户需求，并将典型缺陷图片发放到职工手中，从而提升了全员的责任意识和精品意识。

通过加强管理，不断提升实物质量。为满足用户对弯曲度的需求，制定了钢轨无下弯等项目的内控标准并组织实施。为减少轧废对成材率的影响，协调炼钢厂将废钢作为新辊开轧的试轧坯，使新辊不咬入轧废降幅明显。为降低钢轨炉痕缺陷，利用加热炉清渣年修时间，更换了加热炉滑道耐热滑块，彻底消除钢轨炉痕缺陷。为提高重轨防锈质量，组织人员到沈南焊轨厂进行涂油试验，确保了钢轨表面防锈在线涂油装置安装调试顺行，使产品实物质量得到有效保障。

通过加强创新，不断占领高端领域。为满足铁道部对钢轨生产企业提出的“加严质量内控标准”的要求，在不断完善生产工艺，实施质量改进的基础上，建立了职能部门、作业区、班组和铁道部监督站共同管理的“四级”监督检查体系，从而保证了钢轨出厂质量。沪杭客运专线铺设的 5 万 t 钢轨全部由该厂独家供货，运行最高时速达 416.11km，刷新了世界铁路运营试验的最高时速，提升了重轨知名度。

设备维护管理：充分发挥维修职能，通过对设备运行状态实时监控、动态评价科学制定维修计划。每季度对设备进行评估，为调整设备维修计划提供科学依据。充分发挥定修职能，优化机组维修方式。将日常点检与定修相结合，保障了设备运行的良好状态。充分发挥管理职能，加强备件管理，采取专人验收负责制，对进厂备件实施全过程跟踪，对关键备件形成技术协议，对无检测手段的备件进行寿命跟踪，确保上线备件质量精度。同时，借助 ERP 管理平台，建立合理的库存储备模型，修订备件消耗、储备定额，定期修改完善主数据相关信息，实现了通用备件在公司范围内的资源共享，降低采购成本，减少了资金占用。

按照国内领先、国际一流的标准，完善目标和指标体系，落实节能降本责任。形成技术专利 7 项，专有技术 25 项，公司重大合理化建议 11 项，创效 3622.3 万元。设备事故时间减少了 115.4h，库存降低了 489 万元，完成设备攻关 12 项，节能降耗、合理化改进、技术攻关项目 70 余项。通过有效回收及利用自产蒸汽，合理调整水处理补水量和净化河水消耗量，加热温度控制等措施，节约成本 280 万元。全年综合能耗（标煤）完成

74.01kg/t，完成了公司下达指标。

（牟 平）

【线材厂】 2010年末，线材厂职工总数374人，在岗职工345人，其中管理及技术岗位67人（高级职称7人，中级职称22人），生产及服务岗位278人。厂下设3个科室，5个作业区。固定资产原值11.4亿元，净值6.52亿元。厂区占地面积12.6万m^2。主要设备：摩根高速线材轧机1套，梁底组合步进式加热炉1座，达涅利高速线材轧机1套，步进梁式加热炉1座。全年完成产量81.43万t；成材率完成98.17%，全面完成公司下达的生产经营任务。

技术改造一次试轧成功。技术改造的3年，正是金融危机席卷全球的3年，建设单位、供货单位及线材厂职工克服了金融危机的严重影响，在人员紧张、经验不足、场地狭窄等不利条件下，实现了60万t新线热负荷试轧一次性成功，创造了高线从冷调到热调仅用20天的全国新纪录。

成本管理体系逐步完善。建立了成本分析模型，实施了日成本报表及报告制度，提高了资金利用率和资本周转率；根据合同、品种等状况，动态预测成本及利润水平，提高了成本控制能力，实现降成本1273万元。实现循环水质达标及水资源零排放，综合能耗完成84.42kg/t，保持国内同行业领先。

品种调整取得重大进展。生产帘线钢13.54万t，达到历史最好水平。EVI团队作用得到充分发挥，满足了用户个性化需求，得到了贝卡尔特用户满意度评价“优秀供应商”称号；运用新技术生产超级钢5778t，首获全国工业产品生产许可证，为优化老线产品定位奠定了基础；超极限规格开发生产ϕ13.5高速铁路用盘条2.46万t，轨枕用钢成功应用于哈大高速铁路，成为铁道部指定原料供应商。专用材比率已达到92.94%。

创新管理机制不断优化。全年签订创新责任状8份，完成科研创新46项，形成了“碳化钨轧辊耐磨性提高的发明”等专利11项、专有技术27项，“高强度钢帘线用盘条开发”获鞍山市科技进步一等奖，“高等级线材及金属制品用钢的研究”、“高强度钢帘线用盘条LX70B和80B开发”获集团公司科技重大项目二等奖，增强了可持续发展能力。

质量管理体系有效运行。建立了魅力产品质量标准，将魅力质量管理理念延伸到产品销售使用的相关环节，突出了产品个性化和差异化；通过了TS16949质量体系审核和贝卡尔特VOOD质量认证，为管线钢质量体系认证积累了经验；规范对标管理程序，运用三级对标平台进行内部和外部对标，促进了生产指标持续提高。高速无扭控冷热轧盘条获辽宁省名牌产品称号。

设备管理模式持续深化。实施以预知状态维修为主，多种维修方式并存的点检定修模式，最大程度地保证了设备稳定运行；建立零缺陷、零事故管理理念，通过设备管理对标，深化岗位有序竞争，形成10个零事故岗位。

安全文化管理得到加强。完善《安全文化手册》，编制安全图像化教材，增强了职工安全意识及技能；推行安全期权奖励，实现安全轻伤以上事故、火灾事故为零。

企业管理效率明显提高。扩大组织机构，成立2号线生产作业区，满足了一厂两线生产组织需要；在相关方人员增加、管理幅度增大的情况下，理顺了管理关系；开展了生产岗位流程再造和岗位资源优化工作，实现对人力资源的高效开发，为新线开工提供了人员保证；顺利通过了卓越绩效管理审核，为公司获得全国质量奖作出了努力。

职工工作条件明显改善。进行了老线调度室、仪表室及主控台等操作台点的修缮，点检楼竣工投入使用，创造了良好的工作环境；职工收入明显提高，福利待遇有了新变化，增加通勤车线路，厂区环境焕然一新。

（刘 丹）

【热轧带钢厂】 2010年末，有职工1150人，在岗职工1009人，其中管理及专业技术岗位208人（具有高级职称20人，中级职称116人，初级职称63人），生产及服务岗位801人；离退休职工1916人。设“四室一会”（生产技术室、设备管理室、综合管理室、党委工作室、工会）和7个车间及检查站。厂区占地总面积42.02万m^2，建筑面积27.37万m^2。固定资产原值45.98亿元，净值15.65亿元。拥有1780、1700ASP两条热轧带钢生产线，主要生产设备有：

1780线：步进梁式加热炉4座（其中4号炉为2009年4月投产的硅钢加热炉），板坯高压水除鳞箱1台，定宽侧压机1台，E1立辊轧机1架，R1二辊可逆粗轧机1架，E2立辊轧机1架，R2四辊可逆粗轧机1架，保温罩1套，转鼓式切头飞剪1架，精轧高压水除鳞箱1台，精轧立辊轧机1架，四辊精轧机7架（F2～F4为PC轧机），

ORG 在线磨辊装置 4 套（F4 ~ F7），层流冷却装置 1 套，地下卧式热卷取机 3 台，检查线，半成品钢卷库，分卷机组（含平整机组）2 套，横切机组 1 套，成品库及相应辅助配套设施等。

1700ASP 线：LF 炉 2 座，RH 炉 1 座，连铸机 2 台，步进梁式加热炉 2 座，板坯高压水除鳞箱 1 台，大立辊轧机 1 架，二辊可逆粗轧机 1 架，四辊可逆粗轧机 1 架，热卷取箱 1 台，转鼓式切头飞剪 1 台，精轧高压水除鳞箱 1 台，四辊精轧机 6 架（F3 ~ F6 为可窜辊轧机），层流冷却装置 1 套，地下卧式热卷取机 2 台及相应辅助配套设施等。

两条线可生产集装箱，管线钢，汽车梁，船板等 23 个系列，107 个品种，1 万多个规格的产品。

超额完成生产经营任务。2010 年在钢水及原料不足的情况下，合同兑现率实现 100%。全年两线轧出量 690.75 万 t，提前 10 天完成全年生产任务，超产 20.75 万 t。1700 连铸生产钢坯 248.21 万 t，超计划 19.21 万 t。全年硅钢产量 103 万 t，比去年同期增产 31.68 万 t。其中，1780 线 2010 年硅钢产量 80.84 万 t，硅钢产量比去年增产 21.53 万 t。9 月 1780 线生产硅钢 8.98 万 t，创历史最好水平。降成本工作取得好成绩，全年成本指标比计划降低 3403 万元。

产品质量稳步提升。通过加强设备精度管理和对模型程序的优化，在提高轧机运行稳定性的基础上，两线的产品精度指标保持稳定。与去年平均指标相比，1700 线 FDH 精度提高 0.6%、FDT 精度提高 0.6%、FDW 精度提高 1.5%、CT 精度提高 1.1%、RT2 精度提高 1.2%。1700 线废品率下降 0.05%、现货率下降 0.03%、外异率下降 0.09%。1780 线由于 2010 年集中出现的压头问题及取向硅钢、集装箱薄材的批量生产对产品尺寸精度造成一定的影响，但与 2009 年平均指标相比，1780 线 FDT 精度提高 0.2%、CT 精度提高 0.2%、RT2 精度提高 0.2%。1780 线外异率下降 0.03%。

新产品开发取得新进展。1700 线重点开展了硅钢小周期生产组织模式的优化改进，实现了硅钢边裂发生率为零，横折废品率和孔洞发生率也控制在较低水平。1780 线全年开发 4 个新牌号无取向硅钢：50AW350、50AW330、35AW330、35AW300，目前月产量均在 5000t 左右。此外，优化了 50A-MZ8 牌号的成分设计和 50AW1300 牌号的工艺制度。在取向硅钢的生产方面基本形成了原料供给规模，开发了系列牌号取向硅钢。1700 连铸在特殊品种生产上组织了高牌号无取向硅钢、冷轧超低碳和高碳钢 65Mn 的试制，在化学成分控制上重点对硅钢 C、Ti 成分、SPHC 的 C 成分进行了优化。在商品材方面，重点组织了高耐腐蚀用钢 S450EW、高强集装箱 Q550J、高强车轮用钢 LQ540、双面搪瓷钢 ART310P 等品种的试制，力争在特种用途带钢和高强带钢的市场竞争中取得优势。

科研创新成果丰硕。2010 年共提出专利申请 48 项，受理 36 项；专有技术申请 84 项，通过公司鉴定 62 项；新开展公司级科研课题 3 项；通过集团重大合理化建议 12 项；各车间、部室共开展厂级创新立项 677 项。“降低 50AW800 硅钢夹杂废品率”获全国优秀质量管理 QC 小组奖。通过开展“讲理想、比贡献”活动，2010 年共申请立项 34 项；撰写论文 54 篇，录用 17 篇，其中《鞍钢 1700ASP 中薄板坯连铸供冷轧用低碳钢中氮化物的研究》和《鞍钢 2150 生产线生产计划管理系统的研发》分别被邀请在国际会议中进行宣讲。8 月通过了 TS16949 认证。

两线设备稳定运行。全面推行“降事故就是降成本”的理念，重点抓定修质量、定修时间准确率、一次试车成功率、定修后 48 小时内设备事故率。2010 年两线均安全、优质、圆满地完成各自年修任务。1780 线全年月平均作业率达到 87.64%，创历史最好水平。1700 线全年月平均事故时间 9.76 小时，创历史最好水平，并首次突破 10 小时大关，同时创历史地实现全年无检修拖期纪录。1700 连铸全年月平均事故时间 9.26 小时，处于历史第二好水平，没有发生一起由于设备原因造成的漏钢事故。RH 区域经过几年的事故总结和经验积累，事故时间大幅减少，全年仅发生机械和电气各一起事故。

技术改造项目圆满完成。相继完成了 1780 线边部加热器及保温罩改造、1780 线在线仪表升级改造、1780 线加热炉风机 PMD 永磁驱动装置改造、1780 线高压水改造的前期施工项目及连铸电磁搅拌热功能测试等多个技改节能项目。完成了 1700 线 R2 改造的前期各项技术准备工作及与 TMEIC、SIEMENS 两家公司就 1780 线三电改造项目的技术交流工作。同时，2010 年还组织完成了取向硅钢保温坑过跨车施工，为以后取向硅钢集中生产创造了有利条件。

节能降耗取得好成绩。全年克服钢水原料不足对生产的影响，通过优化生产组织，合理地安排了停机检修和节能改造项目的实施。牢固树立

“向海绵中的最后一滴水要效益”的理念，全厂员工群策群力，多项指标取得好成绩。1780线1～12月份净化河水单耗为0.18t/t，比上年同期下降了0.16t/t，同比降低47.42%，1780线浊环水过滤后补净环水节能项目4月份投入后大大降低了1780线净化河水消耗总量，与上年同期相比节约72.81万t，全年创效206.77万元。另外，回收蒸汽外送单耗比上年同期多回收0.045GJ/t，同比升高78.86%。2010年，1700线综合能耗比上年同期降低了3.61kg/t，1700线主电机冷却新水改净环水节能项目的投入，使新水单耗比上年同期减少0.28t/t，同比降低53.46%。

卓越绩效管理有效推进。结合卓越绩效管理模式，编制了热轧带钢厂《员工绩效管理实施细则》，规范员工绩效管理工作程序、方法及要求。各基层车间将关键绩效指标分解落实到具体岗位，分别制定了员工绩效考评指标及标准，实现了员工的绩效评价与厂级卓越绩效管理的相互贯通。实施过程中，采取科学的PDCA循环模式，管理者逐月依据考评标准对员工绩效进行评价考核，并依据结果查找工作差距，制订改进措施，有效地提高了员工个人绩效。

安全、防火及综合治理迈上新台阶。专门成立了安全环保室，并对防火、环保、现场综合治理等管理职能进行了整合。通过有效的危险源辨识评价消除重大安全隐患。全年实现人身轻伤及以上事故、火灾事故、盗窃案件均为零，并创造了连续63个月长周期人身轻伤及以上安全事故为零的历史最好成绩。

员工素质进一步提高。2010年举行了热轧带钢厂“队伍建设年”活动启动仪式。经过持续推进，精整车间的班组达标率实现100%。并在鞍钢班组建设经验交流会上介绍了经验。在2010年集团公司举办的职工技术大赛中，厂参赛选手刘胜、张福多和吴宝权分别夺得了电工、轧钢工和加热工三个工种的技术状元，电气车间参赛选手包揽了电气专业前三名，全厂有31人获得技术能手称号。刘胜还代表鞍钢参加了2010武钢杯第五届全国钢铁行业职业技能竞赛，获得钢铁行业维修电工能手称号。全年职工总结先进操作法33项，为集团公司提出重大合理化建议5项，优秀合理化建议27项，股份公司优秀合理化建议35项，实现“双增双节”创效550万元。

（李仁波）

【无缝钢管厂】 2010年末，无缝钢管厂共有职工1656人（在岗1346人），其中干部267人（在岗202人，具有高级职称16人，中级职称113人，初级职称58人）；工人1389人（在岗1134人）。离退休职工2004人。该厂设有生产技术室、设备管理室、综合管理室、党委工作室、工会及12个作业区（车间）。固定资产原值10.98亿元，净值8.85亿元。厂区占地总面积32.47万m^2，建筑面积20.05万m^2。有ϕ219热轧自动无缝钢管机组、ϕ133热轧圆盘延伸无缝钢管机组、ϕ159MPM热连轧无缝钢管机组、ϕ177PQF热连轧无缝钢管机组、2条石油管加工生产线、1条热扩管机组共7条产线，设备总重量1.96万t，具有75万t年设计生产能力。全员劳动生产率207t/(人·a)，综合合格率87.89%，综合能耗153kg/t。主要产品有：石油油管、石油套管、石油加厚管、石油接箍管、石油裂化管、高中低压锅炉管、高压气瓶管、高压化肥管、汽车半轴管、地质专用管、液压支柱管、管线管、流体管、机械结构管和各种军工用管等。

全面完成各项技术经济指标。产量计划28.7万t，实际完成29.8万t，超计划1.1万t；综合成材率90.06%，超公司计划0.5%；全品种成材率87.89%，超公司计划2.09%；综合能耗212.28kg/t，比公司计划降低7.72kg/t；新水消耗公司计划6.4t/t，实际消耗5.89t/t，比公司计划降低0.51t/t；吨钢质量损失率比公司计划降低9.66元/t；质量异议率比公司计划降低0.07%；工序成本费用总值完成19.49亿元，比公司计划降低5326万元；高效材合同执行率、合同缴库率100%。

科技进步和技术质量工作取得新成绩。2010年，一次成功通过了大庆银浪库商检验、西安管材所检验、大庆射孔试验、大庆下井试验“四关”，标志着本厂成品油套管取得了进入油田市场的通行证和参与中石油及中石化市场竞争的话语权。积极开展技术创新，制定《Q758高强液压支柱管供货技术协议》、《半挂车车轴用热轧无缝钢管技术协议》等技术指导文件23项；获公司专有技术20项、重大合理化建议12项、国家专利6项；评审厂级创新成果77项、QC活动成果11项，其中“提高N80石油套管原品种成材率”获冶金行业优秀质量成果二等奖。根据市场和用户需求，新产品开发取得重要突破。先后开发气瓶管37Mn系列产品、N80级别钻杆料、N80级别绳索取芯钻杆用料、P110级别钻铤接头、J55成品套管、N80Q石油平端套管、Q758、G860高强液压支柱管、石油裂化管、高压锅炉管等，共成功开发新产品21027t。特别是P110级别钻铤接头和N80Q、P110级别石油平端套管开发成功是该厂石油管生产取得的重要突破，使石油管生产从较低水平向先进水平迈进一大步。

运用现代管理方法推进企业管理升级。2010年一次通过全国质量管理奖的现场评审。实施美世人力资源管控，进行全员竞争上岗，执行美世薪酬体系。全面推进生产管控计算机管理，热四产线ERP系统于12月正式投入运行，标志着全厂形成完整的产销计算机管理系统。全面推进“整理、整顿、清扫、清洁、素养”5S管理活动。专题培训26次1400余人，查处整改各类问题653项，制作定置定位标识牌4500余块，查处整改“六源”问题150个。强化管理行为评价，有效提升制度的执行率。考核不合格项415个。加强企业保密工作，修订完善了《保密工作管理细则》。

持续推进设备装备。ϕ177连轧机组收尾工程；电缆隧道自动消防及报警系统6月投入生产使用；连轧机、定径机质量检测系统QAS6月投入生产使用；环评监测10月正式通过验收。管二改造工程。热处理线涂油、引进超声探伤机3月正式投入生产使用；车丝线车丝机、拧接机、通径机、水压机、测长称重、喷标4月正式投入生产使用；管端探伤机、消防泵站9月正式投入生产使用。管一改造工程。引进德国接箍车丝机4月份投入生产使用；两台国产接箍车丝机5月份投入生产使用；热处理线矫直机6月投入生产使用；热处理线引进超声波探伤机、水处理泵站9月份已经安装完毕，具备调试条件。热三改造工程。移动式排管锯3月份正式投入生产使用，解决了产线锯切的瓶颈问题；利旧5B矫直机6月份正式投入生产使用，缓解了产线矫直能力不足的问题。

降本增效工作取得显著成效。实施生产成本精细管理，抓住提高生产效率、提高全品种成材率和降低生产工具、定额材料、辅助材料采购成本等成本构成重点，提高质量、降低消耗，实现生产经营成本的有效降低。按系统、分层次将成本指标进行细化分解。坚持成本测算分析制度，及时解决成本运行过程中存在的问题。有效解决了影响生产成本的热三、热四连轧高压水、芯棒消耗、硼砂质量和喷吹效果等关键问题。共降成本5325万元。

该厂“提高N80石油套管原品种成材率”QC活动荣获冶金行业优秀质量成果二等奖，热一作业区质量攻关QC小组“减少轧管机直道缺陷”成果荣获鞍钢优秀质量管理小组一等奖，创效860万元。

（王维汉）

【冷轧厂】 2010年末，在岗职工总数2204人，其中干部387人，工人1817人；居家职工72人，列编外职工23人；离退休职工1392人。全厂设五室一会，13个作业区；2010年，该厂全年共完成冷轧产品574万t，其中：冷轧产品352万t、镀锌产品134万t、彩涂产品14万t，供大连镀锌74万元，实现利润28亿元。

生产经营成效显著。全力推进汽车板、家电板两大战略品种的调品工作。针对年初国内汽车消费市场火爆、汽车板需求旺盛的有利形势，通过组织对难轧品种和长退火周期品种进行工艺路径优化，对瓶颈工序进行攻关等一系列活动，连续两个月（2月、3月）汽车板月产超过23万t，全年生产汽车板175万t（含TAGAL），同比提高23.2%，全国排名第二位，创历史最好水平。满足用户对家电板的个性化需求，不断改善家电板实物质量，家电板合同量逐月提升，全年生产家电板111万t，同比提高30.9%，全国排名第一位，实现了与家电行业增长速度同步。

深入开展降本增效工作。推进计划值管理。制定物流定额指标，增加成品汽运比例，提高产品输出能力。控制库存量，加快合同执行，减少资金占用。实施成本预算管理。推进再生锌锭应用，提高B类材料性价比，推进发蓝捆带以及纤维板包装的应用，降低包装费用；按设备固定资产原值的比例进行库存指标分解，严控新品计划，全年备件压库2100万元。开展对各类产成品赢利水平的测算工作，每月对各类产品按照利润幅度进行排序，指导产线抓住管理重点，冷轧产品、镀锌产品高效材比例分别达到63.5%、69.4%。开展群众性双增双节活动。全年超额完成降本任务8190万元。

产品研发取得进步。2010年新增产品21个，汽车用高强钢种类不断丰富，热压成型用钢、高强热轧酸洗板（SAPH370）、镀锌含磷高强钢试生产成功。个性化产品不断增加，新增翅片用钢、印花彩涂板、网纹彩涂板、砂面彩涂板。机车用钢、TRIP钢、电梯用钢、高强发蓝钢带等产品牌号进一步拓展。开展行业调研，不断提高用户资源量。2010年新开发用户34家，其中：广汽本田、云南力帆等汽车用户7家，惠尔浦、芜湖日立等家电用户10家，大金空调等镀铝锌用户4

家，三菱电梯等专用材用户13家。日系汽车板用户开发实现重大突破，广汽本田汽车用户实现批量供货，450DP钢和590DP钢通过了东风日产的高速拉伸实验和实验室认证。

不断改善技术服务水平，提高用户满意度。新建产品手册18个，完善用户档案59份，全年走访用户368家，质量异议件数同比下降15%，平均异议处理周期缩短1.5天。2010年被一汽、二汽、长城等5家汽车厂评为优秀供应商。技术创新蓬勃开展。搭建技术交流平台，全年共选派了14名科技人员参加国际、国内学术交流会议。2010年有1882人次参与技术创新工作，创效6000多万元。提出合理化建议427项，完成厂级创新583项，公司科研11项。参与的“冷轧机板形控制系统核心技术自主研发与工业应用”、“低碳低硅无铝（低铝）相变诱导塑性钢”项目获冶金行业科技进步一等奖；负责的“鞍钢1450冷轧连续退火生产线自主集成”、“340~780MPa高强汽车用高品质高强度系列钢板开发”项目分别获鞍钢重大科学技术一等奖、三等奖；“冷轧机有带换辊系统”荣获第十九届全国发明展览会金奖，同时荣获第三届全国职工优秀技术创新成果优秀奖；“彩涂板生产涂层膜厚技术”获省科协第八届“金桥工程”奖。

QC小组、六西格玛项目蓬勃开展，22个QC小组，5个六西格玛项目通过公司验收，其中4个QC小组获辽宁省及行业奖励。完成专利72项，专有技术69项，发表论文24篇。

质量基础不断加强。共有25个实物质量指标PPK控制水平达到1.0以上，彩色涂层钢带、低碳冷轧钢板及钢带通过冶金产品实物质量认定“金杯奖”。针对质量异议和实物质量中的重点缺陷，重点解决了1号线黏结度和清洁度、2号线板形、热镀锌表面质量和性能稳定性等问题。

不断完善质量体系建设，2010年度下发《轧机机组供镀锌机组原料厚度管理规定》修订及换版作业标准17个，新增《连退机组炉内断带应急管理细则》等制度文件3个，修订《质量考核与嘉奖管理细则》等制度文件27个。推进质量过程专项检查，全年梳理质量体系问题215项，整改率达到95%。建立关键质量控制点设备保障及评价考核机制，排查设备隐患65项，整改完成59项，其余6项处于效果评价阶段。

设备管理不断深化。夯实基础点检，完善ERP相关流程及体系，量化评价点检行为，实现点检到位率96%；深化管理点检，完成管理内审、回头看和“小指标”特色对标等专项185次；推进状态监测，完成了B11轮盘卷取温度与振动在线监测，通过振动分析全年发现E22光整电机轴承异常等重大隐患5项。贯彻预防维修及状态维修理念，结合ERP推进预防性维护计划的执行，形成了完善的“三控一管理”年修组织模型，推进特殊作业流程卡和一图三表在定修中的应用。全年主线机组作业率同比提高1.31%，OEE达到89.22%，其中联合机组作业率8次超85%，D21等5个机组创连续运行新纪录5次，其中G01实现连续运行382小时无停机。

组织冷轧厂卓越绩效自评，上报6项公司级管理创新成果，其中《创新应用APQP提高冷轧产品研发能力》创新成果获得中国冶金行业管理创新成果二等奖。

安全管理基础稳步加固。开展安全生产标准化工作，先后制定《冷轧厂安全生产标准化工作实施方案》、《职责分工与评价标准》、《冷轧厂安全生产标准化工作指导手册》等文件，以三大规程为基础，针对各岗位作业特点，编制完成《冷轧厂岗位安全标准化作业指导书》465份，制定现场安全目视化整改方案13套，制作各类安全警示/提示标志牌567块，征集现场安全目视化警句、标语3090条，通过了股份公司安全标准化一级认证。

薪酬制度改革成功试点，仅用2个月时间就实现了岗位绩效工资改革的平稳过渡，为公司总结经验、完善方案做出了贡献。形成冷轧厂生产机组操作岗位劳动定额，已编录在《鞍山钢铁集团公司劳动定员定额标准（钢铁主体生产部分）》中。

职工队伍素质全面提高。两级公司集中培训及岗位培训项目完成率达到100%。选择机修钳工、维修电工和镀锌工三个主体工种与职工大学联合进行岗位技能培训，有218人次参加了联合办学培训。完善《冷轧厂生产操作员工持证上岗管理细则》，建立覆盖全部工种的岗位技能达标试题库，规范岗位技能达标考评，鼓励一专多能，不断提高职工技术素质和岗位操作技能，适应企业发展需要。

深化班组建设工作。开展争创“星级班组”和“星级员工”活动，评选出3号线D11电气点检组等星级班组6个，1号线生产作业区门广等星级员工11名。在班组对标擂台赛中，有9个班组22项次指标达到同行业先进水平、16个班组32项次指标超历史最好水平，有力地促进了各项经济技术指标的不断改善和提升。1号线设备联合机组电气点检组获得中央企业红旗班组标杆称号，2号线设备联合机组电气点检组的班组安全建设成果，在全国钢劳联举办的“新钢杯”班组安全建设成果展示评比中获得特等奖；在鞍钢股份公司举办的安全生产知识竞赛和杰出班组长过关擂台赛上，冷轧厂代表队成功卫冕。

可持续发展能力进一步增强。完成公司级节能项目5项，厂级和作业区级项目50项。全厂综合能耗实现92.45kgce/t，新水单耗实现0.602t/t，均创历史最好水平，继续保持行业领先。以“废物资源化”为主线开展冷轧厂环保工作，实施镀锌线、清洗机组、乳液站及采暖等蒸汽冷凝水回用项目，降低除盐水消耗19.03%，重点推进生产废水回用、余热回收等工作，初步实现了冷轧2号线、4号线生产废水零排放，彩涂线余热回收项目运行稳定；彩涂线烟气异味处理项目经过积极协调，已获得公司项目放行。冷轧厂被集团公司评为2010年度清洁工厂。

职工利益得到切实维护。对职工代表提出的意见和建议进行分类处理达71条。对厂领导班子及成员、厂务公开管理进行了评议。开展厂长接待日10次，职工意见建议解决解释率达到了100%。不断巩固和完善平等协商集体合同制度，为全厂4个食堂购买了电加热售饭台，对现场损坏严重的28台饮水机进行了更换，3号线浴室改造项目顺利竣工，改善了员工的工作和生活环境。广泛开展走访慰问送温暖活动，共发放救济金额19万元，救济466人次。

（李翔凌）

【冷轧硅钢厂】 2010年末，冷轧硅钢厂现有职工850人，其中管理岗位37人，专业技术岗位184人，生产岗位629人。全厂职工平均年龄31.98岁。厂下设综合管理室、党委工作室、生产技术室、设备管理室、研究所、改造办六个部门，连退、酸轧、点检等11个作业区。

科技创新：取向硅钢研发工作实现了重大突破。2010年5月6日，第一批取向硅钢产品批量下线，结束了鞍钢不能生产取向硅钢的历史，标志着鞍钢从此具备了批量生产取向硅钢的能力，同时拥有了具有自主知识产权的取向硅钢制备技术。在此基础上，高磁感HiB100取向硅钢在实验室研发中获得成功，集团公司重大科技项目“冷轧取向硅钢产品与工艺开发”顺利完成，并通过了公司专家组的验收。全年共生产取向硅钢1132.48t，获专利5项。

高牌号无取向硅钢的研发取得了新进展。50AW330、50AW350、35AW300、35AW330四个牌号产品的典型性能达到了宝钢水平；高牌号专用钢50A-NF1、35AZ-1实现了批量生产。2010年，共生产高牌号无取向硅钢33490t，提高了鞍钢硅钢产品的市场占有率。

常规产品的生产工艺得到了进一步优化。高效50AW470H产品经过优化调整，已形成了稳定的生产工艺，累计向用户供货达1.22万t。通过持续地优化调整工艺，系列产品的性能得到了进一步提升。年内，还圆满地完成了50AW800、50AW1300等产品的科研课题任务。

生产组织：通过合理调控品种结构，科学制订生产计划，优化库存管理，提高岗位操作水平，降低停机时间等，有效地扩大了产能，轧机的小时产量与上年相比提高了10.31%。加大原料的检查验收力度，针对凸棱缺陷料产生折印等问题，制定实施了《热轧凸棱缺陷辨识及处理措施》、《连退凸棱处理措施》，降低了因凸棱缺陷产生的废品量，提高了成材率，降低了消耗。加大对高端用户和重点用户的开发力度，实现了稳定供货。实现供货1.75万t。2010年，累计向高端及重点用户供货33.32万t，占总产量的37.64%。严格贯彻落实《废品管理实施细则》，更加细化地形成了《不合格品责任落实管理细则》，推动了作业区的责任落实和岗位的精细操作。对工序缺陷进行日统计、周分析，及时发现和解决趋势性问题，杜绝了批量中间废品的产生。针对制约生产稳定运行的难点开展攻关。其中，仅酸轧机组抑制剂应用攻关试验一项，就降低停车斑废品75%，提高轧后钢板表面反射率10%，在降低停车斑断带次数，提高表面质量的同时，降低了轧辊消耗和酸液消耗。

设备管理：认真开展了季节性设备大检查工作，共整改隐患42项。高质量地完成了连退2号线的年修工作，完成了蓄热式烧嘴改造、水喷淋回水利用等改造项目。蓄热式烧嘴改造后，烧结段煤气消耗量降低达15%。水喷淋回水再利用项目实施后，每小时可节约用水30m^3。完善制度，制定实施了《设备点检标准化管理细则》，新修订了《定修管理细则》，建立了酸轧、连退线的检修模板，进一步完善并明确了点检方式，提高了设备点检质量，确保了检修工作的标准化。针对设备存在的难点开展技术攻关。针对酸洗活套刮边问题开展设备攻关，活套限量由50%提高到了

100%；针对设备通讯故障开展攻关，月平均事故时间减少了15小时。2010年，共完成较大的设备技术攻关项目10项。大力开展节能减排工作。完善了《能源归户管理细则》，对各项能源消耗实行按量使用，按点控制，落实了责任，做到了考核归户，吨钢综合能耗由2009年度的171.96kg/t降低到了163.88kg/t。

质量管理：开展了以“抓质量水平提升，促发展方式转变”为主题的“质量月”活动。对岗位作业标准的完善性、有效性、可操作性进行了一次全面的梳理、辨识和修订。组织学习和应用了《六西格玛管理》方法。收集了硅钢各类典型缺陷，举办了硅钢质量缺陷图样展等。加强工艺纪律检查，做到了发现问题及时处理，并将结果纳入绩效评价，提高了执行工艺纪律的严肃性。严格执行产品性能分析和质量日、周、月分析制度，不断总结和积累经验，及时地优化了工艺。进一步强化质量关键点控制，通过推进SPC控制点建设，实现了工艺参数的SPC实时掌控。还采取措施，有效地解决了碱洗黑斑、麻点等实物缺陷，产品质量得到了明显改善，产品性能稳定在国内先进行列，部分产品的性能达到了国际先进水平。

科学管理：全面推进卓越绩效对标管理，在运行过程中，不断发现问题并通过对标研讨等方式加以解决。2010年，共确立一、二、三级对标创新项目240项，完成238项，提出合理化建议168项，实施技术改进58项，形成先进操作法6项。完成了7个科研课题，申报了34项国家专利。其中，QC小组攻关项目获辽宁省优秀奖2项，获公司一等奖1项。全年卓越绩效对标创效4300万元。认真开展管理专项内审工作。全年共实施管理专项内审1155项，纳入评价368项。以实现管理专项内审与QEO管理体系相融合为契机，对91个管理性文件，165个技术性文件和71个作业性文件进行了统一修订换版，增强了制度的约束力和可操作性，推动了管理工作的加强。以QEO管理体系为基础，全面导入卓越绩效模式。系统地梳理、优化、整合了管理过程，顺利地通过了卓越绩效模式暨争创全国质量奖现场评审。强化人力资源管理，建立职工素质培养的长效机制，全面提高职工队伍素质。针对新入厂职工多的实际，开展了全方位的岗位技能培训、素质培养，并对培训实施过程进行跟踪检查，对未按规定要求组织培训的单位及责任人进行了严格考核。开展员工岗位技能达标考评工作，共有649名职工参加了达标考评，合格率100%。

（李兴昌）

【能源动力总厂】 2010年末，能源动力总厂有职工3013人，其中管理及技术岗位409人（具有高级职称42人，中级职称174人，初级职称114人），生产及服务岗位2604人；离退休职工3857人。总厂机关设置为“四室一会”，即生产技术室（含能源管控中心）、设备管理室、综合管理室、党委工作室、工会，基层单位设发电分厂、供电分厂、氧气分厂、燃气分厂、给水分厂、设备管理作业区，共35个作业区。厂区占地总面积288.60万m^2，固定资产原值52.02亿元，净值33.36亿元。拥有发电机组17台、锅炉12台、鼓风机组79台，制氧机组8套、各类气体压缩机89套；60个水站；6套湿法高炉煤气洗涤系统、2套干法高炉煤气除尘系统、7套TRT发电装置、7座煤气柜；管辖运行变电所57座。设备总重量48.45万t。

2010年，该厂全面完成了各项生产经营任务。余热蒸汽回收740.7万GJ。购电单价0.5268元/kW·h。氧气综合单耗0.621kW·h/m^3。氧气放散率2.17%。转炉煤气回收11.49亿m^3。TRT发电量4.38亿kW·h。吨钢耗新水4.57t。蒸气损失率17.34%，供电损失率1.9%，高炉煤气放散率1.94%，水循环率96.64%。成本费用总值实际完成132.75亿元。

降本增效工作成效显著。制定了《能源动力总厂成本费用过程管控方案》，对各项产品成本的形成过程进行监控，全面完成了公司下达的四次降成本指标。科学组织生产，搞好经济运行，通过实施“以气代煤”，降低煤气放散率，减少动力煤消耗，降低外购燃料成本6440万元。制订《能源动力总厂电网最大需量管理办法》，提高需量控制的准确性，减少需量电费。采取在二发电厂南变安装无功补偿装置等措施，动态调整系统无功，提高电网功率因数，减少力率电费上千万元。通过各种行之有效的措施，2010年在完成预算指标的基础上，全年降成本1.56亿元。

设备保障能力持续增强。严格执行点检定修标准，确保定修时间和质量，全年共实施定修63次，检修16714小时。35项重点技改技措项目现已完成21项。合理使用有限资金，对部分老旧高压电缆、老化管道进行更换，解决影响设备稳定顺行的重大隐患。先后投入4000余万元开展管网专项整治，更换老化腐蚀的各种口径煤气管网

4980m，迁移新建蒸汽管道1500m。成立自动化点检组，加强对计控仪表的维护和检修。成立物资领用管理小组，规范备件、材料的领用及库房的日常管理。修改、完善各项设备管理细则及“四大标准”，不断夯实设备基础管理工作。

节能降耗工作有新进展。积极推进节能项目的立项实施，三烧余热发电项目已建成投运，二炼钢北区余热发电机组正式并网发电，首次实现了饱和蒸汽回收发电技术的成功应用，两项改造任务的完成，结束了两个区域余热蒸汽夏季放散的历史。提出并组织实施中央电站4台锅炉增烧焦炉煤气的节能改造建议，有效解决了焦炉煤气放散问题。完成了蒸汽管网优化改造方案，使管网系统满足二炼钢余热发电需求。根据蒸汽管网压力，采取措施确保蒸汽供应与余热发电的平衡，实现经济效益最大化。通过精心调整、合理配置，余热蒸汽比计划多回收45.7万GJ。

环保减排措施稳步实施。集中拆扒中央电站小锅炉，研究制定锅炉烟气脱硫整体包保的运行管护新方式，保证脱硫设施稳定运行，完成了国家、省、市下达的二氧化硫减排指标。全力组织西大沟深度处理工程达到设计要求，投产废水处理设施，处理效果达到预期目标。加强对各个生产厂排水情况的日常监督、检查，对排水水质复杂、变化幅度较大的单位进行重点跟踪，严格控制超标排放现象，全年共向公司报告排水异常25次，有力地保证了鞍钢的正常外排水。

安全管控能力不断增强。成立安全生产委员会、组建安全环保室、建立安全生产定期工作会议制度、签订241份相关方安全管理协议、为1092名非特种作业员工办理安全生产上岗证。深化“两票一牌一卡”制度，对295名各类电气作业人员进行两票制度培训；开展危险源动态辨识和评价，制定、修改695项点检作业安全指导卡，推进操作标准化工作。通过安全信息网管理平台，排查各类隐患1291项，申报重大隐患整改项目9项，促进现场标准化工作。2010年，共有179个班组达到公司安全标准化红旗班组的标准，占班组总数的95%。

企业管理水平明显提升。深化卓越绩效对标活动，对原有65项指标进行修订，新增13项指标。全年共申报集团公司重大合理化建议23项、专利27项、专有技术37项、厂级技术创新15项，其中“多功能全天候工程救险用蒸汽车”获第十九届全国发明展览会银奖。开展全员QEO体系文件评审，收集合理化建议319项，采纳201项。换版实施了5项管理和工艺制度，修订、完善78项核心管理制度，规范各种记录882个。发现和解决QEO管理体系运行中存在的问题8项，督导检查、封闭不合格项400多项。顺利通过了公司内审、复评认证审核及国家外审。加快技能培训步伐，全年共组织员工参加两级公司各类专项培训1056人次，自培9677人次，员工综合素质稳步提高。

职工队伍建设和谐发展。坚持厂务公开制度，加强民主管理，召开了能源动力总厂一届二次职工代表大会，征集职工代表提案18件，处理结果全部反馈。改善职工生产生活条件，维修更新饮水机、微波炉等生活用具824台，更新岗位操作椅500把，立项维修了部分浴池。扎实推进送温暖工程，救济在岗、居家和退休困难职工2927人次，救济金额100余万元。关心职工身心健康，完成了职工度假疗养、健康体检，组织大型迎新春趣味游艺活动，乒乓球、羽毛球、拔河比赛等文体娱乐活动。

党风廉政建设不断深入。总厂与各分厂、各分厂与各作业区层层签订了党风廉政建设责任状，聘任了39名党风党纪监督员。组织6次廉洁从业主题党课教育。认真执行《鞍山钢铁集团公司廉洁承诺制度》，组织领导人员、管理人员、关键重要岗位人员开展廉洁承诺，制订廉洁承诺书83份。

（赵春华）

【设备处】 2010年末，设备处有在岗职工330人，其中管理及专业技术岗位134人（高级职称12人，中级职称92人，初级职称29人）；居家休息职工40人，编外2人；离退休职工456人。机构设置为“一室一会”、7个业务科室、1个仓储管理中心。拥有固定资产原值718.69万元，净值400.89万元。仓储用库房27座，大型露天货场2个，总计仓储面积19.2万m^2，主要设备有各类吊车46台、货运电梯4部。

2010年，设备备件订货39.38亿元；到货55.21亿元；发出56.21亿元，优质地完成以新3号高炉、化工1号干熄焦、1700机组、鞍凌项目、60万t线材项目、化工四期为代表的生产、年修、改造工程设备备件供应任务。

组织识别、确认出242个适用该处的国家法律法规及其他要求，为保证QEO管理体系的有效运行提供了法律依据，并顺利通过内外部QEO体系审核。组织开展QC小组活动，并上报股份公司

QC成果2项。

大力推进卓越绩效。成立领导小组，分工负责，通过制作宣传板、组织答卷、竞赛、下发学习辅导材料等形式，广泛宣传卓越绩效相关知识。抽调专人做好汇报材料的准备工作，并顺利通过公司考评。

修订《供方管理实施细则》，对108家新增供方和48家变更名称供方资质进行审查确认。发放投标专用卡150余张。对有欺诈行为和向鞍钢工作人员行贿的4家供方给予停止业务往来处罚。全年审查合同9978笔，并对合同审查出的问题进行通报曝光。继续深化管理行为评价工作，安全防火、设备运行、企业管理等方面共查出不符合项103项。

组织全员签订安全生产承诺书，并通过考试实现全员持证上岗。落实安全生产标准化工作建设，完善制度7项，修订《安全技术操作规程》23项65条。对辨识出的153个三级危险源，实行分级管理。创建企业安全文化，通过安全管理信息网、安全动态、安全简报、安全文化角等形式，强化职工安全意识教育。加大相关方监督检查管理的力度。严格执行动火审批制度。组织4次专项应急消防演练，修订完善应急预案2个。整改火险隐患14项，更换灭火器273具，粉刷消防架16个。加强日常的安保管理，维修更换调试报警器13处、视频监控设备15处。

以促进岗位知识学习为目标，重点对专业技术岗位进行了专业知识培训。以提高岗位技能为重点，对生产服务岗位8个工种的员工从理论到实际，进行全面的岗位技能培训及考评工作，使员工的理论知识和技能水平有大幅提高。在股份公司职工技术竞赛中，参赛职工包揽仓库保管工竞赛前四名。全年共举办各类自主培训25次，总学时381小时，参加培训职工1311人次。

开展“坚持廉洁从业，促科学发展”主题教育活动。组织领导干部、科室党员干部及重要岗位人员签订廉洁承诺书。开展多种形式的警示教育和廉洁从业教育，教育党员干部认真吸取教训，防微杜渐。抓住重点，搞好对工作各环节的监督与检查。全年纪检监察部门参与招投标67次，参与考察承制厂30余家。开展执法效能监察，避免和挽回损失50余万元。

进行走访慰问送温暖活动，共救济在职、离退休、居家人员251人，发放救济款76440元。使用温暖工程基金4000元，救助2名家中失火职工。与在岗特困职工结成“一帮一”和“群帮一”对子各1个。12名职工得到公司大病医疗救助，救助金额3.75万元，缓解了生活压力。高度重视稳定工作，做好重点人的思想转化工作，对生活困难的予以适当救济。

改善职工生产、休息环境，完成中心库老区铁路道口维修、灵山区域库等8项内部维修工程。适时开展登山、全民健身等各类文化娱乐活动，丰富职工业余文化生活。

（李永华）

【冶金运输厂】 2010年末，冶金运输厂共有在岗职工972人，其中干部77人（高级职称4人，中级职称36人，初级职称20人），生产及服务岗位875人。厂机关设“四室一会”，即生产管理室、技术设备室、综合管理室、党委工作室、工会。基层设烧结站、炼铁站、炼钢站、内电运用车间、内燃运用车间、信号车间。房屋建筑面积9764.53m^2。拥有主体设备内燃机车57台，电力机车10台，车辆333辆，电气集中站场10个，道口安全装置120处，电动道岔521组，机械道岔9组。固定资产原值3.67亿元，净值1.84亿元。厂成本预算为1.60亿元，实际发生1.50亿元，比预算降低1060.2万元。全年运量计划6182万t，实际完成6349万t，超计划完成167万t。总货物周转量计划2.84亿t·km，实际完成3.05亿t·km，超计划2123万t·km；铁水送达率和空罐到达率计划100%，实际完成100%。机车运用率达81%，车辆完好率90%，信号设备完好率达92.6%，均处于同行业领先水平。

安全生产管理进一步深化。制定了《安全生产标准化工作实施细则》，将标准化要素分解细化。进一步完善了安全生产责任体系和约束激励机制，与各车间（站）签订了安全生产责任状，与每一名职工签订了安全承诺书，形成了环环相扣、紧密相连的安全生产责任监督体系。建立起安全关注点管理机制，形成班组、车间及厂三级安全生产关注点模式，制订并落实安全防范措施，强化监督检查，有效控制了易发事故环节。继续开展安全标准化红旗车间、红旗班组评选活动，召开班组长安全管理经验交流会，推广班组安全管理经验，促进班组安全管理水平的整体提升。全年共评选出红旗车间4个、红旗班组72个。加大对相关方的安全管理，重点抓好相关方的资质审核和安全教育，签订安全协议，明确作业界面；加强施工动火管理，严格执行动火审批程序，规范动火区域。充分利用安全信息管理网，严格落实“三级”检查管理体系。全年共排查出各类安全隐患431个，制订相应的防范措施872条。2010年，通过各种方式、多种渠道，积极筹措安全生产费用，实现安全生产立项12项，投资939.54万元。完成了对炼钢站矿渣8号道口的施工改造，修复铁路线路1328m；扩大高炉双控信号使用范围，增加多处停车器和尽头线液压滑动式挡车器，更新部分平面无线调车设备，实际解决了多处安全隐患，为实现本质安全创造了条件。

设备管理水平进一步提升。定期评价和完善设备管理制度，保证了制度的时效性和可操作性。通过对设备的安全性能和运行状况进行分析和评价，建立设备缺陷档案，及时进行综合整治。炼铁新区实施一人乘作业后，通过加强机车遥控装置与辅助瞭望设备的调试和点检，对部分设备进行功能改造和状态升级，使机车的安全性与稳定性得到了保障。此外，不断加大炉下照明、除雪设备、道口遥控装置等设备设施的隐患整改和功能改造力度，保证了设备本质安全。通过制定下发《关于开展铁路牵引设备状态检查的通知》，对机车的维护保养和操作点检情况进行检查和评价；通过深入开展中检工作，明确中检所要达到的技术要求和保养水平，并进行全程跟踪，消除了大量的设备隐患，为机车的功能状态稳定奠定了坚实的基础。继续充分利用状态修保证车辆的稳定运行，全年共完成车辆状态修52辆。

技术创新取得新成果。对电力机车安装了空气干燥装置，解决了电力机车制动与控制系统的冬季冻结问题。引进遥控器电池组综合测试仪，最大限度地延长了遥控电池的使用寿命。大力开展技术创新工作，全年共完成公司级科研项目4项，厂级科研项目20项。举办了冶金运输厂首届职工自主创新成果展，参展项目15项，充分调动了全厂职工技术创新的积极性。“双轨条内撑式停车器的研制”、“列车运输安全预警系统的研制”等6项科研课题通过了股份公司验收，并有3项课题被评为股份公司优秀科研课题。全年共征集合理化建议22项，申报国家专利及公司专有技术各5项，完成了9项公司重大合理化建议项目。

逐步导入卓越绩效管理模式，深入开展卓越绩效自评工作，初步构建起以QEO管理体系为基础，以卓越绩效模式为指引，提高综合绩效的卓越绩效管理体系。继续开展QEO管理体系运行自检自查和评审工作，从规章制度的建立入手，跟踪监督管理体系运行情况，及时评价和整改存在的问题，确保QEO管理体系运行的持续适宜、符合和有效。继续实施管理行为评价活动，查找管理工作中的“短板”和不足。2010年，厂开列不合格项为184项，基层单位自检自查不合格项为647项，并全部按期完成整改。

继续加大培训力度，严格执行《冶金运输厂2010年教育培训实施计划》。累计组织参加公司培训347人次，厂自行完成培训8490人次，使管理、专业技术和生产操作岗位人员的业务能力得到进一步加强。继续与职工大学开展合作办学项目，将信号工岗位技能培训列为2010年联合办学教学项目，累计开设34个培训班，共计86名信号专业人员参加了培训，取得了良好效果。围绕运输保产中心任务，开展了形式多样的劳动竞赛活动，新三高炉大修期间，开展了东铁西调保产竞赛活动；围绕设备管理，开展了设备5S竞赛活动。在机车司机岗位开展技术表演赛活动等，对保产顺行、促进设备功能改善，促进机车司机实际操作水平的提高，起到了积极的促进作用。在2010年度集团公司职工技能竞赛中，有1人荣获集团公司技术状元称号，11人荣获集团公司技术能手称号，为厂争得了荣誉。

坚持以人为本，关心职工生活。2010年，厂实施送温暖工程，为困难职工排忧解难。安排职工度假，开展拓展训练活动。常年坚持对困难、特困职工进行走访慰问，全年共救助职工332人次，发放慰问款9.98万元。实施“金秋助学”活动，救助职工子女上大学24人。积极开展健康向上的文体活动。为增强职工团队意识，举办了职工团体跳绳、毽球等比赛活动，丰富了职工的业余文化活动；组织了全民健身无竞技登山活动。

（赵 振）

【质量检验中心】 2010年末，质量检验中心有在岗职工687人，其中管理及专业技术人员130人（具有高级职称16人，中级职称72人，初级职称35人），生产操作岗位557人；居家职工64人，编外职工21人；离退休职工1643人。

各项指标再创新水平。2010年完成检验件数975万件，超计划14.4%，实现用户满意率100%，检验准确率、及时率创历史最好水平，适应了各产线对产品调整和新增项目的检验需求。检验出不合格原燃料1659批，不合格炼铁原料177批，不合格炼钢辅料134批，中间工序不合格品20589批，成品不合格3592批，为公司避免和挽回经济损失4415万元，维护了鞍钢市场信誉。设备故障停机时间较计划降低27%。实现重大设备事故为零，设备定修计划实现率、计量检定率100%。材料费用较计划降低1%，设备修理和备件费用较上年降低20%。其他费用支出控制在预算范围内。实现工伤事故、火灾事故、职工违法事件为零。

服务能力不断加强。组织对洗煤G值检验有效性评价，取、制、化全方位系统研究，经过反复试验，确定烘样定量、研磨定时方法，保证准确性和稳定性，为焦炭生产提供数据指导。开展铁精矿比对工作，多次召开现场会，查找各工序、各环节因素，完善工艺规程，排查技术标准，保证铁精矿检验的准确性。开发低碳硅铁B中铝、钛、钙元素含量，硼铁、铝钙铁中铝元素含量检验方法，精度达到国际标准，满足精确冶炼对合金的要求。完成轴承钢液析、碳化物检验，完成高速重轨脱炭层、表面硬度、钢中夹杂物等检验方法的开发和研究。实现重轨中的氢、热轧A510L等部分元素或牌号抽检、免检。积极做好延伸服务，配合生产厂分析成品材缺陷产生原因。多次发现含量超标、成分偏离、性能超常等异常现象，避免了错料、混钢、次品缴库等事件发生，得到产线赞扬。

检验能力逐步提升。精心组织，缜密安排，顺利通过国家认可委员会实验室复评审核，认可项目增加到210项。完成耐指纹膜等4个新检验品种，倾点、铜片腐蚀等13项新检验项目开发。组织低合金等9个项目参与国际能力验证，组织焦煤等四个项目参加外部比对，全部合格。先后修订完善技术操作规程452项，识别确认国家标准30余项，修制订行业标准、企业标准10余项，解决了一些长期困扰正常检验工作的委托、修约、允差、样品交接及复验周期等具体技术问题。加强《质量月报》分析预警性，新增“产成品重复送检钢种分析”等内容，为公司生产组织提供有效决策依据。

装备水平进一步改进。先后对全深度采样车的破碎机、减速器、滑线等进行改造，采样车运行纳入公司在线设备管理，机采率不断提高，取样代表性显著提升，地煤实现100%全深度机械采样。采取调整地脚高度、加固机座、加长取样臂等方式，系统解决铁精矿自动取样机取样状态不好、代表性差问题。购置碳硫仪等设备，解决超低碳钢分析问题。引进冲击试样加工中心、板材拉伸试样加工中心，不断提高物理检验试样加工自动化水平。圆拉力加工中心投入使用，优化了工艺流程，保证了机加能力和试样加工精度，工作效率提高2倍以上。跟踪国内外冶金检验先进技术，完成自动化炼钢化验室的考察调研、技术交流、设计方案论证等工作，形成《自动化炼钢化验室建设项目可行性研究报告》并上报公司。

质量督查取得新成效。全年两级督查抽查样品48801件，其中中心督查5692件，实验室督查43109件。对洗精煤、冶金辅料、合金等外购原燃料进行重点抽查，加大夜班督查和比对的频次。针对炼铁高炉不顺，成立专项督查组，以洗精煤检验为重点，开展全过程、全方位的质量督查，堵住不合格煤18633车，为公司挽回经济损失1285万元，保证了生产顺行。开展G、Y值专项抽查和外部比对，排查出工艺过程操作不细等问题，制订控制措施，保证化验数据的一致性和准确性。加强实验室之间比对工作。开展保管样管理、不合格品管理、检测设备检定情况等专项督查，督查结果作为修订、完善各专项管理制度的重要输入。

科研创新取得新成果。完成“在线用荧光仪分析镀铝锌钢带镀层重量”等公司级科研课题4项，解决新产品在线检验瓶颈及试样加工质量等问题；完成《ICP测定硼铁中酸溶铝》等中心级科研创新70项，填补铁合金中部分元素检验方法空白，创经济效益550万元。QC小组活动成果9项，申报先进操作法1项，征集公司重大合理化建议6项，中心级合理化建议105项，其中炼铁化验室荧光分析小组荣获辽宁省优秀质量管理小组，点检维护室攻无不克QC小组获鞍钢优秀质量管理小组一等奖，中部检验室《重轨检验样坯高速锯锯切优化法》获集团先进操作法。全年申报专有技术18项，专利20项。

管理水平不断提升。全面推进卓越绩效管理模式，编制自评报告，配合公司完成全国质量奖、省长质量奖的创奖工作。全面完成CE、JIS、TS16949等多项外部认证工作，赢得评审方的好评。充分利用对标平台，寻标、定标、对标、纳标，挖掘技术诀窍和操作法28项，发现和解决生产难题128项，纳标34项，充分调动了职工的积极性和创造性。开展以整顿工艺纪律为重点的“三整顿”工作，狠抓不合格物料、不诚信员工、不作为管理者，严明纪律，严肃考核。落实公司降本增效措施，提出“严格把关，强化管理，确保顺行，全面完成检验工作任务”的工作目标，保证中心降本增效目标顺利实现。

全面推行安全生产标准化工作，修订完善各项安全管理制度17项，消除潜在安全隐患485

项。深化安全标准化红旗班组评比活动，全年132个班次被评为安全标准化红旗班组，3个实验室被评为安全标准化红旗作业区。完善安全管理信息网。完成全员持证上岗工作。

认真贯彻落实党风廉政建设责任制，扎实推进惩治和预防腐败体系建设工作，完成效能监察2项，提出改进管理建议4条，建立和完善规章制度5项，通过效能监察在企业管理中的再管理作用，避免和挽回经济损失83.1万元。完成举报信件查办，并做好结案归档工作。

职工队伍素质持续提升。加强管理、专业技术和生产操作岗位三支队伍建设。加大重要敏感岗位干部交流力度，全年共交流干部38人次，占干部总数的29%。对117名管理和专业技术人员进行技术业务知识考试。12人获集团公司技术能手称号。选拔中心技术状元8人，技术能手49人，首席操作员15名。选派1人参加中青年干部北京培训班，1人参加大外英语进修班，5人参加东北大学短期专项培训，组织开展技术业务等中心各类培训30期。完善职工培训电子档案，职工培训完成率100%。

职工利益得到切实维护。实施厂务公开、民主管理，坚持职工代表视察制度、领导接待日制度。中心领导、基层单位与特困、困难职工签订包户扶贫对子，“一帮一”9对，“群帮一”3对。走访慰问救济困难、退休职工646人次，发放救济金20.2万元。救助大病住院职工28人，发放救济金7.48万元。开展“金秋助学”活动，为9名困难职工子女上大学发放救济金1.4万元。为长病长休职工发放救助补差5.28万元。组织职工度假。完成企业年金信息采集，808名职工建立企业年金。组织772名职工参加体检，280名女职工参加两病普查。组织多次深受职工喜爱的文体活动，丰富职工的文化生活。

（孙　凡）

【原燃料加工储运中心】 2010年末，原燃料加工储运中心有职工1005人，其中管理及技术岗位131人（高级职称6人，中级职称74人，初级职称35人），生产及服务岗位607人；居家职工267人，列编外14人。机构设置为“五部一会”、8个作业区、1个保卫队。拥有固定资产原值1.44亿元，净值7376.56万元。主要设备有1250t液压冷剪机、1000t液压打包机。主要承担鞍钢生产所需大宗原燃料、矿渣产品销售、废钢铁的仓储、加工、保管、供应任务和鞍钢股份公司生产、维修、技术改造所需辅助材料的仓储保管以及材料配送业务。主要加工手段有爆破、打碎、打包、剪切、瓦切以及焦炭和矿石的筛分等。焦炭加工生产线的生产能力为91.60t/h的加工量。材料库有物资938个品种，3827个规格。

2010年共接收废钢166.9万t，输出废钢160.3万t，废钢加工75.8万t，槽子平均单重分别达到：一炼钢16.3t/槽，二钢南区12.5t/槽，二钢北区12.7t/槽，三钢轧28.9t/槽；销售水渣489.5万t，钢尾渣217.5万t；原燃料完成吞吐量1073.2万t，原燃料加工329.4万t；收发、配送各种材料70.8亿元，实现入库合格率、配送到达率、服务满意率三个100%；中心全面实现了重大安全、设备、交通、火灾和质量事故为零的目标。

财务预算指标全面完成。其中：矿渣产品实现销售收入2.33亿元；通过挖掘潜力，严格控制费用支出，全年节省费用开支2547.5万元。

保产保供再创新的业绩。全年从废钢中挑选分离出有色金属125.9t，废旧轮胎、橡胶60.9t，挑选出以化工、燃气管道等有害元素超标废钢6750.5t，由于质量不合格，返厂合金63车2953.9t，返厂膨润土17车697.02t，返厂萤石27车807.7t，拒收材料21笔，价值14.27万元。加大渣钢加工力度，全年加工渣钢19.27万t，最大限度为公司节省采购资金；抓好压库利库，并通过建立低库存预警机制，为公司减少了资金积压；积极开发库存积压的特殊钢种废钢，全年为钢厂加工、输出硅钢专用废钢8.33万t，加工使用X80专用废钢925.8t，并拓展了无缝“三顶一板”和轧辊加工后的应用空间，仅X80一项可为公司节省采购资金120万元。在抓好本部保产保供的同时，为鲅鱼圈分公司输出精炼低碳冷料1045.94t、焦炭2万t的紧急保产任务，为鲅鱼圈分公司生产稳定顺行作出了积极贡献。材料仓储和配送水平进一步提高。规范了材料入库验收、保管、配送业务流程，强化了材料配送运输过程中的质量控制和责任追溯，解决了溶剂类材料的流程问题和零担材料的配送问题，为确保供应的材料优质合格奠定了坚实基础。科学组织原燃料保产，并按照公司大生产需求，组织对澳矿、球团、焦炭等大宗原燃料及小品种菱镁石、铁矾土等进行了苫盖管理，并顺利完成澳粉在灵山料场的冬储防冻任务，为公司大生产顺行作出了贡献。

设备管理上了新的台阶。全面完成年修工程及工程改造项目。液压打包机和液压剪切机提前完成，为完成保产保供任务提供了保证。全年实施维修项目31项。2150同步年修期间，对承担坯子接受输出任务的东台8号龙门吊实行了检修24小时值班制，保证了设备零故障，圆满完成坯子的接收及输出任务。技防设施进一步强化。新增红外线报警器9对，监控点5处，安装门禁系统7处，调整监控点3处，修建防范通道1000m，增加了技防设施的覆盖面。

节能减排全面推进。2010年投资147.8万元用于环保项目，安装了门户式废钢辐射检测装置，对钢铁产品及废钢原料进行放射性监测，防止放射污染事故发生。现场实现绿色环保照明，全年对80盏照明灯进行了更换，在满足生产和绿色环保的基础上，实现了节能减排。

营销工作取得新的业绩。坚持“以资源长久占领市场”的经营理念，以最低的销售成本，实现水渣销售量最大化的原则，及时调整销售策略及价格体系为保证，通过广泛细致的市场调查，与广大用户“面对面”沟通。帮助用户建立与鞍钢长期合作的信心，保证了水渣销售渠道的畅通。钢尾渣销售由于公司化工重点工程需要，由年初的日销售3500t增加到1万t、最高3万t的水平，通过采取调整输出方式、建立专用道路和专用磅、持出人员不间断打票等措施，灵活应对，科学合理分解计划，保证水渣销售业务的持续稳定进行，圆满完成任务。配合市场营销部完成了鞍钢钢尾渣的销售招标工作。全年销售水渣676.65万t（其中鲅鱼圈187万t），钢尾渣217.5万t，钢尾渣泥23.3万t。

安全防火工作成绩显著。全面运行安全信息网络管理，提高了安全工作管理水平。组织开展了安全标准化红旗作业区、红旗班组评选活动和危险源安全管理评价活动，全年共有86个班组被评为安全标准化红旗班组，共辨识评价出危险源1171个，全部得到控制。落实安全责任主体，层层签订安全责任状，指标分解到岗位。开展各类安全检查131次，查出各类安全隐患及管理漏洞435项，全部封闭整改。强化了“火灾爆炸事故应急救援预案”、“危险化学品泄漏事故应急预案”的演练，提高了“突发事故”的应急响应能力。重新修订《消防安全管理细则》和《施工单位防火协议书》，强化了防火工作的检查与考核，加大了消防实战演练的规模和频次，防火工作质量明显提高。

机制体制创新进一步深化。深化卓越绩效对标工作，形成了覆盖生产运行、技术质量、设备保障、节能降耗等全方位的对标体系。管理体系不断完善，重新修订完善管理类文件106个，其中：技术类文件83个，作业类文件51个。进一步加强了QEO管理体系运行与生产经营工作重点的有机结合，中心在鞍钢QEO内审和国家贯标外审中，均未出现不合格项和观察项，顺利通过审核。管理专项内审进一步深化，实现了内审重点向运行方面深化。建立并运行内部控制体系，对12类管理活动中识别出的57项运营风险，全部实行了有效控制。质量评价体系有效运行，质量绩效得到持续改进。制定了《薪酬分配制度改革方案实施细则》和《员工竞争上岗实施方案》，推动了薪酬分配改革进程。员工队伍建设水平全面提高，深化了培训奖励制度，强化了培训效果评估，取得良好效果。2010年共组织10823人次参加了公司各类培训和自办培训，员工管理技术水平及操作技能进一步提高。开展效能监察3项，避免和挽回经济损失85万元。全年破获偷盗废钢、煤焦等案件33起，劳动教养1人，治安拘留6人。收缴废钢铁16.93t，煤焦1.04t，扣留摩托车4台，为企业避免和挽回经济损失4万余元。

职工利益得到切实维护。积极开展为困难职工送温暖活动，全年走访慰问患病、困难职工171人次，发放救济金27.64万元，救济1113人次。全面履行了职工带薪休假制度，组织职工体检，并适时安排1086名在岗和居家职工在鞍钢千疗进行暑期度假和拓展培训。积极为职工办实事，投资141.92万元，改善了一线职工作业、休息环境。建立了职工需求与关注点信息反馈制度，组织了2次职工代表巡视检查。对职工关注的安全生产、劳动保护、现场环境、职工福利等项目所提出的27条意见和建议，已全部解决。

（马文莉）

【技术中心】 2010年末，技术中心共有员工475人；在岗员工377人，其中干部329人（具有高级职称105人，中级职称156人，初级职称32人），工人48人。离退休职工1144人。中心下设综合管理部、科研管理部、设备能源部、人力资源部（组织人事部）、工会5个管理部门，冶金工艺研究所、钢铁产品研究所、新型材料研究所、理化检验研究所、科技信息研究所、汽车与家电用钢研究所、环境与资源研究所、中间试验研究所等8个基层单位。中国船级社授权的“辽宁远东船用产品质量检验中心”和辽宁省质量技术监督局授权的“辽宁省钢铁产品质量监督检验中心”挂靠在技术中心。技术中心拥有固定资产原值

1.94亿元，净值1.13亿元。新增固定资产1052万元。

2010年技术中心全面完成公司下达的绩效评价指标。全年承担196项公司科研课题，同比增加60.7%。专利受理140件，超计划22.8%。科研成果鉴定5项，超计划20%。专有技术通过审批36件，超计划80.0%。撰写论文228篇，核心期刊发表46篇，超计划45.7%。理化分析及时准确率100%。试制推广钢铁新产品71个，同比增加29.1%。为公司生产经营提供理化检验、技术研究、科技信息等技术支持及时完成率100%。

科研取得重要成果。低碳低硅无铝（低铝）相变诱发塑性钢的开发和冷轧机板形控制核心技术自主研发与工业应用等2项课题获得冶金科技进步一等奖。厚规格经济型X70-X80管线钢开发和大线能量焊接用船舶钢板的研制等2项课题获得辽宁省科学技术二等奖。获得鞍钢重大科学技术一等奖1项、二等奖2项、三等奖3项。获辽宁省金属学会优秀科技论文一等奖12篇、二等奖9篇、三等奖28篇，辽宁自然科学学术成果奖27篇。

产品研发取得多项突破。核电用钢三大系列产品取得较大突破，核反应堆安全壳用钢SA-738Gr.B一次性能合格率达98%以上，率先完成国内首座内陆核电机组CV钢板技术协议的签订及生产。核岛系列用钢15MnNi、20MND5、SA-533实现供货，并率先在国内试制出18MND5试验评定产品，实现产品、技术国产化。核电常规岛及配套系列用钢—宽规格SA-516Gr.70（宽度4800mm）填补国内空白。在国内率先开发成功的Q500qE桥梁用钢通过铁道部技术审查，是我国铁路桥梁允许采用的最高强度级别钢种。X70、X65海底管线用钢通过中海油专家组技术评审，首次打入中海油市场，率先实现该产品的国产化，完成南海天然气项目供货1800t，合格率达到90%。国家科技支撑计划课题“动车组转向架用钢G-355NH的开发”，在较短时间内完成了工业试制，产品性能达到国外S355J2W水平，通过铁道部评审，鞍钢成为目前国内唯一的动车组转向架用钢生产企业。真空复合连铸板坯生产特厚钢板试验取得初步成功，为高品质特厚板开发奠定了坚实基础。冷轧450MPa级双相钢和热镀锌490MPa、590MPa级双相钢成功进行了工业试制。TRIP800通过工艺改进，实现了稳定批量供货。镀铝锌PVDF彩涂钢板成功应用于吉林高铁工程，打破了宝钢长期以来在该领域独家供货局面。积极开展EVI活动，负责的四个EVI团队与多个用户企业签订了12份技术合作协议并按协议开展相关研发工作，与一汽集团公司成立联合实验室，有效推进了战略产品的研发。

工艺研究取得显著进展。鞍凌公司烧结配矿、股份公司烧结用铁料配矿以及大孤山球团配矿等试验研究工作为公司生产经营应对原料结构变化发挥了重要作用。“被海水浸泡的澳大利亚铁矿石质量评价”研究工作，为公司保险理赔挽回巨额损失提供了强有力的技术支持。进行了硅钢AG6361 RH真空脱硫生产试验，脱硫率平均达到54%，大幅超过30%的目标值，达到国内先进水平。开发出适合980厚板坯电渣重熔的新渣系，重熔时间缩短4小时以上，电耗降低30%以上，同时解决了成分不均、合金烧损等难题，开辟了保护渣研制的新领域。转炉冶炼动态控制技术开发与应用取得新突破，在低碳钢种上累计完成100多炉次在线控制生产试验，实现一次拉碳出钢率达98.6%，缩短转炉冶炼周期2～3分钟，达到国内先进水平。自主研发成功含铁废料自还原铁炭球，炼钢使用8万余吨，节约成本6700余万元。首创利用红热铁水罐处理高锌尘泥，处理尘泥球3.6万余吨，节约成本1800余万元。开展超高强管线用钢的超快冷现场轧制试验，性能达到设计指标。

对公司生产经营的技术支持作用及能力稳步提升。理化检验工作为科研和公司生产经营发挥了重要支撑作用。高质量完成中石化委托的储油罐钢板复验以及鲅鱼圈船板认证工作。通过对化工总厂氨水管道泄露的失效分析，提出了替代的管道材质和规格，更换管道200余吨，总长达4000余米，为公司在线设备安全运行提供了有效的技术支持。有效处理了鲅鱼圈船板缺陷、线材厂LX80A拉拔断裂、一炼钢厂Q345D探伤不合、无缝管厂第一架PQF连轧辊剥离断裂、能源动力总厂叶片断裂等产品质量、设备失效原因分析115项。为公司检验样品1.2万个，合计检验费用192万元。成功开发的Q345NS钢应用于公司煤气管道建设，被确定为高炉、焦炉、转炉等煤气管道的专用产品，管道寿命预计由10年增加到30年。参与公司室式炉建设方案论证及设备调试工作，为核电用钢等超厚、超重规格钢板的生产与开发奠定了基础。参与公司热处理及高强度汽车用钢生产线建设方案论证，标志着初步具备了参与公司新建装备技术方案定型的能力。信息工作为公司决策、科研课题研究作出了重要贡献。撰写综述报告72篇，《领导参考》多次得到领导批示。开展专利战略分析研究，为公司领导决策提供了情报、信息支持。撰写专利申请文件198件，审查专利申请材料146件。规范编辑制度，《鞍钢技术》刊物的编校质量进一步提高。

科研建设取得显著成效。建成抗酸性腐蚀等一批高水平的实验室。购置了高速拉伸试验机、X射线光电子能谱仪等30余台（套）设备，其中X射线残余应力测试仪、热力学动力学软件等20余台（套）设备已投入使用，形成固定资产投资1000多万元。

组织机构与人才队伍建设取得新进展。按照均衡协调发展，有利于技术中心整体功能与作用发挥的思路。组建了汽车与家电用钢、环境与资源、中间试验等3个研究所。基础管理等工作已步入正轨。拓展了研究领域，进一步满足了公司持续科学发展的需要。进一步理顺、畅通了研发、信息调研、试验保障系列人员的技术职务岗位晋升渠道，调动各类岗位技术人员的积极性。完善首席专家评选办法，评定产生第二届首席专家19名，促进了领军人才队伍的成长。采取多种措施加快人才培养，确定了40对导师带培对子，从生产厂聘任11位业务素质高的技术骨干作为导师，促进了驻厂人员与生产现场的融入，提高了实战水平。选派45名科研人员带着科研课题到本部7个生产厂和鲅鱼圈分公司挂职锻炼。驻厂人员为现场解决了大量生产技术问题，受到现场人员肯定，为深入开展科研工作奠定了基础。加强人员流动，优化人员结构，调整配备10名中层以上管理干部，中心副处级以上干部年龄结构得到明显改善。各研究所之间的人员调整近30人次，整合军工研发团队，内部人力资源得到优化。从现场引进研发人员8人，实现人员引进渠道的新突破，为工艺技术与装备技术的有机结合创造了条件。重视与国内外高校和研究机构的交流合作，有9人次分别前往美国、日本、澳大利亚等国进行学术交流和技术考察。中心自主举办各种高水平学术报告13次，参加人数超过700人次。

管理工作取得明显进步。制订技术中心管理体系改进计划，有序推进。新制定《科技论文和学术专著管理细则》等7项管理制度。积极导入卓越绩效管理，提升管理水平。严格履行企业的法律责任，确保安全生产。全面开展安全标准化工作，通过公司评审获得安全生产标准化二级单位。动态调整了涉密岗位以及涉密项目，完善了涉及国家秘密的保密管理工作。编写设备5S管理手册，改善了试验室环境。推进原材料、备品备件退库工作，2次清理退库材料、备件6500余件，进一步优化物质资源配置使用。利用信息化手段推进基础管理工作，建立“大型设备故障通报查询”、“设备作业报修”平台。设立中心领导信箱，畅通了信息沟通渠道。建立重要事项协调工作制，保证科研工作有效有序进行。调整薪酬结构，解决了工资浮动比例过大及员工带薪休假问题。实现轻伤及以上事故，火险、质量、设备、失泄密、污染事故，刑事治安案件、计划外生育为零。

（朱晓光）

【计量厂】 2010年末，计量厂职工总数810人，在岗职工736人，其中管理及专业技术岗位135人（高级职称16人，中级职称67人，初级职称32人）。离退休职工980人。机构设置为党委工作室、综合管理室、生产技术设备室、设备状态监测室、工会，下设9个车间。厂区占地面积3.36万m^2，厂区建筑面积1.99万m^2。

2010年该厂各项生产经营指标均完成目标计划。成本费用总值目标计划9706万元，实际完成9290万元；计控设备准确运转率目标计划99.5%，实际完成99.87%；计量器具周检计划完成率目标计划100%，实际完成100%。

实施计控专业化管理，强化基础工作，满足保产保供需要。以完善制度、标准为前提，落实责任为保障，协调公司下发《计控专业化管理的补充规定》，进一步明确相关方责任和界线，凸显主体责任与专业化协力作用。优化仪控专业绩效评价模型和评价体系，打通网络实时征求意见通道，系统分析评价结果，持续改进工作绩效，确保计控体系满足公司生产需要。

全面修订完善四项标准，固化到管理流程，实现管理、作业常态化。组织点检员对重要岗位进行工艺描述167个，编写计控专业教材，通过典型故障分析、岗位技能培训和组织参加点检员大赛等方式，使员工掌握所服务岗位的工艺流程、仪表和控制系统作用、故障发生后应采取的措施，提高点检员技术水平和计控系统保障能力。

深化卓越绩效对标管理，站在公司生产大系统角度，以体现计量综合管理水平为原则，与管控状态相结合建立对标模板，优化指标体系，将对标工作推进重点向解决生产实际、改进生产工艺方向转变。

积极发挥专家组在技术研讨、攻关推广中的重要作用，对在线传统检测和控制方式很难满足公司生产技术改造需要等课题，分析国内外成熟技术与发展方向，以过程控制系统集中管理为主线，研发炉机自诊断功能，共解决计控技术实际应用问题31项，优化了系统结构和控制方案，提高了系统的先进性和可靠性。

结合2010年公司主要产线设备定修模型，制订适合计控系统特点、符合专业化标准要求的预防性维修方案。在日常点检中积累维护经验，明确设备合理使用周期并适时更换，分析季节变化等不利因素，改善设备运行环境，设备事故逐年下降。实施仪表定修作业348项、年修作业638项；向生产厂提出需要整改缺陷200余项；排查废弃点及死点120点；排查PLC逻辑和画面3万多个，纠正原系统中存在的问题96个；排查电缆1037项并建立新3号高炉等电缆断点档案；完成厂级创新项目93项；扫描关键设备图纸2542张，翻译英文资料36万字。

加强能源仪表管理，设立专项资金，完成能源管理系统仪表安装和缺陷整改70项，改善能源仪表的设备功能状态。编制能源仪表在线运行设备台账、结算点及参数台账；完成各种能源介质一、二、三级共13个画面连接及修改；完成股份公司内10个主要单位能源平衡表和需要完善的水计量点调查158点。成立5S和现场定置化管理推进机构，树立精细管理典型，落实“清洁、紧固、润滑、调整”八字方针，在定置、可视和过程诊断方面收到实效。

组织制订公司年度监测装置周期检定/校准计划，参与股份公司修改《监测装置检定校准管理程序》，规范、协调各单位监测装置管理和检定/校准工作，实现周检计划完成率100%。完成仪表收发流程开发。实施电力预防性试验、绝缘工具试验及防雷接地试验133点。通过辽宁省质量技术监督局53项计量标准复查认证。完成立山桥洞等4台汽车衡改造及衡器定修107项。补充完善铁水秤、东门集中计量；实现合金库和化工中部两台静态轨道衡无人值守；绘制物耗图，完善衡器设备台账，编制重要物资量统计报表；实时查询高炉出铁罐号，取消铁水秤、灵山料厂电话报量，增加汽车衡管理软件功能，规避操作风险，保障计量检斤工作。

加强资产管理，严格执行ERP设备管理流程，强化过程控制，将固定资产生命周期管理落到实处，实现资产保值升值。完成新增转固资产七项852.8万元，办理计量厂账外资产转固569.5万元。

修缮基础设施，整治设备缺陷。完成汽车衡土建基础、能源仪表维护梯子平台、仪表孔板、电磁流量计、仪表管路保温、吊车、机床等22项设备、设施的维修工作；完成浴池修缮和食堂暖气两项福措工程，满足生产、安全和职工生活需要。

加快企业信息化建设，提高计量工作水平。以现有计量信息系统为基础，生产管控系统为依托，持续开发潜在功能，拓展应用领域，满足国家对环保、能源管理要求及鞍钢计量事业发展需要（注：鞍钢股份生产管控系统2010年被工信部列为“两化”促进节能减排的试点示范企业）。2010年新增计量信息系统、生产管控系统功能26项，进一步完善系统功能，避免信息“孤岛”，同时扩展网络监控范围，新增硅钢、苯加氢等18个机组450个重要工艺和能源点联网，补充完善生产管控监控画面33幅。确认1126个计控系统关键点，采集关键点、系统平衡点数据与产线启/停状态相关联，绘制系统平衡图，建立产、储、耗、转换平衡的数据体系，反应量化的生产过程和设备状态；提供设备运行状态、生产过程、环保指标监视和分析的平台；实现产能用能设备状态远程监控、能源数据分析、系统异常分析等功能；提高了设备运行状态诊断、故障诊断和生产工艺变化判断能力，已建立平衡子系统361套。这些功能的建立都为下一步实现集中点检做好充分的准备。

完善衡器制表软件，实现衡器图像抓拍，校秤参数、称重曲线上传，车号自动识别，称重仪表远程清零，数据库信息加密等功能。完善衡器编码体系，建立与市场营销部同步的编码系统，可实现合同与编码同步，为下一步公司实施采购ERP系统奠定基础。

积极推进生产管控系统的推广工作，随着鞍山本部和鲅鱼圈生产管控系统的成功应用，该厂又承担了鞍凌生产管控中心的建设任务，需求分析、方案设计已完成，目前该项目已进展到实施阶段。

加强安全管理，保障安全生产。深入开展安全标准化工作，实施《安全生产禁令》。开展了以“遵章守纪难在哪？安全生产为了谁?”为主题的安全生产大讨论活动。利用计量信息系统平台，实施安全信息网络化管理，实现了管理动态及安全信息、隐患查改、经验交流的快速传递和落实，安全管理工作系统化、规范化、科学化水平有所提升。做好安全教育培训，组织全员安全基础知识闭卷考试，实现全员持证上岗。严格执行《相关方安全管理办法》，加强生产区域管理，保障安全生产。继续开展安全隐患排查，重点排查电气设备、煤气设施、压力容器、梯子平台护栏、易燃易爆气体隐患及操作牌、作业票执行情况，查出各类隐患46项，已全部整改完成。

完善安全技术操作规程和各类事故应急预案，制、修订安全管理制度14个，新制作安全标志牌153块。完成493个常规作业指导书编制审批。做好鞍凌实习人员、新转岗人员的安全培训。举办建厂以来39个典型事故案例漫画展；组织员工参加安全知识竞赛和班组长擂台赛；组织撰写经典安全知识警句406条、楹联35幅。建立、健全消防管理制度，深入开展构筑消防安全“防火墙”工程。组织消防应急培训和火灾应急救援和逃生模拟演练7次，强化了职工扑救初期火灾的能力和火场逃生技能，提升了应急火灾事故处置能力。

深化企业管理，提升企业管理水平。全面导入卓越绩效管理模式，系统梳理、优化各项管理流程，编制完成《计量厂卓越绩效管理模式自评报告》。围绕生产经营实际，完善制度体系建设，新增管理细则6个，修订完善管理细则32次。实施岗薪分配制度改革，实行劳动定员定额管理，合理岗位设置，保证平稳过渡。通过周综合检查、安全专项检查、劳动纪律检查、节假日综合检查、管理行为评价等方式加强管理过程监控，组织作业区总结分析考核项目，找出管理短板，落实管理职责，提高管理执行力。做好QEO管理体系日常运行控制，动态识别、控制企业运营环节中存在的各类风险，加强涉密岗位和涉密人员管理，保护企业利益。

（马媛媛）

·年报摘要·

鞍钢股份有限公司 2010年度报告摘要

一、公司基本情况简介

（一）公司法定名称

中文：鞍钢股份有限公司

中文简称：鞍钢股份

英文：Angang Steel Company Limited

英文简称：ANSTEEL

（二）公司法定代表人：张晓刚

（三）公司董事会秘书：付吉会

联系电话：0412－8419192

传真：0412－6727772

电子信箱：ansteel@ansteel.com.cn

联系地址：中国辽宁省鞍山市千山区千山西路1号

邮政编码：114011

（四）公司注册地址：中国辽宁省鞍山市铁西区鞍钢厂区

办公地址：中国辽宁省鞍山市铁西区鞍钢厂区

邮政编码：114021

公司国际互联网网址：

http：//www.ansteel.com.cn

电子邮件：ansteel@ansteel.com.cn

（五）公司选定境内信息披露报纸：《中国证券报》、《证券时报》

公司境外信息披露网址：

http：//www.hkex.com.hk 及

http：//angang.wspr.com.hk

中国证监会指定的年报登载网址：

http：//www.cninfo.com.cn

公司年度报告备置地点：公司董事会秘书室

（六）股票上市地点：A股：深圳证券交易所

H股：香港联合交易所

股票简称及代码：A股：鞍钢股份000898

H股：鞍钢股份0347

（七）其他有关资料：

公司首次注册登记日期：1997年5月8日

企业法人营业执照注册号：210000400006026

税务登记号码：210302242669479

组织机构代码：24266947-9

二、公司主要会计数据和财务指标

项　　目	2010 年度	2009 年度	本年比上年增减/%
营业收入(人民币)/百万元	92431	70126	31.81
利润总额(人民币)/百万元	2358	843	179.72
净利润(人民币)/百万元	2039	727	180.47
扣除非经常性损益的净利润(人民币)/百万元	1960	688	184.88
经营活动产生的现金流量净额(人民币)/百万元	9026	4549	98.42
基本每股收益(人民币)/元	0.282	0.100	182.00
全面摊薄净资产收益率/%	3.77	1.39	增加2.38个百分点
加权平均净资产收益率/%	3.83	1.38	增加2.45个百分点
项　　目	2010 年末	2009 年末	本年末比上年末增减/%
总资产(人民币)/百万元	105114	100987	4.09
股东权益(人民币)/百万元	54068	52432	3.12
每股净资产(人民币)/元	7.47	7.25	3.03
股本(人民币)/百万元	7235	7235	—

三、股本变动及股东情况介绍

(一) 股本变动情况

1. 股本结构情况

截至2010年12月31日，公司股本结构如下：

项　目	本期变动前		本期变动增减(+ -)			本期变动后	
	数量/股	比例/%	发行新股	其　他	小　计	数量/股	比例/%
一、有限售条件股份	4340902643	60.00	—	—	—	4340902643	60.00
1. 国家持股	4340884709	60.00	—	—	—	4340884709	60.00
2. 国有法人持股	—	—	—	—	—	—	—
3. 其他内资持股	17934	0.00	—	—	—	17934	0.00
其中：境内法人持股	—	—	—	—	—	—	—
境内自然人持股	17934	0.00	—	—	—	17934	0.00
4. 外资持股	—	—	—	—	—	—	—
其中：境外法人持股	—	—	—	—	—	—	—
境外自然人持股	—	—	—	—	—	—	—
二、无限售条件股份	2893905204	40.00	—	—	—	2893905204	40.00
1. 人民币普通股	1808105204	24.99	—	—	—	1808105204	24.99
2. 境内上市的外资股	—	—	—	—	—	—	—
3. 境外上市的外资股	1085800000	15.01	—	—	—	1085800000	15.01
4. 其他	—	—	—	—	—	—	—
三、股份总数	7234807847	100.00	—	—	—	7234807847	100.00

说明：报告期内，公司限售股份未发生变动。

2. 股票发行与上市情况

2007年度，公司向全体股东以每10股配2.2股的比例实施配售股份。2007年10月10日至16日，公司向公司A股股东配售股份1106022150股，配股价格为每股人民币15.4元，其中无限售条件股东增加228240496股；有限售条件股东增加877781654股。该部分新增股份于2007年10月25日获准在深圳证券交易所上市。2007年10月22日至11月5日，公司向公司H股股东配售股份195800000股，配股价格为每股港币15.91元（按当时汇率折合每股人民币15.4元），该部分新增股份于2007年11月14日获准在香港联交所上市。配售股份完成后，公司股份总数为7234807847股，鞍山钢铁集团公司持有的A股股份为4867680330股，其他A股股东持有股份为1281327517股，H股股东持有股份为1085800000股。

（二）股东情况介绍

1. 截至2010年12月31日公司股东数量和持股情况

股东总数	股东总数209849户，其中H股股东565户				
前10名股东持股情况					
股东名称	股东性质	持股比例/%	持股总数/股	持有有限售条件股份数量/股	质押或冻结的股份数量
鞍山钢铁集团公司	国有股东	67.29	4868547330	4340884709	—
香港中央结算（代理人）有限公司	外资股东	14.72	1064896048	—	未知
上投摩根中国优势证券投资基金	其他	0.65	46685337	—	未知
易方达深证100交易型开放式指数证券投资基金	其他	0.25	18025641	—	未知
UBS AG	其他	0.23	16860648	—	未知
长信金利趋势股票型证券投资基金	其他	0.20	14699936	—	未知
融通深证100指数证券投资基金	其他	0.20	14532914	—	未知
宝盈泛沿海区域增长股票证券投资基金	其他	0.18	13372885	—	未知
JPMORGAN CHASE BANKNATIONAL ASSOCIATION	其他	0.16	11594617	—	未知
DEUTSCHE BANK AKTIENGESELLSCHAFT	其他	0.16	11567270	—	未知

2. 公司控股股东情况

公司控股股东为鞍山钢铁集团公司

法人代表：张晓刚

成立日期：1948年

经营范围：钢材、金属制品（不含专营）、铸铁管、金属结构、金属丝绳及制品、炼焦及焦化产品、水泥、电力生产、冶金机械设备及零部件、电机、输配电及控制设备仪器仪表、铁矿锰矿采选、耐火土石开采。

主要产品：钢压延制品、金属制品

注册资本：人民币10794百万元

股权结构：国有独资

3. 公司与实际控制人之间的产权与控制关系

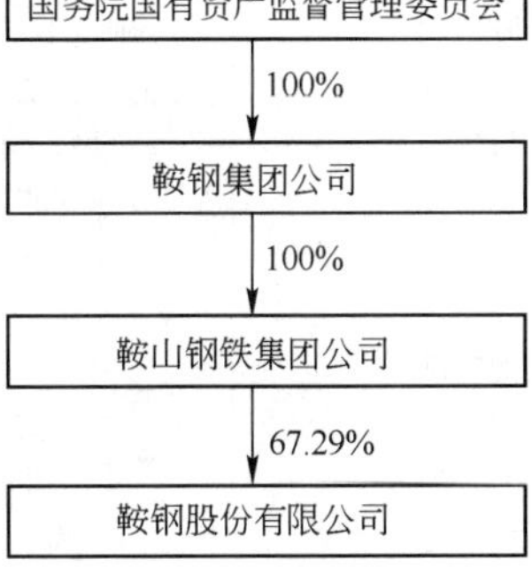

4. 其他持股在10%以上的法人股东

香港中央结算（代理人）有限公司持有公司

14.72%的股份，香港中央结算（代理人）有限公司为代理人。

四、董事、监事、高级管理人员和员工情况

（一）基本情况

姓　名	职　务	性 别	年 龄	任　期	期初持股/股	期末持股/股
张晓刚	董事长	男	57	2009.06～至今	0	0
杨　华	副董事长	男	49	2009.06～至今	0	0
陈　明	副董事长 总经理	男	50	2009.06～至今 2010.12～至今	610	610
于万源	董　事	男	50	2009.06～至今	16317	16317
付吉会	董事、董事会秘书	男	59	2009.06～至今	8540	8540
李世俊	独立非执行董事	男	67	2009.06～至今	0	0
马国强	独立非执行董事	男	57	2009.06～至今	0	0
邝志杰	独立非执行董事	男	44	2009.09～至今	0	0
闻宝满	监事会主席	男	60	2009.06～至今	0	0
单明一	监　事	男	57	2009.06～至今	5124	5124
邢贵彬	监　事	男	51	2009.06～至今	0	0
张立芬	副总经理	女	46	2009.11～至今	0	0
付　伟	副总经理	男	51	2000.08～至今	15372	15372
马连勇	总会计师	男	49	2002.03～至今	0	0

说明：以上人士所持均为公司A股股票，除陈明先生、于万源先生和单明一先生是以家族权益（由其配偶持有）方式拥有外，其他人均为其个人以实益拥有人的身份持有。

（二）董事、监事、高级管理人员在股东单位任职情况

1. 公司董事长张晓刚先生自2007年1月至今任鞍山钢铁集团公司的总经理。

2. 公司董事于万源先生自2001年12月至今任鞍山钢铁集团公司副总经理。

3. 公司监事会主席闻宝满先生自2005年5月至今任鞍山钢铁集团公司党委副书记。

（三）年度报酬情况

1. 公司董事、监事和高级管理人员报酬分别由董事会薪酬与考核委员会及监事会提出方案，经董事会及监事会讨论通过后，提交股东大会批准决定，报酬确定依据是根据企业经营状况及国内同类企业报酬情况。

2. 公司董事、监事和高级管理人员报酬情况

姓　名	职　位	报告期内从公司领取的报酬总额(含税)(人民币)/万元	是否在股东单位或其他关联单位领取
张晓刚	董事长	0	是
杨　华	副董事长	42.3	否
陈　明	副董事长、总经理	40.3	否
于万源	董　事	0	是
付吉会	董事、董事会秘书	36.6	否
李世俊	独立非执行董事	9.0	否
马国强	独立非执行董事	9.0	否
邝志杰	独立非执行董事	9.0	否
闻宝满	监事会主席	0	是
单明一	监　事	37.3	否
邢贵彬	监　事	15.6	否
张立芬	副总经理	35.6	否
付　伟	副总经理	37.4	否
马连勇	总会计师	37.2	否
合　计	—	309.3	—

（四）公司员工情况

截至2010年12月31日，公司拥有员工数量29875人。其中：生产人员20359人，销售人员283人，技术人员2988人，财务人员274人，行政管理人员2234人。公司员工中，本科以上学历6290人，占员工人数的21.05%；专科7104人，占员工人数的23.78%；中专12394，占员工人数的41.49%。

2010年组织完成职工参加集中培训19247人次，岗位培训20952人次。其中：组织高层管理人员参加政治理论、战略管理等培训471人次；组织管理技术人员参加管理知识、计算机、英语、专项技术培训及高等院校进修7175人次；组织生产人员参加技术等级、计算机、设备点检、培训6119人次；组织特种作业安全资质培训5482人；组织岗位操作技能培训20952人次；组织班组安全管理知识培训2147人；委培在职硕士（博士）67人；组织其他培训4015人次。通过培训，提高了员工队伍整体素质，为公司生产经营目标的实现提供了有力的人力资源保证。

公司对高级管理人员实行岗薪和风险年薪的分配方式，对科研岗位实行岗薪和新产品开发利润提成奖的分配方式，对销售岗位实行与销售利润挂钩的分配方式，对其他岗位实行岗薪工资的分配方式。

五、公司治理

（一）公司治理结构状况

公司严格按照《公司法》、《证券法》、中国证监会有关规定以及《香港联交所证券上市规则》、《深圳证券交易所股票上市规则》的要求，规范运作，建立了较完善的法人治理制度。

公司董事会下设四个专门委员会，其中薪酬与考核委员会、审计委员会、提名委员会都是由独立非执行董事担任召集人，而且独立非执行董事占多数。

（二）独立非执行董事履行职责情况

公司根据相关法规的要求制定了《独立董事工作制度》。各位独立非执行董事在任职期间均能够按照有关法律、法规的要求履行自己的职责，认真审阅公司财务及其他相关资料，对公司重大事项发表独立意见，维护了公司及广大中小投资者的利益。

（三）公司与控股股东在业务、人员、资产、机构、财务等方面做到了完全分开，公司在业务、人员、资产、机构、财务等各个方面均与控股股东完全独立设置和运作，符合有关法律、法规的要求。公司具有独立完整的业务及自主经营能力。

（四）公司对高级管理人员的考评及激励机制情况

公司对高级管理人员实行岗薪和风险年薪的分配形式，岗薪同公司总体经营成果挂钩，风险年薪与个人业绩表现和承担的经营指标挂钩。

（五）企业管治报告

1. 企业管治常规

作为一家在香港和深圳两地上市的公司，公司一直致力于按照国际企业管治标准来提升企业管治水平。董事会及管理层深知其有责任制定良好的企业管治常规及程序，并严格执行，以保障股东的权益及长期为股东创造价值。

自香港联交所颁发《企业管治常规守则》（简称“《守则》”）以来，公司即按《守则》规定的原则来完善企业管治。在报告期内，公司遵守了《守则》所列的所有守则条文，并遵循了大部分建议最佳常规。

2. 董事的证券交易

董事会已采纳董事证券交易守则，以符合香港联交所上市规则。董事会成员回应公司的特别查询时确认，均已符合香港上市规则附录十规定的准则。

公司亦已采纳对可能拥有或获得有关公司或其证券股价敏感资料的公司雇员所进行的证券交易施行监管的守则。

3. 独立非执行董事

在本报告期内，公司董事会均遵守《香港联交所证券上市规则》第3.10（1）条，规定公司需有最少三名独立非执行董事，并遵守《香港联交所证券上市规则》第3.10（2）条，规定其中一名独立非执行董事拥有专业资格或有会计或相关财务管理专业。

公司已按香港联交所的规定，就独立非执行董事的独立性进行核实如下：公司已收到各独立非执行董事的确认书，确保其遵守《香港联交所证券上市规则》第3.13条规定的独立性。公司认为所有独立非执行董事均具有独立性。

4. 董事会及下设专门委员会

（1）董事会的组成

公司现董事会共八人组成，其中董事长一人，执行董事四人，独立非执行董事三人。公司独立非执行董事占本董事会成员人数的三分之一以上。

公司董事会下设四个专门委员会，各专门委员会成员全部由董事组成，其中审计委员会、提名委员会、薪酬与考核委员会中独立非执行董事占多数并担任召集人，审计委员会中至少有一名独立非执行董事是会计专业人士。各专门委员会对董事会负责，各专门委员会的提案提交董事会审查决定。董事（包括独立非执行董事）任期均为三年，可连选连任。

（2）董事会的职责与运作

公司董事负责监督编制每个财政期间的财务报表，使该份报表能真实、公允地反映公司在该段期间的业务状况、业绩及现金流量。

2010 年度，公司董事会共召开董事会会议 10 次。

（3）薪酬与考核委员会

2010 年度，公司薪酬与考核委员会召开会议一次，主要对公司董事、高级管理人员 2009 年度业绩进行考核，并审查董事、高级管理人员的 2009 年度薪酬，并提交董事会审议。

2011 年 3 月，公司薪酬与考核委员会召开会议，对公司董事、高级管理人员 2010 年度业绩进行考核，并对董事、高级管理人员的 2010 年度薪酬进行了审查，薪酬与考核委员会认为，董事、高级管理人员的 2010 年度薪酬与公司总体经营成果、个人业绩表现及承担的经营指标挂钩，可以有效地调动董事、高级管理人员的积极性，并且符合国内同行业的收入水平。

（4）提名委员会

2010 年度，公司提名委员会召开会议一次，主要是根据所需人才的素质要求及相关法规、公司章程等要求提名公司总经理，并提交董事会审议。

（5）审计委员会

公司审计委员会根据联交所上市规则的《企业管治守则》第 C. 2. 2 条的最新要求，对公司内部监控制度及报告进行审阅，包括考虑公司在会计及财务汇报职能方面的资源、员工资历及经验是否足够，以及员工所接受的培训课程及有关预算是否充足。并将审阅后的内部监控报告提交公司董事会审议。

2010 年度，公司审计委员会召开会议四次，主要对公司季度、半年度、年度财务报告及公司季度报告、半年度报告、年度报告中财务信息进行审核，审查公司的内控制度，提议聘请外部审计机构。

公司审计委员会已联同管理层审查公司所采纳的会计政策，并就审计、内部监控及财务报表等事宜（包括审阅截至 2010 年 12 月 31 日止年度的审计财务报表）进行磋商。

5. 董事长与总经理

公司董事长与总经理职责分工界定明确，并且不是由同一人担任。

董事长职责：

（1）主持股东大会和召集、主持董事会会议；

（2）督促、检查董事会决议的实施情况；

（3）签署公司发行的证券；

（4）董事会授予的其他职权。

总经理职责：

公司总经理对董事会负责，行使下列职权：

（1）主持公司的生产经营管理工作，组织实施董事会决议，并向董事会报告工作；

（2）组织实施公司年度经营计划和投资方案；

（3）拟订公司内部管理机构设置方案；

（4）拟订公司的基本管理制度；

（5）制订公司的基本规章；

（6）提请聘任或者解聘公司副总经理和其他高级管理人员（包括财务负责人）；

（7）聘任或者解聘除应由董事会聘任或者解聘以外的负责管理人员；

（8）公司章程及董事会授予的其他职权。

6. 内部控制

根据《公司法》、《证券法》、中国证监会有关规定以及《香港联交所证券上市规则》、《深圳证券交易所股票上市规则》、《上市公司治理准则》、《深圳证券交易所上市公司内部控制指引》的要求，公司结合具体业务、机构设置、营运目标的实际情况，整合建立了内部监控系统。内部监控系统的设计充分考虑法律法规及上市规则等相关要求。现有内部监控系统在完整性、系统性、有效性、合规性方面不存在重大缺陷及异常现象，可以为达到公司诚实守法经营、财务报告真实可靠、提高营运效率和效果、规避可预见重大风险的目的提供合理的保证，有助于公司制定适宜的经营目标并帮助其如期实现。

公司设有内部审核机制，每年定期对内部监控系统作出一次总体评估，日常审核由公司各职能部室和基层单位统一采用“管理专项内部审核”的方式进行，审核工作着重于审核公司财务监控、运营监控、合规性监控及风险监控活动。内部审核机制的主要环节是监察及确保内部监控系统的有效运作。

根据《中华人民共和国会计法》、《企业会计准则》及其应用指南、《企业财务通则》，公司建立健全了财务报告内部控制体系，制定了一系列的管理办法，对公司财务报告的建立、编制、审核、装订、分析、保管等做了明确的规定，保证了财务报告合法合规、真实完整和有效利用。报告期内，未发现财务报告内部控制存在任何重大缺陷。

董事会已对公司的内部监控系统在2010年度的运行情况进行审核，认为公司的内部监控系统稳健、妥善而且有效，会计及财务汇报职能方面的资源、员工资历及经验足够，员工所接受的培训课程及有关预算充足。

（六）公司治理专项活动

根据中国证监会关于做好上市公司治理相关工作的有关通知及一系列精神，公司持续开展公司治理活动。为了完善销售网络，健全销售体系，公司于2009年8月28日与鞍钢集团国际经济贸易公司（以下简称“鞍钢国贸公司”）签署《鞍钢股份有限公司与鞍钢集团国际经济贸易公司关于设立鞍钢贸易有限责任公司的合资协议》，共同投资设立一家从事国内钢材贸易的有限责任公司。该公司注册资本人民币57300万元。公司占注册资本比例为51%；鞍钢国贸公司占注册资本比例为49%。

2009年12月28日，公司2009年第三次临时股东大会批准了该事项。目前该公司正在筹建中。

（七）关联交易和同业竞争

由于钢铁行业的生产具有较强的连续性，为了保证公司日常生产经营的稳定运行，公司大部分原料依赖于鞍山钢铁集团公司及其子公司提供，同时有部分产品也要销售给鞍山钢铁集团公司及其子公司。自上市以来，公司充分利用资本市场平台，通过发行可转换债券、定向增发、配股等多种融资渠道，不断地收购鞍钢集团公司优质资产，使上市公司快速做大做强，2006年鞍钢钢铁主业实现了整体上市。

2010年11月，鞍山钢铁集团公司与凌源钢铁集团有限责任公司共同出资建设的朝阳200万钢铁项目建成投产。朝阳钢铁项目的有关内容刊登在2007年3月27日《中国证券报》、《证券时报》、巨潮资讯网上的公司第四届董事会第八次决议公告。

六、股东大会情况简介

公司于2010年6月18日召开2009年度股东大会，会议决议公告刊登于2010年6月19日《中国证券报》、《证券时报》。

七、董事会报告

（一）报告期内公司经营情况分析

2010年，面对钢铁行业的激烈竞争，公司广大职工坚持“平稳运行、保证规模、改善指标、降本增效”的原则，齐心协力，狠抓落实，生产经营保持了良好发展态势，各项工作取得了新的成绩。

1. 生产经营取得新成效

报告期内，公司生产铁2212.5万t，比上年增长7.87%；钢2165.73万t，比上年增长7.91%；钢材2087.28万t，比上年增长9.86%。；销售钢材2069.30万t，比上年增长11.14%，实现钢材产销率为99.14%。

2. 节能减排取得新成果

先后实施了鲅鱼圈Ⅰ系列烧结机、西区Ⅰ系列烧结机、三烧烧结机、二烧烧结机的烟气脱硫、厚板生产线外排废水治理等环保项目18项，项目计划投资人民币3.19亿元。鲅鱼圈CCPP及干熄焦发电CDQ项目顺利通过第三方现场核查。

发电分厂锅炉改造、炼铁总厂三烧余热发电、二炼钢北线饱和蒸汽发电、西区烧结余热蒸汽发电、西大沟污水深度处理等一批节能项目陆续投产并逐步发挥节能作用。

全年实现三级以上环保事故为零。危险废物收集、转运、处置机制得到进一步完善，废油脂得到规范处置。大气污染源排放达标率、可回收固体废弃物利用率均创历史最好水平。

3. 科研创新、新产品开发实现新突破

核电用钢三大系列产品取得较大突破，核反应堆安全壳用钢一次性能合格率达98%以上，达到国内领先水平；核岛系列用钢15MnNi、20MND5、SA-533实现供货，并率先在国内试制出18MND5试验评定产品；核电常规岛及配套系列用钢——宽规格SA-516（宽度4800mm）填补国内空白。时速350km客运专线100m60kg/m钢轨全线应用于沪杭高铁。成功开发时速380km高速重轨，并用于京沪高铁线上。成功研制澳标60kg/m钢轨，首次出口澳大利亚并实现批量供货。通过了中海油组织的国产化评定，完成中国第一条国产化海底管线——南海海底管线钢X70（31.8mm）、X65（30.2mm）小批量试制。船体海洋工程超高强钢F690的研制，实物质量满足标准要求并居国内领先地位，国内首家通过船级社认证。Q500qE钢通过铁道部500MPa级高强度铁路用钢技术审查，并成为国内首家通过该钢种审查的钢铁企业。全年开发新产品485万t，比上年增加5.2%，实现新产品销售收入人民币239.4亿元，比上年增加25.7%。专利及专有技术数量、质量均创鞍钢历史最好水平。

4. 营销工作再上新水平

加强营销渠道和目标市场管理，利用国家发展环渤海经济带的有利时机，积极扩大北方地区市场占有率。以汽车、家电用钢等战略和主导产品为重点，加大了直供企业和战略品种的开发力度，家电、造船、集装箱用钢销量市场排名第一，汽车用钢销量市场排名第二。直供企业订货比例达到53.01%，同比上升7.2%。

积极参与重点工程投标，2010年分别在中石油锦州—郑州输油管线工程、中石化日照、曹妃甸、册子岛等储油基地项目、中石化国际惠州项目、中海油大连项目以及呼和浩特储能电站等国家重点工程上中标。

积极拓展海外市场，促进国际化经营，实现出口钢材结算量170.66万t。

5. 技改技措项目及对外投资合作取得新进展

全年完成固定资产投资人民币52.54亿元。西区硅钢生产线的高牌号无取向硅钢已达产达标，完全依靠自主研发生产的取向硅钢已具备批量生产能力。线材总体改造工程已进入热负荷试车阶段。

按照多点布局、延伸产业链的发展思路，投资新建了鞍钢冷轧钢板（莆田）有限公司（以下简称“鞍钢莆田”），该项目已完成主体部分设计、主体机组设备订货及制造，目前正在进行土建及设备基础施工。

6. 企业管理水平再上新台阶

全面导入卓越绩效管理模式，系统梳理、优化、整合了公司各项管理流程。2010年，公司通过了中国质量管理协会评审，获得第十届全国质量奖。

充分发挥预算调控作用，紧跟市场环境变化，动态测算公司效益，为公司调整品种结构、合理配置资源提供了数据支撑。

（二）对2011年公司发展的展望

1. 钢铁行业的市场分析及公司发展的机遇和挑战

2011年，从公司发展面临的内外形势分析，机遇与挑战并存。

有利因素方面：世界经济有望继续恢复增长，国内经济仍将保持一定增速，刚性需求依然强盛，为钢铁工业发展提供了市场空间；联合重组、淘汰落后、节能减排、行业规范等政策措施的推进和实施，为钢铁行业和钢铁市场的平稳运行创造有利条件。从公司内部看，经过“十一五”期间大规模的企业现代化改造，公司的技术、装备水平有了质的飞跃。鲅鱼圈新区生产经营水平和质量的迅速提升，有利于鞍营两地生产互动，多点布局、优势互补的作用将发挥得更加明显。

不利因素方面：国际经济复苏缓慢，市场竞争激烈。国内经济结构调整压力加大，钢材消费增速放缓。原燃料价格仍居高不下，钢铁行业生产经营将面临更加严峻的挑战。

2. 公司2011年度的经营计划

2011年公司将以卓越绩效对标为载体，以做强做优为目标，全力推进提质调品，大力开拓市场，努力降低成本，为建设最具国际竞争力的钢铁企业，促进新鞍钢战略目标的早日实现作出新贡献。

（1）强化全局管控能力，在提高生产运行水平上实现新突破。

（2）加大科技研发力度，在提升企业创新力和核心竞争力上实现新突破。

（3）全面强化营销管理，在营销业绩和服务水平上实现新突破。

（4）加大节能减排力度，在低碳技术和绿色发展上实现新突破。

（5）加快资本性项目推进步伐，在提升装备现代化水平上实现新突破。

（6）深化卓越绩效管理模式，在提高企业整体素质上实现新突破。

（7）加大鲅鱼圈新区发展力度，在推进样板工厂建设上实现新突破。

3. 公司2011年资金需求、使用计划和资金来源情况说明

2011年公司拟向安全、科研、节能环保及化工四期改造、焦油扩容、增建3号板坯铸机等主要建设项目投入资金人民币7737百万元。

2011年公司所需资金来源主要为短期融资券、经营活动产生的现金流入和银行借款。

（三）公司投资情况

2010年度，公司对外投资总额为人民币825百万元，比上年度对外投资总额人民币652百万元增加26.53%。

其中向鞍钢莆田投资人民币800百万元，向中冶南方工程技术有限公司投资人民币25百万元。

（四）2010年度公司无会计政策、会计估计变更或重大会计差错更正的情况

（五）公司财务状况及经营情况分析（按《中国企业会计准则》）

（人民币百万元）

指 标 名 称	2010 年	2009 年	变动/%
总资产	105114	100987	4.09
非流动负债	13369	11702	14.25
股东权益	55345	53798	2.88
营业收入	92431	70126	31.81
营业利润	2253	789	185.55
净利润	1950	686	184.26
现金及现金等价物净增加额	1409	-732	292.49

（六）公司流动资金情况、财政资源与资本结构（按《中国企业会计准则》）

截至2010年12月31日，公司长期借款（不含一年内到期部分）为人民币12717百万元，借款利率为4.86%～5.94%，借款期限为三到二十五年，借款将于2012年到2030年到期，主要用于补充流动资金和项目资金。公司一年内到期长期借款为人民币5961百万元。公司资信状况良好，产品有较高的盈利能力，将来有足够的现金用于偿还到期债务。

截止到2010年12月31日，公司的现金及现金等价物人民币3651百万元，较2009年12月31日的人民币2242百万元增加人民币1409百万元，主要原因一是经营活动产生的现金净流入额人民币9026百万元；二是投资活动产生的现金净流出额人民币4750百万元；三是筹资活动产生的现金净流出额人民币2867百万元。

公司2010年末总资产减流动负债为人民币68714百万元，2009年末为人民币65500百万元。

公司2010年末股东权益为人民币55345百万元，2009年末为人民币53798百万元。

（七）资产抵押

公司本年末人民币200百万元短期借款是天津天铁向天津滨海农村商业银行借入的抵押借款，借款是以天铁工程的部分在建工程为抵押物，其账面余额为人民币717百万元，抵押期限为2010年10月31日至2011年10月30日。

（八）资本承诺及或有负债

公司截至2010年12月31日，资本承诺为人民币4303百万元，主要为已签订尚未履行或尚未完全履行的建设改造合同及已签订尚未履行或尚未完全履行的对外投资合同。

公司截至2010年12月31日，无或有负债。

（九）外汇风险

公司在出口销售产品、进口采购生产用原材料以及工程用设备等主要外币交易采用锁定的固定汇率与进出口代理进行结算，因此，公司并无交易方面的重大外币风险。

（十）资本负债的比率

按《中国企业会计准则》，公司股东权益与负债比率于2010年12月31日为1.11倍，于2009年12月31日为1.14倍。

（十一）董事会日常工作情况

1. 报告期内董事会的会议情况

（1）公司董事会于2010年1月20日召开五届八次会议，审议批准了《关于公司对南方工程技术有限公司增资的议案》。

（2）公司董事会于2010年1月29日召开五届九次会议，会议决议公告刊登于2010年1月30日《中国证券报》、《证券时报》。

（3）公司董事会于2010年4月19日召开五届十次会议，会议决议公告刊登于2010年4月20日《中国证券报》、《证券时报》。

（4）公司董事会于2010年4月29日召开五届十一次会议，会议审议批准了《公司2010年第一季度报告全文》及摘要。

（5）公司董事会于2010年6月21日召开五届十二次会议，会议决议公告刊登于2010年6月22日《中国证券报》、《证券时报》。

（6）公司董事会于2010年8月11日召开五届十三次会议，会议决议公告刊登于2010年8月12日《中国证券报》、《证券时报》。

（7）公司董事会于2010年8月17日召开五届十四次会议，会议审议批准了《2010年半年度报告》。

（8）公司董事会于2010年10月29日召开五届十五次会议，会议审议批准了《公司2010年第三季度报告全文》及摘要。

（9）公司董事会于2010年12月20日召开五届十六次会议，会议审议批准了《关于公司投资大连船舶重工集团船务工程有限公司的议案》和《关于公司投资大连造船厂集团钢业公司的议案》。

（10）公司董事会于 2010 年 12 月 30 日召开五届十七次会议，会议决议公告刊登于 2010 年 12 月 31 日《中国证券报》、《证券时报》。

2. 董事会对股东大会决议的执行情况

2010 年 6 月 18 日，公司在鞍山召开了 2009 年度股东大会，审议通过了 2009 年度利润分配方案。决定以总股本 7234807847 股为基数，2009 年度利润分配方案为每 10 股派发现金红利人民币 0.6 元。2010 年 6 月 30 日，公司向 H 股股东派发了现金红利，适用的汇率为股东大会召开前一个公历星期，中国银行公布的人民币兑港币基准汇率的平均价，即每 100 元港币兑人民币 87.645 元，向 H 股股东实际派发的现金红利为 74 百万元港币。2010 年 6 月 30 日，公司向境内流通 A 股股东和国家股股东派发了现金红利，共计人民币 369 百万元。2009 年度公司共发出现金红利人民币 434 百万元。

3. 董事会下设的审计委员会的履职情况

审计委员会的履职情况见本报告第 23 页，《企业管治报告》中关于审计委员会的部分内容。

4.《内幕信息知情人管理制度》的执行情况

报告期内，公司严格执行《内幕信息知情人管理制度》，未出现内幕信息知情人在影响公司股价的重大敏感信息披露前利用内幕信息买卖公司股份的情况。

5. 内部控制的责任与工作计划

建立健全并有效实施内部控制制度是公司董事会的责任。

为确保两个规范在公司 2011 年的内部控制管理工作中得到有效落实，通过内部控制管理现状调查、对照配套指引要求，确定了公司贯彻落实配套指引和完善股份公司内部控制管理体系的下步工作方案：

Ⅰ. 内部控制建设工作计划：

第一阶段工作（2011 年 7 月 31 日以前完成）：

（1）组织公司各部门了解、学习《企业内部控制应用指引》，落实职责，对照应用指引的要求，修改现行内部控制管理制度中不符合要求的问题；重新确认内部控制规范实施的范围包括公司及子公司各项业务流程、梳理流程中的风险，确认、编制风险清单；

（2）聘请外部审计机构或咨询机构。

第二阶段工作（2011 年 10 月 31 日以前完成）：

根据公司实际情况结合内部控制规范与要求，全面完善内部控制体系：

（1）董事会秘书室聘请的外部机构对公司的内部控制体系建设情况进行评价，发现内部控制缺陷，制订内部控制缺陷整改方案；

（2）落实缺陷整改工作，包括调整机构设置和流程（如适用）、修订政策及制度、调配人员等；

（3）检查整改效果；

（4）披露内部控制实施工作情况。

Ⅱ. 内部控制自我评价工作计划

公司计划在 2011 年底完成自我评价工作：

（1）编制自我评价工作计划，确定纳入自我评价范围子公司和业务流程，确定评价工作的具体时间表和人员分工；

（2）确定内部控制缺陷的评价标准，按定性标准和定量标准作参照比对分析；

（3）对公司内部控制体系运行情况进行系统评价；

（4）查找公司内部控制体系运行的缺陷，对发现的缺陷进行评价，编制缺陷评价汇总表，同时提出整改建议，编制整改任务单；按缺陷的大小分一般缺陷、重要缺陷和重大缺陷；

（5）编制内部控制自我评价报告并按要求及时披露。

Ⅲ. 内部控制审计工作计划

公司计划在 2011 年年报披露前完成内部控制审计工作，并按要求披露内部控制审计报告：

（1）在 2011 年 6 月底前确定内部控制审计会计师事务所；

（2）在 2011 年年报披露前完成内部控制审计工作；

（3）在披露 2011 年年报的同时披露内部控制自我评价报告和内部控制审计报告。

（十二）2010 年度利润分配预案及前三年分配情况

1. 2010 年度利润分配预案

经过中瑞岳华会计师事务所（特殊普通合伙）审计确认，按《中国企业会计准则》，2010 年度公司实现归属于上市公司股东的净利润为人民币 2039 百万元，2010 年年末公司可供股东分配的利润为人民币 11672 百万元。根据中国法规及公司章程，董事会建议以现有总股本 7234807847 股为基数，2010 年度每股派发现金红利人民币 0.15 元（含税），向股东分配可供分配利润人民币 1085 百万元。方案实施后，可供分配利润剩余人民币

10587百万元。此项分配预案尚需提交2010年度股东大会审议。

2. 前三年的分配情况

时　间	归属公司股东的净利润（人民币）/百万元	分配方案	现金分红金额（人民币）/百万元	现金分红金额占实现净利润比例/%
2009年度	727	每股人民币0.06元	434	59.70
2008年度	2981	每股人民币0.21元	1519	50.96
2007年度	7525	每股人民币0.55元	3979	52.88
合　计	11233	—	5932	52.81

八、监事会报告

本年度公司监事会依照《公司法》与公司章程，认真履行职责，维护股东和公司的合法权益。

（一）出席股东大会1次，列席公司董事会4次，召开监事会议4次。在充分了解公司生产经营重大决策及实施过程情况的基础上，独立提出意见和建议。

（二）2010年度，公司监事会对公司运作是否符合《公司法》等有关法律法规及公司章程情况进行了监督，对公司与鞍山钢铁集团公司的关联交易进行监督，审查有关资料，确保交易的公正性。

公司监事会对下列事项发表独立意见：

1. 本年度公司依法运作，无违规行为，有完善的内部控制制度，决策程序合法。

2. 公司董事、高级管理人员执行职务时无违反法律、法规、公司章程或损害公司利益的行为。

3. 公司财务报告真实反映了公司的财务状况和经营成果。

4. 公司最近一次募集资金实际投入项目和承诺投入项目一致。

5. 公司收购资产交易价格合理，无内幕交易，未损害部分股东的权益或造成公司资产流失。

6. 公司本年度在生产经营中，日常持续性关联交易及其他关联交易皆是公平的，无内幕交易，未损害公司利益。

九、重要事项

（一）重大诉讼、仲裁事项

本年度公司无重大诉讼、仲裁事项。

（二）公司持有其他上市公司股权情况

（人民币百万元）

证券代码	证券简称	初始投资金额	占该公司股权比例	期末账面值	报告期损益	报告期所有者权益变动	会计核算科目	股份来源
600961	株冶集团	81	1.9%	179	—	13	可供出售金融资产	股份认购
合　计	—	81		179		13	—	—

（三）公司收购及出售资产情况

本年度公司无重大资产收购及出售事项。

（四）重大关联交易

1. 与日常经营相关的关联交易

公司2010年度向鞍山钢铁集团公司及其子公司购买部分生产所需原料及能源动力及服务，又向鞍山钢铁集团公司及其子公司销售部分公司产品，交易方式及价格均按双方签订的原材料和服务供应协议执行。

2. 公司与关联方债权、债务往来、担保等事项

截止到2010年12月31日，公司与关联方之间无非经营性债权、债务往来。

截止到2010年12月31日，公司银行借款人民币10亿元由鞍山钢铁集团公司提供担保，鞍钢莆田银行借款人民币11亿元由鞍山钢铁集团公司提供担保。

（五）重大合同及其履行情况

（1）报告期内公司没有发生重大托管、承包、租赁事项。

（2）报告期内公司没有发生重大担保事项。

（3）报告期内公司不存在委托理财事项。

（4）报告期内公司无其他重大合同。

（六）聘任、改聘、解聘会计师事务所情况

公司2009年度股东大会批准，聘任中瑞岳华会计师事务所（现已经更名为“中瑞岳华会计师事务所（特殊普通合伙）”）和中瑞岳华（香港）会计师事务所分别为公司2010年度境内审计师和境外审计师。公司应支付会计师事务所2010年度审计费共人民币610万元，会计师事务所为审计而实际发生的代垫费用由公司支付。中瑞岳华会计师事务所（特殊普通合伙）和中瑞岳华（香港）会计师事务所已连续三年为公司提供审计服务。

（七）承诺事项

1. 股权分置改革期间，公司控股股东鞍山钢铁集团公司根据相关法律、法规和规章的规定，做出了法定最低承诺。

除法定最低承诺外，鞍山钢铁集团公司还做出了如下特别承诺：

（1）鞍山钢铁集团公司在本次股改方案实施后所持的股份自获得上市流通权之日起，在36个月内不上市交易或者转让（权证行权对应的股份除外）。

（2）若在股东大会及监管部门批准的前提下，公司新增流通A股收购鞍山钢铁集团公司持有的鞍钢新钢铁公司100%股权，则鞍山钢铁集团公司承诺因此而增持的股份自过户至其账户起36个月不上市交易或转让。

（3）自上述收购事项完成至2010年末，鞍山钢铁集团公司持有的公司股份不低于60%。

（4）鞍山钢铁集团公司保证，出现其不履行或者不完全履行上述承诺的情况时，将赔偿其他股东因此遭受的损失。

（5）鞍山钢铁集团公司将其持有的、用于执行对价安排所需的公司股份在深圳登记公司办理有关保管手续，以确保履行该等对价安排义务。

（6）鞍山钢铁集团公司将支付与本次股权分置改革相关的所有费用。

鞍山钢铁集团公司还做出了如下声明：

“公司将忠实履行承诺，承担相应的法律责任。除非受让人同意并有能力承担承诺责任，公司将不转让所持有的股份”。

报告期内，承诺人没有违反相关承诺事项的情况。

2. 2009年10月27日，公司与鞍山钢铁集团公司签订《原材料和服务供应协议（2010～2011年度）》。依据该协议，铁精矿定价基准［即不高于调整之前的前一半年度中国铁精矿进口到岸的海关平均报价（以下简称“进口平均价”）加上从鲅鱼圈港到公司的铁路运费再加上品位调价后的价格。其中品位调价以公司前一半年度进口铁精矿加权平均品位为基准，铁精矿品位每上升或下降一个百分点，价格上调或下调人民币10元］。鞍山钢铁集团公司于2009年12月4日做出承诺，在上述定价基准所确定的最高数额上给予相当于进口平均价的5%的优惠折扣。该承诺有效期与《原材料和服务供应协议》（2010～2011年度）一致。

报告期内，承诺人没有违反相关承诺事项的情况。

（八）接待投资者调研及采访情况

公司在2010年共接待境内外投资者、基金经理、行业分析师来访37次，来访人数113人；应邀参加境外投资者、基金经理、分析师举行的电话会议多达百余次。公司以上行为所提供的资料和沟通的问题都基于公司已经公告的内容，严格遵循《上市公司公平信息披露指引》的要求。

十、主要会计报表

鞍钢股份有限公司合并资产负债表

（人民币百万元）

项　目	年末数	年初数
流动资产：		
货币资金	3651	2242
交易性金融资产		
应收票据	3703	3396
应收账款	2061	1770
预付款项	8380	6212
应收利息		
其他应收款	15	19
存货	13134	10658
一年内到期的非流动资产		
其他流动资产		
流动资产合计	30944	24297
非流动资产：		
可供出售金融资产	179	161
长期股权投资	1986	1629
投资性房地产		
固定资产	57267	53805
在建工程	5277	10588
工程物资	1047	2334
无形资产	6967	7061
递延所得税资产	1447	1112
其他非流动资产		
非流动资产合计	74170	76690
资产总计	105114	100987

续表

项　目	年末数	年初数
流动负债：		
短期借款	10395	13710
应付票据	4879	3509
应付账款	4683	3318
预收款项	6157	5942
应付职工薪酬	322	326
应交税费	（1836）	（2296）
应付利息	79	
其他应付款	2737	3283
一年内到期的非流动负债	5961	7653
其他流动负债	3023	42
流动负债合计	36400	35487
非流动负债：		
长期借款	12717	11502
递延所得税负债	61	61

续表

项　目	年末数	年初数
其他非流动负债	591	139
非流动负债合计	13369	11702
负债合计	49769	47189
股东权益：		
股本	7235	7235
资本公积	31521	31510
专项储备	70	50
盈余公积	3570	3357
未分配利润	11672	10280
外币报表折算差额		
归属于母公司股东权益合计	54068	52432
少数股东权益	1277	1366
股东权益合计	55345	53798
负债和股东权益总计	105114	100987

鞍钢股份有限公司合并利润表　（人民币百万元）

项　目	本年数	上年数
一、营业总收入	92431	70126
其中：营业收入	92431	70126
二、营业总成本	90589	69523
其中：营业成本	82694	63712
营业税金及附加	285	183
销售费用	1622	1081
管理费用	3441	2962
财务费用	1249	902
资产减值损失	1298	683
加：公允价值变动收益（损失以“－”号填列）		
投资收益（损失以“－”号填列）	411	186
其中：对联营企业和合营企业的投资收益	393	176
三、营业利润（亏损以“－”号填列）	2253	789
加：营业外收入	142	93
减：营业外支出	37	39
其中：非流动资产处置损失	35	39
四、利润总额（亏损总额以“－”号填列）	2358	843
减：所得税费用	408	157
五、净利润（净亏损以“－”号填列）	1950	686
归属于母公司所有者的净利润	2039	727
少数股东损益	（89）	（41）
六、每股收益		
（一）基本每股收益	0.282	0.100
（二）稀释每股收益	0.282	0.100
七、其他综合收益	11	87
八、综合收益总额	1961	773
归属于母公司所有者的综合收益总额	2050	814
归属于少数股东的综合收益总额	（89）	（41）

鞍钢股份有限公司合并现金流量表 （人民币百万元）

项　　目	本年数	上年数
一、经营活动产生的现金流量：		
销售商品、提供劳务收到的现金	95169	72934
收到的税费返还		800
收到其他与经营活动有关的现金	672	292
经营活动现金流入小计	95841	74026
购买商品、接受劳务支付的现金	80121	63879
支付给职工以及为职工支付的现金	2698	2554
支付的各项税费	2720	2255
支付其他与经营活动有关的现金	1276	789
经营活动现金流出小计	86815	69477
经营活动产生的现金流量净额	9026	4549
二、投资活动产生的现金流量：		
取得投资收益收到的现金	93	47
处置固定资产、无形资产和其他长期资产收回的现金净额	5	23
收到其他与投资活动有关的现金	87	1730
投资活动现金流入小计	185	1800
购建固定资产、无形资产和其他长期资产支付的现金	4910	6870
投资支付的现金	25	143
投资活动现金流出小计	4935	7013
投资活动产生的现金流量净额	（4750）	（5213）
三、筹资活动产生的现金流量：		
取得借款收到的现金	25265	20140
收到其他与筹资活动有关的现金		
筹资活动现金流入小计	25265	20140
偿还债务支付的现金	26077	17084
分配股利、利润或偿付利息支付的现金	1985	3086
其中：子公司支付给少数股东的股利、利润		
支付其他与筹资活动有关的现金	70	38
筹资活动现金流出小计	28132	20208
筹资活动产生的现金流量净额	（2867）	（68）
四、汇率变动对现金及现金等价物的影响		
五、现金及现金等价物净增加额	1409	（732）
加：年初现金及现金等价物余额	2242	2974
六、年末现金及现金等价物余额	3651	2242

（鞍钢股份公司　林　青）

（本栏编辑　李东辉）

集团单位简介

·全资子公司·

矿业公司

【概况】 2010年末，矿业公司有职工32387人，其中在岗干部5125人（高级职称590人，中级职称2532人，初级职称1618人），生产工人26472人。离退休职工29252人。公司下设25个基层单位（含大孤山球团厂、齐大山选矿厂、东鞍山烧结厂），其中设5个全资子公司，即弓长岭矿业公司、鞍千矿业有限责任公司、化工原料制备厂、瓦房子锰矿、设计研究院，15个部室。拥有固定资产原值180.84亿元、净值53.58亿元、新增值12.04亿元。公司占地面积1.35亿m^2，建筑面积239.67万m^2。与上年相比，公司所属单位数量没有变化，但弓矿公司下属单位数量由21个减少到18个，即将矿建公司、培训服务中心与生活服务公司合并，物资供应处与备件处合并，减少3个单位。复州湾粘土矿已经转产，负责鞍钢鲅鱼圈新区的生产协力劳务任务。

2010年，矿业公司深入贯彻落实科学发展观，全力推进矿业发展战略，加快矿山建设步伐，推进管理升级，努力降本增效，克服了采选不平衡、降成本压力大等困难，各项工作取得丰硕成果。

以战略为主导的产业化发展能力显著提升。在鞍钢集团总体发展战略指引下，通过全面推进矿业发展战略，初步改变了单一原料生产基地的局面，形成了以战略为主导、具有完整产业链的产业化发展格局。

在鞍钢战略布局中的支撑作用显著提升。随着生产成本的大幅度下降和经营业绩的持续改善，矿业已成为集团公司极其重要的利润中心，对钢铁产业的支撑作用进一步显现，资源优势越来越成为鞍钢的发展优势和竞争优势。

在行业内外的影响力显著提升。公司的综合实力和市场竞争力不断增强，在国内同行业的领先优势进一步扩大，龙头地位更加凸显。鞍钢矿业的发展得到国家有关部门的高度重视和大力支持。

企业的文化品牌价值显著提升。郭明义同志的先进事迹得到胡锦涛总书记等中央领导的高度评价，在全国掀起了学习热潮，公司两个文明建设的成果引起社会各界广泛关注。

在提高生产经营运行质量上取得突破性进展。全年完成采剥总量2.22亿t，铁矿石4552万t，铁精矿1560.7万t，烧结矿275万t，球团矿600万t。铁精矿、烧结矿、球团矿品位分别达到67.49%、57.06%和65.41%。预计全年取得销售收入147亿元，应缴税金24.5亿元，在消化上游产品涨价等减利因素多达5.2亿元的基础上，实现利润24亿元，全面超额完成了集团公司下达的生产经营任务。

面对矿石生产能力不足的突出矛盾，在加快铁矿山建设的同时，把工作的着力点放在优化生产组织、挖掘现有生产潜力上，坚持效益最大化原则组织生产，努力降低生产成本、提高产品质量、增加经济效益，以最少的投入保持了生产经营的正常运行。全年压缩各种费用3.27亿元，降低采购成本6590万元，提质增效3730万元，对标挖潜创效2200万元，双增双节创效6800多万元，铁精矿成本进一步降至490元/t，生产经营的运行质量和经济效益显著提升，抗风险能力大大增强。

在安全标准化建设和节能减排工作上取得突破性进展。全面开展了安全生产标准化建设工作，全公司有13个单位申报了国家安全标准化企业，累计有30个车间进入安全标准化车间行列。强化安全教育，深入开展了全员安全评价和隐患排查治理活动，细化了安全考核标准，加大了检查、曝光和考核力度，安全生产的标准化水平进一步提升。高度重视节能减排工作。实施了厂区高耗能照明灯具更新等9个节能项目，完成后每年节能创效近1700万元。完成了东矿二期岩石胶带水除尘系统、东烧前峪尾矿库管路改造、弓二球精矿堆场抑尘等三个环保除尘项目和齐矿1号锅炉脱硫除尘改造。公司岗位粉尘合格率和污染因子合格率达到历史最好水平。推进矿区复垦绿化，新增绿地面积35万m^2。

在提高职工物质文化生活水平上取得突破性进展。在企业效益增长的同时，经过不懈努力，职工收入取得较大幅度增长，特别是试行薪酬制度改革的单位职工收入增长明显。为退休人员和居家职工增加了基本养老金，两项总计年增资4774万元。在纪念鞍钢开工61周年之际，为在职和离退休人员增加一次性收入总计2012万元。努力为职工解难题办实事。对大孤山、齐大山、眼前山地区的危旧房进行了调查统计，将由政府统一改造。为铁西三街口11栋职工住宅楼安装了煤气，彻底解决了这部分职工20余年无煤气可用的问题。深入开展送温暖活动，建立困难职工包保对子538对，发放救济款533万元，救助困难职工5240人次，其中为患病住院职工发放医疗救助金270万元，救助740人次。开展了“金秋助学”活动，救助、奖励困难职工子女63人。安排1.1万名一线职工、先进模范人物及患病职工进行了健康疗养。

在职工中开展了“做高品位矿业人，全员行动，万人健身”群众性体育健身活动，公司女子拔河队摘取了中国在世界拔河锦标赛历史上的首枚金牌，男、女拔河队在国内重大比赛中夺得9个冠军。成立了文联及多个协会组织，开展了丰富多彩的文化娱乐活动，丰富了职工业余文化生活。

【战略规划】 该公司铁矿山建设规划先后得到国家工信部、发改委的批复，老矿山改扩建和新矿山建设取得重大进展。按照规划，启动了15个项目的采矿权办理工作，成功获得砬子山等5个采矿权，新增资源量2.4亿t，实现了年度资源发展目标。“十一五”以来，共有4座露天矿和2座井下矿进入改造建设阶段，为公司生产能力的稳定创造了条件。其中，大矿二期扩建、东矿二期扩建和弓长岭独木采区外扩等三个改扩建工程完成了开拓运输系统建设和设备补充，全年共完成剥岩量5000万t；西大背采区正式开工，全年完成剥岩量1492万t；眼前山井下矿、弓长岭井下矿中央区延深开采两项工程的主要开拓运输系统工程进展顺利，眼前山矿西端帮挂帮矿开采将于2011年投产。海外铁矿山项目建设进展顺利，澳大利亚卡拉拉铁矿建设工程主体设备开始安装，水、电、铁路、港口等公辅设施工程全面展开。公司“十二五”、“十三五”铁矿山建设项目的前期准备工作全面启动，完成了项目评估工作，土地预审工作正在抓紧推进，为公司铁矿山规划目标的实现奠定了基础。

非铁矿山建设取得积极进展。大连石灰石新矿改造扩建工程全面展开，灯塔石灰石矿增产措施工程进入收尾阶段。石灰石矿山后备资源得到初步落实。通过这些措施，完全能够满足未来鞍钢生产对石灰石的需求。

该公司成功获得国土资源部颁发的固体矿产勘查甲级资质，成为国内唯一具备从探矿，采矿、选矿、烧结、球团生产，采选工艺研发设计，到工程技术输出完整产业链的矿山企业，标志着该公司的产业化发展取得重大突破。

【科技创新】 全年完成重大科研项目29项，6项成果通过省级鉴定，1项成果获得钢铁工业协会科技进步一等奖，9项成果分获冶金矿山企业协会科技进步一、二、三等奖，实现科技创效2.24亿元。铁尾矿综合利用技术研究被列入中央企业重大技术创新项目，获国家财政部专项资金支持。齐矿空区安全预警预报系统研究、大矿边坡稳定分析及对策研究2个项目被确定为国家2010年度安全生产重大事故防治关键技术项目。国家“十一五”科技支撑项目——大型铁矿山固体废弃物减排和综合利用关键技术研究稳步推进。赤铁矿分级入选工艺技术研究等6个鞍钢重大科研项目按计划完成或取得了阶段性成果。含碳酸铁矿石入选工业试验、赤精矿高配比球团矿生产技术研究工业试验、浮选尾矿再选工艺技术研究试验取得重大进展。选厂尾矿轻质保温墙体材料产业化项目进入实施阶段。以总承包方式承揽了攀钢新白马矿业有限公司及及坪采场矿石破碎胶带运输系统建设项目，全年取得外部合同额2.88亿元，在由产品输出向技术输出转变、延伸矿山产业链方面实现了重大突破。加强了知识产权管理，申报专利技术212项，专有技术201项，2项发明专利在德国纽伦堡国际发明展览会上分获金银奖，6项发明专利在第19届全国发明展览会上获奖。

【企业改革】 按照集团公司总体部署，在齐矿、大球厂等六个单位试行了新的薪酬分配模式，为全面推进分配制度改革积累了经验。在大球厂、鞍千矿业和设备检修协力等单位开展了工程技术岗位等级序列试点，为建立畅通的专业技术人才晋升通道进行了有益探索。实施了战略绩效考核，全面推行了平衡计分卡考核模式。总结鞍千矿业试点经验，全面推行了区域一体化管理模式，建立了一体化管理的规章制度和考核评价体系。完成了对人力资源管理、战略管理、风险管理三大模块61个业务流程的优化与编写工作，为促进由职能管理向流程管理的转变奠定了基础。

【管理创新】 推进精细化成本管理，健全了成本费用控制、分析、考核机制，完善了采购价格监控平台，推行了成本管控系统和物耗实时控制系统。探索实施战略成本管理，该公司低成本战略管理创新成果被评为国家管理创新成果一等奖。深入开展了工序成本对标活动，该公司有7项技经指标在全国重点冶金矿山排名第一。对各单位执行财务风险相关制度进行指导、监督和检查，增强了防范风险的意识和能力。加强定员定额管理，编制完成了公司主体生产单位107个工种、203个岗位的定员定额标准。加强了经济合同、劳动合同和临时用工管理。强化内审监督，提出审计建议155条，增收节支416万元。完善工程项目招投标管理，在保证施工质量的前提下，降低了工程造价。从完善制度、强化检查考核入手，加强了设备基础管理工作，弓选厂、球团一厂、球团二厂通过了全国TnPM五阶六维入阶评审，达到二阶标准。加强矿产资源管理和保护，在公安机关的大力支持下，对眼前山、大孤山和东鞍山等区域的碎石加工点进行了清理整治，严厉打击了偷盗矿产资源的不法行为。累计打掉犯罪团伙21个，抓获犯罪嫌疑人391人，收缴矿石24.5万t、成品矿2362t，挽回经济损失3000万元，打击力度及取得的成果为历年之最。

【信息化建设】 围绕ERP建设，做了大量调查研究、交流论证、知识普及和人员培训工作。完成了ERP项目现状调研、建设需求编写、公司主数据编码及编码规则建设等工作，确定了ERP实施商，为项目顺利实施提供了保证。推进MES建设，在充分调研论证基础上，确定了公司MES系统任务分担、平台选择和建设需求，形成了建设标准规范，完成了功能层次图和业务流程图。铁路运输管理系统、工程造价管理系统、内网安全管理系统、设备点检系统等子系统已经建成并在部分单位试运行。完成了二期光纤网络工程，信息化基础设施进一步完善。开发了机关协同办公系统，满足了跨区域、跨部门的协同办公需求，实现了对工作写实评价、会议、出差、办公用品的流程管理。建设了厂矿物资系统和生产业务系统，为强化业务流程管理、提高精细化管理水平创造了条件。

【职工素质工程建设】 完成了公司人力资源现状调查，制定了《矿业公司2011—2015年人力资源发展规划》，明确了人力资源建设的中长期目标和措施，为优化人力资源配置奠定了基础。大力推进职工素质工程，深入挖掘现有人力资源潜力。通过职业技能鉴定培训、高技能人才培训、高等院校培训、技术大练兵、英语大赛和开展学习郭明义活动等措施，使职工的综合素质得到进一步提升。在两级公司开展的技术大赛中，涌现出鞍钢技术状元和矿业公司技术状元各30名，取得历史最好成绩。

【创先争优】 按照集团公司党委的部署，在各级党组织、广大党员和党务工作者中深入开展了以"五好"、"五带头"和"五强"为内容的创先争优活动。公司党委及各级党组织紧密结合矿业工作实际，采取典型引路的方式，围绕"创什么、争什么"、"怎么创、怎么争"、"创先争优结果如何评价"等问题，明确活动主题和工作重点，创新活动载体，建立评价标准，强化检查考核，取得了显著成效。特别是通过大力宣传学习雷锋传人郭明义、技术状元杨福斌、博士劳模宋仁峰等个人典型和武装保卫部这个集体典型的先进事迹，在公司上下形成了学习先进、创先争优的浓厚氛围。

贯彻落实"融入进入"工作思路，积极运作坚持"五个步骤"、强化"四项保证"的工作模型。各级党组织紧紧围绕推进矿业发展战略落地和完成降低成本、提升能力、提升管理"三大任务"等重点工作，选准载体，落实措施，深度融入，充分发挥了政治核心作用和服务保证作用。东鞍山烧结厂党委以"破解发展难题"论坛为载体，深入研究稳定选矿指标、推进节能降耗的途径和措施。大孤山铁矿党委以实现设备零故障为目标，组织开展了党员"双无"、党内"三巡检"活动，在深度融入、有效融入上取得了新成果。

加强党支部基础建设。深入开展了标杆学习、互动学习和创新学习活动，促进了党支部建设的互联、互动、互促、共同提高。深化党支部"达标创先"和争创"样板党支部"活动。大孤山球团厂三选车间等17个党支部被命名为鞍钢样板党支部，弓长岭井下矿中运车间等四个党支部被命名为鞍钢党支部工作示范基地，示范基地数量占全鞍钢的50%。

加强党员队伍建设。以实施党员目标管理为手段，围绕生产经营中心工作，深入开展了"党员对标领航、实现科学发展"系列主题实践活动，组织广大党员立足关键时期、关键岗位、关键指标、关键项目、关键工作，开展对标、立标、承标和创标活动，充分发挥了党员在思想观念、指标、技术、工作和素养等五个方面的领航作用。

积极探索和推进党内民主建设，全面推行了党代会代表任期制。进一步丰富了党代表履行职责的内容，制定了规范化的工作流程，确保了基本活动制度的落实。积极探索拥有党代会代表和职代会代表双重身份的党代表行使"双重权利"、履行"双重职责"的途径和方法，组织具有"双重身份"的党代表对矿产资源保护、安全管理、职工劳动保护等工作开展了视察活动，提高了党员对党内事务及企业经营管理工作的参与度。

【思想政治工作、精神文明和企业文化建设】 制定下发了《关于建立思想政治工作"三位一体"工作模式的安排意见》，对思想教育的内容、人文关怀的路径、心理疏导的方式做了明确的规范，完善了相关制度、机制和考评办法，增强了思想政治工作的针对性和实效性。眼前山铁矿党委结合露天转井下过程中遇到的各种思想问题，实施了人文关怀、心理疏导“四六六”工作法，有效保证了职工思想稳定。在2010年中国冶金企业政研会上，公司党委建立“三位一体”工作模式和眼前山铁矿党委实施“四六六”工作方法两项成果受到与会者的高度评价，并获得一等奖。加强信访稳定工作，完善了信访工作长效机制，制定了《重特大群体性事件应急处置预案》，健全了信访督查督办工作机制和领导责任追究制，努力解决职工关注的实际问题，超前化解矛盾，保持了大局的稳定。

以学习宣传郭明义先进事迹为主线，深入开展了精神文明创建活动。经过各级党组织的长期跟踪培养和大力宣传，郭明义同志爱岗敬业、助人为乐、无私奉献的先进事迹在矿业和鞍钢职工中引起强烈反响，受到上级党委、新闻媒体和社会各界的广泛关注。胡锦涛总书记称赞“郭明义同志是助人为乐的道德模范，是新时期学习实践雷锋精神的优秀代表”，指示“要大力宣传和弘扬他的先进事迹和崇高品德，为构建社会主义和谐社会提供强大精神力量。”鞍钢党委、鞍山市委、辽宁省委、全国总工会、解放军总政治部、中宣部、中组部先后作出向郭明义同志学习的决定，授予郭明义各种荣誉称号。郭明义被评选为全国2010年感动中国人物。新华社、人民日报、中央电视台等国内50多家主流媒体采访并集中宣传了郭明义同志的先进事迹。由中宣部、全国总工会、解放军总政治部和辽宁省委联合组织的郭明义先进事迹报告团在人民大会堂和十余个省市巡回报告，使郭明义的名字传遍了中华大地。在郭明义的影响和带动下，全公司有7000多名职工加入郭明义爱心团队，爱岗敬业、助人为乐、无私奉献蔚然成风，向郭明义学习，争做高品位矿业人，成为全体矿业职工的一致行动。

注重发挥企业文化的导向和管理功能，大力倡导“科学发展、安全发展、和谐发展”、“精细、严格、到位”等理念，深入开展了“告别陋习、净化矿风，做高品位矿业人”活动。东鞍山铁矿党委在推进理念行为化方面进行了积极探索，促进了职工操作讲规程、工作讲规范、办事讲程序良好行为习惯的养成。成立了矿业文联及多个协会组织，开展了丰富多彩的文艺创作和文化娱乐活动，特别是弓长岭矿业公司举办的“铁山百年”大型组歌演出，在唱响主旋律、引领新风尚方面发挥了积极作用。

【惩防体系建设】 加强了惩防体系领导机制、责任机制和协调机制建设，做到了责任明确，考核到位，追究有力。以宣传落实《廉政准则》为重点，开展了“四个坚定”主题教育，增强了党员干部的宗旨意识和廉洁自律意识。积极推进诚信体系建设，开发了电子诚信档案软件系统并在眼前山铁矿试点运行。聘任26名党风廉政监督员，定期征求意见和建议，形成了党代表、职工代表和党风廉政监督员“三位一体”的民主监督体系。落实集团公司廉洁承诺制度，召开了各层面领导人员述廉议廉会议，副处级以上领导人员全部作出了书面廉洁承诺，自觉接受职工群众监督。严格执行对干部的提示、督办、告诫制度，对因管理不到位导致矿产资源流失和重大安全设备事故的相关人员给予了严肃问责，问责处理失职领导人员59人次。加大了查办违纪违法案件的力度，处理违纪党员干部22人次。围绕降本增效、矿产资源管理、工程及物资采购招投标、选矿药剂和汽柴油管理使用、清理“小金库”、“小法人”等开展了效能监察，及时发现了问题，完善了管理措施，效能监察创效3500多万元。

2010年矿业公司通过鉴定的科研成果

序号	项目名称	鉴定级别	推广应用情况	完成单位	项目水平
1	鞍山式含碳酸盐赤铁矿石高效浮选技术研究	辽宁省科学技术厅	含碳酸盐赤铁矿石采用阶段磨矿-粗细分选-重选-磁选-分步浮选工艺，获得了精矿铁品位为63.03%，回收率为63.77%的分选指标，表明含碳酸盐赤铁矿石通过该分选工艺，能获得合格的精矿指标。采用“分步浮选”工艺可实现碳酸铁、赤铁矿、石英三种矿物的浮选分离，为鞍山地区10亿多吨含碳酸铁矿石的利用提供了技术保证	鞍钢集团矿业公司	国际领先水平

续表

序号	项目名称	鉴定级别	推广应用情况	完成单位	项目水平
2	磨矿磁选全流程智能控制系统	辽宁省科学技术厅	通过生产过程的优化，实现磨矿磁选全流程智能控制系统。该系统能提供磨矿、选矿控制策略、手段，能够制定适应各种复杂的矿石性质变化的优化控制方案。该系统的应用大大地降低了生产事故，提高了选厂生产磨矿处理能力和金属回收率，实施后，年创造效益3千万元以上	鞍钢集团矿业公司	国际先进水平
3	矿区生态环境修复关键技术的研究与应用	辽宁省科学技术厅	累计复垦面积1559公顷，自然降尘量下降了42.6%，TSP下降了14.6%。创经济效益3.03亿元。该项成果经济效益、社会效益和生态效益显著	鞍钢集团矿业公司	国际先进水平
4	浮尾再选工艺技术工业试验研究	辽宁省科学技术厅	工业试验实现了浮选尾矿品位降低5个百分点，综合尾矿品位降低1个百分点的试验目标，实现了对尾矿中流失的磁性铁和赤褐铁矿的有效回收，同时确保了对尾矿中铁矿物最大限度的回收。该工艺实现了对尾矿中流失的磁性铁和赤褐铁矿的有效回收，填补了从赤铁矿尾矿中回收铁精矿的技术空白	鞍钢集团矿业公司	国际领先水平
5	大孤山铁矿边坡稳定分析及对策研究	辽宁省科学技术厅	在露天矿的边坡稳定性研究和巷道衬砌开裂机理和防治研究方面具有广阔的研究前景	鞍钢集团矿业公司	国际先进水平
6	细粒赤铁精矿厚料层烧结技术与应用	辽宁省科学技术厅	提高了烧结矿产品质量，实现了高炉焦比降低7kg/t的可喜成果	鞍钢集团矿业公司	国际先进水平

（温熙鑫）

【弓长岭矿业公司概况】 2010年末，弓长岭矿业公司有职工10783人，其中在岗职工9722人，在岗干部1704人（高级职称134人，中级职称832人，初级职称551人），在岗工人8018人。下设14个处室，15个基层单位。固定资产原值41.82亿元，净值12.88亿元，新增原值1.33亿元。占地面积为53.1km^2，建筑面积为58.4万m^2。

2010年，面对国际金融危机的持续影响和矿山产能萎缩、路局运力不足、成本压力巨大等诸多不利因素，该公司围绕降低成本、保持能力和提升管理三大任务，积极落实矿业公司总体部署，各项工作成果显著。

生产经营实现新跨越。产品产量全面完成计划。采剥总量、铁矿石入选量、铁精矿生产量、球团矿商品量、石灰石生产量分别达到7547万t、1107万t、383万t、387万t和105万t，完成年计划的117%、100%、104%、105%和100%。企业效益稳步增长。取得销售收入38.33亿元，应缴税金7.5亿元，实现利润3.92亿元，全面完成了矿业公司下达的计划。

以效率为核心的经济运行模式初步形成。完善了球团厂满负荷交替生产以及全工序躲峰用谷、集中破矿、集中送矿、系统同步检修等经济运行模式。球团生产线开动时间压缩到305天，平均日产 12656t，相当于 462 万 t 的年水平，创球团厂建厂以来最高水平。

降本增效成果显著。全年压缩可控费用 2861 万元，降低定额消耗 2100 万元，降低采购成本 2400 万元，提质增效 1485 万元，对标挖潜创效 2400 万元，双增双节创效 1997 万元，降成本总额达到 7352 万元。球团矿单位加工成本降到 82.39 元，比预算降低 6.02%，创历史最好水平。

产品质量水平达到新高度。深化创品牌活动，克服了难选矿增加、混岩率升高等不利因素，原、精、尾三大指标全部达标，主要指标实现了历史性突破。赤铁矿精矿品位达到 67.70%，创中国企业新纪录。球团矿品位首次全年度突破 65.5%，一级品率达到 92.37%，合格率达到 99.9%，在同行业继续保持领跑地位。全年商品矿质量异议为零、质量事故为零，赢得了用户的广泛赞誉。

矿山建设实现新发展。独木采区扩建工程提前 4 个月完成剥岩计划，超产 43%；中茨采区红矿扩建工程完成剥岩量 811 万 t，超计划 21 万 t。井下矿深井井筒掘砌工程于 11 月末竣工，比计划工期提前 2 个月；中央区主斜坡道工程完成总工程量的 60%，比计划工期提前 3 个月。完成了何家采区南帮 212m 上盘边坡治理，工程质量达到同类矿山领先水平。选矿厂二选改造工程前期准备全面展开，施工图设计完成 90%。积极落实灯塔矿扩建方案，完成了铁路大修工程，推进了采场及破碎系统改造，为产品转型创造了条件。资源拓展取得积极进展，实现了西黄泥铁矿转让，开展了露天矿、井下矿采矿权延续和灯塔矿东大山、上缸窑采场扩界申办工作。完成了小漩石灰石矿地质初查工作，预计新增石灰石储量 4 亿 t。

资源管理秩序和厂区治安秩序开创新局面。把矿产资源保护纳入矿山总体发展战略，坚持严明纪律、严厉打击、严肃执纪的“三严”方针，从加强教育、完善制度、落实责任、整治隐患、完善防范措施入手，强力推进管理秩序整顿。全年排查和治理资源流失隐患 105 项，扣押涉案车辆 82 辆，销毁无证涉案车辆 26 辆，有力地打击了盗矿分子的嚣张气焰。盗矿案件由上年的 80 起下降到 19 起。全面落实物资管理责任，强化厂区巡查和门禁管理，开展反盗窃百日专项行动，严厉打击盗窃企业物资的不法行为。全年查处物资流失案件 23 起，向公安机关移交案件 14 起，治安拘留 13 人，刑事拘留 9 人。针对资源和物资流失案件启动了问责程序，按规定解除了 4 名参与盗窃职工的劳动合同。资源管理秩序和厂区治安秩序的整顿，从根本上净化了矿区风气，捍卫了企业合法权益。

科技创新取得新成果。完成浮选柱处理细粒赤铁矿工业试验、球团矿造球原料性能研究等科研项目 21 项。申报鞍钢重大技术改进及合理化建议 42 项；申报专利 68 件，其中 56 件被国家知识产权局受理；申报专有技术 97 件，其中 57 件通过集团公司评审。2 篇科技论文、1 项专有技术荣获集团公司一等奖。选矿厂贫磁铁矿减排增效关键技术研究与工业应用成果获得中国冶金科学技术一等奖，是国内唯一获此殊荣的矿山项目。广泛开展群众性技术创新活动，两个 QC 小组被评为辽宁省优秀质量管理小组，4 个 QC 小组获得鞍钢优秀质量管理小组一等奖。

企业改革迈出新步伐。重新规范了管理及专业技术岗位设置，积极推进薪酬分配制度改革试点工作，制定了试点单位薪酬分配制度改革方案。初步完成了生产协力中心的整合工作。职工医院、住宅房屋等社会职能移交工作取得了新的进展。全面推行平衡计分卡管理模式，实施了战略绩效考核，推动了工作绩效的提升。完成了区域一体化管理知识培训、方案制定、制度完善和关联协议签订工作，为全面推行区域一体化奠定了基础。

提升管理取得新成效。着力打造执行力文化，促管理升级。开展了管理制度清理工作，修订制度 495 个，废止文件 223 个。实施精细化成本管理，推进预算管控平台和工序标准成本分析平台建设，提高了成本控制水平。会计基础工作不断加强，在矿业公司检查考评中名列前茅。加强设备基础管理，选矿厂、球团一厂、球团二厂通过了全国 TnPM 管理“五阶六维”入阶验收评审，达到二阶标准。针对上级检查曝光的问题，从健全管理制度、完善审批程序、落实考核标准入手，开展了全方位的整改活动，收到了明显成效。废旧物资回收价值同比增加 56%；机旁物资实现了物物有账、账物相符；维修工程管理进一步规范，维修费同比降低 11.75%。规范合同审批权限，审减包保项目 21 项，降低费用 1100 万元。积极运用法律武器维护企业权益，避免了新的法律纠纷产生。深入开展不规范劳动关系清理工作，依法解除劳动合同 7 人。加强不稳定因素排查工作，努力化解矛盾纠纷，全年越级上访为零。

创建学习型企业取得新突破。定期开办新知识、新方法、新理论大讲堂，邀请国内知名专家学者作专场辅导。注重职工技能培训，完善了培训激励机制，强化了师资队伍建设，建成了钳工实训基地和远程教学教室，提升了教学管理水平和职工队伍整体素质。全年一类培训计划完成率达到106%。中级工、高级工持证人数分别增加19%和99%；取得技师、高级技师资格证人数增加30%。深化三级岗位技术大练兵活动，强化了技能演练，在鞍钢职工百名状元千名能手岗位技术竞赛活动中，取得了技术状元21名、技术能手159名的优异成绩，在集团公司处于领先水平。

信息化建设取得新进展。按照矿业公司统一部署，围绕推进ERP建设，做了大量调查研究和人员培训工作，开展了公司能源计量点和设备参数的统计申报工作。完成了视频会议系统升级改造和二期光纤网络工程。建成了公司网站和公文管理系统，实现了两级机关无纸化办公。制定了井下矿数字矿山建设方案，完成了人员定位系统一期建设，建成了地压监控系统。开发了维修工程、物资备件、质计量管理系统软件，推进了加油站监控系统、GPS车辆定位及油耗监控系统的建设，为提高精细化管理水平创造了条件。

安全标准化建设达到新水平。深化安全标准化创建活动，夯实了安全基础工作。露天矿独木采区、何家采区、井下矿中央区被评为全国中小型金属非金属矿山安全基础建设示范单位，露天矿、井下矿进入全国安全标准化企业行列，选矿厂进入鞍钢安全标准化一级企业行列，球团一厂、球团二厂进入鞍钢安全标准化二级企业行列，17个车间通过了矿业公司安全标准化车间初审。投入3860万元，集中整治了一批重大安全隐患。完成了井下矿巷道支护及火灾隐患的整改。实施选矿厂尾矿坝水平竖向排渗工程，彻底消除了坝体存在多年的多处重大安全隐患，尾矿库由此摘掉了“病库”帽子。严格执行210条安全考核标准，加大了检查、曝光和考核力度，努力形成严格管理的安全文化，保证了安全生产形势的稳定，实现了企业轻伤以上事故为零的目标。

建设资源节约型、环境友好型企业取得新成绩。将综合能耗指标纳入绩效考核，广泛开展操作节能、工艺节能活动，完成了一批节能改造项目。公司铁精矿综合能耗比计划降低3.2%。积极落实球团厂环评报告批复意见，快速完成了球团二厂原料堆场的全封闭改造，获得了环保部门和上级部门的好评。实施破碎系统除尘改造，强化除尘设备开动情况的检查考核，降低了粉尘排放量。高标准推进矿区环境建设，规范苗木采购及绿化工程施工管理工作，落实绿化管护责任，巩固了春植绿化成果。全年新增绿地6.5万m^2，栽植乔灌木5.5万株。选矿厂厂区、球团厂卫生防护区、矿区主干道的绿化美化工作成效明显，面貌一新。

职工生活水平又有新提高。坚持“企业发展依靠职工，发展成果惠及职工”的理念，努力为职工解难题办实事。解决了集体职工和集体退休人员的医疗保险参保问题，为退休人员增加了基本养老金，为居家职工和在职职工增加了收入。全公司职工人均收入增长18%，其中主体单位增长22%。人均工资水平及增长幅度首次超过矿业公司平均水平，既体现了公司的经营成果，又充分体现了矿业公司对弓矿广大职工的关怀。积极落实福利设施改造规划，完成了部分食堂和浴池改造，职工就餐、洗浴条件明显改善。经过积极争取，选矿区域中心食堂建设项目顺利开工。全公司18个食堂全部进入鞍钢达标食堂行列，5个食堂被评为鞍钢优秀食堂。深入开展送温暖活动，建立困难职工包保对子441对，发放救济款198万元，救济3723人次。开展“金秋助学”活动，救助困难职工子女35名。安排11395名职工进行健康体检，安排1771名一线职工、先进模范人物及离退休职工进行了健康疗养。定期开展各种文体活动，先后举办了书法美术摄影展、大型文艺演出及多项体育赛事，陶冶了职工情操，提升了职工文化生活品位。

掀起向郭明义同志学习活动的热潮，积极履行中央企业的社会责任。成立了弓矿公司郭明义爱心联队，组织职工广泛参与捐献造血干细胞、义务献血、捐款捐物、助学助残等活动，筹集爱心款27万元。救助了新疆塔什库尔干县及矿山周边地区贫困学生，238名失学儿童全部返回校园，基本消除了周边乡镇因贫失学现象，产生了广泛的社会效应，树立了良好的企业形象，为促进社会和谐发挥了积极作用。

（孙立东）

【齐大山铁矿概况】 2010年，齐大山铁矿在岗职工2116人，其中干部299人，工人1817人（高级技术职称24人，中级技术职称202人，初级技术职称73人）。矿下设“四室一会”，16个作业区和1个工区。拥有固定资产原值53.13亿元，净值8.67亿元。

2010年，该矿各级组织和广大职工坚持精细、严格、到位理念，围绕矿业公司“降低成本，保持能力，提升管理”三大任务，积极推进矿业发展战略，努力应对各种不利因素，生产经营、企业管理等各项工作都创造了新水平，在实现矿业一流、全国一流的冶金矿山目标进程中迈出了坚实的步伐。2010 年，该矿党政工纪团、职工培训、职工技术大练兵活动全面跨入矿业公司先进单位行列，安全生产荣获两级公司先进单位称号。

围绕完成“三大任务”，主要生产经营指标创出新水平。2010 年，该矿完成采剥总量 4907 万 t，超计划 207 万 t；铁矿石 1501 万 t，超计划 1 万 t；铁精矿 303 万 t，超计划 4 万 t；发电量 1.3 亿度；蒸汽量 140 万 GJ。铁精矿输出品位、一级品率分别超计划 0.07% 和 3.3%；全年实现利润 6.3 亿元。铁矿石、铁精矿、发电单位成本全面完成公司计划。从 2010 年 5 月份起，该矿推进准时化生产，不断改进和优化生产组织方式，使生产运行效率不断攀升。恢复升级了 GPS 自动调度系统功能，创造了岩石破碎系统改造后日产达 9.6 万 t 的最高纪录。采场文明生产水平稳步提升。选矿区域重点做好入选原矿质量跟踪和铁精矿的生产输出组织，做好磨机经济运行工作，保证了铁精矿产量超计划完成。动力工区坚持边生产边改造的组织原则，保证了选矿生产用气和生活用气的需要。同时，该矿强化 -135m 的推进、-150m 新水平准备和西扩工程，西扩工程全年完成 1060 万 t。加强岩石破碎改造后系统工艺环节的完善，排岩能力稳步提升；推进北部破碎工程建设；二期扩建工程纳入公司重点推进项目，进一步增强了齐矿的可持续发展能力。

安全管理工作取得新成效，实现轻伤以上事故为零的目标。2010 年，该矿制定了安全标准化车间推进计划，制定、完善安全管理制度 142 项，作业指导书 316 项。组织防触电急救演练、事故案例教育等各类培训 15 场 7600 多人次。深入开展危险辨识和安全评价活动，全年共辨识出各类危险因素 115 项，制定防范措施 300 余项。加大安全生产检查力度，全年检查通报各类安全问题 562 项，考核金额 12.6 万元。

深化设备点检定修管理，设备技术状况有新改善。2010 年该矿设备可开动率 90.07%，完好率 93.37%，故障率 1.99%，星级设备达标率 72%。开展设备维护整治月和设备点检、维护推进月活动，查找设备缺陷 1282 项，整改率达到 90% 以上。推进 TnPM 规划实施与落实工作。主要设备技术改造取得明显进展。开展排岩系统翻卸平台改造和岩石破碎动定锥衬板长寿化攻关，解决了制约排岩生产上水平的瓶颈问题，动锥的破岩量由 300 万 t 提高到 500 万 t，定锥由 600 万 t 提高到 1000 万 t。对 9 台 154 电动轮汽车的“气启动”改为“电启动”。实施技改工程 10 项，其中 1 号锅炉脱硫除尘项目 11 月 23 日正式投入生产，运行效果良好。

优化工艺技术流程，科技质量工作取得新成果。2010 年，该矿科技人员申报专利 35 项，应用专有技术 27 项，创效 2100 万元。实施合理化建议项目 156 项，其中重大合理化建议 23 项，创效 8000 万元。刘桂云同志发明的“铁矿石阴离子反浮选药剂组合使用方法”获得纽伦堡国际发明展金奖。在质量计量管理上，加强原矿质量“六分一清”管理制度的落实，原矿溢流品位完成 26.02%，输出矿石合格率 100%。强化外进矿质量管理，先后对 3 家外进矿单位因质量问题进行停产整顿并给予经济处罚。强化盈亏吨计量管理工作，使电机车装车单重提高到 55t/车，生产汽车单重也分别提高到 120t/车和 145t/车。

推进工序成本管理，降本增效工作取得新进展。2010 年是“财务内控提升年”，该矿坚持以工序标准成本责任分析平台为载体，在采矿、选矿区域重点对 11 个工序 45 个成本项目进行纵横对比、分析，制定落实 64 项降本增效措施，全年创效 900 万元。加强全面预算制管理，全矿累计编制预算项目 348 个，实现资金预算准确率达到 98%。组织开发了《齐矿物资管控系统》，建立部门和作业区物资电子台账，加强了物资管理的执行、控制和分析，使全矿物资管理处于受控状态，全年物耗降低 3000 万元。

提升工作执行力，企业管理工作开创新局面。2010 年，该矿强化规章制度培训、贯章贯制检查考核，进一步增强了各级干部和职工的执行力。全年举办岗位规程、点检定修、法制知识等培训班 98 期，培训人员达 10300 人次。通过落实区域一体化管理，组建综合检查组，全年检查考核外协单位 380 项，考核 42 万元。矿产资源利用与保护工作进一步深化，杜绝了国有资产流失。薪酬制度改革发挥了示范效应。内部组织机构有序调整。准时化生产管理稳步推进。现场管理全面提升。6 个作业区进入公司安全标准化车间行列。涌现出矿业公司技术状元 7 名、鞍钢技术状元 2 名。

党建、思想政治工作、精神文明建设、企业文化建设和群团工作取得新突破。2010 年，该矿党委大力宣传学习郭明义同志的先进事迹，加强学习型党组织和学习型企业建设，把“抓好三个工作环节、运作两个活动载体、完善一个长效机制”作为推进创先争优活动的核心内容，取得显著成效。深入开展“讲责任、讲作为、做效能型干部”主题实践活动，2010年，矿和作业区两级班子成员献工达3000多个工作日，提升广大干部的执行力。精神文明创建活动蓬勃开展，该矿党委制定下发了《关于开展向郭明义同志学习，做高品位齐矿人“十个一”的安排意见》，《齐矿郭明义学习宣传方案》在鞍钢优秀精神文明品牌创建活动方案评比中荣获一等奖。以宣传落实《廉政准则》为重点，开展“四个坚定”主题教育，有800人参加法制教育培训，有110名领导干部和重点岗位人员签订廉政承诺书。该矿工会开展以“万人献万计、岗位创效益”为主题的献计献策活动，该矿职工共提合理化建议3020条，创效999万元。深入开展全员技术大练兵活动，全矿有7名职工夺得矿业公司技术状元桂冠，其中，有2名职工获得鞍钢技术状元称号，取得历史最好成绩。落实职工代表视察制度和矿长联络员制度，积极关注和解决职工生产生活方面存在的问题。齐矿拔河队在世界拔河锦标赛、全国第四届体育大会、全国拔河锦标赛、全国拔河精英赛中，取得了9金1银的好成绩。郭明义精神、拔河队精神都为鞍钢、矿业企业文化建设展现出亮丽的品牌。共青团组织积极开展青年文明工程、青年素质工程和青年突击会战等活动，提升了团组织的凝聚力和战斗力，该矿团委再次荣获“鞍钢五四红旗团委标兵”称号。

（熊　威）

【大孤山铁矿概况】 2010年末，大孤山铁矿有职工1474人，其中干部170人（高级职称11人，中级职称81人，初级职称65人），生产工人1304人。居家休息职工149人，离休27人，退休1738人。矿下设四部一会（生产技术部、综合管理部、设备部、党委工作部、工会），12个车间。矿区占地面积1062.66万m^2，建筑面积5.81万m^2。拥有主体设备电铲15台，电机车10台，自翻车109台，牙轮钻机5台，生产汽车36台，推土机12台，破碎机2台。全员劳动生产率达到1.96万t/（人·a）。

2010年，该矿干部职工认真学习贯彻党的十七届四中、五中全会精神，以建设学习型企业为工作主线，以提升核心竞争力为战略目标，认真落实矿业公司发展战略和三大任务，清正风气、严格管理、凝聚人心，积极稳健地前进在“创矿业公司样板、建大矿职工之家”的道路上，并取得了可喜成绩。

生产经营创历史新纪录。通过提高爆破质量，强化重点部位采掘，提升两井效率及铁运能力，加强综合配矿，强化工艺纪律管理、开展生产竞赛等措施，保证了该矿在公司采场工艺纪律检查评比排名位列前茅，公路及挡墙全年排名公司第一，采掘计划执行率处于公司一流行列。为保障该矿长期稳定的矿石输出能力，全力推进大矿发展战略，8月份，该矿积极主动提出了小孤山增产200万t采剥量的目标，全矿干部职工齐心协力，克服困难，科学组织，加快生产节奏，最大限度发挥系统生产能力，保证了增产任务的顺利完成。全年完成采剥总量2293.36万t，超计划193.36万t；北帮外扩1387.06万t，超计划187.06万t；铁矿石461.34万t（磁铁矿完成432.12万t、红矿14.77万t、碳酸铁14.45万t），矿石输出综合品位29.81%。

设备管理向零缺陷目标迈出了坚实的步伐。以TPM管理为主线，以5S为切入点，以制度管理、严格考核为手段，制定了设备管理分三步走的阶段性目标。建立了《设备管理实施细则》、《电机管理规定》等考核细则，提升了设备管理的专业化、精细化水平。建立电机管理网络平台，为电机的使用、维修提供了准确的依据。完成了ERP项目现状调研，做好设备主数据搜集、编码等基础工作，为该矿作为公司ERP试点单位奠定了坚实基础。通过采取有力措施，生产汽车液压系统高温及渗漏治理工作取得突破性进展，解决了十几年来由于系统高温渗漏影响生产的顽疾。合理利用公司维修资金，强化设备整治维修，全年共完成了1台钻机、4台电铲、1台推土机、20台汽车发动机和22台变速箱的大修，使该矿主体设备的技术状况有了明显的改善。以开展主体设备夜班运行“零故障”活动为突破口，强化点检定修、预知维修、岗位自修，两井、钻机、铁运系统运行平稳，生产汽车和电铲运行状况也得到进一步提高，设备各项管理指标全面完成公司考核计划。

降本增效取得显著成果。全面推行了《物资领耗全寿命追溯管理办法》，采用信息化手段，规范了物耗计划申报、审批、物资领取、消耗、机旁库存等一系列业务流程，保证了物资流转与财务核算的无缝对接。实施预算管控，加大定额消耗的管理，柴油单耗比年计划降低了2.56%；生产用电单耗比年计划降低了10.34%；工序标准能耗比年计划降低了7%。广泛开展各种形式的劳动竞赛、技术攻关、双增双节等活动，全年降本创效500多万元。利润指标比预算增利2567万元，完成单位成本比预算下降1.12元/t，资金预算执行率为97.6%，较好地完成了公司下达的财务计划。

综合管理能力进一步增强。细化战略绩效指标，制定矿《绩效考核办法》、《车间绩效评价管理办法》和《机关部门绩效考核评价办法》。每月组织对车间、部门的检查评价，提升了管理基础工作，增强了职工"主动迎检"、"愿意受检"和爱矿爱岗的责任意识。加强不规范劳动关系管理，清理了长期存在的不规范劳动关系问题，使广大职工受到了教育，充分调动了职工的积极性。加大现场环境整治、检查、考核力度，现场环境和职工精神面貌发生了深刻变化，有效保障了现场环境安全，提高了工作效率。该矿始终认真贯彻"安全第一，预防为主，综合治理"的安全生产方针和两级公司年度安全工作部署，以全面推进"鞍钢安全标准化企业"和"矿业公司安全标准化车间"创建工作为主线，细化安全管理工作，使该矿本质安全水平有了新的提升。通过"班组管理论坛"等多种形式，营造出了成果共享、互动学习、共同提高的良好氛围。以班组"创标夺牌"活动为载体，细化考评标准，全矿各班组呈现出了奋勇当先，珍视荣誉的良好风尚。涌现出了各类先进典型，采矿车间电铲丁班获得中央企业红旗班组、鞍钢五好班组标杆等荣誉称号。加大工作创新力度，注重总结经验成果，"3311E矿用汽车转向系统降温改造"、"恢复一期岩石井，缩短汽车排岩距离的改进"等四项成果获得鞍钢重大合理化建议一等奖；"修建小孤山采区与主采区联络通道"等两项成果获得鞍钢重大合理化建议二等奖。QC活动小组的"排土场矿石回收"、"加快上下采区衔接"两个课题，分别荣获辽宁省优秀质量管理小组和鞍钢优秀质量管理小组二等奖。加强干部队伍作风建设，从转变日常工作中的沟通、协调等行为习惯抓起，理顺职能关系，倡导积极主动工作，营造团结协作氛围，促进了各级干部综合素质的提升。大力推进职工素质工程，职业技能鉴定持证比例超前完成公司目标计划。在两级公司开展的技术大练兵活动中，三个专业荣获矿业公司技术状元，采矿电铲司机专业荣获鞍钢技术状元。

建职工之家，成果共享。以建大矿职工之家为共同愿景，充分让每名职工共享大矿发展成果。关心职工生活，关注职工工作条件改善，关心职工健康，努力做实事，办好事。投资500多万元，改善生产汽车检修、保养作业条件；投资近百万元，改善职工洗浴和休息条件；对作业环境艰苦的大型车岗位实现了夜班送餐到岗。注重职工代表参与民主管理，组织劳模、先进人物、矿长联络员等座谈，听取职工意见，为职工解决工作和生活困难42项。全矿职工积极参加郭明义爱心联队活动，无偿献血30人次，累计捐款4.8万元。开展"金秋助学"活动，发放助学金2.38万元。开展送温暖活动，走访慰问和救济困难职工120人次，发放救济金6.5万元。安排职工健康疗养度假1257人次。开展丰富多彩的文化娱乐活动，活跃了职工业余文化生活。

（姜礼明）

【东鞍山铁矿概况】 2010年末，东鞍山铁矿在岗职工1124人，其中干部151人（高级职称16人，中级职称84人，初级职称31人），工人973人。离退休职工1524人。矿下设"四部一会"（生产技术部、综合管理部、设备部、党委工作部和工会），11个车间。固定资产原值5.53亿元，净值43.31万元。矿区占地面积11.28km^2，建筑面积4.39万m^2，主要生产设备有钻机6台，电铲20台，电机车21台，大型生产汽车13台。从业人员劳动生产率达到2.35万t/(人·a)。

2010年，该矿广大干部职工认真贯彻落实科学发展观，努力克服东烧碳酸铁实验配矿难度大，当期生产与二期扩建两线并进，经济危机造成再次降本压费等不利因素影响，围绕加强矿山能力建设、推进管理升级、降本增效三条主线，扎实开展工作，圆满完成了生产经营和各项工作任务。

生产经营高水平运行。全年采剥总量完成2605.38万t，超计划105.38万t；扩建剥岩完成1597.91万t，超计划97.91万t；输出铁矿石554万t，完成了保产保供任务；重点部位完成72.89万t，超计划12.89万t，−38m新水平准备全线贯通，采场矿石生产能力进一步增强；矿石中和输出品位完成30.59%，超计划0.39%；成本比计划降低212万元，利润超计划201万元。采场二期扩建稳步推进，TR60生产汽车、195B电铲全部投入生产；振动放矿系统实现达产；岩石破碎胶带系统经过半年检修调试、技术改进，解决了设计、制造、安装、测控和操作环节的多项难题，运行平稳。设备大型化和新型生产工艺优势日益凸显，矿山可持续发展能力进一步增强。

设备管理取得新成效。认真贯彻《东鞍山铁矿设备管理系统》，推进TPM管理。开展检修人员配合操作岗位共同点检，设备点检和维护水平普遍提高。加强设备点检定修和计划检修，按照岗位自检自修手册深入开展主体设备评价，充分调动岗位人员正规操作、自觉点检维护设备的积极性，设备技术性能和维护状况明显改善，主体设备完好率、故障率均好于公司计划指标，钻机、电铲、电机车、生产汽车完好率分别比计划提高11%、11%、6%和11%，故障率分别比计划下降0.43%、0.45%、1.94%和3.2%。开展195B电铲、封停$4m^3$电铲和电机车等设备集中整治，为增加扩建剥岩自有采装量，提高矿山发展能力奠定了基础。

企业管控能力进一步增强。落实《东鞍山铁矿2010年战略绩效考核办法》，完成了公司各项考核指标。开展以加强基础管理工作为目标的“四零”活动，推进了企业管理升级。深入开展职工技术大练兵活动，促进了职工技术技能水平的提高。加强新工艺、新设备岗位人员及劳务派遣人员岗位培训，促进人岗匹配，人力资源紧张局面得到有效缓解。扎实开展企业年金和薪酬制度改革，为企业年金和新的薪酬制度实施奠定基础。推进GPS生产调度系统、预算管控系统、物耗实时控制系统等ERP支持系统的应用，开展系统主数据收集，做好建立管理模块前期准备工作，为ERP上线运行奠定基础。与协作单位签订区域管理协议，区域一体化管控能力得到加强。加强治安防控体系建设，开展矿产资源保卫、打击盗窃铁路设施、清理矿区石场等专项行动，矿区治安环境明显改善。

成本管控实现预期目标。深入开展工序标准成本指标对标，穿孔、爆破、铁运3道工序指标继续保持公司先进水平。严格执行成本预警控制制度，杜绝预算外支出，资金预算执行率达到98%。按照效益最大化原则优化生产组织，合理开动和摆布设备，提高效率，降低消耗。强化采场“六分一清”，挑岩、挑矿制度，减少矿石损失与贫化。充分合理利用采场难选矿和低品位矿，积极组织回收贮矿输出，提高矿石资源利用率。开展主体设备躲峰生产，加大能源监察力度，积极采用节能新技术，工序能耗（标煤）指标比计划下降0.30kg/t，下降32%。加大以废钢铁为主的废旧物资回收力度，全年实现回收款项233.5万元。大力开展双增双节、修旧利废活动，全年备件修旧创效628万元。通过狠抓降本增效措施落实，矿石完全成本下降0.38元/t，为矿业公司铁精矿成本控制在集团要求范围内做出了积极贡献。

职工利益得到切实维护。积极克服各种不利因素，努力完成各项生产经营指标、公司绩效考核指标和降本增效目标，职工收入稳步增长。坚持以人为本，加大生产现场隐患整治力度，大力改善职工生产生活环境；加大公路洒水量和洒水频率，采场二次扬尘状况有所改善；定期组织职工代表视察食堂，提出改进意见，改善就餐条件；新建大车班职工休息室，修缮排土、工务、工程车间职工浴池和运检机检厂房，职工工作和洗浴环境进一步改善；采用电取暖、维修供暖管线等措施，改善矿区供暖条件。关心困难职工群体，实施“送温暖工程”，全年共救济困难职工247名，发放救济金11.35万元；开展“金秋助学”活动，救助困难职工子女18人，保证了职工队伍的稳定。组织开展丰富多彩的文体活动，活跃了职工文体生活。

（陈世成）

【眼前山铁矿概况】 2010年末，眼前山铁矿在职职工962人，其中干部147人（高级职称7人，中级职称61人，初级职称62人），工人755人。离退休职工1333人。矿下设四部一会、8个车间、一个砬子采作业区、露天转井下工程指挥部和矿业公司驻矿财务组。企业占地面积1312.6万m^2。该矿年设计生产能力为生产矿石260万t。主要生产设备有2台YZ-35牙轮钻机，5台$4m^3$电铲，1台$10m^3$电铲，1台KK-1200粗破机，2台TY-C2100中破机，10台150t电机车，15台777c卡特生产汽车。该矿固定资产原值3.92亿元，新增值322.92万元。全员劳动生产率2450t/(人·a)。

2010年，该矿认真贯彻落实公司“两会”精神，以党的十七大、十七届四中、五中全会精神和科学发展观为指导，以落实公司发展战略、完成生产经营目标、推进管理升级为主线，以实现平稳过渡为重点，挖潜降本，强化管理，各项工作取得显著成绩。在采场空间狭小、生产和基建工程交叉作业及输出不畅等困难条件下，始终保持生产稳定顺行，圆满地完成生产经营指标。全年完成采剥总量181.9万t，超计划13.7个百分点；矿石完成149.6万t，超计划15个百分点；矿石输出153.9万t，超计划6.1个百分点；矿石输出品位28.05%，超计划0.25个百分点；鞍千协力排岩完成344.6万t；矿石单位完全成本108.5元/t，比计划降低1.53元/t；露天转井下工程完成工程量1.51万m，38.77万m^3，完成投资2.82亿元。实行“物质追溯管理”平台与“预算管控”平台的有效对接，实现了物耗的全过程控制，全年回收废旧物资685t，创效131万元。强化“工序标准成本责任分析考核体系”运行，开展专项成本分析管理，拓展了电子票据系统管理功能，预算准确率达到96%。从加大采掘计划管理入手，做到“定点采掘，按线推进”，采掘计划执行率达到95%以上，确保了产量和矿石输出质量完成。通过采用将固定斜坡道矿石采出，再用岩石回填的“置换法”，增采矿石20多万t。加强了中和配矿和低品位矿利用，全年利用低品位矿10万t。编制完成了《设备故障处理方法手册》，完善了TnPM管理制度，统一规范了TnPM基础工作。在全国第八届TnPM大会上，该矿获得TnPM信息化应用奖和TnPM杰出领袖奖。全年完成技术创新103项，创效760万元。管理成果15项，其中“推进班组自主管理，提升班组建设水平”等6项获得鞍钢集团优秀管理成果奖，“基于矿山企业五阶六维管理”获得辽宁省优秀管理成果奖，该矿“东端帮平巷掘进光面爆破技术”等7项技术创新获得专有技术，该矿“西端帮开拓工程13m水平回风斜井优化设计”通过鞍钢集团公司重大合理化建议评审，创效53万元。主要技经指标有了改善，炸药、起爆弹、雷管等单耗指标位居矿业公司前列。信息化建设取得新进展。按照公司要求，重点做好了基础数据收集和组织机构的健全，为ERP上线运行做好准备。按照公司要求，积极稳妥推进薪酬分配制度改革，制定了具体实施方案和岗位职级表，平衡岗位职级，为实施集团薪酬改革做好了准备。推行了区域一体化管理，提升了管理效能。2010年度有3项先进操作法被鞍钢命名为先进操作法；班子和干部队伍、人才队伍建设取得新成绩，强化政治理论和业务知识的学习，深入开展“讲党性、重品行、做表率，争当‘六个’模范”活动，提高了班子的战略思维、创新思维、辩证思维能力和促进和谐、推动发展能力；建立了“舆论汇集反应、掌控预警、调节平衡、效果评估反馈”四项人本管理机制和人文关怀六种形式、心理疏导六种方法“四六六”工作体系。“四六六”成果荣获鞍钢优秀党建思想政治工作研究成果一等奖、全国思想政治工作创新成果一等奖、全国冶金思想政治工作优秀论文一等奖。成功举办了以“落实公司发展战略，确保眼矿平稳过渡”为主题的第九届企业文化节，提高了职工的精神文化生活品味。2010年该矿获得了中央企业2010年度红旗党委、鞍钢先进单位、矿业公司红旗党委、矿业公司先进单位荣誉称号，矿工会被评为辽宁省模范职工之家、矿业公司先进工会，矿纪委被评为矿业公司先进纪委，矿团委被中央企业团工委授予“中央企业五四红旗团委”、鞍钢集团公司五四红旗团委、矿业公司红旗团委等荣誉称号。

（李　勇）

【大孤山球团厂概况】 2010年末，大孤山球团厂共有职工1498人，其中干部161人（高级职称8人，中级职称73人，初级职称61人），工人1239人，居家休息职工80人。离退休职工821人。厂下设4室1会、10个作业区、1个分厂。固定资产原值14.01亿元，净值5.96亿元。全厂占地总面积354.78万m^2，建筑面积20.74万m^2。主要设备有球磨机34台，破碎机11台。球团生产线采用目前国际较为先进的链箅机——回转窑氧化球团生产工艺，其设计能力为年产酸性氧化球团矿400万t。全年共完成铁精矿249.71万t，超计划1.71万t；球团矿完成213.64万t，超计划38.64万t，尤其是球团矿产量水平创历史新高；铁精矿、球团矿质量分别达到67.24%和65.21%，分别比计划提高0.04%和0.21%；铁精矿、球团矿一级品率分别达到99.33%、93.17%，分别比计划提高3.33%、13.17%；合格率均达到100%，分别比计划提高1%、5%；实现利润8.05亿元，比计划多完成2988.5万元。全员劳动生产率选矿区域6574.38t/(人·a)，球团区域5592.88t/(人·a)，居国内同行业领先水平；千人负伤率为零。

2010年，该厂坚持从确保矿业公司发展战略出发，积极应对各种挑战，加大各项工作力度，经受住了外部矿石条件变化大、球团试验多、输出不均衡带来生产组织难度大、降本增效压力大等困难考验，全面完成了各项生产经营任务。主要表现在：取得八个突破性进展。一是在提高生产经营运行质量上取得突破性进展。主要标志：其一，优化生产组织，在选矿生产组织上有效推行了“6-2-0”运行模式，在球团生产组织上积极探索提高成球率、确定合理的热工制度和低消耗、高产出生产操作规律，实现了效益最大化。其二，两项工业试验取得了重大进展。按公司部署，从6月21日起，小孤山碳酸铁矿石工业试验正式在三选作业区集中处理，初步摸索出了处理小孤山矿合适工艺参数、生产指标和操作方法，实现了预期目标。7月、9月分别进行了红矿配比提高到40%、45%的工业试验，球团矿质量没有出现波动，满足了炼铁需要，两项试验均得到公司较高的评价，为今后大量处理小孤山矿及球团矿增产创造了条件。二是在改善设备技术状况上取得突破性进展。全面推行了精准操作、精心维护、精密检修、精细管理“四精”设备管理模式，强化基础管理，狠抓点检定修。成功组织了计划8天球团生产线和选矿生产计划85小时全停检修，两次全停修均实现了安全、优质、高效目标。特别是通过对球团设备进行系统整修、改造和加强管理，使球团2号线、1号线分别在上、下半年实现连续运转3个月以上的目标，创造了球团投产以来历史最高水平，也为2011年球团两条线生产奠定了坚实基础。三是在提高技术创新能力上取得突破性进展。通过开展群众性技术攻关、专项攻关、创新创效活动以及“三新促一变”人才主题实践活动，全年共完成公司级科研项目6项，厂级科研项目2项，其中“磨矿磁选全流程智能控制系统”通过省级科研成果鉴定，“赤精矿高配比球团矿生产技术研究”作为鞍钢重大科研成果将申请省级科研成果鉴定。全年共完成两革一化项目70项，技术攻关项目6项。其中“降低煤、燃油、电耗”、“控制回转窑结圈”、“干返料处理方式改进”和“上料、配料、造球自动给矿”等技术攻关项目取得显著效果。全厂共上报公司专利20项，专有技术28项，其中有14项专利已经受理，9项专利得到国家知识产权局授权，18项专有技术获得集团公司认定。全年科技创效1590万元。生产技术室选矿工艺QC小组荣获2010年度全国优秀QC小组称号，原料作业区QC小组荣获2010年度辽宁省优秀质量管理小组称号。四是在推进管理创新上取得突破性进展。全面推进工序标准成本，健全了成本费用控制、分析、考核机制，推行了成本管控系统及物耗实时控制系统，进一步提升了成本管控能力。按照贯彻矿业公司8号文件的要求，制定实施了《大球厂安全管理考核细则》，细化了安全考核标准。深入开展了“安全标准化车间”创建、全员安全评价和隐患排查治理活动，进一步提高了本质安全管理水平。破碎和尾矿作业区通过了公司“安全标准化车间”现场审核。原料、焙烧、除尘三个作业区进入公司“样板车间”行列。通过开展管理升级达标竞赛活动，进一步促进了各项专业管理，尤其是作业区基础管理水平的提升。坚持开展创建样板班组活动，进一步提升了班组建设水平。五是在深化企业改革上取得突破性进展。积极稳妥地推行了薪酬分配制度改革，经过周密运筹，使薪酬改革试点工作实现了平稳运行。在全矿业公司率先开展了工程技术岗位等级序列试点，为矿业公司建立畅通的专业技术人才晋升通道进行了有益探索。先后对球团主控室管理体制进行了改革，按职能划分，将原生产技术室主控室负责的生产和设备管理以及岗位操作人员分别划归到原料和焙烧作业区管理；对生产服务性关键岗位人员，进行了岗位调整和交流；根据生产需要，将武装保卫、尾矿锅炉部分岗位等37人，通过公开竞聘的形式，充实到生产一线。六是在推进职工素质工程上取得突破性进展。制定了《大球厂2010～2014年人力资源发展规划》，明确了人力资源建设的中长期目标和措施，为优化人力资源配置奠定了基础。大力推进职工素质工程，通过职业技能鉴定培训、高技能人才培训、技术大练兵和开展学习郭明义活动等措施，使职工的综合素质得到进一步提升。在鞍钢、矿业公司、厂组织的技术大练兵中，涌现出鞍钢技术状元2人、矿业公司技术状元1人、厂技术状元27人、各级技术能手309人，取得历史最好成绩。通过实施公开竞聘、择优任用干部竞争机制，为提拔使用优秀干部，尤其是为大学生成长成才搭建了平台，提供了舞台，有5人，其中80后4人，通过竞聘走上了领导干部岗位。七是在创建和谐企业上取得突破性进展。开展了多种形式的形势任务教育和大讨论活动，以“五讲”为内容的和谐球团厂创建活动，特别是深入开展了向郭明义学习的活动，在全厂营造了学先进、创一流、争贡献的良好氛围。通过开展“每月一星”典型选树活动，全年共评选出92名“职工明星”，充分发挥了典型示范引领作用。通过开展向郭明义学习的活动，全厂有180多人参加了郭明义爱心联队，并成立了学习郭明义捐资助学基金会，其中有27人参加了公司组织的义务献血，有25人成为捐献造血干细胞志愿者，有23人、4个集体捐资助学。特别是全厂干部和部分职工积极主动为检修作业区身患绝症的职工子女上大学捐款献爱心，充分体现了大球人助人为乐的优良品质和无私奉献精神。八是在提高职工物质文化生活水平上取得突破性进展。在企业效益增长的同时，经过不懈努力，职工收入取得较大幅度增长，特别是实行薪酬分配制度改革后职工收入增长明显。实施“温暖工程”，实现了“三大节日”送温暖、帮扶解困全覆盖，全年共走访慰问困难职工388人次，发放慰问金8.47万元。以“心系发展战略、凝聚团队力量、打造和谐厂区”为主题，开展了为职工过“主题生日”的活动，用亲情和爱心凝聚引导职工。关心职工生活，改善职工作息条件，为28个主体岗位配备了饮水机，职工洗衣房正在建设中。组织全厂职工进行了健康体检和疗养度假，举办了“迎百年三八、展巾帼风采”综艺星光大道颁奖晚会、乒乓球、排球、登山比赛等文体活动，丰富了职工文化生活。

（杨增刚　张明洪）

【东鞍山烧结厂概况】 2010年末，东鞍山烧结厂有职工1817人，其中干部216人（高级职称12人，中级职称103人，初级职称85人），工人1601人。离退休职工1832人。居家休息职工126人。厂下设四室一会，9个作业区。拥有固定资产原值14.62亿元，净值5.13亿元。厂区占地面积475.6万m^2，总建筑面积26万m^2。主要设备有ϕ1200圆锥破碎机1台；H8800中破机2台；H8800细破机3台；2760振动筛6台；5.0m×6.7m球磨机6台；2.7m×4.0m再磨机4台；3.2m×3.1m再磨机2台；ϕ1200螺旋溜槽198台；强磁机21台；72m^2过滤机5台；30m^2陶瓷过滤机14台；30m浓缩机7台；53m浓缩机6台；29m澄清池4台；GCB150/160隔膜泵12台；360m^2烧结机1台；415m^2环冷机1台；3.5m×13m制粒机4台；3.8m×14m混合机1台；3.6m×8m滚煤机1台；220m^2电除尘2台；260m^2电除尘2台；EB460挖掘机3台；EB360挖掘机1台；220推土机4台；400立竖窑2台；35T锅炉4台；20T锅炉1台。

2010年，该厂全年生产铁精矿171.46万t，铁精矿品位64.04%；生产烧结矿275万t，烧结矿品位完成57%，合格率和一级率分别达到94.59%和84.76%；生产活性灰19.77万t，活性灰氧化钙含量83.23%。实现销售收入29.37亿元，完成利润2.76亿元。

该厂开展对标挖潜工作，制定了有利于技术创新的引导、激励机制，营造了技术创新氛围，双增双节创效1026.1万元。进行工艺对标挖潜，设立了八项对标指标，在此基础上，各作业区拓宽对标范围。烧结煤气单耗比计划降低0.02GJ/t；选矿综合能耗比计划降低0.27kg/t。同时，该厂推进技术进步，完成了东鞍山含碳酸盐赤铁矿石“分步浮选”工业试验，并纳入生产应用，使东烧厂选矿工艺技术达到国际先进水平，碳酸盐赤铁矿石的有效利用，每年综合创效2.34亿元；该项目与细料赤铁精矿厚料层烧结技术两项科研成果通过省级鉴定。以赤铁精矿为主的多品种铁料的烧结配矿方法获得纽伦堡国际发明银奖。电除尘振打结构装置等四项技术专利获得国家授权。新型球磨机给矿部位结构等12项技术得到国家专利局受理。真空泵风管串联等四项技术获得鞍钢专有技术的认定。将活性灰2台小锅炉改为电锅炉，在有效降低污染排放的同时，年节省各项费用30万元。

（李　楠）

【齐大山选矿厂概况】 2010年，齐大山选矿厂有职工1122人，其中干部162人（教授级高工2人，高级职称7人，中级职称74人，初级职称49人），工人960人。离退休职工1369人。居家休息职工107人。厂下设四室一会、8个作业区。固定资产原值7.6亿元，净值2.9亿元。厂区占地面积85.36万m^2，建筑面积8.01万m^2。设备总重量1.57万t。主要设备有1350/180mm旋回破碎机1台，H8800中破机2台，H8800细破机1台，HP800细破机4台，ϕ5030mm×6400mm球磨机1台，ϕ3600mm×4000mm球磨机14台，ϕ2700mm×3600mm球磨机10台，SLON立环脉动磁选机22台，EPG-72m^2圆盘式过滤机10台，ϕ53m浓缩机5台，ϕ30m浓缩机4台，ϕ24m浓缩机2台，ϕ50m浓缩机2台。

2010年该厂认真分析内外部现状和条件，先后制定了生产、技术、设备、安全环境、人力资源、企业文化等六方面的三年发展规划。积极克服大量难选矿入选等困难，优化生产组织，挖掘生产潜力，努力降低生产成本增加经济效益，以最少的投入保持生产经营的正常运行。全年破矿量865万t，超去年125万t、超计划6.5万t；精矿产量230万t，超去年30万t，完成年计划；精矿品位67.5%，比去年提高0.05%，比年计划提高0.04%；尾矿品位10.63%，比去年降低0.3%，比计划降低0.4%；输出合格率100%、一级品率99.61%，比去年提高0.01%，比年计划提高3.61%。全年降低成本974万元，完成利润6.4亿元，比计划增加1.8亿元，比上年增加1.7亿元。

设备管理工作以周期为核心，强化设备运行管理，加强精密点检，治理设备缺陷，实现零故障检修。强化过铁管理，在4号皮带捡出锰铁累计4155kg，减少了由于过铁对破碎机的损害，少更换细破机铜板3套，释放缸5台，共计4.5万元。6月份顺利完成了全停检修和尾矿坝2号回水塔封塔。实施物资管理系统的信息化，实现了与供销公司库房的电子票据结算，物资流转与财务核算的无缝对接。设备点检定修信息化模块建设，方案形成，进入实施阶段。设备、工程管理等信息化工作全面推进，为强化业务流程管理、提高精细化管理水平创造了条件。

安全工作以创建安全标准化为主线，强化安全基础工作，采取了部室轮流值周与周安全工作传递卡等新举措，隐患排查和专项整治活动取得明显效果。在一选、二选作业区继续保持公司标准化车间的基础上，破碎、动力作业区又进入了公司一级标准化车间行列，厂进入了“安全标准化”企业行列。加大劳动保护力度，改善职工作业条件，作业现场安装了节能直流风机36台、空调20台，维修空调70台。

技术攻关注重解决现场突出问题，强化现场考察和指标标定，定期检查通报，指导岗位操作。总结尾矿再选工程经验成果，在厂全面推广应用，建立尾矿再选单选系统，提高资源利用率，申报专利15项，受理9项，申报专有技术24项，认定8项，申报重大合理化建议12项。历时2个多月进行多次浮尾再选试验，经过两次改造，形成了浮尾再磨、单独弱磁强磁浮选流程，获得节省原矿和降低成本双重效益。

管理工作取得新进展，申请为第二批试点单位，实施了美世薪酬制度改革，享受到了公司的优惠政策，有80%的职工薪酬得到不同程度的提升。堵塞了粗放管理的漏洞，物资管理使用电子票据实行了收、发、存全过程管控，废旧钢铁回收实行了预算管理，对出入厂的道路进行封闭化管理。2010年管理创新立项3项。试点推行了大工种作业制，出色完成了培训任务，获得鞍钢浮选工状元1名、技术能手20名，获得矿业公司机械专业状元1名、技术能手15名。

党建、思想政治工作、精神文明建设、企业文化建设见实效。坚持“融入进入”的党建工作思路，征集合理化建议165项，在鞍钢科技创新成果展上展出成果6项，申报鞍钢重大合理化建议12项。创办了厂刊《齐选动态》，深入开展了“向郭明义学习、做高品位齐选人”和“厂优秀员工”评选活动，全厂共有509人参与捐资助学，累计捐款2.44万元，28名职工参与了无偿献血活动，1名职工报名眼角膜捐献。特别是，996名干部职工积极参与厂党委发起的“心连心 手牵手 献爱心”活动，共计捐款3.75万元。积极营造和谐氛围，全年走访慰问困难职工324人次，救济金额6.94万元、金秋助学困难职工子女50人，资助金额2.45万元。防火、保密等工作获得矿业公司先进，计划生育、档案管理等工作分别获得矿业公司和集团先进，获鞍山市企业文化建设先进单位称号。

（邹姗娜）

【鞍千矿业有限责任公司概况】 2010年末，鞍千矿业有限责任公司共有职工900人，其中干部86人（高级职称10人，中级职称42人，初级职称32人），工人814人。下设四室一会，8个作业区。该公司实行精干高效的扁平化管理体制，检修、后勤服务、保卫、剥岩输出等实行协力机制。到2010年末企业固定资产原值13.44亿元，净值4.09亿元。厂区占地面积460万m^2（选厂44万m^2），建筑面积4.89万m^2。主要设备有4m^3电铲14台，10 m^3电铲4台，牙轮钻机9台（YZ35型6台，YZ55型2台，露天钻1台），生产汽车50台（斯太尔20台，沃尔沃30台），推土机10台，PXZ1216粗破机2台，H8800圆锥中碎机2台，H8800圆锥细破机3台，ϕ5030mm×6400mm球磨机6台，SLON立环脉动磁选机16台，过滤机9台。

2010年，该公司面对生产成本压力大，以及原矿条件差、综合配矿难等各种压力，注重科学合理组织生产，讲求设备经济运行，进一步增强了生产应对能力和适应能力。全年共完成采剥总量4634万t，其中老区3143万t，新区1492万t，铁矿石1033万t，岩石3601万t，生产铁精矿225万t；输出极贫矿75万t；完成销售收入18亿元，上缴税金4.25亿元，实现税前利润5.73亿元。

新区建设取得阶段性进展。公司统一思想，提高认识，迎难而上，以落实矿业发展战略为首要任务，全面推进新区建设。一年来坚持在动态中化解矛盾，在解决问题中推进工作，按照1500万t目标倒排工期，在村民累计堵道45次，影响生产1077小时的不利条件下，各项工作进度全面超目标计划，采场由年初的前山+204m、后山+220m开采到目前的+156m水平，有效工作线长度延长至1000m，累计完成剥岩总量1492万t，采掘框架基本形成。

降本增效工作取得显著成效。坚持“低成本、高效益”的工作思路，积极开展技术课题攻关、挖潜节能降耗和开展“双增双节”、推广“先进操作法”等活动。全年累计实施节能降耗措施80多项，完成节能降耗1600多万元。在实施定额功能性承包中，通过两次降价节约成本400余万元。征集合理化建议和先进操作法174项，创效近500万元。

技术创新取得新的进展。组织完成了重选扫螺改造项目，解决了重选作业设备能力不足问题。组织完成了浮选复合药剂实验，并取得了阶段性成果。同时开展了延长衬板使用周期研究和矿、岩爆破试验，通过系列创新实验，各项指标和参数进一步改善。2010年科研创新工作成果丰硕，共获得国家授权的专利11项、国家受理的专利16项，鞍钢集团认定专有技术20项，上报鞍钢鉴定的重大合理化建议9项，在国家级刊物上发表科技论文7篇。尾矿品位、新水单耗、选矿劳动生产率三项被评为2010年全国贫赤铁矿最好指标。

创先争优活动取得阶段性成果。根据矿业公司党委的实施方案和指导意见，制定了鞍千公司创先争优活动实施方案。组织各支部对照“五好”、“四强”标准要求做出承诺，党委按月进行跟踪，检查承诺内容落实情况。加强党支部基础建设，开展了对标学习、互动学习和创新学习，促进了党支部建设互联、互动，共同提高。深化了党支部“达标创先”和争创样板党支部活动，提升了基层党建工作水平。以创先争优活动为载体，在党员责任区和先锋岗中实行目标管理，制定量化的考核标准，每月进行检查考核，增强了党员的先进意识和带头意识。

干部队伍和人才队伍建设迈上新台阶。加大干部培训工作力度，全年共安排参加上级公司培训497人次，组织开展内部学习与交流活动6次，集中培训512人次，干部队伍素质有了进一步提升。加强干部绩效考核，制定实施了《鞍千公司干部绩效管理考核办法》，每月对干部的工作业绩、工作能力、工作态度等进行多维度量化考核排序，考核结果进行公示，进一步增强了工作的主动性和执行力，促进了干部工作作风、服务作风的转变。规范了干部和人才资源管理，实施了工程技术等级序列选聘和管理及专业技术岗位竞聘上岗，激发了干部和人才队伍活力。

思想政治工作和精神文明建设取得新成效。认真贯彻落实《矿业公司关于开展向郭明义同志学习的决定》，制定了《学习郭明义、做高品位鞍千人“十个一”主题系列活动》方案，并通过局域网、《鞍千动态》、专题党课等多种形式，广泛宣传郭明义的先进事迹。成立了学习郭明义爱心联队，78名职工参加了无偿献血及捐献眼角膜和造血干细胞的报名，122名职工累计捐款1.9万元。党委将郭明义无私大爱的精神融入到推动鞍千和谐发展大局上来，引导广大职工敬业爱岗，尽职尽责，用郭明义精神做好本职工作，促进了活动的不断深化。注重发挥基层骨干在思想政治工作中的作用，对班组长、党小组长进行了“加强心态教育、促进企业和谐”专题培训，指导他们贴近实际做好职工思想政治工作。努力构建思想政治工作大格局，提高了工作针对性和实效性。公司党委还注重发挥企业文化导向和管理功能，大力宣传和倡导科学发展、安全发展和“精细、严格、到位”的管理理念，培养职工“操作讲规程、工作讲规范、办事讲程序”的良好习惯。在唱响主旋律、引领新风尚、打造和谐鞍千、推动企业健康发展方面发挥了重要作用。

（潘 洋）

【大连石灰石矿概况】 2010年末，大连石灰石矿共有职工726人，其中干部113人（高级职称3人，中级职称33人），工人613人。退休职工1262人。拥有固定资产1.24亿元，净值3529万元，新增值150.43万元；该矿占地面积356.31万m^2，建筑面积5.29万m^2。该矿设有采矿、运行、输出等3个主体车间，另有汽车队、检修协力车间、生活协力中心等3个辅助车间，另下辖2个集体企业；机关设党委工作部、综合管理部、生产技术设备部、财务部、营销部、工会等“五部一会”。该党委属地划归大连市经济和信息化委员会党委管理，下设12个党支部，有党员289人，该矿工会属地划归大连市总工会机械重工电子信息工会管理。该矿2010年工业总产值8712.20万元，劳动生产率为6119.65t/（人·a）；全年共完成石灰石采剥总量391.05万t、原矿290.01万t、剥岩101.04万t；石灰石产品输出合格率100%，质量合格率达到100%；矿山拥有5台WK-4电铲、1台YZ-35牙轮钻、2台十五番破碎机、9台ND-135机车、53台KF-20矿车、1台VOLVO．EC360BLC液压挖掘机、1台VOLVO．EC460BLC液压挖掘机、1座66kV变电所等主要生产设备。主要产品有：不同规格石灰石、不同规格建筑石、脱硫剂。各类产品除大部供给鞍钢外，还行销东北境内20余家用户，分别用于冶炼、建筑、化工、环保等领域。

以满足鞍钢生产需求为核心，确保矿山生产

能力持续稳定。继续坚持“稳质、稳产、高效、低耗”的生产方针，努力降本增效。坚持贯彻“精细、严格、到位”的精细管理理念，促进矿山本质管理水平的不断提高。不断创新，及时应对新形势变化给矿山带来的新挑战。维护职工群众根本利益，努力调动全体职工的积极性和创造性，营造和谐稳定的良好氛围。

2010年，该矿提出“深入学习实践科学发展观，排除外部干扰，进一步强化精细管理，对标挖潜，实现矿山生产经营稳定健康发展”的总体工作思路，着眼两级公司的发展战略，以推进管理升级为主线，以落实精细、严格、到位管理措施为重点，努力降本增效，较好地完成了各项生产经营任务，降本压费增效工作取得实效，采剥电单耗、原矿电单耗、粉矿电单耗分别为0.29kW·h/t、0.9kW·h/t和2.74kW·h/t，内燃机柴油单耗333kg/(t·km)；石灰石原矿生产能力290万t/a；利润计划亏损717万元，实际亏损453万元，扣除公司分析考核494万元，实际减亏758万元。

2010年新增SWDA165潜孔钻机1台。另外，完成了1号电铲大修。

2010年完成集团公司专利3项、专有技术3项。3项专利项目，其中受理专利2项，分别是“粉料电动闸板器”、“乳化炸药输药管托架”；待评审专利1项，为“炮孔防雨罩”。3项专有技术项目，其中受理1项，为“大连石灰石矿中爆破孔网参数优化”；待评审专有技术2项，分别是“WK-4电铲电机附件装配操作法”、“YZ-35牙轮钻回转电动机密封装置改进”。

“关于提高尾矿筛分系统效能的建议”获鞍钢重大合理化建议一等奖。根据大连石灰石矿生产工艺存在的问题，考虑到该矿目前所处的生存状态，公司及该矿计划采用投资少、见效快的改造方式，在总产能不变的前提下，提高精矿产率4%，年增效益380万元。

（陈兴林）

【大连石灰石新矿概况】 2010年末，大连石灰厂新矿有职工641人，在岗职工529人，其中干部95人（高级职称5人，中级职称48人），工人434人。居家休息101人，列编外11人。离退休职工541人。矿机关设五部一会，下设9个车间级单位。产品主要有三个品种：优质（18～45mm）、中块（30～55mm）、粉矿（0～20mm）。现有SWDA165潜孔钻2台、KQG-150钻机1台，WK-4电铲4台，液压挖掘机2台，大型矿用生产汽车10辆，PYB2200圆锥破碎机、PX1200/180旋回破碎机各1台。固定资产原值为1.4156亿元，新增值131万元，固定资产净值265万元。工业占地193.5万m^2，建筑面积3.2万m^2。

2010年，该矿认真贯彻两级公司总体发展战略，积极推进二期改造扩建工程，通过强化生产组织，使生产产量达到新水平。全年完成采剥总量547.78万t，原矿量467.12万t，输出商品矿259.39万t，其中优质石灰石220.5万t。经济效益跃上新台阶，全年实现销售收入1.12亿元，上缴利税4608万元，是历史最好水平。

2010年，该矿及时根据需求变化情况调整破碎工艺，同时积极组织汽车运输，满足了用户对优质石灰石的需求。

2010年9月25日，该矿二期改造扩建工程正式启动。该矿将改造工程与生产经营工作结合起来，纳入日常管理范畴，强化区域责任制的落实，保证了改造工程安全实施。该矿在两级公司的统一安排下，积极与大连市政府各部门进行沟通，在征地、环保、变电所扩容等基础性工作方面都取得了进展，为工程的顺利实施创造了有利的条件。

（刘敬俊）

【瓦房子锰矿概况】 2010年末，瓦房子锰矿有在职职工942人，其中在岗干部94人（中级职称43人，初级职称43人）。离退休职工1402人。矿区占地面积40.35万m^2，建筑面积为7.9万m^2。固定资产原值1.49亿元，净值4996.2万元。该矿下设鸡冠山、雹神庙、杨树沟3个采矿车间、桃花园、香椿园2个采区和冶炼、运输、机修、房产、医院等5个基层单位；设质量检查站、材料库房、武装保卫部等4个辅助单位（部门）。该矿机关由工会、党群工作部、综合管理部、矿长办公室、财务部、生产技术部、设备部、安全监察室、销售部、招标办等10个部门构成。全年生产锰矿石9.33万t，采掘总量达到63.94万t，工业总产值为9166.7万元。

进一步深化矿产资源治理保护工作。2010年，以矿产资源治理为目标实施的雹神庙车间主井盲斜井2号上山底层下掘工程、香椿园采区盲斜井2次提升井开拓工程、桃花园采区170中段2号上山5平盘底层下掘进工程、170中段3号上山5平盘底层下掘等重点工程建设掘进进尺535.7m，完成计划的87.5%。这些工程的推进，为保护矿产资源和未来的生产能力奠定了基础。

积极推进各项管理措施，管控能力逐步提升。2010 年以成本控制为切入点，强化各项管理措施落实。一是通过实施《瓦房子锰矿 2010 年经济责任制考核办法》，实施严格的成本考核，通过这一措施，使生产单位管理人员的成本意识和职能部门的监督服务职能意识有所增强，为应对不利因素，克服经营困难，保证生产经营正常运转创造了先决条件。二是以严格落实资金预算管理制度为抓手，努力提升生产成本的真实性和可靠性，机关部门、生产单位的管理行为逐步走向规范化。三是劳务用工和劳务费用管理工作进一步加强。依据《瓦房子锰矿临时劳务用工管理实施细则》的规定，建立了劳务用工信息化管理系统，劳务费用批拨、审核、发放的程序进一步理顺，保证了劳务费用的合理使用。四是设备管理日趋规范，节能降耗工作取得突出成果。今年以来，设备管理部门通过完善制度、健全管理体系、强化检修维修、加强点检定修考核、开展设备达标竞赛等措施，使生产单位的设备管理水平有了不同程度的提高。

（闫　皓）

【动力厂概况】 2010 年末，动力厂有职工 636 人，其中干部 120 人（高级职称 6 人，中级职称 75 人，初级职称 30 人），工人 516 人。全厂设有 6 个主体作业区，四室一会。固定资产原值 2.55 亿元，净值 6401.4 万元。厂区占地面积 11.28 万 m^2，房屋实有建筑面积 4.23 万 m^2。该厂主要担负矿业公司电网、通讯网、计量网运行维护和电机检修、变压器修制及电力试验任务。

2010 年，该厂广大职工认真贯彻党的十七大和十七届五中全会精神，深入贯彻落实科学发展观，上下一心，团结协作，全面完成了生产经营任务，实现利润 2206 万元，超额完成了矿业公司下达的目标计划。受电量实现 20.9 亿 kW · h，供电损失率降至 0.27% 以下，电网力率 0.96，设备完好率 95.5%，均优于矿业公司下达的指标计划。完成电机、变压器修制 102 台；完成电工仪表、热工仪表检修 6868 台；完成继保绝缘试验 1622 台组；继保正确动作率、绝保正确判断率 100%；矿业公司视频会议系统故障率降为零，网络主干光缆故障处理及时率 100%；与此同时，全年还完成电网设备改造工程 1 项，零固计划 28 项，安措工程 12 项，大修、维修工程 31 项；申报专利 6 项，专有技术 16 项，列入矿业公司科研开发项目的 66kV 变电所变压器温度自动监控系统通过矿业公司科研成果鉴定，并已申报省级科研成果鉴定。自主研发的电网地线自动监测及防带地线合闸报警系统在 2010 年 9 月获第十九届全国发明展览会银奖。

2010 年，该厂从抓基础管理工作入手，不断完善细化管理制度，通过狠抓“七个强化”，扎实推进各项工作：强化了生产调度指挥系统，充实了调度系统指挥人员，实现了对全厂五大专业生产调度指挥的全覆盖；强化了物资管理，建立了全厂统一管理的中心库房，制定了《物资管理办法》，对物资的管理、使用、发放、储存等作出了明确规定，使物资管理工作更加规范；强化了设备管理水平的提高，在加大电网设备春检力度的基础上，开展了设备隐患专项排查，共排查治理各种设备缺陷和隐患 526 项，重新制定了《电力设备点检定修实施办法》，完善了实施细则和点检定修标准。同时，积极推进 TPM 管理，规范整合各项管理制度，统一考核标准，加大设备管理力度，巩固了 5S 成果；强化了贯章贯制工作落实，进一步健全和完善了生产、设备、技术、工程、质量、财务、劳动用工、劳动分配及安全操作纪律等各项管理制度，同时还对全厂 11 个生产专业技术规程进行了重新修改和完善，并坚持严格执行，使之与矿业公司的总体要求和自身发展实际相匹配；强化了本质安全水平的提升，以安全标准化车间创建工作为契机，开展了全员安全评价活动和安全规程“学、练、用”活动，不断增强了职工的安全责任意识。进一步强化了隐患的排查和整改工作，全年共排查和整改各类安全隐患 77 项；认真制订职工冬季培训和练兵计划，通过开展技术讲座、技术规程学习以及理论考试、实际操作演练等形式，不断提高了职工的技术素质。在该厂技术大练兵比赛中，共涌现出 10 名厂技术状元，52 名厂技术能手。同时，在两级机关干部中开展了以计算机基本操作、调研报告征集、工作问答为主要内容的三项基本功竞赛活动，提高了两级机关干部素质和解决实际问题的能力；强化了民主管理和职工利益的切实维护，对职工提出的意见和建议，做到了件件有回声、事事有着落。注重关心职工生活，先后解决了职工饮水、就餐、冬季取暖等多项职工普遍关心的问题，并安排 462 名一线职工、先进模范人物进行健康疗养。走访慰问困难职工 56 人次，发放救济金 101160 元。奖励职工子女上学 17 人次，共 15200 元。积极开展了各种文体活动，丰富职工业余文化生活，在矿业公司举办的各项赛事中均取得较好成绩。

（丁 伟）

【供销公司概况】 2010年末，矿业供销公司有职工477人，其中干部126人（高级职称24人，中级职称65人，初级职称37人），工人300人，居家职工51人。公司现有计划招标、设备采购、材料采购、原料采购、储运管理、综合管理、矿产品外销在内的7个职能处室，下设11个仓储库房和供应站。拥有固定资产原值9959.97万元，净值3805万元，占地面积100.34万m^2，建筑面积6123.8m^2。

2010年，该公司着力向物资管理要效益，切实做好降采增效、保供服务等工作，满足了矿业公司低成本战略和生产经营的需要。全年实现降采0.99亿元；完成生产维修采购量33亿元，维简工程采购量3.78亿元；存货占用比计划下降了0.56亿元；完成了费用考核计划；实现矿产品销售收入0.68亿元；设备、火灾和人身轻伤以上事故为零。

物资供应满足了矿业生产需要。认真做好生产维修、维简工程、节日生产、防洪防汛、防寒物资的采购供应工作。针对煤炭、柴油、硝酸铵等大宗物资货源紧张、运力不足等问题，专业人员多次深入厂家联系货源，确保了大宗物资满足生产需要。钢球采购实现了鞍钢内部单位统一供应，规范了采购渠道，提高了钢球质量管理。在不超出核定库存指标的条件下，增补库存0.8亿元。为了保证库存结构合理，增补了关键生产备件和独家产品。围绕矿山改造工程，确保了眼矿露天转井下等工程项目的顺利开展。

降采工作取得新成效。深入推进进口备件国产化工作，H8800破碎机常耗件衬板成功转化，全年节省采购资金1120万元；与鞍钢重机签订了破碎机主轴采购合同，节省采购资金1080万元。有计划地减少单一来源品种，完成了包括弓矿地区在内的32项独家供货产品的相同渠道引进与科技认定。对6089粗破系统的衬板进行改良，实现降采200万元。积极寻找低价替代产品，用0号柴油替代-35号柴油，全年节省采购资金1120万元。通过加大废旧物资回收力度，多创效150万元。

矿产品销售持续赢利。做好锰铁市场调查，编写炉料市场调研报告，及时调整外销策略，扩大了矿产品赢利空间。制定了《非矿产品外销管理办法》。

ERP项目建设全面铺开。制作ERP专题网页，组织ERP知识竞赛。对现有业务流程进行全面梳理，优化业务流程57个，明确了采购模块与矿业公司部门流程接口32个，与鞍钢集团接口31个。完成了物料模块功能需求。开展了大量而细致的基础数据收集工作，完成了物料编码梳理、匹配鞍钢物料编码、物料类别划分、设定VB物料重订货点、主数据收集，和468条储备定额物资重订货点的设定工作。收集了2000余家供应商和60余家销售客户的基础信息。

各项管理进一步提升。组织采购人员制作了20部物料科普知识幻灯片。积极开展QC小组活动，“提高低品位锰矿销售收入”等5个课题，分别获得矿业公司优秀质量管理小组一、二、三等奖；销售室QC小组获得鞍钢优秀质量管理小组一等奖；眼矿站备件班获得辽宁省质量信得过班组。深入开展合理化建议活动，“实施绿色照明改造工程”等4项合理化建议，已经向鞍钢申报并参加评审。加强定额材料的规范管理，完成了34个工序、75项消耗定额标定，预计减少物资消耗1018万元。印制了《供销公司2010年管理制度文件汇编》，开展了贯彻执行规章制度的考核评价工作。修订了《供销公司经济责任制考核办法》，开展了经济责任制考核评价工作。加强法律事务工作，诉讼案件标的额261万元，为企业挽回经济损失153万元。加强涉密计算机管理，举办了新保密法培训班。

仓储管理不断完善。全年入库物资19.83亿元，发出物资18.9亿元。把好入库物资验收关，避免损失34.2万元。在弓矿地区建立了“物料领耗管控系统”。坚持安全检点制度，整改隐患40余项。开展了保管员安全防火技能演练。推进安全标准化车间创建工作，改造硬件设施2.6万m^2，中心站和大矿站跨入了矿业公司安全标准化车间行列。调度管理进入矿业公司铁路ERP系统，铁路运输实现时时监控，提高了保供效率。

（郝俊淇）

【质量计量中心概况】 2010年末该中心共有在职职工567人，其中干部59人（高级职称10人，中级职称32人，初级职称17人），居家职工16人，离退休职工210人。该中心下设四部一会（党委工作部、综合管理部、质量管理部、计量管理部、工会）和东鞍山检查站、大孤山检查站、齐选检查站、齐矿检查站、鞍千矿业检查站、环保监测站、检定室七个基层站室。拥有固定资产原值2522.8万元，净值733.5万元。主要设备有：100t轨道衡6台，具有过磅能力50～120t汽车衡9台。荧光分析仪1台，化验设备540件。2010年该中心通过不断强化质量管理工作，使铁精矿品位完成67.49%，合格率完成99.98%，一级率完成99.37%，分别比计划提高0.05%、0.98%和3.37%；烧结矿品位完成57.00%，与计划持平，合格率完成94.59%，一级率完成84.76%，分别比计划提高8.59%和6.76%；球团矿品位完成65.41%，合格率完成99.86%，一级率完成92.71%，分别比计划提高0.31%、4.86%和12.71%，超额完成公司下达的计划，质量创效3803万元。2010年，中心完成化验件数95万件，正检率为100%，外验抽检合格率为99.80%，过磅量4450万t，过磅率99%；环境监测率达100%，质计量等各项收费3605万元。

作为矿业公司质计量业务的主管部门和从事公司矿产品化检验实际工作的基层单位，2010年，该中心在全公司范围内有效开展了题为“抓质量水平提升，促发展方式转变”的质量月活动，在全公司形成了企业追求质量、全员参与质量管理的良好氛围，为质量工作的更好开展创造了条件。同时，由该中心组织的质量管理小组围绕各单位生产关键，选择课题开展攻关，本年度有2个小组首次被评为国家优秀质量管理小组、34个小组被评为省、冶金行业及集团公司优秀质量管理小组和质量信得过班组，65个小组被评为矿业公司的优秀质量管理小组。

2010年，该中心始终坚持“站好岗、把好关，当好公司效益把关人”的原则，对公司的计量工作严格监控，严格把关，使计量管理水平得到了显著提高。同时，该中心为不断提高员工的工作品质和创造最佳工作业绩，全面推行“优质服务、有效服务和延伸服务”的工作模式，坚持经常性的用户走访活动，狠抓了化检验基础管理工作，加大质量督察、抽查和考核力度；加强与用户的沟通与协调，强化了该中心的调度系统工作，加快了信息反馈速度，使公司生产调整更加及时，各项指标得到保证。尤其在保证公司输出产品铁精矿和烧结矿的产品稳定性上，做出大量工作，确保了公司产品的准确性，为公司赢得了效益和信誉。

（李　凯）

【辅助材料厂概况】 2010年末，辅助材料厂有在岗职工216人，居家职工360人。退休职工442人。固定资产原值5370万元，净值1150万元。主要生产矿用牙轮钻头、选矿用捕收剂、过滤布及机械加工业务，年销售收入8000万元以上。是集机械加工、纺织、油品油脂加工等为一体的综合性企业。主要产品及生产能力：KX8系列矿用钻头、钻杆、稳杆器钻具产品三大类共九个品种，年生产钻头6000支；适应不同矿石性质的KS系列选矿药剂，年生产能力4500t。各种高、中、低档有机和无机冷却液，年生产能力5000t。各种选矿过滤机用工业用过滤布编织加工，年生产能力150000m^2。2010年5月6日，厂荣获北京兴国环球认证公司质量体系认证证书。

科技进步与产品创新成果突出：

1. 捕收剂项目。2010年1月24日，辽宁省科技厅委托鞍山市科技局在鞍钢矿业设计研究院组织召开了“鞍山式贫赤铁矿阴离子反浮选新型捕收剂的研究及应用”项目省级科技成果鉴定会。该项目技术成果在行业内有较强的推广价值，项目研究成果达到了国际领先水平。“鞍山式贫赤铁矿阴离子反浮选新型捕收剂的研究及应用”项目由辅助材料厂、设计研究院齐大山选矿厂、东鞍山烧结厂共同完成。该捕收剂结构新颖，选择性好，适应性强，是自行研制具有自主知识产权的新型反浮选捕收剂，针对不同矿区矿石性质的差异，形成了“KS-Ⅱ”、“KS-Ⅲ”等系列产品。KS系列选矿药剂的成功应用，使齐选浮尾品位降低1个百分点，综合尾品降低0.25个百分点，年创效1000万元。该项目同时获得矿业公司科技进步一等奖。

2. 冷却液项目。在矿业公司“市场换技术”的战略理念指导下，洽谈引进美国道威国际石油化工集团的生产技术和助剂，在此基础上，根据矿用大型车的机械原理和性能，研发了具有自主知识产权的“鞍矿牌”有机和无机冷却液，并先后多次与国内外同类高端产品进行对标（如与长城产品）。在研发过程中以科技创新为手段，引进消化高端技术，努力塑造自主品牌，使“鞍矿牌”冷却液达到了高端化、系列化、品牌化。同时，引进了全套食品级生产线，采用了高端的化检验手段。针对“高品质”冷却液的质量控制要点，从原材料采购到产品输出全流程实行质量闭环管理，抓好每道工序的质量控制，并将优质的售后服务质量延伸到最终用户的汽车上。经过努力，该产品经国家权威部门鉴定，各项技术指标已达到国内领先和国际先进水平，2009年5月“鞍矿牌”通过国家工商管理总局注册备案，填补了该厂自主知识产权的空白。2010年11月5日，“鞍矿牌”有机型KF-5矿用汽车冷却液通过矿业公司科技部鉴定。在产品销售上，采用了国际上先进的营销策略，从产品包装、标识、宣传策划到产品的售后服务等建立了一整套完善的营销体系。对齐矿、大矿和眼矿等几个单位先后多次召开冷却液产品推介会，在拓宽销售市场上狠下了功夫，到目前为止，矿山内部市场占有量达100%。

3. KX832、KX835钻头项目。2010年，随着采矿牙轮钻机空气压缩机全面改造（滑片式改为螺杆式）完成，对钻头的钻孔米道产生了一定影响。针对这种情况，该厂研制出KX8-3-2型钻头。该钻头与原型号相比，使用寿命和穿孔效率均提高10%以上，钻头的性能和技术指标又上了一个新台阶，截止到目前，KX8-3-2新型钻头已形成批量生产，实际使用效果良好，平均米道提高50m以上。2010年11月开始研制新型KX835钻头。

4. 过滤布项目。2010年，该厂针对过滤布寿命较短、效率较低的现状，从原材料入手，不断更新高品质原材料，从根本上提高产品的性价比，现已研制出KS-240双层新型选矿过滤布，该产品可使寿命由原来的200小时提高到400小时。

（李清峰）

【设备检修协力中心概况】 2010年末，设备检修协力中心共有职工1056人，其中干部148人（高级职称4人，中级职称83人，初级职称64人），工人908人（高级技师10人，技师89人）。离退休职工354人。中心下设“三部一会”（生产技术设备部、党委工作部、综合管理部、工会），12个工区。拥有固定资产7987万元，净值2634万元。主要设备有机械加工车床55台，起重设备19台，电气设备30台，检验检测设备10台。2010年，该中心全年实现产值1.4亿元。

2010年，该中心生产经营工作取得新进展。全年完成电铲定修38台（次），计划修288台（次）；钻机定修27台（次），计划修96台（次）；两破动、定锥定修17次；各类总成大、中、小修102台；电机车整修675台（次），定修102台（次）；自翻车整修681台（次），挂修926台（次）；生产汽车计划修及大中修60项；工程机械计划修及大中修50项，定修16台（次）；电动轮汽车定修15台（次）；精密点检振动检测1218台，测点5815个，检测电机297台，发热点监测772台，铁路机车轮轴探伤764根，累计发现设备故障122台（次）；加工制作复合管486t，弯头1200个。新承揽东矿部分钻机、电铲、工程机械和破碎系统的检修维护任务。开辟了弓长岭矿业公司矿用汽车发动机、变速箱检修市场。全年创产值1.4亿元，利润100万元。

检修组织工作取得新进步。不断强化调度指挥系统软件、硬件建设，制定完善调度系统管理考核办法，加大生产检修计划执行率、调度指令执行率和检修质量反馈率的考核力度，实现检修作业票电子化，检修调度图表电子化和检修信息网络化。视频调度系统与现场跟踪协调相结合，全面掌握检修进度，有效调配人力物力，有效保证用户检修需求和设备稳定运行，故障率较上年降低1.5%。规范检修工艺流程，大修项目工期明显缩短。对检修工艺工序进行跟踪考核，每周点评，检修作业得到有效规范，检修质量持续提升，赢得了用户满意。

职业化检修团队打造工作取得新成效。分层次、分重点开展职工培训工作。全年外出培训12人，鞍钢职大、矿山技校培训286人次。全年共培训200余人次，400多学时。各工区内部培训1万8千多人次，2万3千多学时。通过努力，职工综合素质进一步提升。在矿业公司举行的技术大练兵活动中，4人夺得技术状元，23人获得技术能手称号。此外，投入7百余万元，新购置检修专用工具及设备22台，为职业化检修团队建设提供了强有力的硬件支持。

内部管理水平取得新提升。新建电子版管理制度汇编文件94个。重新制定了“三大规程”，对《岗位作业规范》进行了完善。制定下发了《鞍钢集团矿业公司设备检修协力中心2010年绩效评价考核办法》，每月对工区、部室进行考核。制定下发了《对各种提案和整改问题实施立案销号制管理办法》，并研制开发了系统软件，全年完成提案问题处理137项。按ISO9001：2008标准，对质量手册进行了重新修订，并经省方圆认证机构审核同意实施。对各工区、部室进行了综合大检查及贯标内审检查，召开管理工作推进会，提升内部管理水平。实行薪酬分配制度改革，推行了岗位绩效工资制，明确了各岗位工资职级，细化了工时定额考核、技能考核、包保设备故障率挂钩和创收提成考核“四位一体”的考核分配方式，使薪酬分配工作更加贴近企业实际。开展了工程序列等级工作，加强了保密工作。

技术创新工作取得新成果。“缩短斯太尔刹车盘拆卸时间”获辽宁省质量管理二等奖，“曲线皮带保护及控制方式的改进”、“鞍千测控系统完善及优化”两项科研项目通过公司鉴定；此外，获鞍钢质量管理一等奖1项、二等奖、三等奖各2项；“矿用汽车牵引电机扭力管外耐磨带修补技术”、“矿用电铲、牙轮钻机空调安装减振技术”、“ZG-6D振动给煤机线圈的技术改造”获鞍钢专有技术；“皮带机皮带溜皮固定装置”、“皮带输送机综合保护报警装置”获国家专利。《现代设备管理》获辽宁省自然科学著作类一等奖。

安全工作取得新突破。《三大安全检修模型》的影视制作已完成破碎机的拆卸与安装、列车的拆卸与安装、汽轮机的拆卸与安装和154电动轮的局部检修吊装作业等56项。“三大安全检修模型”已申报到国家安监局“安全生产科技成果”推荐项目之中。推广“白国周”先进班组管理法，建立班组安全工作“闭环控制”管理模式。通过创建“安全标准化车间”推动企业安全管理整体上水平。实现了安全事故为零的目标。

职工物质文化生活取得新提高。职工收入取得较大幅度增长。为退休职工增加了基本养老金，提高了居家职工待遇。关心职工生活和身心健康。全年救助困难职工210人次，发放救济款6.7万元。全年救助困难退休职工50人次，发放救济款2万余元。开展了“金秋助学”活动，救助、奖励困难职工子女23人。安排520名一线职工、先进模范人物进行了健康疗养。组团代表鞍钢获得中央企业乒乓球比赛团体冠军。开展了丰富多彩的文化娱乐活动，丰富了职工业余文化生活。

（梁　岩）

【化工原料制备厂概况】 2010年末，化工原料制备厂在岗职工209人，其中干部23人（高级职称2人，中级职称11人，初级职称9人），生产工人186人。下设两个部门（生产运营部、综合管理部）、两个作业区（齐大山作业区、大孤山作业区）、两个分厂（大连分厂、弓长岭分厂）。2010年，完成炸药产量5.72万t，其中乳化炸药3.81万t，铵油炸药1.91万t。炸药质量合格率实现100%。全年实现安全生产事故为零的目标。

强化生产组织，加强调度指挥，确保生产高效、有序、低成本运行。生产调度系统充分利用生产信息系统，根据季节变化，准确掌握各矿山炸药品种需求变化情况，科学合理安排混装车作业，确保生产能力最大限度的发挥，满足各矿山爆破作业的需要，从而保证了整个矿山生产过程的正常循环。

大力推进技术升级及设备更新改造工作。引进当前国际先进的散装炸药生产技术改造项目。经集团公司及国家有关部门的批复后，于2010年4月份开始正式组织实施，截至2010年10月下旬，土建工程已全部竣工，设备安装正在按进度计划有序进行，届时将彻底淘汰乳化炸药的生产工艺，使该厂的产品性能和质量与国际先进水平比肩，为改善矿山爆破质量、大力降低矿山采装成本创造有利条件。

全面提升管理水平。重新起草制定了多项安全管理方面的规章制度，使安全工作更加有章可循。修订了厂《经济责任制考核办法》，增加了多项充分体现日常生产经营管理水平及企业战略发展的指标，将全体职工的工资收入与各项指标完成情况直接挂钩，进一步促进企业管理水平的不断提高；重新制定《柴油验收管理办法》，进一步加强了柴油的验收入库管理；修订《生产服务岗位绩效增提奖励办法》，充分调动了广大职工的生产积极性。

全面落实安全管理工作。2010年，全厂广大干部职工严格贯彻“安全第一、预防为主、综合治理”的安全生产方针，针对企业的行业特点，按照国家、省市及两级公司的各项安全管理规定，深化安全管理工作细节，重点落实安全生产责任，落实安全生产措施，坚持“以人为本”，反违章、除隐患，夯实安全生产基础，对安全生产实施全方位、全过程的监控管理，建立了安全生产的长效机制，实现了轻伤以上事故、火灾事故、污染事故、重大设备和重大交通事故为零的安全目标。

2010年3月份，顺利通过了北京国科安联科技有限公司的安全评价，完成了民爆生产许可的换证工作，并通过了市安监局及公安局组织的安评工作。

强化质量管理，实现过程控制，稳定产品实物质量。继续加强爆速在线检测仪的实际应用，随时掌握产品质量变化情况，及时分析质量变化产生的原因，指导现场操作；将大孤山作业区的油相配制由原来的增量法改为减量法，将配制过程中的误差控制在千分之一以内；在全厂大力推广应用乳化炸药装药时输药管保持在药面以下的专项技术，对稳定乳化炸药质量，使炸药在孔内、尤其是在水孔内稳定传爆，大力提高矿山爆破质量；坚持生产工序环节的痕迹管理，使全厂各作业区及分厂生产全过程处于可控状态，使最终产品质量得到了保证。

开展科技攻关，做好技术储备工作。针对工

艺技术升级改造对原料的需求变化，厂组织工程技术人员与矿业设计研究院在2009年复合油相的应用研究已完成了实验室试验的基础上，2010年开展了工业试验，取得良好效果，该项目的顺利完成将为该厂技术升级改造后实现油相材料的国产化奠定坚实的物资技术基础。

加强职工教育培训工作，全面提升职工综合素质。做好多层次的职工培训工作。先后组织有关岗位人员参加了省国防工办及大连市国防工办举办的爆破人员安全技术继续培训，为进一步提升各级管理及工程技术人员的安全管理水平、保证安全生产奠定了基础；针对我厂的工艺技术特点、生产原料及产品的特殊性，结合典型案例，在全体职工中开展季节性安全知识培训，通过全方位的安全教育，使全体职工增强了自觉遵章守纪的意识。

关心职工生活，为广大职工办好事和实事。为弓长岭分厂工人休息室配备了桌椅，增加了电热水器和饮水机，解决了现场工作人员及岗位工人的实际困难；在弓长岭分厂建起了职工食堂，解决了多年来职工中午就餐的难题；在大孤山地面站开办了职工食堂，解决了大孤山车间办公室搬迁后的职工就餐问题；深入调查了解职工的实际生活情况，走访慰问困难职工20人，发放困难救济金8000元；组织安排厂劳模、先进工作者及一线生产骨干等共120名职工进行了健康疗养。

（夏　芳）

【生活协力中心概况】 2010年末，生活协力中心有在职职工533人，其中干部135人（高级职称4人，中级职称56人，初级职称18人），工人397人。离退休职工281人。该中心机关设四室一会（党委工作室、综合管理室、生产室、设备室和工会），下设齐大山服务区、大孤山服务区、东鞍山服务区、鞍千服务区、市内服务区、绿化服务区、鞍千保产保洁作业区、齐矿保产保洁作业区、东烧保产保洁作业区、汽车队、汽车修理作业区和采购供应站等12个基层单位。固定资产原值7849.88万元，净值2350.99万元，其中新增值130.60万元。该中心负责矿业公司的食堂、浴池、绿化等后勤保障以及保产保洁、皮带胶接和生产服务用车工作。

2010年，该中心以党的十七大精神为指导，深入贯彻落实科学发展观，全力推进矿业发展战略，以建设一流矿山生活后勤保障基地为目标，促进服务工作全面升级，全面完成了公司下达的各项经营指标和财务指标，实现了服务签证率全优，服务质量投诉率为零、重大设备、重大火灾、轻伤以上人身事故为零的工作目标。

服务质量显著提升。食堂管理做到了统一规范，在全中心各食堂中推行了“周食谱”，制定了详细的食品投料、制作和采购验收标准，开展了技术大练兵、食堂优质服务竞赛活动，把树精品意识、创服务品牌融入到日常服务工作中，对11个食堂进行了大规模改造，共投入105万元，使食堂设施、职工的用餐环境得到大幅改善。全力做好生产服务工作，真正发挥好为生产厂矿保驾护航的重要作用，保产保洁作业区配合齐矿、东烧、大球和鞍千进行全停检修和设备事故处理达30余次，为保证厂矿生产的正常运行做出了突出贡献。全力做好各单位用车服务工作，在外宾接待、厂矿突发事件、防洪抢险、解决边远厂矿生产问题等方面均做到安全、正点，出色地完成各项出车任务。全力做好采访郭明义同志先进事迹各大媒体的接待工作，为采访媒体提供了及时周到的饮食和用车等后勤服务，受到公司领导和有关部门高度赞扬。

基础管理工作显著提升。重新规范了食堂物资供应的计划、招标、采购、结算管理流程，实行计划、招标、采购、结算分离，堵塞了管理漏洞。建立起了中心及基层生产经营相关统计台账和报表，计划、统计工作得到加强。全面开展绩效评价考核工作，制定和实施了绩效考核办法，初步实现了按照工作业绩和工作重要程度拉开薪酬档次，绩效评价考核工作初见成效。按照美世薪酬改革的要求，对中心组织机构和职能进行了重组划分，对组织机构的设置和名称进行了统一规范，对部门岗位职责和职工作业规范进行全面修订。劳务管理工作得到有效加强，规范和理顺了对劳务用工和劳务用工费用的管理，对劳务人员开展了绩效考核，有效调动了劳务人员的工作积极性。安全管理基础工作得到进一步加强，新建6项安全防火管理制度，完善动火审批手续，补充了相关岗位的操作规程，对维护维修工程、绿化施工现场进行规范化管理，施工现场实施安全交底制度。

综合实力显著提升。2010年，该中心的经营管理范围有了大幅拓展，一是接收了齐大山铁矿、东鞍山铁矿和东烧厂部分车间的保产保洁工作；二是接收安置了弓矿公司生产用车47辆，总计生产用车已达到98辆；三是接收了设备检修协力中心的汽车修理作业区；四是接收东烧前峪尾矿库、大球厂选矿分厂及东矿排岩场林带等绿化维护区域，大幅增加了绿化作业面积。

职工物质文化生活水平显著提升。2010 年，该中心职工的收入有了大幅提高，与上年相比，全民职工年收入平均增加 6000 元，劳务人员年收入平均增加 2000 元。该中心还加大对生活困难的职工和退休人员经济救助的力度，帮助职工解决实际问题，全年共发放救济金 13.79 万元，救济困难职工 276 人次。同时，还认真组织了全民健身活动，购买了羽毛球拍、乒乓球拍、长绳、跳绳、毽球等体育用品，发放到各工会小组；组织了踏青、登山活动及乒乓球比赛。举办了纪念建党 89 周年的文艺汇演。丰富多彩的文体活动活跃了职工业余文化生活，振奋了精神，凝聚了士气。

经营业绩显著提升。2010 年，在全体职工的共同努力下，财务指标持续向好，与 2009 年相比减亏 494 万元；优质服务工作取得显著成效，在集团公司组织的暑期食堂食品卫生检查中，该中心所属食堂优秀率达到 83%，名列集团公司第一；职工培训效果良好，在鞍钢技术大练兵活动中取得面点专业技术能手 1 名；在矿业公司技术大练兵中，夺得专业技术状元 2 名，能手 9 名，安全管理竞赛状元 1 名；在矿业公司第二届青年艺术合唱比赛中获得了一等奖；在 2010 年集团公司暑期食堂食品卫生检查中，优秀食堂达到 83%，名列集团公司第一；绿化工作成绩斐然，凝聚中心多年绿化心血的“矿区生态环境修复关键技术的研究与应用”科技成果通过了辽宁省科技局组织的鉴定，达到国际先进水平，同时荣获集团公司重大科学技术三等奖，矿业公司科学技术奖励一等奖。

（张俊锋）

【设计研究院概况】 2010 年末，设计研究院有在职职工 452 人（在岗 379 人，居家 50 人，离岗 3 人），干部 328 人（教授级高工 7 人，高工 95 人，中级 175 人，助理以下 51 人），工人 51 人。离退休职工 685 人。占地面积 10.41 万 m^2，建筑面积 2.29 万 m^2，固定资产原值 3736.4 万元，净值 1231.69 万元，增加值 483 万元。2010 年该院围绕建设具有国际竞争力的矿业工程技术公司的奋斗目标，以市场为导向，以总承包为突破，以提升技术服务水平和项目管控能力为重点，扩大和延伸产业链，各项工作成绩斐然。全年创收 1.01 亿元，实现利润 706 万元，超利润计划 356 万元。

该院编制完成的《铁矿山建设规划》获得国家工信部、发改委正式批复。同时围绕公司大型矿山的重点改造和新建项目，完成了弓选厂二选 150 万 t 赤铁矿技术改造工程、大连新矿二期扩建工程和齐矿矿破下移工程的初步设计，弓矿公司井下铁矿下含铁带采区延伸工程等在建项目的施工图设计；鞍千二期等项目的可行性研究报告的编制和修改；矿山系统竣工图测量、大连新矿二期扩建工程勘察等工作；弓长岭、眼矿井下开采工程等矿山技改项目的工程监理和施工服务工作。共完成设计项目 311 项，完成勘察测量项目 60 项，执行工程监理 20 项，完成自动化工程施工 8 项。为加快铁矿山建设步伐、推进矿山能力建设做出了重要贡献。

该院在提高科技创新能力上，重点开展了“散装乳化炸药低温敏化技术研究”、“井下散装乳化炸药的研究”、“高效复合油相材料工业化试验”、“浮选尾矿再选工艺技术工业试验研究”、“赤铁矿选矿分级入选工艺技术研究”、“新型球团黏结剂的研究”、“低品位弱磁性铁矿物的湿式预选试验研究”等 25 项研究项目，并取得了重要的研究成果。全年取得科研成果 9 项，“浮选尾矿再选工艺技术工业试验研究”通过省级鉴定。另有 8 项成果通过了公司评议，其中“小孤山矿区矿石选矿工业试验研究”和“低品位弱磁性铁矿物的湿式预选试验研究”两项成果经专家评议达到了国际领先水平；“利用铁尾矿生产高强结构材料试验研究”和“尾矿高附加值新材料的开发研究”项目是对该研究领域的创新性突破，技术属国内首创。各种评先活动取得显著效果。获中国冶金建设协会一等奖、二等奖各 1 项；获中国冶金矿业协会一等奖 1 项；获中国工程咨询协会三等奖 1 项；获中国冶金协会优秀勘察二等奖 1 项；获省勘察设计协会优秀 QC 小组二等奖 1 项。申报专利 47 项（已受理 41 项），获得专有技术 11 项。

该院在外部市场开拓上，组织了本溪金和新建选矿厂、大连临空产业园填海造地工程、营口铁矿、卡恰尔露天矿山破碎胶带系统等 40 余项招投标、高阶段及施工图产品的院级评审或技术会议。先后完成了海南矿业联合有限公司新建贫矿选矿厂工程、本溪金和新建选矿厂建设项目、本钢马耳岭选矿厂尾矿输送及尾矿库工程、鞍山友谊预应力制品有限责任公司整体搬迁改造项目的初步设计、可研和方案设计；完成包钢白云鄂博主矿岩石和主东矿矿石胶带运输系统工程项目的可研及方案论证。澳大利亚卡拉拉铁矿项目工程建设进展顺利，PFD、P&ID 工作已经基本结束，正在进行3D设计。承揽了合同额为1900万元的哈萨克斯坦卡恰尔露天矿破碎胶带系统工程、合同额为780万元的营口赵平房铁矿采选工程。

该院顺利获得国土资源部颁发的固体矿产勘查甲级资质，使矿业公司成为国内唯一具备从探矿，采矿、选矿、烧结、球团生产，采选工艺研发设计，到工程技术输出完整产业链的矿山企业，标志着矿业公司的产业化发展取得重大突破。承揽了营口市鞍钢水业有限公司地下管线迁移总承包工程，和合同额近2.4亿元的攀钢白马铁矿及及坪采场矿石破碎胶带运输系统设计建设项目的总承包工程。这是该院提高技术输出的重大突破，确保了矿业公司落实鞍钢"四个转变"总体发展战略目标的落地。

该院编制《项目管理体系文件》，制定了项目过程控制管理办法和施工服务管理办法等相关制度体系文件。成功通过了中设颁发的质量、环境和职业健康安全的"三体系"认证。实现了轻伤以上人身事故为零、火灾事故为零、重大设备事故为零的安全生产目标。获2010年度省"重合同、守信用企业"称号。有1人获得全国劳动模范，有3人分获"感动鞍钢——创新功勋人物"金奖和银奖。新增教授级高工3名、高工2名、工程师6名；新增国家注册咨询工程师、注册土木工程师（岩土）各1人。新增固体矿产勘查甲级资质和检测中心计量认证证书。

该院新增激光数码一体机、黑白数码多功能机、高效液相色谱仪、红外光谱仪、原子吸收光谱仪、高精度手持GPS测量仪、高精度（机器人）全站仪等设备。完成土建、勘察等专业软件的升级工作；实施了马石山试验室大修和办公楼大修及防雷亮化工程；完成文印设备的搬迁工作等，职工工作、生活环境得到进一步改善。深入开展"送温暖工程"和"扶贫解困"活动，开展金秋助学、育子成才活动，组织一线职工和各类先进模范人物进行健康疗养，开展丰富多彩的文化娱乐活动，活跃职工业余文化生活，增强了企业凝聚力。

（蔡　艳）

【技工学校概况】 2010年末，技工学校在岗职工82人（其中干部77人，专职教师59人，高级教师38人，工人5人），居家职工31人。离退休职工219人。学校下设党委工作部、综合管理部、教学管理部、学生管理部、招生就业指导部、公司财务驻在组6个部门及基础、专业、实习3个教研室。学校占地面积8.2万m^2，建筑面积3.2万m^2，固定资产原值1900万元，净值430万元，具有一流的教学设施和实习基地。

该校是矿业公司职工素质工程建设重要基地，面向矿业公司职工开展职工继续教育、岗位培训，具有多元化、多层次和多学科的教育培训职能及悠久的技工教育史。该校于1964年建校、1996年晋升为国家级重点技工学校，具有丰富的技工教育办学经验，常年开设有计算机、电子技术、汽车运用与维护、焊接、电气技术、机械加工、机械维修、钳工、矿山特有工种等名牌专业和其他专业，学校着重加强校企联合，建立了长期稳固的校外实习、就业基地。

2010年，伴随矿业公司全力推进发展战略的脚步，学校广大教职员工认真贯彻落实党的十七大和十七届四中、五中全会精神，积极践行科学发展观，依托、服务、融入于矿业公司人力资源发展战略，学校职工培训和技工教育"一体两翼"发展战略举措得到较好落实，全面完成了2010年教育、培训等各项工作任务，学校的和谐发展呈现出了新的气象。

服务公司发展战略，做到"四个到位"。一是完成公司培训计划到位。承接了公司下达的管理和生产服务岗位人员两大类、十个项目的培训任务，克服培训面广、量大、集中和师资不足等困难，采取到校集中培训和送教入厂等培训方式，较好地完成了134个班级、6998学时、6933人次的培训工作。二是完成技工教育计划到位。加强教学"五大环节"的质量监督管理，完成了技工职业技术教育三个年级、18个班（订单教育12班级）、657名学生、11100学时的教学工作。三是完成矿业新项目急需用工培训到位。为增强矿山采掘能力，开展了眼前山矿露天转井下开采的专项培训；为配合信息化建设，开展了ERP基础知识培训；为满足矿业采矿生产岗位的急需，开展了牙轮钻、排岩卡车、挖掘机司机助手等劳务的招生和培训。四是完成公司培训考试服务到位。承接完成了矿业公司及多家基层单位职工技术大练兵、职工培训理论考试和多个工种实际操作考试，发挥了教育培训阵地作用，提升了学校的美誉度。

提升办学水平，实现"四个创新"：一是创新培训方式。按照矿业劳务用工需求，探索"订单式"培训新方式，完成了选烧球矿设备检修、穿采设备检修、电机车设备检修、矿用汽车检修、物业管理5个专业的招生，并根据培训要求进行课程设计和教材编写，制定教学大纲、教学计划，提升了办学的适应能力。二是创新培训课程。主动适应矿业公司ERP项目发展战略，挖掘整合师资力量，为全面推进ERP建设提供了基础教育培训支撑；适应矿业企业文化培训需求，开发了适合提升企业员工素养和品位的，创新思维、情绪管理、行为礼仪等“人文学科”精品课，形成了具有特色的课程体系。三是创新培训教材。成立了井下采掘培训课题研究组，深入多家厂矿进行教学实习调研，编写了井下开采工艺、凿岩设备、铲运机、爆破、矿井通风与防尘等培训讲义、课件，满足了井下矿开采岗位员工的培训需求。四是创新实习途径。校外实习，与“订单式”培训用工单位相对接，共建实训平台，学生跟班作业实习或顶岗实习，到岗实习率达到了100%；校内实习，进一步探索实践“目标能力培养模式”，实现了专业理论与实际操作技能的一体化教学，学生职业技能等级鉴定合格率达到100%。

加强自身建设，取得“四个进展”：一是校园文化建设有新进展。深入开展向郭明义学习等主题系列活动，寓教于乐，陶冶情操，形成了岗位争先创优、建功立业良好氛围。二是素质工程建设有新进展。贯彻鞍钢职工教育培训管理办法，积极创造条件鼓励广大教职工积极参加不同层次的教育培训，开展教师岗位专业技术大练兵活动，活跃教研教改竞赛，加强班主任交流，培养“双师型”教师队伍。三是改善办学条件工程有新进展。在矿业公司的大力支持下，主要完成了图书馆维修、教学楼暖气大修、体育场馆维修、计算机网络维修、多媒体教学设备维修、实习厂房场地维修、20台车床大修、食堂维修等项目，学校环境明显改观。四是温暖工程建设有新进展。按照政策妥善落实员工福利待遇，走访慰问困难员工96人次，发放救济金45100元，学校的和谐氛围和凝聚力明显增强。

2010年该校荣获“2010年度鞍山市安全生产培训先进培训机构”称号，并被中华全国总工会办公厅授予“全国职工教育培训示范点”荣誉。

（张雅娟）

国际经济贸易公司

【概况】 2010年末，国贸公司共有职工691人，其中在岗职工513人。其中，高级职称75人，中级职称287人，初级职称106人。公司下设海外事业部、钢铁产品出口部、钢铁产品营销部、原燃料部、国际工程部、招标中心、物流事业部（国际货运公司）、订货中心等8个业务部门，运营管理部、财务部、行政事务部、党委工作部（人力资源部）、工会等5个管理和党群部门，东北公司、华北公司、华东公司、华南公司、西部公司、现货公司等6个国内销售子公司，香港公司、澳大利亚公司、欧洲公司、美国公司、韩国公司、日本公司、印度公司、中东公司及在西班牙与英国斯坦科公司合资的鞍钢伊比利亚有限公司等9个海外子公司，大连公司、鲅鱼圈公司、锦州分公司等3个港口海运子公司，在大连设有中远鞍钢航运有限公司，在营口鲅鱼圈设有鞍钢营口码头有限公司，并出资参股鞍钢汽车股份有限公司10%股份。另外，分别在沈阳、上海、山东和天津等地设有4个钢材加工配送有限公司。

【主要经营指标完成情况】 全年实现营业总收入453.85亿元，实现利润8.01亿元，超额完成全年计划。全年完成进出口贸易额43.88亿美元，其中进口用汇30.88亿美元，出口收汇13亿美元。全年完成出口钢材签约181万t，实现出口装船170万t，继续保持行业领先地位。全年完成国内钢材销售832.84万t。全年采购进口矿1793万t，采购动力煤165万t，进口焦煤170万t，进口废钢、热压铁6.2万t。全年进口成套设备签约7040.69万美元，进口备件签约1.07亿美元。机电产品出口签约突破3000万美元，比上年增加3倍。全年完成招标标的额6.10亿元。

【业务发展空间得到新拓展】 适应鞍钢发展要求，积极主动协调内外部关系。开展了与股份公司、鞍凌公司和鲅鱼圈公司等单位的对口协调和交流，为更好地开展在设备采购、原料供应、产品销售、物流运输等方面的合作与服务奠定了基础。扩大了为天铁的销售代理，全年代理销量达20.22万t。积极开展营销创新，以订单融资加保理的业务模式开展对海尔和比亚迪公司的汽车板销售业务，全年完成配送销售31.31万t；设立专门机构开展无缝管专业营销，全年完成销量6.88万t。加强物流管理与服务工作，与大连港、营口港签订了港口年度协议，组建了锦州港分公司。与营口港就合资建设矿石码头进行了有效沟通，双方再次达成协议。沈阳加工线二期工程进入实施阶段。天津鞍钢大厦项目重新开工，有望2011年内投入使用。与鞍钢建设和鞍钢金结合作，开发了钢结构产品和煤气柜产品出口，其中厂房钢结构出口合同额2600万美元，机电产品实现了多品种、多渠道出口。

（张玉斌）

工程技术有限公司

【概况】 2010年末，工程技术有限公司职工总数767人，其中在岗职工728人，长病和居家39人。在岗职工中管理和专业技术岗位644人（教授级高工21人，高级职称213人，中级职称328人，初级职称及以下82人），生产服务岗位84人。离退休人员754人。设8个管理部室、18个勘察、设计专业室和焦化事业部、档案文印室、翻译公司、环保研究所、工程监理公司及后勤服务队。固定资产原值4044.3万元，净值831.2万元，2010年新增固定资产211.9万元。占地总面积1.37万m^2，总建筑面积2.47万m^2。2010年，成功实现企业转型，构建了法人治理结构，并以此为契机，形成了工程设计和工程总承包并重的业务模式，节能环保等新兴战略业务取得新进展。实现合同总额6.26亿元，创历史新高；实现销售收入4.73亿元、利润3827万元，全面完成集团公司下达的各项指标。

【经营机制和业务模式转换】 完成董事会的构建，召开了第一届董事会。对生产单元的创效机制进行了有益的探索，组建了焦化事业部。引入战略投资者的相关工作取得实质性进展，分别与中钢设备、五矿工程签署战略合作协议和增资扩股框架协议草案。推进鞍钢内部合作共赢机制的建立，与自动化公司签署战略合作协议。组建了节能服务公司，承揽了鞍钢鲅鱼圈分公司高炉排煤风机变频改造合同能源管理项目。形成了工程设计和总承包并重的业务模式。进一步完善总承包管理体系，编制了《项目经理工作手册》，发布了《工程总承包项目管理考核办法》，推行项目经理负责制。严格执行总承包招投标操作规程，强化安全管理，组建了项目专职安全员队伍。烧结烟气脱硫项目运营管理稳定有效，拓展了创效的新领域。

【工程总承包业务发展】 紧紧抓住集团公司大力发展工程技术产业的良好契机，发挥技术优势，深入现场，掌握第一手信息，主动为客户提供解决方案，通过优质服务争取市场。借助鞍钢西区2号烧结机烟气脱硫总承包项目建立的市场影响力，又承揽了鞍钢西区1号烧结机、鞍钢三烧360m^2烧结机、鲅鱼圈Ⅰ系列烧结机、沙钢、通钢烧结机烟气脱硫总承包项目，做到干一个项目，树一个标杆，以优秀的业绩赢得市场。稳步推进3.8m中厚板、5.5m室式炉、方圆坯改造、30万t大焦油、线材加热炉等在建项目。全年承揽总承包项目12项，占销售收入78%，总承包业务模式日渐成熟。围绕降低工程投资和运营费用，提升产品质量，把工艺流程优化、指标优化、对标分析及方案结合等技术措施融入设计过程，确保投资省、方案优。在莆田冷轧项目中，相关专业通过现场调研、优化工艺流程、反复验算和对标，建筑占地面积减少10%，用钢量从210kg/m^2降到180kg/m^2，能源介质用量降低近30%，缩短了施工周期，节省了大量工程投资和运营费用。此项工程由于采取超前策划、系统优化，在降低工程造价的同时，做到了按节点100%履约，赢得了客户的信赖和尊重。

【外部市场开拓】 2010年承揽鞍钢以外工程62项，合同额9293万元。通过战略合作，借船出海，参与9项国际项目投标，承揽了伊朗工程设计任务，正在洽谈孟加拉300万t钢、印尼200万t钢、哈萨克斯坦高炉大修等项目，国际化经营初显成效。依靠煤气净化、焦油加工等特色技术，保持市场优势的同时，在高炉余热利用、烧结烟气脱硫上取得新业绩，品牌技术营销成效显著。选定营销代理12家，跟踪项目35项，签订合同3项，营销代理作用初显成效。焦化专业实现外部合同额1009万元；炼铁、炼钢、轧钢等专业积极参与伊朗、孟加拉、巴西、越南及攀长钢、通钢等国内外项目的投标工作。其他专业也利用专有技术承揽了一些地方工程，机制室作为主体专业承揽外部项目实现了新的突破，土建室在开拓民建市场上又有了新的进步，承揽了合同额340万元的住宅小区项目。非设计单位克服困难，也取得了较好成绩。

【核心技术能力培育】 按照发展低碳技术的要求，围绕节能减排和产业技术升级，开发可提高产品竞争能力的专有技术与专利技术，结合专利贡献程度，兑现专利创效奖。对炼铁、焦化、炼钢、轧钢等传统产品，实现核心技术升级，形成了自主设计的热轧飞剪、卷取机等核心设备产品，在实现“完成一个项目、形成一个产品”目标推进上，取得较好成绩。完成业务建设124项，完成专利申报41项，专有技术申报79项，全部超额完成计划指标。

开展鲅鱼圈水系统实地深度调研，形成了污水处理系统的解决方案。开展鞍钢老区电机、风机、水泵等节能调研，通过设计与生产实际对标，分析查找原因，以利于设计优化，提出节能降耗的建议。以3.8m中厚板、大焦油、烧结烟气脱硫等典型工程为突破口，大力推进三维设计，出图率达20%。

修订《工程项目技术附件内容、深度及格式标准》；编制三维设计等7项技术标准。承担集团公司重大科技项目“冶金工厂减排工艺及装备的研究与开发”；开展“无缝管控轧控冷技术”、“高炉炉顶压力调节阀技术”等7个项目的研发设计；组织实施了“钢结构皮带通廊”、“汽化冷却装置”等9项产品的开发。

“采用液相催化氧化法进行气体脱硫的工艺方法和装置”获德国纽伦堡国际发明展银奖和第十九届全国发明展览会金奖，“一种热风炉预热装置”获中国第十一届专利优秀奖，彰显了工程技术公司专利成果的竞争力。全年共获得冶金行业优秀勘察设计8项、优秀咨询项目5项，辽宁省优秀工程勘察设计奖4项、测绘系统科学技术进步奖1项，鞍钢重大科技奖3项、优秀专有技术5项。在行业学术会议或公开发行刊物发表论文12篇。“鞍钢石油管生产线的研究与开发”项目通过省级鉴定。

【企业管理】 全面实施ERP管理系统，从工程立项、任务下达、项目组织到产品归档等设计全过程均在网上运行，实现工程管理数据化，使过程节点控制更加有效，工作效率得到提高。调整高阶段设计审核流程，明确主体专业室主任的技术把关责任，提高产品的整体水平。建立设计人错误率、审核人漏审率等产品质量过程控制指标，强化三级审核的有效性，提高产品质量，工程设计管理能力进一步提高。

编制完成《风险管理控制办法》、《工程总承包财务知识手册》、《工程总承包会计核算管理办法》，实施月全面预算管理制度，定期召开资金预算平衡会，加强总承包项目资金管理，使生产、经营、财务等工作有机结合起来，严格费用控制，确保企业资金链安全，资金风险管控得到加强。

编制完成人力资源五年发展规划，积极推进“153”人才工程。执行《注册工程师管理办法》，制订激励措施，各类注册人员占技术人员的16%。组织承办一期工程总承包项目经理培训班，培训51人。选派15名中层干部到东北大学和鞍钢党校学习进修，鼓励在职人员攻读工程硕士，提高理论水平和研发能力。2人在鞍钢员工英语竞赛中获奖，选拔4人到大连外国语学院脱产进修，人力资源管理和开发不断深化。

（杨明铎）

自动化公司

【概况】 2010年末，自动化公司有职工459人，其中干部370人（高级职称82人，中级职称162人，初级职称104人），工人89人。该公司设综合管理部、党群工作部、财务会计部、市场营销部、项目管理部、技术研发部6个部门，下辖8个单位。拥有固定资产原值3864.63万元，净值1490.50万元。厂区占地面积3.07万m^2。

【生产经营实现新突破】 全年新签合同239项，实现合同额4.69亿元，同比增长226%。其中，鞍钢内部项目228项，合同额3.32亿元；鞍钢以外新项目12项，合同额1.37亿元（结转下年9540万元），合同额创历史最好水平。全年实现业务收入2.58亿元，同比增长30.5%，利润总额900万元，同比增长26%；其中鞍钢以外项目收入6700万元，占总收入的25%，超计划407.5%。降本增效成果显著，全年可控费用总计支出234万元，压缩各种可控费用支出44万元，同比节约了15.9%，项目成本构成更趋合理，同比下降6%。

【谋划公司长远发展】 在对鞍钢自动化、信息化市场资源、人力资源认真分析和行业内先进单位全面对标，准确把握冶金自动化、信息化技术发展趋势的基础上，结合学习实践科学发展观活动成果，形成了3～5年发展战略和规划，描绘了公司实现跨越式发展的蓝图。

【推进技术创新】 组建了技术研发部和技术专家委员会，建立了以技术研发支撑企业发展和企业发展推动技术创新工作的双促进运行机制。敢于挑战高端技术，从技术的“追随者”向“领跑者”转变。自主集成的“鞍凌1700连铸连轧生产线控制系统”热负荷试车一次成功，标志着该公司已跻身国内少数几家可以独立完成整套热轧控制系统设计和调试的先进企业行列。技术创新成果丰硕，全年新申请专利7项、著作权4项、鞍钢集团公司专有技术19项。其中，达到国际国内先进水平2项并通过省级成果鉴定，获鞍山市科技进步奖4项，鞍钢集团公司重大科技奖1项。

【构建市场营销体系】 组建了市场营销部，统筹全公司市场开发工作，初步形成了基层各事业部纵向开发，市场营销部横向区域统领，上下协同全员开发的市场营销体系。加强战略合作，走访有关单位，并与西门子公司、AB公司等单位签订战略合作协议，取得了良好效果，合作中实现了双赢。重点项目重点开发，针对重点项目组成了集技术、商务、管理的团队，发挥整体优势进行重点开发。实施输出专有技术策略，有针对性地开发市场。加大项目投标过程中的商务报价、技术方案论证、工程管理、风险防控各环节的工作力度，提高了项目投标工作的科学性和准确性。

【强化管控体系建设】 按照“以市场营销为龙头、项目管控为核心、技术研发为支撑、信息化管理为手段的项目运营体系和专业化发展、以冶金工艺控制对象进行划分”的管理思路进行企业改革，分别对职能部门和基层单位进行了业务职能优化和流程再造，以求实现迅速反应市场变化，准确识别客户需求。针对困难的生产经营局面，实施了“三抓一带”工作措施，即：一抓合同保公司规模，二抓收入保当期利润，三抓回款保资金链安全；带动企业管理，堵塞管理漏洞，有效地扭转了工作的被动局面。组建市场营销部、项目管理部、技术研发部，并按照“业务、事务、财务”分设的思路，把业务部门从机关划出，并将管理职能上移，服务重心下移，实施了扁平化管理。事务、财务部门重新进行了业务职能整合，实施了统一归口管理。基层各单位按照专业化发展和冶金工艺控制对象划分为专业化事业部，组建了炼铁事业部、炼钢事业部、轧钢事业部和信息化事业部。不断强化安全管理工作，多次召开会议专题研究安全工作，建立健全21项安全管理制度，贯彻全员持证上岗和安全标准化工作，彻底改变了安全工作不到位的被动局面，全年实现了人身伤亡事故为零、重大环境污染事故为零，通过了集团公司安全标准化二级企业检查。出色地完成了鞍钢股份大型球扁钢传动系统改造、北大沟污水处理、鞍钢股份鲅鱼圈职工住房管理系统功能完善、鞍钢股份二炼钢连铸年修等急特项目。

【和谐企业建设工作实现新突破】 以构建和谐企业为中心，密切了党政、干群关系，形成了党政同台唱戏相互补位，员工积极参与的良好工作氛围，企业的软实力建设工作得到进一步加强。坚持公司发展依靠职工，发展愿景激励职工，改革成果惠及职工的原则，职工收入有了新增长。关心职工生活，先后多次到朝阳等现场看望慰问工作在一线的职工，切实做到了工作上支持，生活上关心。

强化理论学习。通过推荐书籍、文章、建立阅览室等形式，引导干部职工学习，提高干部职工学习能力。强化教育培训，围绕科技创新、工程管理、前沿技术，邀请专家学者和项目负责人进行技术讲座和培训交流，全年培训职工584人次。强化对标学习，走出去请进来，选派相关人员到同行业对标学习，邀请西门子、ABB、马钢等国内外企业来公司交流。

大力开展创先争优活动，明确主题，选好载体，通过开展“远学郭明义，近学王东兴，做王东兴式好职工”活动，使党员在五个方面“当先锋、做模范”，取得了显著成效。加强党支部和党员队伍建设，通过开展创样板党支部、党委委员上党课、爱国主义教育、“七一”主题实践活动，为党的建设注入了生机和活力。强化党内竞赛活动，围绕“三抓一带”及降本增效组织开展党内建功立业活动，有效解决生产中的实际问题。结合鞍凌1700项目，成立临时党支部，开展“一个党员一面旗”活动，促进工程顺利进行。

开展形势任务教育，以“认清形势、明确任务、降本增效、创新发展”为主题，在职工中开展大讨论活动，引导职工认清公司发展面临的新形势、新任务，把思想和行动统一到公司战略目标上来。大力开展企业文化建设，构筑自动化公司文化体系。从12个方面对公司视觉识别系统及标识进行统一规范，形成新的文化理念。公司荣获2010年全国企业文化建设优秀单位、鞍山市企业文化建设20年先进单位。

【党风廉政建设取得新发展】 强化廉政建设教育，围绕“中国共产党党员领导干部廉洁从政若干准则”、“关于进一步推进国有企业领导人员廉洁从业若干规定”开展了专题学习和教育辅导，组织全体干部进行知识竞赛，强化了党员干部的廉洁从业意识。加强制度建设，制定下发了《党风廉政建设责任制实施意见》、《党员干部诫勉谈话制度》，组织廉政谈话，开展述廉议廉活动，实现了党员干部、职工无违纪违法现象。围绕生产经营开展效能监察，对降本增效、工程采购招标、物资供应、薪酬分配进行效能监察，开展节能减排、车辆管理专项监察，组织开展小金库专项治理工作，为公司生产经营健康发展保驾护航。

【炼铁事业部概况】 2010年末，炼铁事业部有在岗职工77人，其中干部69人（高级职称11人，中级职称35人，初级职称23人），工人8人。该事业部下设6个研究室，专门从事冶金、机械、电力和环保行业的三电自动化控制系统及管理信息系统的开发和应用。

2010年，该事业部生产经营实现合同额2900万元，新签工程项目23项，实现业务收入3000万元，上缴利润237万元。全面完成工程项目32项，从工程进度、工程质量、用户满意度和效益创收都达到一个新高度。安全生产实现人身轻伤以上事故和设备事故为零目标。技术创新实现新的突破，申报专有技术9项，即："连退线张力辊传动参数整定方法"、"高炉槽下配料程序"、"高炉上料系统"、"烧结机三机联动控制系统"、"连退线炉区滚传动参数整定方法"、"平整分卷线延伸率控制装置"、"尾部自动定位控制装置"、"热轧辊道变频数据优化"、"高炉槽下配料程序"等。

先后完成了鞍钢内外新建、改造、大修等重点工程项目：鞍凌1700操作台箱柜、操作台端子箱、热轧机线DC24V电源柜、热轧机PLC增件等设备的安装调试；营口中板厂1号高炉卷扬变频器调试；乌海高炉卷扬电控系统安装调试；厚板线外排废水治理项目浊环泵站PLC安装调试；北连铸2号水处理PLC检修、单体PLC及变频器检修；北区1号连铸机DCS系统升级改造；球扁钢轧机辅助传动电气系统改造；北大沟污水处理电气抢修；大矿东西井PLC维护；烧结AC取料机纠偏装置维修等。在工程的实施过程中，该事业部广大工程技术人员重质量、保安全、赶进度、创品牌，以崭新的形象，出色的专业技术水平展示实力，逐步实现跨越式发展。

【炼钢事业部概况】 2010年末，炼钢事业部有在岗职工66人，其中干部61人，工人5人。设综合管理部、经营计划部、工程技术部，下设5个研究室。主要从事工业自动化检测、过程控制和生产管理计算机的研究开发及其应用。

2010年，该事业部实施品牌战略，坚持立足鞍钢，面向全国的市场开发策略，积极抢抓市场，努力把市场做大做强。2010年全年共签订合同57项，实现合同额5300万元。在外部市场不利因素增加，竞争更加激烈的情况下，2010年签订外部项目3项，实现外部项目合同额1860万元。该部圆满完成了鞍钢AOA转炉自动化控制系统开发，获鞍钢2010年度重大科学技术奖二等奖，鞍钢集团朝阳鞍凌有限公司一级计算机系统，鞍钢集团朝阳鞍凌有限公司1700连铸连轧工程自动化控制系统等一大批鞍钢内、外部重点工程项目。在大力开发市场，提高市场占有率的同时，十分注重加强工程科学管理，不断强化质量服务意识，牢固树立质量和技术服务是企业生命的理念。在工程施工中，严格执行ISO9000质量管理体系标准，坚持"质量第一，用户至上"的方针，讲诚信，践承诺。

该事业部从全面加强工程质量和安全管理、降低工程成本入手，以提高工程质量、服务质量和让用户满意为重点，精心组织，科学管理，使工程成本大幅下降，经济效益显著提高。工程技术人员努力拼搏，顾大局，讲职业道德，严格按技术标准和用户要求，精心设计，精心调试，克服困难，按工期保质保量完成了各项工程任务。全年按合同竣工67个工程项目，工程全部合格。实现了企业轻伤以上安全事故及设备事故、质量事故、火灾事故、环境污染事故为零的目标。

2010年该事业部努力推进技术进步，靠技术创新，打造企业"品牌"效应，组织技术力量，着力完善提高转炉自动化控制技术、连铸控制技术、节能环保控制技术等。并逐步形成自己的独特的拳头产品，综合实力稳步增强。

【信息化事业部概况】 2010年末，信息化事业部有在岗职工78人，其中干部69人，工人9人。下设软件一部、软件二部、软件三部、软件四部、软件五部、网络工程部、售后服务部和综合管理部，是专门从事大中型企业的系统集成、网络设计及施工，管理软件开发与维护的专业性公司。2010年新签合同116项，实现合同额2887万元，实现业务收入2510万元，创历史新高，完成上缴利润440万元。全年企业轻伤以上事故、设备事故、火灾事故、环境污染事故为零，全面完成了各项考核指标和工作任务。

2010年，该事业部按照高标准定位，深入学习实践科学发展观，积极开展"三抓一带"、降本增效活动，各项工作持续稳定发展。所承担的鲅鱼圈炼铁、炼焦、石灰石、废钢、调度、炼钢-连铸、厚板、化检验、热轧磨辊等MES系统均顺利竣工。鞍凌MES等项目也进入收尾阶段。鞍钢股份无缝热四和线材新线MES项目顺利上线运行。根据集团公司要求，在1个半月内突击奋战编制出鲅鱼圈职工住房管理系统，保证了鲅鱼圈职工分房的切身利益，得到鲅鱼圈职工高度称赞和各级领导的好评。在全力开发鞍钢ERP项目的同时，急鞍钢生产之所急，全力保证鞍钢生产顺行，积极做好计算机系统协力保产工作，做到随叫随到，提供优质技术服务，为鞍钢信息化建设作出突出贡献。该事业部被评为鞍钢精神文明单位、鞍钢先进单位。

【轧钢事业部概况】 2010年末，轧钢事业部有职工80人，其中在岗职工23人（管理岗位9人，技术岗位12人，生产和服务岗位2人），与该事业部签订劳动合同和劳动协议有57人。该事业部设项目管理部、综合管理部、财务部、市场部4个管理部门；研发部、工程部、生产车间、信息部4个业务部门。占地面积1.86万m^2，建筑面积5552m^2。资产总额1.43亿元，净资产总额1.05亿元。2010年实现合同额7836万元，实现销售收入1.14亿元，完成上缴利润330万元。

2010年，该事业部组建了西门子TDC实验室，组织了面向钢铁行业的TDC客户培训，取得良好效果。对国家热连轧重点实验室的设备多次进行校对盘点，为今后国家热连轧重点实验室的验收打下良好基础。完成了3种产品的前期研发工作，1种产品的包装及推广宣传，将原有OP-NET产品进行了产品外观改型及说明书编制，并进行了新一代产品的研发，取得一定成绩。完成了2个批次50块工程用总线数显生产及60块总线式操作面板的生产与调试工作。

2010年，该公司工程项目遍布全国各地，如九江电厂、煤焦油设备成套项目、鲅鱼圈厚板3.8m冷床、加热炉及加热炉控冷水处理自动化系统项目、鞍凌1700热轧项目、黑河电石炉项目、北兴转炉自动化系统项目、包钢综企热处理线自控项目、常熟大众PLC控制系统项目、承德建龙高炉项目等。生产车间在生产装配任务繁重的情况下，努力提高产品质量，完成了12个工程项目的装配工作，涵盖了新的工程领域，打开了市场匮乏的瓶颈。在硬件集成上与大连重工起重股份有限公司、大连众得控制有限公司达成了长期合作意向，为两家单位完成了400余台控制柜的装配，得到用户好评。累计装配柜、台、箱1200余台、出厂1000余台。先后通过了ISO9000质量体系认证和3C产品认证。在3C产品品种上先后增加“GCS和MNS”低压配电柜，为扩大市场奠定坚实基础。

（陈晓娟）

鞍钢未来钢铁研究院

【概况】 鞍钢未来钢铁研究院是鞍钢集团的全资子公司，坐落于北京市昌平区“未来科技城”，占地约15.69公顷，其目标是建成具有行业顶级研发能力、具备雄厚开发创新实力的钢铁行业国际一流研发中心，目的在于认真落实国家钢铁产业政策规划，加快钢铁产业科技创新，为实现我国从钢铁大国向钢铁强国的转变提供技术支撑。

2010年3月10日，鞍钢未来钢铁研究院在北京正式注册成立。2010年6月19日，鞍山钢铁集团公司与北京市昌平区政府签署了战略合作框架协议，就鞍钢未来钢铁研究院项目建设相关事宜达成多项共识。鞍钢将借助国家建设“未来科技城”的契机和“未来科技城”吸引海外人才的优势，加快引进海外高层次人才，加大科技研发投入力度，利用3年左右的时间建成鞍钢未来钢铁研究院。

【项目建设背景】 “未来科技城”是中央组织部和国务院国资委贯彻落实建设创新型国家和中央引进海外高层次人才“千人计划”而建设的人才创新创业基地和研发机构集群，坐落于北京市昌平区，于2009年7月正式启动建设。规划总面积约为10km^2，以温榆河和定泗路为界，分为北区和南区。北至顺于路西延（距北六环2km^2），东至京承高速和昌平顺义交界，南至规划二十八路（距北五环11km^2），西至立汤路（距中关村生命科学园12km^2）。这里将结合“创新、开放、人本、低碳、共生”五大核心理念，力争用三年时间建成并投入运营。

【功能定位】 鞍钢未来钢铁研究院的建设将紧紧围绕国家钢铁行业产业振兴规划和鞍钢集团战略发展目标，为实现钢铁产业振兴发展与国民经济和社会发展相协调，与资源、环境、生态相协调，为鞍钢成为自主创新能力强、国际竞争力强的特大型跨国钢铁企业集团提供技术支撑。主要功能定位如下：

1. 鞍钢集团最高层次的研发机构；

2. 主要从事涉及企业中长期发展的、具有前瞻性的重大基础和应用核心技术研发，以及与企业战略发展有关的产业和技术研究；

3. 鞍钢集团进行对外合作研发、完善产学研结合模式的平台和吸引高层次人才创业创新的基地；

4. 具备行业顶级研发力量，具有雄厚开发创新能力的一流企业综合研发中心；

5. 研究成果不仅能够大幅度地提升本企业的国内国际核心竞争力，同时也要引领国内整个钢铁行业技术创新方向，为使我国从钢铁大国向钢铁强国的巨大发展做出应有的贡献。

【研究方向】 在研究内容的选择上，鞍钢未来钢铁研究院将以重大基础性、应用性高端冶金科技为主，以与钢铁产业价值链相关度极强的多角化产品和技术为辅，有选择性地辐射上、下游相关产业。不断推进产品的升级换代，引领客户的潜在需求。主要围绕新一代高附加值金属材料制造技术、以用户为导向的材料应用与深加工技术、节能与能源综合利用技术、环境保护和再资源化技术、企业中长远科技发展战略等五个方面开展研究。

（张兴虎）

耐火材料公司

【概况】 2010年末，耐火材料公司共有职工1989人。在岗职工1617人，其中干部200人（高级职称18人，中级职称72人，初级职称73人），工人1417人。离退休职工2742人。公司下设综合管理部、党委工作部、工会、生产质量部、设备部、财务部、劳动工资部等7个部室，石灰一分厂、石灰二分厂、石灰三分厂、设备检修分厂、运输分厂、原料供应分厂、后勤服务中心等7个基层单位，实业分厂、实业机电分厂2个实体单位。拥有固定资产原值5.55亿元，净值1.59亿元，厂区占地面积26万m^2，建筑面积23.2万m^2。主要设备有4座机械化竖窑、6条回转窑和21座老竖窑等，年产一级冶金石灰、三级冶金石灰等熔剂材料180万t。

2010年以来，该公司克服了技术改造和大、中修项目等困难，在石灰总量比去年增加15万t的情况下，坚持最佳合理库存与钢厂实际用量相结合，提高设备运转率与质量稳定率相结合，全面实现石灰系统保产保供，大幅度超额完成生产经营指标，各项工作都取得了新的成绩。全年累计实现销售收入8.38亿元，超计划6941万元，同比增长6.28%；生产成本比预算降低802万元，完成利润1508万元，超集团考核指标42.8%。全年生产石灰208.3万t，其中一级石灰73.3万t，三级石灰135万t，同比增长7.8%。

在经济效益不断提高的同时，注重关心职工生活，努力提高职工收入，2010年职工人均收入又上了一个新台阶。开展送温暖活动，发放救济金43万元，救助各类困难职工960余人次，困难职工救助率100%；全年走访慰问困难住院职工826人次。对公司2个职工食堂和中心浴池重新进行修缮，并在中秋佳节向职工发放福利月饼，组织全体职工去乐雪假日酒店进行健康疗养。同时对厂区道路、照明、绿化设施进行维护更换，全年平整场地7000余平方米，整修道路14000m^2，移植树木350株，改善了职工工作环境，厂区环境也明显得到改善。

【安全、环保、能源管理】 该公司开展安全生产标准化工作，融合三大规程，对岗位操作规程重新修订，完善岗位作业内容，增进职工安全生产意识，同时还开展了安全隐患治理活动，有效减少并控制了安全事故的发生，全年实现轻伤事故以上为零的目标。制定《现场卫生管理标准》，划分区域对作业现场进行整理整顿，现场环境明显改善，管理水平进一步提升。积极推进节能项目实施，通过对回转窑排烟机冷却水循环系统改造，年可节省新水10万m^3，降成本30多万元。2010年实现吨产品能耗108.896kg标准煤，同比降低6.4%，吨产品耗新水0.76t，同比降低17.9%。超额完成环保主要指标，实现重大环境事故为零，污染因子合格率实际完成99%，超考核指标11.5个百分点，建设项目环保“三同时”达到100%。

【设备日常管理】 继续推进TPM管理，加大各项专业点检力度，提高设备运行率，抓好重点设备年修工程项目，严格控制工程备件消耗支出。完成石灰一分厂4座老窑大修、石灰二分厂1号、2号回转窑年修等6项大中修工程。此外，在时间紧、任务重的情况下，相关人员克服困难，周密部署，科学安排，将石灰二分厂4号窑煤气接点及循环冷却水改造工程两项任务同时进行，靠前指挥，为工程提前完成赢得了宝贵的时间，为完成全年生产经营目标提供了可靠的设备保障。

【技术改造】 该公司日产1000t活性石灰回转窑工程是目前国内最先进、生产能力最大的回转窑，该工程总投资1.6亿元，是集团公司在面临国际金融危机，全面压缩投资的形势下放行的极少数非钢产业项目，该工程由洛矿院实行总承包，工程于2009年2月27日开工建设，参与工程的工程技术人员从初步设计、审图、工程质量、工程进度及设备订货全线监督，并于2010年12月8日一次点火成功。1000t回转窑的建成投产，为鞍钢未来本部实现1800万t钢储备产能，为耐火公司持续稳定发展奠定基础。

【降本增效】 该公司通过多项措施降本增效，均取得不错成绩。一是提高质量降成本。通过加强工艺控制，提高石灰质量，实现一级冶金石灰签证结算价格平均提高14元/t，全年增加销售收入907万元。二是加强管理降成本。在确保原燃材料保产保供保质的同时，全年降低原材料采购成本174万元。加强对劳务人员的岗位核定，减少岗位劳务人员63人，降低费用66万元。三是回收物资降成本。制定了《废旧材料回收实施细则》，对大型工具、橡胶、钢材等废旧物资进行回收，全年回收废钢铁376.5t，废橡胶21.06t，回收资金55万元。四是过“紧日子”降成本。加大各项费用控制力度，2010年压缩各项可控费用315万元。

【职工队伍建设】 加大培训工作力度。2010年组织参加各级各类培训班600余人次，提高了职工的理论知识水平和岗位专业技能，有8名职工通过了晋级资格审查并报名考试。分期对108名班组长进行集中封闭培训，提高了基层班组的管理水平。选拔优秀人才。继续营造尊重知识、尊重人才的氛围，分别开展了拔尖技术人才、首席工人评选活动，每月发给不同额度的津贴，营造了职工队伍比学赶帮超的良好氛围，进一步提升企业职工队伍整体素质。职工队伍更加稳定。公司高度重视职工队伍建设，与各单位签订责任状，在生产经营及企业全过程的管理中，各单位切实贯彻以人为本的理念，充分调动广大职工的积极性，使公司的发展惠及广大职工，职工的工作积极性空前高涨，出现了公司稳步发展与职工凝聚力不断提高的良性互动。

（杨 松）

铁路运输设备制造公司

【概况】 2010年末，铁路运输设备制造公司有在岗职工1462人，其中干部250人（高级职称15人，中级职称112人，初级职称65人），工人1212人。离退休职工1006人。公司下设党委工作部、综合管理部、计划财务部、生产部、设备部、物资供应部、销售技术部、工会；1个冶金运输研究所；鲅鱼圈工区，下设了折铁运用作业区、冶金车检修作业区；主厂区下设了10个生产车间。现有固定资产原值1.84亿元，净值2200万元，新增值63.6万元。公司占地总面积为103.4万m^2，工业建筑面积为25.2万m^2。主要生产设备950台（套）。该公司主要担负着鞍钢厂区内和矿山普通车辆、冶金车辆、电力机车的新造及大修、年修、机车车辆备件加工和矿山选烧设备备件铸造、加工、鞍钢鲅鱼圈分公司鱼雷罐的砌筑和检修、冶金运输系统新产品的研制与生产工作。2010年共实现销售收入2.3亿元，其中鞍钢内销收入1.89亿元，占总收入的82%，外销收入4184万元，占总收入的18%。实现利润39万元，上缴税金2355万元。

【生产经营】 2010年该公司以鞍钢集团公司生产经营保产运输为己任，本着“立足矿山、服务鞍钢、面向社会”的生产经营战略，全力保证矿山生产和服务鞍钢，认真组织铁路车辆大、年修和新造。2010年，公司完成电力机车大修8辆，年修1辆，局修车10辆，普车大修90辆、年修80辆，三钢一铁冶金车大修74辆、年修145辆，事故修94辆，矿山KF60大修车52辆，320t鱼雷罐拆扒、砌筑41辆。备件生产：生产钢球1.59万t，生产铸钢件2880t，筛板65.32t、箅条495.52t、衬板911t，生产铸铁件257.5t，折铁车间生产各种铸钢件49种144t。外销攀钢40t轴重转向架30台车，生产各种轮对170余套（不含新造车和转向架）等。铁路车辆检修、制造能力和备件加工能力进一步增强。加大新造、改造车生产组织力度，适应各种新造、改造车合同工期需求。2010年，完成新造各型车辆133辆。其中宣钢100t铁水车25辆，本钢南芬矿KF60自翻车8辆，马钢KF60车8辆，水钢17m^3电动渣罐车14辆，齐重200t平车4辆，水钢90t铁水车36辆，鞍凌股份120t铁水罐10件、120t铁水车5辆，鞍凌股份检衡车5辆，承钢隔离车10辆，河北冀中能源KF60车5辆，鞍钢鲅鱼圈 平车3辆。车辆备件生产配套能力进一步增强。备件生产不但保证自给，而且外销量不断扩大。

【自主创新取得新进展】 2010年，转变研发思路，进一步提高自主创新能力。组织编写了《新型耐磨旁承装置》、《轴瓦车削胎具》、《新型渣罐车》等三项专利获得国家知识产权局授权。申报的《高速自翻车》、《裂纹修复的车轮》、《鱼雷罐混铁车轴瓦无油润滑技术》、《混铁车耐火砖砌筑技术》、《轮心自动焊接装置》、《自翻车侧门折页钻孔模具》等六项专利已被国家知识产权局受理。完成了《200t平板车》、《百吨平板车制动、手制动装置的设计》、《自翻车倾翻气缸组装技术》、《国标检衡车提速改造设计》、《25m^3结构式渣罐》、《鱼雷罐混铁车耐火砖挖补技术》等6项专有技术申报工作。此外，还完成了马钢KF-60气动自翻车（带司旗室）的研制；鞍钢股份鲅鱼圈分公司三种过跨平车的研制；鲅鱼圈国标 60 ~ 86 系列动静态检衡车的研制；中国一重的 200t 热送车的研制；攀钢 $24m^3$ 电动渣罐车 40 辆转向架的研制；水城钢厂 90t 铁水车的研制等。制定了 2010 年公司的战略规划，修订了 2010 ~ 2012 三年公司战略规划和 2011 年公司的战略规划。

【企业改革进一步深化】 该公司按照“精干、高效”和扁平化的管理原则，完善了机构改革。公司机关设置“七部一会”、一个党总支：下设 4 个党支部；基层设置 1 个运输研究所，一个鲅鱼圈工区，10 个生产车间，精干了组织机构，强化专业化管理，进一步理顺管理职能。在全体干部中继续实行周工作写实制度，继续开展了创建“五型”机关活动，开展了学习郭明义同志先进事迹活动，促进了干部工作业绩的提升，加强了两级机关干部工作作风建设。制定完成了《铁路运输设备制造公司 2011 ~ 2015 年人力资源规划》，提出了管理人员职业化，技术人员专家化，操作人员专业化的目标。大力精简临时用工，有效降低成本。

进行了分配制度改革。坚持“效率优先、兼顾公平”的原则，按有效劳动进行分配。通过进一步完善岗位奖励工资系数标准和车间定额计件奖励办法，基本实现收入与责任、业绩挂钩，形成统一分配体系。同时，为激励职工学技术、练技能、创业绩，继续对高技能人才实行技术津贴制，受聘的高级工、技师、高级技师分别给予相应津贴。公司举办大练兵活动，对获得状元称号的给予一次性奖励。

【企业管理】 2010 年，该公司强化管理职能，逐步建立健全了规范的企业内部规章制度体系，形成了公司核心管理制度及专业管理制度 128 个，保证了制度体系规范有效；制定了《经济责任制考核细则》，实行月经济责任制考核会制度，通过严格的检查与考核，促进了规章制度的落实，职工遵章守纪的自觉性进一步提高，干部的责任意识进一步加强。加强了人力资源管理优化，按照集团公司《关于鞍钢劳动定员定额指定工作的指导意见》的工作安排，进行岗位定员定额标准的制定工作，完成 192 个岗位的现状调查，夯实劳动定额基础工作。实行兼工种作业，提高劳动生产率。加大了财务预算管理和资金管控，有效防范财务风险，提高资金使用效率。加强应收账款清理工作，保护了债权，维护了企业利益。贯彻落实集团公司“过紧日子”精神，降低费用，压缩资金。加强物资采购管理，在原燃材料价格大幅度波动情况下，及时掌握市场行情，采取分时分批次采购办法，“避峰抓谷”采购，有效控制了采购成本。加强了设备检修和维护，全年完成机电设备检修 23 台次，新增设备 13 台。在职工中有针对性地开展安全教育，推进全员安全评价工作，以抓班前会为切入点，促进了班组的安全管理。开展安全生产隐患排查治理工作，检查和整改各类安全隐患 15 项，公司整体安全管理水平得到提高，全年实现轻伤以上人身、设备、火灾等事故为零的目标。为职工创造了良好的作业环境。完善质量管理体系，强化质量检查职能，成立了质量检查站，强化工序检测和检查，提高了产品质量。

【职工素质培训取得新成效】 强化职工教育培训工作。按照《2010 年职工教育培训工作实施计划》，组织职工参加集团公司举办的专项培训班 192 人次，该公司内部培训 46 个岗位 1022 人次，开展了技术大练兵活动，共有 11 个主要工种、367 人参加了理论考试。职工培训率达 95%。在岗职工持证上岗率达到 100%，新增加高级工 11 人，中级工 7 人，技师 6 人。

【职工生活】 2010 年，职工各项保险得到足额上缴。关心职工生活，组织职工进行健康体检。加大了对困难职工的帮扶力度，全年救济困难职工 539 人次、金额 26.2 万元。职工的生产、生活条件不断改善，投资 89 万元，对各车间进行防水维修、职工浴池、职工活动中心、机关卫生间等 10 余项维修工程和福利工程，同时，为南区职工食堂加装空调，改善职工用餐条件。平稳完成鲅鱼圈职工售房工作，共完成新房分配 108 户。开展了丰富多彩的文化体育娱乐活动，丰富了职工的业余文化生活。

【党的建设进一步加强】 开展创建“四好”领导班子活动，加强对各级班子和各级干部考核，推进了干部竞争择优任用工作，党的组织建设得到了进一步加强。开展了党内创先争优活动，开展了向雷锋传人——郭明义学习活动，开展了党员责任区、党员先锋岗活动和党支部“达标创先”竞赛活动，党员责任区内实现“一有六无创五好”和党员先锋岗实现“五个争一流”取得效果。在全体党员中开展了“大干四季度，保产、抢产、降耗、增效”主题实践活动，促进了党建工作与生产经营的融合，圆满地完成了公司全年的生产经营任务。

（胡成礼）

机械化装卸公司

【概况】 2010年末，机械化装卸公司有在岗职工694人，其中干部91人（高级职称4人，中级职称43人，初级职称36人），工人603人。离退休职工851人。该公司机关设综合管理部、生产部、设备部、党委工作部、财务部、工会六个职能部门，一车间、二车间、三车间、四车间、工程机械修理厂、电气车间六个基层单位。固定资产原值1.06亿元，净值1325万元。设备总重量4592t，主要装卸设备有液压挖掘机17台、抚顺产挖掘机13台、装载机20台、推土机13台、装卸桥8台、松动机2台。全年计划装卸产量1500万t，实际完成1550.98万t；计划完成利润53万元，实际完成利润55万元。

【装卸保产成效显著】 2010年初，由于受外部因素影响，原燃料库存减少，一度使路局车集中到达，但恶劣天气又给生产组织带来巨大困难。该公司按照集团公司保产的总体要求，快速行动、周密部署，保证了鞍钢生产的急需。特别是春节期间完成装卸车4578辆，创出历史上同期装卸车最高纪录；2010年5月，路局车保有量急增，为保证不压车，该公司启动生产应急预案，打破车间界限，组织设备集中抢卸原燃料，保障了原燃料的储运；2010年8月，受雨季影响，铁路运输线路被掩埋现象时有发生，给配车造成困难，该公司迅速采取有效处理措施，保证了鞍钢生产所需的原燃料的运输畅通；2010年9月由于雨水冲刷造成平顶车比较多，装卸困难，对鞍钢的保产十分不利，该公司有效协调，应急措施得当，一周松动硬车292辆，卸硬车300辆，保产组织工作经受住了考验，保证了鞍钢生产顺行。

【企业管理进一步加强】 2010年，该公司对现有的规章制度管理体系分部门分岗位进行修订和完善，先后制定了《鞍钢集团机械化装卸公司战略绩效管理实施细则》、《鞍钢集团机械化装卸公司绩效评价考核办法》、《全面风险管理规定（试行）》、《岗奖分配办法》等项规章制度。补充、完善了《鞍钢集团机械化装卸公司核心管理制度文件汇编》，新增核心管理制度24项，废止8项，使公司的各项管理始终保持有章可循。实施《模拟市场运行相关规定及价格取费标准》，进一步推进企业内部模拟市场核算。2010年全年深入开展以“5S”为重点的现场管理整理整顿工作，集中时间和力量，对现场、“五室”定置定位及内外环境进行了专项治理整顿，使现场环境、设备状况、整体面貌大大改观。

【加强设备管理】 2010年经集团公司同意，该公司新购入6台装载机、6台推土机。加之该公司17台进口液压挖掘机，装卸设备保障能力进一步得到增强。淘汰了38台老式挖掘机、9台推土机、2台装载机，实现了主体设备由电抓向液压挖掘机的根本转变，实现了历史性跨越。

该公司为降低备件材料消耗成本，2010年引入油脂过滤机，进口挖掘机液压油过滤重复使用，降低成本效果明显。在保证工作质量的前提下，对进口液压挖掘机的各种液压缸、轴类、走行部件已全部实现国产化替代。2010年5月份起，对进口液压挖掘机使用的油脂实施同类产品替代，价格降低25%，节省费用近50万元。该公司已实现多种自产件、国产备件的成功替代，设备运行状况良好。

（张春雨）

房产物业公司

【概况】 2010年末，房产物业公司有职工3158人，其中干部417人（高级职称28人，中级职称193人，初级职称99人）。离退休职工3261人。该公司机关设党委工作部、纪委（监察审计部）、综合管理部、人力资源部、财务部、工会、总调度室、安全环保部、设备保障部、技术质量部、物资保障部、收费管理部、物业管理部13个部室，下设27个基层单位。负责对集团公司1163.26万m^2各类房屋进行冬季供暖服务和采暖费收缴工作，服务用户19.06万户，对1138.62万m^2房屋进行管理、维修和收费，服务用户20.97万户。2010年，该公司以“实现三个稳定、争创三个一流”为目标，大力开展对标领航活动，深挖潜力，规范管理，各项工作取得实质性进展。

【实现三个历史最好水平】 一是两费收入实现历史最好水平。全年实现收费、清欠收入38711万元，其中：采暖费3.11亿元、房屋租金7598万元，同比增长11.32%，收费率处于同行业领先水平。二是能源管控实现历史最好水平。煤单耗31.19kg/m^2、水单耗194.37kg/m^2、电单耗4.35kW·h/m^2，同比分别下降3.76%、23.19%、

5.23%，分别达到同行业先进水平和平均先进水平。三是服务工作实现历史最好水平。维修及时率100%，回访率100%，用户满意率99%，用户投诉率3‰、用户投诉量较去年同期下降30%，服务工作得到市政府的充分肯定，在市供暖办和辽沈晚报（鞍山版）开展的“鞍山温暖之星”评比中，“鞍钢供暖”位列第一，企业服务品牌形象进一步提升。

【发生七个新变化】 一是对标领航工作成效显著，生产经营取得新成绩。该公司及基层各单位对照内部和外部先进指标，认真查找差距，制定了对标领航竞赛方案和节能降耗奖励办法，落实改进措施，增强了广大职工的成本意识，调动了职工节能降耗的工作积极性。推进节能减排项目建设，利用国家的补贴政策，对友好、深沟寺八区、鞍钢花园等地区30万m^2住宅进行了供暖热计量分户改造，提高热源使用效率，降低能源消耗。以用户和市场为导向，开拓外部发展空间，积极推进多种经营。山成经典物业管理项目正式投入运营，迈出了企业参与市场竞争坚实的一步。2010年，该公司全面完成了集团公司下达的预算任务和生产经营目标。二是强化服务措施落实，服务品牌建设取得新成效。取得大修改造工作主动权，自行承揽大修改造任务，重点完成了长甸、深北、二台子、深二区锅炉改造、发电余热水系统改造、东门锅炉房本小区换热站改造、矿山系统小锅炉房并网改造工程。实施22万m^2一户一阀改造，解决了部分地区暖气不热问题。启用住房维修基金，陆续解决了住户反映强烈的屋面漏水、墙体返潮、电气老化等问题。加强住宅维修和物业小区管理，做到维修及时，用户满意。冬季供暖期间实行半军事化管理，强化调度指挥，坚持生产例会制度、领导值班检查制度，建立投诉通报制度，完善应急抢修快速反应处理预案，保证了供暖生产安全、平稳运行。推广“四百”服务，热力系统各单位均建立了与社区、用户的联系方式和网络，用户投诉较去年明显减少，其中灵山、深西地区实现了供暖以来的零投诉，鞍钢物业品牌形象显著提升。三是规范内部管理，企业管理上新水平。全面加强预算管理，压缩各项可控费用。完善收费信息系统，做好新上网用户的信息录入工作。认真开展历史陈欠清理工作，对坏账、死账严格审核、层层把关。制定并发布了《设备基础管理工作考核实施办法（试行）》，以“5S”管理为标准，以“机器光、马达亮”为基础标志，强化点检定修责任制落实与考核。实施安全生产标准化，采取试点先行、全面展开的工作方式，建立职业健康安全管理体系，辨识、分析和评价存在或潜在的危险。通过集团战略采购、名优厂家竞标采购、商务谈判等方式，优化采购流程，降低采购成本。加强效能监察工作，开展能源外转供、招投标、停供断点、工程质量验收等专项效能监察，堵塞漏洞，促进了规范管理。2010年，该公司先后被评为鞍山市“重合同、守信用”单位和“纳税A级企业”荣誉称号。四是深化体制机制改革，管控模式构建取得新进展。建立市场化指标核算考核体系，完善成本分析、能源分析、收费点评等管理机制。重新调整内设机构，进一步划小核算单位，理顺管理层级，明确管理职能，缩短管理链条，提高了内部运行效率。对施工单位进行整合，组建成立维修协力中心，实行内部独立核算管理，施工单位的整体优势和协同作战能力得到有效发挥。五是加强干部队伍建设，广大干部工作焕发新激情。坚持公开、公平、公正的原则，实施全员干部竞聘，树立正确的用人导向，选好配强基层党政领导班子，新提中层正职干部20人，中层副职干部18人，打造了一支思想政治素质过硬、管理能力强的干部队伍。领导班子成员带头转变作风，坚持做到在第一时间内“到一线、上前沿”，不断提高解决问题的本领和水平，有力地推动了公司整体改革发展。六是坚持以人为本，和谐企业建设取得新成果。加强对稳定工作的领导，完善稳定工作网络，落实稳定责任。推进企业文化建设。推广了园林物业、曙光物业、光明物业、城郊热力、深西热力、矿山分公司等先进典型经验，发挥了典型的引导示范作用。成功举办大型职工运动会，提高了职工士气，展现了职工良好的精神面貌，增强了企业的凝聚力、向心力。开展职工技术培训，全年培训职工2600人次。继续推进民主管理，实行厂务公开，对改革、改造、分配等关系职工切身利益的问题，广泛听取意见，依靠职工办好企业。七是关心职工生活，职工收入实现新增长。2010年，该公司通过多种方式提高职工收入，职工平均收入比去年增长11.95%。加大对各类困难职工的救助力度，走访特困职工648人次，发放救济金21.6万元；使用温暖工程基金7.76万元，惠及472人次；医疗互助基金8.83万元，救助107人；实施“金秋助学”，拨款3.85万元用于资助困难职工子女入学。

（钱雪冰）

沈阳薄板厂

【概况】 沈阳薄板厂为停产企业，一切费用由集团公司拨付。2010年末，在册职工188人（其中在岗52人，放假136人）。退休职工1260人，离休干部13人，20世纪60年代精简下放人员9人；工亡、死亡遗属20人。该厂下设五个小组，即：综合组、财务清欠组、设备管理组、安全保卫组、分支单位（主体为实业公司）管理组。固定资产原值2.14亿元，净值3767万元。厂区占地面积14.07万m^2，建筑面积5.2万m^2。

2010年，该厂按集团公司要求，与中石油沈阳公司签订加油站租赁合同，租金每年40万元；出售海南清欠房产两处，收回资金149.8万元。

（周贵普）

大连轧钢厂

【概况】 大连轧钢厂办公区位于大连市甘井子区促进路389号，厂区位于丰收路247号。现有土地面积近3万m^2，建筑面积1万余m^2。至2010年末，该厂资产总额为8042.11万元，所有者权益7412.21万元，资产负债率7.8%，资产状况良好。至2010年末，有在职职工21人，离退休人员1499人。设综合管理部、财务部、规划资产管理部、保卫后勤部和清欠办5个部门。

【推动厂办集体改制】 大连轧钢厂附属企业公司是原大连轧钢厂的厂办集体企业，由于历史遗留问题众多，长期拖欠职工的工资、保险和各种欠费久不能解决，职工连年多处上访；历史上形成的长期占用原大连轧钢厂的办公楼资产关系一直没有更好的办法解决，与其共同占用的资产中还有原大连轧钢厂的职工宿舍，人员结构非常复杂，隐患颇多。鞍钢集团公司几年来也多次给大连市政府发函，求助于政府希望能妥善解决这一历史遗留问题，但始终没有得到解决。随着时间的推移，人员问题、企业欠账、社会矛盾、不安定因素随之积累。2010年，根据国家经贸委等6部委《关于进一步推进国有企业分离办社会职能工作的意见》（国经贸企改〔2002〕267号）、国务院《关于同意东北地区厂办大集体改革试点工作指导意见的批复》（国函〔2005〕88号）、大连市国资委大厂集改办发〔2009〕1号文件等有关政策规定，在鞍钢集团公司积极支持和工作下，抓住时机与大连市国资委有效地洽谈和沟通，历时一年多，经过双方共同努力，鞍钢集团公司与大连市国资委最终就原大连轧钢厂厂办集体占用资产、改制等一系列历史遗留问题签署了《资产移交协议》、《关于〈资产移交协议〉的补充协议》、《关于鞍钢集团大连轧钢厂厂办大集体改革试点工作涉及有关事宜的备忘录》等相关文件，将大连轧钢厂位于沙河口区功成街4号的占用资产移交给大连市地方政府，从而彻底妥善地解决了大连轧钢厂厂办集体企业和原大轧集体宿舍等历史遗留问题，促进了社会稳定。

【清理债权工作取得重大成效】 大连轧钢厂自2006年起，为了维护企业的利益，经过努力和艰辛诉讼，到2009年将原深圳金属材料公司欠鞍钢集团公司兼并原大连轧钢厂前的1051.5万元欠款再次追加诉讼成功。该案已经批准早已进入呆死坏账核销，但企业在进行销案取证清理卷案时发现了被告单位的并购线索，经过与律师大量的分析和几经周折的重新立案、诉讼，最终追加中国石油化工股份有限公司深圳石油公司为案件的共同被告成功。2009年3月11日，深圳市福田区人民法院在做出（2008）深福法民二初字第1537号《民事判决书》，判令中国石油化工股份有限公司深圳石油分公司对龙岗区燃料公司拖欠鞍钢集团大连轧钢厂10，515，889.36元的债务承担连带清偿责任、中国石油化工股份有限公司对中国石油化工股份有限公司深圳石油分公司的上述债务承担补充清偿责任之后，中国石油化工股份有限公司深圳石油分公司不服判决，上诉至深圳市中级人民法院。又经过了近一年多时间的二审后，2010年3月，深圳市中级人民法院下达了（2009）深中法民二终字第1236号民事判决书，判令鞍钢集团大连轧钢厂胜诉，维持原判。中国石油化工股份有限公司深圳石油分公司对原债务承担连带清偿责任。经过多方的努力执行，鞍钢集团公司如期收到了对方付给法院的欠款。企业挽回了历史陈欠的呆死坏账损失1500多万元。2010年尚清回其他陈欠款60万元。企业当年获得了盈利，累计实现利润总额524万元。

（栾　刚）

财务有限责任公司

【概况】 2010年末，财务有限责任公司有职工50人，其中干部49人（高级职称23人，中级职称11人，初级职称15人），工人1人。退休职工5人。下设计划会计部、信贷部、营业部、综合部、稽核部、投资咨询部、住房公积金管理部7个部门。

【经营业绩稳步增长，监管指标全面完成】 该公司经营业绩稳步增长，2010年资产平均规模200亿元，存款平均规模132亿元，贷款平均规模100亿元，实现利润总额5.1亿元。各项监管指标全面完成，2010年末资本充足率为22.55%，流动性比例为28.61%，存贷比为74.76%，实现历年不良贷款率始终为零的目标。

【巩固资金管理服务平台，资金集中度稳步提高】 该公司始终坚持做好资金结算这一基本业务，2010年累计资金结算总额达23178亿元，结算业务量达26万笔，资金集中度达98%。该公司对集团计财部、股份公司、国贸公司等14家成员单位开展了票据代保管业务。2010年累计代理保管票据7035张，金额达317亿元；库存票据970张，金额达27亿元。

【拓宽融资服务平台，资金使用效率不断提高】 该公司根据集团的整体发展战略，在充分利用集团沉淀资金的基础上积极融通资金，搭建涵盖贷款、同业拆借及信贷资产转让等金融业务的融资平台，全力满足集团各成员单位的资金需求。2010年累计为鞍钢股份公司、房产开发公司等单位发放贷款43笔，共计122.82亿元；为集团公司成员单位办理票据贴现363笔，贴现金额7.88亿元；同时，承办了集团公司向鞍凌公司发放委托贷款11笔，共计34亿元，实现委托手续费收入674万元。

经中国人民银行批准，该公司以系统参与者的身份加入全国电子商业汇票系统。目前，该系统通过接口测试、模拟运行、推广上线、环境检查等人民银行要求的内容验收，并已成功开出第一张电子商业汇票。

【完善资本运营平台，非传统信贷业务的盈利能力逐渐增强】 1. 资本市场买卖业务实现新突破。经集团公司批准，成功开展第一笔债券买卖业务，以票面价格100元购入券面总额为1亿元的鞍钢集团2010年第一期中期票据，并以券面总额为1.01亿元卖出，获得投资收益118.72万元；参与燕京啤酒及歌华可转债申购，获得投资收益23.5万元。与宝钢财务公司、攀钢财务公司分别开展了0.8亿元和2.5亿元的债券质押式回购业务，获得收益30.6万元。申购新股7只，中签额达48万元，投资收益9249元。申购大秦铁路增发股，获得投资收益8万元。2010年累计资本市场投资收益达182万元。

2. 投资平台基本搭建完成。目前，该公司已建成涵盖债券交易业务、有价证券投资业务、同业拆借本币交易业务、产权交易业务、中国银行间票据业务及中国银行间市场交易业务的投资平台。同时，该公司投资业务的操作人员均获得了上述每项交易业务的资格认证。

3. 产权代理业务取得新进展。代理鞍钢股份公司、鞍钢建设公司等多家成员单位在北京产权交易所、天津产权交易所挂牌，出售厂房、机器设备、工程用车等实物产权，取得代理产权交易佣金收入合计88万元。

4. 金融机构股权投资取得新突破。随着鞍钢集团兼并重组和扩大投资进程的加快，该公司抓住有利契机，利用自身金融专业优势，克服保险业务范围受地域影响的限制，与北京中汇共同出资成立北京鞍汇联保险经纪有限公司。该公司注册资本为人民币1000万元，其中公司出资人民币510万元，持股比例为51%。

【狠抓“三个体系”建设，企业管理水平再上新台阶】 一是完善风险管理体系。该公司开展了各项业务与《企业集团财务公司风险评价和分类监管指引》进行全面对标活动，查找差距，分析原因，提出改进措施，从而推进风险管理全流程体系建设。在此基础上，该公司以“制度学习月”为契机，组织员工认真梳理各项业务制度，共新建制度11项，修改制度24项。二是完善信息系统管理体系。为确保资金结算系统在断电情况下能继续服务集团各成员单位的结算业务，该公司改善UPS电源运行环境，对UPS电源进行了全面改造，完成更新电源柜、更换和扩容电池组、机柜迁移及更新业务系统核心设备等工作，使全负荷后备时间由原来3小时提高至13小时，完全可以满足业务系统断电后的续航时间要求。为保障集团及各成员单位的资金结算安全、稳定、高效运行，对结算系统安全策略、内控制度、风险管理、系统安全及客户保护等方面进行了安全测试和管控能力的考察与评价。根据集团安全保密工作的相关规定，添置了上网行为管理设备，规范了员工上网行为；全面完善OA办公系统的应用，将新开发的新股认购及图书借阅程序整合到OA办公系统中。目前该系统运行情况良好，提高了办公效率和信息流通质量。三是完善考核体系。该公司以中长期战略发展规划为指引，构建科学可行的具有激励机制的战略绩效管理体系，以22个定量指标对经营指标进行考核，完成率达100%；以24个里程碑事件对管理性指标进行考核，完成率达96%。同时，将考核指标纵向落实到责任部门及责任人，不断跟踪考核指标完成进度，做到用战略牵引考核，以考核促进战略实施，保证公司中长期战略发展规划和年度经营指标的实现。

【加强人才队伍建设，打造学习型团队】 该公司坚持贯彻以人为本与人才兴企的发展战略，建立"全面培养、重点突出、方式灵活"的人才培养机制和学习氛围。2010年，共有56人次参加集团公司组织的各类专业培训，有4人参加中国财务公司协会举办的基础业务培训，派3人到中信证券和中国金融公司学习投融资业务。为优化选人用人机制，组织员工进行主任科员、副主任科员的竞聘工作，有1人竞聘到主任科员的岗位，4人竞聘到副主任科员的岗位。建立了"企业书库"，目前，该书库共有图书168本，借阅率达75%。

该公司加大热点经济问题研究力度，围绕当前鞍钢集团发展形势，积极组织各项业务培训，参与行业课题研究，切实提高各项业务水平和理论研究水平。探讨并撰写18篇论文，其中有三篇论文在2010年财协杂志发表。

【落实以人为本，职工根本利益得到维护】 组织全体员工进行每年一次的健康体检，保证员工及早发现问题，及早进行救治，确保员工身体健康。关心员工生活，对生病员工进行慰问。在员工就餐上，本着厉行节约的原则，想方设法为员工调剂好午餐，合理搭配和调节员工用餐，让员工吃饱吃好。修缮浴室及卫生间，使员工的福利待遇得到更好的保障。

【服务职工根本利益，住房公积金管理工作扎实推进】 新的住房公积金综合信息系统试运行至今，实现新老系统的平稳过渡，达到与鞍山市住房公积金管理中心的同步核算。同时，不断强化服务意识，改变服务观念，提升服务水平；在营业大厅增设"排队叫号机"，方便了职工群众。目前，已开通营口鲅鱼圈住房公积金贷款业务，最大限度地维护鞍钢职工的公积金贷款权益。

【丰富员工业余文化生活，工会、共青团工作进一步加强】 该公司坚持以人为本的企业文化理念，加强工会的组织作用，组织员工进行春季登山及羽毛球比赛，丰富员工业余文化生活。组织广大团员参观鲅鱼圈新厂区，激发青年的工作热情，为实现公司的快速健康发展作出贡献。

（郭书言）

接待服务公司

【概况】 2010年末，接待服务公司有全民职工225人，劳务派遣用工570人。该公司下设东山宾馆、矿山宾馆、天座宾馆、钢星旅行社4个经营单位。固定资产原值1.34亿元，净值6878.00万元。占地面积7.86万m^2，建筑面积为3.99万m^2。

【接待服务工作】 2010年共完成集团公司下达的接待任务145次。其中，接待省、部级及以上领导32人次，接待各种规模会议、团组53次，接待总人数达1.91万人次。出色地完成了接待中央政治局委员、全国政协副主席王刚；中央政治局委员、中央政法委副书记王乐泉视察鞍钢的重要政务接待任务。每次接待服务都达到保质保量圆满完成，并多次受到上级领导和鞍钢各级领导的好评。

【经营工作】 2010年，接待服务公司提出"扭亏为盈，实现创利1万元"的经营目标，经过全体员工的艰苦努力，2010年摆脱了亏损局面，实现利润1.70万元，这是自接待服务公司成立以来首次实现扭亏为盈。同时，经营收入也再创历史新高，实现经营收入7995.20万元，比2009年增加1955.70万元，增长32.4%。其中，东山宾馆经营收入5379.40万元，增长1075.50万元，实现利润592.80万元，增长145.30万元；矿山宾馆实现经营收入1372.60万元，增长515万元，实现利润1.40万元，增长157.10万元；天座宾馆实现经营收入646.60万元，增长139.80万元；钢星旅行社实现经营收入195.90万元，增长32.20万元。

【基础建设】 2010年，按照"保工期、保质量、保安全、保经营"的"四保"原则，对天座宾馆进行消防系统工程改造，并取得消防部门核发的消防合格证。实施东山宾馆2号楼与健身中心连接改造工程，增设日韩风味餐厅。2号楼改造装修工程、4号楼外墙粉刷工程等也都实现预期目标。东山宾馆新增无线点餐项目，客房配备小型电冰箱。此外，对东山宾馆分别进行暖气管网改造，屋面防水维修，强化了服务设施设备的维护保养，矿山宾馆通过重新制作大型路牌广告，提升了对外广告宣传效应。

【管理工作】 2010年，该公司强化基础管理工作，企业各项管理水平得到稳步有效提升。

1. 完善制度体系。制定了《管理人员岗位职责及工作程序》、《各部门岗位职责、工作程序与规范》等制度文件243件，对公司级核心、专业管理文件及岗位说明书共计153件进行重新修订、补充和完善，制定《接待服务公司教育培训管理办法》、《劳动纪律管理办法》、《休假管理制度》、《员工招聘与录用管理规定》和《机关工作人员着装管理规定》等文件，进一步夯实基础管理工作。

2. 规范财务工作。建立每月经营目标完成情况通报和半年一次经济活动分析制度，实行目标跟踪、动态分析、绩效考核；加强财务人员统一管理，推行财务人员基层单位派驻制；开通财务“一卡通”项目，为宾客提供消费便捷服务；制定和完善票务中心票款核算管理制度，确保总体资金协调、有序、可控地运行；严格执行收支两条线，实行货币资金集中管理；推行资金预、决算管理，实现资金集中统一平衡。

3. 严格劳动人事用工管理。重新对生产服务岗位核定编制定员，严格控制劳动用工，初步建立起“绩效考核、工效挂钩、按有效劳动进行分配的新机制”，严格绩效考核管理。在选人用人上大胆使用基层骨干人员，通过两级机关整合重组，交流管理人员达24人，管理效能出现较大转变。

4. 加强质量管理工作。通过互检和抽检、日检和夜检，对礼节礼貌、服务质量、菜肴质量、环境卫生情况进行考评，并提出整改要求和时限；建立宾客餐后点评制度。在保证菜品质量的同时提高了服务水平，提升宾客满意度；创新菜肴、丰富菜品。每年以季度为单位，开展创新菜肴评比活动，建立创新菜品推出制度。

5. 安保等工作得到加强。对安保工作提出“三个秩序、两个安全、一个到位”的工作目标，强化日常安全工作的检查和整改；以“119”消防宣传日为契机，组织东山宾馆、矿山宾馆、天座宾馆开展消防演练工作，使公司消防安全工作得到进一步贯彻落实；食品安全卫生工作取得新成绩。集团公司卫生处6月下旬对集团公司所属各单位食堂食品卫生工作进行大检查，接待服务公司共涉及6处受检，经检查评比，东山宾馆主楼、1号楼、2号楼、4号楼为优秀食堂，矿山宾馆、天座宾馆为较好食堂，受检合格率达100%。

6. 馆容绿化、美化、亮化工作取得新成绩。2010年共移植名贵树种红豆杉7棵，新栽柏树200余棵、银杏树22棵、造型水腊20棵、小叶黄杨1.20万余株，添制石刻艺术造型小品20余处，立体花架植物组合1处，安装夜间绿化射灯55盏，更换路灯照明240盏，绿化、美化、亮化工程已呈现多样化、层次化、立体化、园艺化格局，受到了中外宾客的广泛好评。

【员工队伍建设】 2010年，该公司继续深化培训方式和内容，员工素质得到全面提高，服务技能得到迅速提升。

1. 2010年该公司着重加强“三级”培训工作，组织部分管理和骨干人员赴北京人民大会堂等地考察学习，邀请营养专家和管理人士作相关知识讲座。全年共举办一级培训134次、二级培训6次、三级培训464次。进一步深化同行业及三个宾馆之间在培训方面的全面对标工作。

2. 积极开展员工技能竞赛、星级评定活动，以赛促训。半年组织一次职工技术能手选拔活动，评选出“服务能手”、“微笑大使”、“服务明星”21名，开展厨师评星活动，通过技术考试确定25名为星级厨师，实现工作业绩、能力与工资待遇相挂钩。

3. 全面开展“师带徒”活动。为全面提高服务质量，不断增强市场竞争力，加速提升员工的业务技能和综合素质，开展“拜师学艺”结对子活动，正式结成66对师徒并签订师徒合同。

【企业文化建设】 充分展示鞍钢企业文化，利用东山宾馆、矿山宾馆、天座宾馆“窗口”宣传平台，组织鞍钢摄影、绘画、书法三大协会创作人员，联袂创作近百幅鞍钢题材作品，利用鞍钢钢材生产的车、船及军工产品模型等生动展示形式，集中展现了“十一五”以来鞍钢取得的新成就和新变化，使宾客直观感受到鞍钢在推进“建精品基地，创世界品牌”发展战略实践中所取得的丰硕成果。

2010年，接待服务公司分别获得集团公司“先进单位”、“精神文明先进单位”、“治安综合治理先进单位”、“五四红旗团委”、“教育培训先进单位”、“计划生育先进单位”、“档案管理先进单位”、“信访人民调解先进单位”和鞍山市“爱国卫生模范单位”等荣誉称号。

（施　旗）

房地产经营中心

【概况】 2010年末，房地产经营中心有职工23人（在岗22人，居家1人），全部为管理岗位，其中高级职称7人，中级职称13人，初级职称3人。内设机构有综合部、经营部、网点部、房改售房部和集团公司计财部驻在组。拥有固定资产原值439.87万元，净值236.20万元。

【业务范围】 房地产使用权转让、差价换房，鞍钢直管商业网点租赁和出售，房地产交易政策信息咨询等。此外，该中心根据主管部门安排，还承担着办理集团公司房改售房、集资建房手续等项业务。

【公有住房交易】 2010年，随着住房制度改革的不断深化和城市危房改造工作的加速推进，鞍钢公有住房存量大幅减少，公有住房交易市场必然逐步萎缩，在这种形势下，房地产经营中心严格执行公有住房交易政策，密切跟踪房地产市场行情变化，抓住市政府调整房地产评估基准价的有利时机，适时提高了鞍钢公有住房估价标准，直管公有住房交易户收费均由2009年的1719元提高到目前的2800元，估价标准的提高对经营目标的实现发挥了关键作用。完成公有住房交易业务1897户，评估标的额1.25亿元，建筑面积8.35万m^2，全年实现收入375.94万元，实现利润54.16万元。其中完成直管公有住房交易业务1713户，评估标的额1.17亿元，建筑面积7.58万m^2，实现收入351.97万元；完成矿业公司自管公有住房交易业务184户，评估标的额798.90万元，建筑面积0.77万m^2，实现收入23.97万元。全年共办理租赁证4433户。

【房改售房工作】 2010年初，由于受市政府提高公有住房租金标准、城市拆迁改造和民间传闻取消房改售房工龄优惠政策的影响，参加房改购房住户骤增，给我中心形成了很大压力，对此房地产经营中心一方面澄清传闻，另一方面增加业务窗口，提高业务受理能力，较好地缓解了工作压力，克服因办公场地小，工作人员少，时间紧、售房业务相对集中等困难，做到精细化管理和人性化服务，满足了住户房改购房需求。全年完成房改售房业务20852户、101.59万m^2，归集售房款2.84亿元。其中办理现住房出售18229户、87.03万m^2，归集售房款2.64亿元；办理新建集资房出售手续47户、0.30万m^2，归集售房（集资）款435.76万元；办理腾空房按现住房政策出售手续24户、1000m^2，归集售房款37.61万元；办理部分产权补购全部产权手续1031户、6.47万m^2，归集售房款1195.89万元。办理冯宋占地住房出售手续1521户、7.69万m^2，归集售房款384.47万元。全年完成产权证办证审核21607户。

【商业网点管理】 在网点租赁合同签订工作中，工作人员按照工作程序的规定，在要件审核、租金标准及租金交纳情况等环节上严格把关，规避了租赁风险，维护了集团公司利益，2010年签订网点租赁合同452个，建筑面积16.54万m^2，租金标的额1438万元。在做好上述工作的同时，开展了永昌小区网点出售的收尾工作和其他新建住宅小区网点出售的前期准备工作。

【鲅鱼圈地区职工公寓住房出售】 2010年为彻底解决鲅鱼圈地区职工住房问题，集团公司决定将鲅鱼圈地区职工公寓住房向职工出售。为确保出售工作的顺利进行，我中心组织自动化公司编制了《鞍钢鲅鱼圈地区职工公寓住房管理系统》，该系统共包括职工基础信息管理、房源信息管理、房源划分、摇号选房、价款结算等25项功能，实现了鲅鱼圈地区职工公寓住房出售全过程计算机辅助管理，真正体现了出售过程公开、公平、公正的原则，在实践中得到了各单位和广大职工的认可。参与制定了《鞍钢鲅鱼圈地区职工公寓住房出售实施细则》、《鞍钢鲅鱼圈地区职工购租住房摇号选房实施细则》、《鞍钢鲅鱼圈地区职工住房出售办理程序》和《鞍钢鲅鱼圈地区职工公寓住房买卖合同》。根据集团公司人力资源部核准的各单位符合申请住房条件人数确定的购、租住房总户数，采取综合平衡、合理搭配的方式，向15个基层单位划拨了6752户房源。目前，该项工作已进入办理购房、入住手续阶段，房地产经营中心负责《购房通知单》审核和《鞍钢鲅鱼圈地区职工公寓住房买卖合同》的签订工作。

（孙琳琳）

大连鞍钢大厦

【概况】 2010年末，大连鞍钢大厦共有员工71人。大连鞍钢大厦坐落于大连市西岗区风光街33号，占地面积1200m^2，建筑面积1.5万m^2。2010

年，大连鞍钢大厦有客房103套，床位215张；写字间120间，2400m^2；会议室3个，220m^2；餐厅5870.9m^2；设综合接待部、财务部、营销部、前厅部、客房部、餐饮部、保安部、工程部8个部门。

2010年完成了年初的经营计划指标，接待集团公司领导31人次、集团公司退休老干部3人次、钢铁企业其他单位领导5人次，圆满完成了接待服务任务；安全经营，实现了接待工作、治安消防、行车设备、卫生防疫、人身伤亡等事故为零的目标。

【经营情况】 2010年，大连鞍钢大厦面对经济危机的继续影响、上海世博影响、酒店之间竞争更加激烈，内部房量减少和结构变化以及其他未知的情况，将营销基本策略调整为“写字间稳中求升，客房灵活求大”，以应对市场风浪，达到收入最大化。

1. 完成固定指标，确保基本收入。通过多渠道多方式宣传和促销写字间，积极寻找和扩大客源；通过高标准高质量的物业服务，维系和稳定客户；在保证写字间入住率稳定的前提下，适时提高价位使收入有所提高，设法保持入住率在96%以上，按计划完成了写字间的经营指标。继续为鞍钢“新轧钢——蒂森克虏伯”镀锌钢板有限公司提供班车服务。车队克服路况复杂、线路增加，班次变动、站点更换等困难，按时按要求完成了接送任务，也按计划完成了车队经营指标。

2. 以灵活应对万变，追求收入最大化。客房营销采取“灵活”策略，以灵活的价格、灵活的方法应对市场的波动和变化，达到客房收入的最大化，完成客房经营指标。一方面主打网络客源和协议客源，加强网络营销和友情营销，争取完成每日每月指标；另一方面积极与信誉好的旅行社、送散单位建立密切联系，抢占市场先机。“7.16”大连金石滩油管爆炸，造成客流量锐减，大厦及时应对变化，有针对性地调整价格，减少损失。客房销售取得了最大收入。

【加强有效管理，坚持绩效考核】 2010年，大连鞍钢大厦的管理工作注重落实管理制度，严格日常考核，达标准提质量。

1. 遵照鞍钢集团规定依法经营，加强用工管理。按照集团公司要求，加强规范用工管理。慎重组织临时用工人员续签及新签《劳动合同》，依据“公允、双选、适合”的原则，经过开会说明、自愿申请、民主测评、考核日常工作业绩、经理办公会评定五个程序签约，达到了择优淘劣、激励员工的目的，取得了预期的效果。根据大连劳务市场工资涨幅情况，在与临时用工人员签订《劳动合同》、《上岗协议》的同时，适当调整了服务岗位薪制，增加浮动工资作为激励工资。既吸引了有经验的人员加入进来，又激励员工努力工作。

2. 落实管理制度，严格日常考核。在日常经营中，日常考核与工资挂钩，奖优罚劣，并通报考核结果。各部门平日各自加强现场指导，监督各岗位严格按规范进行操作，发现问题立即纠正，减少失误和差错，达到工作标准。部门之间注意沟通协调，主动寻求配合协作。综合检查小组通过抽查、巡查提出整改意见，促进各项工作计划落实到位，有效地提高了工作效率和工作质量，督促各部门按时完成工作任务。

3. 合理控制成本费用，安全经营无事故。制订可行节能降耗方案，减少开支。严格采购和物资管理，压缩成本费用。按最低限度定岗定编，根据经营季节的需要在规定范围内灵活用工，一岗多能。每月按计划落实各项费用指标，纳入考核。加强日常巡查，加强规范操作，及时消除隐患，没有发生一起人员、设备、车辆、治安、火灾等事故，卫生防疫达到标准，顺利通过了消防年检，避免了因工作失误而造成的开支。

【扎实开展服务活动，提升宾客满意度】 为配合管理和考核，进一步提高质量，大连鞍钢大厦开展了“亲情服务”系列服务活动，服务岗位的员工佩戴“微笑满意”服务牌作为活动标志，争做“最佳服务标兵，最佳协作能手”。“亲情”系列服务活动贯穿全年，全体员工整体的服务理念、服务意识、服务态度、服务技能、服务水准、服务质量都得到了很大提升。宾客的满意度较之前有极大提高。

【加强员工队伍建设，提升员工素质】 服务岗位人员流动频繁，造成工作和服务质量不稳定。为了逐步提高质量，大厦加大员工培训力度。

1. 强化岗位培训，提高服务能力。为了稳步提高质量，2010年，全员培训6次，服务部门每周培训1次，其他部门每月1次。参加全员培训有171人次。通过有针对性的培训，员工的综合素质得到极大提升，提高了员工达到工作标准的意识和能力，也稳步提高了质量。

2. 关心员工心理健康，轻松愉快工作。服务岗位员工来源比较复杂，流动较大，自身素质参差不齐，从业经验不等，管理难度较大。大厦利用每周二的部会和《鞍钢大厦内刊》，宣传鞍钢企业文化，树立团队意识，统一认识，统一目标，统一行动。工会参与组织服务和文娱活动，走访慰问生病住院员工。团结向上的心态，轻松愉快的工作氛围，增强了员工抗压能力，保证了经营顺利进行。

（王仲平）

北京鞍钢玉蜓宾馆

【概况】 2010年末，北京鞍钢玉蜓宾馆共有职工54人，其中，鞍钢籍职工16人，临时用工38人。北京鞍钢玉蜓宾馆位于南二环蒲黄榆二里十一号楼，建筑面积7215m^2，客房70套，170张床位，餐厅500m^2，会议室60m^2。共设7个部门：经理部、保卫部、总务部、客房部、餐饮部、销售部、财务部。

2010年，该宾馆实际营业收入480万元，圆满完成经营指标。全年共接待公司领导及随员362人次；公司老领导41人次；公司职能部门领导316人次；二级公司及基层厂矿领导163人次；鞍钢、鞍山及其他地区来京公务旅游人员31588人次；为客宾代订机车票1152张；为公司领导、职工及家属来京求医问药、会诊、手术41人次。先后协办“鞍钢与攀钢兼并重组大会”、“鞍钢重庆公司董事会”、“鞍钢与澳洲金达必董事会”等大型会议。同时，先后做好组织接待“与中国船级社的签约”工作，“与中石化集团的战略签约”，“与中国北车集团的战略签约”工作。配合中宣部、辽宁省委、公司为大力弘扬郭明义先进事迹做了大量接待服务工作。全年实现接待任务重大失误率为零；实现行车安全、重大治安、刑事案件、火灾事故、食品中毒事故、人身轻伤等故事为零；实现公司交办任务完成率100%。

【经营工作】 2010年，该宾馆坚持以市场为导向，克服等、靠、要思想，坚持以散客为主，团队为辅，团散结合的促销原则，联系旅行社，根据宾馆住宿情况，及时填补空房；联系符合宾馆条件的会议、长包房和协议房，增加客源，提高效益；前台严格按制度规定，减少房费打折，增加房费收费率；坚持接送站服务和保证宾客机、车票服务。同时，重点做好鞍山市、鞍钢信访驻京组和鞍钢来京公务人员的接待服务工作，为信访驻京组人员调换房间，更换了电视、电水壶和床上用品，安装了网线，改善他们住宿条件，丰富了他们的生活。餐饮部对外扩大宣传，对内千方百计增加主副食品种，提高产品质量和服务质量，吸引客源，增加收入。

【管理工作】 一是强化培训，提高标准。2010年，宾馆从严格管理入手，强化培训，加大考核力度。重点修订了考核办法并打印成册，发放到各部门、各岗位，并组织职工学习。为了调动广大员工的工作积极性，宾馆拿出了一定的资金作为浮动工资与经营指标、服务质量挂钩。同时，聘请几名长住人员和内部职工为服务质量监督员，每月为各部、各岗位服务质量评出等级兑现浮动工资；加大检查力度，实行月抽查，周检查，日巡查制度，增强了员工遵守制度的自觉性，提高了宾馆的管理水平和服务质量；坚持工作有计划、有考核、有落实，管理从小事入手，每周进行小结，检查计划完成情况，杜绝了工作盲目现象，提高了管理水平。强化培训，本着“干什么，学什么，缺什么，补什么”的原则，每月进行各项规章制度、操作规程培训，尤其对新职工，主要采取岗位强化培训，以老带新方式，使职工尽快掌握技能，通过培训提高了职工的自身素质。

二是严控成本，节能降耗。严格按照办事处《开展增收节支、节能降耗工作安排》要求，从节约一度电、一滴水、一张纸入手，杜绝跑、冒、滴、漏等现象。每天责成保安根据天气情况适时开关楼梯、电梯间的照明灯节约用电；空调机组根据天气变化调整开关机时间；宾馆大厅和餐厅的空调按节能要求制定合适温度节约用电；冷藏室做到随入随关；宾馆走廊及公共区域全部换用节能灯；坚持能自己修的设备绝不对外委托，能利用的材料绝不浪费。实行定岗定员，控制劳动力成本。继续实行物品消耗、费用指标考核制度，规范采购和库管制度，采购大宗物品采取招标方式，日常采购实行货比三家原则，进一步挖掘潜力、严控成本。

三是加强安全卫生管理，促进“四个能力”建设，构筑“防火墙”，实现零目标。2010年，根据北京市政府，加强“四个能力”建设，构筑“防火墙”，确保安全生产工作部署，制定了宾馆“加强四个能力建设，构筑防火墙”工作安排，成立了领导小组，制订了行之有效的工作措施，认真督促，确保措施落实到实处。11月，组织职工举办了安全防火专项教育训练，观看了防火教育录像，组织消防考试及消防预案演练，使全体职工安全生产意识和技能得到提高，推动和促进办事处各项工作顺利进行。把好安全生产、治安保卫、消防安全、食品卫生关。认真做好消防监控设备的维修保养；及时更换灭火器材，做到消防设备、灭火器随时好用，确保安全生产。做好变电所设备日常维护和保养，先后对消防设施、电气线路进行重新检测，对高压电气防护设备和变压器进行检验和清扫，对厨房进行烟道清洗，确保达到安全生产标准；针对除“四害”难的问题，特聘爱卫会制定的专业消杀队伍，消灭“四害”；严格遵守食品卫生法，层层把关，责任落实到人，全年实现安全事故为零的目标。

（李　森）

（本栏编辑　张广明）

·控股子公司·

朝阳鞍凌钢铁有限公司

【概况】 2010年末，鞍钢集团朝阳鞍凌钢铁有限公司有在职职工2261人，其中女职工291人，管理技术岗位职工396人，生产服务岗位职工1865人，退休职工1人。设生产制造处、设备保障处、安全环保处、科技质量处、计划财务处、市场营销处、物资采购处、综合管理处、人力资源处、党委工作处、纪委（监察处）、工会、团委共13个职能部门，炼铁厂、钢轧厂、能源动力厂共3个基层单位。

2010年是鞍凌公司工程建设和试生产运行的关键一年，经全体职工的共同努力，实现了由工程建设到项目投产的历史性过渡。建成1座机械化综合原料场，年吞吐物料量1181.8万t，输入和输出能力各为590.9万t；2座6m50孔焦炉及1套125万t干熄焦装置，生产干熄焦能力为100万t；1台$265m^2$烧结机，能力为262.35万t；1座$2600m^3$高炉，能力为200万t；2座120t顶底复合吹炼转炉、2座吹氩站、2座120tLF钢包精炼炉及相配套的公辅设施；建设2机2流中薄板坯连铸机，年产能为205万t；一套年产能200万t的1700ASP热连轧生产线；此外，还建有石灰、燃气、热力、给排水、供电、总图运输等设施。

截至2010年12月底，工程完成总投资77.3亿元，其中建安投资37.6亿元，设备投资31.6亿元，其他投资8.1亿元。实现从工程建设到试产的历史性过渡，主体工序全线进入试生产状态。2010年试产焦炭16.8万t，烧结矿29.2万t，生铁9.6万t，钢坯7.2万t，成品材2.4万t。初步探索出在全新的组织机构和经营模式下公司的运营方式，公司由筹建阶段转入生产运营。

【加强工程管理，推进工程建设】 受金融危机影响，鞍凌工程于2009年一度缓建，2010年鞍凌公司结合工程建设的实际情况，与集团公司技改部一起重新排定了工程建设网络计划。克服困难，积极与施工单位沟通协调，全力组织各项目按照网络计划积极推进。在各项工程推进的同时，设备管理部门和各生产单位选派专业人员，成立工艺检查组，分专业专项检查，积极参与工程的设备安装和调试，认真查找各种隐患和工程缺陷。经专业人员的细心检查，共提出各类隐患和缺陷1500多项，与工程管理人员一起与施工单位协调整改。组织职工参与每项工程的单体试车、联动试车、生产单元的功能验收、工程质量验收工作，确保设备顺畅运行和工程质量达标。

鞍凌公司工会筹建组在集团工会领导下开展了“加快基地建设，实现全面生产”为主题的劳动竞赛活动。对在劳动竞赛中涌现出来的30个先进集体和101名先进个人进行阶段总结和表彰，极大地鼓舞了参战职工和施工单位的工作热情。开展提合理化建议活动，号召全体职工结合工程建设和本岗位实际，积极为公司献计献策，广大职工共提581条合理化建议，其中采纳212条。

在工程指挥部、集团技改部及施工单位的共同努力下，动力系统5月25日外部正式电源开始供电，6月20日生产水源开始供水，7月17日开始供应空压风，10月17日制氧机送出合格氧气及氮气，10月23日热电锅炉开始对外供热；7月5日铁路竣工通车，原料场于7月10日进入试生产状态，焦化2号焦炉8月20日正式投产出焦，10月15日烧结机热负荷试车，11月13日高炉点火；11月10日连轧成功过钢，11月16日炼钢炼出第一炉钢、连铸拉坯成功。至此鞍凌项目全线贯通，拉开了试生产的序幕。

【科学组织项目投产，确保各系统顺行】 各生产单位在积极提前介入设备单体试车、联动试车的同时，认真筹备，科学组织各项目投产工作。各单位编制了“投产培训教材”有针对性地开展岗位培训。编制了“投产说明书”，详细安排职工培训、设备调试、材料及备件准备、安全措施、操作要点及生活后勤保障等。积极开展“岗位作业标准”的编制和学、练、用工作，并结合现场的实际制定多项“事故应急预案”，各级管理人员放弃休息日，与生产岗位人员一起研究投产方案，确保各系统按照投产运行节点计划顺利投产。

为做好投产工作，克服工程建设没有完全收尾，工程图纸没有完全接收归档的实际情况，积极与总包方、施工方、设计方沟通，制定4173项设备备件的采购计划和采购方案。同时克服资源紧张、运输困难的实际，加强煤炭、铁料的采购工作，千方百计组织货源，协调运力，确保原料的储备。试产以来各生产单元严格执行预定试产方案，各级管理人员及技术人员现场指挥，现场操作人员精心操作，设备维检人员机旁护航。经广大职工的不懈努力，各项目试产进展顺利。

从设备检修维护和辅助生产按专业化实行外包的实际出发，设备和生产主管部门积极调研，邀请有资质、有业绩、口碑佳的服务单位参与项目招标。同时按照《设备相关方管理办法》和《生产相关方管理办法》，对协力单位进行严格管理和考核，确保与协力单位顺利渡过磨合期，为投产后生产的顺行打下了良好的基础。

【大力开展培训，科学配置人力资源】 公司有正式职工2261人，但是入厂两年以内的新职工达到66%，如何使这些新职工迅速提高实际操作技能，是公司面临的重大管理难题。在集团公司的大力支持下，2010年度共安排1733人次到鞍钢股份、鞍钢生产协力、鞍钢铁运公司和凌钢等单位实行对口顶岗培训，通过培训提高职工的实际操作能力。与此同时与鞍钢职工大学联系，积极开展理论培训。组织安排相关专业人员对916名需要持证上岗员工进行不少于40学时的针对性培训，并先后分四地组织五次初级职业技能资格鉴定考试，经过理论知识和操作技能两科考试，有870人全部合格，通过率达95%，通过培训大大提高了员工的管理能力和操作技能。

根据集团公司建立统一规范岗位职级体系，合理体现各类岗位相对价值的总体要求，在完成岗位澄清工作的基础上，2010年3月，鞍凌公司分两个阶段开展了生产操作岗位价值评估工作。通过岗位相对价值的分析和比较，确定了生产操作岗位职级排序并经集团公司审核通过。这项工作为建立新的岗位绩效工资制度奠定了基础，建立了变身份管理为岗位管理的人力资源管理体系框架。自6月起，建立公开竞争择优机制，实行全员岗位竞聘。竞聘通过公布岗位及岗位要求条件，个人报名，考试或考核、面试答辩、公布结果等程序，体现了公开、公平、公正的原则。通过岗位竞聘有2179人上岗，基本实现人力资源合理配置。

【构建全新运营方式，完善管理制度体系】 鞍凌公司组织机构及经营模式设计的原则是：按现代企业管理制度要求，组织机构建设按扁平化、集中一贯管理设置。通过运用先进的信息网络系统，实现高效有续运行。主体业务实行生产调度、质量、能源、安全、环保和设备的集中一贯管理。同时充分利用集团公司无形资产，发挥整体优势，在产品营销、大宗原材料通用物资采购及设备备件采购、产品研发、人力资源培养开发、重大技术改造、知识产权、品牌等实现有效协同。

2010年大力强化制度建设。按照质量、环境、职业健康安全三体系整合标准，建立完善以管理制度、规程规范、工作制度、特殊制度为骨干的管理体系。共下发管理程序文件38个，管理办法127个，规程规范884项，完善各岗位的岗位说明书和生产岗位的作业标准。完成了危险源和重大环境因素的辨识工作，具备三体系整合型管理体系认证条件。

【加强党的组织建设，健全群团组织机构】 2010年4月，经集团公司批准成立机关和基层4个党委，并于5月中旬按照《党章》和集团公司党委有关规定陆续召开党员大会，按程序选举产生新一届党委成员。认真做好党员发展和积极分子培养教育工作。截至年底，申请入党268人，确定入党积极分子161人并培训合格，首批发展新党员80人。

紧密结合工程建设和投产前准备工作的实际，围绕工程建设和投产前准备全方位开展创先争优活动。鞍凌公司下发了《关于开展“大干120天建功立业，为鞍凌工程竣工投产做贡献”主题实践活动实施方案》，以公司提出的“全体总动员，大干120天，确保工程按计划竣工投产”为目标，在工程建设中建功立业。通过创办《鞍凌之窗》内部报刊等多种形式，以形式多样、内容丰富、特色鲜明的实践活动为载体，振奋精神、克服困难、认清形势、明确任务，按照集团公司要求和工程总体网络计划组织施工，确保每一个工程节点都达到“保工期、保质量、保安全、保投资”的目标，创先争优活动已经凸显成效。

工会筹建组紧紧围绕工程建设中心目标，坚持以“提高职工素质，关心职工生活，服务鞍凌发展”为宗旨，通过劳动竞赛和不同形式的文体活动，激励和动员广大职工，为加快基地建设，争取项目早日投产做出积极贡献。开展送温暖献爱心、走访困难职工、为职工办实事等活动，在维护职工权益，构建和谐鞍凌等方面工作中也取得了显著成绩。

公司团委筹建组在7～8月组织召开了炼铁厂、能源动力厂、钢轧厂、公司机关第一次团员代表大会，选举产生了各基层团委。

【炼铁厂概况】 2010年末，炼铁厂有在职职工588人，其中管理技术人员82人（高级职称7人，中级职称14人，初级职称24人），生产操作人员506人（高级工13人，中级工23人，初级工179人）。该厂下设3个职能室、4个作业区，分别是：综合管理室、生产运行室、技术质量室、原料作业区、烧结作业区、焦化作业区、高炉作业区。该厂由原鞍凌精品钢工程原料项目部、烧结项目部、焦化项目部、炼铁项目部为基础组建而成，工程总投资22.12亿元。该厂建设1座机械化综合原料场，年吞吐物料量1181.8万t，输入和输出能力各为590.9万t；2座6m50孔焦炉及1套125万t干熄焦装置，年生产干熄焦100万t；1台265m^2烧结机，年生产能力为262.35万t；1座2600m^3高炉，年生产能力为200万t。项目于2007年4月18日正式开工，于2010年11月13日全线投产。7月10日原料场进煤，8月20日焦化2号焦炉投产出焦，8月29日高炉热风炉点火烘炉，10月15日烧结热负荷试车，11月4日焦化1号焦炉投产出焦，11月13日高炉开工送风，11月14日高炉出第一炉铁水。当年生产生铁10.13万t，烧结矿29.25万t，焦炭16.8万t；生产副产品硫胺1823t，粗苯1241.58t，焦油6029.04t；原料吞吐物料量106.15万t。

注重工程质量，积极配合工程建设。实时掌握和监督工程的进度和质量，按各项工程的竣工时间提前三至五个月抽调专业人员进入施工现场，成立工艺检查组（分专业专项检查），责任分工到人，坚持每周一次例会制度，掌握工程的进展情况，配合设备安装和查找工程隐患及缺陷，并同施工、安装单位协调整改。共提出缺陷几千项，到投产前基本整改完成，为炼铁厂各工序的顺利开工打下了坚实的基础。

做好产前准备工作，为试产奠定基础。加强管理体系建设工作，为顺利投产提供制度支撑。按工程进展情况，安排职工提前一至两个月时间进入现场，确认危险源点，使职工逐步从理论进入实际操作，熟悉现场环境。做好产前物资保障和产前材料、备品、备件、工具的计划申报、领取工作。对各作业区开工、试产期间的各项材料、备件等进行了分类整理，共上报各项开工材料1300余项、备品、备件、工艺件近400项。

加强安全基础工作，确保安全生产。2010年伊始组织召开了炼铁厂首届安全生产工作会议，明确了炼铁厂2010年安全工作目标，坚持“抓生产、必须抓安全，谁主管、谁负责”原则。完善安全基础管理制度，规范职工作业行为。建立健全各级管理人员及岗位操作人员安全生产责任制，完善安全技术操作规程，修改完善重大安全事故、火灾事故应急预案等24项规章制度。强化“三新人员”的安全教育、培训及岗位操作技能的评定，经考试、考评后，才允许实习上岗。

注重职工队伍建设，实行全员竞聘上岗。针对青年员工多没有工作经验的特点，发挥老职工、返聘人员及对口支援人员的传帮带作用，实施以老带新。把返聘和对口支援的老同志安排在主要岗位带徒弟，传授他们多年工作中积累的宝贵经验，使新员工基本能独立操作，独立处理突发性事故。结合炼铁厂人力资源现状，创造有利于人才脱颖而出、充分施展才能的环境，实施全员岗位竞聘。共有595人次参加567个岗位的竞聘；有34人由生产操作岗位竞聘到管理、技术岗位。有40名优秀青工竞聘到管理技术岗位，其中15名青工竞聘到倒班作业长岗位。

加强党群基础工作建设，为试生产保驾护航。炼铁厂于6月30日、7月29日、11月20日分别成功组织召开第一次党员大会和基层党员大会，选举产生炼铁厂第一届党委委员、纪委委员；第一次团代会，选举产生炼铁厂第一届团委；第一次职工代表暨会员代表大会，选举产生了炼铁厂首届工会委员会和经费审查委员会，使炼铁厂党、团、工会组织建立健全，确保各项工作顺利开展。

【钢轧厂概况】 鞍凌公司钢轧厂是一个集炼钢、连铸和轧钢系统于一体的精品钢材生产厂。2010年末，共有职工469人（返聘人员8人），其中管理技术人员76人（具有高级职称1人，中级职称23人，初级职称26人），生产操作人员385人；管理架构包括3个职能科室和5个作业区。该厂炼钢系统拥有年处理能力120万t铁水的脱硫装置2套，120t顶底复吹式转炉2座并预留第三转炉位，2座LF钢水精炼炉和2台直弧型多点矫直中薄板坯连铸机。轧钢系统包括2座长行程步进式加热炉、1架粗轧机、1台热卷箱、1台切头剪、7架精轧机、2台卷取机及相关的辅助配套设施。截至2010年末，钢轧厂炼钢累计生产749炉，产量

90579t，钢铁料单耗1209kg/t。轧出钢材36146t、发出商品材23691t。共调试四个钢种，1000、1060、1150、1250和1500mm五个宽度断面。产品宽度命中率89.22%、厚度命中率97.15%、终轧温度命中率88.52%、卷取温度命中率90.84%、综合成材率93.25%。

严格遵循网络节点，充分做好产前准备。按照投产计划安排，严格遵循网络节点，建立了现场跟踪制度。每个作业区每周安排3至5名经验丰富的操作工人或技术人员到工程现场跟踪工程进度情况。从人员培训、建章建制、生产工具准备、备品备件申报、办公用品等多个方面制定了详细的生产准备工作计划。编写了44.6万字的《钢轧厂开工培训教材》以及30.7万字的《开工说明书》。组织编制并发布了13个厂内QEO管理文件，编写制定了《工艺技术规程》、《安全技术规程》等标准性文件，完成了环境因素、危险源辨识与评价、风险评价等工作，形成厂级环境因素、危险源清单。

完善了组织机构，优化了人员配置。本着“公平、公开、公正”的原则，通过全厂范围公开竞聘，截止到2010年底，该厂共聘任副主任以上管理人员15人，选拔管理技术人员61人，其中35周岁以下62人，占现有管理人员的82%。与管理岗位人员竞聘同时进行的还有操作岗位人员的竞聘工作。本着“能者上，庸者下，合理分配人力资源”的理念，结合实习效果和面试答辩，钢轧厂先后组织了338人参加操作岗位人员竞聘。截至2010年7月底，338名员工均通过竞聘得到了适合的岗位。通过公开竞聘，该厂的人力资源得以合理的调配，形成了以3个职能科室和5个作业区为基础，76名管理技术人员和390名操作人员为支撑的强大队伍。

实现顺利开工，强化质量管理。11月8日轧线一次热负荷试车成功，11月16日炼钢、连铸联调成功标志着钢轧厂全线贯通，一天内开启一台转炉，两台精炼炉和两台铸机也开创了钢铁企业开工的先河。为加强质量的控制，建立质量周例会制度，对每周内出现的质量问题，指标不合格等疑义进行讨论、解决，并修正优化《工艺技术规程》、《岗位作业标准》、《安全技术规程》等方面的技术参数。针对不同岗位制定岗位操作要点，规范岗位重点控制指标和在操作过程中需要关注的问题，在职工中树立质量意识。

开展党建工作，发挥群团组织作用。钢轧厂于2010年5月7日召开了第一次党员大会，完善了党组织机构。建立健全了厂基层党组织。发挥工会联系职工、关心职工、丰富职工生活的作用，钢轧厂工会组织了职工家属与协力领导见面会，听取协力的用人需求和职工家属的履历和特长，为职工家属在朝阳就业提供平台，组织开展“至职工家属一封信”活动，从关心职工健康出发，与家属及时沟通，解决职工后顾之忧。

【能源动力厂概况】 2010年末，能源动力厂共有职工438人，其中管理技术人员71人（具有高级职称2人，中级职称15人，初级职称27人），生产服务人员367人。下设2室1中心，5个作业区。即综合管理室、生产技术室、能源动力调度中心（含管网班、煤气防护站）；供电作业区、给水作业区、燃气作业区、发电作业区、制氧作业区。主要设备有2×130t/h次高压蒸汽锅炉（其中一台纯烧煤气锅炉和一台煤混烧煤气锅炉），2×25MW抽凝式发电机组。15万m^3高炉煤气柜1座、5万m^3焦炉煤气柜1座，柜区设加压站、混合站、焦炉煤气精制和储存设施；8万m^3转炉煤气柜1座、柜区设电除尘、加压站及合成转炉煤气装置。3套万立制氧机组；2个空压站，15台空压机。生产能力：氧气3.1万m^3/h、氮气3.1万m^3/h、氩气830m^3/h、压缩空气8.2万m^3/h。生产工业新水6.0×104m^3/d；软水制备9000 m^3/d，生活给水1200m^3/d；生产废水处理站900m^3/h的中央水处理厂一座。4个66kV总降压变电所，32个10kV变电所、11个10kV以下变电所。

在公司的统一部署下，2010年这个厂实现了工程向生产的转变，其中给水系统4月17日中央水处理投产送水一次成功。5月正式为公司各单位供应生产用水、生活用水。供电系统5月25日开始至7月15日4个总降压变电所相继送电成功。标志着鞍凌公司四个66kV总降全部送电完毕。燃气系统8月23日焦炉煤气柜系统正式投入运行；11月13日高炉煤气柜系统正式运行；11月7日精制系统投运，压缩机投入运行；12月26日转炉煤气柜投运。发电系统7月18日启动锅炉正式投产运行，为焦化送蒸汽；10月8日1号130t/h锅炉用焦炉煤气点火成功。11月13日高炉鼓风机正式投产向高炉送风。12月14日2号130t/h锅炉投入运行，20日正式向外网供汽。制氧系统7月17日铁前空压站投入使用；7月21日铁后空压站投产；10月13日1号制氧机组投产；11月10日2号制氧机组投产。动力系统的全面投入，为鞍凌公司全面投产实现能源介质的稳定供应。

做好投产前各项准备工作。根据鞍凌公司

管理体系制度建设要求，制定技术类、作业类、管理类、事故预案文件，使生产和服务处于受控状态，为岗位操作提供相应作业指导书。随着各工序陆续投产，逐一制订各专业投产方案。积极参加工程建设收尾，确保各项工程安全如期完成。

大力加强职工培训工作。由于能源动力厂新职工所占比重较大，为使他们尽快具备本岗位基本操作技能，减少误操作和盲目操作，避免事故发生，达到能源介质保产保供的目的，通过一年的强化管理，使在岗职工的技术业务能力，自身整体素质等诸方面有了显著提高。优化人力资源配置。结合工程进度、生产投产，建立健全精干高效的组织机构，逐步实现人力资源优化配置，实施全员竞聘上岗，2010年7月第一批有14人被聘任到作业长、副作业长、副主任岗位；第二批有52人被聘任到区域工程师、专业工程师及其他管理岗位；第三批有23人被聘任到站长（机组长）岗位；各作业区在厂级岗位聘任结束之后依据厂聘任方案，分别对班长及各岗位操作人员进行竞聘。

完善党的组织建设，组建群团组织机构。2010年4月份能源动力厂党委正式成立，选举产生了党委委员和纪委委员。2010年8月能源动力厂团委成立。2010年11月能源动力厂工会组织成立。

（聂常生）

营口市鞍钢水业有限公司

【概况】 鞍钢水业有限公司在岗职工85人。公司设有综合管理部、生产运行部、技术设备部和财务部四个部门及玉石水库、杨家店净水厂两个基层单位。玉石水库位于盖州市矿洞沟镇，设计最大日供水能力为12.6万t，最大库容8852m^3，最大兴利库容7757万m^3；杨家店净水厂位于盖州市徐屯镇，设计日净化水能力为12.6万t。水库水厂自2003年6月开始向营口市及鲅鱼圈区供水，2010年平均日供水11.12万t，满足了营口市及冶金工厂的供水需求。2010年实现销售收入1.12亿元，至年末水库蓄水达到8800万m^3，达到历史同期最好水平。

【保产保供工作】 保产保供一直是水业公司各项工作中的重点，而重大节日期间的供水更是重中之重。2010年春节期间，在鲅鱼圈钢铁分公司用水量较大的压力下，适逢营口市区及鲅鱼圈区又面临用水量不足的问题，为保障居民用水，在不影响其他用户正常用水的前提下，2月中旬先后四次向营口市区增量，日供水量达6万m^3。在增量期间水厂24小时对水质的各项指标进行检测，因调度合理、调配得当，在大负荷供水期间既保证了水质的各项指标，又最大限度地满足了用户的用水需求，保证了市区居民过上了安定祥和的春节，受到了营口市人民政府的表扬。

【度汛防洪工作】 根据水库现阶段的运行情况及对2010年以来水量及雨情的分析，组织编写了2010年《玉石水库防洪抢险应急预案》，指导全年的防汛工作。强化设备的点检、维护与检修，保证全部设备正常工作。对防汛所需的物资进行了提早储备，提高对突发事件的应对能力。8月4日~5日，水库迎来第一次强降雨过程，整个汛期水库水位严格控制在201.0m以下，既保证了水库工程安全，又保护了下游人民群众生命财产安全。

【基础设施建设】 为了增强水业公司远期发展能力，从水业公司的实际情况出发，切实做好基础设施建设，整个公司的蓄水能力、防汛能力及生产运行控制能力得到了进一步的提高。针对玉石水库至杨家店水厂之间只有一条输水管线供水的实际情况，为确保为鞍钢鲅鱼圈钢铁分公司安全供水，召开了玉石水库至杨家店水厂之间由单管道输水建设成双管道输水初步设计论证会。

【管理工作】 加强火灾、人员、危险气体、高压电器设备、防雷设施及船只等的安全防范工作，保证生产经营正常秩序。为保证各单位安全生产和保护广大职工在冬季生产过程中的安全与健康，防止中毒、火灾以及各类突发性事故的发生，开展了秋季安全生产大检查活动。重点对建筑物进行了一次检查维修，对易受冻的阀门井、管道、水箱、氯瓶等有关设备采取了防冻措施。增加了巡线频次，对水库至鲅鱼圈冶金工厂所有管线安装标志牌，并对所有装有蝶阀的阀门井制作防盗井盖。全年对管线进行了多次维修，提高了管线供水的保障率，完成鲅鱼圈河道改造及庄盖高速公路塔子沟地段交叉管线改线迁移工程。

（吴大畏）

· 直属单位 ·

铁路运输公司

【概况】 2010年末，该公司全民职工4205人，在岗职工3766人，其中在岗干部398人（高级职称26人，中级职称216人，初级职称104人），生产服务岗位3368人。公司下设运输总站、机车厂、电务修建厂、铁路修建厂四个厂级单位，机关分设生产经营处、设备处、办公室、党委工作部、物资行政处、劳资教育处和工会等7个职能处室，为直线职能部门制组织结构。拥有固定资产原值11.98亿元，净值1.82亿元，利润1.40亿元。公司现有电力机车33台，内燃机车47台，各种车辆2351辆，铁路线路471.32km，铁路道岔1242组，铁路桥涵268座，大型调车场8座，全自动化驼峰一座，自动化调度指挥中心一个。铁路运输量计划7200万t，实际完成7408万t；局车停留时间计划27小时，实际完成25.5小时；厂车停留时间计划22.5小时，实际完成20.2小时。工亡人数为零，千人负伤率为零。2010年，该公司在资金压缩的情况下，根据节能减排的要求，将绿地的草坪灯，换上了节能的太阳能灯。同时，投资30万元为铁修厂办公楼门前、新华点检区铺设道路，解决了职工行路难问题。

2010年，该公司连续5年荣获全国企业文化先进单位，获辽宁省统战工作先进集体，连续18年荣获省、市级“重合同、守信用”单位。

【重点工程】 2010年，鞍钢ERP铁路运输资源系统稳定运行，并进一步扩大了应用范围，完成了鞍钢ERP铁路运输资源系统软件新增需求部分的编程、调试、测试，并于3月通过验收。为与矿山铁路运输实现信息共享，对矿山业务进行了调研，制订了接口方案，完成了与矿山铁路运输ERP对接工作。在东鞍山站成功地进行了机车GPS跟踪定位试验，将机车GPS跟踪定位与微机联锁结合，形成列车运行数据，提供给ERP系统，为全面实现ERP信息自动采集、优化运输组织奠定了基础。

【技术改造】 2010年，铁运公司加大设备改造力度。

1. 化工总厂苯加氢工程是鞍钢重点改造工程。为满足运输需要，组织广大工程技术人员根据化工总厂所提出的防火隔爆指标，大胆改进，集成创新，解决了发动机的排放过程中的火星熄灭、机车电器系统消弧、可燃性气体的预警预报等问题，使内燃机车的防火等级得到显著提高，成功地完成了防火隔爆内燃机车的设计、改造任务。改造后的机车通过集团公司、化工总厂专家的评估，完全满足了化工苯加氢工程铁路运输特殊需要。

2. 完成沙河大桥、东环市4-1.2.3号桥、灵山驼峰缓行器、西区受料槽排水、调军台樱桃园排水等设备设施完善性改造大修。

3. 利用IGCT斩波调速技术成功完成一台电力机车大修改造，经实践初步达到了设计要求。完成了首台电传动内燃机车大修工程并编制了检修工艺标准，为今后全面开展电传动内燃机车大修工作做准备。针对底开门车辆开门机构老化问题、牵引梁强度不足的问题，开展了专项维修，全年共检修K7车44辆、K18车43辆，提高了车辆运用状态。积极进行车辆技术改造。提高车辆轴承滚动化程度，在费用有限的情况下，完成12辆烧结车的滑动轴承改滚动轴承任务，车辆整体技术状态逐步提高。

4. 完成了西区接触网原料翻车机1道、2道新建工程和灵山南咽喉、耐火电除雪工程。完成了对八家子停车器机械“自锁”装置可靠性改进工作，解决了八家子停车器控制系统及表示接点存在的问题，提高了设备安全可靠性。对视频监控系统进行优化，完善了东鞍山、崔家屯等3处道口及灵山、北部等20处调车场视频监控系统，并通过激光辅助照明解决夜间监控图像模糊问题。

【科研工作】 2010年铁运公司加大设备技术改造力度：

1. 核心技术得到提升。“GKD2型内燃机车模拟驾驶系统”、“鞍钢西区铁路完善性改造科学规则与研究”、“提高内燃机车防火等级”三个项目通过省级科技成果鉴定，为企业创科技经济效益2700万元。标志着铁运公司在运输组织方面和教育培训方面取得新的突破。

2. 核心竞争力明显提高。组织科技人员针对运输生产的难点和关键，以集成创新、消化吸收再创新为主开展技术攻关活动。全公司共开展重大合理化建议项目28项，其中5项被集团公司评为合理化建议及技术改进一等奖，10项被集团公司评为合理化建议及技术改进二等奖。推广应用科研项目7项，申报国家专利7项，申报鞍钢集团专有技术16项。

3. 形式多样创新科技。积极开展学术交流、科普讲座、技术培训等活动，通过活动，企业科技活力得到明显加强，凝聚力得到显著提高。全年共参加2010年度国家、冶金行业学术交流活动3次，交流《滑动轴承车辆检修时车钩高度的预测与控制》、《内燃机车防火等级的研究与应用》等学术论文7篇。其中《冶金厂矿翻车机卸货专用游车的研制》等五篇学术论文获辽宁省铁道牵引动力协会学术年会二等奖。

【节能创效】 深入挖掘公司内部检修潜力，扩大自检自修范围，努力降耗增效。已经完成车辆中修52辆、修旧2658件、备件制作856件，共创效179.79万元。电务修建厂完成自修工程26项，累计投入472.2万元，折合产值613.9万元。总站自修工程产值50万元，共投入约1100万元，折合产值1459万元。

（麻　威）

【运输总站概况】 2010年末，运输总站有在岗职工1277人，其中在岗干部97人（高级职称1人，中级职称52人，初级职称24人），生产服务岗位1180人，下设四部一会，7个车站。运输总站是鞍钢铁路运输公司运输保产主体单位，主要承担鞍钢各生产厂矿所需原、燃材料的输入、产成品输出及部分厂矿工序链接任务。2010年，运输总站克服了一线缺员、生产波动大、极端气候等不利因素影响，全面超额完成了货物运输量、周转量及局厂车停留时间等生产经营指标，销售收入比计划增加2139万元，实现了用户满意率100%。全年实现了工亡事故、重伤事故、责任路外交通事故、行车大事故为零的安全生产目标。安全标准化建设顺利通过鞍钢安全生产标准化一级单位验收，荣获“鞍钢安全生产先进单位”、“鞍山市安全文化建设示范单位”、“辽宁省安全文化示范企业”称号。

2010年，运输总站科技工作取得了丰硕的成果，总站范围内实行全路微机联锁，鞍钢铁路运输资源管理ERP系统更趋完善，全年共完成立题攻关项目11个，“减速顶壳体螺旋储油槽”获国家知识产权局“实用新型专利”、“鞍钢西区铁路完善性改造科学规划与研究”方案通过了辽宁省省级科研成果鉴定，该厂生产技术QC小组被评为冶金行业优秀质量管理小组。2010年，运输总站继续保持辽宁省卫生先进单位、辽宁省红十字先进单位、鞍钢先进党委和先进单位称号。

（李新颖）

【机车厂概况】 2010年末，机车厂在岗职工1367人，其中在岗干部105人（高级职称5人，中级职称56人，初级职称34人），在岗工人1262人，下设四部一会，7个车间。拥有内燃机车47台、电力机车33台，普通车辆2318辆。该厂为鞍钢铁路运输提供机车、车辆运输设备，主要承担运输保产任务和机车、车辆的检修任务。全年机车运用44.07万台·时，完成内燃机车大、中修29台、定修350台，电力机车定修275台，车辆中修250辆、定修1357辆、散敞修4647辆，实现经营收入1870.8万元。全面完成了年初职代会确定的各项生产经营指标，实现了安全保产。

制定并实施了《机车厂关于落实两级公司员工教育培训管理办法的补充细则》，职工教育培训逐步实现规范化、科学化管理。先后选派10名技术工人到沈阳铁路局苏家屯机务段学习内燃机车水阻实验技术，11名技术干部、生产骨干到大连机车厂学习电传内燃机车大修技术，为机车厂首台电传内燃机车大修成功奠定了基础。梳理整合各种规章制度，分八个管理专业类别，其中：各种管理制度有475个，各种标准218个，达到了横向覆盖全部管理要素，纵向自上而下承接有序，保证了规章制度的实效性和可操作性。

“内燃机车机车模拟驾驶系统”等两个项目被评定为省级科研成果，“内燃机车柴油机防火装置”等两个项目获国家专利，“电力传动内燃机车水阻技术参数的标定”等两个项目获集团公司专有技术，“车辆基础制动装置技术改进”、“电传动内燃机车电气线路的优化”等项目分获集团公司双革一、二等奖，该厂科技成果推广率达80%，重点推广科技成果2项，年科技创效500万元。实现了人身伤害事故、火灾事故为零目标，连续26年实现无企业工亡事故。

全年共排查整改事故隐患225项，梳理评价设备操作规程112个，更新、补充安全标志牌、安全警示牌1255块，重新评价二级危险源（点）52个、三级危险源（点）292个，并完善了防控措施。加强环保管理，环保设备运转率、完好率100%，污水达标排放率100%。

推行了产量质量责任制，将机车、车辆的故障及厂期等情况进行月分析统计，并与责任单位经济效益挂钩，厂期得到了保证，机车故障明显降低，全年内燃机车故障244台次，同比下降

21.7%，电力机车故障221台次，同比下降7.1%，车辆破损率大幅度降低，提升了运输设备运行状态。

在修订240型电传内燃机车大修规程的基础上，仅用46天自主完成了首台电传内燃机车大修任务，实现规程兑现率85.02%，电传内燃机车大修的实现，标志着机车厂内燃机车检修能力的基本形成。

（徐立言）

【电务修建厂概况】 2010年末，电务修建厂共有在岗职工578人，其中在岗干部52人（高级职称4人，中级职称33人，初级职称14人），生产服务岗位526人。厂机关设四部一会，4个车间，28个生产班组。该厂是公司电力、接触网、通讯、信号设备的维护、检修单位，具有三级铁路电务工程施工能力。

严格落实预算管理制度，加强各项费用管控，强化废旧物资回收利用，落实各项节能降耗措施，全面实现成本计划指标。安全生产实现了人身伤害、责任行车、环境污染、火灾、交通事故为零的目标。设备完好率、规程兑现率以及各项能源指标全面实现。日常工作中，该厂强化设备基础管理，完善了班组、车间及厂三级质量跟踪网络，提高了设备管理水平。深入推进设备维修方式改革，健全了各类设备缺陷检查测试标准，制定了相应的考核细则，实现了设备缺陷查找有章可循。

保产工作积极主动。加强设备日常维护和故障处理，事故抢修组织得力，全年处理故障及抢修事故1113起。强化生产信息传递，确保了基层车间及时了解生产动态，掌握保产关键，做到超前预防。保产应急预案不断完善，有针对性开展实战演练，职工应急响应能力显著提高。施工质量监管得到加强，全年完成大年修工程19项，输其工程9项以及配套改造工程，工程质量全面达标。

技改工作稳步推进。微机联锁系统进一步完善，LED新型灯继续推广，更换LED信号灯板1600块。完成了南部北调、三烧调车场等供电区域改造，优化了供电系统；对33座灯桥及40座升降灯塔进行了检修，更换樱七等干线绝缘线38km。优化23处视频监控系统，敷设16芯光缆15.7km，实现了四方台至七岭子车站光缆连通。

干部队伍素质显著提升。全厂54名在岗干部全部参加集团公司各类培训和本单位专业技术培训，加强两级机关作风建设，促进了工作效率和执行力的进一步提高。对3个车间、2个部室5名科级干部进行了岗位交流。

技术管理创新成效显著。完成自主管理成果42项，集团公司科研项目1项，铁运公司科研项目2项，专利和专有技术各2项，2项先进操作法被集团公司评为一等奖。《驼峰车辆减速器滚轮拆卸装置》和《复式交分道岔基本轨防横向爬行结构》获得国家专利，信号二车间QC小组被评为全国冶金系统优秀质量管理小组。

企业管理工作实现新突破。规章制度整合力度不断加大，全年清理现行有效规章制度244个，全面完成了劳动定额标准的编写修订工作。全面加强班组管理工作，信号一车间立山信号班荣获国资委命名的"中央企业红旗班组"称号。

降本增效工作再创佳绩。通过内部挖潜，自主完成道口机柱更换等工程53项，造价706万元，节省费用211.8万元。全年压缩库存731万元，节约电费蒸汽费26万元，回收有色金属及废钢铁57.2t，创价值13万元。双增双节创效157.04万元。

关心困难职工生活，全年走访慰问251人次，发放救济金9.66万元。

（于庆和）

【铁路修建厂概况】 2010年末，铁路修建厂共有在岗职工373人，其中在岗干部52人（高级职称1人，中级职称25人，初级职称22人），生产服务岗位321人。下设四部一会，4个维修车间，1个储运车间。该厂主要负责鞍钢铁路设备的日常点检维护和事故、故障的抢修任务。

2010年，完成了覆盖全厂所有作业项目的5类47项安全生产标准化指导书，并在铁运公司所属单位中率先正式推行；制定下发了《铁修厂劳务及临时用工管理办法》，形成了具有铁修特色的安全管理体系。

全年共投入大修费用800多万元，完成大修线路2733m，单开道岔及渡线21组；排查整改各类安全隐患264项，处理各类行车事故45起，故障103起，使线路故障率大幅降低。通过集中开展保运保产攻坚战，共更换普枕25000根、岔枕1800立、混凝土枕10700根、重轨1045t，逐步将重点区域的43kg/m钢轨线路向50、60kg/m钢轨轨型升级。

2010年，铁修厂科技创新取得了显著成效。完成了铁路线路总图515km的测量工作。自主研发具有铁修"ERP"之称的铁路设备维修管控系统，初步实现了铁路设备检修实时监控、动态追踪、物料科学管理。组织技术管理人员围绕铁路维修中的17个关键难点项目开展立题攻关，目前已经完成了11高炉病害的整治、东环市4号钢梁换砼梁、东鞍山交叉渡线排水与冻害的整治、西区调车场排水方案等12个重点科技攻关课题。一年来完成专利1个，申报鞍钢专有技术5个。“应用辙叉线上修复技术延长辙叉使用寿命”成果获辽宁省优秀质量管理成果；“采用土工膜整治线路低接头翻浆冒泥”成果获鞍钢优秀质量管理小组一等奖。有17项科技成果、5项小改小革成果在铁运公司科技创新大会上获奖、参展。总结推广先进操作法2个，其中《五步曲线拨道法》被评为鞍钢先进操作法。

2010年初冬，持续不断的低温冻雨造成鞍钢铁路干线、咽喉道岔冰冻故障频发。厂全体干部职工积极采取应对措施，严密监控，共检查处理监控道岔冻害、水害165组；处理危及行车安全处所200余处、超失格处所600余处；处理各类铁路行车事故、故障37起，最大限度地保障了冬季铁路运输的安全畅通。

（邵晓东）

矿渣开发公司

【概况】 2010年末，矿渣开发公司在册职工总数1937人，其中管理及专业技术人员166人（高级职称9人，中级职称86人，初级职称56人），工人1771人。该公司下设6个管理部门，14个车间。本部主要生产设备有从德国引进的240万t/a钢渣磁选加工线、从德国引进的具有国际先进水平的60万t/a矿渣微粉生产线、2条具有国家专利权的矿渣产品深加工生产线、1条转炉助熔剂（压球）生产线。鲅鱼圈分公司主要生产线有1条转炉钢渣热焖生产线和精炼渣、脱硫渣翻渣处理生产线、1条100万t/a钢渣磁选生产线、1条转炉助熔剂（压球）生产线。主要产品有精渣钢、精选粒铁、精铁粉、磁选粉、矿渣粉等。

【生产经营取得新突破】 2001年，本部70万t矿渣粉生产线项目和鲅鱼圈200万t矿渣粉生产线项目正式启动。钢渣粉主体设备及生产工艺研发取得突破性进展，与德国蒂森克虏伯·伯利休斯公司签署了《钢尾渣磨细微粉生产工艺、关键设备、核心技术研发框架协议》。鲅鱼圈钢渣热焖、磁选、深加工及压球生产线项目实现达产达效。鞍凌钢铁公司冶金渣处理方案和本部钢渣热焖初设方案全面完成。矿渣开发公司在“十一五”期间完成的五项冶金渣处理工艺及高附加值产品开发项目，得到了专家和有关部门的认可，被列为重点推广项目，编入国家“十二五”发展规划中，矿渣公司已进入了一个全新的发展阶段。2010年，矿渣公司厂内翻罐9.73万个，同比增加1.07万个；生产渣钢20.7万t、粒钢23.3万t、磁选粉56万t，同比分别增加2.3万t、5万t、6.3万t；生产精选粒铁16.96万t、精铁粉20.99万t、矿渣粉63.35万t，同比分别增加1.06万t、3.19万t、6.05万t。鲅鱼圈分公司处理渣罐3.3万个，其中转炉渣罐2.53万个、精炼渣罐4400个、脱硫渣罐3300个；生产渣钢2万t、精渣钢2.5万t、精选粒铁2万t、磁选粉12.3万t。

全年鞍钢本部实现营业收入4.29亿元、利润总额1.26亿元，同比分别增加2074万元、3442万元，超计划11.3%和51.6%；鲅鱼圈分公司实现销售收入6524万元、利润803万元。

【产品结构调整取得新成绩】 坚持以钢厂、铁厂需求为导向，以降低鞍钢生产成本为目标，牢固树立大局意识和责任意识，保证了鞍钢生产稳定运行。本部2010年输出渣钢坨3.9万t、渣钢8.6万t、磁选粉48.3万t、精选渣钢6.4万t、脱硫渣钢4.3万t、废钢0.35万t、精选粒铁16.8万t、精铁粉20.6万t，同比分别减少0.7万t、4.7万t、3.7万t、增加3.1万t、1.4万t、1000t、9000t、2.8万t；鲅鱼圈分公司输出渣钢3.42万t、精选粒铁2万t、脱硫渣钢9400t、渣钢坨2300t、磁选粉12.2万t、铁碳球4100t。累计为鞍钢创效15亿元。其中鞍钢本部矿渣粉、精渣钢、精选粒铁、精铁粉等高附加值产品实现收入2.86亿元，占总收入比重达到了68%，同比提高了18个百分点。

【保产工作实现安全高效】 该公司改变过去加工促保产的思维模式，牢固树立资源效益最大化的全新理念，强化产品分类管理，优化劳动组织配备，实现了生产稳定高效。

坚持用系统化理论科学组织240万t/a钢渣磁选生产线生产，充分挖掘各工序环节的潜力，从提高焖渣质量入手，抓打水的均衡性，降坡的及时性，焖渣的时效性，上料的连续性，设备的稳定性，使240万t/a钢渣磁选生产线开动率始终保持在85%以上，小时加工能力达到500余t，创加工线投产以来最高纪录，仅粒铁产品一项同比增加6万t，年创效120余万元。

坚持以“三级点检制”为基础，以最大限度降低设备维修、维护成本为目标，强化设备运行管理，加大日常维护保养力度，明确岗位、运行、专职点检员责任，实现信息传递文字化，使主体设备开动率和完好率大幅提高。240万t/a钢渣磁选生产线每天计划停车时间由6小时减少到3小时，增加有效作业时间38天，为公司创效1100万元。强化设备检修管理，建立全过程质量跟踪体系和工程结束评价制，严格实行立项论证制，严格核定项目标底，严格落实《检修工程管理办法》和《分承包方管理办法》，提高了设备检修质量，共完成设备维修工程57项，降低工程费用80万元。

全面开展安全生产标准化工作，建立核心管理制度7项，编制《岗位安全作业指导书》150余项，重新修订安全技术规程105项，制作安全标志挂板29块，各类操作牌500余块，整改隐患85项，从根本上杜绝了安全事故的发生。深化全员安全评价，为955名非特种作业人员、108名特种作业人员办理了《上岗安全作业资格证》和特种作业操作证，提高了职工的安全防护意识。

【自主创新能力显著增强】 先后开展了S95级矿渣粉磨制实验、铁碳球生产前期试验、絮凝剂比对跟踪试验和铁渣规格渣耐高温试验，参与了中冶院组织的钢渣微粉大对比实验。与国际一流企业和国内知名院校的开发合作取得新突破。与北京科技大学签署了“鞍钢冶金渣深度开发利用研究”的合作项目，并进入实验室阶段。与德国蒂森克虏伯伯利休斯公司深入开展了钢渣粉生产工艺与主体设备研究。群众性技术创新、科研攻关也取得了新成绩，修订工艺技术规程7项，申报QC成果2项，发表科技论文4篇，其中1篇被评为鞍钢科技论文一等奖；与京冶院共同研发的鲅鱼圈热焖渣生产工艺技术，通过了国家级科技成果鉴定；“钢渣磁选产品深加工工艺”获辽宁省科技成果奖，并被专家一致认定为达到世界先进水平。强化专利申请、专有技术认定工作，申报国家专利9项，授权3项；申报鞍钢专有技术8项，7项获得认定通过，为实现技术输出奠定了基础。

【科学管理成效显著】 该公司大力实施低成本战略，建立科学合理的战略绩效考核体系。在全面总结《经济责任制考核办法》的基础上，以利润、成本两大关键指标为重点，科学制定《矿渣公司单元战略绩效考核办法》，全面推行预算管理、成本考核、效益挂钩、工效取酬的经济责任制考核体系，通过定期开展战略绩效考核评价，系统分析战略绩效指标完成情况，及时出台调整改进措施，确保了战略绩效指标的全面完成。加强生产过程控制，进一步完善检修工时制，深化生产用车效能量化考核，2010年降低工时9840个，节约运费561万元，实现了资源效益最大化。本着管供、管用的原则，加强物资管理，采取微机联网，一车一卡、标尺测定，限量加油等措施，减少油料浪费，严堵流失漏洞。加强废旧物资管理，回收各类废旧物资197t，节约资金6万余元。全年修旧利废140项，207件，原值108.2万元，核定后净值25.54万元；收集合理化建议47项，实施小改小革32项；回收废钢铁2028t，创收375万元。

加强制度体系建设，共建立公司级规章制度147个，车间级规章制度149个，管理程序139个，夯实了管理基础。深入开展了大规模岗位描述和职工素质评价，对48个工种、125个岗位进行写实，其中17个工种、28个岗位编入鞍钢集团公司劳动定员定额标准汇编。

坚持“打防结合、预防为主、专群结合、依靠群众”的工作方针，深入开展“平安厂区、平安单位”创建活动，严格渣票管理，严控外来车辆，加强巡逻检查，堵塞流失漏洞。加强治安防范体系建设，落实“人防、技防、物防”措施，层层建立包保责任，严格实行区域负责，有效遏制了资产流失和治安案件发生。共改造摄像探头63个，红外报警探头52处，破获各类案件3起，处理外部人员3名，解除了9名违法犯罪人员的劳动合同，维护了企业的合法权益，并以此为反面教材，开展全员遵纪守法教育，提高了职工的法制意识。

进一步规范干部竞聘制度，加大中层干部交流力度，2010年以来平职交流7人，实现了干部队伍的优化配置。采取多层次、多渠道方式，加大干部职工培训力度，自行举办培训班203个，组织230人参加鞍钢集团公司培训，共培训管理专业技术人员353人次，培训工人15295人次，有40人获得初级工技能资格，2人获得鞍钢集团公司工人技师技术成果奖。

【市场竞争优势显著增强】 公司坚持以辽南沿海地区为重点开发对象，努力寻求市场信誉度高、企业实力强、资金回流好的客户群体，作为长期战略合作伙伴，采取灵活的销售策略，稳定战略性客户，巩固和扩大辽南市场份额。及时跟踪盘海营高速、沈阳地铁等国家及地方重点工程，充分发挥产品的质量、技术优势，加强营销服务，扩大销售量。为满足市场需求，微粉车间加强设备维护，优化系统参数，完善工艺配置，稳定原料质量，使设备开动率始终保持在94%以上，小时产量稳定在120t水平，远远超过90t的设计能力。2010年共输出微粉63万t，实现利润3200万元。微粉生产线单月产量达8万t，相当于年产96万t水平，超设计能力60%，创世界上同等设备产量最高水平。

【节能减排取得新进展】 公司坚持把节约资源、保护环境放在突出位置，积极探索资源再利用的有效途径，推动企业可持续发展。

强化节能项目的推广落实，建立加油站油卡管理系统，实施铁渣车间太阳能洗浴工程、微粉车间低压供电系统功率补偿等5个节能设施改造工程。2010年节约蒸汽8000GJ，电30万kW·h，降低成本42万元。全面扩大冶金渣加工处理规模，进一步提高钢铁物料提取率，加大冶金渣新产品开发力度，2010年减少冶金渣排放36万t。以治理整顿厂区环境为重点，大力实施"靓化"、美化工程，将工作重心下移至车间，延伸到班组。动用车辆25台，清运垃圾残土450t，平整场地7500m^2，修缮路面2253m^2，铺设道板3700m^2，砌筑花池19处，挡土墙3400m；投入绿化费用53万元，栽植乔木2681棵，灌木1326株，花卉8900盆，新增绿化面积1.8万m^2，职工的生产生活环境得到显著改善。获得了2010年度鞍钢清洁工厂的光荣称号。

（高素丽）

生产协力中心

【概况】 2010年末，生产协力中心有职工6863人，其中管理和专业技术人员376人（高级职称39人，中级职称176人，初级职称139人）；生产服务人员6487人（高级技师6人，技师152人，高级工964人）。机关设生产部、保障部、综合管理部和工会4个部门，下设鲅鱼圈生产协力分部和炼铁工区、炼钢工区、热轧一工区、热轧二工区、冷轧工区、灵山工区7个基层单位。主要承担鞍钢股份公司本部和股份鲅鱼圈分公司的生产辅助作业。

2010年，该中心各项工作取得了显著成绩。制煤粉按照炼铁生产的需要，做到了保质、保量、及时供给；冲渣率、环保设备同步运行率均达到100%。钢水罐砌筑质量合格率、炼钢系统上料准确率均达到100%。热轧ASP线钢卷完美化封锁率实现99.85%，比计划提高0.1%；热轧循环水合格率、中包整备质量合格率均实现100%。按照集团公司要求，全面完成各项财务管理指标和成本费用压缩指标。2010年底，中心向所服务的15个生产厂征求服务意见，满意率达100%。

【加强安全管理】 该中心深入推进岗位安全工程，不断提升安全管理水平。一是狠抓安全标准化推进工作，对中心原有的安全管理制度进行重新梳理，共修订、完善岗位安全技术规程76个、岗位安全操作标准化指导卡112个。二是狠抓季度安全主题活动和重点月安全专项活动，先后开展了以"全员学标贯标、班组安全达标"、"坚持预防为主、提高全员技能"、"强化事故预防、促进现场治理"、"加强风险防范、实现安全达标"为主题的安全活动，共检查曝光安全隐患6307项，考核金额8.81万元。共评选出238个季度安全达标星级班组，35名岗位危险因素辨识能手。三是开展本质安全立项攻关活动，对2010年确定的74项中心级本质安全项目组织攻关，已完成整改72项，剩余2项正在实施整改。四是开展了春秋两季设备专项检查，全面排查操作设备的缺陷和隐患，共排查1727项问题，整改1137项，剩余项待定修时处理。2010年，中心千人负伤率为0.24‰，比去年同期降低了0.04‰，实现了重伤及以上事故为零的目标。

【推进管理标准化工作】 该中心以推进管理标准化工作为重点，狠抓"三个体系"建设，不断提高企业管理水平。一是建立和完善岗位管理体系。规范工段、班组设置，全中心工段长岗位由323个减少到242个、班长岗位由992个减少到771个。规范工种岗位设置，确定了中心生产服务岗位的主营岗位和非主营岗位。编制了《鞍钢生产协力中心生产岗位管理手册（2010版）》。中心人力资源岗位管理工作经验在《鞍钢工作》上发表，并在集团公司推进会上予以推广。二是建立和完善流程管理体系。梳理组织机构及劳动组织设置，制定了《关于规范生产协力中心本部工区及作业区组织机构、劳动组织和岗位设置的决定》，减少9个管理和专业技术岗位编制定员；合并了2个作业区，作业区总量从51个减少到49个。设计优化业务流程，形成14个类别、274个业务流程，编制了鞍钢生产协力中心《管理流程手册（2010版）》。三是建立和完善制度管理体系。通过对原有“两层三级”14大类制度体系的“增、减、合”，整合制度59个，修订53个，新增15个，形成了与流程管理体系相适应的以综合性制度为主导、专项制度为主体、单项制度为补充的“两层三级”制度体系，使其覆盖生产经营的全过程，编制了鞍钢生产协力中心《管理制度管理手册(2010版)》。四是扎实开展“岗位·流程·制度”学、练、用活动，利用近半年时间，完成了学、练、用活动宣传启动阶段、学习培训阶段、应用和考核验收阶段的阶段性任务，促进了“三个手册”的贯彻落实。中心狠抓“三个体系”建设的经验在《鞍钢工作》上发表。五是以实现无纸化办公为目标，全面升级中心办公自动化网络信息系统建设，组织开发了公文审批系统，增加了AM即时通讯系统，新建了中心、工区两级信息系统网络平台，为中心实现管理信息快速传递，不断提升管理标准化水平搭建现代化平台。

【开展技术创新工作】 该中心将技术创新工作作为提升企业服务质量和服务水平的重要工作来抓。围绕改进工艺、节能降耗、提高生产效率等方面，广泛开展QC小组、合理化建议、技术改进项目攻关和群众性技术创新活动，取得丰硕成果，鲅鱼圈分部炼钢协力区QC小组成果获得国优奖；推荐4个QC小组成果全部获得辽宁省一等奖；鲅鱼圈分部高炉煤粉工段被评为辽宁省质量信得过班组，热轧一工区东部生产作业区中包整备QC小组被评为冶金行业质量信得过班组。冷轧工区《改进吊钳爪降低废品率》等12个合理化建议项目获集团公司一等奖，炼钢工区《改进罐底砖工艺参数》等11个项目获集团公司二等奖。申报集团公司5项专利、7项专有技术。热轧一工区的学术论文被全国轧钢年会录用；炼钢工区的学术论文被第十六届全国炼钢学术会议录用并在会议上宣讲；炼铁工区、鲅鱼圈分部的学术论文分别被宝钢年会录用。2010年，冲渣溢流水零排放“四字操作法”获得集团公司先进操作法。

【强化人才素质建设】 该中心深入推进岗位人才素质工程，不断提高职工队伍素质。一是健全完善职工教育培训管理制度，建立了中心、工区、作业区三级绩效考核责任链，保证了各项指标的完成。二是强化领导干部、管理及专业技术人员和生产、服务岗位人员的培训，不断提高各级管理人员和职工的整体素质。2010年，中心职工参加各类培训共14.3万人次，其中一类培训4389人次，计划完成率100%；二类培训5310人次，计划完成率100%；三类培训13.3317万人次，计划完成率100%，职工学分完成率100%。三是坚持“日抽考、月小考、季中考、年大考”制度，积极组织开展技术培训、技术练兵活动，承办集团公司6个工种的技术竞赛，获得集团公司状元6名、能手40名。与职工大学联合办学效果明显，第一期起重机械大专班86名学员已毕业；第二期起重机械大专班56名职工在读；第三期安全管理技术大专班78名职工在读。四是开展了兼职教师考核、聘任工作，共聘任兼职教师246名，表彰了优秀兼职教师47名、优秀教育培训工作者16名。对学历升格、技能升级的职工给予奖励，共计12.875万元。2010年，中心新增初级职业资格人员1005人，申报中、高级工技能鉴定考试491人。五是强化班组建设，在评选中心级“五好班组”的基础上，开展了评选“星级五好班组”、“优秀班组长”、“星级优秀班组长”活动，通过激活“班组细胞”的作用，调动班组职工工作的积极性、主动性和创造性。

【做好薪酬分配制度改革工作】 该中心积极稳妥地推行薪酬分配制度改革和推行全员竞争上岗工作。一是完成了对全中心薪酬分配情况调研，在充分调研和论证的基础上，先后制定了薪酬分配制度改革实施方案、部门和工区及所属单位分类与岗位职级插入指导意见、管理和专业技术及生产服务岗位人员员工能力评定和薪档套入及岗位绩效系数确定暂行办法（试行）、职工全员竞争上岗实施方案。二是开展了职级和薪档插入及岗位绩效工资制度的政策与业务知识的培训和宣贯工作。各单位积极配合中心对管理和专业技术岗位、生产服务岗位进行岗位梳理、职级插入和薪档套入，在冷轧工区实施薪改试点工作后，全面铺开薪酬分配制度改革工作，共完成了22个管理、专业技术岗位、218个生产服务岗位的职级插入和薪档套入。三是实施全员竞争上岗，建立了公平合理的分配体系与用人机制，形成了科学合理的内部分配体系，提高了职工的工作满意度，构建了和谐的劳动关系。薪酬分配制度改革工作得到集团公司相关部门好评。

【坚持以人为本,关心职工生活】 该中心始终坚持把维护职工切身利益作为重要工作来抓。一是从改善职工作业环境、提高工作效率、解决职工实际困难入手，先后多次对苦脏累险岗位进行调查，对各工区、作业区办公室、操作室、值班室、浴池进行修缮，全年共修缮各类站所室100余间；为各单位站所室购置办公桌椅、更衣箱等各种办公用品204件；为全中心在岗职工发放了防暑降温费和饮品。二是从关心职工身心健康入手，组织在职职工和退休人员健康体检、组织3415人次进行“双高”体检、组织丰富多彩、寓教于乐的各种文体活动。三是从解决职工生活困难入手，重大节日对患病职工和困难职工进行走访慰问，帮助困难职工解决生活困难，2010年共发放救济款32.65万元，救济困难职工315人次。同时，积极稳妥地做好了鲅鱼圈分部售房工作，职工群众满意。

（乔　华）

设备检修协力中心

【概况】 2010年末，设备检修协力中心共有职工7888人（含列编外150人，居家112人），其中，管理技术人员467人（高级职称33人，中级职称240人），检修维护运行岗位人员7159人（高级技师104人，技师571人）。拥有固定资产原值1.40亿元，净值4460.34万元，固定资产总数量1839项。其中，机械设备689项，动力设备35项，电气设备771项，运输设备63项，其他281项。设备检修协力中心按中心、工区（分部）、作业区（协力区）三级管理体制运行。中心机关设综合管理部、生产运行部、工会和物资供应科；中心下设鲅鱼圈分部和炼铁工区、炼钢工区、热轧工区、冷轧工区、长材工区、动力工区、专业化工区等7个工区；鲅鱼圈分部下设4个协力区，工区下设33个作业区，1个车队。该中心是一个集机械、电气、动力、结构、自动化、炉窑、制冷等专业为一体的综合性设备维护、检修单位，主要负责鞍钢股份公司各生产厂设备的日常维护、定修、抢修，确保设备稳定、高效运行。

【强化保产检修管控】 2010年，面对金融危机影响延续对钢铁行业所带来的不利影响，中心及所属各单位以加强保产检修组织管控能力为着眼点，统筹协调检修资源，强化检修作业流程的组织，提高快速反应能力，大大降低了设备事故停机时间，保证了股份公司各生产厂设备的良好运行，股份公司设备故障时间同比下降37.97%。全年共完成定修1912次，抢修5541次，重大年修48项，实现经营收入7.73亿元，全面完成了集团公司下达的各项指标。在做好保产检修服务的同时，以主动承担协议外工程为着力点，努力拓宽创收渠道，出色完成了冷轧1号线、2号线、4号线、鲅鱼圈电动鼓风机年修和一炼钢4号、5号、6号转炉及鲅鱼圈A、B、C转炉砌筑等一批协议外工程，全年共签证超工时142251个，创效343.26万元。

【加强安全管理】 2010年，该中心实现了安全事故为零的目标，创造了连续24个月无安全责任事故的佳绩。一年来，该中心各级组织以全面提升职工自我安全防护能力为重点，不断深化全员查摆“怕麻烦、习惯作业、习惯管理行为”活动，从“自我查摆”向“相互查摆”延伸，共查摆“怕麻烦”行为3973项，举办专题演示26次；推进安全标准化建设，制定并下发《安全管理标准化实施细则》、《安全操作标准化实施细则》等6个制度文件，编制《安全作业指导书》19116篇，并以冷轧工区为试点单位，积极配合集团公司开展安全标准化预评审工作，推动了安全标准化工作的全面展开；继续深化全员安全评价工作，修订《安全技术操作规程》203项，废止39项，新增116项；加大安全隐患排查治理工作力度，共排查整改安全、防火等各类隐患1085项；全面落实安全生产责任制，从安全技能培训入手，开展各类安全技能培训127次，组织防火、安全应急、自救逃生等应急演练83次；在年末安全生产的紧要关头，组织开展了“百日安全无事故”活动，安全工作措施得到落实，保证了全年安全生产目标的实现。

【狠抓基础管理】 完善《规章制度管理办法》，新制定制度16项，修改3项；加强标准化管理，制定《流程管理办法（试行）》，编写管理流程47项；强化作业区建设，制定下发《关于加强作业区建设的意见》，建立关键绩效评价指标（KPI）考核体系，导入量化管理；对基层作业区贯章贯制情况进行全面检查，依据量化赋分的结果分别对作业区、工区进行评价排序，有效促进了基层单位管理水平的提高；通过数据采集、业务面界定、工作写实、统计分析、行业对标等办法，对各区域工作量及人力资源状况进行全面的梳理分析，并据此制定了检修定员定额标准，此标准被集团公司选定为检修行业定员定额范本；通过人力资源现状盘点和对标，综合分析人力资源数量、质量、结构的现状，编制了“十二五”人力资源规划；进一步完善中心单元绩效管理办法与考核标准、员工岗位绩效管理办法与考核标准；坚持效益、效率决定分配的原则，实施了工区、部门工资总额承包和管理岗位绩效量化考核制度，规范了基层单位单项奖的审批、发放和管理；积极推进薪酬制度改革，以2009年末的在岗生产服务人员为基础，全面完成了40个工种、507个岗位、7174人的职级插入工作。

【完善技术质量管理体系】 完善质量检查验收标准，建立技术质量档案，规范质量检查验收记录填写，实行检修质量ABC三级控制，全面实施规范化、痕迹化管理，促进了检修维护质量、备品备件组装质量的提高。积极营造创新氛围，大力开展技术创新活动。2010年，共实施技术创新项目481项，其中，设备改进334项，检修方法改进61项，研制检修工具86件（套），节约工时32.08万个，经生产厂认证创效1.40亿元，专利受理11项，专有技术认定11项。有1项QC成果获冶金行业优秀质量管理小组，有2项QC成果获省优秀质量管理成果一等奖，1项获二等奖，1项获三等奖；8项QC成果获集团公司优秀质量管理小组一、二等奖；有8项成果获集团公司“先进操作法”。

在第19届全国发明展览会上，选送的6项发明成果分获1金、1银、4铜的佳绩；在德国纽伦堡国际发明博览会上，中心职工李新林的“大型桥式吊车检修装置”发明成果获金奖，刘乃军“重心偏置式自爬升车”获铜奖；在“感动鞍钢——创新功勋人物”评选中，中心职工徐鑫明荣获“感动鞍钢创新功勋人物”银奖。

【加大教育培训力度】 制定并组织实施《2010年职工教育培训实施计划》，完善了42个主体工种、361个岗位的《岗位技能培训大纲》、《岗位技能考评题库》，并以此为依据组织了生产服务岗位年度技能达标考试工作；以提高职工实际操作技能为重点，组织各单位开展有针对性技术培训，全年共自主培训职工17403人次，参加集团公司培训1704人次；加强高技能人才队伍建设，组织在聘高级技师开展以传授技术诀窍和先进操作法为主要内容的技术交流活动，全年共举办技术交流活动9次，69名高级技师参加了传授与交流活动；大力开展兼工种作业和“师带徒”活动，共签订师徒合同214对，共有1516人获得兼工种作业资格等级证书，与上年同比增加8%；成功举办中心第十一次职工技术竞赛，共评比出技术状元20人、技术能手146人。在参加集团公司职工技术竞赛10个工种的比赛中，夺得9个工种的技术状元，103人获技术能手荣誉称号。2010年，中心被评为全国冶金行业高技能人才建设先进单位，并在全国高技能人才培养与使用研讨会暨企业专业委员会2010年年会上做了经验介绍。

【关心职工生活】 持续改善职工作业、休息条件，投入资金43.7万元为职工修缮浴池、休息室16项；投入86.15万元，为部分基层班组配置、更换了工具箱、更衣箱、空调、电风扇等设施1511台（套），职工作业、休息条件进一步改善。从帮助职工解决实际困难入手，加大扶贫帮困力度，全年共救济困难职工1106人次，使用救济费41.2万元；温暖工程救助职工97人次，16.73万元；金秋助学34人，发放助学金6.7万元。全年共组织12类、103个兴趣小组开展丰富多彩的文体活动340余次，2361人次参加活动。

（初乃海）

生活后勤协力中心

【概况】 2010年末，鞍钢生活后勤协力中心共有职工2226人（包括在岗职工2015人，居家职工211人）。其中干部146人（高级职称7人，中级职称57人，初级职称64人），工人1869人（技师42人，高级工296人，中级工384人，初级工211人）。退休职工863人。2010年中心共有69个食堂，153个浴池，49个自行车场。厂内通勤大客14辆，免费巴士6辆，公务用车59辆。固定资产原值6525万元，净值612万元。内环清扫面积7.63万m^2，生产线保洁面积38.02万m^2，1条豆制品加工生产线及1条直饮水生产线。

【改革和管理工作】 认真贯彻落实《食品安全法》，完善食品卫生安全监管长效机制，严把食品卫生安全准入关。加强对食品卫生安全源头的控制，建立食品原料采购供应跟踪检查制度，强化食品原料的验收、检验环节，加大对库存原料清理、餐饮器具消毒以及环境卫生的整顿力度，加大对食堂投入产出全过程的监督检查。不断完善食堂卫生管理措施，全面推广、规范标准抹布的使用，重新更换冷荤间熟食菜板，食堂餐厨垃圾完全实行封闭袋装化，保证了食堂就餐主渠道的安全。

大力推进食堂业务流程规范化管理。规范“今日食谱板”公示制度，食堂盆菜炒制使用原料规范化，进一步强化“重油”工序管理，提高成品制作质量；规范出售量具和炒制工具。统一规范米饭出售和厨房调味品量具，统一食堂烹调用锅规格，并严格控制盆菜的单位炒制量。完善《职工食堂工作餐提供规范》，明确主副食品制作的时间，规定菜品炒制顺序及待出售时间，确保成品出售时保持最佳的实物状态。

适应变化，满足需求。针对市场价格异动实际，组织食堂班长合理制定周食谱。统一规定食堂凉菜制作品种、数量和制作标准，并将凉菜纳入周食谱中；首次创办中心“技师沙龙”，充分利用创新小组成员的技术力量，解决食堂加工环节中的技术难题并进行新技术推广；完善顾客满意度调查内容，调整对中心满意度测评方式，保证食堂顾客满意度测评结果客观、真实；鲅鱼圈分部改变免费工作餐“按次结算”方式，实行虚拟货币化的“按金额结算”模式，深受就餐职工欢迎。

按照“5S”管理模式的要求，切实加大浴池、车场环境卫生、现场管理的治理力度。制定《“星级浴池、星级车场”评审标准》，开展以“星级浴池、星级车场”为标准的区域卫生、服务评比活动。

进一步完善和强化保障车队管理和服务功能。车队各项工作全面纳入中心管理与考核体系，在制度承接、运行、考核方面与中心全面接轨。推行“油耗、核算、修理”集中统一管理，严格控制维修费和燃油消耗，细化收费标准。强化服务保障功能，及时圆满高标准地完成突发事件及多项重要接待用车服务任务，实现了安全有序运营和服务零差错。

【加强服务设施建设，改善服务环境】 进一步完善资产和能源管理相关规章制度，完成食堂“汽改电”项目的验收，中心38座食堂“汽改电”项目相关配套设备全部投入使用。完成原公务用车服务中心等单位车辆相关资产调拨手续的办理。经过积极努力，集团公司投资164.33万元进行零固设备更新，保证了中心零固设备的更新换代和稳定运行。完成了直饮水生产线过滤装置维修、豆制品生产线干豆腐压机改造性大修及全自动电蒸气锅炉的引进，确保了豆制品生产稳定顺行。继续开展设备能源大检查，增强职工科学合理使用能源的意识，促进了能源设备管理水平整体提升。

继续推动信息化建设步伐。局域网网络改造已通过集团公司立项，并已进入安装施工阶段。改造后将从根本上解决网络拥堵问题，有效地促进计算机防病毒管理，推进中心食堂运营服务业务的拓展。网络服务器升级后将有效提高物流系统的安全性及运行速度。

【提高职工服务技能】 该中心充分发挥教学培训基地的作用，利用在烹饪工种培训教学的优势，主办和承办各类中式烹调、中式面点培训班。通过选聘外部行业专家授课、提高内部兼职教师教学能力、采取实操练兵等方法强化教学，培训质量不断提高。在2010年集团公司组织的中式面点工种技术竞赛中，中心职工获得技术状元称号，共有八名选手入围前十名。

【关心职工生活】 推进和谐企业建设，尽心竭力为职工办好事、办实事，切实帮助职工解决实际问题。全年共走访困难职工617人，发放救济金25.41万元；金秋助学3人，发放救济金5000元；走访慰问住院职工326人次，购慰问品金额34233元；深入开展互助互济活动，建立“群帮一”对子24个，领导包扶率达百分之百。

（王　丹）

第二发电厂

【概况】 2010年末，第二发电厂共有职工808人，其中干部128人（高级职称7人，中级职称55人，初级职称64人），工人680人。离退休职工505人。下设党委工作部、综合管理部、生产技术部、设备部、工会、扩改办，北部、运行、点检、设备维护4个作业区及燃料、热工、化学、综合4个基层车间。厂区占地面积63.11万m^2，建筑面积14.56万m^2，装机总容量645MW。主要设备有2台110MW纯凝汽式发电机组，1台125MW带抽气的凝汽式发电机组，1台300MW蒸汽-燃气联合循环发电机组；2台370t、1台480t电站锅炉；4台150MVA、3台180MVA、1台300MVA电力变压器。固定资产原值25.44亿元，净值7.36亿元。2010年，该厂生产经营达到了较高水平，共完成发电量40.18亿kW·h；实现利润3.76亿元；利用高、焦炉煤气1477.52万GJ。

【将提高机组的经济性作为中心工作】 2010年，该厂把力争多发电和确保经济运行作为工作重点，继续开展发电量、经济指标值际竞赛，相关单位对《运行多发电竞赛方案》和《经济小指标竞赛方案》进行修订，将工作重心转移到高效运行、经济生产上来，新方案较好地调动了运行职工的积极性，大家勤检查、勤调整，努力使机组处于较好运行状态。

燃煤成本是该厂的主要成本，严格控制来煤质量对完成全年经营目标至关重要。该厂一方面加强来煤验收工作，尽力避免亏吨、亏卡劣质煤入厂；另一方面针对来煤仅由调度及翻车机值班人员负责验收的情况，及时修改相关管理规定，通过激励政策鼓励所有人员均能对来煤进行质量监督，无论是谁发现来煤质量有问题都给予嘉奖，做到了来煤质量验收无死角，不断提高来煤质量。

【依靠科技攻关，挖掘 CCPP 机组创效潜力】 CCPP 机组是该厂创利的主要来源，由于是国外引进的成套发电设备，为保证平稳运行，从投产之初即对该机组的运行设定了一些限制条件，同时也限制了创效能力的充分发挥。为此，在2010年该厂确定攻关项目，组织工程技术人员及干部职工开展攻关活动，取得了非常好的效果。例如，由于 CCPP 机组的设计负荷范围为 150MW ~ 300MW，一旦煤气供应量小于最低负荷 150MW 运转所需的消耗量，机组只能停机。该厂通过技术攻关将最低运行负荷降到 90MW，多次避免因煤气量不足而引起的停机，如果停机每天将损失利润约300万元。再如，CCPP 机组夏季受环境温度限制，运行负荷受到影响，当环境温度超过15℃，机组不能带满负荷。该厂通过科技攻关，实现夏季满负荷运行，经测算每年可多创效1000多万元。2010年，CCPP 机组6月份完成发电量1.98亿 kW·h，创投产以来的最高纪录；10月完成发电量2.11亿 kW·h，再创历史新高；全年发电量为18.6亿 kW·h，为投产以来最高水平。

【节能减排工作取得实效】 2010年，该厂按照集团公司的要求，狠抓节能与减排。在节能方面，把节水工作当做重点工作来抓，对水系统进行技术改造，优化生产流程，实现梯级利用。共实施节水改造措施14项，年节约新水115万 t、净环水200万 t、净化河水26万 t、除盐水10万 t。完成了渣浆泵房改造，实现单泵运行，年节水30万 t，节电100万 kW·h。在节能的同时，该厂狠抓减排。1号炉脱硫除尘器运行平稳，全年投运率达90%以上，脱硫效率达80%以上，减少向大气排放 SO_2 4000t 以上，烟尘排放浓度（标态）小于 $30mg/m^3$，已成为公司节能减排的样板工程。3号炉脱硫装置改造后，经过技术攻关，现在系统运行稳定，脱硫效率达80%以上，年可增加 SO_2 减排量1200t，成为公司节能减排的新亮点。

【加强设备管理，落实点检定修】 2010年，该厂加强设备管理工作，并按计划进行了4号、2号机组大修，1号机组中修。主要设备管理指标均有所改善：月缺陷次数同比由469次下降到362次；主要设备完好率同比由99.5%提高到99.76%。

4号机组在1月份完成大修，主要工作有：针对燃气轮机主要更换了内筒、尾筒，一级、二级动静叶片、分割环和三级、四级动叶片等高温部件；针对煤气压缩机，更换了所有的动叶片；针对锅炉主要进行了模块管道的导波检查，腐蚀的疏放水管道更换，穿墙管道膨胀节更换及穿墙部分增加套管防腐蚀等。通过相关人员的努力，保质保量地完成了主机设备及所有辅助设备的检修工作，机组于1月29日一次并网成功。高质量地完成大修为今后机组的稳定运行奠定了坚实基础。

1号机组中修主要解决了以下问题：对磨损严重且已到使用寿命的锅炉省煤器进行改造和更换；对1号汽轮机密封瓦七瓦漏油进行处理；更换弯曲变形严重的1号斗轮机悬臂；1号炉冷态空气动力场试验，解决锅炉大屏及对流过热器结焦问题；1号锅炉空气预热器检修，解决预热器漏风严重的问题。

2号机组大修中主要完成的工作有：完成2号炉电除尘改造；完成省煤器更换；2号炉燃烧器冲刷磨损严重，更换喷嘴；2号炉冷态空气动力场试验，解决锅炉大屏及对流过热器结焦问题。此次高质量的大修将为今后机组的稳定运行提供有力保障。

（王　岩）

电讯厂

【概况】 2010年末，电讯厂职工总数为259人，在岗职工为248人，其中干部59人（高级职称4人，中级职称36人，初级职称18人），工人189人。离退休职工288人。机关设“三部一会”，下设五个车间一个室一个中心。主要设备有程控交换机、鞍钢 ERP 网、鞍钢综合信息网、鞍钢 ADSL 宽带接入网、鞍钢门卫监控系统、鞍钢灵山货场监控系统、鞍钢生产调度系统、鞍钢物质持出系统、鞍钢电视电话会议系统等。固定资产原值8448万元，净值2821万元。厂区占地面积 $8366m^2$，建筑面积 $5534m^2$。

2010年，该厂总收入完成4539万元，超计划93万元，实现利润144万元，超计划1万元。综合信息网全年利用率99.71%；ERP 网络责任事故为零，网络利用率99.96%；电话接通率78.2%。其他各项指标均完成或超额完成年初所定目标，并获得2010年鞍山市文明企业荣誉称号。

【多元化发展拓展电讯厂生存空间】 发展网络已经成为该厂的主要业务，完成了集团公司OA项目800个用户终端接入综合信息网的设计任务，国贸公司增加400个用户终端接入ERP网络的拓展方案设计，生活协力食堂60个终端接入综合信息网的设计及施工管理，无缝厂、线材厂、化工苯加氢和冷轧硅钢厂104个终端接入ERP联网设计及施工管理。在2009年鞍钢股份公司鲅鱼圈分公司实现ERP155M联网的基础上，2010年经过与运营商合作，成功地实现了鞍凌公司ERP155M的联网。设计室完成了科技馆201会议室、白楼223会议室、科技馆电影厅、鞍钢工人文化宫的视频会议的改造设计，安装了视频会议主机。实现了鞍钢本部与攀钢、鲅鱼圈、朝阳、澳大利亚等地的视频会议。全面展开与各移动运营商合作代办移动业务，全年办理4.6万余户V网用户。该厂与通信运营商签署的框架协议下，对数据、视频和无线对讲等领域进行了深层次、全方位的合作，完成了铁运公司机车的GPS定位，保卫部和铁运公司500多部对讲满足了门岗和铁路运输的需要。固话彩铃用户已达300户。股份鲅鱼圈分公司电讯作业区服务水平得到了股份鲅鱼圈分公司的充分认可，实现扭亏。完成了鞍凌通讯及信息化项目的设计及施工管理，确定了维护权，采取创新、灵活的维护方式保证鞍凌公司通讯畅通。

【服务水平全面提高】 《“铸服务品牌，塑电讯形象”三年规划》的实施，拉开了电讯厂全面提高服务水平的序幕。通过一系列的活动，职工的服务意识、服务质量有了进一步的提高，文明服务、优质服务得到用户的肯定，达到了内强素质，外塑形象，增强凝聚力，提高竞争力，实现服务品牌与企业形象和谐统一的目标。落实了“首问负责制”，印制了通俗易懂的宣传资料，发放了客户服务报告单，客户服务中心全年收回客户服务报告单3124份，定期走访大客户210户，通过以上制度和措施，用户投诉率大大降低，职工服务得到了用户的认可和好评。

【加速新技术的开发和应用】 完成了本部与鞍凌公司ERP155M联调，本部与攀钢视频会议现场直播项目，攻克了国资委会议鞍钢信号转攀钢的视频会议难题，安装了上网行为管理系统，保证了网络安全。完成了保卫部安防监控及道路测速设计，保卫部安防监控系统平台三钢轧三级监控设计。

在集团公司第二届自主创新成果展上，该厂总结几年来自主创新成果，以精美的布展，高质量的成果，高科技的展品获得了展会一等奖。2010年该厂新增专利3项，专有技术3项，全年发表科技论文15篇，在省通信协会获得三等奖一篇，市通信协会获得一等奖一篇，二等奖五篇。2010年集团公司技术竞赛该厂共获得技术状元2名、技术能手17名的历史最好成绩。

【管理水平整体提高】 继续完善了以点检定修制为核心的设备管理制度，从制度上规范了点检作业标准，掌握在线设备实时运行情况。ERP网络建立了UPS监控系统，及时发现和解决电源故障，保障了ERP网络的运行安全。程控车间设备点检不走过场，及时发现双山医院风扇、铁东医院整流模块、交换129服务器隐患及障碍，保障了交换设备无故障稳定运行。线务车间加强了线路维护工作，全年翻修电缆接头11处，改造不规范线路6处，对炼铁、东6、矿渣等部分电缆进行了彻底整修，用户障碍逐年减少。网络车间为了保证网络稳定运行，加大了设备点检力度，安排专人专车，制定点检线路及计划，每季度对ERP网3台核心、7台汇聚和114台接入交换机巡检一次，保证了公司网络的稳定运行，主要技术指标均高于公司的标准。视频车间在今年视频业务大幅增加的情况下，组织人员学习新业务和新技术，做好设备点检和调试工作，制定了周密的业务流程和应急预案，保证了集团公司视频会议的顺利召开。组织了“安全月”活动，收到了较好效果。汇编印刷了《鞍钢电讯厂应急预案手册》，进行了一次重大应急预案桌面推演，达到了预期目的。对消防设施进行检测，配齐了消防器材。全年继续保持人身、设备事故为零的良好势头。为适应鞍钢信息化建设的步伐，5月份对厂机构进行了调整，撤销了工程车间，成立了设计室，补充了技术人员，满足公司信息化项目设计的需要。厂汇编印刷了《鞍钢电讯厂管理制度手册》，修订后的手册共分十八个部分，手册对规章制度进行了重新修订和补充，修订了98个文件，补充了22个文件。对《岗位操作规程》、《岗位安全技术规程》和《设备工艺规程》三大规程重新进行了整理和修订，保证了三大规程的时效性。开展了管理创新项目征集活动，对征集的48个项目进行了评选和表彰。对绩效考核模式进行了改革，采取对车间收入、支出指标单独考核的形式，使每个车间清楚本车间的收入、支出情况，提高了基层单位加强管理的主观能动性，经过4个月的模拟运行，效果良好。

【职工生活得到进一步改善】 2010年该厂全年慰问和救济困难职工78人次，救济金额达1.91万元。走访生活有困难和身患重病的在岗和离退休职工100余人次。鼓励优教，对7名应届考上统招全日制大学和研究生的职工子女给予了一次性奖励。

（高 爽）

资产经营中心

【概况】 资产经营中心是集团公司的直属单位；组织机构由综合管理部、清欠管理部、资产管理部和物资销售部4个部门组成；现有管理、技术、财务人员34人（高级职称14人，中级职称9人，初级职称9人）。

2010年，实物资产销售计划3000万元，实际完成1.04亿元，超计划245.3%；清欠回款回物计划600万元，实际完成1225万元，超计划104%；完成账销案存债权性资产销案5279万元；资产评估计划1400万元，实际完成2026.99万元，超计划44.78%；具备处置条件的清欠物资全部处置完毕；废钢铁回收计划200t，实际完成637.3t，超计划218.65%。可控费用计划113万元，实际发生69万元，比计划降低38.9%。

【综合管理水平有了新提高】 按照实行动态管理的工作要求，该中心对现行的管理制度进行了认真清理，根据实际工作需要，修订了《鞍钢资产经营中心厂务公开工作的规定》、《鞍钢资产经营中心规章制度编制办法》、《鞍钢资产经营中心资产进场交易管理办法》、《鞍钢资产经营中心党支部考核办法》等4项核心管理制度。承接了党员领导干部廉洁自律公开承诺制度，中心的管理制度体系更加健全，管理制度日臻完善。

该中心狠抓规章制度的贯彻执行，积极开展以提高规章制度执行力为内容的“质量月”活动，广大职工遵章守纪的自觉性有了进一步提高。把职工贯彻执行规章制度情况纳入了经济责任制考核和干部考核，作为职工岗位调整、薪酬分配的重要内容。与集团公司有关部门密切配合，着重在控制法律风险、按章依法开展经营活动上下功夫，保证了资产处置工作的顺利进行。

该中心从发展需要出发，调整了中心内部组织机构和相关部门的管理职能，从2010年9月起综合管理部与清欠管理部开始合署办公，员工职责分工进一步合理，运行机制进一步优化，工作效率进一步提高。同时该中心按照集团公司的规定，制定了中心战略绩效考核办法，实施了战略绩效评价工作。

2010年，在安全、防火、保密、档案、保卫、综合治理等专项管理工作上做了大量工作，取得了明显成效，实现了职工人身伤害事故、火灾事故、违法犯罪、计划外生育、信访案件、泄密案件“零”的目标。档案管理工作、保密管理工作获集团公司先进单位。

【实物资产管理工作得到进一步加强】 2010年，按照“管理规范、账物准确、点检到位、加速处置”的原则，在实物资产管理、评估处置工作上做了大量工作，为资产销售工作的全面展开创造了有利条件。

该中心认真落实点检、盘点制度，强化区域分工负责，加强了对账销案存实物资产的日常管理工作，做到了底数清、账目明、资产状况准确。以处置弓矿公司、股份公司、建设集团公司等单位闲置资产为主线，深入挖掘闲置资产资源，根据不同类别资产的不同特点，制定处置方案，及时进行查验，做到了严密组织、精心安排、规范操作。加强了对委托保管资产和租赁资产的管理，及时签订租赁及保管协议。完成了化工干洗焦、鞍山美南大厦、深圳房产等评估项目7个，其中完成了化工干洗焦、鞍山美南大厦等重大评估项目3个。加强了进场交易工作，不断完善合同文本，合理规范工作流程，积极召开协调会议。全年完成评估值2026.99万元，超计划44.78%。

【实物资产销售工作实现新突破】 2010年，该中心销售管理更加规范，销售市场不断扩展，销售方式更加灵活，销售任务超额完成。

该中心充分发挥媒体作用。利用辽沈晚报、北方晨报、大连日报、千山晚报和鞍钢日报等媒体广泛发布信息。在中国二手设备网、北京产权交易所金马甲交易网建立信息平台，向广大客户及时促销。通过中国旧货协会、中国钢铁协会，经常沟通资产处置信息，市场销售范围有了进一步拓展。

该中心认真贯彻资产处置都要进场交易的要求，发挥产权交易所、拍卖机构的作用，收到了较好的成效。在处置鞍钢集团矿业公司鞍塔选矿厂的资产中，经过精心组织、密切配合，销售价格由1746.81万元竞拍到7526.81万元。准确把握市场行情，及时进行资产处置。在处置海南房产中，由于比较准确地把握了房产市场行情，选择了市场房价较高时及时出售，使得该处房产由底价280.5万元通过拍卖达到了885.5万元。

2010年，共组织进场交易12次，组织招投标4次，组织议标8次，发布广告65期，签订销售协议241份。实现资产销售额1.04亿元，超计划245.3%。具备处置条件的清欠物资已全部处置完毕。

（白振云）

生产监测中心

【概况】 2010年末，生产监测中心有职工79人，其中干部47人（高级职称13人，中级职称24人，初级职称8人），工人32人。居家职工11人。离退休职工47人。该中心负责鞍钢范围内的在用特种设备检验、环保能源监测监察及安全教育培训工作，下设八个部室，综合管理部、起重机械监测室、锅炉监测室、安全教育防护室、能源监测室、环境监测室、环境分析室、环保能源监察室。该中心拥有三处办公楼，固定资产原值2511.4万元，净值862.2万元。

【生产经营】 该中心生产经营情况：起重机械定期检验2250台，其中合格2240台，不合格10台，发现存在的问题300余项，均发出整改通知书。全年锅炉内部检验152台，锅炉外部检验83台，压力容器定期检验423台，出具压力容器全面检验报告327份，年度检验报告46份，发出检验整改意见书50份。全年开展安全教育培训146期，培训13448人（其中：电工培训1592人，电焊工培训996人，气焊工培训818人，煤气工培训527人，危险化学品培训1620人，指挥司索培训4167人，起重机司机培训2321人，管理干部培训178人，电梯工培训88人，卷扬机培训76人，架工培训107人，司炉工培训162人，新职工培训197人，轻小型起重机培训599人）。安全事故现场勘查录像83次，安全工作会议录像25次，安全活动录像8次，编辑各类录像片51期。环境监测完成集团公司西大沟废水总排放口20种污染物的监测分析，提供监测数据720个；完成子公司、直属单位9个废水排放口13种污染物的监测分析，提供监测数据906个；每月对西大沟水系进行3种污染物监测，提供监测数据180个。完成股份公司14个单位39个废水排放口，监测15种污染物，提供监测数据2248个；对股份公司所属单位废水排放口抽测240次，提供监测数据972个，对能源动力总厂强排泵站4个排水口进行3种污染物监测，提供监测数据784个。对股份公司两个单位8个废气排放口进行两种废气污染物监测，提供监测数据96个；每月对厂区10个降尘点进行监测，提供监测数据120个。在线自动监测系统仪器运行稳定，全年提供外排水有效监测数据246.7万个。环境空气质量在线自动监测系统取得4979.8万个有效监测数据。废气在线自动监测系统取得3978.2万个有效监测数据。全年烟尘、烟气监测报出监测数据6330个。噪声监测取得3240个监测数据。能源监测完成加热炉热平衡、热效率监测72台次；对高炉炉体温度分布监测60座次；热风炉炉体温度分布监测60座次；对炼钢转炉炉体温度分布监测60座次；连铸坯温度分布监测60块次；对化工、给水、房产物业水流量监测126点；风机振动监测80台次。对股份公司西区烧结机余热发电项目，鲅鱼圈煤调湿项目等8个重点改造项目进行数据采集。2010年环保方面重点监察各单位外排废水和环保设施运行情况，共计监察各单位268次，其中夜检20个单位，节假日监察20个单位，上报集团环保监察照片1464张，下发环保问题整改通知书80份。能源方面重点监察各单位违规用能情况，共监察单位254次，节假日监察21个单位，上报集团违规用能照片292张，下发问题整改通知书99份。

【改革与管理】 该中心制定并下发了《生产监测中心员工教育培训管理办法》等一系列管理制度，并将核心管理制度重新汇编成册，加强了各项规章制度的落实。针对国家出台的一系列新的特种设备法规、检规和标准，该中心编制了新版质量手册文件和各类特种设备检验细则，并按新要求编制了各类特种设备现场检验记录、检验报告，使特种设备检验工作有法可依，依法检验，满足新的法律法规要求。安全教育培训完善了教学管理制度、学籍档案管理制度、办证制度等，重新修订了煤气工、电工培训教材，重新编写了气焊工培训教材。

（张力萍）

经济发展研究院

【概况】 为深入研究国内外宏观经济形势和钢铁及相关产业发展趋势，通过前瞻性、全局性和动态性的系统研究，为鞍钢集团经营决策和管理创新提供多视角、全方位、深层次的支撑，集团公司编委于2010年3月4日发文《关于成立鞍钢经济发展研究院的决定》（鞍钢编字〔2010〕3号），鞍钢集团经济发展研究院（以下简称“经济研究院”）正式组建。组建后的经济研究院在工作开展中紧扣“为集团公司高层领导提供决策支撑的战略研究机构”这一职能定位，充分利用社会和内部智力资源，组织相应的课题研究和政策研究，截至2010年底，经济研究院全部课题已经结项并陆续发布研究成果，为集团公司领导战略决策及相关职能部室业务开展提供了有力的支撑和建议。该院以所掌握的信息资料为基础，经过对信息筛选和加工，以月度为周期，完成月度报告，同时为保证信息的时效性，并不拘泥于月度报告，及时向集团公司领导汇报有价值的信息。为鞍钢集团战略决策、业务发展等核心关键职能提供思路和建议。

2010年，经济研究院以参加国内重要会议、论坛、沙龙为契机，逐步构建起与中国钢铁工业协会、全国重点钢铁集团战略研究部门、冶金工业经济发展研究中心、冶金工业信息标准研究院和冶金工业规划研究院等钢铁行业战略规划研究机构的联系，为以后的研究工作获取行业信息支持与智力支持打下了坚实基础。

（胡云鹏）

人才开发院

【概况】 为加强鞍钢高层次经营管理人员开发培训，全面提升鞍钢高层次经营管理人员综合素质和领导能力，提高企业核心竞争力，促进可持续发展，集团公司于2009年10月16日决定筹备组建鞍钢人才开发院。2010年7月16日根据鞍钢编制委员会《关于成立鞍钢人才开发院的决定》（鞍钢编字〔2010〕9号），人才开发院正式组建。组建后的人才开发院将秉承“高起点、开放式、高质量、求实效”的理念，通过策划不同层级不同类别的领导力开发培训项目，全力将自身打造成为鞍钢高层次经营管理人员培养与成长的培训基地、鞍钢集团公司领导与高层次经营管理人员进行管理创新研究与经验交流的平台、促进最佳经营管理实践在集团公司内部分享与传播的平台、加强人才开发理论政策研究及人才招聘选拔和考核等技术手段的开发咨询中心。

【策划组建方案】 筹建组始终站在“高起点、宽视野、大思路”的高度，以系统的思维、创新的思路、世界性的眼光开展筹建工作。积极主动同国际国内先进企业的培训机构对标：通过网上搜集、期刊查阅和实地考察等多种途径和方式，对GE韦尔奇领导力发展中心（包括GE中国培训发展中心）、韩国三星集团人力开发院、上海宝钢集团人才开发院等多家培训机构进行调研考察，并形成初步的组建方案。为使方案更加科学有效，在集团公司共发放46份问卷以广泛征求集团公司机关、有关基层单位对组建方案的意见和建议，在此基础上形成了《鞍钢人才开发院组建方案》，最终确定了人才开发院的战略功能定位、主要职责、运行机制、师资体系等，为后续工作的顺利开展奠定了良好的基础。

【设计培训项目】 紧密结合集团公司总体发展战略，充分考虑培训对象的当前实际需求和未来发展需要，注重创新思维、科学方法的培训，突出创新能力培养，把知识更新、解决问题和能力提升有机结合，设计了“领导人员高层领导力提升”、“领导人员企业党建理论与实践”、“企业国际化经营”、“合资合作及资本运作”四个培训项目。为增强培训项目的针对性和实效性，首先以个别访谈、发放问卷等多种方式进行培训需求调研，共发放调查问卷280余份，个别访谈20余人次。通过深入调研，为培训项目的设计提供了充分的依据。其次坚持“多层次、多角度、全方位”精心挑选培训师资。培训师资包含集团公司领导、国内外著名高校专家教授、著名企业大学或知名培训咨询机构三个部分。再次在项目实施的设计上，要求每个受训学员“带着问题来报到、围绕问题来研究、带着成果来结业”，以更大程度提高培训效果。

【建立规章制度】 为加强管理，规范操作，依据《鞍山钢铁集团公司员工教育培训管理办法（试行）》的有关规定，同时结合自身工作实际，人才开发院制定了《学员管理考核办法》、《讲师授课效果评价办法》，以保障整体培训工作的良性循环。

（李国志）

文化体育活动中心

【概况】 2010 年末，文化体育活动中心有职工 87 人，其中在岗干部 18 人（高级职称 1 人，中级职称 4 人，初级职称 12 人），工人 29 人，居家休息职工 40 人。另外，有集体所有制职工 3 人，劳务派遣人员（舞蹈、声乐类）13 人。该中心设置综合管理部 1 个部门和体育馆、工人文化宫、青年宫、展览馆、艺术团 5 个基层单位。拥有固定资产原值 5585.22 万元，净值 2312.16 万元。厂区占地面积 5.8 万 m^2，建筑面积 2.9 万 m^2。保安工作、保洁工作、消防设备维护以委托的方式进行。该中心具备接待大型体育赛事、会议、演出及专业展览设计、制作能力。

2010 年，该中心紧密围绕鞍钢生产经营中心工作，突出“宣传鞍钢、服务鞍钢”工作重点和体育馆、工人文化宫硬件条件优势、艺术团专业演出优势与展览馆专业展览制作的优势，加强特色突出的服务窗口建设和三支队伍建设，注重文化体育活动接待、服务过程中充分主动沟通，真诚热情配合，组织严密周到，实现服务满意率 100%。

体育馆始终遵循“三服务一承办”的工作宗旨，坚持责任到人、措施到位、目标到岗，坚持接待赛事与接待训练队日常训练相结合，全面实施无烟场馆管理。全年接待体育赛事和各种会议 63 场次。其中接待全国拔河比赛、全国女篮甲级联赛等国家级赛事 17 场次，鞍钢及各单位各类比赛 42 场次，接待鞍钢处级干部篮球队、拔河队等日常训练和乒乓球俱乐部会员管理。获得全国女子篮球联赛优秀赛区称号。

工人文化宫切实发挥服务职能作用，注重提高资源利用效率，严格落实接待服务工作流程，坚持开展安全巡检、活动前全面检查和重点部位日常维护，确保运行设施良好状况。严格落实交接班制度，完善消防基础设施。2010 年完成集团公司“总结表彰大会”、“科技创新大会”、“郭明义事迹报告会”、“延边歌舞团慰问演出”、“全总文工团慰问演出”及“鞍钢宪法发表 50 周年纪念大会”重要会议、演出在内的 160 场次会议、活动接待任务。

青年宫继续整体借给鞍钢实业集团有限公司生活服务分公司作为大学生宿舍。

展览馆克服制作人员严重不足的实际困难，充分发挥展览资源优势，不断改进展览设计、制作的方式方法，优化展览程序工作流程，先后完成“北京国际冶金工业博览会”，“北京国际钢结构展览会”，“廊坊国际石油管展览会”，“西安第 19 届全国发明展览会”，“沈阳东北亚高新技术博览会”和“鞍钢职工第 2 届自主创新科技成果展览”等 10 余次大型展览设计制作任务，以及公司厂区大型宣传展板、公司光荣榜及公司各单位会议、活动、舞台背景设计制作任务等。

艺术团充分发挥艺术团体的作用，坚持围绕“热爱鞍钢，宣传鞍钢，服务鞍钢”工作方针，努力打造一支有良好精神面貌，有较强组织观念，有较高艺术水平，有过硬工作作风，有较好社会声誉的文艺团体，以专业化演出、慰问演出和日常辅导、演出相结合，以“新歌、新曲、新节目”带动创作、演出和管理工作的全面发展，组织完成包括“公司领导与市领导迎新春联谊会”、“纪念鞍钢宪法发表 50 周年文艺演出”、“鞍钢‘凝聚道德力量’文艺演出”、纪念“9.9”重阳节文艺演出、“鞍钢职工‘迎国庆’文艺演出”和“住宿大学生中秋文艺晚会”在内的大型文艺演出 40 场次及其他演出 16 场次演出任务。完成股份公司鲅鱼圈钢铁分公司、朝阳鞍凌钢铁有限公司专场慰问演出及历时 5 个月 21 场次的千疗离退休疗养职工专场慰问演出。加大新作品创作力度，完成经典作品创作 9 篇，被授予“辽宁省音乐家创作基地”。

（蔡　波）

托管中心

【概况】 2010 年末，托管中心管理托管人员 50468 人，其中，直接管理 6067 人（含解体的硅钢片、水泥、铸管厂、医疗制冷设备工程公司、公务用车服务中心、移交市政府的铁西、立山、曙光、长甸、精神康复医院、结核防治所、卫生防疫站、血站以及原鞍钢再就业中心无主办单位等托管人员），委托改制企业（建设、重机、房产、实业、电气、汽车、钢绳）管理42681人，拨款管理总医院、千山温泉疗养院、劳动卫生研究所离退休等职工1720人。

【托管人员管理工作】 1. 认真做好托管人员稳定。一是有针对性地开展了稳控工作。周密安排，落实包保，对上访重点人采取了疏导控制措施，北京“两会”、“国庆节”、“世博”期间均无上访人员进京、进沪。全年接待处理信访4092多人次，群访15次，完成了集团公司交办的稳控任务。为维持正常工作秩序，在托管中心办公楼增设接待室、保安人员和视频监控系统，给工作人员带来了心理上的安定和工作上的信心。二是保障托管人员待遇。按规定认真及时办理了退休人员基本养老金、遗属生活费、离休补贴纳入统筹、发放了退休人员异地包干医疗费、返还了新退休人员住房公积金。调整了36252人基本养老金、1074人专项补贴，实施了12510人次困难救助，审理3003份病退人员困难补助申请，对其中2781名符合条件人员进行困难补助计算，并按时通过集团公司审查，使其按时得到发放。2010年分别召开了6次居管、退管工作会议和片长会。纪念“七一”及表彰党内先进，老干部纪念建国61周年活动。组织了离退休人员千疗健康疗养和居伤病人员健康体检。组织了居伤病人员参观锦州解放战争纪念馆、千疗度假活动。组织老干部、退休人员参加了公司象棋、麻将、门球等比赛，居家职工参加了公司“五一”长跑、乒乓球、垂钓赛。组织了本部退休职工活动站麻将赛。

2. 积极协调做好改制企业托管人员管理工作。一是把保持改制托管人员稳定放在首位，积极协调稳定工作。面对改制托管人员不稳定问题不断向托管中心聚集的新情况，加强与各改制企业主管领导及托管办沟通，对改制企业托管人员实行了来访必接，掌握情况，协调上报，妥善处理的工作机制，控制并妥善处理了有关托管人员就临时用工、困难救助、护理费、探亲路费、工伤住院补助等争议及上访问题。二是严格执行规定，进一步加强托管费用管理。按集团公司要求，及时办理了改制托管费用预算审核、报批拨付。及时下拨了2009年医疗救济资金、三大节日公司增拨的救济费、退管费、居家职工活动费、离休人员特需、活动费等费用。办理了改制托管各类人员有关待遇调整的审核报批及费用拨付。协调完成了上年度托管在职职工工资收入数据核定及报社保2010年养老保险缴费基数备案。协调了病退纠偏人员审核和费用清算等工作。三是加强协调指导托管事务管理工作。6月、9月分别组织了托管办管理业务培训，进一步规范了各业务流程及相关政策法规的宣贯。协调处理了有关人员进老干部管理、工伤认定、恢复劳动关系进托管、有案在查人员补发待遇、退养救济、集体混岗在职人员体检等问题。

【实物资产看守管理工作】 对千山区樱桃园中试厂、七岭子申丰厂、辽阳县刘二堡鞍辽水泥厂等3处看守点实行定期检查和经常性抽查相结合，加强了安全防火防盗管理，并组织了看守人员业务培训。截至2010年末看守实物资产共203项，实物资产全年未发生失窃现象。对原一初轧等二处土地问题与相关部门沟通，并派专人开展相关工作，使之纳入正常管理。

【加强基础工作】 为加强基础工作，该中心全年共修订完善各项管理制度51项，其中发布30项，待发布21项。同时，针对集团公司有关部门检查出的工资分配和退管补助费发放不规范的问题，认真进行整改，完善了相关制度和办法，使管理工作规范有效运行。有章可循，按规范程序处理各项事务的工作氛围已初步形成。较好完成战略绩效指标，达到或接近集团公司规定的上限，从而使中心职工收入在稳定中得到提高。关心职工生活，开展丰富多彩的文体活动，困难职工得到及时救助。工会组织的各类比赛，促进了企业凝聚力的提升。2010年，托管中心被评为鞍钢信访工作先进单位、退管工作先进单位、居管工作先进单位、档案管理优秀单位、计划生育先进单位。

（尚　峰）

教育培训中心（党校）

【概况】 2010年末，职工大学与鞍钢党校整合为教育培训中心（党校）。截至2010年末，职工大学（党校工作在党群工作篇中记述）在岗教职工496人（专职教师228人），其中干部413人（高级职称196人，中级职称170人，初级职称47人），工人83人。居家职工221人。离退休职工1546人。下设6个部、处室，6个教学系部，2个教学辅助部门。拥有固定资产原值5436.30万元，净值854.98万元。占地面积12.35万m^2，建筑面积5.82万m^2。全年完成教学任务总量50105.8学时。各级各类各种形式培训班1106个，培训各类学员46580人次；高职高专学员毕业9个班级、364人。

【培训调研取得新成果,培训质量进一步提高】 该校加大培训调研力度，合理设计调研项目，拓展培训调研渠道，针对738个结业班的学员和21个重点培训单位的领导及中层干部进行了培训需求调研，精细统计分析调研结果，为编制2011年培训菜单和项目开发提供了有效依据。根据调研信息，在2011年专项培训菜单中，淘汰了68个旧项目，新增115个项目。

推进实施“大督导”工作机制，进一步强化教学各环节质量管理。改进OA系统培训管理流程框图，优化流程，进一步提高培训过程管理工作效率。积极跟踪培训效果，对738个培训班级进行培训满意度测评，参评22760人次，参评率71.42%，平均满意度92.06%。强化学员管理服务工作，向82个培训单位反馈培训学员出勤27462人次，向47个单位反馈学分完成情况38469人次，逐步实现培训过程“闭环”管理。针对性、有效性培训效果更加凸显，“高效团队集训”、“6西格玛绿带培训”、“ABPowerFlex700变频器的使用实训”、“控制系统的计算机仿真技术”、“无损检测技术”、“气体传动技术及控制基础”、“大型厂球扁钢新线的培训”、“专业安全技术”、“TRIZ培训”等60余个培训项目课程，深受企业和学员欢迎。

【教师队伍稳步发展】 该校积极为教师提高素质搭建平台，通过开展教学竞赛，安排下厂实践与外出进修，开展科研立项、教研教改和论文撰写活动，促进广大教师业务水平的提高。全年选派21名教师与股份公司开展“结对助教，联合培训”，安排教师下厂12人次，外出进修16人次，公开发表论文4篇；完成公司立项并首次给予科研经费支持的科研项目2项，学校科研项目10项。承办了由中国金属学会主办的网络冶金师资培训班，主办单位和参培人员对培训的组织与教学给予高度评价。该校教师在省安科院安全示范课中获得巨大成功、应鞍钢矿业齐矿要求举办的讲座，受到应邀方的高度评价；公司英语竞赛一人荣获一等奖，学校被评为英语竞赛优秀组织奖；在国际钢协举办的网络模拟炼钢轧制比赛中，该校教师指导的鞍钢参赛团队获得企业组第三和第五名的好成绩。

【改善培训条件】 新建高效团队集训基地、安全实验室、心理实训室、创新实训室。振动、液压、钳工实训设备得到新的补充和更新，自行设计、外委加工了10组振动设备，五套液压控制对象。与股份公司共同建设了1套AB系统、2套仪表实训系统、1套伺服液压系统、11个机械工作台、10套机械拆装设备、2套用于安全实训的心肺呼吸模拟人。新建2个远程教室，为大规模开展远程系统的培训提供了保证。

（贺晓宁）

鞍钢总医院

【概况】 2010年末，鞍钢总医院在职职工1188人，其中正高级职称136人，副高级职称103人。全年收治住院患者19786人次，门诊患者698245人次，开展手术6148例，床位使用率90.5%。救治新发工业外伤11例，抢救成功率100%。医疗收入达到2.92亿元。共为106305名鞍钢在职及离退休职工进行了健康体检，注射乙肝疫苗26788人次。医院被评为辽宁省诚信服务杯竞赛标兵单位和鞍山市2010年政风行风和软环境建设先进单位，被鞍山市确定为鞍山市鞍钢总医院医疗集团龙头单位、鞍山市心血管疾病医院。

【医疗护理管理】 以持续提高医疗质量、保障医疗安全为核心，开展一系列医疗管理工作。根据卫生部《临床路径管理指导原则（试行）》的通知精神，在鞍山市率先开展了临床路径管理工作，并被国家卫生部确定为试点医院。自5月1日正式实施20个病种临床路径，6月底又增加9个病种，全年共有254例进入临床路径的病人顺利出院。贯彻“患者安全目标”及《手术安全核查制度》，重点对手术安全核对和手术风险评估执行情况进行检查。开展医疗质量管理部门深入临床科室参加晨交班、三级查房等工作，及时解决临床工作中的各种疑难问题，消除安全隐患。抓好疑难、危重病人的管理，根据病情变化适时组织各级会诊，提高救治危重患者的成功率，全年共组织院级会诊46次。定期组织全院疑难病例大讨论，提高对疑难疾病的诊断、治疗水平。在有全市22家医疗单位参加的“鞍山市急救技能大赛”中，医院代表队取得了团体总分第一名，1人荣获“鞍山市急救状元”称号。

在市总工会、卫生局举办的“全程优质护理服务表演赛”中，医院代表队荣获一等奖，被授予“鞍山市五一劳动奖状”。在鞍钢集团公司“百名状元”职工技术竞赛护理专业比赛中，1人获

"护理状元"称号，9人获"护理技术能手"称号。

【科技创新实现新跨越】 全年共获14项科研奖项，其中"血管内超声在冠心病的介入诊疗中的应用研究"荣获中国金属学会冶金医学二等奖，"利用综合验光仪测量眼动参数决定青少年验光方法的研究"等2项获中国金属学会冶金医学三等奖；"先天性心脏病的介入治疗"荣获鞍山市科技进步一等奖，"保留瓣下结构的二尖瓣置换术的临床效果"等4项荣获鞍山市科技进步二等奖，"肝门部胆管癌手术入路方式选择的临床研究"等6项荣获鞍山市科技进步三等奖。"一种内瘘穿刺针"获国家实用新型专利。心血管疾病治疗中心心脏病介入诊疗例数首次突破千例大关，达到1090例，同比增加507例；完成心脏手术93例，同比增加了34例。开展了脊柱非融合手术、腹腔镜下胆囊切除胆总管探查取石T型管引流术、胸腔镜下纵隔肿瘤切除术、下腔静脉滤器植入术、十二指肠镜下胰腺假性囊肿胰管内引流术、有创动静脉监测下的控制性降压麻醉、胱抑素C检测在肾脏早期损伤诊断上的应用等一大批"三新"技术。全院有12个科系被评为"辽宁省住院医师规范化培训基地"。

【积极参加公立医院改革】 鞍山市作为国家确定的全国16个公立医院改革试点城市之一，原出台的《鞍山市公立医院改革方案》中并未包括鞍钢总医院，但作为鞍钢集团公司所属的一所大型综合性三级甲等医院，参加公立医院改革试点责无旁贷。为此，医院积极向鞍钢集团公司反映并寻求支持、帮助。经过努力，鞍山市政府明确表示将鞍钢总医院纳入鞍山地区卫生发展规划中，与鞍山市中心医院同为鞍山市地区医疗中心。从2010年4月1日起，鞍山市公立医院全面实行药品零加价销售，鞍钢总医院也同步实行了药品零加价销售，使广大来院就诊患者分享了公立医院改革成果。2010年末，鞍山市政府根据鞍山地区医疗市场具体情况，又提出了在鞍山地区以组建中国医科大学附属第一医院集团、鞍山市中心医院集团、鞍钢总医院集团3个医疗集团为中心的新发展模式。鞍钢总医院作为鞍山市鞍钢总医院医疗集团的龙头单位，充分发挥优质医疗资源作用，让广大市民最大限度享受到公立医院改革的成果。

【行风建设】 医院继续以"全国百姓放心示范医院"动态管理周期检查及辽宁省"诚信服务杯竞赛"活动为载体，加强行风建设。从5月17日～8月24日，在全院范围内开展了"全程优质服务百日零投诉"活动。通过查找自身存在的服务方面漏洞、发放满意度测评表及召开患者座谈会等形式，认真查找不足，切实进行整改。活动期间，医院共收到表扬信11封，锦旗8面，住院患者满意率98.51%，门诊患者满意率99.5%，体检职工满意率99.98%。

实施方便患者的各项措施，如开设门诊电话预约和咨询服务，在干诊门诊实行电子叫号系统，将夜间住院收款窗口调至门诊部。开展多种形式的健康教育和咨询。组织专家进行义诊和健康咨询，并深入社区帮助基层医疗机构做好医疗诊治工作。加强医疗服务收费管理工作，规范收费行为，增强价格管理自律性。完善HIS收费系统诊疗目录增补和修订工作，完成了第五次辽宁省医疗服务价格修正工作。

（刘英伟）

千山温泉疗养院

【概况】 2010年末，千山温泉疗养院有职工327人，在岗职工236人，其中干部148人（高级职称10人，中级职称81人，初级职称52人），工人88人。下设16个科室。拥有固定资产原值6100万元，净值1843万元，总占地面积为23万m^2，建筑面积4万m^2。有床位1093张。2010年医疗经营总收入2767万元，其中离退休职工健康疗养收入358万元；工伤收入498万元；医保收入538万元；短期疗休养收入810万元；离休收入84万元，市民收入214万元。其他收入265万元。2010年比2009年实际收入增长35%左右。在岗职工年收入3.23万元，比2009年增长6.4%。全年收治工伤患者769人次，统筹患者1389人次，市民患者266人次，离休患者92人次，总计收治患者2516人次，比2009年增加56%；脑血管病康复科系，治疗患者3万余人次，比2009年增长33.3%。2010年共接待集团公司100余个单位，21批，5000余人健康疗养。

【专科建设】 该院是鞍山市医疗保险定点医院、千山区医疗保险定点医院，承担着慢性病治疗与康复的社会责任，2010年医疗保险政策调整后，为满足广大市民的康复需求，采取多种措施，挖掘内部潜力，购买医疗设备16件。该院理疗专科项目有蜡疗、泥疗、中药熏蒸、四槽浴、干扰电、超声波、低频磁疗、超短波、磁振垫等各种电光疗，形成了以理疗、康复治疗风湿病、皮肤病、软伤科疾病、脑血管病的专科治疗体系，治疗总有效率达100%。组织专科技术带头人参加国内学术交流，有19人次在市级以上分科学会担任委员等职务，该院已成为全国康复医学会疗养专业委员会会员单位。组织继续医学教育讲座8次，参加人员800余人次。撰写市级以上论文41篇，其中省级论文8篇。申报国家专利1项。2010年7月，正式挂牌成为沈阳医学院康复专业实习教学基地。

【企业管理】 2010年该院完善了各项规章制度69项，培训职工4000余人次。开展全员贯章贯制工作，处理违章违纪职工18人次，奖励职工65人次。300多名职工参加了贯章贯制考试，制定和承接集团公司制度17个，基本形成了规章制度全覆盖，考核检查无盲区。参加集团公司培训28项，组织院内培训45项，1805人次。

【文明服务工作】 2010年，该院以开展《鞍钢各单位岗位职业道德行为规范汇编》学习实践和优质服务竞赛活动为载体，规范职工文明行为，形成疗养院独特的服务理念，利用《千疗简报》对典型事迹大力宣传。该院在优质服务竞赛中，参加业务技术考试298人，不断提高职工业务素质和服务理念，并要求职工树立务实创新、高度负责的工作意识，积极向上的工作态度，推动该院服务质量不断迈上新台阶，并收到预期效果，在接待集团公司离退休职工度假疗养和一线职工度假工作中，得到各单位领导和职工的好评。全年该院收到表扬信30余封。

（杨翠娟）

劳动卫生研究所

【概况】 2010年末，鞍钢劳动卫生研究所有职工126人，在岗职工119人，管理及专业技术人员94人（高级职称23人，中级职称44人，初级职称27人），生产服务岗位25人。下设9个科室。占地面积2.76万m^2，建筑面积1.40万m^2。固定资产原值1986万元，净值829万元。2010年实现业务收入1794万元，比2009年增加17%，实现利润12万元。全面完成鞍钢和矿山医疗保险任务和职业卫生技术服务工作。顺利通过国家卫生部和辽宁省卫生厅职业卫生技术服务机构（甲级）和职业病诊断机构资质的复审。

【主营业务扩展】 职业卫生评价突破了原有的以辽南地区为主的市场布局，新开发了福建、沈阳等地区的市场。高起点、高水平地完成了鞍矿公司所属6家企业的职业危害因素现状评价工作。完成了放射卫生CT扩项的认证工作，获得了新的医用放射卫生服务市场准入。以鞍钢股份公司两个企业为试点，开展了职业健康监护评价工作，探索从单一体检到全方位职业健康监护模式的转变途径。职业病临床积极开展针灸、艾灸和保健操等特色理疗项目、增加影像学和临床检验项目，为职业病患者提供更多更好的诊疗手段。

【科技教育创新】 该所加强对科研课题、专利、专有技术的立项、研究进度、结题、鉴定和申报奖项等进行全过程管理。有4项科研成果通过省级鉴定，申报2项专利和1项专有技术。国家级杂志发表论文6篇，会议专题发言及书面交流4篇。“鞍钢职业卫生信息管理系统”获鞍钢集团公司重大科技进步二等奖，“黑色冶金选矿系统粉尘控制技术分析”获吴执中基金奖，“职业性急性四乙基铅重度中毒患者临床治疗效果及预后评估研究”获市科技二等奖，“热辐射对眼晶体损伤的流行病学研究”等5项成果获市科技成果三等奖。导师带徒活动取得了可喜成果，先后有10名年轻专业技术人员在老师的悉心指导下成为工作中的骨干和中坚力量。

【职工生活福利改善】 注重关心职工生活，职工利益得到切实维护。把改革开放的成果、管理挖潜的效益和职工群众的实惠紧密结合起来，在国家和集团公司的有关政策框架内，不断提高职工个人收入和福利待遇水平。2010年共发放救济金2.9万元，救济困难职工75人次，金秋助学3人。组织离退休、居家和在岗职工健康体检和女职工专科体检。对重大疾病职工，争取多渠道救助，让他们安心治疗和休养。

（常晓峰）

物资采购招标中心

【概况】 物资采购招标中心为集团公司直属单位，负责鞍钢国内各类物资采购招标业务，下设综合管理室、设备备件招标室、原燃材料招标室3个部门。2010 年末，该中心共有职工 20 人，其中高级职称 5 人，中级职称 13 人，初级职称 2 人。

【完善基础设施】 2010 年，该中心接管了原公务用车服务中心的资产，进行了变压器增容、办公楼装修等改造项目，购置了电脑、打印机、投影仪等办公设备，并修复了部分视频监控系统。在集团信息部、电讯厂等单位的帮助下，开通了互联网和 ATM 网，实现了招标中心与股份公司、矿业公司等单位的局域网联通，为 2010 年正式运行创造了条件。

【夯实管理基础】 在以国家招投标法律法规为依据和承接集团公司相关制度的基础上，结合鞍钢招标工作实际，该中心对《鞍钢物资采购招标中心招投标操作规程》、《鞍钢物资采购招标中心开标评标工作细则》等招投标管理制度和《鞍钢物资采购招标中心办公管理规定》等日常管理制度进行修改完善，并广泛征求多方意见，形成招标中心规章制度电子书，夯实了企业管理基础，确保了招投标工作的规范有序开展。

【推进网络化建设】 在岗位编制未满的情况下，为保证招标工作的高效开展，该中心大力实施网络化办公。

建立招标中心招投标互联网站。在借鉴宝华招标电子平台的基础上，该中心开发了“招投标业务管理系统”，建立了“招标中心招投标互联网站”，实现了网络发布公告、短信通知参标、标书费自动生成、标书网上下载、网上收费等功能。该系统的运行，大大缩短了招投标的业务流程，提高了工作效率，同时实现了供应商与采购人员、供应商之间的隔离操作，为网络化招投标奠定了基础。

建立鞍山地区招标业务局域网。该中心与股份公司沟通协作，开发建立了设备备件招投标业务局域网，实现了网络受理委托、评标报告自动生成、历史中标价格数据查询及与新投标价格自动对比等功能，同时该系统对招投标过程中的问题自动记录，为招标工作的跟踪考核提供了依据，大大提高了评标效率及供应商评价能力。

该中心与股份市场营销部合作，开发了原燃材料招标管理系统。该系统以股份公司原燃材料品名库为基础，统一了集团公司范围内分散采购物资的命名，实现了招标方案网上传递，多品种规格标书的数据导入，招标方案、标书文件、中标结果的自动生成等功能。2010 年末，已建立了覆盖招标中心、集团采购部、股份公司、矿业公司、国贸公司等单位的招投标业务局域网。

【加强招标监督管理】 该中心十分重视对招标工作的监督管理，加大投入、提升手段，努力打造一流招投标监管平台。

1. 加强硬件设施配备。2010 年，该中心积极改造招投标场所和购置专用设备，先后完成了 3 间评标室、1 间档案室的改造，为评标室安装了录音电话，配置了手机信号屏蔽仪等监督设施，确保了评标过程的规范、保密。

2. 严格规范招投标行为。针对招标流程中的各个环节，该中心制定了《评委守则》、《监标人守则》、《开标会纪律》等监管制度，并严格落实评标前评委书面承诺、评标中评委签字制度，同时组织全体员工签订了廉洁承诺书，进一步规范员工的从业行为，提高职业操守。

3. 落实三级监督措施。一是由综合管理室人员组成的企业内部监督小组，对开标、评标的每个环节实施全程监督。同时，在多项招标委托业务同时开评标的情况下，由综合管理室的纪检人员指定设备招标业务人员和材料招标业务人员互为监督员，进行相互制约监督。二是邀请委托单位的纪检人员参与开评标会，对整个开标、评标过程进行监督。三是对重大招标项目，邀请集团公司纪委等相关部门人员参与监督，形成监督管理方面的合力。

【大力推行公开招标项目】 为充分引入市场竞争机制，降低采购成本，该中心对通用性较强的股份公司阀门实施公开招标，在全国范围内征集合格供应商。此次公开招标报名参加的供应商达 90 家，经资格预审、资质评价，27 家供应商进入商务标评审阶段。经过公示、廉洁承诺、商务评审等环节，最终确定 20 家供应商入围。在降低采购成本的同时，规范了保供供应商的数量。

【全面完成招标委托业务】 2010 年，该中心坚持以“阳光、法治、廉洁、高效”为宗旨，充分发挥“招标操作、招投标过程监督、服务协同”职能作用，积极采取措施，圆满地完成了各项招标业务。截止到 2010 年底，已接收完成除鞍凌公司外所有单位的招标委托业务，招标项目涉及原燃材料、设备备件、消防器材、医疗器械、苗木等。全年完成招标金额 27.81 亿元，节约资金 1.9 亿元，其中设备备件 3.23 亿元，节约资金 0.38 亿元；原燃材料 24.58 亿元，节约资金 1.52 亿元。

（袁　越）

（本栏编辑　李东辉）

· 参股公司 ·

建设集团有限公司

【概况】 2010年末，建设集团有限公司有职工8307人，其中管理和专业技术人员1724人（高级职称131人，中级职称620人，初级职称801人），生产服务人员6583人。下设19个分公司，有2个独资子公司、1个合资子公司；机关设15个部门。拥有固定资产原值12.13亿元、净值3.76亿元。共有各类机械设备2961台，机械设备总功率24.26万kW。拥有国际先进的德国产400t、280t、160t履带式和500t、380t、330t、250t、225t、120t汽车式及国产600t、200t、160t、150t履带式等系列吊装设备；沃尔沃、奔驰拖车等各类大型运输设备；沃尔沃EC700BLC、EC460BLC履带式挖掘机、A40E铰接式卡车及国产自卸汽车、铲车等土方挖运设备；利渤海尔HS855HD履带式地下连续墙抓斗成槽机、瑞典阿特拉斯·科普柯产全液压ROCD7顶锤式钻机、HB2200型液压锤等破碎设备；日产液压打桩机等桩工设备和日完成10万m^3岩土工程爆破、挖运作业的施工设备等；伊萨EXA6000×16000型数控火焰切割机、EXA4000×27000型及IT258型数控门式焊机、美国培廷豪斯数控钢结构加工设备、LMZ-2500型H型钢自动埋弧焊机、数控平面钻床、1600t×3000型三辊卷板机等钢结构加工制作设备；瑞士莱卡TDA5005型三维全站仪及美国天宝4600LS型GPS测量定位系统等施工测量设备；东北地区最大的年产120万m^3流态混凝土生产基地及配套的泵罐车设备。

2010年，面对外部极其复杂的市场变化形势和内部结转项目较少、活源严重不足、资金极度紧张、队伍不稳定因素增多等实际困难，建设集团公司上下坚定信心、齐心协力、迎难而上、从容应对，各项工作再上新台阶，各项经营指标均超额完成年度计划。完成企业总产值52.48亿元，比计划多完成2.48亿元；实现销售收入35.38亿元，超鞍钢年计划5.38亿元；实现利润4277万元，超鞍钢年计划427万元；职工年人均收入达到3.8万元，比上年增长8%。

该公司被评为2009年度全国优秀施工企业、“十一五”全国建筑业科技进步与技术创新先进企业、全国企业文化建设先进单位。6项工程获冶金行业优质工程，获冶金行业QC成果一等奖1项、二等奖7项。商务大厦工程被评为鞍山市文明工地和辽宁省安全标准化管理示范工程。

【市场开发】 面临开工严重不足的严峻形势，该公司上下一心、抱团出击，切实增强开发市场的针对性和灵活性，全年工程签约额达到84.9亿元，创历史新高。其中：鞍钢工程15.4亿元，外部工程60亿元，国际工程9.5亿元。区域经营打开局面，协力分公司、大连分公司已启动运营，新疆分公司、沙特分公司正在办理注册登记。与省建筑设计院签订了战略合作协议，正在与有关企业就引入战略投资者工作进行接洽。

【内部改革】 该公司将建研所的产品划入永发分公司，将制品分公司与永发分公司重组合并，建研所变更为鞍钢建设集团有限公司设计研究院，组建了朝阳协力分公司。对部分履带吊车实行了集中管理和运营。成立审计部，将监督职能下移，实行项目复盘制度，加大了工程项目审计力度。成立物资采购招标中心，实现了招标与采购职能分离。并对土建专业板块进行了合并重组，整合成立了装饰装修公司，对朝阳协力专业实行集中管理，充实了结构安装分公司施工力量。

【项目法施工】 在土建分公司进行扁平化管理和推行项目法施工试点，下发了《项目经理负责制实施办法》、《分包工程管理办法》，编制了《工程项目管理作业手册》。成立了预结算中心、财务中心、采购中心。组建了福建莆田等公司直管项目部和多个二级项目部。实现了由三级核算向二级核算的过渡，构建了“两险分离”和“三个一次性”的平台。结构分公司、炉窑分公司、机械分公司的试点工作也已启动。

【重点工程】 全年共承担各类工程项目471项，所有重点工程均实现合同工期目标。单位工程质量优良率91%。鲅鱼圈、莆田冷轧、朝阳鞍凌、化工四期、线材厂改造等多项鞍钢、市政工程以及大连固特异、万阳重工、浦项、中国一重、大连齐车、特变电工、山东远大、济钢和俄罗斯车钢、巴西淡水河谷二期钢结构制作等项目均按网络计划有序推进。

【综合管理】 该公司全年共回收资金37.9亿元，保证了生产经营顺行。办理诉讼案件59件，胜诉额2060万元。清回鞍钢外部欠款1.36亿元，占年计划的105%。申报成功8项专业施工资质，完成了市政工程资质升级工作；特级资质就位准备工作基本就绪。着眼提升管理素质、理顺管理职能，开展了土建板块项目管理流程设计。紧紧围绕各项专业管理加强信息化建设，软视频会议系统即将投入使用。深化安全标准化建设，规范安全生产行为，实现在职职工工亡事故为零。实施区域管理，进一步加强了治安保卫和防火工作。加强设备维护与保养，设备完好率96.26%。努力开源节流，分配工作着力向一线倾斜。针对市政和外埠工程增多、风险管控难度加大的实际情况，从规范合同签订、规避合同风险入手，不断加强合同管理。全公司技术人员共提合理化建议36项，实现科技创效1108万元。组织开展了降本增效、物资供应、薪酬分配和基层领导班子重大事项通报等效能监察自检自查工作。共完成审计项目12个，督促整改不规范经济业务47笔，提出审计建议31条。通过招标采购节约资金828.2万元。组织职工参加各级技能大赛，公司荣获全国冶建行业第九届职业技能竞赛焊工组团体总分第二名；3人荣获“全国冶金建设行业技术能手”称号。

【职工生活】 该公司为8236名职工进行健康体检，为1678名职工注射疫苗，共计支出费用108.2万元。有375名职工购买了鞍钢鲅鱼圈公寓住房。两级领导人员与128名困难职工签订了帮扶协议，困难职工结对率达100%。共走访慰问困难职工845人次，救济金额29.5万元。开展“金秋助学”活动，拨付4万元，对40名困难职工子女给予了救助。对患疑难病症的职工及家属救济63人次，发放救济金16.5万元。

【第一建筑工程分公司概况】 2010年末，该公司共有职工744人，其中干部148人，工人596人；机关现有部室8个；公司下设15个土建工程项目部和管道制作安装工程队、机械安装工程队、结构安装工程队、铁道工程队等4个专业工程队。具有承担工业、民用与公用建筑、屋面防水、室内外装饰装修、管道制作安装、结构件制作安装、防腐保温、汽车运输、铁路及车辆修理和压力管道等工程的施工能力。拥有固定资产原值994.98万元，净值253.66万元。主要设备有塔吊2台、空压机3台、剪板机3台、气体保护焊机10台、混凝土搅拌机3台、三辊滚床1台、三辊卷板机1台、钢模板修复机1台。2010年，共完成产值8亿元；实现利润900万元；全员劳动生产率为108.48万元/(人·a)；在岗职工人均年收入与上年基本持平，实现了在危机环境下职工收入不降低的目标。工程质量优良率达到92.3%；实现设备完好率96%，利用率59%。

【第二建筑工程分公司概况】 2010年末，该公司共有职工820人。其中干部160人（含专业技术人员），工人660人。机关设8个部门。下设28个基层单位。拥有固定资产原值1004.99万元，净值201.03万元，2010年新增2台煤气检测仪。2010年，完成产值8亿元，占年计划的100%；职工收入达到3.74万元/年，工程合格率100%，优良率97%，实现了职工重伤以上事故为零目标。

【第三建筑工程分公司概况】 2010年末，该公司共有在岗职工总数为721人，其中管理和技术岗位人员128人，生产和服务岗位人员593人；具有中级以上专业技术职称47人，具有中级工以上技工347人；拥有固定资产原值717万元，净值为159万元。设置基层施工项目部18个，机关部门8个和具有管理、创效双重职能的物资管理中心、供应管理站。2010年，完成施工总产值8.57亿元；实现利润1107万元；在岗职工年人均收入4.2万元；分项工程合格率100%，优良率95%，创4项冶金优质工程；市场开发20.7亿元。2010年，该公司荣膺“2010年鞍山市企业文化建设20年先进集体”、“2010年度鞍钢先进单位”称号。

【机电安装工程分公司概况】 2010年末，该公司有在岗职工1665人，其中管理和专业技术人员251人（高级职称12人，中级职称110人，初级职称83人），生产服务岗位1414人。公司下设17个基层单位，机关设10个部门。拥有固定资产原值2412.45万元，净值615.44万元，新增值43.48万元。2010年，完成施工产值7.01亿元，完成年计划的106.18%，同比提高34.27%；全员劳动生产率42.09万元/(人·a)，同比提高36.43%；实现利润2009万元，完成年计划的100.45%，同比提高99.95%；职工人均年收入4.05万元，同比提高15.1%。“冷轧机板形控制核心技术自主研发与工业应用”荣获中国钢铁工业协会、中国金属学会颁发的冶金科学技术一等奖；取得企业内部工法4项；公司有3篇科技论文分获鞍钢一、二、三等奖。一个QC小组被评为辽宁省优秀质量管理小组，有两项QC成果，分别获得冶金系统一等奖，鞍钢二等奖。该公司安全防火工作、保密工作、武装工作、计划生育工作、档案管理工作获鞍钢先进单位称号。

【营口钢结构工程分公司概况】 2010年末，该公司现有职工185人，其中管理和专业技术岗位43人，生产服务岗位142人。公司下设8个部室和4个生产车间。该公司拥有固定资产13476万元，净资产 8656 万元。拥有主要设备：台湾欧粹 H 型钢生产线及箱型生产线、门型双丝双弧及三丝三弧埋弧焊机、瑞典伊萨数控等离子切割、美国米勒、林肯焊接设备，三维数控钻床、相贯线切割机、数控角钢生产线、大型端铣床等设备。现已具备年产钢结构 6 万 t 的生产能力。该公司应用全球最先进的 x-steel 详图设计软件进行详图设计、应用 fastcam 软件及条码系统进行排版及材料管理。2010 年，完成公司下达利润指标 908 万元，实现产值 3 亿元，劳动生产率 163.8 万元/(人 · a)，平均职工收入 3.9 万元。

【机械化运输分公司概况】 2010 年末，该公司共有职工 585 人，其中管理和专业技术岗位 102 人，生产服务岗位 483 人。公司机关设 9 部 1 室，下设 8 队 1 厂。2010 年完成施工产值 2.7 亿元，利润在消化资金占用等六项历史遗留费用 1487 万元后，不仅实现了扭亏为盈，而且超额完成了建设集团公司年初下达的计划指标。承担各类工程 96 项，合同履约率 100%，全年劳动生产率 46.15 万元/(人 · a)，工程质量合格率达 100%；实现了火灾事故、重大设备事故、我方负主要责任的交通事故、环境污染事故为零。

【汽车吊装运输分公司概况】 2010 年末，该公司共有在岗职工 674 人，其中生产服务岗位 597 人，管理技术岗位 77 人。下设 8 个职能部门，下辖 10 个基层车队。拥有固定资产原值 3.21 亿元，净值 7235.55 万元。新增设备 3 台。2010 年，共完成企业总产值 1.48 亿元，实现利润 832 万元，全员劳动生产率为 23.37 万元/(人 · a)，职工年人均收入 3.95 万元/人。2010 年，该公司被评为“2009 年度辽宁省道路运输信誉考核 AAA 级普通货物运输经营者”、鞍钢 2010 年度交通安全管理先进单位、鞍山市道路运输协会副会长单位。

【混凝土分公司概况】 2010 年末，该公司现有在职职工 468 人。管理层设置 6 部 2 站，下辖 2 个车间、2 个车队、6 个项目部。拥有固定资产原值 1.20 亿元，净值 2350.07 万元，在鞍山和外埠建有 9 座搅拌站，具备日产 8000 m^3、年产 200 万 m^3 预拌流态混凝土生产运输能力。2010 年，该公司完成混凝土产量 87.4 万 m^3，比 2009 年多完成 14.2 万 m^3，同比提高 12%；累计完成产值 2.28 亿元，完成建设集团公司下达计划的 114%；累计完成销售收入 2.15 亿元，完成建设集团公司下达的全年计划的 113%；累计完成利润 1107 万元，完成建设集团公司下达的全年计划的 101%。全员劳动生产率高达 48.47 万元 /(人 · a)，职工年人均收入 4 万余元。2010 年，该公司被辽宁省混凝土协会评为行业“先进企业”；继续保持“中国混凝土行业优秀企业”桂冠。

【结构安装工程分公司】 2010 年末，该公司共有职工 248 人，其中管理技术人员 58 人（高级职称 1 人，中级职称 31 人，初级职称 20 人），工人 190 人。公司下设 7 部 1 会、作业层 1 中心 1 站并全部实行项目经理责任制。拥有大型机械、动力、运输、吊装设备 124 台，其中德国利勃海尔 280t 履带吊、浦元 160t 履带吊均为国内最先进吊装设备，固定资产原值 3287.9 万元，净值 890.3 万元。2010 年，该公司完成企业总产值 1.71 亿元，比计划提高 2055.04 万元，提高 114%；比上年多完成 1640.74 万元，提高 111%；财务收入 7456 万元，超计划 456 万元，完成计划的 107%；消化企业年金等相关费用因素，实际完成利润 154.49 万元；全员劳动生产率达 60.45 万元/(人 · a)；在岗职工年人均收入达到 36766 元，比上年提高 3152 元；共完成分项工程 86 项，优良 86 项，优良率达 100%；完成单位工程 25 项，优良 25 项，优良率达 100%。

【工业炉窑工程分公司概况】 2010 年末，该公司共有职工 354 人，其中干部 58 人（高级职称 2 人，中级职称 19 人，初级职称 26 人），工人 296 人（生产工人 286 人）。设 8 部 1 会，3 个人力资源分中心，2 个项目部，2 个工程事业部（鞍凌、鲅鱼圈保产），1 个设备租赁中心（设备周转材料）。公司拥有固定资产原值 475 万元，净值 95 万元，主要设备有大型高炉砌筑平台、卷扬塔、各种类型磨砖机、灰浆搅拌机、叉车、真空吸附吊及各类喷涂设备 80 余套。2010 年，完成施工产值 1.65 亿元，占年计划的 110%，实现利润 246.85 万元，占年计划的 112.2%；在岗职工年人均收入 3.8 万元；完成分项工程 62 项，优良率达 95%；实现企业重大安全、质量、设备、火灾事故、环境污染为零。鲅鱼圈 1580 加热炉获冶金行业优质工程奖，莱钢退火炉 QC 小组获得 2010 年冶金系统 QC 成果二等奖，完成企业级工法 8 项。

【机械安装工程分公司概况】 2010 年末，该公司共有职工 731 人，其中管理和专业技术岗位 181 人（具有初中高级职称 139 人）。公司设置 8 部、2 站、1 个项目部、12 个工程队。2010 年，实现销售收入 2 亿元，完成企业总产值 2.2 亿元，实现利润 875 万元，比上年增加 89.8%，创效能力达到历史最好水平。施工能力实现历史性突破。申报了 2 项专利、2 项专有技术和 1 项国家级工法。

先后有64人通过造价证和会计证的年审。档案管理工作被评为鞍钢先进单位。协力项目部女工班获得“辽宁省五一巾帼先进集体”的称号。

【特种结构厂概况】 2010年末，该厂有职工总数493人，其中，管理及专业技术岗位77人（具有高级职称2人，中级职称25人，初级职称39人），生产服务岗位416人。机关设有8个部室，下设永宝分厂、特结分厂和彩板分厂等三个专业生产厂。企业拥有固定资产原值1.12亿元，净值2948.32万元。新增美国进口培廷豪斯BDL1250B三维数控钻床1台、伊萨EXA6000×2000数控切割机2台、YX35-125-750彩板辊压成型机组1台。全年共制作钢结构件5.5万t，彩板制作安装60万m^2，完成产值3.89亿元，实现利润864.3万元，劳动生产率78.99万元/(人·a)，职工年人均收入3.49万元。获得2008~2009年度鞍山市文明单位称号。“地德式热风炉箱形量组装焊接方法”、“一种大型拱顶与组装方法”荣获国家发明专利证书。“吉林钢铁公司2号高炉炉壳开孔质量控制”、“确保巴西轨道梁制作一次成功”分别荣获2010年度全国冶金施工系统QC成果二等奖。

【设计研究院概况】 鞍钢建设集团有限公司设计研究院，是经鞍山市工商行政管理局于2010年7月14日核准由原鞍钢建设集团有限公司建筑研究所变更成立的。2010年末，该院有职工89人，其中各类专业技术人员66人（具有高级职称9人，中级职称29人，初级职称28人）。机关下设综合管理部、财务会计部、人力资源部、经营开发部、科技质量部、设计室、地基结构室、建筑材料室。现有各种设备139台，其中2010年新增设备11台。拥有固定资产原值874.20万元，净值268.99万元。2010年，完成产值3454.8万元，利润240.9万元，劳动生产率38.8万元/(人·a)，职工人均年收入4.9万元。

【永发实业分公司概况】 2010年末，该公司有职工262人，其中管理岗位人员82人（具有高级职称人员9人，中级职称人员35人，初级技术职称31人），生产服务岗位人员180人。公司设市场营销部、财务审计部、综合管理部，有13个基层单位。固定资产原值1915万元，净值924万元。2010年，该公司完成企业总产值7500万元，完成财务收入4090万元，劳动生产率28.62万元/(人·a)，职工年人均收入3.2万元。被评为鞍钢“文明单位”，并连获辽宁省“重合同守信用单位”荣誉称号。

【供销分公司概况】 2010年末，该公司有职工47人，其中管理及专业技术岗位18人（具有高级职称3人，中级职称7人，初级职称人员4人），生产服务岗位29人。设综合管理部、财务部、业务部、物资管理部、经营部等5个部门。拥有固定资产原值539万元，净值98万元。2010年完成采购供应额13亿元，其中：供应钢材18.65万t、电缆3200km、水泥21万t、燃油16300t、油漆1614t、沙石76万m^3、砖1085万块，耐火材料7.46万t、焊接材料2000t。实现利润260万元。职工人均月收入4748元，降低采购成本达0.676%，供应材料合格率100%，基层用户满意率100%。

【技工学校概况】 2010年末，该校有在岗职工20人，其中管理和专业技术岗位人员17人（高级职称5人，中级职称7人），服务岗位人员3人。2010年，用于设备购入资金共计25.5万元。2010年共招生铆工、焊工、电工、汽修等4个专业150人，共有12个班415名学生，学制为1.5~2学年，安置就业293人。拥有固定资产原值634.80万元，净值197.27万元。学校职工收入年平均4.7万元。2010年度，学校承担了一级建造师、造价员、建委特种作业等培训任务，共计培训9451人次，培训工作成效显著。

【国际分公司概况】 2010年末，该公司在岗职工10人。设3个职能部门，拥有固定资产原值11.38万元，净值4.60万元。2010年利润123.28万元，职工工资总额收入75.33万元。2010年，国际工程分公司先后对23个不同国家不同专业的工程项目实施了追踪、接触；洽谈了33个工程项目；对14个重点项目的17个标段组织专业人员进行了投标报价；其中已签合同项目3项，总计完成报价28.58亿元人民币。

【气体科技开发有限责任公司概况】 2010年末，公司有职工总数29人，其中管理专业技术人员9人（具有中级职称5人，初级职称3人），生产服务人员20人，机关设综合管理部、生产部、销售部3个职能部门和乙炔气、切割气、液化气3个生产车间，年生产能力50万m^3（10万瓶/40L）乙炔气和1000t工业切割气及BNL焊割气。2010年末，公司固定资产原值475.32万元，净值167.54万元。2010年完成生产总值1385万元，实现利润52万元，全员劳动生产率57.1万元/(人·a)，职工人均收入3.54万元。2010年该公司通过了ISO质量管理体系认证及国家工业产品生产许可证年审，并荣获2010年度鞍钢安全生产先进单位称号。

（张树发）

重型机械有限责任公司

【概况】 2010 年末，重型机械有限责任公司共有员工 4155 人，其中干部 924 人（高级职称 116 人，中级职称 417 人，初级职称 236 人），工人 3231 人。该公司下设 9 个生产厂和设计研究院、技工学校、质量控制中心、汽车公司、矿山机械制造公司。占地面积 72.89 万 m^2，工业建筑面积 29.77 万 m^2。拥有固定资产原值 18.08 亿元，净值 9.04 亿元，年内新增固定资产 1.05 亿元。主要生产设备 184 台。2010 年，该公司实现利润 51.8 万元；实现销售收入 18.42 亿元；完成产值 19.22 亿元。

【新产品开发】 该公司取得国家核安全局颁发的《民用核安全机械设备制造许可证》。成功锻造 AP1000 核电站主管道锻件，产品质量符合技术要求，获业主、国家核电技术公司好评，标志该公司进军核电产品领域取得重大突破。截止到 2010 年末，该公司完成了浙江三门 2 号电站首套 AP1000 主管道的全部锻制任务；完成了矿山破碎机主轴装配、上架体和下架体的设计制造，并已交付使用；河北莱宝 2300 中板生产线顺利投产；完成 ϕ920 挤管机主机组装、空载试车成功，宣告国内自主设计的大型挤管机制造成功；1500 型钢轧机设备研制成功，标志该公司型钢轧机设计制造能力达到国内领先水平。

该公司全年完成离心复合铸造改进型高铬铸铁轧辊、粗轧半钢工作辊等 20 项科研攻关和新产品开发项目。包括 AP1000 核电主管道锻制在内的三项课题被纳入集团公司重大科技项目。有 30 项实用新型专利被授权，有效专利总量已达 56 项。新产品开发项目形成产值 4759 万元，创效达 1833 万元。

【质量管理】 该公司从源头控制，严把大宗原燃材料质量关。做好对大型铸锻件的过程质量控制，继续执行“一品一票”制度。强化对质量事故的管理，成立了质量仲裁委员会，严格执行《质量事故上报制度》。坚持质量问题“三不放过”的原则并严格进行考核。2010 年发生较严重质量事故 9 起，该公司对相关责任人分别进行了行政处分。全年申报 38 项质量管理成果，创效 270 万元。锻造厂“水压机车间质量管理小组”和“套料钻质量管理小组”申报的质量管理成果在省级评比中分获一、二等奖，质控中心灵山探伤站被授予“辽宁省质量信得过班组”。

【改革重组】 该公司成建制将铸钢厂、锻造厂所属加工车间划归灵山机械厂。2010 年 7 月 22 日董事会通过机电装备厂合并入西部机械厂的决议，对机电装备厂与西部机械厂实施整体合并。全年调整、交流副厂处级以上干部达 44 人，调整基层领导班子 10 个。全力抓好新铸钢搬迁工程实施工作，成立了新铸钢项目工程指挥部。逐项检查验收新铸钢收尾工程项目。2010 年 5 月 14 日召开了第一届九次董事会及股东会第七次会议，审议通过《关于出资收购鞍钢矿山机械制造有限公司部分职工股权的议案》、《关于接受集团公司委托对矿机公司国有股权进行管理的议案》、《关于鞍钢重机公司铸钢搬迁贷款的报告》等议题，决定出资 120 万元收购了矿机公司 2.07% 股权，并接受鞍钢集团公司委托管理的 49% 股权，对矿机公司按下属单位实施管理。

【基础管理】 推行资金使用预算制度，实行资金归口管理。清理各项资金占用，保证该公司生产经营活动的正常进行。设备系统努力推进设备采购、维护及能源管理工作，对新设备投入生产后的使用、维护、检修工作进行提前布局。生产系统推行工程项目经理负责制，实行计划管理与重点设备管理联动，保证了生产信息通畅。全面治理、整顿现场环境和秩序，通过现场检查、集中曝光、限期整改等措施，使生产环境治理工作初见成效。贯彻安全六要管理模式，严格落实安全生产责任制，推进安全标准化作业。全年实现重伤以上事故为零，开创了安全生产新局面。

加快向“精细化成本管理目标”迈进的步伐，开展行业对标工作。计财部以上半年完成指标为依据，调整部分消耗指标，提出下半年降成本目标，并将降成本结果与工资挂钩。对所属毛坯单位的技术经济指标进行了核查，制定了《工艺降低成本工作管理办法（草案）》，组织铸钢厂等三个单位制定、实施了本单位工艺降成本的具体措施。2010 年下半年，所有原材料、配套件、设备备件（含年初签订包保协议部分）在上半年采购价格的基础上降 10%，降低了采购成本。与年初确定的计划相比，该公司全年实现降成本 10534 万元，成本降低率 5.3%，为完成利润保平目标创造了条件。

【员工利益】 该公司制定实施了《重机公司薪酬管理办法》和《规范各单位中层干部收入标准的指导意见》，通过对收入上限和下限的控制，加大分配监管力度，实现了“提低、保中、限高”的薪酬分配目标。深入开展扶贫帮困送温暖活动。

2010年春节、"五一"、"十一"三大节日期间，走访慰问特困、困难员工546户，救济1651人次，救济金额48.16万元。职工温暖工程专项救济金救济11人，救济金额1.63万元。实施"金秋助学"工程，救济困难员工子女13人，救济金额2.7万元。做好大额医疗救助工作。救助在岗员工15人，救助金额4.66万元；托管中心救助托管员工198人，救助金额54.42万元。关心员工身体健康，组织6000余名员工参加健康体检。重视员工就餐条件和饮食卫生，在该公司5家食堂中开展4次卫生管理全面检查，对其中3家食堂提出了整改意见。

【冶炼设备制造厂概况】 2010年末，冶炼设备制造厂有全民转制员工487人，其中干部67人（高级职称3人，中级职称33人，初级职称21人），工人420人。该厂设铸造车间、金工车间两个生产车间以及生产计划科、技术工艺科、机动科、经营科、供应科、企管科、办公室等7个职能科室。总占地面积为4.43万m^2，建筑面积为3.81万m^2。拥有固定资产原值为3278.60万元，净值为482.20万元，设备总重量为192.08t，固定资产数量为265台（套）。铸造设备主要有：10t感应电炉两座，7t感应电炉两座，3t真空熔铸炉1座，2t、1.5t感应炉各1座，0.2t真空熔铸炉两座，树脂砂自动线两条，移动式混砂机和固定式混砂机各两台。加工设备主要有：多种大型立车、龙门铣（刨）、镗铣及普通机床等设备，还有多台自动氩弧焊机等焊接设备。主要产品：铸铁产品主要热风箅、冷却壁、台车占主导地位；铸铜产品主要是风口系列紫铜产品和轧钢机用铜瓦、滑块、方瓦、铜板、丝母等。铸造工艺以铁模加手工自硬树脂砂为主，并提高了离心铸造能力，安装大型卧式离心浇注机，熔炼以电炉熔炼为主。加工以加工、装配热风炉系统、台车为主。

2010年，该厂主要生产指标创历史较好水平。年产量：铸铁件2.13万t、铸铜件850t、综合加工件9723t；年总产值2.34亿元、销售收入1.78亿元、利润981万元；全员劳动生产率29.91万元/（人·a）、综合能耗359kg/万元。

【北部机械厂概况】 2010年末，北部机械厂有员工495名，其中干部51名（高级职称1人，中级职称27人，初级职称14人），工人318人。厂区占地面积3.42万m^2，建筑面积3.42万m^2。全厂共设3个车间、5个科室。有动力设备36台，各类金属切割机床108台，炉窑6座。2010年，该厂完成加工件5924.36t，热处理件4080.23t，再生件5255.71t，加工件产品合格率99.99%，热处理件合格率99.94%，再生件合格率99.89%，设备完好率97.65%，主要设备完好率实现99.17%。销售收入实现1.13亿元，上缴利润560.5万元。实现了重大人身伤亡、火灾、设备和环境污染事故为零。

2010年，该厂坚持"立足鞍钢，外拓市场"的生产经营方针，与凌源钢铁集团公司、唐山不锈钢有限责任公司、中天仕名科技集团有限公司、齐齐哈尔二机床（集团）有限责任公司等厂家建立了合作关系，先后完成鞍钢冷轧厂、热轧厂、无缝、鲅鱼圈、矿业公司等厂新建改造任务和保证实现了连铸辊全封闭专业生产，克虏伯破碎机，中冶大齿圈，薄壁大齿圈和高吨位锤头等生产任务出厂。

为保证设备不影响生产，设备部门实行关键设备责任包保，完成了320kW渗碳炉和1m卧铣两项大修任务，同时保证了加工性能的可靠和加工活件的质量。

为提升质量水平，应对市场挑战，提高企业竞争力，该厂研发的"研磨止推球面轴承的方法"和"新型液压工具"两个项目通过了国家实用新型专利的审定。"利用20度压力角的砂轮磨削25度压力角齿轴"、"超大齿轴的固体渗碳技术"、"薄壁齿圈表面淬火变形的有效控制"、"一种新型滚刀刃磨技术"等四项成果被评为鞍钢公司专有技术。

【西部机械厂概况】 2010年末，西部机械厂共有职工474人，其中干部72人（高级职称6人，中级职称36人，初级职称28人），工人402人。下设7个职能科室和5个车间。厂占地总面积2.91万m^2。固定资产原值7335.41万元，净值1202.61万元。现有各类设备214台，主要设备有2m×4m数控龙门镗铣床、德国进口7.9m数控龙门镗铣床；4m数控立车、数控130镗床、160数控镗铣床，数控加工中心及专业的电镀生产线。主要产品包括：以带宽0.5～5.5m各类板带轧机用轴承座、平衡块、移动块、卷筒、连铸扇形段框架的制作及修复；以锆、铬、铜为基材，多种金属、合金为镀层，采用数控机床加工的各种规格型号、满足不同连铸设备要求的结晶器铜板和结晶器插入件等及适合不同炉型的多种开铁口机及泥炮设备，其寿命、性能均能达到进口设备的水平；各种轮类、辊类产品的制作及修复；重量在40t以内的上冠、下环、导叶等水电产品、冶金单体设备和零部件的制作及修复等。2010年，该厂完成总产值1.42亿元，实现利润指标2.61万元，销售收入1.36亿元。全年共承揽合同5701.6万元，实现回款3773万元。

2010年，为进一步加快重机公司产业链和资源整合，发挥整体效应，扩大鞍钢内部市场份额，确保鞍钢改造和维修项目备件供应，根据集团公司要求，重机公司于7月23日决定将机电装备厂并入西部机械厂。合并后该厂进行了相应的机构改革，成立了加工作业区和机电作业区，对两个作业区实行区域管理，同时设置了综合管理科、机动科、生产科、技术科、外协科、经营一科、经营二科等7个科室，加工车间、装配车间、动检车间、铜板车间、再制造车间等5个车间。

2010年，该厂加强厂内工艺纪律的检查及现场技术指导，围绕生产难点进行技术攻关，完成了深孔钻在8m车床上的加工试验，解决了芯轴深孔加工的问题。同时，申请国家专利3项。

【灵山机械厂概况】 2010年末，灵山机械厂共有职工686人，其中干部61人（高级职称1人，中级职称34人，初级职称20人），工人625人。厂区占地面积8万m^2。拥有一批具有一流先进水平的6m×26m五轴联动数控龙门镗铣床，5m×18m数控龙门镗铣床，16m数控立车，250数显、200数显、200数控镗铣床，3m×10m龙门铣，160数控镗床等大型现代化设备，以及总长达386m、宽36m拥有双层吊车的大型装配跨。此外还有数控线切割机床、动平衡机、对成套液压设备进行动态及静态特性试验的大型液压检测站等各种设备120台（套）。2010年，实现总产值4.21亿元，利润-1277万元，销售收入4.21亿元。

该厂落实成本责任制，细化成本考核指标。在年初降低成本5%的基础上，灵山机械厂提出了可控费用要再降低10%以上的目标。并进一步加强产品制造过程的质量控制，严格现场工艺纪律检查考核力度，发挥工艺对生产的指导作用。加强技术资料收集管理工作，对完成的生产项目工艺进行完善，形成标准工艺，保证技术的连续性。

该厂强化点检养护重于抢修检修的设备运行管理理念，提高设备的保障能力。建立了日常、专业和精密点检分级管理制度，细化和规范专业保养、养护的内容，把设备维护保养工作的重点放在设备开放润滑、电机养护、设备安全装置的修复及设备附件的保养与维护上，截至2010年末，共完成计划修复193项，进行专业保养675项，有力保证了生产顺行。

【铸钢厂概况】 2010年末，铸钢厂共有职工828人，其中干部124人（高级职称4人，中级职称58人，初级职称55人），工人704人。下设7个车间，6个科室。厂区占地总面积11.97万m^2。主要设备有Consteel电炉等380台（套）。2010年该厂实现产值6.16亿元，利润-1057万元。

2010年7月1日，该厂开始从老厂向新厂整体搬迁，历时三年多的铸钢厂搬迁改造工程基本完成。9月30日，该厂一次浇注超低碳水电产品成功，标志铸钢新厂具备了生产超低碳水电产品的能力。新上75tConsteel电炉1座、120tLF及VOD炉各1座、300t真空浇铸设备1套、弧形连铸生产线1条等领先设备和辅助设施基本投入使用。

该厂把新产品的研发作为企业发展新的经济增长点，围绕13.5万kW汽缸、60万kW汽缸、大型扁平钢锭、电渣熔铸冷轧工作辊及军工钢开展技术攻关。在13.5万kW和60万kW汽缸生产中，工程技术人员克服设计生产时间短、技术难度大、工艺复杂、新型砂工艺等技术难题，较好地完成了生产浇注。为提高电渣熔铸钢锭的产品质量和提高生产效率，工程技术人员和车间技术骨干联合攻关，改变原来熔炼时的二元渣系，使用三元渣系，所生产的980军工板及70Cr3Mo钢锭的质量有了显著的提高，熔炼时间明显缩短。

该厂加强生产组织，强化生产调度和生产准备，科学合理地安排生产。坚持动态的计划管理，确保生产工作的稳步顺行。2010年5月27日，一次成功浇注225t铸钢件，钢水量353t。9月30日一次浇注超低碳水电产品成功。2010年10月15日单番实现连续拉坯16罐的记录。成功浇注梨园上冠、下环，大岗山上冠、下环，沈阳水力上冠，龙开口下环等大型水电产品。2010年全年实现承揽铸钢件4676t，产值5083万元。

【锻造厂概况】 2010年末，锻造厂共有员工196人，其中干部42人（具有高级职称3人，中级职称18人，初级职称15人），工人154人。该厂设置3个车间，5个科室。厂区占地面积8.35万m^2，房屋建筑面积4.53万m^2。拥有固定资产原值2.43亿元，净值0.7亿元。主要设备有8000t三梁四柱水压机、2500t三梁四柱水压机、500t单臂水压机、1~3t自由锻锤、井式淬火炉、最大辊身ϕ1800mm差温淬火炉、卧式喷淬机、15~350t桥式天车和锯床、火焰切割机、淬火机床等。2010年，完成锻件2.08万t，热处理8738.119t；实现净产值2.36亿元；实现销售收入2.40亿元；实现利润450万元。设备日修计划实现率为100%，主要设备完好率100%，综合设备完好率100%。企业人身工亡、重大设备、重大火灾、重大环境污染和重大质量事故为零。成功完成了世界上第一支AP1000主设备管道热段、冷段和波动管锻造，成为国内第一家整套核电主管道一次锻制合格的厂家。

【金属结构厂概况】 2010年末，金属结构厂有员工331人，其中干部50人（中级职称17人，初级职称6人），工人281人。厂区占地面积6.53万m^2，建筑面积3.41万m^2。2010年实现产量1.20万t，实现产值7346万元；钢材利用率82.84%；主要设备完好率实现98.90%；产品综合合格率达到100%；一次交检合格率达到96.10%。其他经济技术指标均完成计划。主要设备：数控切割机7台、滚床4台、1200t油压机1台、焊杆式空压机3台、变压器3台、氩弧焊机2台、空气等离子切割机2台、多功位焊接操作机1台、摇臂钻床3台、C630车床1台、刨边机1台、起重机20台。

2010年，该厂经营工作得到了快速发展，独立开发了凌源钢铁股份有限公司、辽阳宏浩机械厂、鞍山千山机械制造有限公司的以托圈、钢水罐、铁水罐、机械设备、工程建筑钢结构梁产品为主，炼钢炼铁、机械加工、产品修复为辅的22家市场，经营项目产值占全厂总产值的15%。全年该厂获得3项国家实用新型专利。

【轧辊厂概况】 2010年末，轧辊厂有职工503人，其中干部73人（具有高级职称8人，中级职称34人，初级职称30人），工人430人（生产工人409人）。厂区占地面积6.43万m^2，房屋建筑面积4.68万m^2。产品以离心浇注复合轧辊为主。2010年末，该厂下设生产科、技术开发科、质量检查科、设备科、经营部、综合管理科6个科室，铸造车间、加工车间、检修车间、综合服务车间4个车间。拥有固定资产原值7032.22万元，净值900.37万元。主体设备包括：机床44台（普通车床2台，轧辊车床25台，轧辊磨床4台，镗床4台，铣床5台，刨床2台，钻床2台）、天车25台、离心机5台（2010年新进美国CCMCO 46t高速离心机1台）、退火窑12座、井式窑5座、干燥窑2座、电炉4座（20t工频炉、10/15t中频炉、3t工频炉、2010年新进日本富士电机双供电5t中频炉）、ARL3460直读光谱仪1台、数字超声波探伤仪2台、金相显微镜3台、轧辊清洗机1台。

2010年，该厂轧辊产量2.80万t；工业总产值完成2.58亿元；利润实现1304万元；销售收入2.58亿元。向国外出口轧辊量达5030t。

2010年，该厂研制的鞍钢2150线改进型高铬铸铁轧辊上机使用；研制的鞍钢2150线粗轧半钢工作辊上机使用；研制的鞍钢1780线高速钢轧辊上机使用；研制的鞍钢2150线高速钢轧辊上机使用；完成用于离心轧辊辊身粗车（扒铁屑）的双头刀杆设计，改进并推广使用，可提高加工效率30%；完成用于离心轧辊切样片的刀具设计，改进并推广使用，可提高加工效率40%以上，同时解决离心轧辊端面加工困难的问题；“离心半钢双复合高铬铸铁轧辊制造方法”获鞍钢专有技术一等奖；“镍铬钼无限冷硬复合铸铁轧辊制造工艺”获鞍钢专有技术二等奖。2010年，该厂获得省级“重合同、守信誉”单位荣誉称号。

【冶金粉材厂概况】 2010年末，冶金粉材厂共有职工227人，其中干部38人（高级职称3人，中级职称13人，初级职称9人），工人173人。该厂下设生产部、经营部、设备部、技术部、综合管理部、物资部6个部室和原料车间、制粉车间和还原车间3个生产车间。厂区占地总面积7.2万m^2，建筑面积约4万m^2。固定资产原值为6704.81万元、净值为3118.57万元、新增值为1734.49万元。主要生产设备有10t电炉和5t电炉各1台、进口及国产7000t还原炉5台、2万t还原炉1台以及与之配套的雾化系统、干燥炉、混料机、筛分站、细粉回收系统、除尘设备等。主要产品有水雾化纯铁粉和水雾化合金粉。全年实现产销量4.16万t，销售收入2.40亿元，销售回款2.86亿元，回款率达到102%，完成利润911万元。实现了企业重大人身伤亡事故、重大设备事故、重大火灾事故为零。

为进一步扩大生产规模，实现五年内进入同行业世界五强的战略目标，该厂还原车间进行了产能的挖潜改造，投资新建了还原厂房，新增1台年产量为2万t的还原炉及其配套设施。

2010年该厂专利项目及专有技术有：测试铁粉氢损的仪器、生产汽车发动机用高含金量钢粉的方法、板带式还原炉的调整装置；粉末冶金混合粉铜的检测方法、生产电动工具用混合粉、提高水雾化铁粉用钢水的冶炼效率方法。

【质量控制管理中心概况】 2010年末，质量控制管理中心共有职工140人，其中干部28人（高级职称3人，中级职称18人，初级职称6人），工人112人。中心设置5个科室。拥有固定资产原值1319.03万元，净值621.56万元。主要设备有CS230碳硫分析仪、TCH氧氮氢联测仪、USN60数字式超声波探伤仪、USM35-SX数字式超声波探伤仪、微控电液伺服万能试验机、三米测长机等。

2010年10月12日该中心获得国家核安全局颁

发的“民用核安全机械设备制造许可证”。在开展核电认证同时，同步开展核电一级工程 ASME 标准的 AP1000 主管道国产化国家依托项目合同，并于颁证后开工投产，截止到2010年12月10日，两个月时间顺利、高质量地完成首项合同。为加强重机公司在产品实现过程中质量事故的管理，使相关部门及管理人员及时得到质量事故信息以便对事故进行及时处理，质量部制定了《质量事故上报制度的暂行规定》。将现场随时发生的产品质量事故在生产现场及时曝光，对公司较大质量事故通过 OA 办公网及时予以曝光。规范实验室体系管理，对实验室质量手册进行重新修订，使其既满足标准又符合生产实际要求，11月份顺利通过国家实验室认可委的复评审，重新获得认可证书。

继续强化对大型铸锻件的过程质量控制。重点控制毛坯件的划全线及铸钢件的“一次钢”工序质量。通过严格的把关，锻件的肥头大耳现象2010年基本没有再发生；铸钢件一次钢质量有显著提高。完善生产过程质量控制体系，2010年，对灵机厂专项车间（原锻造厂加工车间）、灵机四连跨车间及新铸钢，分别设立了成品检查组，对上述生产车间的生产过程进行质量控制与质量检查。

2010年，锻造厂的水压机车间 QC 小组和套料钻 QC 小组分别被评为辽宁省优秀质量管理成果一等奖和二等奖；质控中心灵山探伤站被授予“辽宁省质量信得过班组”。

【矿山机械制造有限公司概况】 2010年末，矿山机械制造有限公司共有职工390人，其中管理和专业技术岗位91人（高级职称4人，中级职称50人，初级职称37人）；操作岗位299人（技师11人，高级工26人）；外聘劳务人员417人。公司下设党委工作部、计划财务部、生产技术部、经营部、综合管理部、设备动力部、技术质量部、工会、服务中心、物资总库，以及铸钢、加工、铆焊、钢球、热处理水泵、大修6个生产车间，拥有固定资产原值1.23亿元，净值4886.2万元。厂区占地面积为20.8万 m^2，工业建筑面积为6.5万 m^2。设备总重量为3585.05t。主要设备有：B2025X8000 刨床1台，C5263/1 立式车床1台，CQ5240 立式车床1台，CVT250 数控立式车床2台，CQJK61500 卧式车床1台，TX6216C 镗床2台，B50100 插床1台，Y31500 滚齿机床1台，30×3000 卷板机1台，SKG-3 数控切割机1台，5t和15t电弧炉各1台，中频炉10台，300kW 远红外线加热炉1台，淬火窑3座，煤气发生炉2台，树脂砂生产线1处。现有生产能力：铸钢件1.2万t、加工件9500t、钢球5.9万t、热处理件1000t、水泵件300t、铆焊件1600t。2010年全年能耗为电2602.25万kW·h、水21.44万 m^3、无烟煤6556.56t。2010年实现产值1.67亿元，在鞍钢政策因素分析的基础上，实现利润54万元，完成了集团公司下达的利润目标。全员劳动生产率为22.29万元/(人·a)。全年实现安全生产轻伤以上事故为零的目标。

按照鞍钢《关于增建钢球、铸锻生产线项目的通知》（项目〔2010〕文字21号）的要求，该公司淘汰现有3台中频电炉，利用现有钢球、铆焊产房和公辅条件，配套建设9台2t中频电炉生产系统，形成了年产钢球2万t、铸锻3.9万t的生产能力，费用820万元由该公司自筹资金解决。于2010年12月31日按期投产，实现了对矿业公司保产保供的要求。分别与鞍钢集团采购部及矿业公司签署了设备备件采购框架协议，根据协议，双方在设备和备件供货、采购、售后服务、技术合作等多领域建立起深层次的战略合作伙伴关系，实现了强强联合。

企业深化改革工作取得重大进展。按照《关于对鞍钢矿山机械制造有限公司引入战略投资者的意见》（钢政办发〔2009〕89号）的建议，重机公司出资1199455元授让了该公司部分员工自愿转让的矿机公司股权，重机公司持该公司股权比例为2.07%。根据《矿机公司国有股权委托管理协议》和《关于委托重机公司 汽运公司分别全面管理矿机公司和矿汽公司的决定》（鞍钢公司领导决定事项通知〔2010〕7号），在保持该公司独立法人地位不变的前提下，集团公司委托重机公司对矿机公司实施全面管理，重机公司对该公司的重大事项通过法人治理结构参与决策，对该公司的运营计划进行计划、指导、帮助、协调、检查和考核。该公司的党群组织纳入重机公司基层组织实施管理。

为满足生产需要，该公司投资近千万元对钢球车间进行了扩建，新上9台中频炉、9台变压器、2套内外循环冷却塔、电动单梁葫芦吊14台等设备。该公司的整体设备能力迈上了新台阶，为增产增效创造了有利条件。同时，为扩大钢球车间的作业现场，对加工车间钨金班和水泵车间进行了整体搬迁。对水泵车间中频炉控制系统进行了升级改造。有计划地开展设备大修工作，确保了设备的完好率和作业率。强化能源管理。对全公司的用能设备、设施进行了普查、登记造册，并落实了责任人；对水线进行全面排查整治，通过对19个支线管路安装超声波流量计，做到了实时监控，年可节约水费10万多元。

关心员工生活，为员工创造良好的工作环境。2010年救济困难员工75人次，发放救济款11400多元。走访慰问离、退、居职工400多人次，帮助处理丧事30多起，发放慰问品7万多元。食堂由承包经营改为自主经营，投资近10万元对食堂进行了局部改造，投资3万多元增加了热水器、就餐桌椅，配备了餐品保温工作台，为每名员工每月发放60元就餐补助。

【汽车运输分公司概况】 2010年末，汽车运输分公司共有职工119人。公司占地面积1.75万m^2，建筑面积5578m^2。

该公司下设4个科室，即生产经营科、安全科、设备科和综合管理科；2个车队，即客运队、货运队；1个修理车间。固定资产原值2224万元，净值986万元，新增固定资产7台，价值186万元，拥有设备123台。主要承担重机公司所属各单位的通勤用车、重机公司内部工序之间的货物运输以及鞍钢集团所属部分单位的运输工作。2010年，实现销售收入6686万元；利润577万元；合同兑现率达100%；服务质量满意率达100%；实现重大火灾、设备交通事故为零；千人负伤率为零。

2010年该公司成功地完成了多个难度很大的外销产品运输项目，产品外运大型超限项目近30项，发运总量近2万多吨。主要大型项目有：鲅鱼圈冷床、寿光65t转炉、福建烧结机、陕西模锻、宣钢回转窑、山西破碎机等。保证了重机公司产品外运及周转的运输工作。

2010年该公司进一步完善设备保养制度，修订设备保养维护检查标准，采取月检、“二五”门检、强制保养等方法，对设备进行维护保养。并通过开展设备管理升级年活动，强化点检定修制度落实和维修人员收入与创效能力技术含量和工时挂钩等方式，调动维修人员的积极性，促进了维修质量的提高，公司车辆技术状况有了明显改善，确保了车辆安全、可靠运行，为全面完成各项经济指标，提供了保障。

加大人员培训和专用设备投入，增强自修能力，控制外修费用。2010年购置了喷油泵试验台，并请专业人员送往鞍钢汽车公司培训，现高压泵已全部自行维修，既降低了外修费用，也节省了维修时间，使设备投入资金两年即可收回。

该公司客运队2010年成立综合班，所有客车的钣金、喷漆、内饰都由自己完成，与往年相比，每年节约外修费用近10万元，大大降低了维修成本。

积极进行修旧利废、小改小革，减少备件、材料消耗。综合维修车间成立技术小组，对通常需一次性使用的总成件分解修复，维修工的技术水平得到锻炼提高的同时，备件消耗也大幅降低。以前轮胎均一次性使用至报废，2010年通过公司与专业轮胎翻新厂联系，待轮胎磨损剩余2mm时，及时换下翻新，使轮胎使用寿命提高近30%。

狠抓安全管理。2010年该公司召开全体安全大会3次，月度安全例会12次，其他会议15次，组织安全学习20次，针对性安全培训教育3次。各车队利用标语、标牌、板报宣传安全生产，用简洁的语句和格言，做好安全宣传工作，共出安全标语50条，安全宣传栏3期，安全板报2次。利用发生过的事故和通报的事故案例，宣传教育，从别人所发生的安全事故中吸取教训，对待安全事故，严格按照“四不放过”的原则进行分析、处理，增强员工对事故的安全防范意识。2010年该公司未出现重、特大安全事故。

【设计研究院有限公司概况】 2010年末，该院共有职工78人，其中干部73人（高级职称22人，中级职称39人，初级职称12人），工人5人。设有炼铁机械、炼钢机械、轧钢机械、通用机械、土建动力、电气自动化等6个设计室及市场开发部、项目管理部、总师室、技术档案室、综合办公室5个管理科室，主要从事冶金设备设计和机械产品设计及科研开发工作。2010年，该院设计收入855万元。1~7月亏损142万元，8~12月，实现扭亏保平目标。全年共承接130项工程设计项目，先后完成了包头设计院50t转炉、广东番禺350mm型钢轧机、东北特钢大连钢厂900t混铁炉、燕山300m^2烧结机、常州220m^2烧结机以及冷轧1号酸洗线1700mm平整机设计等工程项目，有力地支持了重机公司的生产经营工作。先后有90余人次到中冶京诚、中冶长天、中冶南方、山东省冶金设计院、吉林省冶金设计院、燕山钢厂等地收集信息、洽谈项目。成功地签署了唐山转炉托圈、大连钢厂摆动溜槽、山东莱芜拆装风口机、西林钢厂及泰山钢厂摆动溜槽等设计制造合同，签订了凌源钢铁公司的颚式破碎机等项目，全年累计承揽额超过1000万元。

2010年，该院派驻工程技术人员长期进驻现场服务，全年派出人员15人。完成的大型工程项目的施工服务有：莱宝2300mm中板轧制生产线、扬州1500轧机生产线、鞍钢鲅鱼圈3800mm中板轧制生产线、福建三明200m^{2}烧结机、山东寿光265m^{2}烧结机和900t混铁炉的服务。在重机公司改造工程中，该院派驻技术服务小组，长期在现场指导设备安装调试服务。完成了新铸钢的收尾工程设计和老铸钢的搬迁设计工程；完成了锻造厂淬火机床设备恢复安装调试工作。

2010年，该院共申请专利5项，申报专有技术4项，其中已有三项专利被成功受理；申报科研开发项目3项，其中两个项目被列为鞍钢集团重大科技项目。

深入开展安全生产教育活动。通过量化、细化工作的每一个环节，在全体员工中进行岗位危险源辨识工作，开展岗位安全操作评价，进一步提高了全体员工的安全生产意识和能力。结合生产实际，开展技术培训工作。2010年，该院共开办10期技术培训班。

【技工学校概况】 2010年末，技工学校有股份制员工26人。外聘教师15人，实习厂临时工人30人，临时服务人员6人。股份制员工中干部24人（具有高级职称1人，中级职称21人，初级职称2人），工人2人。技校下设办公室、招生就业办公室、教学管理部、实习管理部（实习厂）、教研室等5个部室。学校占地面积1.49万m^2，建筑面积1.02万m^2。固定资产原值839万元，净值181万元。现在校生人数为868人。2010年学校年收入553万元，利润30万元。

2010年该校计划招生240人，电工一个班，钳工两个班，铆焊两个班，实际招收学生248人。此外还招收短期培训班，为鞍钢附属企业短期培训天车工142人。共组织全员培训22期1265人次，安全培训33期2800人次，高技能人才培训3个班153人次。2010年，该校安排毕业生就业419人，安排学生下厂实习390人，就业率100%。

（阮　征）

实业集团有限公司

【概况】 鞍钢实业集团有限公司（以下简称实业公司）是非国有控股的有限责任公司，鞍山钢铁集团公司（以下简称集团公司）持股49.29%，28个自然人股东持股50.71%，注册资本3.54亿元。主要有非钢产品、专项工程、专项加工与修复、废旧资源再生利用、钢铁产品及钢材深加工、生产服务、生活服务等业务板块。截至2010年末，该公司有在职职工4570人，其中管理和专业技术人员1137人（高级专业技术人员68人，中级专业技术人员398人，初级专业技术人员548人），生产服务人员3433人。资产总额9.80亿元，负债总额4亿元，所有者权益合计5.81亿元。总资产规模比2009年增加2514万元，增长了2.62%，所有者权益比2009年增加5115万元，增长了9.44%，资产负债率40.77%。

【生产经营】 2010年，实业公司全面超额完成了集团公司下达的各项预算指标，创历史最好水平。实现收入16.96亿元，比上年增加3万元，增长了21.5%；实现利润6990万元，比上年增加3852万元，增长了123%；实现经济增加值1317万元。2010年销售收入中，工业产品收入9.11亿元，占总收入的54%；工程收入3.22亿元，占总收入的19%；劳务收入2.04亿元，占总收入的12%；其他收入2.60亿元，占总收入的15%。

【改革与管理】 2010年，实业公司在企业改革与管理方面取得了积极的成果。

1. 实施董事会改革，完善董事会制度。2010年，完成董事会换届，实现外部董事人数过半，改善了董事会的结构。上届董事会7名董事中外部董事3名，占董事会成员的47%；本届董事会6名董事中外部董事4名，占董事会成员的66%。成立了董事会专门委员会，重新修订了《公司章程》和《董事会议事规则》。

2. 完善绩效考核办法。参照集团公司的绩效考核规定，完善实业公司绩效考核办法，使之既符合企业实际，又实现了与集团公司考核对接，实现了对基层的有效激励和约束。

3. 兼并重组取得新突破。坚持同类业务企业整合、互补业务企业整合、强弱企业整合、大小企业整合，在缩小管理幅度、提高集中度、优化内部结构的同时，提高了竞争能力，增加了经济效益。全年共对11个单位进行了合并重组，减少直管单位5个，运行企业由26个缩减为21个。通过整合扩大了企业规模，提高了专业化水平，市场竞争能力得到增强。整合后的单位，均顺利度过“磨合期”，生产经营顺行，盈利能力增强，取得了预期效果。

4. 收入分配向一线倾斜，调动职工积极性。按照基层大于机关的原则，生产一线的工资增长幅度高于领导干部和机关工资增长幅度，极大激发了广大干部职工的责任感和创造性。2010年，在岗职工年人均收入3.70万元，比2009年增长了3.82%。第一届职工代表大会第四次会议审议通过了《鞍钢实业集团有限公司劳动合同管理办法》。

5. 新设立了鞍钢实业集团朝阳有限公司、鞍钢斯多伯格三一冶金材料有限公司、铁姆肯（鞍山）工业服务有限公司。截至2010年末，实业公司机关设工会、纪委（监察处）、团委、人力资源部、党务工作部、财务部、运营部、规划部、监事会办公室、综合部、托管办等机构和部门；直管企业23个，其中全资子公司11个，分公司10个，控股子公司2个；中外合资公司4个。直管企业：第一薄板厂、生活服务分公司、综合利用分公司、厂容绿化筑路有限公司、金属结构有限公司、热轧工程有限公司、乳业有限公司、一钢分公司、输变电工程有限公司、铁路工程有限公司、冶金机械有限公司、微细铝粉有限公司、副业分公司、供销实业分公司、无缝金属制品厂、办公用品有限公司、特种冶金材料厂、经营贸易分公司、运输分公司、申丰生物工程有限公司、包装钢带有限公司、鲅鱼圈有限公司、朝阳有限公司。中外合资公司：鞍山科德轧辊表面处理有限公司、鞍钢贝克吉利尼水处理有限公司、鞍钢斯多伯格三一冶金材料有限公司、铁姆肯（鞍山）工业服务有限公司。

【科技进步】 2010年，实业公司科学技术取得重大成果。其中微细铝粉有限公司自主研发的双喷嘴雾化铝粉生产技术，在第62届德国纽伦堡国际发明展上荣获金奖，为实业公司乃至集团公司争得了荣誉。全年经集团公司认定的专有技术15项，累计认定33项。10项专利申请获得受理（其中发明专利3项），累计拥有有效授权专利26项。

【项目开发】 2010年，项目开发取得新进展。实业公司在全力打造“两个拳头”的战略思想指导下，推进与国内外一流企业合资合作，加快“高端”企业发展。目前实业公司与世界知名企业合作设立了4个合资公司，其中3个已建成投产，初步形成了“高端”企业集群。为钢铁主体保产服务的企业，逐步形成专业化和规模化，提高了保产服务水平，增强发展实力。合资进展顺利，成效明显。科德公司经济效益远远大于预期；贝克吉利尼水处理公司，按计划接收水处理系统，已经进入盈利期；斯多伯格三一公司，部分高档保护渣产品达到设计标准，已经向鞍钢正式供货。与美国铁姆肯公司合资的轴承修复项目，已经正式设立合资公司，选定了工厂厂址，即将启动项目工程建设。与美国ISSI公司合作的氧化铁红项目，双方专家进行了多次技术交流，各项合资文件基本敲定，不久将正式签约。此外，为鞍钢股份公司新线材生产线提供原料的钢坯清理项目，工厂选址已经完成，建厂的准备工作正在紧张进行；煤焦油下游产品深加工、液压缸修复和制造、磁性材料、固废处理等储备性项目，正在加紧论证。以上项目的建成投产，将不断优化产业产品结构，推进实业公司向更高的层次迈进。

【综合利用分公司概况】 该公司创建于1978年，位于鞍钢厂区北部，立山桥洞北100m，厂区占地面积5.6万m^2，建筑面积1.36万m^2。以冶金“三废”资源综合利用为重点发展产业，研发面向以鞍钢为主的利用冶金“三废”资源的产品和技术，秉承“资源有限、创意无限”的经营理念，为鞍钢发展循环经济服务，是集团公司冶金“三废”资源综合利用的重要基地。截至2010年末，在职职工505人，其中管理和专业技术人员81人（高、中级专业技术人员54人），生产服务人员424人。机关设综合部、生产部、经营部、财务驻厂组4个部门，下设炼锌厂、废旧物资回收公司、含铁尘泥厂（含保洁公司）、铁碳球团厂4个分厂。2010年资产总额9881.41万元，营业收入1.06亿元。

主要产品有利用鞍钢冷轧厂、大连蒂森克虏伯公司镀锌生产线残余的废锌冶炼的0号成品锌及合金锌，利用鞍钢含铁粉尘加工再利用的含铁尘泥，将鞍钢废旧资源进行深加工后的废旧物资及油品，用含铁杂料生产供给炼钢厂替代废钢并起到调节温度和化渣剂作用的铁碳球团等。

该公司主要设备包括：熔化炉1座、精馏塔1座、工频无芯感应熔锌电炉1套、工频感应炉1套、桥式起重机1台、单梁桥式起重机1台、混碾机2台、压球机4台、皮带运输机2套、烘干炉1套。

2010年，该公司坚持以市场为导向，积极推进冶金“三废”资源综合利用，努力拓展发展空间。在继续发展贵金属提纯及加快其产品延伸的同时，努力推进铁碳球团、含油尘泥、废油再生等新项目，力争达到国内乃至国际同行业先进水平。与此同时，积极开发氧化铁红项目。

2009年8月开工的铁碳球团项目在2010年达产达效。铁碳球团为含铁含碳物质，可代替部分渣钢用于转炉炼钢。在转炉炼钢过程中调节温度，起冷却剂作用；同时在炼钢过程中可化渣，起化渣剂的作用。铁碳球团项目的全面达产达效，缓解了鞍钢股份公司废钢资源紧张的局面，减少炼钢环节中废钢的使用量，是该公司产品创新的重要成果。铁碳球团供给炼钢厂，实现了资源的合理化和无害化处理，充分体现了“绿色循环经济”的理念，实现了利用含铁杂料在钢铁冶炼的短流程，由原来的含铁杂料回用到烧结，转变为直接应用到转炉炼钢。

【供销实业分公司概况】 截至2010年末，该公司在职职工88人，下设3个车间，12个班组。拥有资产1387万元，年收入1.2亿元、利润244万元。

2010年，该公司实现了快速发展。该公司成立于1996年，当时有职工30人，资产十几万元，年产值千万元左右。经过实业公司对其的3次（先后与铁合金厂、钢绳厂）整合，改制前有职工100余人，固定资产4000万元。改制后，该公司按照实业公司的发展战略，努力开拓鞍钢保产服务市场，积极寻求企业发展，由连年亏损实现了扭亏为盈。

该公司认真总结走过的创业历程，按照实业公司对该公司的市场定位，确立了“以优质服务，打造一流原燃料加工基地”的发展目标。开始用高技术含量的保产服务满足鞍钢大生产需要，逐步向钢铁主体生产的上游工序延伸，相继开发了合金包芯线、小品种合金（铝锰铁）两个新项目。到2010年两个新项目全部投产见效，企业实力逐年增强。合金包芯线实现了9000t的全面保供以后，不仅钢厂生产的收得率明显提高，还使钢厂生产成本得到有效控制。小品种合金（铝锰铁）在激烈的竞争中也占有一定市场份额。现在该公司已拥有三个产品（包芯线、铝锰铁、吊索具），三项加工（澳矿、澳粉、原煤），三项保供（铁矾土、菱镁石、膨润土），两项仓储（电极、耐火砖）。原建设工程公司的铸造厂划归该公司，又增加了焦球与合金铸铁球两个生产项目，使该公司成为服务鞍钢生产的重要企业。

【第一薄板厂概况】 截至2010年末，该厂在职职工237人，其中管理和专业技术人员32人（中级专业技术人员11人，初级专业技术人员11人），生产服务人员205人。机关设经营部、安全环保部、供应部、综合部、办公室5个部门，下设轧钢厂、塑管厂2个分厂。固定资产原值7115万元，净值588万元。厂区面积6.91万m^2，建筑面积3.97万m^2。主要生产设备为3台1200mm不可逆式轧机，年生产能力9万t，主要生产热轧硅钢片等产品；5台注塑机，3条PP-R塑料管生产线，年生产能力1500t，主要生产PP-R塑料管、PP-R管件、PERT地热管等塑料制品。2010年生产热轧硅钢片5.51万t，产值2.79亿元；生产PP-R管材96万m，管件182万个，产值1220万元。2010年两大产品销售收入2.91亿元。

原燃材料供应满足生产需要。硅钢坯料是生产硅钢片的原料，采购难度大。该厂广开采购渠道，全年采购原料66950t，保证了生产经营稳定顺行。无烟煤直接从宁夏煤矿采购。由于宁夏无烟煤资源紧张，运距长，该厂积极协调煤矿及路局，在煤资源和运输十分紧张的情况下，也能保证无烟煤供应。

生产控制各项指标显著提高。在质量管理上，该厂采取了控制板尾长度、错边黏结、剪切尺寸、精分包装等一系列措施，成材率显著提高。在成本管理上，把剪切下来的不够倍尺的板坯焊接成符合倍尺要求的板坯，提高了成材率；安装轧辊测温仪，有效地控制了辊温，提高了轧辊寿命；春、夏、秋三季锅炉停产，外买热水供员工洗澡，全年节约资金20万元；辅料消耗落实到班组、个人，降低了工序成本。

千方百计拓展销售渠道。2010年初，热轧硅钢片市场低迷，价格下滑，生产经营举步艰难，该厂领导多次带队走访用户，长期奔波在销售第一线，在巩固老用户的基础上，积极寻觅新用户，稳定了矽钢销售市场，实现了占领东北、拓展华北、辐射山东的营销策略。

【无缝金属制品厂概况】 该厂始建于1993年，由鞍钢老年事业公司无缝安装修理加工厂发展而来。主要生产经营项目为承揽鞍钢股份公司无缝钢管厂轧辊机架装配、孔型车削、备品备件的加工及维修工作。主要产品：限动芯棒、前后接管。

截至2010年末，在职职工208人，其中管理和专业技术人员19人，生产服务人员189人。机关设综合管理部、生产技术部、驻厂财务组3个部门。下设灵山车间、热轧车间、热四车间、机加车间4个生产车间。拥有固定资产1788万元。现有数控机床、井式淬火炉、回火炉等设备17台。该厂全面贯彻质量管理方针，贯标贯制，2010年通过ISO9001：2008复评审核认证。2010年实现销售收入1419万元。

该厂始终把创建一流的技术、一流的服务、一流的质量、一流的员工队伍作为企业发展的宗旨，不断寻求生存、发展、壮大之路。2010年在金融危机的影响下，鞍钢股份公司无缝钢管厂产量大幅下降，9月份热二车间停产，设备封存。在这种不利情况下，该厂领导班子审时度势，及时改变生产经营策略，用战略和发展眼光审视市场，采取主业损失辅业补的经营策略。充分利用现有的机械设备承揽鞍钢厂内和厂外应急备品备件、机加零部件的加工，圆满地完成了2010年各项生产经营指标，同时积累了开辟新市场的经验。

【生活服务分公司概况】 截至2010年末，该公司在职职工796人，其中管理和专业技术人员310人（高级专业技术人员75人，中级专业技术人员141人，初级专业技术人员94人），生产服务人员486人。机关设综合部、资产经营部、食宿部、幼教部、配餐中心、财务驻厂组6个部门。下设18所幼儿园、15所职工宿舍、7所住宿职工食堂、鲅鱼圈服务中心、鞍凌服务中心等。主要开展鞍钢职工子女的幼儿教育、鞍钢职工食宿服务等业务。截至2010年末，该公司总资产2857.9万元，负债总额1444.8万元，净资产1413.1万元。2010年超额完成了上级下达的生产经营指标。

幼儿园的园容园貌和市场美誉度全面提升。18所幼儿园实现经营收入1747万元，比2009年增加397万元，人均创收比2009年每月增加557元。2010年在园幼儿数比2009年增加679名，一幼、六幼、七幼、九幼、十幼等在园幼儿已饱和。

食宿系统连续三年开展“文明宿舍、文明食堂、文明寝室”创建活动，使管理和服务水平得到有效提升。以双山住宿中心为核心的鞍钢住宿职工宿舍、食堂建设，体现了以人为本的服务理念，体现了对住宿职工的关怀。篮球场新铺了塑胶，绿化区域整修一新，宿舍外墙增加保温层，图书馆、活动中心免费向住宿职工开放，重大节日组织慰问演出。

鲅鱼圈服务中心为鞍钢股份公司鲅鱼圈分公司提供了高水平的后勤保障。食堂、浴池、健身房、乒乓球室、台球室、棋牌室、图书馆提供优质服务，绿化、保洁、安保工作尽职尽责，房屋设施随报随修，引进理发、医院、银行、代售车票、代收话费业务，成立学后班，等等。该中心的工作为职工生活提供了方便，受到集团公司领导、入住单位、入住职工的赞扬和信任。积极做好集团公司向职工出售公寓房屋的配合工作，承担了公寓房屋出售后的前期物业管理工作，开始了公寓服务由福利性运作向市场化运作的转变。

鞍凌服务中心在朝阳鞍凌钢铁公司深受欢迎。中心从2010年1月开始运营，已承担了4个食堂、7栋宿舍楼、1个活动中心的服务管理工作。共安置住宿职工1500余人，每天为3000余名职工提供就餐服务。

托管市长大医院等5家单位食堂工作，备受赞誉。该公司目前托管了市长大医院、综合利用分公司、鞍钢财务公司、鞍钢招投标中心等5个单位的食堂，通过优质服务展示了企业的形象，扩大企业的影响，为进一步扩大托管餐饮市场积累了经验，奠定了基础。

高度重视房屋资产的维修改造工作。几年来，该公司资产管理部门和资产使用单位密切配合，周密筹划，坚持边经营边改造，生产经营两不误，使资产状况年年提升，资产设施更加完善。到2010年末，该公司的宿舍、幼儿园全部添置了过滤式饮水机。改造后的幼儿园更具特色。注重关心职工生活，职工利益得到切实维护。该公司始终把为职工办实事，维护职工的根本利益放在首位，努力提高全体职工的工资收入和福利待遇。福利经费、教育经费、防暑降温费足额用到职工身上。关心弱势职工生活，提高久病人员的收入水平，对丧失劳动能力的职工，实行定期救济。按规定足额提取救济经费，对重病困难职工定期慰问走访。有93名职工在鲅鱼圈按成本价购买了鞍钢公寓住房。

【运输分公司概况】 截至2010年末，该公司在职职工145人，其中管理和专业技术人员22人（中级以上专业技术人员6人，初级专业技术人员8人），生产服务人员123人。机关设综合管理部、生产装备部、财务驻厂组3个部门，下设4个运输车队和2个修理厂。固定资产原值3845万元、净值1091万元。拥有铲车、自卸车、拖车、货车、挖掘机等各种生产车辆124台，主要为集团公司和实业公司提供保产运输、车辆驻在、零配等服务。2010年实现收入5608万元，重大设备、火灾、轻伤以上事故为零，全面完成了实业公司下达的各项指标。面对2010年油料涨价、鞍钢生产形势依然严峻的局面，该公司不等不靠，积极稳定原有运输市场，不断寻找新的市场。2010年初，在八家子料场生产作业的鞍钢装卸大队装车能力不足，已影响鞍钢的正常生产，该公司主动利用混料机具的空闲时间到八家子料场进行装车作业，3个月共装车3174节，为鞍钢保产作出了积极贡献。该公司还组织运输一队和运输二队的自卸车辆，利用保产的空闲时间，参加尘泥山的降池和尾矿粉的外排工作，全年共运送5752车。此外，科学组织和调度现有车辆，积极为实业公司内部的综合利用分公司等单位提供运输服务。

该公司成立至今，装备更新已完成95%以上。原来的车辆卫星定位管理系统，因技术等方面的问题运行不畅。该公司终止与中国移动鞍山分公司的合同，与技术相对成熟的安徽烽火台卫星监控科技有限公司签订合同，投入14.58万元新购、更换卫星定位系统，配备卫星定位系统的车辆由原来的59台增加到114台。

在2010年经营信誉监督考核工作中，鞍山市运输管理处对该公司的普通运营车辆和危货运营车辆管理给予了高度评价，成为鞍山市道路运输协会理事单位。

【一钢分公司概况】 截至2010年末，该公司在职职工439人，其中管理人员60人，生产服务人员379人（高级专业技术人员6人，中级专业技术人员36人，初级专业技术人员40人）。机关设综合部、生产部、企管部、技术部、采购部、销售部、财会驻厂组7个部门；下设特耐分厂、中包分厂、机加分厂、铸坯检测室、车队、分割分厂、回收分厂7个基层单位。固定资产原值4187万元，净值1470万元。厂区占地面积14.2万 m^2，建筑面积3.13万 m^2。主要设备有煤气干燥窑3座、高温窑1座、耐火材料破粉碎生产线2条、雷蒙机2台、混料机20台、各种机床82台、各种运输车辆15台、5t桥式吊车6台、10t桥式吊车3台、2t单梁吊5台、各类金相分析仪器6台，配置有标准耐火材料理化检验设备。

2010年该公司紧紧围绕实业公司的发展战略，变被动为主动，积极消化不利因素，以创新、务实的态度扎实有序地推进各项工作，圆满地完成了各项生产经营任务。主要产品产量：生产制品8785t、散料6783t、特耐产品透气砖7117块，回收废旧耐材10万t，加工应急备件72t、冶金工具660t，检测钢坯4400块。实现销售收入7906万元，实现利润836.36万元。

【鲅鱼圈有限公司概况】 该公司位于营口市鲅鱼圈开发区，注册资金500万元，现有资产504万元。截至2010年末，该公司在职职工67人，其中管理和专业技术人员20人（高级专业技术人员1人，中级专业技术人员12人，初级专业技术人员4人），生产服务人员47人。该公司是集机电设备维护、检修、特种作业于一体的综合性企业，主要为鞍钢股份公司鲅鱼圈分公司提供产品和保产服务。机关设综合部、生产部、市场部及财务部4个部门。下设铸铁、设备（水系统设备维护、白灰系统设备维护）、切割、连铸、合金装车、机加6个作业区。2010年实现销售收入3264万元，利润156万元。

该公司成立伊始，秉承“高起点、高要求”，坚持“练内功、塑形象”，着力塑造实业公司在营口市鲅鱼圈开发区“窗口”的企业形象。该公司以理念创新为先导，以体制创新、机制创新、管理创新、科技创新为基础，通过业务流程再造，整合一切可用的资源，使每个员工都直面市场，为顾客提供卓越的技术、产品和服务，持续地创造有价值的订单，不断满足客户和员工日益增长的需求。

该公司2010年新增焦炭筛分、中间包分割、钢渣坨切割、皮带胶结4个项目。

【办公用品有限公司概况】 截至2010年末，该公司在职职工21人，其中管理和专业技术人员10人（中级专业技术人员5人，初级专业技术人员4人），生产服务人员11人。该公司设有综合部、经营部、物流部。

该公司为集团公司及所属控股子公司、全资子公司、直属单位、参股公司等近400家厂矿供应办公文具、办公耗材、办公设备、办公用具、办公日用品、电脑配件等6大类近万种商品和售后服务。配送范围除鞍山地区外，远至营口鲅鱼圈、辽阳弓长岭、朝阳等地区。该公司本着“厂家直销采购”的原则，掌握大宗商品核心直供渠道，与品牌厂家构建战略合作关系，从源头上保证了商品质量和价格。全面实行计算机网络管理，将物流管理系统、电子商务订购系统、进销存管理系统、自动化办公系统等多种先进的管理方式和理念融为一体，实现网络化、信息化、智能化的全过程管控。实行仓储运营、统一配送的管理模式，采用以销定采、以出定入、安全预警等先进库存管理方法，实现低库存低成本运营、高效率快节奏配送。搭建电子商务信息平台，与集团公司ATM网互联，鞍钢客户可以通过“鞍钢办公用品网上商城”直接进行浏览和订购办公用品，实现鞍钢客户足不出户轻松购物。

该公司在集团公司专业委员会的宏观管理和监督指导下，坚持“不提现、不走账、不变通”，以最低的采购成本和运营成本为集团公司各单位提供了最优质的办公用品和最便捷的增值服务，用真诚感动客户、靠服务赢得客户，用制度管理企业、靠品牌成就事业。在短短的3年时间里，该公司顺利地完成了从不断摸索向逐步完善的转变，经营业务和服务范围逐年增大，在规范管理、堵塞漏洞、降低成本等方面发挥出显著作用，逐步建立起一套独具鞍钢特色、可输出推广的办公用品管理模式。

【厂容绿化筑路有限公司概况】 截至2010年末，该公司在职职工242人，其中管理和专业技术人员62人（高级专业技术人员2人，中级专业技术人员29人，初级专业技术人员18人），生产服务人员180人。机关设综合部、绿化工程部、筑路工程部、供应部、对外工程部、财务驻厂组6个部门。下设绿化管护队、保洁队、绿化队、筑路工程公司等14个基层单位。固定资产原值2094万元，净值348万元。拥有房屋建筑10幢，工具仪器9套；主要生产设备有孚格勒摊铺机、维特根铣刨机、筑路专用机械设备及各种运输设备、动力设备91套。该公司拥有城市园林绿化企业一级资质证书。主要经营项目：道路设计施工、园林绿化景点设计施工，给排水和路灯等工程设计施工，草坪、林带管护，环卫清扫、保洁等。2010年实现产值1.36亿元，超额完成上级下达的利润指标。实现重大设备、火灾事故为零。绿化成活率95%以上，绿化工程合格率100%，筑路工程合格率100%，用户投诉率为零。

2010年，该公司通过了ISO9001质量、环境、安全三标认证证书复核和国家城市园林绿化企业一级资质。坚持“客户至上，质量为本”的经营理念，以诚信、高效、优质为经营宗旨，推行工长负责制，强化独立核算，效益计酬；执行内部工程定额、内部工程预算等制度，激发广大员工的积极性、主动性和创造性，收入、利润水平保持了持续稳定增长。

【热轧工程有限公司】 截至2010年末，该公司在职职工189人。公司共设3个部、11个队、4个车间。共有资产1375万元，其中固定资产原值421万元，净值39万元，注册资金600万元。该公司以工程施工（劳务用工）为主，兼具金属加工、废钢铁加工等。2010年实现销售收入5130万元，利润387万元。

2010年该公司用人工扒皮、清角的方法清除连铸坯在浇铸、冷却过程中表面形成的悬浮物质（俗称夹杂）或角部气泡、裂纹，保证成品钢材的质量，为2150线板材占领精品钢材市场起到保障作用。第三炼钢连轧厂对铸坯清理质量要求非常严格，允许废弃品率为1.2‰。如果不能满足这个质量要求，就将退出这个市场。该公司在质量管理、清理技术、工艺改革、严格执行生产制度等方面，聘请第三炼钢连轧厂生产技术部的专业技术人员讲解清理工艺；清理后板坯由有关岗位人员自检、班长复检，最后由第三炼钢连轧厂质量检查员确认；生产中加大质量检查、考核力度。通过以上措施，取得了理想的效果。多年来，该公司这个项目的废弃品率始终保持在0.48‰～0.6‰的水平，在同行业中处在领先位置。

【冶金机械有限公司概况】 截至2010年末，该公司在职职工114人，其中管理和专业技术人员21人（工程师3人，助理工程师10人，高级技师1人），生产服务人员93名。机关设生产部、经营部、技术质量部、综合部、财务部5个部室，下设堆焊、机加、装配3个作业区。厂区占地面积2.1万 m^2，建筑面积1.2万 m^2，注册资本500万元。2010年实现销售收入4780万元，利润503万元。

该公司具有大型自动双机头埋弧摆动焊床6台，可堆焊直径1580mm以下，重量60t以下的重型轧辊。从英国进口的明、埋弧两用摆动堆焊设备15套，可堆焊直径500mm以下轴类、辊类和用于磨盘和磨辊的在线修复。对开式电炉两座（分别为6m×1.8m×1.8m和10m×2.2m×2.2m），可进行热处理。从英国进口的磨盘和磨辊全自动堆焊设备两套，可执行磨盘和磨辊的离线修复。重型轧辊车床3台，可加工 ϕ2500mm×10000mm以下的重型轧辊。卧式导轨磨床1台，立式车床1台，滚齿机1台，单臂刨床1台，深孔钻镗床2台，里孔磨床1台，外圆磨床4台，液压试验台2台，其余机械加工设备60余台。

该公司业务除了轧辊堆焊和预保护，还增加了各种大型轧辊、连铸辊及连铸生产线的相关附件、工业用液压缸的修复及新品制作，立磨和辊压机的修复及新品制作、矿山机械制造等。主要以集团公司为服务对象，并辐射到本钢、莱钢、武钢、冀东水泥、鲁新建材等大型企业。2010年，又进一步拓展了八钢、吉钢等外部市场。液压缸修复及新品制作项目得到进一步的扩大，全年修复及制作液压缸的种类已经达到1000余种。

企业的抗风险能力增强，竞争能力提升，同时结合各作业区生产特点制定有效的考核分配办法，职工收入稳中有升，充分调动了职工积极性，劳动生产率明显提高。分配机制的不断完善，形成了科学的多元化管理模式。十几年来该公司不但为集团公司降低成本做出了突出贡献，为沙河镇、立山区经济发展也做出了很大贡献，得到社会各界的认同，连续多年被评为辽宁省“守合同重信用”企业，多次被税务局授予“纳税明星企业”、“纳税免检企业”等荣誉称号。

【乳业有限公司概况】　截至2010年末，在职职工235人，其中管理和专业技术人员31人（中级以上专业技术人员20人），生产服务人员204人。机关设综合部、品控部、生产经营部和采购部4个部门，下设生产中心、养殖中心、销售中心3个基层单位。主要产品有鲜牛奶、酸奶、乳饮料、矿泉水等，日处理牛奶30t。2010年，该公司紧紧围绕扩大市场占有率，提高产品稳定性，增强企业凝聚力开展工作，克服政府占地、原料价格暴涨等不利因素，真抓实干，扬长避短，圆满完成了上级下达的各项经营指标。实现销售收入5744.5万元，超预算267.9万元；完成利润173万元，同比增加27.4万元。2010年是乳业公司组建以来综合效益最好的一年。

2010年荷斯坦奶牛存栏量1070头。在奶牛饲养上，实行全群TMR饲喂方式，保证营养更均衡，提高了育成牛繁育能力；突破传统模式，奶牛全群分类饲养；实行产后尽快集中榨乳，有利于产后康复，保证了牛奶产量；尝试新的更合理的饲料配方，用进口苜蓿草替代国产苜蓿草，用低价蛋白辅料替代传统高价辅料，既保证精料营养又降低了成本。进一步规范企业管理，加强员工的技能培训，不断提高饲养能力。严格限制养殖区和生活区的车辆和人员的出入，避免各种病毒侵入牛场。

2010年，该公司克服了不停产装修厂房和搬迁设备的困难，在最短的时间内，用最少资金完成了矿泉水车间搬迁改造，并一次性试车成功。加强工程管理，针对各项工程的不同重点和工期要求，采取招标、议标的办法，合理控制工程造价，保证时间和质量。强化预算的严肃性，减少非生产性开支。业务招待费、差旅费等包干设限，所有非生产性开支严控严管，改造工程控制在预算价格以下，有效控制了计划外开支。

2010年，通过细化工艺管理，严格操作考核，提高检验标准，改善作业环境，确保了产品质量稳定。调整和细化了原料奶检验过程，保证原料奶安全、无抗生素残留。调整了CIP清洗程序，有效防止管道内细菌残留；调整了夏季杀菌时间和温度，提高了鲜奶夏季的保鲜时间；调整了在线检测的频次和关键点，保证了产品加工过程全方位受控。

2010年，杀菌乳、酸牛乳、配方乳通过方圆标志认证集团的危害分析与关键点（HACCP）体系认证监督审核。

【微细铝粉有限公司】　该公司主要以生产球形铝粉为主，产品广泛应用于化工涂料、铝银浆以及航天等相关和新兴领域。该公司2010年生产铝粉3470t，比2009年增加1070t，销售收入8700万元，生产工艺指标等超额完成2010年的生产经营目标。

该公司始终以“强化区域管理、推行精细化生产”的思路组织生产，发挥装备能力，优化工艺参数。在工艺技术上，不断坚持技术创新，其自主研发的“双喷嘴雾化生产装置”于2010年荣获第62届德国纽伦堡发明奖金奖，同期荣获中国第19届中国发明奖金奖。紧紧抓住市场机遇，制定“巩固发展传统行业打基础，积极开拓新兴行业促发展”的市场策略，成功开发钛白粉、靶材等新兴行业市场。该公司在2010年产品指标达到历史最好水平，销售市场取得一定突破，产品实物质量稳定，企业得到快速发展。

【输变电工程有限公司概况】　截至2010年末，该公司在职职工190人，其中管理和专业技术人员57人（中、初级专业技术人员52人，其中建造员2人、二级建造师10人），生产服务人员133人。注册资金1000万元。机关设综合管理部、工程管理部、经营计划部、技术开发部、财务驻厂组5个部门。下设电气安装队、线路施工队、继电保护调试队、车辆运输队4个施工队。主要承担220kV及以下送电线路、同电压等级变电站建筑安装，混凝土制品、钢结构制作，配套道路工程施工，室内外装修工程的安装、调试、设计等。

该公司具有建筑安装业送变电专业承包三级企业资质，电力设施承装（修、试）三级许可证，并取得ISO9001：2008质量体系认证书、市级重信用守合同证书、工商管理免检企业证书。培训了一大批施工工长、施工员、质检员、安全员、合同员，并取得特殊工种作业证及电工入网许可作业证。

该公司注重技术进步，引进并掌握代表当代国内最先进的设备仪器和调试技术，拥有状况优良的TDT-6型绕组变形仪、MD2000AD型微机多项保护测试仪、CR-401型机械压力机、SEBAKMT电缆故障测试仪、ZMY-2000型直埋电缆故障测试仪、HTZKZ-Ⅳ型真空度测试仪、ZYD-100型高级双效滤油机、HTVA-Ⅲ型伏安特性综合测试仪、SM80型有载调压开关测试仪、85A电缆切刀、EP-431手动压钳等多种先进的设备、仪器、工机具。拥有1台JQZ35K汽车吊和1台JQZ16汽车吊，4台依维柯中型工程试验车，10台解放等轻型、中型货车，1台吉普车等生产运输车和公务用车。

该公司组建14年来，担负着鞍钢电力系统所属60多个枢纽变电所的新建、改建、扩建等施工任务。以“立足鞍钢，服务鞍钢”为主要的经营策略，本着“发奋、发展、发达、拼争、求实、奉献”的企业精神，竭诚为集团公司的腾飞发展再立新功。近年来，该公司参与鞍钢若干个大型技术改造工程项目、年修项目，为鞍钢新建了220kV以下的大型变电所22座，更新改建大型变电所24座，组塔360多基，架线700多千米，电缆敷设45万多米，安装66kV电力变压器75台。承担鞍钢电网继电保护调试任务。该公司在鞍钢电气工程领域具有很高的知名度。

2010年，在鞍钢生产经营十分严峻的情况下，该公司克服重重困难，完成了鲅鱼圈3.8m中厚板生产线总降压变电所设备安装和调试工程、04变电所改造电气工程、鞍钢4号回转窑电缆敷设及变电所改造工程、新建西区运焦与老区运焦连接通廊供电电缆迁移工程、南区和北区继电保护试验工程、1700线继电保护试验工程、高压供电电气施工工程等项目。全年实现产值4610万元，实现利润540.6万元，全面超额完成上级下达的各项指标。

【金属结构有限公司概况】 该公司始建于1988年，是煤气柜的专业制造商，产品占有量稳居国内同行前列。截至2010年末，在职职工264人，管理和专业技术人员167人、生产服务人员97人。固定资产原值2885万元，净值710万元。机关设人力资源部、市场营销部、综合计划部、质量管理部、采购部、工程技术部、运营管理部、安全管理部、设备管理部、办公室10个部门。下设环保运营分公司、鞍钢分公司、鲅鱼圈分公司、朝阳分公司、工业工程分公司、环保工程分公司、控制工程分公司、煤气柜检修分公司8个分公司和设计研究所、煤气设备制造厂、设备协力中心3个分支机构。2010年，承建煤气柜6座，储存容积近100万m^3。开拓环保除尘市场，打造了新的支点。2010年实现收入1.1亿元，利润231万元。印度电钢总公司煤气柜工程制作全部完成，符合国际标准。这是该公司继土耳其煤气柜工程后，又一项高标准、严要求的国际项目，为开拓国际市场打下坚实的基础。鞍钢西区脱硫除尘系统成功运营，标志着在专项运营项目上取得突破。

2010年通过了国家环保总局的测评，取得了国家除尘脱硫甲级资质。是集团公司第一家拥有这个资质的企业，为环保除尘专业化运营取得了资质上的保证。

小品种物料无尘装车装置获得国家专利局受理；3万m^3煤气柜改5万m^3煤气柜工艺技术通过省级技术成果鉴定；煤气柜干式顶升法技术攻关成果获得集团公司先进技术成果奖；QC课题“稀油密封煤气柜密封机构的研制”获辽宁省二等奖。

【鞍山科德轧辊表面处理有限公司概况】 该公司是实业公司和上海科德轧辊表面处理有限公司（加拿大科德集团和宝钢的合资企业）共同投资设立的合资企业。注册资本400万元人民币，双方出资比例各为50%。该公司采用加拿大科德集团的技术工艺和管理模式，并享有技术升级的获取权。该公司在职职工14人，管理和专业技术人员6人，生产服务人员8人。该公司成立以来，认真贯彻“服务主体，以一流的技术提升钢铁主业产品品质”的方针，利用加拿大科德集团强大的技术资源，为鞍钢股份公司冷轧厂提供多层次、多角度的产品和技术服务。该公司根据鞍钢各条冷轧生产线轧制力、加工料的不同，对加工工艺、使用技术进行动态调整。在日常生产中，坚持推行“零缺陷”质量管理，致力于轧辊镀铬技术的持续创新和改进。鞍钢冷轧各生产线轧机、平整机工作辊采用先进的镀铬工艺处理后，轧制汽车板及家电板的表面质量、轧制精度大幅度提高，停机换辊时间大幅度降低，有效作业率提高5%，轧后反射率提高10%～12%。目前，该公司已经为鞍钢冷轧厂提供了1.7万多支次的轧辊镀铬服务，没有一起质量事故和客户投诉事件，产品合格率达到了100%，得到了鞍钢冷轧厂的好评。

对质量控制的严格苛求使该公司在国内高端冷轧辊镀铬领域树立起良好信誉和过硬的品牌。该公司在服务鞍钢冷轧厂的同时，不断拓展社会市场，截至2010年末，已开拓鞍钢冷轧、鞍钢新轧蒂森克虏伯、鞍钢天铁冷轧、首钢冷轧、曹妃甸冷轧和唐钢冷轧等市场。随着产能的提升和市场开发力度的加大，该公司将为更多从事冷轧生产、铝箔加工、纺织、有色金属等方面企业提供高质量的镀铬产品和加工。

【鞍钢贝克吉利尼水处理有限公司概况】 该公司是鞍钢实业集团有限公司和德国贝克吉利尼有限公司共同投资设立的合资公司。共投资5500万元人民币，双方出资比例各为50%。截至2010年末，在职职工138人，管理和专业技术人员58人（本科以上学历人员43人、研究生以上学历人员3

人、外国专家1人)，生产服务人员80人。机关设综合管理部、财务控制部、生产部、技术研发部4个部门。下设鞍山、鲅鱼圈、朝阳3个现场服务部。到2010年末已经顺利接管集团公司的101个水处理系统，实现销售收入2804.5万元。从2010年8月开始实现盈利。

该公司以“服务鞍钢，稳定系统”为宗旨，保证了鞍钢水处理系统的稳定运行。投入大量资金对部分水处理系统的加药设备进行改造，为鞍钢水处理系统稳定运行提供了强有力的保障。同时还为每个系统建立了系统档案，从而为更好地解决水处理系统存在的问题保存和积累了资料。

【鞍钢斯多伯格三一冶金材料有限公司概况】 该公司是实业公司与韩国斯多伯格三一公司共同投资设立的合资公司。共投资5876万元人民币，双方出资比例各为50%。2010年3月2日正式设立，2010年11月15日竣工投产。该公司位于鞍山市达道湾工业园区，厂区占地面积2.2万m^2。主要生产冶金连铸业重要辅助材料——连铸结晶器保护渣，年生产能力2万t。该公司在职职工44人，其中外国专家3人，管理和专业技术人员14人(中级专业技术人员6人，初级专业技术人员5人)，生产服务人员27人。拥有固定资产原值3306万元，固定资产净值3296万元。机关设综合部、采购部、销售部、财务部、品质管理部、生产运行部6个部门。下设1个生产车间。

连铸结晶器保护渣是炼钢厂连铸生产中的主要辅助材料，在钢厂各铸坯工艺中被广泛应用。该公司以德国斯多伯格公司为连铸结晶器保护渣的强大研发后盾，辅以世界一流的设备和完善的化检验手段，为产品质量提供可靠的保证。

该公司的外国投资方韩国斯多伯格三一公司是德国斯多伯格公司和韩国三一公司的合资企业，是国际著名的高档连铸保护渣生产企业。其产品研发、生产技术处于世界领先水平，在大多数国际先进钢铁企业有着良好的供货业绩。德国斯多伯格公司是全球最大的保护渣供应商，在全世界7个国家设有生产厂。实业公司同韩国斯多伯格三一公司进行合作，目的是依托鞍钢等国内市场，提高国内高档优质保护渣生产制造能力，提升鞍钢和国内其他钢铁企业连铸坯质量，对集团公司打造非钢产业知名品牌和实现多角化经营有着十分重要的意义。

(刘永先)

房地产开发集团有限公司

【概况】 2010年末，房地产开发集团有限公司有员工1979人，其中干部541人(高级职称56人，中级职称212人，初级职称230人)，工人1438人。退休职工516人(企业改制前离退休人员6832人由房产集团托管中心代为鞍钢管理)。该公司下设房产建设有限公司、建筑设计院有限公司、物业管理有限公司和鞍山建元建筑工程检测有限公司4个全资子公司和安全门厂、协成建材分公司2个分支结构。房产建设有限公司下设第一建筑工程分公司、第二建筑工程分公司、第三建筑工程分公司、第四建筑工程分公司、建筑工程分公司、建筑材料分公司和机械运输分公司7个所属单位。由该公司代为管理的集体企业有房产第五建筑工程公司、房产建筑安装公司、房产实业建筑工程公司和房产塑钢厂。公司占地总面积29万m^2，建筑面积5.64万m^2。2010年末，拥有固定资产原值2.48亿元，比上年同期增加3464万元，固定资产净值1.14亿元，同比增加1229万元。该公司总部机关设有综合办公室、开发部、工程部、财会部、物资部、销售部、技术质量部、产品事业部、人力资源部、安全环保部、纪委、工会、党委工作部和托管中心14个职能管理部门。主要施工生产设备782台，设备总重量3.05万t，总装机容量2.8万kW。主要建筑施工设备有40t·m以上塔式起重机103台，单机最大起重量170t·m，施工升降机79台。混凝土搅拌及配套设备有120m^3/h搅拌站2座，90m^3/h移动搅拌站1座，8m^3混凝土运输车30台，混凝土输送泵车10台。主要工程机械和运输设备有，载重13t斯太尔重型自卸车辆40台，6t以上各种普通货运车辆18台，30t重型平板半挂货运车1台，35t汽车吊1台，20t汽车吊2台，8t汽车吊2台，最大功率180kW挖掘机5台，装载机14台，220马力推土机2台。主要产品生产设备242台，总装机容量0.3万kW。全年完成企业总产值16.8亿元，同比增长14.1%。其中，建筑施工产值13.8亿元，产品生产产值2.4亿元，运输设计加工等产值6041万元，与上年同期相比，分别提高15%、10%和17%。销售收入首次突破20亿元，实际完成21.3亿元，为上年同期1.08倍。利润总额首次超过亿元大关，达到1.5亿元，比上年同期增长

4.1 倍。商品房和建材产品利润增长率，分别比上年同期增长 14.4 倍和 9%。

【房地产开发成果显著】 2010 年，该公司开发投资、建设面积、销售回款等房地产业发展主要指标，继续处于总体上行和较快增长区间。全年完成房地产开发投资 3.45 亿元，在建商品房面积 31.7 万 m^2。商品房预售收入 5.1 亿元，比上年同期增长 29%。鞍钢嘉园按期派户，项目决算总投资 4.4 亿元，结转销售收入 5.14 亿元，形成毛利 1.47 亿元。鞍钢景园主体结构封顶，各专业分项工程按预定计划有序推进，项目开盘后累计实现预售收入 3.3 亿元。医专项目总体建设规划获得批准，前期手续、规划图和施工图设计等重点准备工作逐步展开。配合鞍钢集团完成鲅鱼圈钢铁新区职工公寓 68.7 万 m^2 住宅销售分配工作。鲅鱼圈二期工程四街坊 25.8 万 m^2 住房按期达到派户条件，三街坊 14.8 万 m^2 建设项目单体工程基本结束。

【建筑施工持续发展】 2010 年，该公司建筑施工产业规模和发展能力明显增强。全年建筑工程总规模达到 228.3 万 m^2，同比增长 11.4%。其中，房地产开发 31.7 万 m^2，市危房改造工程 128.5 万 m^2，鲅鱼圈职工公寓二期工程 40.6 万 m^2，市政建设等其他工程 27.5 万 m^2，鲅鱼圈和危改房两项工程分别比上年同期增长 12.6% 和 6.2%。东沙河二期、千山日新二小区、建工宾馆西等 52 万 m^2 危改房工程实现按期交工派户。千山日新三小区、红岭家园、湖畔香台等 74.5 万 m^2 新建危改房建设工程，分别达到市政府计划形象进度。万盛街、友谊小学等待建项目施工准备全部就绪。承建鞍山市商务大厦 B 座等市政建设工程 22.2 万 m^2，占年度建筑施工总规模 9.7%，同比增幅 25.3%。

【主导产品产销稳定】 2010 年，该公司在施工规模与内外市场双向拉动下，主要产品继续保持产销总量稳步增长。全年完成产品销售产值 2.3 亿元，比上年同期增长 11%。其中，内销产品 2.02 亿元，增长 34%。硅酸盐系列产品销售产值同比增长 15%，金属建材产品产销规模保持相对稳定。投资 990 万元，建成一座 2m^3 混凝土搅拌站，对移动式搅拌站实施技术改造，新增产能 40 万 m^3，商品混凝土南北两大基地的产业格局基本形成，年产能力达到 90 万 m^3。修订产品企业标准和工艺技术规程 18 项。应用助磨剂改进工艺配比，提高水泥产量 17%，增加销售产值 400 万元。17 种形式 21 个规格防火门通过国家消防产品合格评定，四面厚铺门芯折弯一体成型防火门投入批量生产，GGD 交流低压配电柜通过 CCC 质量认证。申报外墙保温干混砂浆、散热器内防腐涂装工艺等 6 项专利和专有技术。

【产业发展能力增强】 2010 年，该公司在利用新技术、新工艺、新材料改造传统产业方面取得良好成果。完成“模板体系垂直度与平整度多用检测尺”等 9 项专利申报。推广应用新型木塑模板、玻璃纤维增强复合材料保温板等新材料、新工艺。剪力墙沉降缝处的模板施工技术、新型助磨剂在水泥生产中的应用等 8 项专有技术得到认定。剪力墙结构墙体装饰施工等 2 项工法申报省级工法。建筑设计院晋升为甲级院。山南一街坊 7 号楼评为辽宁省世纪杯工程，鞍钢嘉园 2 号楼、3 号楼评为辽宁省优质主体结构工程，鞍山长大医院老年病康复治疗中心评为辽宁省用户满意工程，鞍钢嘉园 1 号楼等 54 项工程申报鞍山市千山杯和优质主体结构工程。施工质量继续保持鞍山地区同行业领先地位，房建公司被授予辽宁省优秀建筑业企业和辽宁省用户满意企业。

【管理工作不断强化】 2010 年，该公司规范财务管理运行机制，加强现金流量预算管理，严格控制预算外支出，压缩非生产性可控费用。全年流动资金周转率 1.23 次，比鞍钢考核计划提高 0.52 次。资产负债率比上年同期下降 5.02 个百分点。完成材料设备采购金额 8.86 亿元，降低采购成本 830 万元，周转材料租赁收入 330 万元。加强安全生产职能管理，保证安全措施费投入，推进安全标准化工作，编制完成 93 个主要岗位及工种的安全作业指导书。修制定专业管理制度与核心管理制度 11 项。通过了 GB/T 19001—2008 新版标准质量体系复评审核。加强企业资产管理，开展“小金库”等专项治理工作。严格临时用工申报审批制度，加强劳务用工与劳务费管理，基本建立多种形式并存的劳动用工模式。制定 49 个工种劳动定员定额标准，组织职工培训 3306 人次。加强合同与法律事务管理，清回内外部债权 1.1 亿元。

【职工生活改善】 2010 年，该公司在抓项目、保规模、促发展的同时，实现企业效益与职工收入同步增长。按照实收资本 3.9% 进行 2009 年度利润分红，其中职工股分红 305 万元。推进企业年金实施方案，完善职工补充养老保险体系。救济在岗困难职工 117 人次，发放救济金 4.5 万元。开展“金秋助学”活动，救助困难职工子女 47 人次，发放救助金 10.3 万元。为 222 人次提供医疗救助金 40 万元。走访居家休息职工和离退休人员 2469 人次，发放救济金 71.9 万元。安排在岗职工健康体检 2004 人。慰问鲅鱼圈职工 300 多人次。加强施工现场和厂容厂貌建设，加强职业健康管理，一线职工的作业条件和休息环境得到进一步改善。

【第一建筑工程分公司概况】 2010 年末，第一建筑工程分公司有职工 231 人，其中干部 48 人（高级职称 1 人，中级职称 12 人，初级职称 34 人），工人 183 人。公司机关设有工程管理部、技术质量部、设备管理部、物资供应部、综合部、党委工作部 6 个职能部室，下设 10 个工程项目部，1 个运输车队，1 个钢筋加工站。拥有固定资产原值 2729.44 万元，净值 1769.32 万元，新增固定资产 1031.5 万元。主要施工设备 89 台，其中，塔式起重机 31 台，QT80 型塔机 1 台，QT63 型塔机 13 台，QT40 型塔机 17 台。SC200/200 型施工升降机 26 台，搅拌机 31 台，数控箍筋机 1 台。公司机关办公楼建筑面积 2280m^2。2010 年，该公司承建工程建设总面积 49.3 万 m^2，完成建筑施工产值 3.4 亿元，分别比上年同期增长 49% 和 81.8%。实现利润 1012 万元，超出计划 209 万元，同比增长 85.5%。设备完好率 98.6%，利用率 84.5%。东沙河一期、二期，红岭家园，庙尔台等鞍山市危旧房改造工程和鞍山市交警指挥中心，创意大厦，服务大厦等市政建设工程按期完成计划形象进度。在建工程分部分项工程合格率 100%，单位工程质量一次交验合格率 100%。鞍钢景园 3 栋建设项目被鞍山市建委确定为全市观摩样板工程，鞍山市长大医院老年病康复治疗中心被评为辽宁省用户满意工程。

【第二建筑工程分公司概况】 2010 年末，第二建筑工程分公司有职工 224 人，其中干部 46 人（高级职称 2 人，中级职称 15 人，初级职称 24 人），工人 178 人。公司下设办公室、工程管理部、技术质量部、设备管理部、劳资企管部、物资供应部和党委工作部 7 个职能部室，8 个工程项目部，1 个汽车运输队。有办公用房屋 4 座，占地面积 2.01 万 m^2，建筑面积 2288.5m^2。拥有固定资产原值 2271 万元，净值 1540 万元，新增值 501 万元。主要施工设备 81 台，其中，升起高度 100 m，工作幅度 45 m 的 QTZ40 塔式起重机 12 台，升起高度 150 m，工作幅度 50 m 的 QTZ63C 塔式起重机 14 台。25m^3/min JS500A 型强制搅拌机 10 台，SSE160 型自升式简易升降机 3 台，安装高度 100 m 载重量 2t 的施工升降机 17 台。2010 年，该公司承建工程项目总规模 20.77 万 m^2，其中，住宅 12.57 万 m^2，网点及公建 2.23 万 m^2，其他工程 5.97 万 m^2。全年完成建筑工程产值 3.70 亿元，比上年同期增长 26.7%，实现利润 1750.99 万元。设备完好率和利用率分别为 98% 和 72%。工程分部分项合格率 100%，单位工程一次交验合格率 100%，鞍山市商务大厦获得鞍山市“质量安全示范工地”称号，鞍钢嘉园 2 号楼、3 号楼被评为辽宁省优质主体工程。

【第三建筑工程分公司概况】 2010 年末，第三建筑工程分公司有职工 216 人，其中干部 57 人（高级职称 2 人，中级职称 15 人，初级职称 35 人），工人 159 人。公司下设办公室、工程管理部、技术质量部、设备维修部、劳资教育部、供应部和党委工作部 7 个职能部室，7 个工程项目部，1 个综合队。拥有固定资产原值 1912.95 万元，净值 1230.8 万元，新增值 669.4 万元。主要施工设备 88 台，其中 QTZ40 塔式起重机 13 台，QTZ63 塔式起重机 7 台，JZ350 滚筒搅拌机 27 台，TS500 强制搅拌机 4 台，SSE160 自升式简易升降机 13 台，SC200/200 型施工升降机 20 台，动力设备变压器 4 台，设备利用率 90%，完好率 98%。公司占地面积 1.57 万 m^2，建筑面积 2236.94m^2。2010 年，该公司承建鞍山市旧堡区危房改造、庙尔台湖畔香台和鞍钢景园等工程项目，建筑施工总面积 59 万 m^2，比上年同期增长 27.7%。完成建筑施工产值 3.2 亿元，同比增长 13.1%。实现利润 668 万元，超计划 103%。在建工程分项合格率 100%，竣工工程一次交验合格率 100%。山南 7 号楼被评为辽宁省世纪杯工程，千山日新小区 DN1 ~7 号楼和 DN1 ~8 号楼被评为鞍山市优质主体结构工程。完成专利和专有技术申报 2 项。

【第四建筑工程分公司概况】 2010 年末，第四建筑工程分公司有职工 213 人，其中干部 54 人（中级职称 17 人，初级职称 32 人），工人 159 人。公司下设办公室、工程管理部、技术质量部、设备维修部、劳资企管部、物资供应部和党委工作部 7 个职能部室，6 个工程项目部（B 级项目部 2 个，C 级项目部 3 个，D 级项目部 1 个）。该公司拥有固定资产原值 2183.22 万元，净值 1360.37 万元，新增值 645.42 万元。主要施工设备 82 台。其中，塔吊 25 台，搅拌机 19 台，自开式升降机 38 台。公司占地面积 1662.5m^2，办公楼建筑面积 3036m^2。2010 年，该公司承建工程建筑总面积 43.95 万 m^2，同比增长 12.7%。其中，鞍钢鲅鱼圈钢铁新区职工公寓二期工程三街坊 14.78 万 m^2，四街坊 16.05 万 m^2，鞍山市危旧房改造工程千山日新小区 9.27 万 m^2，其中建筑工程 3.85 万 m^2。

全年完成建筑施工产值3.14亿元，比上年同期增长27.1%。实现利润744.76万元，同比增长2%。

【建筑工程分公司概况】 2010年末，建筑工程分公司有职工45人，其中干部21人（中级职称11人，初级职称10人），工人24人。公司设有工程管理部、计划经营部、技术质量部和综合部4个职能部室，4个工程项目部。公司占地100m^2，建筑面积100m^2。拥有固定资产原值161.5万元，净值79.4万元。主要施工设备有QTZ40塔式起重机2台，QTZ80塔式起重机1台，JS500搅拌机3台，SSE160升降机2台，200kVA S9变压器1台。2010年，该公司承建鞍山市危房改造工程12.6万m^2，完成施工产值5065万元，分别较上年同期有所减少。

【建筑材料分公司概况】 2010年末，建筑材料分公司有职工277人，其中干部55人（高级职称3人，中级职称16人，初级职称24人），工人222人。公司机关设有生产部、销售部、技术质量部、财务部和综合管理部5个职能部室。下设商品混凝土搅拌站、水泥车间、新型建材车间、机械加工车间和外加剂车间5个车间级单位。厂区占地面积11.07万m^2，建筑面积1.01万m^2。拥有固定资产原值5191.7万元，净值2491.3万元，新增值750.4万元。主要生产和运输设备有混凝土搅拌运输车30台，混凝土输送泵车4台，车载泵2台，ZL50装载机8台，散装水泥车3台。ϕ2.4m×7m水泥磨机1台，HZS120—2m^{3}搅拌站1座，HZS90—1.5m^{3}搅拌站1座，SICOMA—2m^{3}搅拌站1座。主要产品有预拌商品混凝土、矿渣硅酸盐水泥、烟道管、路面砖、外加剂等。2010年，该公司生产商品混凝土55.83万m^3，水泥12.25万t，通风道3.9万m^2，路面砖1.75万m^2，分别比上年同期增长18.3%、11.4%、21.9%和9.4%。生产外加剂1901t。完成加工产值680.08万元，同比增长36.3%。全年实现企业总产值1.7亿元，比上年同期增加2900万元，同比增长17.1%。实现销售收入1.77亿元，利润总额2007万元，分别比上年同期增长17.2%和29.6%。2010年，该公司产品生产继续保持规模化发展，新建1座2m^{3}混凝土搅拌站，对移动式搅拌站实施技术改造，建成1座1.5m^{3}混凝土搅拌站，实现当年改造当年收益目标，创造了日产商品混凝土4656m^{3}历史最高纪录。完善产品工艺操作规程，产品质量稳步提高。改进水泥助磨剂应用技术，提高水泥产量10%以上，多创效益60万元，全年生产水泥11.84万t，创历史最好水平。开展产品原料替代研发工作，降低生产成本，消化涨价因素，实现产品生产与经营效益同步增长。申报外墙保温黏结砂浆、抹面砂浆专利和水泥助磨剂等专有技术。开展混凝土砖系列产品、水泥生产线转产粒化高炉渣微粉、尾矿粉综合利用等可行性研究。推进混凝土养护剂产品市场开发取得新成果。

【机械运输分公司概况】 2010年末，机械运输分公司有职工102人，其中干部29人（高级职称2人，中级职称12人，初级职称9人），工人73人。该公司设有生产部、综合管理部和党委工作部3个职能部室，4个基层厂队。拥有固定资产原值4215万元，净值1169万元。厂区占地面积3.8万m^2，建筑面积1.25万m^2。配有大型运输车辆、工程施工机械、金属加工机械和结构制造机械118台。货运车辆及工程机械综合作业能力4000m^3/d，年货物运输平均周转量3.71亿t·km，同比增长23.8倍。可承担大型土石方工程、建筑材料和各种物资的运输，汽车和工程机械大中小修，起重设备安装及大修，各类钢结构件制作安装，金属加工制作等。2010年，该公司完成总产值3949万元，实现利润206万元，分别比上年同期增长19%和1.68倍，创造了该公司成立以来历史新纪录。

【建筑设计院有限公司概况】 2010年末，建筑设计院有限公司有职工60人，其中干部46人（高级职称15人，中级职称27人，初级职称6人），工人14人。该院设有7个职能部室，其中3个专业设计室、3个管理部室、1个地质勘测大队。该院是国家住宅与城市建设部审批注册的综合性工程勘察设计院，2010年4月晋升为甲级建筑工程设计单位，同时持有乙级工程勘察和丙级工程测绘资格证书。具有工业与民用建设项目可行性研究、地质勘探与测量、总体规划、施工图设计等全过程的技术支持和服务能力。办公楼占地面积2708m^2，建筑面积3221.49m^2。主要设备有静力触探车、地质钻探车、全站测绘仪、彩色自动绘图仪、工程复印机、模型机等专业配套设备90余台。拥有固定资产原值249.11万元，净值68.18万元。2010年，实现销售收入1272万元，同比增加13.73%。实现利润总额14万元。勘察设计合格率100%，优良率70%。2010年，该院购置了高配置计算机和专业设计软件、彩色自动绘图仪等先进配套设备，实现了规划设计全过程微机计算、微机出图、数据共享，规划设计总体能力和质量水平明显提高。承担并完成了建国东路西、红岭家园、千山东路庙尔台、达道湾新城DN1地块改造工程项目的建筑设计；建国东路西、红岭家园、千山东路庙尔台、达道湾新城 DN1、DN2 地块改造、原鞍钢医专等建设工程规划设计；立山三冶小区北太平大队、建国东路西、红岭家园、千山东路庙尔台、鞍钢鲅鱼圈钢铁新区职工公寓三街坊、四街坊环境设计等项工作。完成了原鞍钢医专开发项目地形补测和土方测算，海城全境加油站地籍测量和鲅鱼圈职工公寓地下管线测量，测图总面积 565.95 万 m^2。

【鞍山建元建筑工程检测有限公司】 2010 年末，鞍山建元建筑工程检测有限公司有职工 11 人，其中干部 3 人（高级职称 2 人，中级职称 1 人，初级职称 4 人），工人 8 人。该公司是房产集团全资子公司，是辽宁省建设厅注册的建筑工程材料检测单位，持有辽宁省工程质量检测机构资质证书，具有建筑工程材料见证取样的检测能力。公司拥有固定资产原值 158.01 万元，净值 112.17 万元。主要检测设备有压力试验机、万能试验机、水暖检测、门窗检测、砂浆检测、水泥检测、混凝土检测等专业设备 97 台（套）。2010 年，该公司采用全自动数据采集系统，提高了送样检测数据的精度和能力，承担了鞍山市多项建筑材料数据检测，完成检测试验 2.28 万份，受理检测项目 5.08 万个，检测种类 37 余种，反馈不合格报告 95 份，保证出具的检测数据真实、准确，避免了不合格工程材料进入施工现场。2010 年，该公司完成销售收入 204 万元，实现利润 34 万元，年内完成检测建筑总面积 110 万 m^2。

【物业管理有限公司概况】 2010 年末，物业管理有限公司有职工 60 人，其中干部 8 人（中级职称 5 人，初级职称 2 人），工人 52 人。公司设有综合管理部、物业管理部和工程部 3 个职能部室，下设鞍钢花园、鞍钢嘉园 2 个物业服务中心。2010 年，公司注册资金增加至 150 万元。实现经营收入 902.2 万元，利润 170.4 万元，创该公司成立以来历史最好水平。4 月份全面接收鞍钢嘉园小区物业管理，该小区总建筑面积 12.3 万 m^2，742 户。由该公司负责物业管理的小区总面积达到 25 万 m^2。该公司通过完善管理体系和服务流程，进一步提高了员工素质、管理工作和服务水平。

【安全门厂概况】 2010 年末，安全门厂有职工 90 人，其中干部 14 人（中级职称 5 人，初级职称 8 人），工人 76 人。厂机关设有生产管理部、销售部、技术质量部、综合管理部和党委工作部 5 个职能部室，下设安全门、低压开关和结构制作 3 个生产车间。厂区占地面积 5.2 万 m^2，建筑面积 5024m^2。拥有固定资产原值 795 万元，净值 187 万元，新增值 32.3 万元。主要生产设备有数控剪板机、数控冲模压力机、液压折弯机、快速处理机、平板真空转印机等 63 台（套）。2010 年，完成销售收入 2773 万元，实现利润 391 万元。产品产值 2496.5 万元。全年生产防火门 2.15 万 m^2，安全门、子母门 759 樘，水泥仓、彩板房等各类钢结构产品 200 万元，配电箱、低压开关等系列产品 1.2 万台（套）。该厂面向企业内外两个市场，为沈阳振浩集团、鞍山正合等房地产开发商、鞍山城区危房改造项目生产和提供了防火门、安全门、低压开关成配装置等专项产品。门前处理、无焊点生产、防火门内充膨胀珍珠岩、动力配电箱、GGD 柜和 GDJ 柜低压开关成套产品等主要生产工艺及技术改造取得良好成果。GGD 交流低压配电柜获得国家强制性产品质量认证，17 种形式 21 个规格防火门通过国家消防产品合格评定，四面厚铺门芯折弯一体成型防火门投入批量生产。

【协成建材分公司概况】 2010 年末，协成建材分公司有职工 23 人，其中干部 6 人（高级职称 1 人，中级职称 2 人，初级职称 3 人），工人 17 人。该公司占地 1020m^2，建筑面积 1825m^2。拥有固定资产原值 573 万元，净值 123 万元。主要生产设备 60 余台。该公司具有年生产能力 20 万柱新型散热器产品的专业生产厂。2010 年，累计生产不锈钢散热器 22.72 万柱，钢柱散热器 64.04 万柱，两项产品综合增长率达到 84%。经销铸铁暖气片 20.68 万柱。完成产品产值 2333.1 万元，比上年同期增长 30%，实现销售收入 1691 万元，同比增加 28%，实现利润 23 万元。同比增长 40%。2010 年，该公司生产的“海建牌”散热器被评为辽宁省用户满意产品称号。

（林凯建）

汽车运输有限责任公司

【概况】 2010 年末，汽车运输有限责任公司有职工 3594 人，其中在岗职工 1638 人，技术管理人员 275 人（高级职称 8 人，中级职称 93 人，初级职称 101 人）。有托管人员 2209 人，其中居家 425

人，离退休1528人，列编外22人。公司机关设：企业规划部、人力资源部、市场营销部、设备保障部、物资采购部、技术质量部、计划财务部、安全保卫部、企业文化部、办公室、工会和托管中心；基层单位有：鞍钢矿山汽车运输有限公司、鞍钢汽车检测有限责任公司（独立法人企业）、四个运输分公司（一公司、二公司、三公司、五公司）、两个汽车修理场（修理一场、修理二场）、供销分公司、综合服务站。总资产4.56亿元，净资产3.41亿元。厂区占地面积共22.65万m^2，房屋建筑面积7.48万m^2。有各种运输设备及工程机械1314台，载重吨位1.24万t。

2010年，该公司以“建设国内一流现代物流企业”为奋斗目标，通过拓展内外市场，加强内部管控，有效应对后金融危机时期带来的挑战，全面完成生产经营指标和各项工作任务。全年完成运量5780万t；完成周转量8.1亿t·km；实现销售收入6.52亿元；实现利润总额5090万元。其中，运量、周转量、销售收入三项指标创历史新高。

【注重市场开发】 一是开拓内外运输市场。汽运鲅鱼圈基地全面投入使用，各项业务全方位展开，根据管控需要及时充实相关管理人员，全年实现运输收入9716.12万元，比上年增长24.5%，继续成为公司效益增长点。二是实施多角化经营。一季度开辟鲅鱼圈地区重汽产品销售服务和鞍钢股份特种设备操作两个市场；10月，供销分公司建立“中国重汽鞍山宁远销售服务中心”，进一步开拓市场，提高多角化经营收入。2010年多角化经营收入实现1.32亿元。

【加强内部管控】 一是调整组织机构。4月，公司对组织机构和编制进行调整，机关管理机构增设企业规划部、企业文化部、安全保卫部、办公室4个部门，撤销综合管理部。原生产部、物资部、设备部分别更名为市场营销部、物资采购部、设备保障部。党群机构设置党委组织部、党委宣传部、纪委、工会、团委，其中，党委组织部与人力资源部合署办公，党委宣传部与企业文化部合署办公。对基层单位进行调整，将原第三运输分公司和第四运输分公司合并。7月，为四个运输分公司和两个修理场增设专职党支部书记岗位。二是加强企业管理。加强信息化建设，2010年末开始开发办公自动化系统（OA）。加强质量管理，重新编制公司《质量手册》和《程序文件》，邀请德国莱茵公司对新质量管理体系进行审核认证。三是加强低成本管理。加大设备管理和库房管理力度。严格执行物资更新消耗“以旧换新”制度，全年共回收和修旧利废折合价值约346万元。

【实施战略项目】 积极配合集团公司，实施同业整合。1月，公司收购矿汽公司持股职工6.08%的股权；4月，鞍钢将其持有的矿汽公司股权全部委托给汽运公司管理；11月，鞍钢下发《关于委托重机公司汽运公司分别全面管理矿机公司和矿汽公司的决定》，汽运公司开始对矿汽公司实施全面管控。引进中海集运作为战略投资者工作有序推进，2010年末，汽运公司与其签订合作框架协议。完成达道湾工业园区土地购置和城市规划审批，开始施工设计和施工前的各项准备工作。

【加强人力资源开发与管理】 大胆创新人才引进模式，与人力资源中介合作引进11名优秀应届本科大学生，全部充实到管理队伍中。先后选拔16名在岗大学生到基层和部室领导岗位挂职锻炼，优化干部队伍结构。开展“维修技术能手评定”、“青工技能竞赛”等系列活动。在鞍钢技术竞赛中，获得驾驶员、修理工两个工种状元和15名技术能手的好成绩。加强对外聘职工的管理，建立优胜劣汰的用人机制，实行了对外聘职工的年度考评。

【关心职工生活】 该公司全年走访慰问救济困难职工385人次，发放救济金15.25万元，其中利用温暖工程基金1.7万元，一次性最高救济金额达5000元；关心职工身心健康，进行了职业病健康检查和一年一度的健康体检。完善了鲅鱼圈分公司的食堂、阅览室、文体活动室等设施，投入资金修建了鲅鱼圈灯光球场。成立了乒乓球、书法等6个职工兴趣协会，丰富了职工的业余文化生活。

【鞍钢矿山汽车运输有限公司概况】 2010年末，该公司有职工889人，在岗职工610人，其中干部98人（高级职称3人，中级职称30人，初级职称40人）。机关设8部1会，基层单位有8个运输大队，1个检修中心。公司总资产1.34亿元，净资产1.01亿元。厂区占地总面积5.90万m^2，房屋建筑面积1.52万m^2。有各种运输设备669台，其中载重汽车597台，载重吨位3149t，特种车辆72台。主要从事汽车运输、汽车修理、土石方工程、吊装工程。现为国家道路货物运输三级企业，鞍山市道路危货运输单位。

2010年完成运量1672.04万t，周转量1.05亿t·km，实现营业收入1.34亿元，利润总额502

万元。2010年10月30日，该公司成为汽运公司的下属单位，接受其全面管理。强化了物料消耗定额管理，严格执行单车边际利润考核，油耗、备件、材料共降低成本649万元；细化招投标管理，推行“轮胎翻新一条龙”承包模式，节约成本80万元。采取一人多机等兼工种作业方式，裁减非必要劳务岗位18个，减少劳务费支出65万元。

【鞍钢汽车检测有限责任公司概况】 该公司于2010年5月由鞍钢集团公司批准改制成为独立法人单位，更名为鞍钢汽车检测有限责任公司，成为汽运公司全资子公司，注册资本100万元。成为独立法人单位后，该公司对发动机综检仪和汽车方向盘力角检测仪两个落后设备进行及时更新，又新购进了声级计，增强了检测能力。2010年末，该公司有职工13人，主要检测设备有14台(套)，检测车间面积约720m^2，厂房前场地面积约1000m^2。

该公司行业上受省、市运输管理部门及质量技术监督局的监督和指导，主要经营项目是承担鞍钢、矿山和三冶3个集团公司营运车辆综合性能的定期检测及维修车辆的竣工质量检测等，检测车型为汽油、柴油货运车，年检车辆3000台左右，年产值90万元左右。

该公司始建于1988年，设备由冶金部从德国引进，经营范围是对冶金运输企业（即鞍钢相关公路运输企业）及本单位修理厂修竣的车辆进行检测。1989年经鞍山市公安交警支队验收，汽车安全性能检测线正式投入使用。1997年经辽宁省交通厅道路运输车辆管理局验收，汽车安检线成为汽车综合性能检测线。2005年根据省运管局的要求，检测线进行升级改造，更新了一条检测线的主要设备，对网络服务软件进行了全面升级。2006年通过了省运管局的检查验收。

（宫志宇　贺　宏）

电气有限责任公司

【概况】 2010年末，电气有限责任公司有职工747人（正式职工472人，临时职工275人），其中管理技术岗位119人（高级职称10人，中级职称47人，初级职称59人）；生产服务岗位353人（高级技师1人，技师35人，高级工52人，中级工61人）。托管人员1437人，其中居家休息职工204人，离退休职工1233人。公司机关设综合管理部、生产经营部、技术质量部、动力设备部、工程部、财务部、人力资源部、企划部和工会；基层单位设电机修理厂、电机制造厂、变压器修造厂、电控设备厂、检修工程公司、电气传动公司和特种电机公司，驻鲅鱼圈办事处。2010年末资产总值7199万元，净资产4849万元。负债总额2350万元，所有者权益4849万元，资产负债率32.65%。厂区占地总面积11.51万m^2，建筑面积5.4万m^2。主要设备653台（套），原值8257万元。实现轻伤以上事故为零，荣获安全标准化2级企业和“2010年工商免检企业”称号。

【生产经营】 该公司全年完成修理电机2673台，容量为76.25万kW；制造电机22台，容量为1.64万kW；修理变压器127台，容量为204.81万kV·A，制造变压器122台，容量为25.65万kV·A；制造电控柜764面；电气工程22项。全年实现销售收入1.3亿元，实现利润607万元。产修品出厂合格率100%，外部工程优良率100%。

该公司全面履行保产保供职责，积极参与鞍钢设备改造和大中修工程，完成了炼钢厂、炼铁厂、热带轧钢厂、冷轧厂、大型厂、中厚板厂、无缝厂、线材厂、化工厂、能源动力总厂、矿渣公司等单位的80余项大中修及检修工程。参与鞍钢鲅鱼圈钢厂电气检修，为承揽大型异地电气工程积累丰富经验。

【市场开发】 该公司按照“稳定集团内部固有、扩大鲅鱼圈现有、寻找外部可能拥有”的市场开发战略，确定重点区域、重点业务、重点时段、重点部位，有计划分步骤地进行人力和技术投入。

着力做好集团内部的电机、变压器、电控柜的修理、制造和重点工程任务。同时，发挥现有优势，努力扩大新的经济增长点，拓展了鲅鱼圈经营领域，业务涉及检测、点检、运行、值守、协力、工程等方面，扩大并定型了开发模式，积累了跨地域施工宝贵经验。

充分发挥自身优势，积极开拓外部市场。先后完成了邯郸钢铁股份、辽宁铜业、中石油辽阳公司、唐山制管、通钢、东北特钢、本钢等50余家单位的电机、变压器修理和制造以及电控柜制作。

【科技进步】 2010年该公司重视科技投入，鼓励科技创新。召开2010年科技大会，“鞍钢炼铁厂7600kW同步机启动故障处理”和“万能绕线模的制作”等13项技术创新成果、60人受到表彰。完成“YR1180”和“YR1430”等2套图纸的转化工作，开发的KYN28型中置式高压柜已经能够满足鞍钢市场的需求，GEAplus型抽屉式低压柜也为今后占领市场做好了准备。申报了“电机线圈制造万能木型”、“新型异步电机转子线圈弯形工具”和“变压器不叠上铁轭铁心叠装工具”等5项国家专利；“高压电机定子线圈局部修理”、“过补偿直流电机换向故障处理”、“大型YR电机加冷却器的技术”和“变压器铜网式屏蔽线圈”等7项专有技术。员工自主创新项目“万能绕线模的制作”和“变压器线圈新型吊具”参加了鞍钢公司成果展出。

注意人才培养，努力提高员工素质。员工受教育培训率达85%以上；生产操作岗位员工持证率，由原来的71.22%提高到89.11%。同时，还涌现出一大批优秀的专业技术人才和高技能人才。

鼓励职工群策群力，积极参与企业创新。改进整流子挠沟工艺，将电动雕磨机改装成自动挠沟机，电动磨头改装成清槽机，功效提高10倍以上；改进电机清洗工艺，用高压清洗机清洗电机，提高效率，改善环保；在电机修理工作中运用电动打楔机，气动扳手等先进工具，自制可制动调整线圈伸缩模和变压器组合操作台，节省劳动力，降低成本，提高质量和效率。

【员工福利】 该公司坚持职工利益优先原则，把维护职工切身利益作为各项工作的出发点和落脚点，在公司效益增长的基础上，职工人均收入较上年又有新的提高。努力改善一线职工作业、休息环境，为全体员工配发了新式工装，完善员工就餐环境，改善员工洗浴条件，营造了良好的生活空间。全年足额缴纳“三险一金”等福利费用，支付取暖费66.71万元，按时定额发放洗理费20.13万元，高温费11.53万元。积极做好职工的走访、慰问工作，救济困难职工374人次，发放救济金10.69万元，发放慰问品377份。重视居家、离退休人员的管理工作，加大服务力度，保证了职工队伍稳定，促进了企业和谐发展。

（孙彦波）

钢绳有限责任公司

【概况】 2010年末，钢绳有限责任公司有职工815人，其中干部129人，工人686人。公司设14个部室、4个车间。公司占地12.98万m^2，建筑面积6.15万m^2。总资产2.33亿元，所有者权益为1.16亿元，股权收益率为15.81%，创下了国内金属制品行业较高的经营业绩。可批量生产的产品有三角股钢绳、电铲用钢绳、面接触钢绳、扁钢绳、不旋转钢绳（包括多层股、椭圆股、三股、四股钢绳）、索道用游览用钢绳、胶带运输机牵引用钢绳、特殊用途高强度镀锌钢绳、电梯用钢绳、钢芯铝绞线用镀锌钢丝和镀锌钢绞线等14大类、60余个品种、1000余种规格的产品，广泛用于煤炭、石油、冶金、化工、船舶、桥梁、电力、橡胶、旅游、军工、国防、水利等行业。主要设备有拉丝机38台、股绳机31台、卷线机40台，串联机组8组、成品机9台、热处理炉5座、镀锌机组3组。另外，还有200t预张拉力试验机、300t整绳拉力试验机等设备。

为进一步拓展企业发展空间，适应市场需要，实现更大发展，完成了4万t钢绳项目扩展规划的设计方案，总投资3.8亿元，分两期实施。一期2万t钢绳项目规划已经得到集团公司批准放行，目前已经完成项目融资的前期准备和厂房使用方案工作。

【生产经营成果再创历史最好水平】 2010年是钢绳公司抓住后危机时代发展机遇，实现稳定发展，深化竞争优势，再创历史佳绩的一年。主要经济技术指标全部超额完成目标计划，全年生产金属制品总量2.96万t，其中钢绳2.95万t，与去年相比略有增加。合同量较去年增幅6.5%，实现主营业务收入2.58亿元，实现利润2266万元，超出集团计划766万元。职工人均收入较2009年增长16%，再创新高。

在中国钢铁协会举办的“中国钢铁工业产品市场开拓奖”评选工作中，钢绳公司作为全国八家获奖单位之一，被中国钢协授予了中国市场开拓奖，为鞍钢争得了荣誉。作为中国索道协会副理事长单位，承办了2010年中国索道协会年会。

【实施精品战略，加强科技创新】 该公司坚持把全面实施精品战略，建设国内高端精品生产基地，打造国内钢丝绳第一品牌作为公司长期发展的战略目标。通过扩大优势产品规模，释放优势装备产能；以市场为导向，开发并积极推广优势产品等有效措施的实施，确保了精品战略的全面落实，全年精品钢绳占总产量的36.1%，销售收入占总销售收入的43.9%，精品钢绳平均单价高于普通产品2780元，为企业创造了良好的经济效益。全年企业申报10项国家专利，15项专有技术。4个研发项目通过评审鉴定，为企业减免所得税 128 万元。完成了两项省级成果鉴定，其中一项被授予辽宁省科技成果进步奖。完成了密封钢绳的工艺设计，填补了企业空白。生产出国内最大直径 160mm 钢绳，刷新了行业记录。替代进口的高附加值精品钢绳在原有市场基础上继续得到推广使用，大直径钢绳的市场开发一直保持较好业绩，生产的 130mm 大直径钢丝绳进驻造船厂，起重用大直径钢绳、吊索用大直径钢绳进驻中海油。索道钢绳继续保持垄断地位，全年新开发了 39 家新用户。

【加大设备改造力度，加快企业整体发展步伐】 移迁安装的 8/800、30/400 等七台设备全部交付使用，企业装机能力增加了 3600t。完成了镀线 2 号线上下线、热镀上线的大盘重改造，对电镀 1 号线进行了扩充产能的改造，每年可增加产能 1300t。购置安装了 2 台国内领先的拉丝机，产能扩充 6000t，同时完成了与其配套的复绕机的改造安装工作。完成了大多股涂油装置的改造安装和新式股涂油装置的安装试验，完成了预张拉扩建工程、拉力试验机电气部分升级改造、超大工字轮的设计制作等工作，为企业发展后劲积蓄能量。

【强化基础管理，全面提升企业科学管理水平】 完善企业各项管理流程，全年编制修订制度 5 项，管理方案 42 项，促进了管理工作规范化、制度化。搭建培训平台，组织干部职工参加各项专业知识和技术规程等内容的培训 69 项，106 人参加了培训，提高了职工专业技能和综合素质。推行扁平化管理模式，改变职能部门工作作风。现场推行扎实有效的 5S 管理方法，各生产工序物品摆放有序，物流畅通，确保了企业管理在较高水平上稳定运行。

【降低成本、挖潜增效、强化管理】 继续做好过紧日子工作部署，积极降低单位成本，铅、锌等消耗指标全部低于同行业。采取招议标方式，有效控制采购成本，原辅材料、备品备件、办公用品等 28 项物资采购和技改施工项目全部实施了招、议标，所有采购物资均低于市场平均水平。在能源指标大幅度压缩的情况下，全年节电 55.76 万 kW · h，节约各种燃气 1.8 万 GJ，能源指标较去年降低了 7.8%，综合能耗下降 21.24kg/t。完成了质量管理体系认证复评，挪威船级社、英国船级社的换证评审，煤安认证的现场评审。在中国海军合格供应商资质审核工作中，顺利通过了军方的严格审核，成为国家重点军工项目的合格供应商。

【转变经营理念，扩大市场占有层面】 该公司认真分析研究市场走势，确定了整合营销，快速反应定价，以精品和优势产品拓展市场，跟踪重点工程，加强信息交流和为用户提供整体服务方案等八项行之有效的措施。全年六次调整产品价格，有效提升了企业整体盈利水平。一年来，产品售价累计上涨 1350 元/t，价格因素为企业多创造效益 913 万元。结合市场实际需求，组建索具生产车间，增加了六台专用设备，形成了年产 2 万条的生产能力，在拓展销售渠道，扩大产品覆盖面的同时，延伸产品服务项目，确保市场独有优势。组建以来已生产索具用绳和成品绳扣 1564t，实现销售收入 1775 万元。积极巩固战略合作伙伴关系，加大对重点用户的攻关力度，全年重点用户签订合同 1.61 万 t，占合同总量的 53%，与去年相比增长 18.5%。在巩固原有市场的同时，新开发了中海油、山东鲁能集团等在各自行业中具有引领作用的新用户，新开发的 113 家用户涵盖了海洋、军工、船舶、煤矿等行业，为企业开辟了新的利润增长点。

（时　妍）

矿山建设有限公司

【概况】 2010 年末，矿山建设有限公司共有职工 990 人，其中干部 241 人（高级职称 18 人，中级职称 113 人，初级职称 96 人），生产服务人员 749 人（高级工人技师 1 人，技师 10 人，高级工 27 人，中级工 123 人，初级工 325 人）。下设 8 部 1 室 1 会，14 个主体单位，4 个辅助单位。该公司占地面积 26.49 万 m^2，建筑面积 4.57 万 m^2。主要设备有各类挖掘机 6 台，潜孔钻 1 台，全液压掘进钻车 4 台，GPS 1 台，梭式矿车 3 台，2 台地下矿用卡车，提升绞车 3 台；门式起重机 22 台，桥式起重机 6 台，塔吊 7 台；大型刨边机 1 台，螺杆式压缩机 10 台；移动式搅拌站 6 座，施工升降机 8 台，大型运输车 20 台，汽车吊 13 台，土石方翻斗车 22 台，混凝土泵车 3 台，LPC5160 加油车 1 台，混凝土罐车 19 台，推土机 4 台，装载机 8 台。固定资产原值 1.46 亿元。全年共完成产值 5.5 亿元，超集团公司计划指标 10%；实现利润 1200 万元，超集团公司计划指标 20%。在职职工劳动生产率达到 55.5 万元/(人 · a)。实现企业轻伤以上事故为零的目标，没有发生重大设备、火灾和交通事故。单位工程合格率达到100%；合同履约率100%。

【企业形象】 2010年，该公司再度获得“中国建筑500强”荣誉称号，被授予“全国质量安全管理先进单位”。该公司承担的内蒙古赤峰奥仑花矿业选矿主厂房工程，被评为冶金行业优质工程；东烧厂配混系统改造、东烧厂静电除尘工程、鞍钢重机公司铸钢厂移地改造氧气管道工程、二炼钢余热发电工程、鞍钢新2号、3号高炉富氧鼓风供氧设施改造等五项工程申报了鞍钢级优质工程；该公司首次承担的较大规模市政装修工程——鞍山双山医院装饰装修工程，施工质量创造了历史最好水平；顺利通过了安全、环保、职业健康三标认证外审复评；2项专利获得鞍钢授权，并确认了5项专有技术。

【重点工程】 2010年，该公司深入实施“走出去”经营战略，先后组织了辽宁首钢硼铁选矿工程、吉林塔东矿业公司选厂建设工程、鞍山紫竹科技型钢有限公司厂区建设工程、抚顺莱河矿业选厂改建工程、大连石灰石新矿二期扩建工程、安徽刘塘坊选厂建设工程，使外部工程占总产值的比例达到48%。同时，承担了齐大山矿75t锅炉脱硫除尘工程、眼前山矿露天转井下开采工程、鲅鱼圈钢铁分公司两台烧结机首次年修工程、大型厂轧钢线年修工程。在承担眼前山矿露天转井下开采工程中，通过开展对标学习，创新生产组织模式，更新施工机具设备，创造了主斜坡道月进尺190m、竖井月进尺80.3m的历史新纪录。

【综合管理】 2010年，该公司推进了工作业务流程建设与优化，已有102项流程进入试运行阶段。大力推行单位工程核算和项目责任成本考核，分解落实了成本指标。继续推进节能环保工作，实行能源消耗考核制度，电、汽油、柴油同比节约14.9%、26.5%、19.6%。继续实施资金预算制，严格控制收支两条线，有效规避了财务风险。2010年，该公司全面完成了集团公司下达的培训计划。内部举办各种培训19次，培训职工达1180人次。

【职工生活】 2010年，职工工资性收入比2009年增加7%。为解决困难职工生活问题，发放救济款2.6万元；该公司还出资15万元为职工进行健康体检，组织近280名职工注射乙肝疫苗；对升入重点高中、大学院校的职工子女继续给予了奖励，共计2.2万元。

【发挥群团组织作用】 该公司工会组织注重发挥自身的职能作用，不断推进民主管理、厂务公开工作，大力加强职工代表大会制度标准化建设。根据企业应对后金融危机的需要，深入开展“双增双节纵深行”活动，全年共节约创效310万元。有效开展巾帼建功活动，“三八”节女职工捐献小布垫5000块。广泛开展群众性自主创新活动，提合理化建议54条。在学习郭明义活动中，该公司团委组织25名团员青年主动向中华骨髓库捐献造血干细胞，采集了血液样本；组织200多名团员青年向广西、云南地区百年未遇的持续大旱踊跃捐款6720元。

（王连彪）

鞍山冀东水泥有限责任公司

【概况】 2010年末，鞍山冀东水泥有限责任公司有职工351人（含原鞍钢集团水泥厂职工295人），其中管理与技术岗位109人（高级职称4人，中级职称46人，初级职称35人）；生产服务岗位242人。公司设熟料分厂、水泥分厂、保全分厂、发运分厂。机关设生产部、技术管理部、质量管理部、综合管理部、计划财务部、物资供应部、销售部、党委工作部、安全环保科、总务后勤科、工会。公司占地面积26.8万m^2，拥有固定资产原值5.99亿元，净值4.08亿元。

公司采用新型干法窑外分解生产工艺，主要设备有日本进口立式磨机、荧光在线分析仪；德国进口篦冷机、矿渣微粉立式磨机、搅拌机、计量秤、斗式提升机；国内知名厂家加工制造的堆料机、取料机、$\phi4.7m\times74m$双系列五级旋风预热器窑外分解窑、$\phi4.0m\times13m$球磨机及其主电机和减速机、$\phi1400mm\times800mm$辊压机、立式煤磨及电除尘器等。原燃料采取预均化工艺，质量控制采用X荧光在线分析系统，确保生产过程的受控和产品质量的稳定；工艺过程采用集散式中央控制，工艺先进，装备精良，自动化程度高，在国内处于一流水平。该公司可生产P·O普通硅酸盐水泥系列，P·SB32.5级矿渣硅酸盐水泥系列，也可根据用户需要生产低碱水泥等特种和专用水泥产品。生产的水泥以其质量优良、性能稳定而备受用户信赖，产品通过ISO9001质量管理体系认证，并广泛应用于重点工程项目建设。

【工程建设】 该公司85万t/a水泥粉磨技改工程

于2010年4月份完工，该项目利用公司原有配料站和水泥储库，采用140-100型辊压机、V型选粉机、ϕ4.2m×11m球磨机和O-Sepa高效动态选粉机组成的闭路水泥挤压联合粉磨系统，项目投资约为3500万元。该项目充分利用鞍钢集团钢铁项目工业废渣生产水泥，发展循环经济，实现清洁生产，年可消耗矿渣26万t，粉煤灰1.4万t，年净利润为1450万元；同时可更好地调节水泥品种，发挥水泥产能，增强企业盈利能力。

（周　挺）

鞍钢维苏威耐火材料有限公司

【概况】 2010年末，鞍钢维苏威耐火材料有限公司有在岗员工478人，英方派驻8人，其中管理和专业技术岗位人员95人。公司设置生产计划部、技术质量部、销售部、财务部、人事行政部、企管部、研发中心、党委工作部、工会筹建组。下设不烧砖生产线、镁质不定型生产线、铝硅质不定型生产线。固定资产原值1.3亿元，净值1.2亿元。主要设备60m隧道干燥窑、DDWK-1000全自动配料车、HC2100液压压砖机、J67系列摩擦压砖机、R19倾斜式混练机、RV15倾斜式混练机、干式筒磨机等。主要产品铁水罐衬砖、钢包罐衬砖及配套产品、中间包配套产品、转炉衬砖及修补料、耐火预制件等。2010年实现销售收入1.09亿元。

【市场开发】 据统计，该公司从2010年1月至10月，已有27个产品正式生产，有近50个产品试生产并在钢厂试验。共生产成品2.44万t，其中镁质生产线有5个正式产品，14个试验产品，生产散状成品料1.28万t；铝硅生产线有14个正式产品，近30多个试验产品，生产散状成品料8052t，铝硅质预制件80多吨，镁质预制件及透气砖生产线已调试完毕，并开始投入生产；不烧砖生产线有10个正式产品，5个试验产品，生产成品砖3576t。

【技术改造】 截至2010年末，该公司在原新建生产工艺设备基础上，结合市场需求及扩大生产能力，先后完成了六项技术改造，镁质线增加混练设备，透气砖、座砖生产线改造，新建生产线化验室，树脂输送系统改造，原料泥料斗改造，原料场2号、3号抓斗吊车大修。

（宋俊杰）

（本栏编辑　张广明）

人　物

·先进人物·

2010年全国劳动模范获得者

刘仁东　男，中共党员，1964年3月出生，1988年毕业于大连铁道学院，现任鞍钢股份有限公司技术中心汽车用钢研究所所长、教授级高级工程师，鞍钢股份公司技术中心一级首席技术专家，鞍钢冷轧汽车用钢A级课题负责人。享受国务院政府特殊津贴。

刘仁东毕业后一直工作在鞍钢的科研一线，长期致力于热轧、冷轧汽车板用钢的研究开发及推广工作。作为鞍钢汽车板项目课题负责人，先后承担国家科技支撑计划项目“ASP-冷轧流程生产汽车薄板技术开发”，辽宁省重大科研项目“采用中薄板坯生产高级轿车板及先进高强汽车板（DP、TRIP）产品、工艺开发”，鞍钢集团公司重点推进项目“冷轧轿车板研究开发”，鞍钢重大项目“高强超高强冷轧汽车板开发”等二十余项国家、省、鞍钢科研项目。承担的项目多次取得重大突破，填补鞍钢空白，达到国际先进或领先水平。完成鉴定项目6项，先后获得辽宁省科技进步奖、冶金技术进步奖和辽宁省新产品奖等多项奖励。刘仁东连续多次获得鞍钢技术专家、鞍山市优秀技术专家称号，被评为鞍山市劳动模范、鞍钢先进生产（工作）者标兵、中央企业劳动模范。

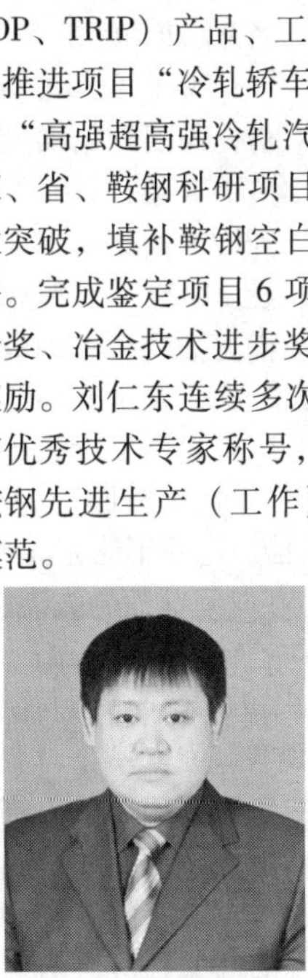

白　海　男，1975年4月出生，1994年6月参加工作，现任鞍钢股份有限公司第一炼钢厂炼钢作业区乙班4号炉炉长，工人技师。

白海参加工作以来，创造性地探索出新的操作模式，将复杂的炼钢工艺简单化，攻克了一个又一个操作和技术难关。他是鞍钢先进操作法的创造者、鞍钢同类转炉最高纪录的保持者、鞍钢集团QC成果一等奖获得者。白海先后荣获鞍钢青工技术竞赛状元、鞍钢杰出青年岗位能手、鞍钢先进生产者、鞍钢“高技能人才标兵”、鞍山市十杰青年、鞍钢劳动模范、鞍山市特等劳动模范、中央企业青年岗位能手、辽宁省劳动模范、辽宁省优秀共产党员等荣誉称号。

宋仁峰　男，1972年7月出生，中共党员，1993年7月参加工作，2004年3月毕业于天津大学，博士学位，现任矿业公司设计研究院材料室主任，高级工程师。

宋仁峰毕业后谢绝了很多单位的高薪聘请，回到了培养他多年的鞍钢集团矿业设计研究院工作，主要从事材料学领域的研究，针对乳化炸药的核心材料及生产工艺和选矿药剂方面进行多项科技重点攻关项目。多年来，宋仁峰带领课题组刻苦钻研，奋发努力，解决了诸多生产难题，取得突出成果。他主持完成的科研成果先后获得首届中央企业青年创新奖、冶金协会科技进步三等奖、鞍山市科技进步一等奖、鞍钢集团矿业公司科技进步一等奖。他先后荣获鞍钢劳动模范、鞍山市劳动模范、鞍钢集团公司标兵、鞍钢技术专家、鞍钢杰出青年、中央企业劳模等荣誉称号。

吴振国　男，1961年7月出生，1983年8月参加工作，鞍钢集团工程技术有限公司炼钢室主任，教授级高级工程师。

吴振国作为总设计师承担了鞍钢鲅鱼圈炼钢工程、鞍钢2150炼钢工程、鞍钢西区3号转炉工程、鞍钢西区2号RH工程、鞍钢一炼钢RH工程、济钢1700连铸工程等多项大型技术改造工程设计工作。他所参加及主持设计的工程投产后均达到或超过设计指标，达到国际国内同行业先进水平，曾荣获国家优秀设计银奖、冶金行业优秀设计一等奖、省科技进步三等奖。鞍钢鲅鱼圈650万t炼钢工程及鞍钢2150炼钢工程均是由国内自主设计、自主集成、具有自主知识产权的工程项目，工艺技术及设备装备均达国际先进水平，独创了简易上修炉方式（已申报为发明专利），为鞍钢创造经济效益800万元。他先后荣获鞍钢先进生产者、鞍钢技术拔尖人才、鞍钢劳动模范、鞍钢技术专家、鞍山市劳动模范、鞍山市优秀科技工作者、鞍钢先进生产者标兵、辽宁省劳动模范等荣誉称号，2004年获国务院政府特殊津贴。

感动鞍钢——创新功勋人物

孟　泰

（1898—1967）　原名孟瑞祥，曾用名孟宪钢，河北省丰润县人，是鞍钢工人阶级的优秀代表，是新中国诞生后的第一代全国劳动模范，是中国共产党的优秀党员，是20世纪五六十年代与铁人王进喜齐名的我国产业工人英模的优秀代表，被誉为“老英雄孟泰”。

1948年，国民党政府撤退前，鞍钢遭到严重破坏。同年年末，孟泰回到鞍钢炼铁厂任修理场配管组副组长。为快速恢复鞍钢生产，孟泰以高度的主人翁精神，带领工友们夜以继日地搜寻挖掘器材，动员工人开展了轰轰烈烈的献交器材运动，建立了闻名全国的“孟泰仓库”，为鞍钢2号高炉的迅速开工，作出了重大贡献，使鞍钢最早恢复的3座高炉的配管材料没花国家一分钱。在修复高炉的日子里，他经常不回家。在1号、3号高炉点火的前前后后，他干脆住进了工厂。为了维护好高炉，他坚持并做到“宁叫人找事故，不叫事故找人”。他坚持在岗位上开展技术革新，1950年为瓦斯贮藏器装上了防尘罩，并为检修高炉的架工设计和制作了卷扬机等设备。此后的几年里，孟泰还提出了多项合理化建议，进行多项小改小革。

1950年，抗美援朝战争爆发，鞍钢受到敌机和暗藏敌人的威胁。为防止高炉遭到破坏，他挺身而出，不顾个人安危，日夜守护在高炉旁，誓与高炉共存亡，被誉为“高炉卫士”。“守炉餐伴炉眠”是他当年的真实写照。

1957年8月，孟泰担任炼铁厂副厂长。他仍亲手建立了“孟泰储焦槽”，每年为国家节省了成千上万吨的焦炭。他刻苦钻研，成功改造了热风炉底部双片燃烧筒，研制成功冷却箱串联，使高炉用水量比以前节约30%。

1967年，孟泰因积劳成疾病逝。

孟泰历任配管组长、技术员、副技师、炼铁厂副厂长、鞍钢工会副主席等职。是中国工会第七、第八次全国代表大会执行委员；第一、二、三届全国人民代表大会代表，曾多次受到毛泽东、刘少奇、周恩来、朱德等党和国家领导人的接见。

“艰苦奋斗、爱厂如家、为国分忧、无私奉献”，这便是孟泰精神。孟泰精神是鞍钢精神的重要组成部分，影响了一代又一代鞍钢人，为鞍钢的发展和建设注入了强大的精神动力。

王崇伦

（1927—2002）　辽宁省辽阳县人，全国著名劳动模范。

20世纪50年代初，我国开始实施第一个五年计划，鞍钢开展了大规模生产建设。1953年，鞍钢矿山大批凿岩机因缺少备件——卡动器而被迫停止作业。为完成紧急试制任务，当时在机修总厂工具车间当刨床工的王崇伦，创造了新型工具胎即“万能工具胎”，使卡动器的加工效率提高6至7倍。这一年他完成了4年多的工作量，被誉为“走在时间前面的人”。毛泽东同志曾称赞他是“青年的榜样”。

20世纪60年代初，我国遭受连续3年自然灾害，苏联政府撕毁合同，撤走专家，停止对我国供应大型轧钢机轧辊，鞍钢各轧钢厂面临停产的威胁。在这严峻的关头，王崇伦发起500多名由干部、工程技术人员、能工巧匠组成的技协积极分子，承担组织研制大轧辊的攻关任务。历时一年之久，先后突破十几项重要技术难题，终于试制成功大型轧辊，填补了我国冶金史上的一项空白。到1962年底，王崇伦领导的鞍钢技协队已拥有15000多人，车、钳、铆、电、焊等各工种齐全，设计、施工、抢修配套成龙，先后为鞍钢解决了一大批生产和技术改造中遇到的难题，而且还应邀为鞍山市、辽宁省、东北地区的许多生产厂家排解重大生产难题，为鞍钢赢得了殊荣。

在“文化大革命”中，王崇伦仍坚持生产革新，完成了炼钢推渣机等12项革新改造。1975年6月王崇伦担任了鞍钢党委常委、革委会副主任，主抓设备大修工作。1977年担任了鞍钢7号高炉改建工程会战总指挥，创下了我国炼铁高炉建设史上的高速度。

1979年，王崇伦调离鞍钢，后任中华全国总工会副主席、党组副书记、书记处书记。2002年2月1日，王崇伦因病逝世，终年75岁。

张明山

（1913—1981）　辽宁省辽阳县人，历任鞍钢小型轧钢厂一车间主任、科长、副厂长及第二中板厂副厂长等职务。他与工友研制成功轧机“反围盘”装置，结束了小型轧钢厂手工喂钢的历史，并由此在鞍钢乃至全国掀起技术革新运动。

1950年初，鞍钢开展生产劳动竞赛后，张明山积极投入到改变小型轧机生产效率低、劳动强度大和操作安全没有保障等落后状况的革新活动。他与两位老工人连续苦战了3个寒暑，终于研制成功轧机“反围盘”自动喂钢装置，经过安装和调试，小型轧钢机精轧系统的“反围盘”装置于1952年9月14日试轧出了直径19mm和25mm的圆钢，从而结束了小型轧钢厂长期用手工喂钢的历史，初步实现了自动化喂钢。这一新技术，不仅使小型轧钢机提高了40%的生产效率，节省了70%的劳动力，每年为国家创造价值527亿元（当时的东北币），而且还从根本上改善了劳动条件，提高了产品质量，并消除了人身事故的发生。以小型轧钢厂张明山创造“反围盘”为契机，一场机械化、自动化运动随即在鞍钢开展起来。9月25日，鞍山市人民政府、鞍山市总工会和鞍钢联合发出《关于批准小型厂张明山同志为1952年的特等劳动模范的决定》。张明山随即进京参加了国庆观礼。同年末，《人民日报》以张明山研制“反围盘”及小型轧钢厂的技术革新运动为内容，发表了题为《努力推动现有企业的技术改造工作》的社论。邮电部为此还发行了一枚“反围盘”特种邮票；长春电影制片厂则以张明山的事迹为素材，拍摄了一部名为《无穷的潜力》的影片；通俗读物出版社也出版了张明山的回忆录《我和“反围盘”》。1954年，张明山与王崇伦、黄荣昌等人共同向全国发出广泛开展技术革新活动的倡议，并引起了热烈的反响。同年，张明山当选为全国第一届人大代表，并被评为辽宁省劳动模范。1956年出席全国先进生产者代表大会，并当选为全国先进生产者。

雷天壮

（1915—1968）　湖南省浏阳县人，第三届全国人民代表大会代表，第一、二、三届全国政协委员。他是新中国第一批总工程师，在耐火材料的生产与科研方面为新中国的冶金耐材事业作出了突出贡献。

雷天壮1937年毕业于北京大学化学系，当年考入北京大学研究生院，后因卢沟桥事变爆发未能继续深造。1945年赴美国进修，改学耐火材料专业。1948年2月鞍山解放后，雷天壮投身革命，参加了中国共产党领导下的鞍钢恢复与建设。1949～1953年，他在担任耐火材料厂副厂长期间，带领全厂职工从废墟上恢复了耐火材料的生产，并克服重重困难，研制出一批当时必须从国外进口的耐火材料，保证了鞍钢生产的顺利恢复，受到东北工业部的奖励。1954年雷天壮担任鞍钢技术处副处长。他首创性地主持研制用吉林江密峰高纯度脉石英制作平炉炉顶硅砖获得成功，从而减少了从国外进口冶金用耐火材料，开发了国内资源。他还主持了鞍钢的高炉砖和铬镁砖的研制工作，解决了鞍钢建设中面临的困难，受到中央重工业部的奖励。1957年，雷天壮调任鞍钢中央试验室副主任兼耐火材料室主任。20世纪50年代末至60年代初，在国内铬矿资源缺乏，平炉强化冶炼急需碱性炉顶砖时，他主持了试生产镁铝砖，使镁铝砖很快就在鞍钢和国内大规模使用，这项重大科技成果获得国家科委颁发的创造发明奖。1958年，他提出铸钢取消塞头砖、钢罐整体捣打和使用不烧砖等当时国内外尚未提及的课题，并在炼钢厂进行试验，为后来实现的“滑动水口”、“钢罐整体捣打”等先进工艺奠定了基础。1964

年12月，中央实验室与技术处合并改称钢铁研究所，雷天壮任该所副所长。在他的主持和影响下，钢铁研究所及其耐火材料研究室建立了一套从原料到成品的研究试验手段、设备，并培养出一批具有相当水平的高、中级科研人员，他们后来都成为国内各冶金耐火材料研究部门和重点企业的骨干。“文化大革命”中，雷天壮被诬陷为“特级反动技术权威”，身心遭到严重摧残，逝世时年仅53岁。1978年，中共鞍山市委为他平反昭雪。

曹荫之

（1925—2002） 湖南省长沙市人，中共党员，教授级高级工程师。1947年毕业于清华大学机械系金相专业，1947～1949年留校任助教。1949年9月由东北局分配到鞍钢工作，先后任鞍钢检验室技术员、工程师、研究室主任，半连轧厂技术科长，鞍钢钢铁研究所副所长、总工程师等职。长期从事军工用钢材料和工艺技术有关的科研、生产工作。

20世纪50年代初，曹荫之参加了鞍钢检验室的复工筹建。与其他同志一起建成了鞍钢第一个金相热处理试验室，并筹建了鞍钢第一个一线（北部）检验室。他在邵象华总工程师指导下，与其他同志合作设计了5301～5315共15套优质钢锭模，完善了第一炼钢厂的浇铸系统，获得冶金部和鞍钢公司的表彰。抗美援朝期间，从事军镐、炮弹钢质量研究和试制工作。50年代中期与兵工系统开始了密切而有效的合作，解决了飞机用高温合金、五九式坦克甲、潜艇及水面舰艇壳体板等一系列军工用钢材料和工艺方面的问题。其中603无镍装甲钢板的试制成功，于1964年荣获聂荣臻同志颁发的奖状。1977年根据鞍钢公司领导的指示，他整理了新中国成立以来鞍钢科技发展史及成果分类，作为历史档案存入数据库。1979年调任鞍钢钢研所任副所长、总工程师，继续从事军工用钢的研制。1980～1985年主持了涂层钢板的研制工作，参加了低合金高强度钢攻关，取得了显著成绩。1983年参加了国家科委长远规划工作，1984年起兼任东北工学院和鞍钢工学院教授。

曹荫之是中国兵工学会金属材料学会委员、学报编委，辽宁省兵工学会学术委员会副主任委员、新材料专业委员会主任委员，国家自然科学基金委员会材料科学部评审委员，美国金属学会会员，日本钢铁协会会员。1985年被国防科工委、国家科委、国家计委、国家经委联合授予国防军工先进个人。1986年被国家科委授予“六五”期间国家科技攻关中作出重要贡献的专家。

宋学文

（1911—1983） 辽宁省辽阳县人，全国冶金战线著名的电机专家。他曾先后担任鞍钢电修厂总工程师、副厂长及鞍山市人大常委会副主任等职，1979年以后，他担任鞍钢电修厂技术顾问。

鞍钢恢复生产初期，宋学文带领工人从破旧机器堆中清理恢复了数百台电机，在1949年鞍钢立功受奖大会上被授予特等功臣称号。1952年，宋学文晋升为电机技师并荣获市特等劳动模范，同年，他与技术人员一起研制成功了当时国内尚不能生产的密封水冷式600马力高速电机。1959年，宋学文应邀到湖北大冶钢厂，为其排除了外国专家长期解决不了的电机故障，被誉为“电机华佗”。1964年，他为鞍山红旗堡变电所解决了大型电机无法拆除的困难，令国内专家为之叹服。

20世纪60年代初，宋学文对鞍钢的电机进行了全面调查，进一步熟悉和掌握了鞍钢各主体生产厂矿的电机容量、型号、性能、安装地点、运转情况以及故障点等。每当主体厂大修，他都要深入现场精心指挥工人检修，为保证鞍钢电气设备的正常运转立下了汗马功劳。

宋学文在“文革”逆境中仍以国家利益为重，担当了改制国内最大的25万kW双水内冷调相机的重任。1977年，调相机进入安装阶段时，宋学文突患牙龈癌，在身体极度虚弱的情况下，他用笔写和打手势指挥工人安装。该设备投入运行后使辽南地区和鞍钢的电网电压普遍提高，保证了鞍钢厂区的供电质量。同年，他出席全国科技大会和中华全国总工会第九次代表大会，被冶金工业部命名为劳动英雄。

宋学文对鞍钢所有大型电机了如指掌，他总结出一套听、看、摸、闻的办法判断电机故障，准确无误，手到病除；他大胆改进了国产6300kW制氧电机，苏制80kW钢厂起重电机，美国进口65kW矿山牙轮钻电机等设备，先后为包头、武汉、上海、哈尔滨、沈阳等地数十家企业排除各种大型电机的疑难故障。

杨树棠

（1907—2002）　河北省宜化县人。1934 年毕业于天津国立北洋大学采矿冶金工程系。1948 年参加革命，1950 年任鞍钢生产处副处长、处长兼总工程师，1958 年任鞍钢中央试验室主任，1960 年任鞍钢副经理兼总工程师。1976 年后任鞍山市政协副主席，鞍山市人大常委会副主任。1990 年荣获国务院特殊津贴。

杨树棠是我国著名的钢铁冶炼专家，长期从事钢铁冶炼技术、工艺研究和生产建设的领导工作。他大胆创新，在我国首次采用钨矿代替钨铁冶炼枪管钢，主持设计建成我国第一座贝氏（酸性侧吹）炼钢转炉，研究成功“低湿氧片去磷法”等多种钢铁冶炼新工艺，研制出我国第一代硬面（冷铸）轧辊；在我国率先进行双床平炉氧气炼钢试验，冶炼效果达到了当时国际先进水平。

杨树棠积极参与主持了鞍钢等钢铁企业的建设和恢复生产工作，为我国钢铁工业的发展作出了重要贡献，被鞍钢评为一等功臣。同时，他还收集了大量的钢铁技术资料，撰写了英文版《钢铁冶金学》，合译德文《碱性底吹转炉炼钢》等近百篇文章。1950 年，他被选为中华全国自然科学代表会议代表，1954 年当选第二届全国政协委员，此后还当选第二、三、五届全国人大代表，1980 年当选辽宁省第五届人大常委会委员。2002 年 10 月 9 日因病逝世，终年 95 岁。

李鸿业

（1917—2005）　1948 年参加工作，1950 年加入中国共产党，教授级高级工程师，曾担任中国地质学会理事。1992 年享受政府特殊津贴。

建国初期，为加速恢复鞍钢矿山生产，作为当时鞍钢唯一的矿山地质工程师，李鸿业在人才、设备奇缺的情况下，创建了包括地质、物探、钻探、测量、工程地质的全能地质勘探队伍，及时完成了鞍钢矿山地质普查工作，并提出矿量质量数据，他因此荣立了鞍钢恢复功臣奖和金奖。20 世纪五六十年代，李鸿业组织完成了大量矿山地质、工程地质、水文地质的测量，先后完成了东鞍山、弓长岭两个铁矿的地质报告，这是全国冶金系统首批符合国际标准的大型矿山正规地质报告。并由他负责找到了优质镁矿、优质石灰石矿和新的铁矿资源。在进行大量矿山地质、工程地质、水文地质测量工作的同时，他还注重理论研究和专业知识的积累，由他主编的《矿山地质学通论》，填补了国内矿山地质学科方面的空白。

1958～1975 年，在担任鞍钢地质勘探公司副经理兼总工程师期间，他在及时完成鞍钢所需的地质勘探任务外，加强新区找矿工作，先后找到弓长岭独木铁矿区，增加了弓长岭矿产量；找到辽西包国老铁矿新区，支援地方新建了凌源钢厂；在大栗子矿区找到共生新型铁矿，扩大了矿量前景。

李鸿业先后获得鞍钢开工 40 周年金奖，冶金系统地测专业贡献奖，越南颁发的技术援助贡献奖，被列为《中国当代地质》一书中有贡献的地质专家之一。

范传昌

（1953—　）　现任鞍钢股份公司炼铁总厂三排工区副指挥长。他先后荣获全国冶金系统技术能手、全国技术能手和全国劳动模范等荣誉称号。

范传昌从老英雄孟泰工作战斗过的炼铁厂配管工段学徒开始，三十多年始终坚持爱厂如家，爱炉如命，忘我工作，拼搏进取，取得了非凡的业绩。以他的名字命名的“范传昌高炉快速休风恢复炉况操作法”年创经济效益 260 万元，荣登鞍钢首批先进操作法榜首。

范传昌是炼铁厂 11 号高炉历史上第一位自学成才，掌握高超冶炼技能的工人炉长。他率领全炉 100 多名职工在炉体超期服役的情况下，坚持生产 4 个多月，增产 65 万 t，创效益 6500 万元。在鞍钢开展的炼铁、炼钢、轧钢系统“冠军炉”竞赛中，他所在的高炉荣获“冠军炉”称号 19 次，成为竞赛历史上获此称号次数最多的基层单位。1996 年，范传昌带领职工创造了 11 号高炉开炉 25 年来经济技术指标最好水平，其中 7 项主要技术经济指标超历史，高炉连续 14 个半月无悬料、无号外铁，在全国大型高炉顺行、质量纪录上名列第一。

1994年以来，范传昌累计献工600多个，避免大小事故和排除生产事故200多起，为三排两座高炉技术经济指标不断进步作出了贡献。特别是在10号高炉，他采用大料批中心加焦技术，增铁3万多t，节焦22000t，创效1000万元，一举扭转了鞍钢大型高炉批重小、气流分布不稳、顺行较差的局面。多年来，此项技术在生产中广泛应用，取得了显著的效果。2000年，三排两座高炉利用系数一举进入了全国大型高炉先进行列。

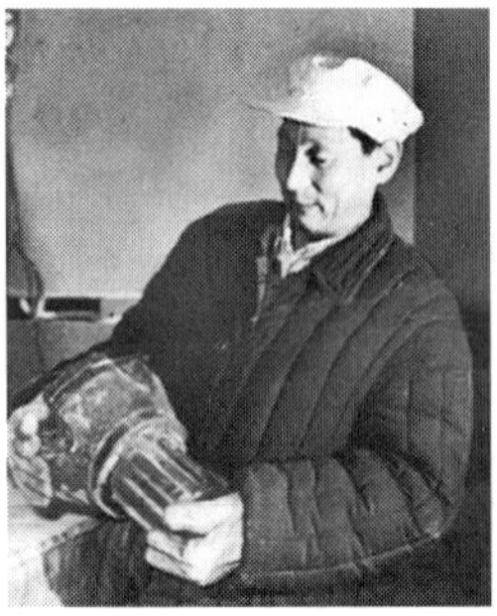

孙德新

（1932— ） 中共党员，1961年毕业于东北工学院采矿专业。曾任鞍钢矿山公司副总工程师、副经理，机械教授级高级工程师。

1954～1955年，孙德新在苏联克里沃洛格矿实习，归国后一直从事矿山机械方面的科研和技术管理工作。20世纪50年代，他研制出硬质合金钎头，解决了矿山设备备件难题。同时，他还积极推进“锚杆支护”、“毫秒微差爆破”、“铵油炸药”、“下面接杆深入凿岩”等技术开发项目，并组织创办了《矿山技术》杂志。由他主持设计的我国第一台YQ-150A型潜孔钻机，比原“磕头钻”提高工效两倍多，在全国推广使用，并少量出口支援了第三世界的国家。他主持设计的我国第一台QZ-250大型露天潜孔钻机，超过了当时国外同类钻机的最大孔径，具有结构简单、操作方便、效率高等特点，通过国家鉴定并批量生产，填补了我国的空白。在负责研制大型露天矿潜孔钻机时，他还提出并研制了球面硬质合金钎头，该项目获全国科学大会奖。在矿山进口牙轮钻机期间，孙德新及时解决了多项安装、调试中遇到的技术难题，得到外国专家的好评。

孙德新著有《国外潜孔风动冲击器》一书，同时还撰写多篇论文在国家级学术会议上发表，他在国内享有较高的知名度，是矿山机械专家。他曾任中国金属学会矿山设备学术委员会理事，先后获得辽宁省和冶金工业部先进科技工作者、冶金工业部劳动模范、全国科学大会先进科技工作者、全国劳动模范等荣誉称号，并被选为辽宁省五届人大代表。1992年享受国务院政府特殊津贴。

胡光沛

（1921— ） 中共党员，高级工程师。1944年毕业于国立云南大学矿冶系。1948年鞍钢成立后，历任炼钢厂技术员、助理工程师、副工程师。1956年调鞍钢中央试验室，历任工程师、炼钢室主任、所副总工程师。

在炼钢厂工作时，胡光沛研究总结一整套平炉炉体维护技术和炼炉技术，培养出一批护炉技术人员，还为朝鲜、越南培养4名工程师。在中央试验室从事耐火材料使用研究工作期间，他在快速烧结炉底的研究、推广、应用等方面作出显著成绩，1956年获冶金部快速烧结炉底奖，炼炉及快速烧结炉底技术于1957年由“第一次全国炼钢会议”制定成规程向全国推广，1965年获得国家发明奖。20世纪60年代，他先后参加了高炉铁水预处理脱硅的工业开发性试验，与其他同志一起研制了槽式铁水脱硅炉及建立脱硅工艺，主持了双床平炉炼钢工业试验，取得成功；70年代，负责铁水预处理脱硫及喷射冶金脱硫课题研究，试制了相应的石灰系脱硫剂，推动了喷射冶金工艺在鞍钢生产上的应用。1981～1986年，他先后参加了三次国际炼钢年会。

胡光沛曾当选为鞍山市第六届政协常委、第七届政协委员。

孙志英

（1935— ） 中共党员，1993年在原机械制造公司北部机械厂退休。曾荣获辽宁省劳动模范、辽宁省优秀共产党员等多种称号和全国“五一”劳动奖章。

孙志英铣工出身，只有初中一年级文化，但他勤奋好学，喜欢钻研技术。自修了初、高中数学、物理、几何全部课程，攻读了《球面传动装置的制造》、《金属切削及齿轮制造》等近百种技术书籍，写了30多万字的学习笔记。自1979年起，孙志英在车间技术组负责齿轮攻关、技术革新，齿轮加工技术指导，齿轮加工工艺、工装的制造和设计，开发试制齿轮新产品等工作，凭着炉火纯青的技术和踏实的理论基础，他攻克了多种技术难关，被人们尊称为“齿轮专家”。他研制加工涡轮专用刀具加工出标准的二次包络弧面涡轮，安装在大型磁选机上，寿命长达10年，利用率是原齿轮的20倍。

1983年，孙志英利用闲置铣床改制扁豆花纹轧辊专用加工设备，不仅解决了鞍钢生产急需，同时为鞍钢节省了大量资金。1986年，他研制的扁豆花纹轧辊科研项目，获辽宁省科学技术进步一等奖。1983～1989年，孙志英的技术革新项目先后5次获鞍钢、鞍山市、辽宁省科学技术进步奖。在鞍钢工作的40年里，孙志英先后实现技术革新及提合理化建议500多项，为企业创造经济价值500余万元。

李晏家

（1954—　）中共党员，现任鞍钢股份公司化工总厂二炼焦作业区点检班班长，高级工人技师。曾荣获全国劳动模范、全国优秀共产党员称号。2000年5月24日，鞍山钢铁集团公司做出《关于向李晏家同志学习》的决定。同年6月29日，中共鞍山市委、鞍山市人民政府授予他“工人革新家”荣誉称号，并做出向他学习的决定。2001年4月23日，中共辽宁省委授予李晏家同志“新时代的好工人”称号，并号召全省人民向李晏家学习。

入厂30多年来，李晏家以高度的主人翁精神，刻苦钻研，勇于创新，无私奉献，先后完成了“C105与C206皮带机头物料转换的攻关”、“湿法熄焦车车门防变形攻关”等攻关项目，取得技术革新成果120多项，国家技术专利15项，为鞍钢多创效益5000多万元。其中，篦条筛代替滚动条筛是焦炭筛分工艺的重大变革，这种条筛的筛距和角度可以调整，使用寿命提高10倍，检修更换也极为方便，每年还可节约电费7万元、备品备件费用40万元以上，大块焦率由73%提高到78%，年可多创利润88万元，这项革新成果在全厂炼焦系统推广，年创经济效益500万元以上，并获得了国家实用型专利。

2004年，化工总厂以李晏家的名字成立了技术攻关小分队。李晏家言传身教带动小分队成员，解决了生产、设备、工艺等方面17项难题。解决了四炼焦作业区六米焦炉双层振动筛投产后不达标的难题，不仅每年可为企业创效400多万元，而且还为化工总厂二期、三期、焦炉技术改造达产达标积累了宝贵的经验。李晏家发起成立厂技术攻关小分队以来，累计实现技术创新成果300多项，创效4000多万元。在李晏家技术攻关小分队带领和影响下，该厂相继成立18支技术创新小组，累计实现技术创新成果2800多项，参与创新人数达600多人。

李晏家三次被评为鞍钢技术专家，是鞍钢48名技术专家中唯一的一名工人。

邢贵彬

（1960—　）全国劳动模范，现任鞍钢股份公司第一炼钢厂连铸作业区党总支书记兼副作业长。

1981年参加工作以来，邢贵彬努力学习新知识、新技术，坚持用创新的态度、创新的思想、创新的办法解决生产难题。1993年，他总结了“吹、辅、扣、烧、洗”五字炼炉操作法，当年就节省炼炉时间335小时，节省炼炉原材料费用240万元，多炼钢20770t，创效益320万元。1997年以来，邢贵彬共取得20多项创新成果，有的创造了巨大经济效益，有的推进了经济技术指标提升，有的解决了生产“瓶颈”问题。如，通过四项技术改进，使钢水自流率达到99.8%以上，达到了世界一流水平；通过大量试验，解决了钢水罐滑板漏钢问题，使一炼钢厂连续5年没有发生滑板漏钢事故，创造了一炼钢厂炼钢史上的奇迹；将人文关怀融入创新活动中，解决了困扰钢包整备生产20年的“透气砖”安装难、拆卸难、频繁漏钢的老大难问题，机前操作人员每天十几次往返三四十米高机台送样的难题，化验女工磨样难的困难……

作为一名基层管理者，邢贵彬总结出了“讲创新、讲制度、讲和谐”的精细化管理工作法，得到鞍钢股份公司、鞍钢集团公司充分肯定，在全鞍钢大力推广。2008年4月，中共中央政治局委员、中央书记处书记、中宣部部长刘云山批示：此典型很有时代精神，应组织进行公开报道。随后，全国各报社、电台、电视台刊发新华社通稿《从普通炼钢工人到基层管理专家》。

在第二次全国道德模范评选中，邢贵彬荣获“敬业奉献模范”提名奖。作为鞍钢新一代劳动模范的代表，他应邀参加了国庆60周年庆典活动，荣幸地站在“艰苦创业”彩车上接受党和人民的检阅。

王 军

（1973— ） 高级工人技师，全国劳动模范，现任鞍钢股份公司大型厂电气作业区技术负责人。

1999 年 10 月，大型厂主电机频繁出现跳闸故障，严重影响生产顺行。王军和车间专业技术人员采取 24 小时不间断记录和筛选设备运行参数的办法，经过近 2 个月昼夜坚守的不懈努力，终于找到故障原因，及时排除了故障。2000 年，在邀请外国专家调试重轨打印机失败的情况下，王军通过技术攻关获得成功，为确保大型厂首次供台湾的 16000t 重轨合同完成提供了技术保证。2001 年，在大型厂一期改造中，王军独立完成了由美国引进的两台 CMI 锯钻组合机床调试及加工线设备自动程序设计等多项新功能的开发设计，使改造工程一次试车成功。2004 年，王军调任平立复合矫直机区域点检长后，着手对该区域经常发生的网络故障停机进行研究，并对矫直机的网络系统进行大胆改进，提高信号传输的稳定性、可靠性，每年减少事故时间达 50 多小时。2007 年，针对现场设备数量多、技术含量高及维护人员少等情况，他自主设计完成适合重轨加工线生产的设备监控系统，使维护人员坐在值班室里就能观察到现场设备运行情况，缩短了处理故障时间，提高了生产效率。

多年来，王军不断开展技术攻关、设备功能完善活动，先后完成技改项目 50 余项，使区域内设备运行更加稳定，事故时间稳步降低，比计划下降 85% 以上。

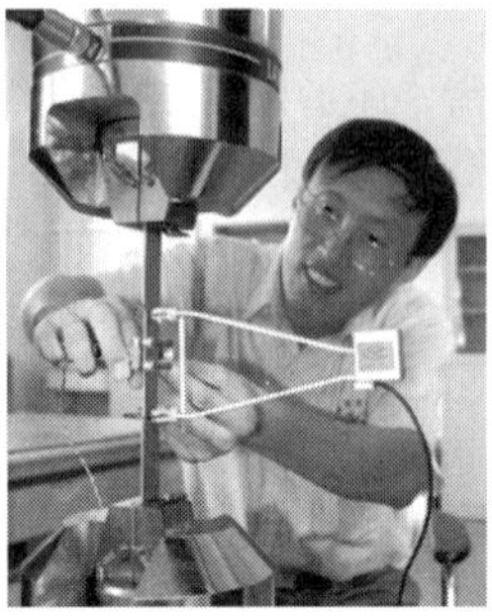

刘仁东

（1964— ） 现任鞍钢股份公司技术中心汽车用钢研究所所长、教授级高级工程师，技术中心一级首席技术专家，鞍钢冷轧汽车用钢项目（A 级）课题负责人。

刘仁东长期致力于热轧、冷轧汽车板用钢的研究开发及推广工作。作为鞍钢汽车板项目课题负责人，先后承担了国家科技支撑计划项目“ASP-冷轧流程生产汽车薄板技术开发”、辽宁省重大科研项目“采用中薄板坯生产高级轿车板及先进高强汽车板（DP、TRIP）产品、工艺开发”、鞍钢集团公司重点推进项目“冷轧轿车板研究开发”、鞍钢重大项目“高强超高强冷轧汽车板开发”等 20 余项国家、省、鞍钢科研项目。承担的项目多次取得重大突破，填补鞍钢空白，达到国际先进或领先水平。先后获得辽宁省科技进步奖、冶金技术进步奖和辽宁省新产品奖等多项奖励。

他常年深入现场、深入用户，不断解决存在的技术难题，从而使鞍钢汽车板在短短几年内市场竞争力不断增强，形成自主品牌，使鞍钢成为汽车板的重要生产基地之一，为鞍钢创造了显著的经济效益。他负责起草了鞍钢汽车板发展规划、鞍钢股份汽车板实验室规划，目前他作为带头人的汽车板项目组已形成热轧、冷轧、镀锌等多个研发方向，为鞍钢汽车板发展提供了强有力的技术支撑。

刘仁东连续多次获得鞍钢技术专家、鞍山市优秀技术专家称号，享受国务院政府特殊津贴；被评为鞍钢优秀共产党员，鞍钢、鞍山市劳动模范，中央企业劳动模范。

蒋东明

（1963— ） 现任鞍钢集团信息化管理部软件开发中心主任。

从 2003 年开始，蒋东明作为核心骨干，参加了集团公司 ERP 系统的规划、设计及开发实施工作。他起草了与应用系统设计、编程、调试和投运相关的各类设计约定和规范。同时他配合制定了用 UNIX 小型机集群构建大型钢铁企业 ERP 系统运行平台的架构方案，该方案属国内外同类应用中首创，大大降低了系统运行平台的建设和维护成本。由于该项目所采用的开发环境、开发工具是鞍钢首次引入，为确保应用程序设计、编制及调试阶段的工作进度和质量，蒋东明主持制定了应用程序设计、编码和调试所需各类标准、规范和工作制度，编制、确定了各类程序的编制模板，并在程序设计、编码及调试工作中组织实施，及时解决了程序设计、编制及调试出现的各类技术问题。

ERP 系统投运后，蒋东明着手安排组织系统运维工作，取得了未因系统的原因影响公司经营生产活动的好成绩。随着ERP系统在企业应用规模和范围的扩大，在基本不影响公司正常经营生产的前提下，2006年年底，蒋东明实施了数据库服务器、应用服务器硬件的同时升级扩容；2008年初，又实施了操作系统、数据库系统、应用中间件、通讯中间件等软件环境的同时全面升级等一系列复杂操作。2008年9月，鲅鱼圈ERP产销系统与主体生产线建设同步上线，一次投运成功。

蒋东明曾先后荣获鞍钢科技标兵、技术专家，鞍山市劳动模范，辽宁省“十杰”青年，中央企业劳动模范等称号，并享受国务院政府特殊津贴。

刘晓明

（1964— ）毕业于北京钢铁学院（现北京科技大学）采矿系选矿专业，现任鞍钢集团矿业设计研究院院长，教授级高级工程师。

刘晓明作为主要完成人，先后有20余项工程项目获国家科技进步二等奖，冶金科技进步特等奖，鞍钢科技进步一等奖，省部级优秀勘察设计一、二、三等奖，省部级优秀工程咨询二、三等奖。

刘晓明作为第一技术负责人，编制完成了鞍钢铁矿山“十一五”发展规划纲要。他还先后组织完成了鞍千采选联合企业新建、齐大山铁矿选矿分厂扩建、弓长岭选矿厂老区增产改造、东烧厂选矿工艺流程改造等一大批矿山新建、扩建、改造项目的项目建议书、可行性研究和工程设计工作。他参与的“鞍山贫赤（磁）铁矿选矿新工艺、新药剂、新设备研究及工艺应用”科研项目，使鞍山地区铁矿石的选矿技术取得了重大突破，达到国际领先水平，为我国贫赤铁矿资源的有效利用提供了先进的工艺技术，荣获国家科技进步二等奖、冶金科学技术特等奖、鞍钢科技进步一等奖，年可创效益9.85亿元。

由刘晓明主持完成的鞍千采选联合企业工程设计，成功应用具有鞍钢自主知识产权的贫赤铁矿选矿新工艺，设备装备和自动化程度达到国内领先水平；选矿厂占地仅为同等规模选矿厂的40%；电耗、水耗均较同类选矿厂降低25%～30%。

刘晓明先后荣获鞍钢技术专家、鞍钢科技标兵、辽宁省青年科技标兵等荣誉称号，获得国务院特殊津贴。

史乃安

（1963— ）西安冶金建筑学院金属塑性加工专业毕业，硕士研究生，教授级高工，现任鞍钢股份第三炼钢连轧厂首席工程师。

入厂20多年来，史乃安忠诚企业，勇于奉献，业绩卓著。他主持开发集成的1700ASP和2150ASP生产线的热轧工艺润滑系统，油耗指标和使用效果均处于国内领先水平，“一种热轧带钢轧制的润滑装置”获国家实用新型专利，创效893.7万元；主持开发的“中薄板连铸连轧钢坯加热炉小交叉出钢控制方法”获国家发明专利，创效782.3万元；主持2150ASP生产线宽带钢板形控制模型研究工作，创效670.9万元。他致力于热轧带钢自由程序轧制技术研究，实现了鞍钢1780生产线的热轧带钢自由程序轧制，并使自由程序轧制在2150ASP生产线得到了广泛应用，创效1619.6万元。他主持1780生产线、2150ASP生产线汽车用IF钢的热轧工艺技术研究与攻关工作，开创了ASP工艺生产汽车用超低碳钢的世界先例，申报了“带钢表面色差控制方法”和“一种轿车外板用超低碳钢生产方法”两项国家发明专利，创效1253万元。

史乃安先后获得鞍钢优秀共产党员、鞍钢技术专家、鞍钢精神文明标兵、鞍钢劳动模范、鞍山市特等劳动模范、中央企业劳动模范等荣誉称号。

吕建华

（1961— ）1982年毕业于鞍山钢铁学院选矿工程专业，先后在鞍钢大孤山选矿厂、鞍钢矿业公司研究所从事选矿技术研究工作，现任矿业公司设计研究院选矿教授级高级工程师。先后荣获鞍钢劳动模范、鞍山市劳动模范、鞍钢技术专家、鞍山市优秀科技工作者、辽宁省百千万人才工程百人层次人选、辽宁省优秀技术

专家等荣誉称号，是国务院技术津贴获得者。

2003 年，吕建华作为技术负责人完成的“鞍山贫赤铁矿石新工艺、新设备、新药剂研究及工业应用”科研项目，解决了困扰我国选矿界 30 多年的贫赤铁矿选矿重大技术生产难题，使我国贫赤铁矿选矿技术达到国际领先水平。

吕建华首次提出应用“阶段磨矿、重、磁——阴离子反浮选”工艺，处理齐大山地区贫赤铁矿的技术方案，经过 3 年时间的不懈努力，完成了该技术的研发并在齐大山选矿厂得到推广应用，采用该成果改造后，齐大山选矿厂铁精矿品位由 63.51% 提高到 67.5% 以上，年创效益 2.38 亿元。东鞍山烧结厂于 2003 年应用该成果后，精矿品位提高 5 个百分点以上。该成果在 2003 年被评为全国冶金行业唯一的科技进步特等奖，2004 年又被评为国家科技进步二等奖。吕建华是该项目的第三完成人。

2003～2007 年，作为项目负责人，吕建华还先后完成了“大孤山选矿厂磁精矿提质工艺试验”、“齐大山铁矿现出矿部位矿石可选性试验研究”、“齐大山铁矿选矿分厂选矿工艺参数优化的试验研究”、“关门山铁矿难选赤铁矿石再利用试验研究”、“胡家庙铁矿贫赤铁矿石选矿试验研究及生产调试”等项目，均取得了圆满成功，为鞍钢矿山的发展作出了突出贡献。她是上述项目的第二完成人。

（集团公司工会提供）

· 新 闻 人 物 ·

郭明义被评选为“全国道德模范”宣传典型

郭明义　男，1958 年 12 月生，成人本科学历。1977 年 1 月入伍，1980 年 6 月在部队加入中国共产党，曾被所在师评为“学雷锋标兵”和师党委命名的“优秀共青团员”。1982 年 1 月，复员到鞍钢集团矿业公司齐大山铁矿工作。先后在汽运车间矿用大型生产汽车驾驶员、汽运车间团支部书记、矿党委宣传部干事、机动车间统计员兼人事员、矿扩建工程办公室英文翻译等岗位工作。1996 年至今，任齐大山铁矿生产技术室采场公路管理员。

入党 30 年来，他时时处处发挥先锋模范作用，在每个工作岗位上都取得了突出的业绩。从 1996 年开始担任采场公路管理员以来，他每天都提前 2 个小时上班。15 年中，累计献工 15000 多小时，相当于多干了 5 年的工作量。1990 年以来，他坚持 20 年无偿献血，累计献血 6 万毫升，相当于自身总血量的 10 倍。1994 年以来，他为困难学生、身边工友和灾区群众捐款 12 万元，先后资助了 180 多名特困生，而自己一家 3 口人至今还住在一个 80 年代中期所建的不到 40 平方米的单室里。2006 年以来，他 8 次发起捐献造血干细胞的倡议，有 1700 多名矿业职工和社区居民参与；其中，齐大山铁矿汽运作业区大型生产汽车司机许平鑫同志，在 2006 年 12 月与武汉的一名白血病患者配型成功，成为全国第 1066 例、鞍山市第 5 例成功捐献者。2007 年以来，他 7 次发起无偿献血的倡议，共有 600 多名矿业职工参与，累计献血 15 万毫升。2008 年以来，他发起的希望工程捐资助学活动，已有 2800 多名矿业职工参与，资助特困生 1000 多名，捐款近 40 万元。2009 年以来，他发起成立的鞍山市红十字会遗体（器官）捐献志愿者俱乐部，已有 200 多名矿业职工和社会人士参与。

为此，他先后荣获鞍钢先进生产者、精神文明建设标兵、优秀共产党员，鞍钢劳动模范，鞍山市优秀义工、道德模范、无偿献血形象代言人，鞍山市特等劳动模范，辽宁省道德模范提名奖、希望工程突出贡献奖，全国无偿献血奉献奖金奖、全国红十字志愿者之星、中央企业优秀共产党员等荣誉称号。

2008年7月1日，齐大山铁矿党政工作出了《关于开展向郭明义同志学习活动的决定》。2009年7月29日，鞍钢集团矿业公司党政工作出了《关于开展向郭明义同志学习活动的决定》。2010年4月27日，鞍钢集团公司党政工联合作出了《关于开展向郭明义同志学习的决定》，6月9日，鞍钢集团公司又召开了郭明义先进事迹报告会暨创先争优活动动员大会，号召全鞍钢职工向郭明义同志学习，并把学习郭明义的活动作为开展创先争优活动的一个切入点来抓。此后中共鞍山市委也作出了《关于开展向郭明义同志学习活动的决定》。同时新华社、《工人日报》等新闻媒体也对郭明义的事迹进行了广泛报道。郭明义同志的先进事迹引起了中央领导的高度关注。7月16日，中共中央政治局委员、全国总工会主席王兆国同志就郭明义同志的先进事迹作出了重要批示。

8月1日，胡锦涛总书记在新华社第2296期国内动态清样《"雷锋传人"郭明义播撒爱心助人解难感动钢城》一文中作出亲笔批示，称赞郭明义"是助人为乐的道德模范，是新时期学习实践雷锋精神的优秀代表"，明确指示"要大力宣传和弘扬他的先进事迹和崇高品德，为构建社会主义和谐社会提供强大精神力量。"此后，李长春、刘云山、郭伯雄、徐才厚等领导也先后作出批示。至此，郭明义的事迹走出矿山和鞍钢，走向了全国。

9月17日中共辽宁省委正式作出决定，授予郭明义同志"优秀共产党员"称号，并在全省开展向郭明义同志学习活动。9月21日，辽宁省委在辽宁人民会堂召开郭明义同志"优秀共产党员"命名表彰大会暨先进事迹报告会。9月24日，中共中央组织部决定，授予郭明义同志"全国优秀共产党员"称号。

从2009年以来，鞍钢就加大了对郭明义同志先进事迹的宣传力度。通过鞍钢日报、鞍山地区、辽宁省的各种媒体，部分国家级媒体如新华社、工人日报、中国冶金报等陆续宣传郭明义同志的先进事迹。8月9日，辽宁省委宣传部副部长周连科带领由省委宣传部、省委组织部、省总工会组成的郭明义先进事迹调研采访组一行40多人来鞍钢调研采访。

根据中宣部的统一安排，9月3日，由中宣部组织的中央及部分省市的媒体一行40余人专程到鞍钢采访郭明义。9月18日起，新华社在"时代先锋"专栏连续播发反映郭明义事迹的报道通稿；中央电视台"新闻联播"、"军事报道"节目连续播出郭明义事迹报道，并制作播出反映郭明义事迹的"焦点访谈"、"面对面"、"和平年代"等专题节目；中央人民广播电台"新闻和报纸摘要"、"国防时空"节目连续播发郭明义事迹报道，制作播出"新闻纵横"专题节目；人民日报、解放军报、光明日报、工人日报等中央各主要报刊开辟专版连续刊发反映郭明义事迹的报道；人民网、新华网、中国网络电视台、光明网、中广网、中国军网及中工网等新闻网站及主要商业网站，在首页开设专题同步推出反映郭明义事迹的报道。

2010年8月17日，郭明义同志先进事迹报告团为全总机关作事迹报告并取得圆满成功。10月11日，郭明义同志先进事迹报告会在北京人民大会堂举行。受胡锦涛总书记委托，中共中央政治局常委李长春会见了郭明义同志和报告团其他成员。

（集团公司宣传部）

新时期的道德模范——郭明义（时代先锋）

龚达发　郑少忠　何　勇　李　波　孔祥武

题　记

世界上有两件东西最能震撼心灵：一件是我们心中崇高的道德法则，一件是我们头顶上灿烂的星空。

——康　德

【人物简介】

郭明义：1958年12月生，辽宁鞍山人，1977年参军，1980年入党，1982年复员到齐大山铁矿工作。现任鞍山钢铁集团矿山公司齐大山铁矿生产技术室采场公路管理员。先后任矿用大型生产汽车驾驶员、车间团支部书记、矿党委宣传部干事、车间统计员兼人事员、英文翻译等。

先后获部队学雷锋标兵、鞍钢劳动模范、鞍山市特等劳动模范、全国无偿献血奉献奖金奖、中央企业优秀共产党员、全国“五一劳动奖章”等荣誉称号，是鞍山市无偿献血形象代言人。

“钢都”鞍山，向东15公里，群山环抱着亚洲最大的露天铁矿——齐大山铁矿。

这里林木稀疏，遍地都是红褐色岩石。这岩石历亿年风霜雨雪，电击雷轰，铸就铁的坚硬；一经开采，千凿万击，粉身碎骨；投入熔炉，化为铁水，百炼成钢。

郭明义就像这漫山遍野的矿石，朴实、坚毅、无私，在平凡的岗位上，书写着一篇篇感天动地的人间大爱。

每天提前2小时上班，15年风雨无阻；为失学儿童、受灾群众捐款12万元，16年从未间断；55次无偿献血，挽救数十人的生命，20年乐此不疲……

他不是明星大腕，却成为鞍山市希望工程形象大使、鞍山市无偿献血形象代言人；以他名字命名的“郭明义爱心团队”，吸引了5800多名鞍钢干部职工和普通市民加入……

走近郭明义，我们一次次被震撼。人格的魅力、道德的力量，像奔涌的岩浆，从他胸中喷薄而出。

30年坚持，140张汇款单，180名复学儿童，55次义务献血，彰显人间大爱

郭明义的抽屉里，有一张泛黄的汇款单。汇款人：郭明义；收款地址：山东省嘉祥县老僧堂乡西李楼村；收款人：五胞胎；时间：2002年6月26日。

从报纸上得知，嘉祥县一农家喜得五胞胎却无力抚养时，郭明义想都没想，赶到邮局把手头仅有的300元钱汇去。从此，给五胞胎汇款成了郭明义的“保留节目”，一直到现在。其间，“五胞胎”父母两次搬家，汇款也没间断，给“五胞胎”的汇款单，已积累19张。

郭明义出生在一个普通的矿工家庭，父亲是位矿工，胸怀坦荡、乐于助人，受到过周恩来总理的接见。母亲懂一点医术，常帮助街坊邻里义务治病。在这样的家庭里成长，郭明义从小就懂得做人要讲感恩、讲诚信、讲仁义、讲奉献。

1977年1月，郭明义应征入伍。在部队，他最爱看的书是《雷锋的故事》。以雷锋为坐标，他校正了自己的人生航向；奉献，成为他的人生价值和目标。

1982年，郭明义告别军营，成了一名矿工，乐于助人已经成为他的终生习惯。不管是身边的工友，还是素昧平生的人，谁遇到困难，他都会尽全力去帮助。

1994年，鞍山市“希望工程”开始实施。电视短片中，孩子们渴望读书的眼神，深深灼痛了郭明义的心。第二天，他就找到“希望办”给岫岩山区的一名失学儿童捐助了200元钱，半个月后，他又给这个孩子直接寄去了200元。而当时，他们一家的月收入还不到600元。

从那时起，他一发不可收。16年来，他已捐款12万多元，先后资助180多名特困家庭学生，仅汇款单就有140多张，差不多花去了他全部收入的1/3。

2005年夏天，郭明义从“希望办”看到苦孩子杨斯雯的遭遇：出生不到3个月，父母离异，相继出走。小斯雯一直和体弱多病的奶奶，靠微薄的低保金相依为命。

郭明义立即承担起她的学费。学费有了着落，但小斯雯生活还是异常艰难。为省下每天二三元的午餐费，每天中午奶奶都要骑自行车走很远，把小斯雯接回家吃饭。冬天寒风呼啸，滴水成冰，路面像镜面一样滑，祖孙俩记不清摔过多少次。郭明义听说后，又解决了小斯雯的全部午餐费。

2007年春的一天，郭明义的女儿郭瑞雪兴冲冲回家准备看电视剧，却发现电视机没了，知道是爸爸又把电视机送人后，伤心地哭了。

原来，郭明义同工友闲聊时，得知有一个贫困家庭的孩子，整天哭着要看电视，但家庭拮据，无法满足孩子的愿望。郭明义立即把自家电视机送过去。之前，因为类似原因，郭明义已先后把两台电视机送了人。

郭明义“三送电视机”的事儿感动了鞍山团市委的同志。鞍山团市委专门买了一台电视机送来，告诉他：“这是团市委的‘固定资产’，你只有使用权，不许送人。”就这样，郭明义家才有了台不属于自己的电视机。

捐出钱物，助人渡过暂时的难关；捐献热血，却能挽救垂危的生命。至今，郭明义已经55次献血。

“55次献血，意味着几十条生命的新生。”鞍山市中心血站工作人员无限感慨。

1990年5月，齐大山铁矿号召职工参加义务献血，郭明义第一个报名。从此，他坚持每年献血，逐渐由每年一次，增加到义务献血每年最高限额的两次。

血小板是珍贵的血源，在临床抢救重症病人时，有着不可替代的作用。2005 年，鞍山引进血小板提取技术，郭明义成了捐献血小板的积极分子。他说，"我快 50 岁了，离无偿献血最高年龄 55 岁差不了几年了，血小板可以每月都献，这样可以抓紧时间多献血。"

5 年来，郭明义几乎每个月捐献一次血小板，每次 1 至 2 个单位，至今已捐献 40 多次。按照每捐献一个单位血小板相当于献全血 800 毫升计算，仅 2008 年至 2009 年，郭明义就献血 3 万多毫升。

2009 年春节前的一天，大雪纷飞，郭明义正从采场下山准备吃午饭，突然接到血站电话：一名临产孕妇急需血小板。老郭顾不上吃饭，拦了一辆出租车，奔向血站。

血站工作人员让他只捐一个单位血小板。他不同意，"捐两个吧，还有孩子哩！宁愿浪费一点，也要保母子平安！"长达 100 分钟的血小板采集结束了，疲惫的郭明义在采血床上睡着了……

15 载坚守，不分寒暑，没有节假，每天提前 2 小时上班，40 公里盘"坑"路，见证"矿山铁汉"

修路车间工人高森山，至今还记得那一幕：

2006 年 7 月，一个暴雨如注的夜晚。白天刚铺好的一段矿山坡道出现险情。

深夜 1 点，正在值班的高森山赶到现场，等待从家里赶来的郭明义。一道闪电，高森山看到郭明义正从 100 多米高、45 度的山坡，连滚带爬往现场赶。每走一步，身后都会有成片的乱石哗哗往下滚，哪一块砸中，都可能造成人身伤亡。

"不要命了！"事后矿领导批评他抄近路，不注意安全。郭明义笑笑：慌不择路，急呀！

没在矿山工作、生活过的人，难以体会矿山环境的艰苦。

群山环抱的齐大山铁矿，经过近百年开采，原本突兀的山峰被掘成 165 米深的大矿坑，面积足有 4 平方公里。矿坑里，夏天温度比外边高 5℃，冬天比外边低 10℃；晴天尘土飞扬，迷得人睁不开眼；雨雪天，就成了大泥潭。

逶迤 40 多公里的盘"坑"公路，是设备的进出和铁矿石转运输出的"生命线"。

20 世纪 90 年代，齐大山铁矿耗资数亿元从美国进口一批电动轮汽车和采矿设备，每台价值 1000 多万元，将大大提高矿山的生产效率。

然而，这舶来的洋机器，生性"娇贵"，对采场路面要求很高。

齐大山铁矿决定配备一名专业技术干部，主管采场公路建设和管护。矿领导不约而同地选择了郭明义。

从 1995 年起，在这个艰苦的岗位上，郭明义一干就是 15 年。

修路作业每天 8 点开工。为提早掌握路面变化情况，一上班就能及时调度机械维修道路，郭明义每天凌晨 4 点多起床，徒步巡查采场公路，细心观测每一处路面的平整度、坡度和宽度，制订出当天上午的修路计划。在采场，他还要随时留神躲开呼啸而过的电动轮汽车。这些两层楼高、载重量超过两三节火车皮的"巨无霸"，有 15 米的视野盲区。

穿行在一台台巨型机械之间，一米七五的郭明义显得如此矮小；常年风吹日晒，他的面孔早已变成铁矿石一样的褐红色，只有鼻梁上的近视眼镜还透出几分斯文。

2007 年夏的一天，酷热的天气让连续鏖战多天，指挥采场公路改线施工的郭明义晕倒在作业现场。情急之下，工友们用洒水车水龙头把他浇醒。大家都劝他快回家休息，他却说："这条路不抓紧时间修好，将严重影响生产。不要管我，大家还是抓紧干吧。"

"真是一条硬汉！"在场的职工们眼含热泪，又紧张投入工作。

郭明义平时对工友关怀备至，但交情归交情，工作上的事，他从来一丝不苟。

1999 年严冬的一天上午，郭明义在巡查各电铲铲位推土机的跟进情况时，对 5 号铲位平整度不满意。他当即要求 5 号铲的推土机司机刘师傅重新施工。刘师傅不高兴地说："太冷了，等午后暖和点再推吧。"郭明义说："不行，5 号铲是高效铲，中午就要组织生产，不能因为铲位不平整而耽误生产。"情绪失控的刘师傅破口大骂，差点动手打人。在工友们的劝说下，郭明义很快调整好情绪，心平气和地说："刘师傅，首先我向您道歉。刚才我情绪冲动，请您原谅。如果您还不解气，可以骂我、打我，但工作还得按标准继续进行，不要因为咱们的矛盾影响生产。"

刘师傅被说服了，任务很快完成。经过这次冲突，郭明义和刘师傅的感情更深了。刘师傅退休时，郭明义把自己积攒下来的劳动服、雨靴等都送给了他，"你家在农村，今后用得着"。退休多年后，老刘只要碰到矿上的工友，总不忘让给郭明义"带个好"。

多年来，郭明义通过每天对现场进行观测、

记录，借鉴国内外大型矿山公路管理的最新理念、技术工艺，大胆创新，先后制订出《公路、支线、铲窝维护技术标准与考核办法》、《采场星级公路达标标准与工艺流程》等技术标准和工作制度，填补了采场公路建设上的多项空白，使采场公路维护质量逐年上升。现在，齐大山铁矿星级公路达10多公里，合格率98%以上；电铲效率、生产汽车效率一直名列全国同行业第一名。

在齐大山铁矿，郭明义还是响当当的英语翻译。

1992年，齐大山铁矿为迎接即将到来的“洋设备”安装、使用，选派郭明义等人到英语强化班进修一年。同去的大都是英语科班出身，只有郭明义是自学成才。学习结束时，郭明义以优异的成绩当上了电动轮汽车现场组装的英文翻译。他对汽车零部件等专业术语的翻译，比其他科班出身的英文翻译还翻得准确。

进口备件质量检验不归担任翻译的郭明义管，但他极端负责，每次都认真检查，先后发现5台电动轮存在质量问题，使公司争取到外方10万美元的赔偿。

不收“小费”、酬金，拒绝手机、礼品，放弃到外企工作的机会，以行动诠释什么叫“权为民所用”

人生的苦恼，往往不在于拥有的太少，而在于期待得到的太多。

郭明义常说，接触不同的社会群体，就会有不同的人生思考。如果经常接触富翁大款，你就会觉得自己很穷，如果经常接触困难群众，你就会不由自主地帮助他们。

一套20世纪80年代的一居室，面积不到$40m^2$。水泥地，白灰墙，陈旧的家具，女儿的床支在4平方米的门厅里。

这就是郭明义的家。

入党30年来，郭明义始终保持着共产党人艰苦朴素的本色。一年四季穿工作服，一件棉衣穿了10年；就算出席各种隆重的公益活动，也一直穿着那身劳保服。

除了工资交给妻子用于生活以外，郭明义几乎所有的奖金、补贴、加班费等，连同各种奖品、慰问品全都捐了；甚至连妻子每月给他的零花钱，他也省下来都捐了……

在物质上，郭明义一家完全可以更宽裕——现在，夫妻两人的工资，加起来一月也有四五千元，在鞍山属于中上水平。

“为什么不给自己、孩子多存点钱?”

“有人觉得存款多、房子大是财富。可我觉得物质财富，只供个人享受，不算真正的幸福；如果用来帮助困难群众，大家分享，就会带给更多人幸福。对我来说，这55本献血证、200多封感谢信，就是对我最大的奖赏。”郭明义似乎“答非所问”。

在矿山工作28年，不管做翻译，还是当公路管理员，郭明义手中，其实都掌握着一定的权力，但他始终牢记手中的权力，是为国家和企业服务的，不能为个人谋私利。

1996年，郭明义做翻译时，还兼任外方人员的司机。他每天来得最早，走得最晚，用中国人特有的热情和不卑不亢，征服了外方专家。在外国人眼里，他是最可信赖的合作伙伴，“一眼就能看出他是共产党员”。

和外方工程技术人员在一起3年多，他多次婉言谢绝老外给他的“小费”。外国人不理解。他反复解释，“我们中国人不兴这个”。

1996年下半年，鞍钢经营出现困难，几个月发不出工资。外方人员看在眼里，真心想帮帮他，就拿出厚厚的一沓钱，塞给郭明义，又被婉言谢绝。

采场公路管理员，有调动采场所有大型工程机械的权力。一些在采场承包小工程的私营老板，想让郭明义提供一些“帮助”，免费使用矿上机械。有人送来手机、现金，“郭师傅，您一句话的事，行个方便吧!”“我指挥的机械是不少，但不是给哪个人服务的。”郭明义严词拒绝。

有人劝郭明义说，“别那么固执！与人方便，自己方便，有什么不好?”

“拿他们一分钱，我的腰杆就再也挺不直了!”普通的一句话，却让人看到了一名共产党人身上的浩然正气。

当初和郭明义一起培训的3名英语翻译，如今都已远走高飞，收入远超郭明义。郭明义也曾有这样的机会。组装电动轮汽车期间，美国犹格里德公司技术服务部中国区总管，被郭明义的敬业精神打动，两次劝说他到美国公司工作，并承诺给他的报酬至少比鞍钢高六七倍。

老郭却一连说了三个“NO!”

他说：“我上党校、夜校、进修，都是企业掏的学费，鞍钢培养了我，我要回报鞍钢。”

面对社会上存在的不公平现象，郭明义深恶痛绝。

2008年3月，郭明义听说老同学乔广全要进京上访，马上找到他了解情况。

原来，几年前乔广全带着20多名下岗职工打工时，施工方拖欠了他们6万多元工资，多次讨要，就是不给，并扬言："想告我？你爱去哪去哪！"

听了乔广全的介绍，郭明义拍案而起，"我一定为你们讨回公道！"

此后一连许多天，郭明义有空就往劳动、建设等部门跑，反映情况，据理力争。在郭明义积极奔走下，工人的工资全部讨还了，越级上访也避免了。

有人问：老郭，你这么做，图什么？

"图什么？在党旗下宣誓的那一刻起，我就选定了自己的人生道路，要实践对党的誓言，就像父母抚养子女、儿女孝敬老人一样，是天经地义的事。"这是郭明义的回答。

一条红纱巾，一枚28元的戒指，见证圣洁。共产党员就应是道德表率

2010年9月2日下午，郭明义到沈阳给一个病重的女孩捐献了血小板。返回鞍山的路上，手机响了。

"嗯，献完了，没啥事……晚上给我做啥好吃的？……红烧排骨？好！我一定回家吃饭。"

挂断电话，郭明义疲惫的脸上露出了幸福的微笑。

不用说，这是妻子打来的电话。

有人说郭明义不顾家、"败家子"。

其实，对亲人，郭明义有着深深的眷恋。当兵时，他梦到最多的是母亲做的玉米饼。

郭明义和妻子感情甚笃。

不少人认为，钻石、珠宝象征爱情；但郭明义认为，相互忠贞，始终不渝，比钻石、珠宝更圣洁。结婚24年，郭明义只给妻子孙秀英买过两件礼物：一条红纱巾和一枚价值28元的戒指。

去年，组织上安排郭明义外出疗养。以前多次机会他都放弃了，"我身体好，让身体不好的同志去疗养吧！"这一次，到革命圣地井冈山，他欣然前往。行前，孙秀英给他兜里塞了1000元钱。一路上，郭明义没舍得花一分，盘算着又可以接济几名学生。在一家纪念品商店，一枚样式别致的戒指吸引了他，一打听只要28元，咬牙买下了这唯一的礼品。

出人意料的是，孙秀英却很满足。这枚28元的"戒指"，孙秀英上班、干活都不舍得戴，等郭明义下班回家，才戴上"给他看"。

"他不着家，我们几乎没在一起休过一个完整的周末，家务活也指不上他。"说起郭明义，妻子好像很矛盾，"实际上，老郭很顾家，心里总惦记着我和女儿。"

孙秀英在鞍山第四医院工作。从家到医院，要坐半个多小时公交车。郭明义没有送过妻子上班，但每天孙秀英坐进办公室，总能接到郭明义打来的电话，"到了吗？""到了！"没有卿卿我我的缠绵，简单的问话，饱含着一个负责任的丈夫对妻子的款款深情。

这些年，妻子也始终默默地支持着郭明义。

已经年过半百，孙秀英还时常翻看恋爱时郭明义写的情书。每当此时，郭明义就故意逗她："过去的事，不要老去想啦！烧了吧！""不，坚决不！爱，是不会被忘记的！"妻子眼里放射出幸福的光芒。

打开一个精致小盒，孙秀英取出珍藏许久的一张特殊"欠条"："郭明义欠孙秀英同志1200元，2008年7月之前还清。"郭明义的工资卡一直由妻子保管。每个月妻子都会给他一定的零花钱。这些零花钱，老郭几乎没有为自己花过一分，全都用到希望工程捐款、救助困难家庭上了；需要大的款项，就得临时向老婆"申请"借款。

孙秀英记不清郭明义"借"过多少回，但记得他一次也没有还过。

郭明义把家里的钱都"折腾"出去救助失学儿童，妻子一开始也不理解。郭明义就把一些失学孩子的资料带回家，孙秀英看着看着，眼泪在眼眶里打转转。从那以后，不管花多少钱捐助孩子，孙秀英再也没反对过。她坚信，丈夫做的都是好事，丈夫是天下最好的人。

郭明义的女儿瑞雪，聪明、漂亮、懂事。

从孩子上学起，每天晚上家里那张小书桌，父女俩一边坐一个。女儿做作业，爸爸看书，还不时交流体会，就像一对亲密的"学友"。对女儿的教育、鼓励，都在无声的示范中。

2006年，女儿到南京上大学。在给父亲的信中写道："现在不开家长会了，我还是希望你来开我的家长会；我喜欢你给我写的纸条，虽然每次都是一样的内容：世上无难事，只怕有心人。"现在女儿已读大四，各方面都很出色，还是院学生会干部。像父亲那样做人、做事，已经成为女儿的追求。

世间百善，始于孝心。

郭明义说，一个不爱家人的人，就不会爱社会；一个不孝敬父母的人，就不会忠于国家。

郭明义的父亲已经去世6年，可父亲一句话，却让他记了一辈子。

那是童年时期的一个夜晚，郭明义坐在灯下温习已落下一周的课程。父亲静静地走到身旁，说："儿啊，爸爸这辈子苦就苦在没有文化上。你要多掌握一些知识，为老爸争一口气。"

自此，"为父亲争口气"这句话伴随着郭明义走过了40多年，成为工作、学习最原始的动力。

只有初中毕业的郭明义，以常人难以想象的毅力，"啃"下了成人高考全部课程，获得了本科学历，还成为矿山的专业英语翻译；1984年4月，参加全国统一录用干部考试，顺利通过；1991年2月，他又通过了国家统计员考试获得任职资格……

在郭明义的记忆里，从来没有过家庭的烦恼，有的只是理解、支持和甜蜜。

"德不孤，必有邻。"5800名矿山志愿者，高扬起"郭明义爱心团队"大旗

2006年12月，不幸先后降临到两个普通矿工的家庭：张国斌13岁的女儿患了白血病；刘孝强15岁的儿子，患了重度再生障碍性贫血症。

听说张国斌的女儿病了，郭明义立即赶到医院掏出身上仅有的100元钱。为帮助解决高昂的治疗费用，郭明义在全矿发起了爱心捐款活动。很快凑齐3万多元，郭明义又捐了700元。

为救助刘孝强的孩子，郭明义甚至"托人"违规把自己医疗账户上的3000多元钱取了出来。

为了救孩子，郭明义还走进鞍山广播电台直播间，呼吁社会各界献爱心。12月27日，在郭明义的倡导下，400多名工友和社会爱心人士，采集了血液样本，成为捐献造血干细胞志愿者。

张国斌的女儿从死神手上挣扎出来；而刘孝强的儿子因为找不到合适的配型，不幸离开了。

这深深地刺痛了郭明义。经常献血的郭明义深知，要根治白血病，最好的办法就是移植造血干细胞。他写了一封感人肺腑的倡议书，走遍齐大山矿机关科室和70多个班组，声情并茂地朗诵，呼吁大家捐献造血干细胞。

浴池是工友们每天都要去的地方。为动员更多人加入捐献造血干细胞行列，郭明义每天下班后都不顾疲劳来到浴池，为一个个工友搓澡，不厌其烦地介绍捐献造血干细胞的常识。

精诚所至，金石为开。有的工友不好意思了："别搓了，我明天就去参加捐献造血干细胞。"郭明义的"计谋"得逞了！

郭明义透着一丝"狡黠"说，我的一个绝招就是"软磨硬泡"，有的人不太愿意参加爱心活动，我就找机会帮助他，时间长了，他就会觉得欠我的人情，成为我爱心活动的积极分子了。

桃李不言，下自成蹊。"道德的感召力，永远胜于说教。郭师傅给了我们一个榜样、一个渠道。每个人心中都埋藏着一粒善良的种子，是郭师傅唤醒了我们心中的向善之心。"漂亮的"80后"高微说。

高微和郭明义在一层楼办公。每次看到郭明义献血、捐款，她都深受感动。终于有一天，她找到郭明义，"郭叔，我也想捐助一个孩子上学。"郭明义把她介绍给"希望办"。如今她不仅捐助了2个孩子读书，还和丈夫、公公一起成为郭明义爱心团队的骨干成员。如今，丈夫范世威已经献血5次。

艾伦是来自澳大利亚的专家。看到郭明义到市"希望办"，艾伦好奇地问他去干什么。郭明义把捐资助学的道理讲给他听，艾伦被感动了，硬要郭明义带他去"希望办"为孩子捐款。

榜样的力量是无穷的。在郭明义的带动下，公司70%的"80后"都加入到爱心活动中来。包子铺老板、小吃店服务员、复印社打字员、工人、教徒，甚至还有"小偷"……都被郭明义吸收到义务献血、捐献造血干细胞的队伍里来。

2008年12月，受郭明义影响，加入造血干细胞捐献志愿者行列的矿山大型生产汽车司机许平鑫与武汉一名白血病患者配型成功，并顺利完成了捐献，成为全国第1066例、鞍山市第5例造血干细胞成功捐献者。

动员无偿献血，在很多单位都是一件难事。在齐大山铁矿，每到献血日，献血车开到单位楼下，一来就是上百人。很多人不明白其中的道理。一位前来参加献血的家庭妇女说："这也就是郭明义呗，其他人用轿抬，我也不去。"工友李久红当场感慨："这叫什么？这叫人格魅力！"

德不孤，必有邻。2009年7月29日，矿业公司召开"向郭明义同志学习"动员大会，会上打出了以郭明义名字命名的"郭明义爱心团队"旗帜。

时隔一年，"郭明义爱心团队"已发展成七支志愿者大队：希望工程郭明义爱心联队、郭明义无偿献血志愿者应急服务大队、郭明义慈善义工服务大队、鞍山捐献遗体（器官）志愿者俱乐部、鞍山捐献造血干细胞志愿者俱乐部、红十字志愿者急救队、红十字志愿者服务队，浩浩荡荡，共有5800多人。

今年6月25日，鞍山市红十字会遗体（器官）捐献志愿者俱乐部成立，190多名矿业公司的干部职工和24名鞍山市民踊跃参加。这是目前国内参与人数最多的遗体（器官）捐献志愿者俱乐部。加入俱乐部的首批200多名志愿者中，有8对夫妻、2对兄弟兄妹。郭明义和妻子孙秀英、妹妹郭素娟、妹夫高军都是俱乐部首批成员。

鞍山市副市长王忠哲，矿业公司党委书记杨靖波、经理邵安林也都在捐献遗体（器官）签名板上郑重地签下自己名字。在现场礼仪服务的4名女青年和一名在现场拍照的女干部也被感染，会议一结束，立即找到郭明义要求加入俱乐部。

一连串数字展示了郭明义爱心之路的“转型升级”：

2006年以来，郭明义8次发起捐献造血干细胞的倡议，有1700多名矿业职工参与；2007年以来，他7次发起无偿献血的倡议，共有600多名矿业职工参与，累计献血15万毫升；2008年以来，他发起的希望工程捐资助学活动，已有2800多名矿业职工参与，资助特困生1000多名，捐款近40万元；2009年以来，他发起成立的遗体（器官）捐献志愿者俱乐部，已有200多名矿业职工和社会人士参与。

从十里铁山，百里钢城出发，郭明义像爱的使者一路播撒阳光，传承雷锋精神，汇聚一切爱的力量，让鞍山，让辽宁，让全中国永远是和谐的春天！

（摘自2010年9月19日《人民日报》）

·名　录·

2010年鞍钢直管干部任免名单

姓　名	任免职务	任免日期
林　瑜	解聘兼任的鞍钢信息化管理部部长	2010.4.6
王衍平	任鞍钢信息化管理部部长	2010.4.6
李士涛	任鞍钢国贸公司党委书记兼纪委书记	2010.4.6
	免鞍钢自动化公司党委书记兼纪委书记	
	解聘鞍钢自动化公司副经理	
丁文志	任鞍钢国贸公司党委副书记、工会主席	2010.4.6
王立公	任鞍钢自动化公司经理职务	2010.4.6
	解聘鞍钢自动化公司副经理	
刘晓明	任鞍钢自动化公司党委书记兼纪委书记	2010.4.6
	免鞍钢自动化公司党委副书记	
	解聘鞍钢自动化公司经理	
杨兴武	任鞍钢自动化公司党委副书记、工会主席	2010.4.6
	免鞍钢国贸公司党委副书记兼纪委书记	
王贵民	任鞍钢子公司监事会主席	2010.4.6
	免鞍钢自动化公司工会主席	
苗会忠	任鞍钢房地产开发集团有限公司纪委筹建组组长、工会筹建组组长	2010.4.6
李洪石	免兼任的鞍钢房地产开发集团有限公司纪委筹建组组长、工会筹建组组长	2010.4.6
张　凯	任鞍钢矿渣开发公司党委书记兼纪委书记	2010.4.6
	免鞍钢矿渣开发公司党委副书记	
王安成	任鞍钢保卫部（人民武装部）党委筹建组组长、鞍钢人民武装部政委	2010.4.6

续表

姓　名	任免职务	任免日期
马文斌	任鞍钢保卫部（人民武装部）部长	2010.4.6
高宗岱	任鞍钢保卫部（人民武装部）党委筹建组副组长	2010.4.6
	兼纪委筹建组组长、工会筹建组组长	
	免鞍钢保卫服务中心党委筹建组组长兼纪委筹建组组长	
李凤麟	任鞍钢保卫部（人民武装部）副部长	2010.4.6
李广君	任鞍钢保卫部（人民武装部）副部长	2010.4.6
于占德	免鞍钢工会副主席	2010.4.6
代树清	免鞍钢党校党委书记兼纪委书记、第一副校长	2010.4.6
耿树刚	任鞍钢总医院院长	2010.4.6
	解聘鞍钢总医院副院长	
张家齐	解聘鞍钢总医院院长	2010.4.6
苏晓钢	任鞍钢托管中心主任	2010.4.6
	解聘鞍钢生活后勤协力中心副主任	
李晓文	解聘鞍钢托管中心主任	2010.4.6
陈国锋	任鞍钢技术改造部部长	2010.6.12
	解聘鞍钢技术改造部副部长	
姜云峰	任鞍钢机械化装卸公司总会计师	2010.6.12
王延绵	兼任鞍钢鲅鱼圈党的工作委员会书记	2010.9.17
王　英	任鞍钢鲅鱼圈党工委副书记兼纪工委书记、工会工委主任	2010.12.18
	免营口鞍钢水业有限公司党总支书记	
袁铁军	任鞍钢教育培训中心（党校）党委筹建组组长	2010.12.18
	免鞍钢职工大学党委书记	
王　欣	任鞍钢教育培训中心筹建组组长，鞍钢党校筹建组第一副组长	2010.12.18
	解聘鞍钢职工大学校长	
徐砚秋	任鞍钢教育培训中心（党校）党委筹建组副组长兼	2010.12.18
	纪委筹建组组长	
	免鞍钢职工大学党委副书记兼纪委书记	
李国征	任鞍钢教育培训中心（党校）筹建组副组长	2010.12.18
	免鞍钢党校副校长	
宁国才	任鞍钢教育培训中心（党校）工会筹建组组长、 鞍钢教育培训中心（党校）筹建组副组长	2010.12.18
	免鞍钢职工大学工会主席，解聘鞍钢职工大学副校长	
吴人平	解聘鞍钢职工大学副校长	2010.12.18
姜　涛	免鞍钢党校党委副书记、工会主席	2010.12.18
宛钢铁	免鞍钢机械化装卸公司党委书记	2010.12.18
李　茂	免鞍钢机械化装卸公司党委副书记兼纪委书记	2010.12.18
黄　孚	免鞍钢房产物业公司工会主席	2010.12.18
马庆才	免鞍钢接待服务公司工会主席、纪委书记	2010.12.18
李方海	免鞍钢铁路运输公司工会主席	2010.12.18
闫宝勤	免鞍钢生产协力中心党委副书记、工会主席	2010.12.18
杜国刚	免鞍钢生活后勤协力中心党委书记兼纪委书记	2010.12.18
回光奇	免鞍钢第二发电厂党委书记兼纪委书记	2010.12.18
马文斌	免鞍钢保卫部（人民武装部）部长	2010.12.18

续表

姓　名	任免职务	任免日期
尹连升	免鞍钢重型机械有限责任公司党委副书记兼纪委书记、工会主席	2010.12.18
王吉奎	免鞍钢电气有限责任公司党委副书记兼纪委书记	2010.12.18
周传德	免鞍钢钢绳有限责任公司党委书记兼纪委书记、工会主席	2010.12.18
王铁楠	任鞍钢物资采购招标中心主任 解聘鞍钢物资采购招标中心副主任	2010.12.18
王奇夫	任鞍钢铁路运输公司经理 解聘鞍钢铁路运输公司副经理	2010.12.18
赵新华	解聘鞍钢铁路运输公司副经理	2010.12.18
王树森	解聘鞍钢铁路运输设备制造公司副经理	2010.12.18
陈国强	解聘鞍钢房产物业公司副经理	2010.12.18
毛焕文	解聘鞍钢房产物业公司总会计师	2010.12.18
巴　军	兼任鞍钢大连轧钢厂厂长	2010.12.18
赵雪琴	解聘鞍钢大连轧钢厂厂长、总会计师	2010.12.18
马文斌	解聘鞍钢保卫部（人民武装部）部长	2010.12.18
李成涛	兼任鞍钢工程技术公司董事	2010.12.18
肖洪勇	解聘鞍钢工程质量监督站站长兼鞍钢工程技术公司董事	2010.12.18
白鹤天	解聘鞍钢集团子公司监事会主席	2010.12.18
赵生智	解聘鞍钢集团子公司监事会主席	2010.12.18
张兆庚	解聘鞍钢派驻鞍钢朝阳鞍凌钢铁有限公司监事	2010.12.18
张伯文	解聘鞍钢办公室副主任	2010.12.18

（集团公司人力资源部　郭　明）

2010年鞍钢取得高级专业技术职称任职资格人员名单

教授级高级工程师

付　伟　隋晓红　乔立峰　王陆新　刘启波
李　镇　杨大正　薛　敏　许成月　张锦刚
关　菊　高振宇　韩德久　陈　涛　窦力威
时晓光　李恒旭　刘洋洲　冯占立　周宝强
王东明　高文涛　王薛芬　宋荣江　佟经伟
陈　新　巴　虹

高级工程师

刘　云　崔雪峰　张金珊　姜晓东　赵征红
傅利民　李　辉　王继莉　张　军　孙　波
宋宝宇　彭观伟　吕铁柱　李林红　侯佳音
高　松　宁　君　刘　洋　吴海霞　王德绪
孟　巍　祁金才　任红祥　吴春华　刘望涵
徐　鑫　全厚春　覃天强　马军强　王　昕
毕宏刚　任　海　赵惠泥　崔利晋　李宗玉
陈　哲　曲泰安

高级经济师

张彦安　宋　光　马丽梅　王　斌　肖立文
张会轩　杨易威　孙向光　杨丽红　袁艺魁
刘铁成　张剑英　任丽文　戴红波　王东华
王　宇　王兆春　杨旭强　唐文刚　孙文旭
王晓博　刘　强　和所惧　曾芙蓉　刘　虹
张家辉

高级会计师

叶文芳　曲立峰　张　青　王东辉　杜建楠
温丽颖　林　薇　刘　进　邢榆彬　李　岩
于红红　李敏敏　朱春雨　王旭东　赵一静

刘佳琳　赵冰容　彭　洋　周天雪　唐俊淼

副教授

董桂芬　肖明宇　姜　楠　全婉秋

主任医师

鞠蓉晖　王建军　刘天宏　刘　力　赵　斌
刘吉盛　应　旻　敬海生

主任护师

郝林慧

副主任医师

陈月洁　李金香

副主任药师

党　凤　王云峰　陈雅君

副主任护师

未术红　王小松

研究馆员

刘　贺

译　审

齐殿威

高级实验师

王　辉

幼儿中学高级教师

刘　文　王丽华

（集团公司人力资源部　王　欣）

2010年鞍钢正处级以上直管干部退休人员名单

序　号	姓　名	单　位	原职务	退休时间
1	马文斌	鞍钢人武部	部　长	2010年12月
2	张殿忠	鞍钢铁路运输公司	工会主席	2010年2月
3	马成学	鞍钢国际经济贸易公司	党委书记	2010年1月
4	王亚东	鞍钢矿业公司	党委副书记	2010年1月
5	戴尔敏	鞍钢矿业公司	工会主席	2010年1月
6	于　洪	鞍钢铁路运输公司	党委书记	2010年5月
7	代树清	鞍钢党校	党委书记	2010年3月
8	于占德	鞍钢工会	副主席	2010年8月
9	白鹤天	鞍钢监事会	主　席	2010年12月
10	蔺吉昌	鞍钢铁路设备制造公司	党委书记	2010年9月

（集团公司人力资源部　崔晓光）

统计资料

一、产品产量

八大产品产量分月完成情况

(t)

产品名称	全年		分月产量											
	计划	实际	1月	2月	3月	4月	5月	6月	7月	8月	9月	10月	11月	12月
一、铁矿石原矿量	45550000	45561510	3884009	3562050	3941494	3716040	3850532	3582430	3831937	3794688	3653583	3885897	3823492	4035358
二、铁精矿	15500000	15607408	1335508	1205759	1335059	1276369	1312793	1242544	1355572	1362310	1284368	1307337	1268782	1321007
三、人造富矿	36230000	37176182	3294186	2964677	2987326	2898739	2929284	3056698	3080581	3073699	3119722	3215767	3118525	3436978
烧结铁矿	28730000	29130383	2589322	2361980	2319580	2257949	2239355	2407838	2382323	2378803	2413782	2539558	2496101	2743792
球团铁矿	7500000	8045799	704864	602697	667746	640790	689929	648860	698258	694896	705940	676209	622424	693186
1. 鞍钢股份	27870000	28133291	2534413	2290598	2284229	2194734	2234939	2348633	2336194	2310718	2381047	2418032	2282927	2516827
(1) 鞍钢股份本部	19360000	19546640	1828670	1602690	1612090	1431960	1507400	1634400	1561620	1668120	1665770	1660760	1578340	1794820
(2) 鲅鱼圈分公司	8510000	8586651	705743	687908	672139	762774	727539	714233	774574	642598	715277	757272	704587	722007
2. 鞍钢矿业	8360000	8750377	759773	674079	703097	704005	694345	708065	744387	762981	738675	751847	737782	771341
3. 鞍凌公司		292514	0	0	0	0	0	0	0	0	0	45888	97816	148810
四、焦炭	9360000	9439375	788757	724978	789607	755131	779397	762499	783470	794069	786169	813878	811979	849441
1. 鞍钢股份	9360000	9271381	788757	724978	789607	755131	779397	762499	783470	788717	759995	786731	763538	788561
(1) 化工总厂	6760000	6701199	578721	525931	569487	542347	558578	551279	563764	570079	547669	567696	552398	573250
(2) 鲅鱼圈公司	2600000	2570182	210036	199047	220120	212784	220819	211220	219706	218638	212326	219035	211140	215311
2. 鞍凌公司		167994								5352	26174	27147	48441	60880
五、合格生铁	22050000	22221430	1927857	1767484	1738002	1708641	1738931	1859832	1869978	1870001	1872265	1921155	1899806	2047478
1. 鞍钢股份	22050000	22125046	1927857	1767484	1738002	1708641	1738931	1859832	1869978	1870001	1872265	1921155	1886405	1964495
(1) 鞍钢股份本部	15550000	15678279	1404341	1258057	1234733	1161022	1186563	1307453	1288703	1378756	1335782	1347167	1348902	1426800
(2) 鞍钢鲅鱼圈	6500000	6446767	523516	509427	503269	547619	552368	552379	581275	491245	536483	573988	537503	537695
2. 鞍凌公司		96384	0	0	0	0	0	0	0	0	0	0	13401	82983
六、钢坯	22050000	21772369	1929244	1735242	1690811	1692604	1723685	1828933	1837813	1853331	1825665	1858868	1829511	1966662
1. 鞍钢股份	22050000	21626408	1922738	1729458	1685697	1684236	1715650	1823572	1830859	1842487	1816499	1852219	1821861	1901132
(1) 鞍钢股份本部	15450000	15234677	1386738	1220037	1186693	1133985	1156348	1275942	1250538	1362191	1296220	1296110	1297255	1372620
一炼钢钢坯	3100000	3040833	272663	245722	269647	266073	181183	237376	273800	269302	230706	271582	258784	263995
连铸厚板坯	1400000	1237200	116680	107232	115127	110810	75718	94579	113096	106019	79039	112476	100002	106422
连轧开坯	930000	1025755	94010	80086	98451	89102	55286	76752	88015	89739	83613	85969	97579	87153
1150 开坯	770000	777878	61973	58404	56069	66161	50179	66045	72689	73544	68054	73137	61203	70420

续表

产品名称	全年		分月产量											
	计划	实际	1月	2月	3月	4月	5月	6月	7月	8月	9月	10月	11月	12月
二炼钢钢坯	5410000	7478407	674069	582298	593173	563699	658057	626957	635091	660826	633356	582375	607285	661221
二炼钢（南线）	910000	589272	56104	42782	49339	60382	41681	37901	40197	45217	47779	59166	50746	57978
小方坯	580000	138569	11877	9291	8823	17428	4959	811	3305	5412	17364	22990	15212	21097
超低头板坯	330000	450703	44227	33491	40516	42954	36722	37090	36892	39805	30415	36176	35534	36881
二炼钢（北线）	4500000	4407059	399503	352315	364159	337288	400328	382481	370528	392825	383562	303137	337139	383794
热轧带钢厂板坯	2290000	2482076	218462	187201	179675	166029	216048	206575	224366	222784	202015	220072	219400	219449
三炼钢连轧厂钢坯	4650000	4715437	440006	392017	323873	304213	317108	411609	341647	432063	432158	442153	431186	447404
（2）鞍钢鲅鱼圈	6600000	6391731	536000	509421	499004	550251	559302	547630	580321	480296	520279	556109	524606	528512
2. 机总连铸坯		74054	6506	5784	5114	8368	8035	5361	6954	10844	9166	6649	0	1273
3. 鞍凌公司		71907											7650	64257
七、粗钢	22100000	21803310	1929607	1737521	1699971	1690677	1721062	1831406	1843278	1856606	1829127	1864091	1831539	1968425
1. 鞍钢股份	22100000	21657349	1923101	1731737	1694857	1682309	1713027	1826045	1836324	1845762	1819961	1857442	1823889	1902895
（1）鞍钢股份公司本部	15500000	15265618	1387101	1222316	1195853	1132058	1153725	1278415	1256003	1365466	1299682	1301333	1299283	1374383
一炼钢	3150000	3071774	273026	248001	278807	264146	178560	239849	279265	272577	234168	276805	260812	265758
二炼钢	7700000	7478407	674069	582298	593173	563699	658057	626957	635091	660826	633356	582375	607285	661221
二炼钢（南线）	3200000	3071348	274566	229983	229014	226411	257729	244476	264563	268001	249794	279238	270146	277427
二炼钢（北线）	4500000	4407059	399503	352315	364159	337288	400328	382481	370528	392825	383562	303137	337139	383794
三炼钢连轧厂	4650000	4715437	440006	392017	323873	304213	317108	411609	341647	432063	432158	442153	431186	447404
（2）鞍钢鲅鱼圈	6600000	6391731	536000	509421	499004	550251	559302	547630	580321	480296	520279	556109	524606	528512
2. 机总连铸坯		74054	6506	5784	5114	8368	8035	5361	6954	10844	9166	6649	0	1273
3. 鞍凌公司		71907										0	7650	64257
八、钢材总计	20980000	20896522	1857157	1652065	1645336	1573560	1667571	1772851	1698784	1840197	1742205	1780087	1810640	1856069
1. 鞍钢股份	20500000	20872751	1857157	1652065	1645336	1573560	1667571	1772851	1698784	1840197	1742205	1780087	1810640	1832298
（1）鞍钢股份公司本部	14600000	14696005	1329961	1160627	1186442	1043530	1100854	1268507	1167194	1326369	1221077	1276279	1305755	1309410
（2）鞍钢鲅鱼圈	5900000	5646746	505142	447163	425263	482396	500164	474136	493548	436714	467508	507162	446191	461359
（3）天铁冷轧薄板公司	1200000	1290777	111783	97473	123080	114278	107970	101235	91833	109533	103341	89424	116697	124130
2. 鞍凌钢轧厂		23771												23771

（集团公司计划财务部　董惠琦）

二、财务指标

（一）财务指标完成情况

（万元）

指标名称	2010 年	2009 年	增减额	指标名称	2010 年	2009 年	增减额
一、销售收入净额	10507068.00	8026352.00	2480716.00	五、净利润	322896.00	296610.00	26286.00
二、利税指标				六、上缴财政总额	764780.00	712941.00	51839.00
利润指标	450300.00	396089.00	54211.00	所得税	118488.00	23961.00	94527.00
实现税金	574819.00	369006.00	205813.00	增值税	389215.00	432069.00	(42854.00)
三、所得税	155453.00	7055.00	148398.00				
四、少数股东损益	60100.00	37055.00	23045.00	其他税金合计	245397.00	234896.00	10501.00

（二）评价企业十大经济指标

（%）

指标名称	2010 年	2009 年	增减额	指标名称	2010 年	2009 年	增减额
1. 主营业务利润率	18.03	19.79	(1.76)	6. 流动比率	0.93	0.82	0.11
2. 总资产报酬率	3.71	3.45	0.26	速动比率	0.47	0.44	0.03
3. 净资产收益率	3.90	4.09	(0.19)	7. 应收账款周转率/次	31.54	29.03	2.51
4. 资本保值增值率	105.65	105.52	0.13				
5. 资产负债率	47.93	45.50	2.43	8. 存货周转率/次	3.98	3.80	0.18

（三）资产及负债情况

（万元）

指标名称	集团公司	母公司	鞍钢股份有限公司	指标名称	集团公司	母公司	鞍钢股份有限公司
一、资产总额	17417273.00	9091300.00	10511360.00	1. 流动负债	5205955.00	1628798.00	3640062.00
1. 流动资产	4856629.00	1542431.00	3094404.00	其中：短期借款	748956.00	277865.00	1039500.00
其中：应收账款	278454.00	1911.00	206127.00	应付账款	1037975.00	27828.00	468303.00
存货总额	2411707.00	32381.00	1313421.00	2. 长期负债	3142635.00	1860713.00	1336852.00
2. 长期股权投资	1320729.00	4967468.00	198640.00	三、少数股东权益	2149296.00		127707.00
3. 固定资产	7318677.00	428475.00	5726743.00	四、归属母公司权益	6919386.00	5601789.00	5406739.00
其中：固定资产原值	12723206.00	1203451.00	8774736.00				
累计折旧	5350958.00	752671.00	3035932.00	1. 实收资本	1158803.00	1158803.00	723481.00
固定资产净值	7372248.00	450780.00	5738804.00	2. 资本公积	2580472.00	2467238.00	3152093.00
4. 无形资产及其他资产	2019317.00	1007090.00	696930.00	3. 盈余公积	1493616.00	1493616.00	356967.00
二、负债总额	8348591.00	3489511.00	4976914.00	4. 未分配利润	1345987.00	481355.00	1167193.00

（集团公司计划财务部　王秀梅）

三、更新改造指标

（一）2010年固定资产投资项目完成情况（按形象进度）

（万元）

单项工程或更改项目名称	计划总投资	自开始建设至本年底累计		本年底未完工程累计完成投资	本年						本年新增固定资产	房屋建筑面积/m^2		本年竣工房屋价值
		完成投资	新增固定资产		计划投资	完成投资	其中：建筑工程	安装工程	设备工器具购置	其他费用		本年施工	本年竣工	
总　计	3839167	3226363	1755464	1470899	684118	709248	158890	155275	297471	97612	614885	100179	18042	2684
其中：更新改造合计	3839167	3226363	1755464	1470899	684118	709248	158890	155275	297471	97612	614885	100179	18042	2684
基本建设合计														

（二）固定资产实际完成投资按专业去向分类

（万元）

按专业去向分类	实际完成投资	按专业去向分类	实际完成投资
合　计	709248		
1. 铁矿采选	53184	6. 连铸	61420
2. 烧结	25214	7. 轧材	296696
3. 球团		8. 铁合金	
4. 炼铁	19771	9. 焦化	21099
5. 炼钢	34964	10. 耐火	15143
其中：电炉	18149	11. 炭素	
转炉	16815	12. 金属制品	657
		13. 其他	181100

（集团公司计划财务部　刘淑霞）

四、产品销售

主要钢铁工业产品产、销、存情况

（t）

产品名称	年初库存	本年生产	本年自用	本年销售	其中：本年出口	盘盈（+）/盘亏（-）	年末库存
铁矿石原矿	122227	45561510	45604017				79720
铁矿石成品矿	61421	15607408	15569328				99501
铁精矿	61421	15607408	15569328				99501
人造富矿	114212	37176182	36785779				114212
烧结铁矿	47558	29130383	28723250				454691
球团铁矿	66654	8045799	8062529				49924
生铁	1891	22221430	22204378				18943
粗钢	246795	21803310	21674636	109064	0	-7395	259010

续表

产品名称	年初库存	本年生产	本年自用	本年销售	其中：本年出口	盘盈（+）/盘亏（-）	年末库存
连铸坯	246795	21803310	21674636	109064	0	-7395	259010
钢材	270481	20896522	77987	20858308	1685129		230708
铁道用钢材	4857	725620	130	727700	10157		2647
重轨	4857	725620	130	727700	10157		2647
轻轨							
大型型钢	376	-68	0	221			87
其他大型型材	376	-68	0	221			87
中小型型钢							
棒材	0	11199	0	11199			0
钢筋							
线材（盘条）	2604	805781	34352	770747	64531		3286
特厚板	4489	230170	18	232508	15457		2133
厚板	26793	1459333	1123	1457336	64688		27667
中板	40070	2336351	1864	2338612	87043		35945
热轧薄板	42	4593	0	4608			27
冷轧薄板	4543	869399	672	867964	116		5306
中厚宽钢带	78574	5021455		5031712	578273		68317
热轧薄宽钢带	23032	2179816	26313	2158743	160845		17792
冷轧薄宽钢带	56002	4323207	12317	4327822	291031		39070
镀层板（带）	25340	1576360	18	1585056	282786		16626
镀锌板（带）	25340	1576360	18	1585056	282786		16626
涂层板（带）	0	136024	0	132003	120716		4021
电工钢板（带）	1862	918845	0	914790	9486		5917
无缝钢管	1897	298437	1180	297287			1867
钢丝及其制品	8063	32371	2140	25129			38294
钢丝	0	107	0	107			0
钢丝绳	8042	29335	2194	28091			7092
钢绞线	21	117	93	19			26
铁合金							
焦炭	8731	9439375	9357268				90838

（集团公司计划财务部　董惠琦）

五、劳动工资人事

（一）各单位职工总数、工资总额

单位	职工总数/人				工资总额/千元			
	合计	在岗职工	居家休息职工	列编外职工	合计	在岗职工	居家休息职工	列编外职工
总计	136513	116830	16824	2859	5947741	5470568	446845	30328
鞍钢股份	31145	27682	2872	590	1637063	1553466	77472	6125
鞍凌公司	2001	2001			79034	79034		
生产协力中心	7072	6949	89	35	330004	327374	2137	493

续表

单　　位	职工总数/人				工资总额/千元			
	合　计	在岗职工	居家休息职工	列编外职工	合　计	在岗职工	居家休息职工	列编外职工
设备检修协力中心	7985	7721	120	144	369784	364081	3295	2408
生活后勤协力中心	2281	2009	225	47	79076	73290	5402	384
资产经营中心	32	32			2964	2964		
托管中心	7473	22	6138	1313	171580	1590	155738	14252
二发电厂	830	814	17		43488	42552	936	
电讯厂	256	243	13		10169	9863	306	
铁路运输公司	4288	3807	455	26	177239	163954	13025	260
矿渣公司	1991	1847	106	39	91837	88883	2670	284
鞍钢总医院	1214	1148	57	8	48770	46917	1787	66
劳研所	130	120	11		7154	6559	595	
千山疗养院	334	243	64	27	9716	7896	1637	183
文体中心	90	46	44		2577	1520	1057	
鞍钢日报社	277	226	47	4	10695	9564	1106	25
生产监测中心	92	79	12		4550	4249	301	
房地产经营中心	23	22	1		1431	1405	26	
质量监督站	25	23	2		1920	1861	59	
保卫部	715	669	44	2	24864	23760	1089	15
党校	121	82	33	6	4900	4012	836	52
职工大学	756	509	240	7	27205	21075	6071	59
大孤山球团厂	1453	1360	87	6	63407	60495	2876	36
齐大山选矿厂	1277	1146	122	9	53824	49231	4515	78
东鞍山烧结厂	1851	1686	140	25	74800	70735	3833	232
招标中心	15	15			1321	1321		
矿业公司	28445	23738	4484	223	1178471	1055042	121214	2215
房产物业公司	3203	2848	280	75	91946	84155	7187	604
耐火材料公司	2038	1655	344	39	80526	71370	8659	497
沈阳薄板厂	201	53		148	2139	762		1377
铁路设备制造公司	1498	1165	303	30	53168	45491	7464	213
机械化装卸公司	793	713	59	20	31538	29913	1473	152
自动化公司	447	353	90	5	30440	28055	2351	34
接待服务公司	227	171	47	8	8156	6637	1460	59
国际经济贸易公司	706	512	186	9	57460	52195	5128	137
财务公司	50	50			4420	4420		
设计研究院	774	734	32	8	69161	68271	831	59
人力资源部（党委组织部）	77	71	6		27561	27104	457	
企业文化部（党委宣传部）	20	20	1		2468	2179	289	
纪委（监察部）	20	20			3134	3134		
子公司监事会	50	44	6		4376	4197	179	
团委	5	5			932	932		
集团办公室	145	127	18		14132	13040	1092	
项目管理部	29	22	7		3300	2812	488	
管理创新部	21	20	1		2593	2471	122	
科技质量部	21	20			4411	4081	330	
技术改造部	38	37	1		6132	5787	345	

续表

单位	职工总数/人				工资总额/千元			
	合计	在岗职工	居家休息职工	列编外职工	合计	在岗职工	居家休息职工	列编外职工
计划财务部	186	176	5	4	16889	16751	128	10
审计部	24	24			2852	2852		
卫生处	9	7	2		994	637	357	
工会	35	27	6	2	6089	5747	323	19
人民武装部	35	28	7		2285	2086	199	
房地产管理开发部	9	9			836	836		
信息化管理部	91	91			10167	10167		
安全环保部	16	16			2002	2002		
法律事务部	21	21			2032	2032		
战略发展部	21	21			2627	2627		
物质采购部	20	20			1909	1909		
市场营销部	20	20			2019	2019		
建设集团有限公司	8343	8343			340794	340794		
房地产开发集团有限公司	2020	2020			83726	83726		
钢绳有限责任公司	817	817			29377	29377		
电气有限责任公司	475	475			17186	17186		
重型机械有限责任公司	4183	4183			136171	136171		
汽车运输有限责任公司	1034	1034			40599	40599		
鞍钢矿山机械制造有限公司	392	392			12664	12664		
鞍钢矿山建设有限公司	999	999			38323	38323		
鞍钢矿山汽车运输有限公司	614	614			21775	21775		
鞍钢实业集团有限公司	4614	4614			170589	170589		

（二）劳动生产率

指标		单位	2010 年	2009 年	2010 年比 2009 年增减/%
1. 年平均人数（工业生产）	全员	人	119018	122934	-3.19
	在岗	人	100187	101208	-1.01
	生产工人	人	69368	70640	-1.80
其中：钢铁主业	全员	人	22805	21390	6.62
	在岗	人	20963	19018	10.23
	生产工人	人	15669	14970	4.67
2. 工业总产值（增加值）		万元	2908228	2416526	20.35
3. 钢产量		万 t	2180.33	2012.66	8.33
4. 产值劳动生产率	全员	元/（人·a）	244352	196571	24.31
	在岗	元/（人·a）	292319	238768	22.43
	生产工人	元/（人·a）	419246	342090	22.55
5. 实物劳动生产率	全员	t/（人·a）	183.2	163.7	11.91
	在岗	t/（人·a）	219.2	198.9	10.18
	生产工人	t/（人·a）	314.3	284.9	10.32
其中：钢铁主业	全员	t/（人·a）	956.1	940.9	1.61
	在岗	t/（人·a）	1040.1	1058.3	-1.72
	生产工人	t/（人·a）	1391.5	1344.5	3.50

注：按 2003 年中国钢铁工业协会对指标的重新定义，钢铁主业为鞍钢股份主业（铁、钢、材）+鞍凌公司。

（集团公司人力资源部　王正国）

（三）管理人员、专业技术人员基本情况

项目	总数	女	少数民族	共产党员	学历					年龄					
					研究生	大学本科	大学专科	中专	高中	35岁及以下	36岁至40岁	41岁至45岁	46岁至50岁	51岁至54岁	55岁及以上
一、各类人员总数	23545	7496	1446	17207	950	13182	7144	1525	744	5361	4183	5174	4841	2200	1786
二、各类专业技术人员总数	22199	7129	1337	15966	938	12898	6538	1418	407	5161	4032	4968	4518	1937	1583
1. 工程技术人员	12470	2664	795	8646	682	8165	2815	628	180	4152	2223	2547	2135	804	609
2. 农业技术人员	11	4	2	10	1	7	3			2	6	2	1		
3. 卫生技术人员	1186	877	78	500	31	420	342	358	35	117	307	274	310	131	47
4. 教学人员	718	534	48	366	42	379	191	106		53	151	244	173	64	33
5. 经济人员	3057	1019	164	2597	102	1560	1218	139	38	366	657	829	697	293	215
6. 会计人员	1986	1253	102	1325	35	979	848	80	44	318	365	506	532	189	76
7. 统计人员	257	178	15	153		94	119	29	15	25	45	76	69	33	9
8. 翻译人员	35	17	5	18		31	3	1		6	6	8	5	2	8
9. 图书档案、文博人员	88	75	4	62		44	40	4		6	14	14	27	14	13
10. 新闻、出版人员	47	21		35	3	30	13		1	8	5	11	9	6	8
11. 律师、公证人员	19	5	3	18	3	13	3			1	1	8	2	3	4
12. 工艺美术人员	2					1	1			1		1			
13. 体育人员	2			2		2						1			1
14. 艺术人员	5	2		1		1	1		3				5		
15. 政工人员	2316	480	121	2233	39	1172	941	73	91	106	252	447	553	398	560

（集团公司人力资源部　张　克）

附　录

· 文件选编 ·

鞍山钢铁集团公司劳动合同管理办法（试行）

第一章　总　　则

第一条　为加强鞍山钢铁集团公司（以下简称集团公司）劳动合同管理，构建和谐稳定的劳动关系，规范用工行为，根据《劳动法》、《劳动合同法》、《劳动合同法实施条例》等有关法律、法规，结合集团公司实际，制定本办法。

第二条　集团公司及其所属全资子公司、控股子公司、直属单位（以下简称用人单位）适用本办法，改制单位参照执行。

第三条　本办法所称劳动合同是指职工与用人单位确立劳动关系、明确双方权利和义务的协议，包括《劳动合同书》及双方就培训、因公出国、竞业限制和商业秘密保密或者提供特殊待遇等签订的专项协议。

第四条　用人单位与职工签订劳动合同应遵循合法、公平、平等自愿、协商一致、诚实信用原则。

第五条　各级工会组织应当帮助、指导职工与用人单位依法订立和履行劳动合同，并与用人单位建立集体协商机制，维护职工的合法权益。

第二章　劳动合同管理部门及职责

第六条　集团公司人力资源部为劳动合同管理的主管部门，负责劳动合同综合管理工作；各单位人力资源管理部门为本单位劳动合同管理部门。

第七条　集团公司人力资源部主要职责：

（一）宣传、贯彻国家有关劳动合同的法律、法规，对劳动合同管理人员进行相关法律知识培训；

（二）制定集团公司劳动合同管理制度，指导各用人单位依据集团公司劳动合同管理制度制定本单位的劳动合同管理制度；

（三）对各用人单位执行国家有关劳动合同的法律、法规及贯彻执行集团公司劳动合同管理制度情况进行指导、监督、检查、考核；

（四）负责劳动合同文本及相关协议文本的制定；

（五）负责集团公司劳动合同终止、解除的备案；

（六）负责集团公司各部门、直属单位劳动合同授权委托手续的办理，并负责全资子公司、控股子公司对下属单位劳动合同授权委托的备案；

（七）其他应由集团公司人力资源部履行的职责。

第八条　集团公司各相关部门（组织）的管理职责：

（一）集团公司管理创新部负责审核集团公司劳动合同管理制度；

（二）集团公司计划财务部负责集团公司与劳动合同相关的财务收支；

（三）集团公司法律事务部负责参与集团公司劳动合同管理制度、劳动合同文本及相关协议文本的制定，协调处理集团公司的劳动争议案件；

（四）集团公司工会负责与集团公司协商制定集体合同，对履行集体合同、劳动合同的情况进行监督，对用人单位单方解除劳动合同进行监督；

（五）集团公司保密办、科技质量部、管理创新部、战略发展部、项目管理部、计划财务部、市场营销部、物资采购部、海外拓展部、信息化管理部、技术改造部、人力资源部等部门根据涉密项目，负责对集团公司签订竞业限制和商业秘密保密协议人员进行审核；

（六）集团公司各部门（组织）负责本部门（组织）劳动合同签订、续订、变更、终止、解除等日常管理。

第九条　各单位主要职责：

（一）宣传、贯彻国家有关劳动合同的法律、法规，组织本单位劳动合同管理人员进行劳动合同法律知识培训；

（二）依据集团公司劳动合同管理制度制定本单位劳动合同管理制度，指导所属单位制定劳动合同管理制度；完善本单位与劳动合同管理相关的规章制度；

（三）对所属单位执行国家有关劳动合同的法律、法规及集团公司劳动合同管理制度的情况进行指导、监督、检查、考核；

（四）负责本单位劳动合同的日常管理，负责所属授权委托单位劳动合同的签订、续订、变更、终止、解除的审核、备案；

（五）负责所属单位劳动合同授权委托手续的办理及备案；

（六）其他应当由本单位履行的职责。

第三章　签订劳动合同的授权

第十条　集团公司授权集团公司各部门、直属单位负责人与职工签订劳动合同。

第十一条　集团公司所属具有独立法人资格的全资子公司、控股子公司可直接与职工签订劳动合同，同时可对其所属单位负责人办理授权委托。

第十二条　集团公司各部门、直属单位负责人未持有集团公司授予的《劳动合同授权委托书》，无权以本单位名义与职工签订劳动合同；全资子公司或控股子公司所属单位负责人未持有全资子公司或控股子公司授予的《劳动合同授权委托书》，无权以本单位名义与职工签订劳动合同。

第十三条　集团公司、全资子公司及控股子公司的法定代表人变更，原对其各部门、直属单位授予的《劳动合同授权委托书》仍然有效，不需重新办理；各部门、直属单位负责人变动后，其原《劳动合同授权委托书》废止，重新办理授权委托手续。各部门、直属单位负责人上任后即应办理授权委托书。

第十四条　集团公司各部门及直属单位的《劳动合同授权委托书》由集团公司人力资源部负责办理；全资子公司、控股子公司下属单位的《劳动合同授权委托书》由全资子公司、控股子公司人力资源管理部门办理，并报集团公司人力资源部备案。

第四章　劳动合同的订立

第十五条　除集团公司领导班子成员外，集团公司总经理助理、部门负责人及全资子公司、控股子公司、直属单位党政主要负责人，由集团公司法定代表人代表集团公司与其签订劳动合同。

第十六条　除第十五条所涉及人员以外的其他职工，由各用人单位法定代表人、委托代理人代表单位与其签订劳动合同。

第十七条　经集团公司人力资源部核准正式录用的职工，用人单位自用工之日起即与其建立劳动关系，最迟自用工之日起一个月内与其订立书面劳动合同。自用工之日起一个月内，经单位书面通知后，职工不与单位订立书面劳动合同的，单位应当书面通知该职工终止劳动关系，并依法向职工支付其实际工作时间的劳动报酬。

第十八条　用人单位可与职工签订固定期限劳动合同、无固定期限劳动合同和以完成一定工作任务为期限劳动合同。

用人单位可根据生产经营需要，对本单位工种、岗位按照技术含量、重要程度等进行分类，结合职工的技能、素质确定与职工签订劳动合同的期限。

第十九条　在生产经营正常的情况下，有下列情形之一的，如职工提出或同意续订、订立劳动合同的，除本人提出订立固定期限劳动合同外，应当订立无固定期限劳动合同：

（一）在用人单位连续工作满十年的；

（二）在用人单位连续订立二次固定期限劳动合同，且职工没有本办法第三十二条和第三十四条第一项、第二项规定的情形，续订劳动合同的。

竞业限制人员，用人单位应与其订立无固定期限劳动合同，本人提出订立固定期限劳动合同的除外。

第二十条　用人单位与职工签订劳动合同、培训协议、竞业限制和商业秘密保密协议及其他专项协议应当采用集团公司制定的统一文本。如集团公司没有统一规范的文本或文本未能涵盖相关内容，各用人单位拟签订的协议文本需经集团公司法律事务部审查并经人力资源部核准。

第二十一条　用人单位应与新录用职工约定试用期。劳动合同期限三个月以上不满一年的，试用期不得超过一个月；劳动合同期限一年以上不满三年的，试用期不得超过二个月；三年以上固定期限和无固定期限的劳动合同，试用期不得超过六个月。试用期包含在劳动合同期限内。

用人单位与同一职工只能约定一次试用期。以完成一定工作任务为期限的劳动合同、续订劳动合同或者劳动合同期限不满三个月的，不得约定试用期。

第二十二条　在试用期中，除职工有本办法第三十二条和第三十四条第一项、第二项规定的情形外，用人单位不得解除劳动合同。用人单位在试用期解除劳动合同的，应当向职工说明理由。

第二十三条　用人单位为职工提供专项培训费用，对其进行专业技术培训的，应与其订立培训协议，约定服务期及违约金。

第五章　劳动合同的履行和变更

第二十四条　用人单位可根据集团公司和本单位依法制定的规章制度、生产经营需要或职工不能履行岗位职责、未按时完成工作任务、达不到工作标准等情况，调整职工的工作岗位，并履行合同变更手续。

第二十五条　用人单位变更名称、法定代表人、主要负责人或投资人等事项，不影响劳动合同的履行，无需重新签订劳动合同。

第二十六条　用人单位发生合并，原劳动合同继续有效，劳动合同由合并后的单位继续履行，无需重新签订劳动合同；用人单位发生分立，需根据实际情况变更或重新签订劳动合同。

第二十七条　职工在集团公司范围内变动工作单位，应按以下原则履行劳动合同变更手续：

（一）职工在两个独立法人单位之间变动工作的，应与原单位终止劳动合同，与现单位重新签订劳动合同；

（二）职工在同一独立法人单位内部变动工作的，可在原劳动合同的变更栏中注明变更内容。

第二十八条　用人单位与职工协商一致，可以变更劳动合同约定的内容，并在劳动合同中注明。

第二十九条　用人单位要对职工履行劳动合同情况进行考核，经考核不合格者视为“不胜任工作”。对不胜任工作的，给予一次培训或调整岗位机会。

第六章　劳动合同的解除、终止和续订

第三十条　用人单位与职工协商一致，可以解除劳动合同。

第三十一条　职工要求解除劳动合同，应提前三十日以书面形式通知用人单位。职工在试用期内要求解除劳动合同，应提前三日通知用人单位。

第三十二条　职工有下列情形之一的，用人单位应与其解除劳动合同：

（一）在试用期内被证明不符合录用条件的；

（二）严重违反用人单位劳动纪律等规章制度的；

（三）严重失职，营私舞弊，给用人单位造成重大损害的；

（四）职工同时与其他单位建立劳动关系，对完成本单位的工作任务造成严重影响，或者经用人单位提出，拒不改正的；

（五）职工以欺诈、胁迫的手段或者乘人之危，使用人单位在违背真实意思的情况下订立或者变更劳动合同，致使劳动合同无效的；

（六）被依法追究刑事责任或劳动教养的；

（七）法律、法规或集团公司及职工所在单位规定其他情形。

第三十三条　各单位应结合本单位具体情况，制定完善本单位有权单方解除劳动合同等方面的规章制度，并经职工代表大会或职工大会审议通过，报集团公司人力资源部备案后，并进行公示或告知职工。

第三十四条　有下列情形之一的，用人单位应当提前三十日开具《解除劳动合同通知书》送达职工或额外支付职工一个月工资后，可以解除劳动合同：

（一）职工患病或非因工负伤，在规定的医疗期满后不能从事原工作，也不能从事由所在单位另行安排的工作的；

（二）职工不能胜任工作，经过培训或调整工作岗位仍不能胜任工作的；

（三）劳动合同订立时所依据的客观情况发生重大变化，致使劳动合同无法履行，经双方协商未能就变更劳动合同内容达成协议的。

第三十五条　职工有下列情形之一的，用人单位不得按照本办法第三十四条的规定解除劳动合同：

（一）从事接触职业病危害作业的职工未进行离岗前职业健康检查，或者疑似职业病病人在诊断或者医学观察期间的；

（二）在用人单位患职业病或因工负伤并被确认丧失或者部分丧失劳动能力的；

（三）患病或者非因工负伤，在规定的医疗期内的；

（四）女职工在孕期、产期、哺乳期内的；

（五）在用人单位连续工作满十五年，且距法定退休年龄不足五年的；

（六）法律、行政法规规定的其他情形。

第三十六条　职工涉嫌违法犯罪被有关机关拘留或逮捕的，用人单位在职工被限制人身自由期间，可与其暂时停止劳动合同的履行。暂时停止履行劳动合同期间，用人单位不承担劳动合同规定的相应义务。

第三十七条　有下列情形之一的，劳动合同终止：

（一）劳动合同期满的；

（二）职工开始依法享受基本养老保险待遇的或达到法定退休年龄的；

（三）职工死亡，或被人民法院宣告死亡或宣告失踪的；

（四）用人单位被依法宣告破产的；

（五）用人单位被吊销营业执照、责令关闭、撤销或用人单位决定提前解散的；

（六）法律、行政法规规定的其他情形。

第三十八条　劳动合同期满，有本办法第三

十五条规定情形之一的，劳动合同应延续至相应的情形消失时终止。但是，本办法第三十五条第二项规定丧失或者部分丧失劳动能力职工的劳动合同的终止，按照国家有关工伤保险的规定执行。

第三十九条 职工初次劳动合同期满，用人单位可根据工作需要等实际情况，与职工协商一致后续订劳动合同；如工作不需要或考核不合格，则不续订劳动合同。竞业限制人员劳动合同期满，用人单位一般应与其续订劳动合同。

劳动合同期满前三十日，如用人单位决定不与职工续订劳动合同，应向职工送达《终止劳动合同通知书》；如决定与职工续订劳动合同，应开具《续订劳动合同通知书》送达本人，在通知书中明确职工必须在期满前做出书面答复。职工同意续订的，单位与其办理续订手续。如职工在期满前未予答复，则视其为不愿与单位续订劳动合同，单位应于合同期满之日，与其办理终止劳动合同手续。

第四十条 用人单位单方解除劳动合同，应当事先将理由通知工会。用人单位违反法律、行政法规规定或者劳动合同约定的，工会有权要求用人单位纠正。用人单位应当研究工会的意见，并将处理结果书面通知工会。

第四十一条 用人单位与职工解除或终止劳动合同，征求所在单位同级工会同意后经所在单位党政联席会讨论通过，做出解除或终止劳动合同的决定，同时填写《解除、终止劳动合同表》，由本单位法定代表人、负责人或委托代理人签署意见后，于三日内报集团公司人力资源部备案，并在劳动合同文本中注明解除或终止劳动合同的原因。

第四十二条 用人单位解除或终止劳动合同时须开具《解除（终止）劳动合同证明书》送达本人签收，并告知其应当享受的失业保险待遇和其他有关权利。

第四十三条 用人单位应当在解除或终止劳动合同之日起十五日内，办理档案和社会保险关系转移手续。职工应当在解除或终止劳动合同之日起七日内按单位要求办理工作交接，并归还所借款项和财物等。

第四十四条 用人单位按照本办法规定应当向职工送达有关通知书、证明书的，按以下方式送达：

用人单位应当将有关通知书、证明书先向职工本人送达，本人不在的，交其同住成年亲属签收。直接送达有困难的可以邮寄送达，以挂号查询回执上注明的收件日期为送达日期。受送达职工不在户口所在地居住或居无定所等下落不明情况或用上述送达方式无法送达的情况下，可采取公告送达，即张贴公告或通过报纸等新闻媒介通知，自发出公告之日起，经过三十日，即视为送达。能用直接送达或邮寄送达的，不得采用公告方式送达。

第四十五条 用人单位依法与职工办理解除、终止劳动合同手续，本人拒绝签字不影响手续办理，但用人单位在办理手续时应请工会代表签字证明，以书面注明存入档案。

第七章 经济补偿与赔偿

第四十六条 用人单位依据本办法第三十二条规定与职工解除劳动合同，不支付其经济补偿金。

职工拒绝签收《续订劳动合同通知书》、不同意续订或期满未予答复而终止劳动合同的，用人单位不支付经济补偿金。

第四十七条 职工本人按照本办法第三十条规定，主动向单位提出解除劳动合同并与单位协商一致解除劳动合同的，用人单位不支付经济补偿金。

第四十八条 有下列情形之一的，用人单位应当向职工支付经济补偿：

（一）用人单位依照本办法第三十条规定向职工提出解除劳动合同并与职工协商一致解除劳动合同的；

（二）用人单位依照本办法第三十四条规定解除劳动合同的；

（三）除用人单位维持或者提高劳动合同约定条件续订劳动合同，职工不同意续订的情形外，依照本办法第三十七条第一项规定终止固定期限劳动合同的；

（四）依照本办法第三十七条第四项、第五项规定终止劳动合同的；

（五）法律、行政法规规定的其他情形。

第四十九条 经济补偿按职工在用人单位工作的年限，每满一年支付一个月工资的标准向职工支付。六个月以上不满一年的，按一年计算；不满六个月的，向职工支付半个月工资的经济补偿。

职工月工资高于用人单位所在直辖市、设区的市级人民政府公布的本地区上年度职工月平均工资三倍的，向其支付经济补偿的标准按本地区上年度职工月平均工资三倍的数额支付，向其支付经济补偿的年限最高不超过十二年。

本条所称月工资是指职工在劳动合同解除或者终止前十二个月的平均工资，包括计时工资或计件工资以及奖金、津贴和补贴等货币性收入。职工在劳动合同解除或终止前十二个月的平均工资低于当地最低工资标准的，按照当地最低工资标准计算。职工工作不满十二个月的，按实际工作的月数计算平均工资。

第五十条　职工擅自离职或违法解除劳动合同给单位造成损失，或者违反服务期约定的，要承担相应责任，包括但不限于：1. 用人单位招收录用其所支付的费用；2. 用人单位为其支付的培训费用及双方约定的违约金；3. 对生产、经营和工作造成的直接经济损失；4. 双方约定的其他赔偿费用等。

第五十一条　职工需向单位支付违约金或赔偿金的，应当在解除或终止劳动合同之日起七日内办理完成。

第八章　竞业限制和商业秘密保密

第五十二条　各单位应根据集团公司有关规定与掌握本单位商业秘密、与知识产权相关的保密事项的高级管理人员、高级技术人员和其他负有保密义务的人员（以下简称竞业限制人员）订立《竞业限制和商业秘密保密协议》（以下简称《协议》）。

第五十三条　商业秘密是指不为公众所知悉、能为权利人带来经济利益、具有实用性并经权利人采取保密措施的技术信息和经营信息；与知识产权相关的保密事项，是指尚未依法取得知识产权但与知识产权相关的需要保密的事项。具体商业秘密及与知识产权相关的保密事项由集团公司确定。

第五十四条　各单位根据集团公司确定的涉密项目负责推荐、认定本单位竞业限制人员，填写《签订竞业限制和商业秘密保密协议人员名单表》并附电子文档，报集团公司人力资源部，由人力资源部会同相关部门对应签订《协议》人员进行审核，并报集团公司党政联席会讨论确定。

第五十五条　竞业限制人员确定后，各单位与竞业限制人员签订《协议》，报集团公司人力资源部备案。

第五十六条　竞业限制人员工作岗位发生变动或涉密业务发生变化，其掌握、知悉商业秘密的情况随之发生变化，是否需对其进行竞业限制应按上述原则重新确定。确定后，需要竞业限制的人员，在原《协议》中增加涉密内容或签订新的《协议》，签订新《协议》的人员，其原《协议》中竞业限制有关条款的终止，需经集团公司确定后，由单位与其办理相关手续；不需要竞业限制的人员，其《协议》中竞业限制有关条款的终止，经集团公司确定后，由单位与其办理相关手续。

第五十七条　竞业限制人员劳动合同期满六个月前（不含退休），用人单位应与竞业限制人员续签劳动合同，在续签的劳动合同中注明原《协议》在续签的劳动合同期限内继续有效，也可重新签订《协议》。如经多方努力，竞业限制人员仍无意续签劳动合同的，单位需提出相关意见并及时上报集团公司，经集团公司确认不需对其竞业限制的，各单位可在劳动合同期满前六个月采取脱密措施，将其调整到非涉密岗位，合同期满时，与竞业限制人员办理终止《协议》中竞业限制有关条款的手续；经集团公司确认需对其竞业限制的，则各单位可不采取脱密措施，劳动合同终止后向竞业限制人员支付竞业限制经济补偿。

第五十八条　竞业限制人员距法定退休年龄或依法享受基本养老保险待遇六个月时，单位需提出相关意见并及时上报集团公司，经集团公司确认不需对其竞业限制的，各单位应采取脱密措施，将其调整到非涉密岗位，退休时，与竞业限制人员办理终止《协议》中竞业限制有关条款的手续；经集团公司确认需对其竞业限制的，各单位可不采取脱密措施，退休后向竞业限制人员支付竞业限制经济补偿。

第五十九条　竞业限制人员提出解除劳动合同的，用人单位应了解原因并尽力解决竞业限制人员的困难。经单位多方工作，竞业限制人员仍坚持解除劳动合同，单位需提出相关意见并及时上报集团公司，经集团公司确认需对其竞业限制的，则单位在竞业限制人员离职后按《协议》约定向其支付竞业限制经济补偿；经集团公司确认不需对其竞业限制的，单位可采用六个月的脱密期措施将其调整到非涉密岗位，六个月期满，与其办理终止《协议》中竞业限制有关条款的手续和解除劳动合同手续。

第六十条　劳动合同终止或解除前二年内，竞业限制人员未从事涉密工作，可不要求其履行竞业限制义务，单位需将情况上报集团公司，经集团公司确认后，单位在与其终止或解除劳动合同时办理终止《协议》中竞业限制有关条款的手续。

第六十一条　劳动合同终止（含退休）前六个月时或竞业限制人员提出解除劳动合同后一个月内，单位对是否要求竞业限制人员履行竞业限制义务按下列程序办理：

由各单位填写《履行（终止）竞业限制有关条款审批表》（以下简称《审批表》）并提出相关意见，报集团公司人力资源部，由人力资源部会同相关部门进行审核，经集团公司党政联席会讨论确定。

第六十二条　用人单位可凭审批结果，对需竞业限制人员向其送达《要求履行竞业限制义务的通知》，并按通知规定支付经济补偿；对不需竞业限制人员，与其办理终止《协议》中竞业限制有关条款手续。

《要求履行竞业限制义务的通知》一式两份，用人单位和竞业限制人员双方签字盖章后各执一份。

第六十三条　竞业限制人员按照单位的要求履行竞业限制义务，竞业限制期限为两年。在竞业限制期限内，单位每月向竞业限制人员支付经济补偿的数额为其终止或解除劳动合同前十二个月的平均工资。

竞业限制人员违反竞业限制约定，需返还甲方向其支付的竞业限制经济补偿，同时按单位在两年竞业限制期限内应支付其全部经济补偿数额的 10 ~ 20 倍向单位支付竞业限制违约金。违约金不足以弥补造成的实际损失的，按实际损失赔偿。

第六十四条　终止《协议》中竞业限制有关条款后，有关保密的其他条款继续有效。

第六十五条　各单位负责跟踪竞业限制人员履行竞业限制义务的情况，如发现竞业限制人员违反竞业限制义务，须立即停止支付经济补偿，并追究竞业限制人员法律责任。

第六十六条　竞业限制经济补偿在用人单位管理费用中列支。

第六十七条　用人单位应对签订《协议》人员实施动态管理。由于工作失职而使企业遭受损失的，追究单位主要负责人责任。

第九章　劳务派遣及非全日制用工

第六十八条　用人单位因生产、工作需要临时使用劳动力，可在临时性、辅助性或替代性的工作岗位上采用劳务派遣用工。用人单位要选择管理规范、资质符合集团公司要求的劳务派遣单位，并与劳务派遣单位签订协议。

第六十九条　用人单位可根据生产经营需要，在平均每日工作时间不超过四小时、每周工作时间不超过二十四小时的岗位上采用非全日制用工。

第七十条　用人单位人力资源管理部门要按集团公司有关规定严格履行劳务派遣用工、非全日制用工审批手续。

第十章　劳动合同的日常管理及考核

第七十一条　各单位要认真落实劳动合同管理工作责任制，指定专职或兼职人员负责本单位劳动合同的日常管理工作。

第七十二条　用人单位依法与职工解除及终止劳动合同，各级人力资源管理部门应填写《解除、终止劳动合同表》，按管理权限由对应管理层次的人力资源管理部门依次进行审核备案。

第七十三条　各级人力资源管理部门要建立健全本单位签订、续订、变更、解除及终止劳动合同管理台账和统计报表制度，运用信息系统，及时更新维护劳动合同信息，促进劳动合同管理的信息化。

第七十四条　用人单位负责做好劳动合同及其相关协议文本存档管理工作，对已经解除或终止劳动合同的，用人单位应继续保管好劳动合同文本及解除或终止劳动合同的所有书面资料，特别是职工签收的相关书面资料，装订成册，长期存档备查。

第七十五条　用人单位有下列情形，按集团公司有关问责制度，视情节追究直接责任人、主管领导及单位负责人的责任，并取消单位及党政负责人年终评先资格。

（一）未严格贯彻执行集团公司相关规定，或相关规章制度不完善，对单位或职工造成各种损失和影响，引发劳动纠纷的；

（二）未经集团公司人力资源部核准，擅自与新招用人员签订劳动合同或擅自用工造成事实上的劳动关系的；

（三）根据本办法规定应当解除或终止劳动合同而未解除或终止的；

（四）违法解除劳动合同的；

（五）由于单位原因，应当签订或续签劳动合同而未签订或续签劳动合同，引发劳动纠纷，给单位带来损失或造成不良影响的。

第十一章　附　　则

第七十六条　因履行劳动合同发生争议，当事人应当按照《鞍山钢铁集团公司劳动争议调解办法》的有关规定办理。

第七十七条　本办法其他未尽事宜以及与国家新的法律、法规和政策不一致的，按国家法律、法规和政策执行。

第七十八条　各单位应根据本办法制定本单位劳动合同管理实施细则，报集团公司人力资源部备案。

第七十九条　本办法由集团公司人力资源部负责解释。

第八十条　本办法自发布之日起施行，原《鞍山钢铁集团公司劳动合同实施管理细则（试行)》（钢政发〔2004〕25号）文件同时废止。

二〇一〇年一月二十五日

钢政发〔2010〕4号

鞍山钢铁集团公司企业年金实施方案

第一章　总　　则

第一条　为建立制度规范，保障有力的补充养老保险制度，调动广大职工的积极性，形成长效激励机制，增强企业凝聚力和竞争力，促进企业健康持续发展，鞍山钢铁集团公司（以下简称集团公司）决定自2010年起设立企业年金计划。

第二条　企业年金计划的设立，是根据《企业年金试行办法》和《企业年金基金管理试行办法》（中华人民共和国劳动和社会保障部令第20号、第23号）及《关于中央企业试行企业年金制度的指导意见》（国资发分配〔2005〕135号）、《关于中央企业试行企业年金制度有关问题的通知》（国资发分配〔2007〕152号）及相关法律、法规和政策规定，结合集团公司实际，经职工民主协商形成。

本方案所称企业年金，是指企业和职工在依法参加基本养老保险的基础上，自愿建立的补充养老保险制度。

第三条　建立企业年金计划遵循的基本原则：

1. 妥善处理各群体的利益关系，保持政策平稳衔接；

2. 坚持“老人老办法、新人新办法”的原则。对建立企业年金前的离退休人员继续执行企业原有的补充养老保险办法，建立企业年金后退休人员不再执行企业原有的补充养老保险办法；

3. 坚持效率与公平相结合，企业投入与效益承受能力相适应的原则，在政策上留有调整空间，企业年金缴费标准随集团公司效益承受能力动态调整；

4. 坚持保障和激励并重的原则，在提高职工养老保障水平的同时，综合考虑岗位、贡献等因素，适当拉开差距，发挥企业年金长期激励作用，增强企业的凝聚力；

5. 兼顾出资人、企业和职工三方面利益，坚持企业效益最大化和国有资产保值增值，充分调动广大职工的积极性。

第二章　企业年金计划的参加与退出

第四条　企业年金计划的参加人员（以下简称计划参加人）应同时具备以下条件：

1. 2010年1月1日及以后在册，与集团公司所属全资子公司、控股子公司、直属单位（以下简称各单位）签订劳动合同后工作一年以上（含在鞍钢附企公司工作的全民职工）；

2. 已参加城镇职工基本养老保险并履行正常缴费义务。

第五条　符合上述条件人员，自愿申请并填写《职工加入企业年金计划申请表》，经本单位审核同意，上报集团公司人力资源部批准后加入本计划。

第六条　计划参加人享有以下权利：

1. 达到规定领取条件时，计划参加人享有企业年金待遇；

2. 对本人企业年金个人账户信息的知情权。

第七条　计划参加人应履行以下义务：

1. 授权所在单位按月从本人工资中代扣企业年金个人缴费部分；

2. 授权本计划受托人对其个人账户中的资产进行管理；

3. 及时提供个人基本信息变动情况。

第八条　计划参加人提出由本人签字的书面退出申请，经所在单位审核同意，上报集团公司人力资源部批准后退出。但凡属于下列情况之一者，无需本人申请，由所在单位办理退出手续。

1. 劳动合同期满，终止劳动合同的；

2. 劳动合同期未满，但与企业解除劳动合同的。

第三章　资金筹集方式和缴费办法

第九条　企业年金缴费，由计划参加人及所在单位共同缴纳。企业缴费由各单位每月按上年度月平均工资总额的4%缴纳，列支渠道按国家有关规定执行，计划参加人个人缴费由所在单位从其本人工资中代扣代缴。

企业年金启动后，企业年金缴费标准根据集团公司效益状况和人工成本承受能力适时调整，并与各单位经营业绩考核结果挂钩。当集团公司效益状况较好，人工成本承受能力较强时，在国家规定范围之内调整提高缴费标准，完成集团公司下达效益目标的单位，按集团公司规定水平相应提高缴费标准；没有完成集团公司下达效益目标的单位，则暂缓提高。经营性亏损或停产单位停止企业年金缴费。当集团公司整体效益状况不佳，人工成本承受能力较弱时，下调缴费标准，直至停止缴费。

第十条 企业缴费的分配及补偿

1. 企业缴费的分配

企业为计划参加人个人账户月分配额度 = 企业年金账户分配基数 × 计划参加人工作年限 × 计划参加人岗位系数。

企业年金账户分配基数随集团公司效益和成本承受能力上下浮动，每年核定一次。2010 年企业年金账户分配基数为 4.6 元。

工作年限每满 12 个月计算为一年，不足 1 年按 1 年计算。

岗位系数根据岗位层次和技能水平确定，具体参照标准如下：

岗　位	岗位系数
总经理	4.0
副总经理	3.0
总经理助理（含教授级高工）	2.0
按部长（含副部长）管理岗位	1.8
按处长（含副处长）管理岗位、高级专业技术岗位（含高级技师）	1.5
按主任科员(含副主任科员)管理岗位、中级专业技术岗位（含技师）	1.3
助理级专业技术岗位	1.2
科员岗位、员级专业技术岗位、高级工	1.1
中级工、初级工及其他	1.0

其中，军转干部到集团公司后所任职务低于转业前的，按转业前的职务确定岗位系数；离岗居家休息人员（含从附企公司回集团公司全民企业的离岗居家休息人员），按办理离岗居家休息前职务（职称）确定岗位系数；因年龄原因提前退出领导岗位的副厂（处）长及以上领导干部，按离岗前的职务确定岗位系数。

2. 企业缴费补偿

对各单位在职职工，按建立企业年金前的工作年限进行一次性补偿，以加速个人账户的积累，保持新老制度和待遇水平的平稳衔接。补偿资金来源，是按工资总额 4% 提取的用于当期企业缴费后结余资金，不足部分用国家政策允许的其他资金解决。

按照集团公司原有补充养老保险政策、平均投资收益率和平均寿命 78 周岁计算企业年金补偿额，一次性注入其企业年金个人账户。计算公式为：

$$补偿额 = (原有月补充养老金标准 \times 12 个月) \div (1+i)^n \times [1+(1+i)^{-1}+(1+i)^{-2}+\cdots+(1+i)^{-(m-1)}]$$

原有月补充养老金标准按集团公司补充养老保险办法核定，即原有月补充养老金标准 = 5 元 ×(2009 - 参加工作年份 +1) - 0.5 元 ×(1993 - 参加工作年份 +1)

式中 n——建立企业年金时，职工距正常退休年龄的年限，每满 12 个月计算为 1 年，不足部分按 1 年计算；

m——职工退休后支付待遇的年限，按达龄退休计算（男职工 18 年、女干部 23 年、女工人 28 年）；

i——企业年金基金年平均投资收益率（按三年期存款利率计算）。

对于 2008 年 1 月 1 日以后与集团公司履行劳动合同手续的房产物业公司、矿渣开发公司及改制进入托管中心原混岗集体职工，从 2008 年 1 月 1 日起执行与全民职工相同的补充养老保险待遇，即 2008 年 1 月 1 日至 2009 年底退休人员执行与全民职工相同的补充养老保险待遇；2010 年 1 月 1 日及以后退休人员按照全民职工同样办法予以补偿，其与集团公司签订劳动合同之前工龄合并计算为缴费工龄。

第十一条 计划参加人月缴费额度 = 企业为计划参加人个人账户月分配额度 ×1，特殊困难人员个人缴费额度为计划参加人正常缴费额度的 50%。

第十二条 各单位按月将企业缴费和计划参加人缴费应缴款直接汇至企业年金基金财产托管专户。

第十三条 个人账户中计划参加人缴费及其投资收益的部分全部属于计划参加人本人，但对每年企业缴费分配到个人账户的部分，从次年 1 月 1 日起，在集团公司工作每满 1 年归属个人 20%，满 5 年后归属个人比例为 100%。出现下列情况时，尚未归属部分按下列办法处理：

1. 一般情况下法定退休、身故时，尚未归属部分全部归属计划参加人或指定受益人、法定继承人；

2. 经批准调离集团公司，或与单位解除劳动合同，按规定享受经济补偿金（或生活补助费）的人员，尚未归属部分全部归属计划参加人；

3. 对因个人违法、违纪、违约，单位与其解除劳动合同的人员，尚未归属部分权益划入企业账户。

第四章　个人账户管理方式

第十四条　企业年金基金账户下设个人账户和企业账户。个人账户项下分为企业缴费账户和职工缴费账户，企业缴费账户记录企业缴费分配到个人账户的部分及其投资收益、余额等信息；职工缴费账户记录职工个人缴费及其投资收益、余额等信息。

企业年金基金企业账户用于归集企业缴费所产生的未分配到职工个人账户的企业年金权益，即未归属权益。未归属权益产生的资金通过企业账户可以进行重新分配。

由受托人选择账户管理人，账户管理人以本计划所建立的企业年金基金的名义开立个人账户和企业账户。

第十五条　集团公司委托受托人督促和检查账户管理人将企业和个人缴费及时划入个人账户。由受托人负责督促和检查账户管理人对每年新加入人员与变更人员的个人账户定期变更、检查与核对，并且依法定期向企业提供信息。各单位及时把本单位职工变动和缴费变化等情况通知受托人。

在计划参加人对计入其个人账户资产享有支配处分的权利之前，计划参加人不得对计入其个人账户的资产进行交换、转让、抵押、质押等活动。

第十六条　计划参加人离开集团公司时，该计划参加人的个人账户中个人缴费部分及企业缴费归属个人部分应随同转移。

具备下列情形之一的，则计划参加人个人账户中个人缴费部分及企业缴费归属个人部分可由原管理机构继续管理，待具备条件时予以转移，或待其本人符合本计划规定的待遇支付条件时领取企业年金个人账户累积额：

1. 计划参加人未参加新就业企业的企业年金计划；

2. 新就业企业没有实行企业年金计划；

3. 计划参加人在升学、参军、失业期间；

4. 本计划终止时。

计划参加人离开集团公司后，保留账户的管理费用由其本人承担。

第十七条　计划参加人具备以下情形的，其个人账户注销：

1. 计划参加人领取完其个人账户余额后；

2. 计划参加人在退休前死亡或在其企业年金个人账户未支付完之前死亡，其个人账户余额由指定受益人或法定继承人一次性领取的。

第十八条　集团公司将根据职工的工作表现和贡献，视情况把企业账户中的资金作为职工奖励进行分配，激励职工努力工作。重新分配的方案经集团公司职代会讨论通过后执行。

第五章　企业年金基金管理方式

第十九条　企业年金基金由企业缴费、职工个人缴费、企业年金基金投资运营收益组成。

第二十条　企业年金基金实行完全积累，采用个人账户方式进行管理。企业年金基金按照国家规定投资运营的收益计入企业年金基金。

企业年金基金与受托人、托管人、账户管理人、投资管理人的自有资产或其他资产分开管理，不得挪作其他用途。

第二十一条　企业缴费按照企业年金方案规定计算的分配数额计入企业年金基金个人账户；

计划参加人个人缴费额全部计入本人企业年金基金个人账户；

企业年金基金投资运营的净收益，按份额计入企业年金个人账户。

第六章　待遇的计发办法和支付方式

第二十二条　符合下列条件之一的计划参加人终止缴费，享受本计划的企业年金待遇。

1. 达到国家法定退休年龄并办理了退休手续；

2. 因病（残）丧失劳动能力，经劳动能力鉴定委员会鉴定后，办理病退或提前退休；

3. 退休前死亡；

4. 出境定居。

第二十三条　由计划参加人本人或授权委托的代理人向计划参加人所在单位人力资源部门递交申请，并提供相应资料。相关申请及资料经单位汇总后统一提交至受托人，核实无误后，由托管人发放企业年金待遇。

第二十四条　符合第二十二条第1、2项条件的计划参加人，企业年金待遇按个人账户累积额计发（含投资收益）。计划参加人从其本人退休次月起按年（或月）领取企业年金，特殊情况也可以一次性领取，由受托人指令托管人按与计划参加人约定方式支付。采用分期领取方式时，退休人员的个人账户余额仍参加投资运营，分配投资收益。

按月领取企业年金计发公式：退休人员月企业年金＝退休时企业年金个人账户金额÷180。退休人员按月领取180个月后，个人账户中的余额一次性支付给本人，如果身故，其个人账户余额部分由指定受益人或法定继承人一次性领取。

符合第二十二条第3项条件的计划参加人，其年金待遇由其指定受益人或法定继承人一次性领取。

符合第二十二条第4项条件的计划参加人，其年金待遇可一次性领取。

第二十五条 一般情况下，企业年金待遇由计划参加人本人领取。计划参加人可以以书面形式指定身故后受益人继承企业年金个人账户财产。如未曾指定身故后受益人，企业年金个人账户基金财产则按法定继承处理。计划参加人可以随时撤回或修改身故后受益人。修改指定时，需向计划参加人所在单位人力资源部门递交重新指定身故后受益人申请，由单位统一提交至受托人。

第七章 中止缴费的条件

第二十六条 符合下列情况之一的单位中止缴费：

1. 单位半数以上职工反对本计划的继续实施；
2. 经营亏损或被兼并。

第二十七条 符合下列情况之一的计划参加人中止缴费，同时中止为其个人账户分配企业缴费部分：

1. 职工因个人原因被停发工资期间；
2. 退出本计划的人员。

计划参加人在退出本计划后，停止履行本计划约定的缴费义务，同时停止向其个人账户分配企业缴费；本计划终止后，单位及个人均停止缴费。

第二十八条 中止缴费时，本计划所建立的个人账户、企业账户和基金财产仍然有效，并继续存在。企业年金基金继续进行投资运营，职工达到领取条件时再行领取。对停缴期间的缴费，单位不再补缴，职工不得补缴。因个人原因中止缴费年限不计算为权益归属年限。

第八章 组织管理和监督方式

第二十九条 企业年金方案设立程序是：由集团公司制定企业年金方案（草案），方案提交集团公司职工代表大会讨论通过，并经国务院国有资产监督管理委员会批准，报国家人力资源和社会保障部门登记备案后实施。

第三十条 集团公司成立企业年金理事会。企业年金理事会由集团公司领导、人力资源部、计划财务部、工会、纪委（监察部）等部门领导和职工代表组成，其中职工代表不少于三分之一。

企业年金理事会作为受托人，并通过招标方式选择有资质且国家授权机构作为企业年金计划的账户管理人、投资管理人和托管人。

企业年金理事会负责监督企业年金计划的上报、备案、实施，对企业年金管理机构监督管理，同时接受政府及有关部门的指导、检查和监督。企业年金理事会办公室设在人力资源部，负责管理集团公司企业年金日常事务。

第三十一条 企业年金基金管理运营费用的支付：托管费、投资管理费从企业年金基金中直接扣缴。账户管理费由企业另行缴纳。

第九章 企业年金计划的修改

第三十二条 当出现下列情况之一时，本计划应修改：

1. 集团公司半数以上职工代表提议进行本计划的修改；
2. 其他符合国家人力资源和社会保障部门的修改条件。

第三十三条 企业年金计划修改应当依据以下程序：

1. 集团公司与工会（或职工代表）通过集体协商制定计划草案；
2. 修改后的计划草案经集团公司职代会讨论通过；
3. 报国务院国有资产监督管理委员会审批，并报国家人力资源和社会保障部门备案；
4. 修改前的计划所规定单位和计划参加人应履行的义务如尚未完整履行的，单位和计划参加人应完整履行该义务后再执行修改后计划。每次修改计划后，将书面的修改通知和说明报送企业年金管理机构。

第十章 企业年金计划的终止

第三十四条 当出现下列情况之一时，本企业年金计划终止：

1. 集团公司半数以上职工代表反对本计划的继续实施；

2. 集团公司经营亏损、依法解散、被依法宣告破产或被兼并；

3. 方案被国家人力资源和社会保障部门或司法机关判定为无效；

4. 国家有关法律法规发生重大变化，导致本计划无法在新情况下继续实施。

第三十五条　符合第三十四条规定的企业年金计划终止条件时，需履行以下程序：

1. 由集团公司提出企业年金终止方案，对企业账户中未归属权益进行处理。终止方案提请集团公司职代会讨论通过，经国务院国有资产监督管理委员会批准，并报国家人力资源和社会保障部门备案后实施。

2. 企业年金理事会以书面形式通知计划参加人和年金管理机构企业年金计划终止。

第十一章　企业年金计划的实施时间

第三十六条　集团公司企业年金计划自2010年1月1日起执行。

第三十七条　本方案未尽事宜，按国家有关规定执行。

第三十八条　本方案由集团公司人力资源部负责解释及具体操作实施。

单位与职工因订立或履行企业年金方案发生争议的，由单位与职工协商解决；协商不成的，由当地劳动争议仲裁机构进行仲裁。

第三十九条　改制企业参照本方案制定企业年金实施方案，按本公司章程规定程序自行讨论确定，并上报集团公司备案。

二〇一〇年四月三日

钢政发〔2010〕15号

鞍山钢铁集团公司纳税管理办法

第一章　总　　则

第一条　为规范鞍山钢铁集团公司（以下简称集团公司）纳税管理，增强依法纳税意识，保证企业纳税的准确、完整，依法维护集团公司的合法权益，特制定本办法。

第二条　本办法适用于集团公司所属各全资、控股子公司和直属单位（以下简称各单位）。

第三条　各单位可根据税法和本办法的规定，结合实际情况，制定适合于本单位的纳税管理办法。

第二章　管理职责

第四条　集团公司的纳税工作在总经理领导下，由主管财务的副总经理分工负责。

第五条　集团公司计划财务部是集团公司纳税工作的主管部门，主要职责是：

（一）负责集团公司纳税工作的综合管理、筹划及重大涉税事项的协调。

（二）对各单位纳税工作进行指导、监督、检查和考核。

（三）编制集团公司纳税报表。

（四）组织集团公司企业所得税的汇算工作。

（五）负责直属单位的纳税申报及缴纳工作。

（六）对各单位办税人员进行税政法规培训，做好税收政策咨询工作。

第六条　各单位企业法定代表人或行政负责人对本单位的纳税工作负全责，财务负责人直接管理本单位纳税工作，并配备专、兼职的财务人员负责具体纳税工作。

第七条　各单位的财务部门是本单位纳税工作的主管部门，其主要职责是：

（一）编制本单位的纳税报表，并上报集团公司计划财务部。

（二）按税法及集团公司规定的程序及权限做好纳税工作，确保各税种的核算准确、申报及时、足额缴纳，同时充分利用税收优惠政策，维护集团公司及本单位的合法权益，并对提供的纳税资料的客观性、真实性和合法性负责。

（三）对本单位纳税情况进行自查，发现问题及时纠正；认真配合上级主管部门和税务主管机关的检查工作，并将检查情况以书面形式及时上报集团公司计划财务部。

（四）保管本单位的各种纳税资料，并做好保密工作。

（五）组织学习、宣传税法，并结合本单位实际情况，有针对性地开展税法培训，强化纳税意识，提高财务人员的业务素质。

第三章　核算与申报

第八条　各单位要正确理解各税种的含义、征税范围、税目、税率和计算方法，严格按照税法规定的纳税义务发生时间计缴各项税金。

第九条　各子公司按税法规定计提城市维护建设税、教育费附加、地方教育费；直属单位由集团公司计划财务部统一计提。

第十条　各单位要依法做好个人所得税、建筑安装业营业税的代扣代缴工作。

第十一条　各单位要按规定的期限及纳税地点，如实申报纳税。

第十二条　子公司的税款直接缴到税务主管机关；直属单位的税款上缴集团公司计划财务部。

第十三条　各单位要充分利用税收优惠政策，按照规定的程序做好税款的减、免、退工作。

第四章　税务登记

第十四条　新成立的单位自领取营业执照之日起三十日内，持有关证件，向税务机关申报并办理税务登记。

第十五条　各单位税务登记内容发生变化的，自工商行政管理机关或者其他机关办理变更登记之日起三十日内，持有关证件向原税务登记机关申报办理变更税务登记。

第十六条　各单位解散、破产、撤销等依法终止纳税义务的，在向工商行政管理机关或者其他机关办理注销登记前，持有关证件向原税务机关申报办理注销税务登记。

第十七条　各单位遗失税务登记证件的，自遗失税务登记证件之日起15日内，将单位名称、遗失税务登记证件名称、税务登记号码、发证机关名称、发证有效期在税务机关认可的报刊上作遗失声明，凭报刊上刊登的遗失声明向主管税务机关申请补办税务登记证件。

第十八条　各单位到外省（市）临时从事生产经营活动的，要持税务登记证副本和所在地税务机关填开的外出经营活动税收管理证明，向营业地税务机关报验登记，接受税务管理。

第十九条　各单位要将税务登记证件正本公开悬挂在本单位，并在规定的期限内持有关证件到税务主管机关办理验证或者换证手续。

第五章　票证管理

第二十条　各单位要严格执行《发票管理办法》，发票由专人保管，专人填开。在开具发票时，要按号码顺序填开，填写项目要齐全，内容真实，字迹清楚，全部联次要一次复写、打印，并在发票上加盖财务专用章或发票专用章；对于填写有误的发票，要在上面注明“作废”字样；不得拆本使用，擅自挪用，严防丢失和毁损，填写完的发票存根联要妥善保管，以备查验。

第二十一条　各单位要按规定领购、使用、保管印花税完税证和印花税票，杜绝由于管理不善，出现印花税票证失落、浪费和毁损的现象。

第六章　分析考核与法律责任

第二十二条　各单位每月向集团公司计划财务部上报税务报表时，要附有当期纳税分析报告，说明各税种变化的原因。

第二十三条　集团公司计划财务部根据各单位上报的纳税分析报告，综合分析集团公司纳税情况，形成集团公司纳税分析报告。

第二十四条　集团公司计划财务部将会同有关部门对各单位的纳税工作实施检查，并将检查结果纳入集团公司绩效考核。检查范围主要包括以下几个方面：

（一）账簿、记账凭证、报表及有关资料是否齐全；

（二）税种及税率的选择是否正确，申报及缴纳是否及时；

（三）税收优惠政策的利用是否充分；

（四）税务登记证件的使用是否合法；

（五）发票领购、使用、保管是否符合规定；

（六）是否依法做好代扣代缴工作；

（七）所提供的资料是否客观、真实、合法；

（八）是否做好纳税资料的保密工作。

第二十五条　凡有下列行为之一的单位，集团公司有权责令其限期整改，追回损失并通报批评；情节严重的，提请集团公司有关部门对有关责任人给予党、政纪处分；涉嫌犯罪的，移送司法机关，依法追究刑事责任。

（一）未按规定的期限申报办理税务登记、变更、注销登记的，或未按规定使用税务登记证件或转借、涂改、损毁、买卖、伪造税务登记证件的；

（二）未按规定的期限办理纳税申报和报送纳税资料的，或经税务机关通知申报而拒不申报或者进行虚假的纳税申报，不缴或者少缴应纳税款的；

（三）未按规定设置、保管账簿、记账凭证和有关资料，或伪造、变造、隐匿、擅自销毁账簿、记账凭证，或者在账簿上多列支出或不列、少列收入的；

（四）未按规定将财务、会计制度或者财务、会计处理办法和会计核算软件报送税务机关备查的；

（五）未按照规定将其全部银行账号向税务机关报告的；

（六）未按照规定安装、使用税控装置，或者损毁、擅自改动税控装置的；

（七）未按规定使用发票或非法取得、挪用、转借、倒卖及非法印制发票的；

（八）以假报出口或其他欺骗手段，骗取国家出口退税；

（九）逃避、拒绝或以其他方式阻挠税务机关检查的；

（十）扣缴义务人未按规定设置、保管代扣代缴税款账簿及有关资料、未按规定办理纳税申报和报送纳税资料，或应扣未扣、少扣或多扣税款的。

第七章　附　　则

第二十六条　本办法未尽事宜或与国家法律、行政法规相抵触时，以国家法律、行政法规为准。

第二十七条　本办法由集团公司计划财务部负责解释，并负责本办法贯彻执行情况的监督、检查与考核。

第二十八条　本办法自发布之日起执行。原《关于进一步强化纳税管理的若干规定》（〔1995〕财字 73 号）、《关于进一步强化纳税管理的补充规定》（钢财字〔1997〕193 号）、《鞍山钢铁集团公司纳税管理办法》（钢政发〔2003〕27 号）即时废止。

二〇一〇年五月二十日

钢政发〔2010〕26 号

鞍山钢铁集团公司实行董事会改革试点改制企业规范管理暂行办法

第一章　总　　则

第一条　为进一步完善实行董事会改革试点的改制企业（以下简称试点企业）的法人治理机制，突出董事会在试点企业法人治理结构中的核心地位，确保集团公司依法规范行使出资人权利，探索建立集团公司与改制企业之间权责明确、规范高效的工作秩序，根据《中华人民共和国公司法》（以下简称《公司法》）、《中华人民共和国企业国有资产法》、《企业国有资产监督管理暂行条例》等法律法规，制定本办法。

第二条　本办法适用于实行董事会改革试点的改制企业，即董事长实行专职且外部董事占多数的改制企业。

第三条　集团公司与试点企业之间是以资产为纽带的母子公司关系，集团公司依法享有资产收益、参与重大决策和选择管理者等权利。试点企业是产权明晰、自主经营、自负盈亏的法人实体。

第四条　按照集中统一管理原则，集团公司对集团成员单位的对外投融资、资本运作、重大资金运作、国有资产收益、重要人事任免等重大事项实行集中统一管理。对试点企业的上述重大事项，集团公司由派出的股权代表、董事通过法人治理结构进入试点企业参与决策和管理，依法行使股东权利。

第五条　对试点企业的日常专业管理，由其依照公司章程和内部管理制度的规定自主管理，集团公司对试点企业不直接行使职能管理。为充分发挥集团公司整体资源优势和协同效应，按照市场化的原则，集团公司可对试点企业的专业管理给予指导、帮助和协调，使其共享集团公司的管理和资源平台，为其提供增值服务。

第二章　重大事项管理

第六条　发展战略规划管理

试点企业根据集团公司总体发展战略规划，结合实际情况，编制本企业发展战略规划。试点企业中集团公司员工担任的专职外部董事（以下简称专职外部董事）在试点企业提交董事会审议发展战略规划前，须向集团公司报告，并按照集团公司意见在董事会会议上进行表决，表决结果须报集团公司备案。专职外部董事代表集团公司对试点企业发展战略执行情况进行监督，并向集团公司及时反馈。

第七条　经营计划、预算管理和利润分配

试点企业的年度财务预算方案、决算方案以及利润分配方案、弥补亏损方案由其董事会制订、股东会决定，经营计划由董事会决定。专职外部董事在试点企业提交董事会审议前须将上述方案上报集团公司审核，并按照集团公司审核意见在董事会（股权代表在股东会）会议上进行表决，表决结果须报集团公司备案。专职外部董事代表集团公司对试点企业经营计划、预算方案执行情况进行监督，并向集团公司及时反馈。

第八条　投资管理和固定资产管理

（一）试点企业的投资活动要符合企业发展战

略与规划；要突出主业，有利于提高企业核心竞争能力；要严格控制非主业投资；投资规模要与企业资产经营规模、资产负债水平和实际筹资能力相适应；要严格遵守投资决策程序和管理制度。

（二）总投资在限额及以下的固定资产投资方案由试点企业董事会决定，专职外部董事须将方案内容、总投资及实施进度计划及时报集团公司备案；限额以上固定资产投资方案以及引进外资、合资合作、资产重组等事项，须由专职外部董事预先报集团公司审核，并按照集团公司审核意见在董事会会议上进行表决，表决结果须及时报集团公司备案（具体限额分为两档，企业规模较大的限额为500万元，企业规模较小的限额为200万元）。

（三）原则上所有投资方案均由试点企业自行组织实施、管理和验收。专职外部董事须将限额以上投资方案有关资料报集团公司备案。

（四）试点企业固定资产的转让、报废、租赁等处置和新购设备事项应参照集团公司相关规定由其董事会决定，专职外部董事须将上述情况报集团公司备案。

第九条 对外担保、融资

试点企业的年度融资计划和方案须参照集团公司相关制度由其董事会决定，原则上不允许试点企业对外提供担保。专职外部董事在试点企业提交董事会审议前须将方案上报集团公司审核，并按照集团公司审核意见在董事会会议上进行表决，表决结果报集团公司备案。

第十条 高级管理人员管理

（一）集团公司负责推荐拟向试点企业派出的专职外部董事人选，并推荐董事长人选。专职外部董事依法履行股东会选举程序，董事长按照试点企业《公司章程》规定的办法产生。

（二）试点企业董事会决定聘任或者解聘总经理、副总经理、财务负责人及其他重要管理人员。专职外部董事在试点企业提交董事会审议聘任或者解聘总经理、财务负责人议案前须将拟聘任人选的有关资料及议案上报集团公司审核，并按照集团公司审核意见在董事会会议上进行表决。试点企业董事会根据总经理的提名，决定聘任或者解聘公司副总经理、财务负责人，决定全资子公司、直属分支机构的负责人，决定推荐派出到控股子公司、参股子公司的董事长、董事、监事的人选。专职外部董事将上述董事会决议报集团公司备案。

（三）试点企业董事会决定总经理、副总经理、财务负责人及其他重要管理人员的报酬。专职外部董事在试点企业提交董事会审议总经理报酬议案前将议案上报集团公司审核，并按照集团公司审核意见在董事会会议上进行表决。试点企业董事会根据总经理的建议决定副总经理、财务负责人及派出到全资子公司、直属分支机构的负责人的报酬；决定派出到控股子公司、参股子公司的董事长、董事、监事报酬的建议。专职外部董事将上述董事会决议报集团公司备案。

第十一条 绩效考核管理

试点企业按照国家法律法规并参照集团公司的有关制度，制订绩效考核管理方案，履行民主程序后，由其董事会决定。专职外部董事在试点企业提交董事会审议绩效考核方案前须将方案上报集团公司审核，并按照集团公司审核意见在董事会会议上进行表决，表决结果须报集团公司备案。

第十二条 组织体制与管理制度

（一）专职外部董事须将董事会酝酿提出的试点企业重大内部业务重组方案、设立法人子企业和非法人分支机构方案以及董事会、经理层的定员总数预先上报集团公司审核，并按照集团公司审核意见在董事会会议上进行表决，表决结果须报集团公司备案。试点企业的内部组织机构设置、编制、定员方案由其董事会决定，专职外部董事将方案上报集团公司备案。

（二）试点企业的战略管理、绩效考核、劳动用工、工资分配、财务、营销、采购、内部控制、风险管理、安全管理等基本管理制度由其董事会决定。其中，决定有关劳动报酬、工作时间、休息休假、劳动安全卫生、保险福利、职工培训、劳动纪律以及劳动定额管理等直接涉及劳动者切身利益的规章制度时，应当经职工代表大会或者全体职工讨论，提出方案和意见，与工会或者职工代表平等协商确定。专职外部董事在董事会决策过程中，应保证试点企业的基本制度与国家法律法规和集团公司有关制度保持一致。

第三章 专业管理

第十三条 安全生产管理

根据《中央企业安全生产监督管理暂行办法》等有关法律法规和集团公司安全生产管理制度规定，试点企业负责本企业安全生产日常管理工作，对本企业安全生产合规性负责。集团公司按照国家有关法律法规和集团公司相关制度对试点企业进行监管、指导和服务，并定期对试点企业的安全生产情况进行监督、监察和评价。试点企业须及时报告各类安全生产事故及职工工伤认定材料，按年、季、月向集团公司上报安全生产统计报表及年度工作计划、总结。作为集团公司应急队伍的试点企业，在安全生产、防汛、抗震应急时，必须服从集团公司的统一调度、指挥。

第十四条　节能和环保管理

试点企业根据国家有关法律法规和集团公司节能环保管理制度的规定，自主负责节能和日常环保管理工作，对本企业节能环保合规性负责，其节能环保工作规划、总量控制、改造治理、统计报表、事故报告由集团公司统一管理。集团公司按照国家有关法律法规和集团公司相关制度对试点企业进行监管、指导、服务和评价。

第十五条　信息化管理

试点企业根据实际情况并参照集团公司的有关管理制度，负责本企业信息化管理工作。试点企业参照集团公司信息应用规划，自行编制信息化发展战略规划，并上报集团公司信息化管理部备案；根据企业实际情况开展的信息技术应用项目建设要参照集团公司《鞍山钢铁集团公司信息技术应用项目建设管理办法》（钢政办〔2009〕40号）文件执行，涉及集团战略管理、集团管控、风险管理的信息应用项目，应具有实现国资委对中央企业在企业管理信息应用系统中相应功能的能力。

第十六条　科技质量管理

试点企业根据实际情况并参照集团公司的有关管理制度，负责本企业科技质量工作。试点企业每年度将其科技发展规划、重大科研项目和重大对外科研合作项目、国家重大专项产品许可证上报集团公司科技质量部门备案；集团公司组织协调试点企业名牌和名优产品及质量奖的申报，并进行备案；鉴于知识资产的特殊性，试点企业应执行集团公司知识产权的相关制度。

第十七条　物资采购管理

试点企业根据实际情况并参照集团公司的有关管理制度，负责本企业物资采购管理。按照市场化原则，试点企业可参照执行《鞍山钢铁集团公司集中采购物资目录》内由集团公司物资采购管理部门统一组织采购物资的采购结果和对应的采购渠道。

第十八条　营销管理

试点企业根据企业实际情况并参照集团公司的有关管理制度，负责本企业产品销售、市场开发和品牌管理，试点企业对外形象展示要执行集团公司的有关规定。集团公司与试点企业及试点企业与集团内其他子公司之间的关联交易，由集团公司关联交易管理部门按照市场原则进行协调和仲裁。

第十九条　保卫管理

试点企业根据国家法律法规并参照集团公司的有关管理制度，负责本企业治安保卫、综合治理、国家安全、保密、防火和交通安全管理工作。集团公司发生重特大治安灾害、火灾、爆炸、恐怖袭击和交通安全事故等需要紧急救援时，试点企业要按照集团公司的相关要求，在集团公司统一指挥下开展相关工作。

第二十条　法律、工商事务管理

（一）试点企业根据国家法律法规并参照集团公司的有关管理制度，负责本企业法律事务工作。按照市场化的原则，试点企业可委托集团公司法律事务管理部门代理其诉讼、仲裁案件，进行法律纠纷的预防、审核重大经济活动涉及的法律文件、规范各类合同文本。

（二）试点企业及其下属单位、合资合作企业冠以“鞍钢”名称、使用集团公司的商标，须报集团公司商标管理部门批准，并与集团公司签订有关协议。

第二十一条　统计管理

集团公司负责制定全集团统计管理规范，负责各种对外统计报表的组织、上报，并归口对外提供各种统计数据、资料。试点企业应按照集团公司的要求定期向集团公司统计管理部门上报有关统计资料。

第二十二条　审计管理

集团公司负责制定全集团审计管理制度，按照试点企业的委托和试点单位《公司章程》的规定，集团公司对试点企业进行经济责任审计和重大专项业务审计。试点企业接受集团公司的审计，建立健全本公司内控制度。

第二十三条　主厂区内基地和业务管理

试点企业在鞍钢主厂区的基地和需要进出主厂区开展业务的单位，必须执行集团公司的环境保护、厂容绿化、物资持出、治安保卫、防火、交通、安全警卫等有关规定。集团公司与试点企业就上述业务签订有关管理协议，就上述事项明确管理责任、管理程序和处罚措施。

第二十四条　其他专业管理

除上述专业管理外，试点企业的其他专业管理，如生产运行管理、产品开发管理、设备及计量管理、计划生育管理、爱国卫生管理、卫生防疫管理等，由试点企业参照集团公司的有关管理制度，建立健全适合本企业的管理制度，自主开展相关工作。

第四章　党群管理

第二十五条　试点企业按照《关于加强鞍钢改制企业党建工作的意见（试行）》（钢委发〔2006〕15 号）、《鞍山钢铁集团公司职工代表大会制度实施细则》等有关规定，设置党群工作机构，配备党群干部，有效开展工作。

第五章　附　则

第二十六条　本办法在执行过程中因国家政策调整或试点企业情况发生重大变化，集团公司将进一步修订、补充、完善。

第二十七条　本办法由集团公司管理创新部会同集团公司有关部门共同解释。

第二十八条　集团公司有关制度、文件与本办法相抵触的，以本办法为准。

二〇一〇年四月十一日

钢政办发〔2010〕25 号

2010 年鞍山钢铁集团公司部分文件目录

关于印发《鞍山钢铁集团公司 2010 年安全工作要点》的通知

钢政发（2010）1 号

关于印发《鞍山钢铁集团公司 2010 年员工教育培训实施计划》的通知

钢政发（2010）2 号

关于印发《鞍山钢铁集团公司对侵害企业权益的职工解除劳动合同的规定》的通知

钢政发（2010）3 号

关于印发《鞍山钢铁集团公司劳动合同管理办法》（试行）的通知

钢政发（2010）4 号

关于印发《鞍山钢铁集团公司单元战略绩效管理办法》的通知

钢政发（2010）5 号

关于印发《鞍山钢铁集团公司 2010 年度战略计划》的通知

钢政发（2010）6 号

关于印发《鞍山钢铁集团公司重特大突发事件应急管理办法》的通知

钢政发（2010）7 号

关于印发《鞍山钢铁集团公司 2010 年生产经营计划》的通知

钢政发（2010）8 号

关于印发《鞍山钢铁集团公司 2010 年绩效评价考核办法》的通知

钢政发（2010）9 号

关于印发《鞍山钢铁集团公司战略规划管理办法（试行）》的通知

钢政发（2010）10 号

关于印发《鞍山钢铁集团公司生产安全事故综合应急预案（第一次修订版）》的通知

钢政发（2010）11 号

关于印发《鞍山钢铁集团公司重特大群体性事件应急处置预案》的通知

钢政发（2010）12 号

关于印发《鞍山钢铁集团公司对外捐赠管理制度》的通知

钢政发（2010）13 号

关于印发《鞍山钢铁集团公司突发公共卫生事件应急处理预案》的通知

钢政发（2010）14 号

关于印发《鞍山钢铁集团公司企业年金实施方案》的通知

钢政发（2010）15 号

关于印发《鞍山钢铁集团公司职业健康管理办法》的通知

钢政发（2010）16 号

关于对矿业公司东鞍山烧结厂死亡事故领导责任者处理决定的通报

钢政发（2010）17 号

关于印发《鞍钢集团中长期信息化战略发展规划（2010 年—2015 年）》的通知

钢政发（2010）18 号

关于鞍钢 2009 年度重大科学技术奖励的决定

钢政发（2010）19 号

关于下达“集团公司第二批科技重大项目暨研究院项目计划”的通知

钢政发（2010）21 号

关于印发《鞍山钢铁集团公司安全管理考核规定》的通知

钢政发（2010）22号

关于印发《鞍山钢铁集团公司生产计划管理办法》的通知

钢政发（2010）23号

鞍山钢铁集团公司引进海内外高层次人才及智力暂行办法

钢政发（2010）24号

关于下发2010年集团公司第二批科技重大项目补充计划的通知

钢政发（2010）25号

鞍山钢铁集团公司纳税管理办法

钢政发（2010）26号

关于鞍钢与攀钢联合重组工作的意见

钢政发（2010）27号

关于印发《鞍山钢铁集团公司防汛应急预案》的通知

钢政发（2010）28号

关于印发《鞍山钢铁集团公司全面风险管理规定（试行）》的通知

钢政发（2010）29号

关于印发《鞍山钢铁集团公司钢铁产品销售价格管理办法》的通知

钢政发（2010）30号

关于印发《鞍山钢铁集团公司对劳务派遣单位准入管理办法（试行）》的通知

钢政发（2010）31号

关于印发《鞍山钢铁集团公司技能人才评价管理办法》的通知

钢政发（2010）32号

关于印发《鞍山钢铁集团公司合同能源管理实施暂行办法》的通知

钢政发（2010）33号

关于印发《鞍凌钢铁项目ERP系统运行相关管理制度（试行）》的通知

钢政发（2010）34号

关于印发《鞍山钢铁集团公司对外交流管理办法》的通知

钢政发（2010）35号

关于印发《鞍山钢铁集团公司岗位设置暂行规定》的通知

钢政发（2010）36号

关于印发《鞍山钢铁集团公司保守国家秘密管理办法（试行）》的通知

钢政发（2010）37号

关于印发《鞍山钢铁集团公司法律事务管理办法》的通知

钢政发（2010）38号

关于印发《鞍山钢铁集团公司机关工资、保险集中管理办法（试行）》的通知

钢政办发（2010）2号

关于给鞍钢职工一次性增加收入的通知

钢政办发（2010）3号

关于转发国家档案局 国务院国资委《关于进一步加强中央企业档案工作的意见》的通知

钢政办发（2010）4号

关于2010年春节期间加强廉洁自律、确保安全生产、维护稳定的通知

钢政办发（2010）5号

关于2011—2015年人力资源规划的工作安排的通知

钢政办发（2010）6号

关于征集第二批科技重大项目立项建议的通知

钢政办发（2010）7号

关于下发中央企业负责人经营业绩考核工作会议情况的通知

钢政办发（2010）8号

鞍钢贯彻执行规章制度检查评价情况通报

钢政办发（2010）9号

关于下达集团公司2010年2月份生产计划的通知

钢政办发（2010）10号

关于发布和表彰2008年度鞍钢管理现代化创新成果的通知

钢政办发（2010）11号

关于调整鞍钢集团公司治安综合治理委员会成员的通知

钢政办发（2010）12号

关于印发鞍山钢铁集团公司2010年知识资产考核指标的通知

钢政办发（2010）13号

关于鞍钢贸易有限责任公司法人治理结构设置的意见

钢政办发（2010）14号

关于申报2009年度管理现代化创新成果和申

请2010年度管理现代化创新成果立项的通知

钢政办发（2010）16号

关于印发《鞍山钢铁集团公司独有产品领先产品管理办法（试行）》的通知

钢政办发（2010）17号

关于表彰2009年度鞍钢合理化建议和技术改进成果的决定

钢政办发（2010）18号

关于印发《鞍凌钢铁公司配矿工作的会议纪要》的通知

钢政办发（2010）19号

关于印发《鞍山钢铁集团公司服务满意率测评暂行办法》的通知

钢政办发（2010）20号

关于印发《鞍山钢铁集团公司主导产品 战略产品管理办法》的通知

钢政办发（2010）21号

关于编制《鞍钢集团2009年可持续发展报告》的通知

钢政办发（2010）22号

关于认真贯彻落实国务院国资委中央企业安全生产视频会议精神的通知

钢政办发（2010）23号

关于印发《董事会改革试点改制企业规范管理暂行办法》的通知

钢政办发（2010）25号

关于印发《鞍山钢铁集团公司实行董事会改革试点改制企业专职外部董事管理暂行办法》的通知

钢政办发（2010）26号

关于进一步完善鞍钢实业集团有限公司法人治理结构的意见

钢政办发（2010）27号

关于进一步完善鞍钢建设集团有限公司法人治理结构的意见

钢政办发（2010）28号

关于2010年防汛工作安排的通知

钢政办发（2010）29号

关于转发《中央企业商业秘密保护暂行规定》的通知

钢政办发（2010）30号

关于提高鞍钢职工采暖费补贴标准的通知

钢政办发（2010）32号

关于推进鞍钢建设有限责任公司开展优化调整组织结构编制定员工作的通知

钢政办发（2010）34号

关于推进鞍钢房地产开发有限责任公司开展优化调整组织结构编制定员工作的通知

钢政办发（2010）35号

关于鞍钢固定资产租赁、借出情况统计调查工作的通知

钢政办发（2010）38号

关于印发《鞍山钢铁集团公司电子商业汇票管理办法》的通知

钢政办发（2010）40号

关于重新签订《竞业限制和商业秘密保密协议》的通知

钢政办发（2010）41号

关于2009年度鞍山钢铁集团公司专有技术认定及优秀项目的表彰决定

钢政办发（2010）42号

关于印发《鞍山钢铁集团公司职工盗窃行为及被盗物资价值认定办法》的通知

钢政办发（2010）43号

关于转发《中央企业节能减排监督管理暂行办法》的通知

钢政办发（2010）44号

关于成立鞍钢新疆工作协调小组的通知

钢政办发（2010）45号

关于在鞍钢股份、国贸公司、矿业公司建立企业总法律顾问制度的决定

钢政办发（2010）47号

关于印发《鞍山钢铁集团公司鲅鱼圈地区职工公寓住房出售办法》的通知

钢政办发（2010）48号

关于发放纪念鞍钢开工61周年慰问金的决定

钢政办发（2010）51号

关于做好在建工程自查工作的通知

钢政办发（2010）52号

关于印发《鞍山钢铁集团公司对外品牌形象展示管理办法》的通知

钢政办发（2010）54号

关于转发《工业和信息化部关于钢铁工业节能减排的指导意见》的通知

钢政办发（2010）55号

关于重申严峻形势下，继续加强资金管控，大力降低成本的通知

钢政办发（2010）56号

关于转发《国务院关于进一步加强企业安全生产工作的通知》的通知

钢政办发（2010）58号

关于开展“2010年质量月”活动的通知

钢政办发（2010）60号

关于印发《鞍山钢铁集团公司领导秘书管理办法》的通知

钢政办发（2010）61号

关于印发《鞍山钢铁集团公司煤气及其他有毒有害气体安全管理基本规定》的通知

钢政办发（2010）62号

关于重申严格执行《鞍山钢铁集团公司信息技术应用项目建设管理办法》的通知

钢政办发（2010）63号

关于印发《鞍钢2011年战略绩效管理体系及EVA考核体系设计工作计划》的通知

钢政办发（2010）64号

关于进一步清理不规范劳动关系的通知

钢政办发（2010）66号

关于印发《鞍钢鲅鱼圈地区职工公寓住房出售实施细则》的通知

钢政办发（2010）67号

关于转发《关于深入贯彻落实国务院进一步加强企业安全生产工作通知精神的通知》的通知

钢政办发（2010）69号

关于开展鞍钢供暖入网审批程序执行情况清查的通知

钢政办发（2010）70号

关于印发《鞍山钢铁集团公司军工科研生产国家秘密事项目录》的通知

钢政办发（2010）71号

关于做好2010年度鞍山钢铁集团公司财务会计决算工作的通知

钢政办发（2010）73号

关于表彰2010年优秀质量管理小组 质量信得过班组 质量管理小组活动优秀企业 质量管理小组活动卓越领导者 质量管理小组活动优秀推进者的通知

钢政办发（2010）75号

2011年鞍钢信访、人民调解工作要点

钢政办发（2010）77号

关于印发鞍山钢铁集团公司2011年知识资产考核指标的通知

钢政办发（2010）78号

关于印发《鞍山钢铁集团公司受限空间安全管理规定》的通知

钢政办发（2010）79号

关于厂办大集体上报2010年度企业财务会计决算报表的通知

钢政办发（2010）80号

关于调整鞍钢集团朝阳鞍凌钢铁有限公司三种核算（业务、财务、统计）及其各种报表口径的通知

钢政办发（2010）81号

2010年理论学习安排意见

钢委发（2010）1号

关于调整鞍钢国防动员委员会组成人员及内设机构职能的通知

钢委发（2010）3号

关于深入学习宣传 认真组织实施《中国共产党党员领导干部廉洁从政若干准则》的通知

钢委发（2010）4号

关于印发《鞍山钢铁集团公司精神文明绩效考核管理办法》的通知

钢委发（2010）5号

鞍山钢铁集团公司党委关于争创“四强”党组织，争做“四优”共产党员深化党内创先争优活动的通知

钢委发（2010）6号

关于转发《国资委党委关于推进中央企业学习型党组织建设的实施意见》的通知

钢委发（2010）7号

鞍山钢铁集团公司深入开展创先争优活动实施方案

钢委发（2010）8号

关于成立鞍山钢铁集团公司创先争优活动领导机构及工作机构的通知

钢委发（2010）9号

鞍山钢铁集团公司党委关于命名表彰2009年度先进党委、先进党支部、先进党小组、优秀共产党员和优秀党务工作者的决定

钢委发（2010）10 号

关于选人用人工作专项检查的通报

钢委发（2010）11 号

关于印发《鞍山钢铁集团公司党小组基础工作规范》的通知

钢委发（2010）12 号

关于命名表彰2009 年度“四好”领导班子先进集体和优秀领导人员的决定

钢委发（2010）13 号

关于转发李源潮同志《先进和优秀是中国共产党人的特征和追求》的讲话的通知

钢委发（2010）14 号

关于进一步加强领导人员管理工作的通知

钢委发（2010）15 号

关于调整鞍钢创先争优活动工作机构的通知

钢委发（2010）16 号

关于鞍钢2010 年度总结评比工作的通知

钢委发（2010）17 号

关于在鲅鱼圈钢铁新区设立党工委的意见

钢委发（2010）18 号

关于成立鞍山钢铁集团公司建设学习型党组织工作协调小组的通知

钢委发（2010）19 号

（集团公司办公室提供）

· 获奖产品简介 ·

2010 年度国家名牌产品简介

1. 鞍钢股份有限公司线材厂生产的“高速无扭控冷热轧盘条”产品

高速无扭控冷热轧盘条主要包括低碳拉丝用钢、高强度建筑用钢、紧固件用钢、高强钢丝绳用钢、焊接船舶用钢、预应力桥梁和铁路用钢、帘线汽车用钢等百余个品种，产品规格范围为5.5～13.0mm。其中，2003 年鞍钢开发出被誉为“钢材皇冠上的明珠”——帘线钢，各项性能指标达到国际先进水平，并主持编制了《钢帘线用盘条》国家标准，申报了国际标准。该产品先后荣获中国钢铁工业协会“品质卓越产品”和“冶金产品实物质量金杯奖”荣誉称号。远销美国、日本、韩国、墨西哥、西班牙等十六个国家，广泛用于欧美各种牌号汽车轮胎、国家西气东输、上海南浦大桥、国家大剧院、上海中环线等著名工程建设项目。

2. 鞍钢钢绳有限责任公司生产的“重要用途钢丝绳”产品

重要用途钢丝绳主要是指矿井提升、高炉卷扬、大型浇铸、石油钻井、大型吊装、繁忙起重、索道、地面缆车、船舶和海上设施等用途的圆股及异形股钢丝绳，其品种结构很多。这类钢丝绳的力学性能、捻制质量、性能稳定性直接关系到设备安全及人身安全。例如在煤矿，重要用途钢丝绳包括立井提升钢丝绳、斜井提升钢丝绳、悬挂吊盘用钢丝绳、用于运送人员的倾斜钢丝绳、牵引胶带输送机的钢丝绳及倾斜架空乘人装置用钢丝绳。自60 年代开始，钢绳公司先后研制成功三角股钢绳、电铲用钢绳、面接触钢绳、扁钢绳、不旋转钢绳（包括多层股、椭圆股、三股、四股钢绳）、索道游览用异形股钢绳、胶带运输机牵引用钢绳、特殊用途高强度镀锌钢绳、电梯用钢绳等重要用途钢丝绳 14 大类、60 余个品种。80 年代开始为国内首条客运索道—北京香山客运索道、长江客运索道等提供客运游览索道钢绳。钢绳公司生产的重要用途三角股钢绳三次荣获“国家金质奖”；电铲用钢绳两次荣获“国家银质奖”；线接触钢绳、镀锌钢绳等6 个重要用途品种获“冶金工业部优质产品”称号；2002 年矿用重要用途钢丝绳荣获中钢协冶金实物质量“金杯奖”。目前，索道游览用钢绳已占到国内市场的90%以上，三角股钢绳占国内市场的50%，扁钢丝绳占国内市场的70%以上。

（集团公司科技质量部　韩晓东）

2010 年度省部级获奖产品简介

1. 鞍钢 TMCP 高强度船体及海洋工程系列钢板（8～100mm 厚）

TMCP 工艺是国际发达国家广泛采用的一种钢板轧制工艺，生产的产品具有高韧性。鞍钢采用板坯连铸-TMCP 工艺生产的高强度级别船板有AH32～FH32、AH36～FH36、AH40～FH40 三个强度级别，A、D、E、F 四个质量级别，Z15、Z25、Z35 三个 Z 向性能级别，总计36 个品种，钢板最厚达100mm。可实现连续冷却过程钢板厚度方向组织均匀和提高其性能均匀性。产品水平相当于国外发达国家生产的同类产品，冲击韧性超过了日本 JFE 产品，生产技术达到了世界领先水平。采用该工艺生产的产品，属于高技术含量、高附加值的船板。高强度级别船板是三个强度级别船板中需求量最大、效益最可观的一类品种，自 2006 年通过九国船级社认证、2008 年通过了辽宁省科技厅、辽宁省经济委员会的鉴定后，高强度船板年产量也分别为 1.95 万 t、5.85 万 t 和 4.09 万 t。

2. KYS-2 型高效高分子乳化剂

长期以来，国内矿山开发的乳化剂大多存在易氧化和受细菌伤害稳定性差、分子本身分子量小造成黏度低、所形成乳化薄膜强度和弹性不足易破乳的问题。本产品 KYS-2 型高效高分子乳化剂的开发目的在于改善上述指标。同时，结合矿山的乳化剂的工艺特点，提高 KYS-2 型高效高分子乳化剂在矿山的应用效果。

本次开发的 KYS-2 型高效高分子乳化剂新产品，在国内外尚属首创，已申报国家发明专利一项，申请号：200610047954.3。该产品提高乳化炸药的性能，提高乳化炸药的爆性指标和理化指标，改善爆破质量，降低采矿综合成本，研究阶段成果经辽宁省科技厅组织的技术鉴定，认定该项目的技术水平达到国际先进水平。

KYS-2 型高效高分子乳化剂的开发，使矿山使用的乳化炸药性能得到明显改善：爆速、乳化炸药威力等各项指标比一般乳化炸药明显提高，在国内外尚属首创。已申报国家发明专利一项，申请号：200610047953.9。同时，使用 KYS-2 型高效高分子乳化剂生产的乳化炸药，在爆炸性能上得到显著的改善，为后续作业创造了有利的条件。工业试验表明：使用 KYS-2 型高效高分子乳化剂生产的乳化炸药，爆破块度明显降低。为爆破的后续作业装载运输、矿石破碎工艺节约了大量的成本。

KYS-2 型高效高分子乳化剂已在鞍钢集团矿业公司推广应用，年产乳化炸药 3 万 t。

3. 鞍钢 TMCP 超高强度船体及海洋工程系列钢板（8～80mm 厚）

TMCP 工艺是国际发达国家广泛采用的一种钢板轧制工艺，生产的产品具有高韧性。鞍钢采用板坯连铸-TMCP 工艺生产的超高强度级别船板有 AH420-FH420、AH460-FH460、AH500-FH500、AH550-FH550 四个强度级别，A、D、E、F 四个质量级别，Z15、Z25、Z35 三个 Z 向性能级别，总计 48 个品种，钢板最厚达 80mm。在项目研制过程中形成了创新的冶金制造集成技术，得到了需要的组织类型和析出状态，保证了强韧性。工艺和技术生产的产品水平比国外发达国家采用模铸—开坯—调质生产工艺路线生产的同类产品要好，冲击韧性超过了日本 JFE 产品，鞍钢研究开发的生产 TMCP 技术居世界领先水平。采用 TMCP 工艺技术生产的超高强度船体及海洋工程系列钢板，可以用于超级油轮和海洋平台建造。该技术生产的产品属于高技术含量、高附加值的船板。自 2006 年通过九国船级社认证，2008 年通过了辽宁省科技厅、辽宁省经济委员会的鉴定后，超高强度船板年产量也由 2006 年的 1500t 左右增加到 5000t 左右。

4. 鞍钢 TMCP 普通强度系列船板（8～100mm 厚）

TMCP 工艺是国际发达国家广泛采用的一种钢板轧制工艺，生产的产品具有高韧性。鞍钢采用板坯连铸-TMCP 工艺生产的普通级别船板有 A、B、D、E 四个质量级别，Z15、Z25、Z35 三个 Z 向性能级别，总计 48 个品种。产品水平相当于国外发达国家生产的同类产品，冲击韧性超过了日本 JFE 产品，生产技术达到了世界领先水平。采用该工艺生产的产品，可以用于超级油轮和海洋平台建造，属于高技术含量、高附加值的船板。自 2006 年通过九国船级社认证，2008 年通过了辽宁省科技厅、辽宁省经济委员会的鉴定后，普通强度船板年产量也由 2006 年的 4000t 左右迅速增加到 50000t 左右。

5. 弓长岭选矿厂贫磁铁矿减排增效关键技术研究与工业应用

鞍钢集团矿业公司弓长岭矿业公司选矿厂针对低品位磁铁矿，开展选矿过程节能、降耗、减排技术开发与应用研究。通过强化原矿的干式磁选抛废、优化磨矿选别工艺、实施精矿的湿混稳质技术等措施，达到了提高资源的利用效率、降低生产成本、提高铁精矿及球团品位稳定性的目标。本项目的实施，实现了矿产资源开发过程中的经济效益、社会效益和环境效益最大化的目标，同时也走出了一条环保、节约、可持续发展之路。本项目关键技术的应用，对国内类似矿山具有良好的示范作用。

6. 低碳低硅无铝（低铝）相变诱发塑性钢的开发

本项目进行了成分和工艺设计。通过实验室试制，并结合实际生产线情况，确定了不同强度等级 TRIP 钢的成分和生产工艺。在生产过程中成功解决了 ASP 生产线成分区间窄、连铸水口结瘤、热轧和冷轧组织强度匹配和表面质量控制等技术难题，稳定化学成分和生产工艺，实现关键工艺技术的重大突破。在鞍钢 ASP 生产线和连退线上成功的生产出了不同强度级别的低碳低硅无铝相变诱发塑性钢 TRIP590 和 TRIP780。

创新点：低碳低硅无铝（低铝）相变诱发塑性钢突破了 TRIP 钢传统的合金设计理念，使成分、工艺设计更加科学合理，这类 TRIP 钢可镀、可焊，低温韧性好，工业生产方便，经查新，在这类钢相图计算研究领域达到国际领先水平，具有原创性和先进性。在 ASP 中薄板坯连铸连轧生产线成功生产，工艺先进、稳定，钢板的性能达到及优于国外同类产品实物水平。经查新，低碳低硅无铝（低铝）TRIP590 和 TRIP780 钢属国内外首创。

低碳低硅无铝（低铝）相变诱发塑性钢已成功应用于一汽 Mazda6、奔腾系列、上海汇众 ISTANA 多种关键件、保安件和防撞件，满足了产品的设计要求，同时实现了轻量化，产品综合性能处于国际先进水平。随着汽车行业轻量化进程的加快，低碳低硅无铝（低铝）相变诱发塑性钢将会迎来更加广阔的发展空间。

7. 冷轧机板形控制核心技术自主研发与工业应用

国内首创、自主研发设计了由分块压磁式板形测量辊、DSP 信号处理计算机及信号处理软件所构成的冷轧带钢接触式板形测量系统，实现了中国冷轧机板形测量系统核心技术的突破。

板形控制系统成功应用于鞍钢 1250 冷轧机工业生产，现场实际的冷轧带钢板形控制保证精度优于 7I。

项目研发过程中申请专利和软件知识产权 20 多项，形成了板形检测、控制系统核心技术体系，完成了国内第一套工业应用级的拥有完全自主知识产权的冷轧带钢板形测量和控制系统。由多位院士组成的省级成果鉴定委员会一致认为，该技术成果整体上达到国际领先水平，填补了国内空白。相关技术，在鞍钢 1250、1676、1450、2130 冷轧生产线和河北钢铁集团衡水薄板厂得到应用；更为重要的是打破了国外对冷轧板形控制系统的长期技术垄断，是中国冶金领域核心技术自主创新的重大进步。

8. 厚规格经济型 X70-X80 管线钢开发

鞍钢“厚规格经济型 X70-X80 管线钢开发”项目属低合金高强度钢领域，X70-X80 管线钢具有高强度、高韧性、良好的焊接性能和抗 HIC 性能等，是油气管道输送专用钢和现代 HSLA 钢的典范，涉及金属材料、物理冶金、炼钢、轧钢和自动控制等学科，技术难度大，其研制和生产代表了一个钢铁企业的材料、冶炼、连铸、轧制、管理等综合水平。

本项目涉及鞍钢 ASP 中薄板坯连铸连轧流程高效生产厚规格、经济型 X70-X80 热轧卷板和鞍钢 4300 宽厚板机组生产经济型 X70-X80 热轧平板的研制和应用，其中“ASP 流程厚规格高性能 X70-X80 热轧卷板开发”、“ASP 流程经济型 X70 热轧卷板开发”和“无钼（低钼）高强高韧管线钢热轧平板开发”等 3 个项目通过辽宁省科技成果鉴定，成果水平总体属国际领先水平。产品质量稳定，实物质量达到国际同类产品的先进水平，可应用于石油天然气输送管线工程，市场前景广泛。

兼顾工装特色和管道工程个性化需求，鞍钢 X70-X80 管线钢合金设计、冶炼连铸和热机械轧制等工艺技术的有机结合，通过四年技术攻关，解决一系列技术难题，申报发明专利 8 项，新产品和科技成果鉴定 8 项，鞍钢高钢级管线钢开发取得突破性进展。

2006 ~ 2009 年，在 2150ASP 机组批量生产 56.52 万 t X70-X80 热轧卷板系列产品，在 4300 宽厚板机组批量生产 14.87 万 t X70-X80 热轧钢板系列产品，产品制成螺旋埋弧焊管、直缝埋弧焊管、热煨弯管等应用于西气东输二线工程、川气东送工程和中亚输气管道等国内外重点管道工程，推动了中国冶金、制管、能源管道建设等行业的科技进步。

9. 大线能量焊接用船舶及海洋工程系列钢板的研制

国内的船板产品在大线能量焊接条件下性能严重恶化，不能满足使用性能的要求。2006 年鞍钢启动了研发工作，在强度等级、质量等级、规格、适用线能量等方面综合性能达到国际领先水平。并在国际上第一个通过船级社认证。

创新点：成分设计及物理冶金原理研究、工业生产技术创新、大线能量焊接应用技术创新。开发出以 HAZ 组织控制、线能量控制、成型控制为特征的大线能量焊接应用技术。

10. 提高球团矿铁品位试验研究及工业应用

中国球团矿生产通常采用膨润土作为黏合剂，结果使球团矿铁品位降低。采用复合膨润土，可减少膨润土用量，提高球团矿铁品位。鞍钢集团矿业公司弓长岭矿业公司开发了新型球团矿黏结剂——一种复合膨润土，使用该类型复合膨润土可以减少冶炼系统焦炭、石灰石用量，降低预热-焙烧能耗，实现节能与节约资源的双重效果。生产实践表明，弓长岭矿业公司选矿磁选工艺技术改造后，尽管磁铁精矿品位降低，但由于球团生产中膨润土的添加量大大降低，实现了球团矿品位不下降，并使产品质量满足高炉使用要求。又由于选矿工艺经济效益增加，尽管球团生产成本有所增加，但公司整体效益却非常明显。该项目实现了选矿与冶炼系统技术指标最优化和经济效益最大化，为加快新型复合黏结剂在中国氧化球团矿工业化生产中的应用提供技术支撑与样板工程。

（集团公司科技质量部　张　刚）

2010年度鞍钢新荣获国家冶金产品实物质量“特有质量奖”产品简介

产品名称：船体用结构钢板

生产单位：鞍钢股份有限公司中厚板厂

产品研制和生产历史：鞍钢是中国最早生产船板的钢厂，20世纪50年代开始为国防舰艇、民用造船行业生产造船板、球扁钢等大批急需钢材。90年代开始，为适应中国向造船大国发展的需要，改变造出口船用进口板的局面，鞍钢将船板作为重点产品，1993年鞍钢中板厂生产的船板国内率先通过DNV等国际船级社认证，1994年厚板厂生产的船板通过了CCS、ABS、DNV等五国船级社认证，2000年厚板船板国内率先通过九国船级社扩大认证，2006年厚板TMCP高性能船板通过九国船级社认证，2007年低温韧性船板通过九国船级社认证，2009年厚板生产的大线能量焊接船板在国际上率先通过船级社认证。目前，鞍钢生产的船板国内钢种最多、钢级最高、规格最齐全，生产技术国内领先，部分技术达到国际领先水平。船板产品质量国内最优，是国内最早向韩国出口船板的企业，产品受到了国外客户的欢迎。自20世纪50年代开始累计生产船板1200多万吨，其中2000年后生产1000余万吨，成为目前国内产能最大的船板生产企业。

产品特点：钢质纯净冶炼、加热炉进行板坯加热烧钢、平整—横轧—纵轧的轧制工艺，减少了钢板纵横方向性能差异、保证了厚度和长度尺寸精度，经热矫直机矫直后，板形平整。表面光洁，标志清晰，采用高压水除鳞，轧机前后设有高压水除鳞等国内先进设备，确保除净表面氧化铁皮，采用丹麦进口的自动喷字机进行钢板标记，字迹清晰美观。按用户要求可实行探伤后出厂。

主要用途：主要用于大型油轮的建造、大型集装箱船的建造、海洋平台的建造等。主要用户有大连船舶重工集团有限公司、渤海船舶重工有限责任公司、大连船用柴油机厂、浙江扬帆集团有限公司、浙江欧华造船有限公司、山海关船厂等，产品销往辽宁、浙江、山东、天津等地，并大量出口到韩国现代、三星、大宇、STX四大船厂，深受广大用户的信赖。

2010年度鞍钢新荣获国家冶金产品实物质量“金杯奖”产品简介

产品名称：彩色涂层钢带

生产单位：鞍钢股份有限公司冷轧厂

产品研制和生产历史：该产品于2003年试生产，并于2004年正式转产，根据GB/T12754起草制定企业标准Q/ASB 388，该标准的各项指标均达到或超过了国家标准的要求，并且在2004、2007年根据市场需求，对该企标进行了修改、加严。从2004年开始，出口俄罗斯、以色列、西班牙、意大利、美国等国家，创造了高附加值的利润。2004年12月19日，高耐腐蚀性氟碳板试制并批量生产。2005年11月，易清洁彩涂板开发成功。2005年12月，第一批金属漆彩涂板试制成功，现已技术成熟。2006年易清洁彩涂板成功地应用于鞍钢4号、5号镀锌线厂房。2007年彩涂家电板研发成功，目前品种齐全，应用在冰箱冰柜、热水器、微波炉、DVD机顶壳等各类家电产品。2008年具有特殊表面效果的砂棕彩石雕彩涂板批量生产，并远销国外。

产品特点：彩色涂层钢板兼有有机聚合物与钢板两者的优点，既有有机聚合物的良好着色性、成型性、耐蚀性、装饰性，又有钢板的高强度和易加工性，能很容易地进行剪切、弯曲、冲压、焊接等加工，这就使有机涂层制成的产品具有优良的实用性、装饰性、加工性、耐久性。

主要用途：该产品最大用途是作为建筑材料，它与轻型钢架结构配合，适于建造工业厂房、公用设施、别墅住宅等的外墙板、幕墙、屋面板、室内隔墙等。而且还适用于冰箱冰柜侧板、太阳能热水器水箱、DVD 外壳等家电用板。

产品名称：低碳冷轧钢板和钢带

生产单位：鞍钢股份有限公司冷轧厂

产品研制和生产历史：该产品于 2000 年试制生产，并开发试制了 St 系列、SP 系列、DC 系列薄钢板，至今已累计生产 28 万多吨。在热轧 1780 机组投产之后，冷轧板的原料质量有很大改进，通过改进工艺设备，增加在线测厚仪，实现厚度自动控制，钢板厚度公差、同板差波动小，特别是冷轧二号线投产后，增加了延伸率自动检测、EDT 辊、清洗机组等，满足了用户的高质量要求。2006 年冷轧 2130 产线和冷轧 1450 产线投产后，新增了连续退火机组，并同时配备了在线表面检测仪和在线性能检测仪，实现了对产品质量的实时监控和产品质量及时反馈和调整，使冷轧厂的产品质量可以更加精密的控制。

产品特点：该产品经热轧 1780 机组和冷轧生产，钢板表面平直，板形好，尺寸精度高，表面清洁度高，具有良好的涂漆表面形貌（麻面），优良的机械性能和冷成型性能。

主要用途：该产品适用于制造超深冲压件等，广泛应用于汽车、机械、家电、拖拉机制造业等。主要供给用户有：广州本田、东风日产、北京现代、比亚迪、吉利汽车、二汽集团、奇瑞汽车、一汽集团、北汽福田、美的集团、格兰仕等。

产品名称：石油天然气输送管用热连轧宽钢带

生产单位：鞍钢股份有限公司热轧带钢厂

产品研制和生产历史：1998 年，鞍钢开始生产硫含量为 0.005% 的管线钢。1999 年，在原 1700 热轧带钢生产线试制生产了 13000t X60 以下钢级的管线钢。2000 年 2 月，开始在 1780 新生产线试制 X60 以上钢级，并通过专家评审。2001 年，开发 X60、X65、X70 钢级的抗 HIC 管线钢。同年为西气东输管道工程、出口伊拉克管道工程、长庆油田等十多个管道工程累计供货 10 万多吨。2002 年 3 月，鞍钢与中国石油技术开发公司合作，在华油钢管有限公司生产用于苏丹弗拉至奥贝依输油管线用的 X65 管线钢 15000t，鞍钢高级别管线钢开始打入国外市场。并在当年为西气东输管道工程、苏-奥管道工程、出口巴基斯坦管线工程、甬沪宁管道工程等提供 11 万多吨管线钢。2003 年，管线钢销售取得了历史性突破，累计参与 20 个管道工程供货，销售总量约为 35 万 t，成为国内第二大管线钢供应基地，与 2002 年相比，增加了近 24 万 t。管线钢技术含量也稳步提高，X60 以上级别管线钢占供货总量的 70% 以上。以中石油、中石化为重点合作对象，参与两大公司多条管道工程用管线钢供货。2009 年，1780 生产线主要参与川气东送江西支线、川气东送南京支线、塔河油田、中俄漠大线、大唐线、珠三角成品油二期等十余条管道工程用管线钢供货，产量 4.4 万 t。

产品特点：鞍钢管线钢采用低硫铁水、真空精炼、钙处理、控轧控冷工艺生产，通过在轧钢采用严格控轧控冷工艺，鞍钢管线钢板的机械性能（屈服、抗拉、延伸、冷弯）、焊接性能、板形控制、表面质量都已经接近或等同国际一流企业，在国内处于领先地位。鞍钢已成为管线用钢的供应商龙头。

主要用途：鞍钢 X 系列（B、X42、X46、X52、X56、X60、X70）管线钢，主要供螺旋、直缝焊接，用于石油、天然气输送管。可以针对不同技术要求的输油、输气、输煤浆等线路设计不同性能的钢质。产品主要销往巨龙钢管有限公司，沙市钢管公司，中油天宝钢管有限公司，宝鸡住金石油钢管有限公司，华油钢管有限公司等企业集团。产品应用于国内外“西气东输管线工程”、“中俄漠大管线工程”、“珠江三角洲成品油管道工程”等十项重点管线工程，具备近 30 ~ 40 万 t 管线钢产能，仅次于宝钢生产水平，成为国内管线钢重要生产基地。

产品名称：集装箱用热连轧钢板和钢带

生产单位：鞍钢股份有限公司热轧带钢厂

产品研制和生产历史：1999 年鞍钢热轧 1780 生产线试生产，2000 年正式投产；2001 年鞍钢 ASP1700 生产线投产，充分采用了当代国内外连铸和热带钢轧机生产领域中成熟可靠的先进工艺、设备和技术。为适应国际、国内市场的需求，采用了国外原钢号、鞍钢自行研制系列钢号生产，并推行科学管理，加快技术进步，采用先进工艺、内控标准组织生产，完善质量保证体系，并通过了 ISO9001、ISO14001、OHSMS18001 管理体系认证。目前鞍钢每年可生产 650 万 t 高品质的热轧板材，已成为集装箱用钢的供应商龙头。

产品特点：采用吹氩等炉外精炼和 LF 处理工艺，使钢质纯净。性能稳定。成分控制稳定，轧制采用控轧控冷工艺，其机械性能均达最佳水平。轧制采用宽度自动控制（AWC）和全液压厚度自动控制（AGC），使宽度精度和厚度精度大幅度提高。外观质量好，钢卷外观整齐，板面光洁、平直，尺寸精度高，包装整齐、牢固，标识、标志清晰持久，便于用户的使用和管理。规格齐全，可为用户提供各种规格的板卷和钢板。

主要用途：鞍钢 SPA-H 钢耐腐蚀性能、焊接性能良好，主要用于集装箱及其他耐腐蚀结构用钢。鞍钢 SPA-H 集装箱用钢产品规格覆盖了所有集装箱用料，而且薄规格比例由最初不足 30% 提高到目前的 80% 以上。鞍钢集装箱用钢性能稳定可靠，表面质量优良，市场占有率和知名度居行业前列，具有较强市场竞争力。

产品名称：43 ~ 75kg/m 热轧钢轨

生产单位：鞍钢股份有限公司大型厂

产品研制和生产历史：鞍钢为了满足中国现阶段对高质量重轨的需求，保证重轨质量并占领市场，在原有重轨生产线的基础上，经过三次设备改造，于 2007 年 4 月完成 100m 长定尺钢轨生产线的改造，建成了世界一流的钢轨生产系统。采用炉外精炼、真空脱气、大方坯连铸、引进世界上最先进的万能轧机、热打印机、平立复合矫直机、平直度检测仪、涡流检测仪、超声波检测仪、四面压力矫直机和锯钻组合机床等设备，从此，鞍钢的钢轨生产实现了“精炼”、“精轧”、“精整”、“质量在线高精度自动检测”及“长尺化”。鞍钢就此跨入了国际先进重轨生产企业行列，成为国内重轨生产品种最全、档次最高的钢铁企业，形成了明显的市场竞争优势，鞍钢重轨在国内占据三分之一以上的市场份额。

产品特点：鞍钢生产的 U71Mn、U75V 钢轨属于目前国外先进国家普遍生产和使用的高强度钢轨，采用国际先进的万能轧机生产工艺，产品具有产品尺寸精度高、自动检测程度高、产品标识清晰、钢质纯净、化学成分均匀、钢轨定尺长度灵活等特点，具有高强度、高精度、高平直度、耐磨耐压、耐疲劳性能和良好的焊接性能，属于世界先进钢轨钢之列，一直被大量应用于铁路建设。

主要用途：主要用于铁路建设，适用于铺设轴重大、车速快、货运强度高的大半径弯道和直线铁路运输干线以及冶金矿山和厂区专用运输线路，也适用于铺设无缝线路。它的用户主要来自于铁路部门，铺设国家铁路和中央与地方合资铁路及地方铁路。

产品名称：船体用结构钢板

生产单位：鞍钢股份有限公司中厚板厂

产品研制和生产历史：1993 年首次试生产普通船板系列船体用结构钢板，当年生产 564t。至今累计产量达到 535 万 t。产品质量稳定、可靠。主要用户有大连船舶重工集团有限公司、渤海船舶重工有限责任公司、大连船用柴油机厂、浙江扬帆集团有限公司、浙江欧华造船有限公司、山海关船厂等，产品销往辽宁、浙江、山东、天津等地，并大量出口到韩国现代、三星、大宇、STX 四大船厂，深受广大用户的信赖。

产品特点：钢质纯净，钢水由转炉冶炼，采用连铸板坯。性能稳定，采用加热炉进行板坯加热烧钢，温度均匀，采用平整—横轧—纵轧的轧制工艺，减少了钢板纵横方向性能差异。板形平整，尺寸精确。液压 AGC 系统、自动测厚、激光在线测厚以及组合剪自动测长等先进工艺和测试手段，保证了厚度和长度尺寸精度，经热矫直机矫直后，板形平整。表面光洁，标志清晰，采用高压水除鳞，轧机前后设有高压水除鳞等国内先进设备，确保除净表面氧化铁皮，采用丹麦进口的自动喷字机进行钢板标记，字迹清晰美观。按用户要求可实行探伤后出厂。

主要用途：主要用于大型油轮的建造、大型集装箱船的建造、海洋平台的建造等。

2010 年鞍钢“金杯奖”产品一览表

企业名称	产品名称	牌　号	规　格/mm
鞍钢股份有限公司热轧带钢厂	石油天然气输送用热连轧宽带钢	X 系列	(5.0 ~ 19.0) × (900 ~ 1630)
鞍钢股份有限公司热轧带钢厂	耐腐蚀结构用热连轧钢板和钢带	SPA-H 系列	(1.4 ~ 16.0) × (800 ~ 1630)

续表

企业名称	产品名称	牌　号	规　格/mm
鞍钢股份有限公司中厚板厂	船体结构用钢	A、B、D、E、AH32、AH36、DH32、DH36、EH32、EH36	(6 ~ 50) × (1500 ~ 4000) × (6000 ~ 18000)
鞍钢股份有限公司热轧带钢厂	汽车大梁结构用热轧钢板和钢带	A320L、A420L、A510L、A550L、QSTE340TM、QSTE380TM、QSTE410TM、QSTE460TM、QSTE500TM	(2.0 ~ 10.0) × (850 ~ 1600) × (2000 ~ 8000)
鞍钢股份有限公司中厚板厂	直缝埋弧焊管用热轧钢板	X60、X65、X70	(10 ~ 23.8) × (1800 ~ 3700) × (8000 ~ 13000)
鞍钢股份有限公司中厚板厂	锅炉用钢板	20g、16Mng	(8 ~ 70) × (1500 ~ 3900) × (6000 ~ 18000)
鞍钢股份有限公司线材厂	预应力钢丝及钢绞线用优质钢热轧盘条	SWRH77B、SWRH82B	ϕ5.5 ~ 13
鞍钢股份有限公司中厚板厂	桥梁用结构钢板	Q235qC、Q235qD、Q345qC、Q345qD、Q345qE、Q370qC、Q370qD、Q370qE	(8 ~ 60) × (1700 ~ 3900) × (6000 ~ 18000)
鞍钢股份有限公司冷轧厂	低碳冷轧钢板和钢带	08Al，SPCC、SPCD、SPCE，St12、St13、St14，DC01、DC03、DC04，SC1	(0.3 ~ 3.0) × (800 ~ 1530) × (1000 ~ 4000)
鞍钢股份有限公司冷轧厂	彩色涂层钢板及钢带	TSt02、CGCC、TDX51D	(0.2 ~ 1.60) × (650 ~ 1350)
鞍钢股份有限公司线材厂	优质碳素钢热轧圆盘条	45、50、55、60、65(Mn)、70、75、80	ϕ5.5 ~ 13
鞍钢股份有限公司大型厂	铁路用钢轨	U71Mn、U75V	43 ~ 75kg/m
鞍钢钢绳有限责任公司	矿井提升用钢丝绳	SWRH72A、SWRH82B	6 × (7、19X、37X)、8 × (19X、37X)、18 × (7、19X)、(34、35W) × 7、6V × (7、19、37)、4V × 39S、6Q × 19 + 6V × 21、6T × (7、19X)，ϕ8 ~ 64；6 × 4 × 7、8 × 4 × (7、9、14、19)，宽 × 厚：(58 ~ 216) × (13 ~ 34)

（集团公司科技质量部　韩晓东）